○ 李尚师　李光达　著

治国方略史鉴

礼法合治　德主刑辅

山西出版传媒集团
三晋出版社

图书在版编目（CIP）数据

治国方略史鉴 / 李尚师，李光达著. -- 太原：三晋出版社，2018.12

ISBN 978-7-5457-1542-2

Ⅰ.①治… Ⅱ.①李… ②李… Ⅲ.①国家行政机关—行政管理—历史—研究—中国 Ⅳ.①D691

中国版本图书馆CIP数据核字(2018)第271620号

治国方略史鉴

著　　者：	李尚师　李光达
责任编辑：	张继红
助理编辑：	余　龙
责任印制：	李佳音
出 版 者：	山西出版传媒集团·三晋出版社（原山西古籍出版社）
地　　址：	太原市建设南路21号
邮　　编：	030012
电　　话：	0351-4922268（发行中心）
	0351-4956036（总编室）
	0351-4922203（印制部）
网　　址：	http://www.sjcbs.cn
经 销 者：	新华书店
承 印 者：	山西基因印刷服务有限公司
开　　本：	787mm × 1092mm　1/16
印　　张：	36.5
字　　数：	700千字
版　　次：	2018年12月　第1版
印　　次：	2018年12月　第1次印刷
书　　号：	ISBN 978-7-5457-1542-2
定　　价：	120.00元

版权所有　翻印必究

序 一

李伯谦

尚师先生继2014年底正式出版三巨册的《晋国通史》之后，又和其儿子李光达共同完成了这部《治国方略史鉴》的写作。我虽然有些吃惊，但并不感到意外，因为在我阅读他的《晋国通史》的过程中，我已发现他对涉及精神领域、思想文化方面的问题异常重视，在书中专门用第二十八章一章的篇幅论述了"晋国治国思想的发展"，在第七章"学者名流"中专门介绍了主张"儒法兼容"的大学者卜子夏。更为难能可贵的是，他不是停留在一般情况的叙述介绍，而是有自己的分析，能提出独到的见解。例如在第二十八章一开始，他就从分析叔虞封唐时周王室给出的"启以夏政，疆以戎索"治国方针说起，认为正是这一方针，"导致了晋国后来的反周人宗法制的变法思潮，使晋国法治思想成为春秋时期的主流。春秋末晋人卜子夏继承了孔子儒家思想返晋后，又容纳了晋国的法治思想，便形成了他的'儒法兼容'思想，并培养出了魏斯（即后来的魏文侯）儒法并用的国君。他的思想后来又为第五代门人——荀子所继承，并发展成为中国两千多年的符合中国国情的帝王治国思想"。可见作为《治国方略史鉴》重要内涵的"儒法兼容"思想，当时在他的脑子里已经基本形成了。也就在那时之前的2008年，他还出版了《先秦三晋两个辉煌时期历史暨治国思想》（中国文联出版社2008年）一书。其中后半部分"治国思想"已有了卜子夏的"礼法兼容"和荀子的"隆礼重法"论述。

《治国方略史鉴》共分三篇，第一篇从第一章到第十一章，是"治国方略的孕育与形成"，概述了中国文明起源、形成、发展的过程和与之有密切关系的治国思想发展的线索；第二篇从第十二章到第十六章，是"治国方略主线"，从唐尧时皋陶的"明刑弼教"发展到春秋末卜子夏的"儒法兼容"，再发展到战国中期荀子的

"隆礼重法";第三篇从第十七章到第二十九章,是"治国史鉴",按国别概述了各朝代治国思想的同异和实践及其经验教训,并对历代王朝更迭的原因进行了分析总结,提出了当下治国理政可以借鉴的诸多方面。

读过尚师、光达先生的这部新作,不难看出他们对中华五千年文明史的发展轨迹,特别是精神文化的发展演变十分熟习,对历朝历代的治国思想有很深的研究,且不乏创见,与前此发表的有关治国思想的文章和专著相比,更加全面系统,更加符合历史实际,对当今治国理政,推进社会主义建设,实现中华民族伟大复兴的中国梦更加具有借鉴意义,是对中国历史上治国思想的一个总结,是对治国思想认识的一个全面提升。

我不研究思想发展史,更没有系统接触过历史上的治国思想,但我通读书稿之后,除感觉全面系统外,更强烈地感到他有许多新的见解、新的认识,甚至可以说是和以往学术界不同的一个新的思想体系了。

一、梳理治国思想发展过程,提出了历史上治国思想发展史框架。他认为,历史上的尧舜时代以传说皋陶提出的"明刑弼教"为标志为第一阶段,已有了治国思想的萌芽,是治国思想的朦胧阶段;夏、商和西周以传说的"禹刑"的制定和周公"制礼作乐"为代表为第二阶段,是治国思想真正的起源和奠基阶段;第三阶段是春秋战国时期,此时出现了老子、孔子、卜子夏、管子、孟子、孙子、荀子、庄子、韩非子等一大批思想家,形成了儒、道、法、墨等思想流派,是治国思想迅速发展并臻于高度发达的阶段,但限于列国纷争的政治局面,当时并未形成成熟的治国方略;第四阶段是秦汉时期,适应大一统的中央集权的政治体制的形成与发展,以"儒法兼容"为核心的治国思想得以推行实践,推动了社会发展;第五阶段,秦汉以后自隋、唐、宋、辽、金、元,直至明、清,历代治国方针无大的变化,刻板僵化,没有提出新的治国思想。

二、对荀子所属学派和汉武帝所谓"罢黜百家,独尊儒术"重新分析,提出了全新解释。过去学术界一直认为荀子是孟子之后儒家的代表,但该书认为荀子的思想是"隆礼重法""儒法兼容",是继承发展卜子夏而来,并非以前以孔孟为代表的纯儒家;汉武帝所谓"罢黜百家,独尊儒术",是罢黜了文景时期因应当时社会形势推行的道家黄老思想无为而治的方针,尊崇的是适应社会发展需要的荀子"儒法兼治"的所谓"儒术"。

三、剖析了秦朝速亡和王莽改制速败的原因,指出秦始皇排除儒家纯用法家治国，虽提出了许多有利于社会发展的新政和措施，但横征暴敛、严刑苛法，终激起民变，倏忽而亡；王莽一味推行"王道"，全面复辟"周礼"，不了解社会和人民需求，亦迅遭历史唾弃，表明纯用法家或纯用儒家均不能治国。

四、总结历史上治国思想发展规律，提出将儒家的"隆礼尊贤而王"和法家的"重法爱民而霸"学说结合起来的以"儒法兼容""德主刑辅"为核心的思想才是中国历史上治国理政思想的主线。历史经验表明，儒家、法家都有自己积极和消极的一面，只有发扬它们积极的部分，避免消极的部分，将上述治国理政思想主线付诸实践，才能推进社会发展。

五、在历史发展过程中，尤其是历史发生转型的关键时刻，出现不同的社会思潮是常见现象。主政者站在以人民为本、以国家、社会发展为目的立场上，高瞻远瞩，分析这些社会思潮，汲取其积极因素，摒弃其消极落后因素，制订符合社会发展需要的治国理政方针并推而广之，是义不容辞的光荣义务。

历史是一面镜子。胸怀人民和国家社会，从我国五千年文明发展史中总结经验教训，为当前社会治理发展建言献策，是一位历史学家的本分。从尚师先生发表的一系列文章和专著中，我深深感到了这一点。我不敢说他提出来的每一种看法、每一个观点都无懈可击，我也不敢说我对他的看法和观点的理解都对，但总体上看，从主流上看，我认为他总结出来的中国历史上治国理政思想发展的主线是符合实际的、正确的，对新时期我们的社会主义建设有积极的启发意义。尚师先生为我们做出了榜样，我们应该向尚师先生学习。

李伯谦

二〇一六年一月六日于京郊九鼎山庄

李伯谦：北京大学考古文博学院原院长，北京大学赛克勒考古与艺术博物馆馆长、博士生导师，"九五"国家科技攻关重大课题"夏商周断代工程"项目首席科学家、专家组副组长，"十五"国家科技攻关重大项目"中华文明探源工程预研究"课题主持人。

序 二

晋保平

2016年，经友人推荐，拜读了尚师先生的大作《晋国通史》。这是一部三卷本的史学巨著，洋洋洒洒150余万字，全面系统地梳理了晋国波澜壮阔、跌宕起伏的兴衰史。在后来的几次学术活动中，与尚师先生有了比较深入的接触和交流。尚师先生又在三年内与李光达先生共同完成了80万字的新作《治国方略史鉴》。书稿排版后，尚师先生送给我一本清样，并就书中的主要内容和重要观点与我坦诚交换了意见。在这部书稿正式付印之前，尚师先生多次打电话给我，恳切地希望我为本书作序。为此事我深感惶恐，深感为大作写序实在难以胜任，但又不愿辜负老先生的一片苦心，于是只好勉强允诺，把自己对书稿清样的肤浅体会整理成文字作为答卷。

尚师先生的学术生涯充满传奇色彩。他幼时酷爱历史，早期受到良好教育，自己也非常勤奋，但命运似乎对他不那么公平，在那个特殊年代，由于家庭问题，尚师先生没能继续接受正规的高等教育，高中毕业就回乡当了民办教师。尽管条件艰苦，但他从不抱怨、消沉，始终默默无闻、孜孜不倦地从事史学研究，并取得了丰硕学术成果，出版了多部专著。特别是以一人之力完成的三卷本学术巨著《晋国通史》，最近又和李光达先生完成了此《治国方略史鉴》，尚师先生这种执着的治学精神、担当精神和丰硕的学术成就着实令人钦佩。

尚师先生的新作《治国方略史鉴》，是从中国文化与治国思想相互关系的角度对中国数千年治国思想及其治国方略的梳理、概括与总结。从历史上看，用什么样的思想、理论、方法来治国理政，促进国家长治久安和社会有序发展，是自国家产生以来任何一个执政集团最重要的战略性选择。即便是在两千多年的封建社会里，历代的封建统治者也高度重视对国家治理的经验总结与借鉴，以利于维护其封建统治。唐太宗李世民有一句名言:"以史为鉴,可知兴替",说明重视历史经验对治国理政的极端重要性。

党的十八大以来,以习近平同志为核心的党中央高度重视党的执政能力建设,高度重视对历史经验的总结与借鉴,旨在不断提高我们党的治国理政水平。在我们党的历代领导人当中,习近平总书记是对治国理政最重视、研究最深刻、论述最系统、概括最全面的领袖。当前,中国特色社会主义进入新时代,习近平总书记新时代中国特色社会主义思想是我们党在新的历史条件下治国理政思想的核心。面对新时代、新形势、新挑战,我们学习的任务是艰巨的,学习的内容是多方面的,其中学习借鉴历史经验应该是一个重要方面。

阅读两位先生的新作《治国方略史鉴》,给我一种耳目一新的感觉,作者在这部书稿中提出了很多新观点、新论断、新线索,读后很受启发。特别是书中讲到的几个观点是很有新意的,也是此书的特点和亮点。

一、作者从治国思想与治国方略的角度重新审视中国文化的作用,把中国文化、治国思想、治国方略三者紧密结合起来加以研究,深入探讨了三者之间的内在联系,阐明中国文化对治国思想的形成以及治国方略的制定所发挥的重要作用,系统地阐述了中国两千多年的治国思想、治国方略的形成与变迁。研究中国文化,往往离不开产生于先秦时期(特别是春秋战国时期)的儒家与法家文化以及诸子百家。作者认为,不能把儒家文化与法家文化仅仅看作是一种文化思潮或一种理论体系,同时也是一种治国思想体系。不论是儒家代表人物、法家代表人物或是诸子百家代表人物,他们之间开展争鸣的实质在于希望国家的统治者能够采纳他们的思想,并把自己的思想上升为国家的治国思想,由此而制定治国方略。纵观中国两千多年的"礼法合治,德主刑辅"的治国思想主线,与中国两千多年儒、法文化思潮此消彼长的演变轨迹是基本一致的。

二、作者首先分析了儒家文化与治国思想的关系,认为儒家文化之所以在春秋、战国时代没有被采纳为治国思想,是因为儒家文化的特质不能适应战乱争雄环境的需要,也不能适应创建新政权的需要。从西汉起,当封建国家进入比较稳定的时期后,儒家文化才正式走进国家的治国思想体系,与法家文化共治天下。作者剖析了儒家文化的远源、近源、形成以及宋、明以来的"新儒家"思想。认为儒家文化的优点是:国家治理的目标是"民意",将周公的民意视为天、以德配天的政治经验,发展为以民为本、以政为德的思想体系,希望通过民本政治原则来限制君主的政治权力,最终能够表达"民意"。儒家文化中的"中庸"之道,是一剂调和人与人以及社会矛盾、实现社会和谐的良药,进而可以使社会稳定。但儒家文化也存在缺点:儒家主张西周宗法等级制的"礼",思想保守,缺乏竞争意识,以至到"迂腐",所以社会发展缓慢。

三、作者也深入分析了法家文化与治国思想的关系。认为法家文化治国思想的目标是"效能"。法家看到只有三代先王的"霸道"才能掌控政权、维护社会秩序、实现国家目标的"效能",所以倡导以君为本的国家主义治国思想。主张追求权势、运用权术、严刑峻法的君本政治理论。法家文化确实能够强化君主的治理能力,在强化国家治理效率上有着特别的优势,对君主争霸天下有着极大的吸引力。但弱点也是比较明显的,即容易激化矛盾,引发社会动荡,如秦朝统一后15年就灭亡了。

四、作者在剖析了儒、法两种文化的各自优劣之后认为,国家的治国方略合乎民意,是国家稳定和延续的基本条件。儒家文化偏重于国家的民意基础,它的"民本"思想揭示了政治治理目标的"民意"要求,希望通过民本的政治原则来限制君主的政治权力,最终能够顺应和表达"民意",但儒家文化相对缺乏治理效能,所以纯儒不能治理好国家;法家文化偏重国家的治理能力和治理效率,但缺乏民意对君权的制约,所以纯法也不能治理好国家。从西汉起,开始实行儒、法合治,即儒、法互补的治理模式,从而奠定了古代中国的国家治理体系。综上分析,作者的结论是:纵观中国两千多年中国治国方略的发展史,把纯粹的儒家文化作为治国思想治理不好国家,把纯粹的法家文化作为治国思想也治理不好国家,只有把二者的优点有机整合起来,实行儒、法互补才能治理好国家。

尚师先生在他的《治国方略史鉴》中,第一次比较系统地论述了中国文化与治国思想、治国方略之间的相互关系,以及中国文化在中国两千多年治国思想、治国方略形成、演变中所发挥的重要作用,这个观点是本书的创新之处。如果说这本书还有些什么需要进一步完善的地方的话,我个人认为,考察中国历史的演变,无论是治国思想还是治国方略,都是一个复杂的系统,涉及政治、经济、思想、文化、教育、社会、民族、宗教、军事、外交等多个方面。国家机器是一个复杂的系统,国家机器的运转以及推动国家机器运转的治国思想和治国方略也必然需要各个子系统的有机配合。一个完整的治国思想体系也必然是其政治、经济、文化、教育、民族宗教、军事、外交等思想的有机整合。回顾中国历史发展的轨迹,文化也好,思想也好,儒家也好,法家也好,固然是形成治国思想、治国方略的一个重要方面,但毕竟不可能涵盖治国思想、治国方略的全部。从这个意义上讲,如果从全书整体的角度再进行一些调整,或许会更准确些。

晋保平

二〇一七年十月二十七日于北京住所

晋保平:管理学博士,中国社会科学院原副秘书长,中国社会科学院研究生院原党委书记,现为中国城市经济学会会长。

序 三

宫长为

最近几年，我们经常思考这样一个问题，怎样理解、认识我们的国学。

简单地说，国学作为我们中国固有的学术，我们应当从两个方面或者说两个视角，去理解、去认识这样一个问题。其中一个方面或者说一个视角，国学的历史与现状；其中另一个方面或者说另一个视角，西学的缘由与未来。如果我们能够历史地、全面地、辩证地看待这样一个问题，也许真正的把握中华民族优秀传统文化的基本要义，从而找到了打开中华民族优秀传统文化的一把钥匙。

正是基于这样的理解、认识，我们既注重国学新思考探索，同时，我们也注重中华民族优秀传统文化核心价值探索。

如果我们稍加回顾，自改革开放以来，从20世纪八十年代出现的"文化热"，到如今持续发酵的"国学热"，正好前后两个不同发展阶段。前一阶段的"文化热"本是后一阶段"国学热"的基础；后一阶段的"国学热"本是前一阶段的"文化热"的发展，由于两者处于不同的历史发展阶段，反映出各自不同的时代特点。

我们从中不难看出，从着眼于国内的"文化热"，到着眼于世界的"国学热"的过程，也就是从探讨传统文化与现代化的关系，再到探讨现代化与传统文化的关系，经历这样一个曲折的发展或者说旋螺式的上升过程。由于所处的历史发展阶段的不同，所反映的时代特点的不同，前呼后应，各有侧重，都是旨在研究中华民族优秀传统文化，都是旨在弘扬中华民族优秀传统文化。

事实上，我们也会注意或发现这样一个问题，伴随着"国学热"的讨论，什么是国学？国学的内涵与外延是什么？始终是我们绕不开的话题。

大家知道，"国学"一词的出现，至今也不过百年有余。作为与"西学"相对应的称谓，我们可以追溯到"中学"一词的出现，"国学"也可以称谓"中学"，或者说"国学"一词是"中学"一词的延续。

从历史上看，东西方文化交流，肇起于宋末元初，而真正意义上的"西学"东渐，则开启于明末清初。随着西方殖民势力的东来，耶稣会教士来华传教，从而打开了东西方文化交流的大门。嗣后，经过鸦片战争、甲午海战，特别到晚清民初的戊戌变法、辛亥革命，乃至五四运动前后，犹如李学勤先生所言，每当中国历史重大转折时期，总会出现"中学"与"西学"关系的讨论，或者说"国学"与"西学"关系的论争。时至今日，也是如此。

因此，我们应当抓住这样的历史机遇，通过缕析东西方文化交流或碰撞发展的轨迹，明确国学即中华民族优秀传统文化的内涵和外延，彻底摆脱清代以来的学术影响，以二十一世纪前后发现郭店简、上博简和清华简为契机，重新认识我们中华民族优秀传统文化的核心价值。

当年司马迁作《史记·五帝本纪》之时，尝云："学者多称五帝，尚矣。然《尚书》独载尧以来；而百家言黄帝，其文不雅驯，荐绅先生难言之。……余并论次，择其言尤雅者，故著为本纪书首。"历纪黄帝、颛顼、帝喾、唐尧和虞舜五帝，其中有这样一句话，叫作"天下明德皆自虞帝始"，其意义重大非凡。

那么，什么是"明德"？为何"天下明德皆自虞帝始"呢？我们推阐虞帝"明德"之原委，解读虞帝"明德"之内涵，进而发现它的背后，还隐约着一个更为深层的治国理念，就是虞帝反复强调的"民协于中"之"中"和"允执厥中"之"中"。这个"中"，则是"明德"之真谛所在，换句话说，它集中体现了"中"的精神。

近年出土的清华简《保训》篇，记载周文王临终遗言，告诫太子发即后来的周武王，主要讲了两个历史传说。其一，有关虞舜的历史传说："昔舜旧作小人，亲耕于历丘，恐求中，自稽厥志，不违于庶万姓之多欲。厥有施于上下远迩，迺易位迩稽，测阴阳之物，咸顺不逆。舜既得中，言不易实变名，身兹备惟允，翼翼不懈，用作三降之德。帝尧嘉之，用受厥绪。"其二，有关上甲微的历史传说："昔微假中于河，以复有易，有易服厥罪，微无害，迺归中于河。微志弗忘，传贻子孙。至于成唐，祗备不懈，用受大命。"尽管有关清华简《保训》篇"中"的问题还在讨论之中，但是，我们有一点是十分清楚的，正如李学勤先生所指出的那样，"文王对太子发讲了两件上古的史事传说，用这两件史事说明他要求太子遵行的一个思想观念——'中'，也就是后来说的中道。"

毫无疑问，有关虞舜的历史传说，"求中""得中"的过程，正好印证了《尚书》之《尧典》《舜典》篇等文献记载的相关内容，也就是修身、齐家、治国之事。当然，在这个过程中，也包含着唐尧对虞舜的培养和教诲。我们按照《论语·尧曰》篇的记载："咨！尔舜！天之历数在尔躬，允执其中。四海困穷，天禄永终。"似乎更加明确这样的传授过程，而且"舜亦以命禹"一语，也似乎更加明确这样的传授系统，唐尧、虞舜和大禹之间的传授关系，朱熹作《中庸章句》已有说明，《尚书·大禹谟》篇的记载，也需要我们重新审视。

我们从这一意义上讲，有关上甲微的历史传说，"假中""归中"的过程，也正好印证了《周易》《山海经》《竹书纪年》等文献记载的相关史事。这个"假中""归中"之"中"，亦如"求中"、"得中"之"中"。按照这一特定的语境分析，所谓的"假中"，也就是"求中"的过程，只是获取的方式不同；所谓的"归中"，也就是"得中"的过程，只是认知的方法不同。所以，下云："微志弗忘，传贻子孙。至于成唐，祗备不懈，用受大命。"如果我们脱离这一特定的语境分析，必然对"假中""归中"产生歧义，导致错误的理解和认知的偏颇，也有悖于周文王临终遗言之宗旨。其云："昔前人传宝，必受之以诏，今朕疾允病，恐弗念终，汝以书受之。钦哉，勿淫！"

我们以为，"昔前人传宝，必受之以诏"，这种传授方式，当可追溯唐尧虞舜时代，下及上甲微"传贻子孙，至于成唐"，乃至周文王由于"今朕疾允病，恐弗念终"，才要求太子发"汝以书受之"。冀望太子发"钦哉，勿淫"！

显然，我们这里所讨论的虞帝或者说虞舜文化，正处在中华文明的开创阶段。换句话说，也即我们通常所说的中国早期国家阶段，从公元前30世纪到公元前221年，即从五帝时代到三王时代，前后约有三千年的历史。其间的五帝时代是三王时代的前奏，三王时代是五帝时代的发展。若作具体的划分，我们似乎可以划分为五个时期：

第一个时期：黄帝、颛顼、帝喾时期，处于中国早期国家的发轫期。
第二个时期：尧、舜时期，处于中国早期国家的发展期。
第三个时期：夏、商、西周三代时期，处于中国早期国家的鼎盛期。
第四个时期：春秋时期，处于中国早期国家的衰落期。
第五个时期：战国时期，处于中国早期国家的转变期。

◆ 治国方略史鉴

　　我们从目前的历史研究和考古成果来看，这个时期最大的特点，处于中国早期国家的发轫期向中国早期国家的鼎盛期过渡，换句话说，是由黄帝、颛顼、帝喾时期，经尧、舜时期，向夏、商、周三代时期过渡。在这个重要的历史时刻，虞舜秉承唐尧遗志，"帝尧嘉之，用受厥绪"，通过"求中""得中"的过程，传授"宝训"，所谓"舜亦以命禹"。这个意义重大非凡，不仅继承和发展了中华民族优秀传统文化的基因根脉，而且奠定了后世中华文明繁荣昌盛的基石。周公的"明德慎罚"、荀子的"隆礼重法"，都是赓续虞舜的"明德"思想。无怪司马迁一语破的："天下明德皆自虞帝始。"

　　我们初读李尚师、李光达两先生的大作《治国方略史鉴》一书，全文三十章，共分三个部分。从治国方略的孕育与形成，到治国方略的传承与创新，再到治国方略的历程与借鉴，从始至终贯彻着一条基本主线，即"礼法合治""德主刑辅"，它不仅是本书最大特色，也是本书根本主旨。我们可以这样地说，真正地把握了中华民族优秀传统文化的基本要义，从而也找到了打开中华民族优秀传统文化的一把钥匙。

　　《周易·系辞传上》有这样一段话，其云："一阴一阳之谓道，继之者善也，成之者性也。"也就是说，一阴一阳的对应转化称谓道，承继对应转化是事物的本源，成就对应转化是事物的本性。如果说《易大传》是孔子所写的话，孔子尝言"吾道一以贯之"，曾子曰："夫子之道，忠恕而已矣。"所谓的"忠"，用孔子的话来说，即："己欲立而立人，己欲达而达人。"所谓的"恕"，也用孔子的话来说，即："己所不欲，勿施于人。"这里的"忠恕"，正是"一阴一阳"，而"一阴一阳之谓道"，也正是"夫子之道"的高度概括，更是对中华民族优秀传统文化的精确总结，"允执其中"或者说"允执厥中"，无疑是"一阴一阳之谓道"的集中体现，更是中华民族优秀传统文化的核心价值。

　　读者披览《治国方略史鉴》一书，也许会有我们同样的心得。

宫长为
二〇一七年七月一日于北京

宫长为：中国社会科学院历史研究所研究员、秦汉史学会常务副会长兼秘书长

前 言

清代龚自珍《定庵续集》云："欲知大道，必先为史。"2014年，习近平总书记在中共中央政治局第十八次集体学习时说："历史是最好的老师。在漫长的历史进程中，中华民族创造了独树一帜的灿烂文化，积累了丰富的治国理政经验，其中既包括升平之世社会发展进步的成功经验，也有衰乱之世社会动荡的深刻教训。……治理国家和社会，今天遇到的很多事情都可以在历史上找到影子，历史上发生过的很多事情也都可以作为今天的镜鉴。中国的今天是从中国的昨天和前天发展而来的。要治理好今天的中国，需要对我国历史和传统文化有深入了解，也需要对我国古代治国理政的探索和智慧进行积极总结。"

历史，具有文化架构意义，它是一面镜子，能够引以为鉴，照亮我们前进道路；历史是一位老师，能够讲古喻今，启迪我们追求希望的智慧。唐太宗在其《金镜》中说："以史为鉴，可知兴替。"我们读"前车之鉴"，是为了走好"明日之路"。

世界四大文明古国中的埃及、巴比伦、印度和我们中国，以及欧洲古国希腊、罗马，都曾经是我们地球数千年前大致同时存在于不同地域，绽放着各自耀眼光芒的不同古老文化。然而自然法则无情，优胜劣汰，适者生存。沧海桑田，除中华民族之外，那些曾经在世界文明史上闪耀过光芒的古代文明帝国一个接一个凄然消失。唯中华民族，虽然在发展中也有过多次严重的挫折和危机，但从未中断过，而且从多次挫折和危机之中都能爬起并不断成长前进，总是独树一帜地屹立于世界东方。这其中原因值得历史学者们探讨、研究！

中国文明久远，历史悠长。从历史的发展来看，如果执政者采用的治国思想和方略正确，符合历史发展规律，治国理政有方，则社会安定，国强民昌；如果执政者的治国思想和方略偏离了它，则社会动荡，人民遭殃，衰败乃至亡国。其衰亡的原因，不是因为外部敌人有多么强大，而是因为治国思想出现问题，内部出现混乱，最终败给自己。因此，我们认为，只要找到科学正确的治国理政方略，中国就会民族兴旺，国家富强，人民安居乐业，长久不衰。这就需要我们研究中国久远的历史和深厚的传统文化，来发掘其科学合理的治国理政思想，古为今用。

我们研究中国文化，就必须研究先秦文化。尤其是春秋战国时期，因为它是中国古代治国思想迅速发展并臻于高度成熟时期，所有研究历史的人有一个共识，都认为春秋战国是中华文化的"轴心时代"。放弃先秦文化而研究中国文化，就如同无本之木，无源之水；我们研究治国思想，就必须研究晋国和三晋历史，抛开晋国和三晋历史而研究中国治国思想，亦如同无本之木，无源之水，至少是不全面的。因为法家的形成，以及儒、法的碰撞与融合都发生在晋国和后来的三晋，从而才形成"隆礼尊贤而王"，"重法爱民而霸"（即"礼法合治""德主刑辅"）的中国治国思想主线。

作为世界五大法系之一的中华法系由来久远，百余年前，梁启超便说："我之法系，其最足以自豪于世界也！"由于晋国所处的地理位置及戎狄环绕，农耕文化与游牧文化两种文明经过不断碰撞、融合、创新，对传统宗法礼制的不断挑战、突破，最终碰撞形成了最早成文法的法和法家思想，这是作为春秋霸主的晋国和作为战国七雄的三晋对中华法系的最大贡献！也是整个中华民族智慧的结晶。

我们在这里讲"治国方略"，是指国家"治理"，而不是"统治"。首先，统治是实现统治者的单独目标，而治理却是强调政治共同体的共同目标。其次，政治统治是自上而下的单项过程，而政治治理却是上下互动的双向过程。

儒家在其学说中，既维护封建国家统治者的利益，又表现出对下层人民的同情和关怀。儒家思想是为了修身、齐家、治国、平天下，这是内圣外王的体现，儒学是处理以宗法制度为基础，以血缘为纽带，以家庭为细胞的人与人的关系。它是调和阶级矛盾，调和人与人之间矛盾的一剂良药，具有一定的凝聚力，使得中华民族保持五千多年基本统一，成为世界唯一不曾中断之古国。它可以使国家和谐，社会安定，有利于社会长治久安。

法家的国家治理目标是"效能"，法家的根本精神有三个方面：首先是崇尚法治，树立法律至高无上的权威性，使社会所有成员，包括统治阶级在内的全体成员，都必须无条件地服从于法律。其次是从现实的国情出发，不断地改变旧法律的不适应部分，建立起能适应现实的新法律，促使社会进步，快速发展。再次是重功利，奖勇战，打击豪强，惩治官员腐败，惩罚顽民恶棍。它的最终目的是富国强兵，建立起一个有法可依、执法必严，违法必究的规范有序的社会。法家素来被认为完全是为帝王统治和权术服务的学说。

儒家和法家各有所长，各有所短，二者必须互补。能体现儒法互补的学说的是皋陶的"明刑弼教""德主刑辅"、卜子夏的"儒法兼容"、荀子的"隆礼""重法"学说。这才是中国行之有效的治国思想主线。

治国理政的理论，是关系到中华民族命运根基的大问题，树立正确的治国理政理论，揭开历史长久以来已经形成并真实运用过，而且行之有效却不敢直白的羞涩面纱，直面历史真貌，总结中国两千多年来古代为政者治理国家的成功经验，以及腐败、乱政、亡国的历史教训，是我们史学工作者的义务和担当。

本书是对中国五千年为政者治国理政思想主线进行理论性研究的尝试。这是为政者治国理政思想系统性的重大课题，也是一个难度很大的课题。

之所以说是难度大的课题，原因是：其一，从纵向看，年代跨度很大，上启五经中《尚书》开篇所说的尧、舜时期，下至封建社会最后一个朝代——清朝，几乎涵盖了我们整个中华民族文明成熟的始末。本书追源探流，分三个层面来考察中国五千年中为政者治国思想主线的孕育、形成和实践的全貌。

其二，之所以说难度大，是因为本书的立论观点与我国历史长久以来形成的世俗治国说大相径庭。历史上长期形成的占据主导地位的是儒家学派"修身、齐家、治国、平天下"治国思想。时至今日，绝大多学者依然世俗地把卜子夏、荀子划归于儒家。最多的也只是说荀子是"带有法家思想的儒家"。本书却是将帝舜时期皋陶的"明刑弼教""德主刑辅"，春秋、战国之交时卜子夏的"儒法兼容"和战国后期荀子的"隆礼尊贤而王""重法爱民而霸"作为治国理政的主线，而将孔、孟为代表的儒、家学派和以韩非子为代表的法家学派降为卜、荀之学的双翼，或者说是将儒法两家学派的理论作为为政者治国理政的两手策略。这种观点自然与历史上长期以来形成的中国是纯儒家思想治理天下的传统观点相悖，因而要改变这种世俗观点，揭示真实地运用了两千年的治国理论真貌，肯定有一定的难度。

　　清末谭嗣同在其《仁学》中说："中国两千年之政，秦政也；两千年之学，荀学也。"梁启超说："自秦汉以后，政治学术，皆出于荀子。"我们研究中国治国思想，揭示历史真貌，并非是要否定儒学在历史上的功绩，而是要找到一个真正适合中国国情的治国之道，为执政者提供一个治国理政的科学方法和借鉴之道，使国家为政者在治理中少走弯路，少受挫折，使国家受益，人民受益，社会稳定，国泰民安，这也是我们研究这部治国思想史书的价值和意义。

　　我们通过研究历史发现，治理好一个国家，特别是我们中国这样一个疆域辽阔，人口众多，又有多个民族的大国，是一个极为复杂的系统，要涉及政治、经济、文化、军事、民族等诸多方面。由于篇幅所限，本书只能就治国思想中的主体儒、法两家学说来进行概述。我们认为王朝只要是出现盛世，其治国思想都离不开儒法并用、德主刑辅，尊贤使能、勤政爱民；出现王朝衰败直至灭亡，也都是偏离了儒法并用、德主刑辅这条治国思想主线，导致或是专权暴政、人民揭竿而起，或是政治腐败、民心怨恨的结果。

　　正如习近平总书记在中共中央政治局第三十七次集体学习会上所说："必须坚持依法治国和以德治国相结合，使法治和德治在国家治理中相互补充、相互促进、相得益彰……法安天下，德润人心。法律有效实施有赖于道德支持，道德践行也离不开法律约束。法治和德治不可分离、不可偏废，国家治理需要法律和道德协同发力。"只要为政者能正确地运用这一治国思想主线，社会就安定，人民就拥护，国家就长治久安，成为盛世。

　　从皋陶、卜子夏到荀子而完成的这一条"礼法合治"，"德主刑辅"治国思想主线，体现了儒、法为之双翼的观点。虽经过了两千年的实践，并取得了正反两方面的成功经验和背离这一主线的教训，但是，这一命题与传统观念和世俗偏见相悖，可能一时难以获得部分学者认可，不过这一理论是经得起历史验证的。

　　因为自身水平和条件有限，面对如此重大的探索性课题，难免会有许多不足甚至个别谬误之处，恳望关心此拙作的方家和读者斧正与品评，以便对我们今后的研究、修改有所帮助！

目 录

序 一 李伯谦 / 001
序 二 晋保平 / 001
序 三 宫长为 / 001
前 言 / 001

第一篇 儒法治国方略学说的孕育与形成

第一章 中国古代治国思想概述 / 003
 第一节 中国古代治国思想的形成和发展阶段 / 003
 第二节 中国古代治国思想简况 / 007

第二章 中华文明的起源、形成与发展及先秦时期的中国历史概况 / 010
 第一节 中华文明的起源、形成与发展概况 / 010
 第二节 华夏文明起源的尧、舜、禹时期概况 / 011
 第三节 华夏文明起源的夏、商时期概况 / 013
 第四节 华夏文明起源的周朝时期概况 / 016
 第五节 先秦时期的秦国概况 / 021

第三章 儒家治国思想的孕育 / 023
 第一节 儒家思想的远源 / 023
 第二节 儒家思想的近源 / 024

第四章 初期儒家治国思想在鲁国的传承 / 041

第一节 鲁国简况 / 041

第二节 臧文仲的政治思想 / 043

第三节 柳下惠的道德思想 / 049

第五章 儒家思想的形成 / 057

第一节 解析鲁史研究孔子和儒家思想的途径 / 058

第二节 儒学的创始者——孔子 / 060

第三节 孟子对孔子学说的继承和发展 / 067

第四节 儒家的治国思想 / 072

第六章 法家思想文化的孕育与成熟（一） / 078

第一节 法家思想的远源 / 078

第二节 西周宗法制度的传承与裂变 / 080

第三节 晋国的治国思想文化 / 084

第四节 齐国、楚国的法家思想文化简况 / 094

第七章 法家思想文化的孕育与成熟（二） / 102

第一节 魏文侯的"重法尊儒"治国思想及其治国之道 / 102

第二节 魏文侯以后的魏国治国思想 / 113

第八章 法家思想文化的孕育与成熟（三） / 124

第一节 赵烈侯任用公仲连实行改革及其治国思想 / 124

第二节 赵武灵王的"胡服骑射"改革及其治国思想 / 127

第九章 法家思想文化的孕育与成熟（四） / 137

第一节 韩昭侯时期的申不害变法及其治国思想 / 137

第二节 慎到对法家思想的发展——"势" / 147

第三节 法家集大成者韩非子的治国思想 / 149

第十章　法家思想从魏国到秦国的第一次移植 / 155
    第一节　秦献公的改革 / 155
    第二节　商鞅变法 / 160

第十一章　法家思想文化从韩国到秦国的第二次移植 / 172
    第一节　韩非入秦 / 172
    第二节　韩非的法家治国思想 / 173
    第三节　法家治国思想 / 190

第二篇　治国方略主线

第十二章　皋陶"德主刑辅""明刑弼教"的治国思想 / 201
    第一节　皋陶生平简介 / 201
    第二节　皋陶治国思想框架 / 206
    第三节　皋陶治国思想框架对后世的影响 / 214

第十三章　卜子夏"礼法兼容"的治国思想 / 216
    第一节　鲁儒孔丘对晋政的抨击 / 216
    第二节　卜子夏的生平概况 / 218
    第三节　卜子夏的治国思想特色 / 221
    第四节　子夏之学的发展 / 230

第十四章　荀子生平及其治国思想形成的历史渊源 / 234
    第一节　荀子的生平事迹 / 235
    第二节　荀子治国思想的形成及其源流 / 236

第十五章　荀子治国思想（上） / 244
    第一节　荀子的唯物主义世界观和认识论 / 245
    第二节　荀子"隆一而治"的礼制和尚贤思想 / 247
    第三节　荀子"隆礼""重法"的治国思想 / 251
    第四节　荀子"以政裕民"的民本治国思想 / 260

第五节　荀子的中道思想及构建和而不同的和谐社会的治国思想　/ 265

第十六章　荀子治国思想（下）　/ 282
　　第一节　荀子的君本主义和君民"舟水"重民治国思想　/ 282
　　第二节　荀子的社会控制思想　/ 287
　　第三节　荀子的人与自然可持续发展思想　/ 293
　　第四节　荀子的教育治国思想　/ 297

第三篇　治国史鉴

第十七章　秦国（朝）的治国思想及治国方略概况　/ 307
　　第一节　秦国法治思想的移植与传承　/ 307
　　第二节　秦朝的治国思想及治国方略概况　/ 313
　　第三节　法家思想在秦国的实践运用　/ 319
　　第四节　后人对秦国（朝）法治思想的评判　/ 323

第十八章　西汉的治国思想及治国方略概况　/ 327
　　第一节　西汉初期各家思想概况　/ 327
　　第二节　汉高祖刘邦的治国思想及其治国方略概况　/ 335
　　第三节　汉代正宗神学的奠基者董仲舒的治国思想　/ 339
　　第四节　汉武帝的治国思想及治国方略概况　/ 343
　　第五节　西汉末期的治国思想　/ 354
　　第六节　西汉的衰亡及灭亡原因　/ 356

第十九章　王莽新朝的治国思想及败国概况　/ 360

第二十章　东汉的治国思想、治国方略概况　/ 366
　　第一节　刘秀的乱世治国思想及治国方略概况　/ 366
　　第二节　东汉的灭亡及其原因　/ 373

第二十一章　隋朝的治国思想及治国方略概况　/ 376
第一节　隋文帝的治国思想及治国方略概况　/ 377
第二节　隋炀帝杨广的暴政与隋朝的灭亡　/ 387
第三节　隋朝的治国思想和治国方略概况综述　/ 389

第二十二章　唐朝的治国思想及治国方略概况　/ 391
第一节　唐太宗的治国思想及治国方略概况　/ 391
第二节　唐玄宗的治国思想及治国方略概况　/ 401
第三节　唐朝礼法结合的治国思想　/ 405
第四节　唐朝的衰亡与灭亡原因　/ 409

第二十三章　北宋王朝的治国思想及治国方略概况　/ 415
第一节　宋太祖赵匡胤的治国思想及治国方略　/ 415
第二节　王安石变法　/ 423
第三节　司马光的治国思想　/ 438
第四节　北宋王朝的衰亡及灭亡原因　/ 443

第二十四章　元朝的治国思想及治国概况　/ 449
第一节　耶律楚材的治国思想及治国概况　/ 449
第二节　忽必烈的治国思想及治国概况　/ 454
第三节　元朝的衰败灭亡及其原因　/ 460

第二十五章　明朝的治国思想及治国方略概况　/ 467
第一节　明太祖朱元璋的治国思想及治国方略概况　/ 467
第二节　明成祖朱棣的治国思想及治国方略概况　/ 478
第三节　张居正的治国思想及改革概况　/ 483
第四节　明朝的衰亡及其原因　/ 489

第二十六章　清朝（康、雍、乾）的治国思想及治国方略概况　/ 497
第一节　康熙的治国思想及治国方略概况　/ 497
第二节　雍正的治国思想及治国方略概况　/ 507

第三节　乾隆的治国思想及治国方略概况　/ 515
第四节　清朝的衰亡及其原因　/ 521

第二十七章　古代贤明统治者的自律与规范　/ 529

第二十八章　古代王朝的政治危局和应对策略　/ 534
　　第一节　古代王朝政治危局的基本类型及其原因　/ 534
　　第二节　古代王朝政治危局人应对策略　/ 540

第二十九章　历代封建王朝的兴亡原因　/ 545

后　记　/ 556

第一篇
儒法治国方略学说的孕育与形成

概　述

中国独树一帜的儒法治国理论皆滥觞于中华文明初始的尧舜时期，教民"五教"，是为儒家的源头；皋陶作"五刑"，"五刑有服"，这便是法家的源头。

西周初期，周公推行嫡长子宗法制，这就是儒家的近源，周公成为儒家的先驱，春秋中期，孔子在继承周公宗法制的基础上创立了儒家学说，后来的孟子，进一步用"仁学"完善了孔子的儒学。

春秋时期的晋国，自小宗代替大宗之后，背叛了西周的嫡长子宗法制，成为以法家为主的诸侯国，这就是法家的近源。后来晋国被赵、魏、韩三家卿大夫瓜分，魏国李悝制定了《法经》，成为"法治"学派的代表；韩国的申不害是"术治"的代表；赵人慎到是"势治"的代表，韩国的韩非子总结了上面的法、术、势三家学说，编著了《韩非子》，成为法家学说的集大成者。

第一章　中国古代治国思想概述

清代龚自珍在其《定庵续集》中说："欲知大道，必先为史。"只有汲取历史经验、历史教训、历史警惕，才能为国家的治国理政大政方针提供有益的借鉴，少走弯路。我们中国五千年文明历史，虽然内容庞杂纷乱，事件千头万绪，但只要通过认真读史、论史，潜心研究，通过总结大量兴亡规律和众多得失经验教训之后，就会发现，人生代代皆相似——不同的时代演绎着相同的道理，常变的历史天空，上演着不变的人情故事。从而就会总结出社会发展的规律，为当今社会服务。史学分类虽多，然而就国家整体而言，莫过于治国思想之重要。

中国古代的治国思想博大精深，源远流长，内容丰富，异彩纷呈，凝集着包括儒、法、道、墨等诸子百家之中，一直是中国治国思想发展史上的主流。它不仅对古代中国社会发展起着主导作用，而且对今天我们的治国理政，乃至中国的未来，仍然具有重要的借鉴意义。

第一节　中国古代治国思想的形成和发展阶段

中国古代的治国思想是随着社会生产力的发展、国家的出现而逐步形成的。纵观我国历史，大体上可以分为五个发展阶段。

第一个阶段：文明的曙光时期，也就是尧、舜时期。这是中国古代治国思想的孕育阶段。《尚书》始开之篇为《尧典》，这是我国有史可查的首篇，2015年4月15日，在山西省临汾市举办的"尧文化暨德廉思想"研讨会上，国家"十五"科技攻关重大项目《中华文明探源工程预研究》课题主持人、北大教授李伯谦肯定了"陶寺遗址就是尧都"；中国社科院考古所所长、中华文明探源工程项目负责人王巍宣布"陶寺遗址已经进入了文明时代"。

中国社会科学院考古所，从1978年至1984年，在遗址内首先发掘了1000余座墓葬，其中大贵族墓葬6座，出土了陶龙盘、陶鼓、鼍（tuó）鼓、大石磬、玉器、彩绘木器等精美文物①。经过近40年的发掘，从已经出土了的大量墓葬来看，既有大量的贫民墓葬，又有少量的贵族墓葬，也就是说，已有了贫富分化和阶级差别。特别是确定了陶寺早期小城、下层贵族居住区、大贵族宫殿区、中期小城内大贵族墓地以及祭祀区内的观象台基址，"标志着陶寺（遗址）城址的王都性质"。中国社科院考古研究所研究员何驽曾经发表论文说："陶寺中期王级大墓……IIM22墓圹规模宏大……表现出王者气派……《论语·尧曰》'咨尔舜！天之历数在尔躬，允执其中；四海困穷，天禄永终。'所谓的'中'，就是西周以前圭尺的称谓……'允执其中'，是王权统治的集中象征。"②那么"王权"的出现，就表明了实实在在地存在着脱离了人民群众的"公共权力的设立"，何驽先生其文章表明，中国在尧舜时期的文明曙光时代已经形成。

从《尚书·舜典》而知，帝舜时就任命了22位官员，分别管理天下事务。《舜典》载："肇十有二州，封十有二山，浚川。"其意是：帝舜开始划定十二州的界限，在十二州的名山上封土为坛作祭祀用。这就是说，帝舜时候，已经有了国土疆域的概念。按照恩格斯的观点，国家的形成有两个基本特征：一个是"按地域划分它的国民"，即有了国土疆域的概念，一个是脱离了人民群众的"公共权力的设立"，③即国家政权的机构，所以说，帝舜时，已经有了国家的初步概念。《舜典》还说："象以典刑，流宥五刑，鞭作官刑，金作赎刑。眚灾肆赦，怙终贼刑。"这就表明那时候已有了"法"的运用。从以上三个方面可以说明，尧舜时期是古代治国思想的孕育萌芽阶段。

第二个阶段：夏、商、周（西周）时期。这是中国古代治国思想的基础阶段。其重要性是逐步加强了治理国家的意识和思想理念。大禹时这种治理国家的意识和治国思想理念就更加明确，《左传·襄公四年》载："茫茫禹迹，划为九州。"《左传·昭公六年》载："夏有乱政，而作禹刑。"可见当时更加明确地记载了"按地域治理"和"公共权力"，特别是有了"刑罚"的正式运用。商朝时，"尊神敬

---

① 中国社科院考古所山西工作队等：《1978—1980年山西襄汾陶寺墓地发掘简报》，《考古》，1984年第1期。
② 何驽：《从陶寺遗址考古收获看中国早期国家特征》，《中国古代文明与国家起源学术研讨会论文集》，科学出版社，2011年。
③ 《马克思恩格斯选集》第4卷，人民出版社1972年，第166-167页。

鬼",认为国家要治理好,就必须"率民以事神"①,符合神的意志,国家也就治理好了,因而商朝时奉行的是典型的以崇敬天命鬼神为特色的治国原则。所以那时"占卜"和"巫祝"很是流行。西周时期则发生了很大的变化,"周人尊礼尚施,事鬼神而远之,近人而忠焉"②。也就是说,西周时统治者更强调的是要靠人来治理国家、管理社会。他们认为,人的重要性比鬼神高,"天不可信"③,"皇天无亲,唯德是辅。民心无常,惟惠之怀。"④主张"明德慎罚",保民致孝。所有这一切,从真正意义上树立了治国思想。也就是说,他们思考着怎样才能治理好自己的国家,为以后的治国思想成熟奠定了基础。所以说,夏、商和西周时期,才是治国思想真正的起源和基础阶段。

第三阶段:春秋战国时期。这是中国古代治国思想迅速发展并臻于高度成熟的时期,也是我国古代治国思想形成的最重要时期。研究历史的人皆有一个共识,都认为春秋战国时期是中华文化的"轴心时代"。春秋战国之所以称得上"轴心时代",其主要标志有两个:一个是涌现出了孔子、老子、孙子、管子、孟子、荀子、墨子、庄子、韩非子等为代表的一大批中国历史上伟大的思想家。这九位古代伟大思想家对人类所关切的基本问题各自提出了独到而深刻的看法,尤其是荀子综合并批判地吸收了各个流派的思想,成为古代治国思想的集大成者。第二个标志是在此基础上,形成了儒、道、法、墨等重要思想流派。这就是历史上所说的"诸子百家"。"诸子"是各家的代表人物(《四库全书》记载的是187个),"百家"是指各种思想流派(主要有10个流派)。这些思想流派中,对有关治国安邦、经国治军问题的探索,始终是其学说的主体。所谓"百川异源,而归于海;百家殊业,而皆务于治"⑤。这些治国理论的系统完善,实际上是已经规范了经国治军的主要原则和具体途径,对后世治国思想的发展一直发挥着决定的影响。德国有一个大学者叫作雅斯贝尔斯,写过一本《历史的起源与目标》,他发现了这样一种现象:"人类依靠轴心时代所产生的思考创造一切而生存,每一次新的飞跃都回顾这一时期,并被它重新燃起火焰。"⑥所以说,春秋战国是中国古代治国思

---

① 《礼记》卷五十四《表记》。
② 《礼记》卷五十四《表记》。
③ 《尚书·君奭》。
④ 《尚书·蔡仲之命》。
⑤ 《淮南子·氾论训》。
⑥ [德]卡尔·雅斯贝尔斯:《历史的起源与目标》序言,华夏出版社,1989年。

想形成的最重要时期。

第四阶段：秦汉时期。这是中国君主专制集权的大一统帝国形成时期，中国古代治国思想的发展也进入了一个新的阶段。这一时期，最主要的特点是确立了整个封建社会治国理政的规模和架构，从理论和实践的结合上解决了治国思想和实现其目标的关系。"大一统""罢黜百家，独尊儒术""道之大源出于天，天不变，道亦不变"①等思想的出现和实施，是这一时期的一个重要特点。还有一个与先秦时代最大的不同之处，它们是通过国家机器的权威力量，而被落实到社会生活的各个层次、各个方面，在锲而不舍地教育和灌输下，成为社会各个阶层广泛的心理认同。随后封建社会的治国思想，虽说在不断地发展，但不过是对该时期治国思想的扩充与丰富而已，已经有了"万变不离其宗"的特点。包括车同轨、书同文、人同伦，统一度量衡，实行郡县制等都是在这一时期形成的。有些分裂势力讲，中国实际上早就应该分成七个，也是影射战国时的情况。我们在研究中国历史中发现了一个重要的规律性现象，就是"大一统"思想在中国两千年中都根深蒂固，一个重要的标志是，凡是那些在历史上有所作为的帝王，都把"统一"作为"隆治"的最高境界和追求目标，这是符合历史事实的。这种"大一统"的思想严格地说，就是在这一时期形成的。而春秋战国时期还不是这样的，那时还有小国寡民的思想（例如老子的学说就是如此）。

第五阶段：经隋、唐、五代、宋、辽、元、金，迄至明、清时期，这是中国古代治国思想持续丰富、不断充实的阶段。从根本上说这一时期虽然很长，但没有提出具有全局性的新思想来，而是对现有治国思想的不断强化和固化，进而丰富和充实了中国古代治国思想的内涵，以至于把孔子尊为"大成至圣先师""大成至圣文宣王"，叫作"千秋仁义之师，万世人伦之表"。清康、乾诸帝"乾纲独揽"的治国理论的提出，更是把封建专制发展到了极端地步，内阁的权利大大地削弱。这一时期的几个著名皇帝，如康熙是"千古一帝"，乾隆号称"十全老人"，但这时并没有出现著名的宰相，这一时期的相权很小，都是"喳"（即照办）了，清朝皇帝的具体办事机构很精练，权力不大，效率很高。"上书房""军机处"这些机构实际上就是皇帝的秘书班子。这标志着传统的帝王集权到了清朝已经进入了最高也是最后的阶段②。

---

① 《汉书·董仲舒传》卷五六。
② 第一节中的第2—5阶段，参考了运新宇：《治国史鉴十讲》，国防大学出版社，2009年，第1—4页。

第二节　中国古代治国思想简况

中国古代治国思想的内容十分丰富，形成了体系的就有十家之多。其中与治国思想有关的如下：

1. 儒家，儒家代表人物是春秋时鲁国人孔子、战国时的邹国人孟子。儒家学说是中国传统治国思想的主体内容之一，提倡王道政治，提倡"足食""足民"，反对苛政，主张恢复周礼，实行仁政，采用中庸，所以统治者和被统治者都可以接受，具有一定的凝聚力，有利于执政者的长治久安，但社会发展缓慢，更主要的是，它对那些豪强、恶霸，不听教化的顽固腐败官员起不到震慑、打击的作用。儒家的政治态度，选择了与王权合作。只是执政者治国方略的一个常用的翅膀而已。本书后面会有详细论述。这里还要强调的一点是：卜子夏和荀子不是儒家，而是中国治国思想主线的核心人物。后面第十三章至第十六章会有详细的论述。

2. 法家，其代表人物是三晋的李悝、商鞅、吴起、申不害、慎到、韩非子。当然还有齐国的管仲，楚国、秦国也有以法治国思想的文化建设，但齐、楚、秦的法治文化只表现在某一些方面，没有形成一种法家学说理论。法家在诸子百家中，是最讲究政治操作性的一派。它是在春秋晋国孕育，战国时期形成的，并在后世产生了深远影响的一个重要思想流派。它的形成比道家、儒家晚一些。它的出现，标志着中国传统治国学说的高度成熟，被认为完全是为帝王权术和统治服务的学说。法家学说的唯一宗旨就是"务治"（也就是管用），即完全围绕"治国驭民"问题而言，主张严刑峻法管天下，推行绝仁去义、唯力是视，高度强化君主为本的中央集权制。法家的治国思想是典型的"经世说"。他强调的是经世致用，也就是说，要"管用"，要立竿见影，有时达到极端地步[①]。然而法家的"信赏必罚"的学说，要求统治者必须"有德泽于人民"的思想也表现了法家的重民思想。它是执政者不可或缺的手段之一，是对儒家治国思想的必要补充手段。法家治国思想，是一个相对完整、严谨的体系，是中国古代治国思想的重要组成部分，因为法家学说要想得以实施，就必须通过王权才能得以实现，所以法家的政治态度是依附王权，值得我们很好地研究和借鉴。本书后面会有详细的论述。

3. 道家，《汉书·艺文志》云："道家者流，盖出于史官，历记成败、存亡、

---

① 参见运新宇：《治国史鉴十讲》，国防大学出版社，2009年，第21页。

祸福、古今之道，然后知秉要执本。清虚以自守，卑弱以自持，此君人南面之术也。"其代表人物是春秋陈国人老子、战国时宋国蒙邑人庄子。道家是先秦时期很有地位的学派，道家的思想是春秋战国时期部分没落贵族意识的集中体现。其思想为"出世说"，它的治国思想的理想境界就是"小国寡民"（儒家是小康大同），人们达到"甘其食，美其服，安其居，乐其俗。邻国相望，鸡犬之声相闻，老死不相往来"的"至德之世"里。其学说主张顺从人的自然本性，反对用道德仁义等外在力量去改变什么，规范什么。就其总体而言，反对仁义，反对以道德治国，乃是道家的基本共识。道家的政治态度基本是远离王权，其学说，不适用于执政者长期运用，仅偶然用之一段尚可。

4. 墨家，其代表人物是战国时宋国的墨子（名翟）。墨家代表小工商业者的利益，提出"兼相爱、交相利"，节用、节葬、节乐和非攻的主张，要求王公大臣们对老百姓要"饥则食之，寒则衣之，疾病侍养之，死丧葬埋之"（《墨子·兼爱下》）。它只是停留在理论层面上，并没有形成大的气候。

5. 兵家，兵家是中国古代治国思想中的经国治军思想，其代表人物是春秋时齐国人孙武，战国齐人孙膑，战国卫人吴起，春秋晋人先轸。最重要的是孙子，世有"兵书起于武经，武经始于孙子"之说。这一流派从"兵者，国之大事"的高度来论兵讲战，是中国古代诸子百家中的重要一家[1]。兵家主张以战止战，战争必须"唯人是保"的思想，战争中以"全国""全军""全旅""全伍"为上策的思想，都表现了中国兵学的成熟和理性。

6. 农家，农家的代表人物是战国时楚人许行。他假托"神农之言"来宣传自己的政治主张。关于许行，史书记载很少，只有《孟子·滕文公》记载了一些有关他的思想和活动。他代表农民提出"君民并耕"的主张，要求贵族统治者"亲耕""亲织"，代表了下层人民的呼声，在历史上有一定的影响[2]。

7. 阴阳家，其代表人物是战国时齐国人邹衍。阴阳五行思想，认为"有国者益淫侈，不能尚德"，要求王公大臣们"必止乎仁义节俭"（《史记·孟子荀卿列传》），否则就会天降灾难，"有国者"的气数将尽，从而发生改朝换代。阴阳五行说，以"五德转移"说去警告帝王，使他们以仁义、节俭治国，在当时的条件下，应该说有积极的意义。

---

[1] 见运新宇：《治国史鉴十讲》，国防大学出版社，2009年，第30页。
[2] 李玉洁：《先秦史稿》，新华出版社，2002年，第410页。

8. 名家，其代表人物是战国时赵人公孙龙和宋人惠施。名家是一个探讨名、实关系的学派。他们"控名责实，参伍不失"[①]，"其持之有故，其言之成理"[②]，具有丰富的思辨性和逻辑性。

尽管在春秋战国这个"轴心时代"形成了"诸子""百家"的各自学说，其中就治国思想来说，具有代表性的主要是儒、法、道三家，对于执政者而言，最有影响而且实际可用的莫过于儒、法两家了。对于统治者来说，道家学说只是在特定时期可用而已。

特别需要指出的是荀子的治国思想。荀子生活在战国的中晚期，其时的"诸子""百家"已经形成或基本形成（法家），荀子批判地吸收了他们的学说，最主要的是德治与法治辩证统一的思想，自成一家。开启了"礼法合治"的雏形。陶作《治国方略史鉴》便是围绕着"礼法合治""德主刑辅"，儒、法如"鸟之双翼"这个主题展开，进行分析探讨。

[①]《史记·太史公自序》引司马谈《论六家要旨》。
[②]《荀子·非十二子》。

第二章 中华文明的起源、形成与发展及先秦时期的中国历史概况

第一节 中华文明的起源、形成与发展概况

以司马迁《史记》为代表的"三皇、五帝、夏、商、周"古代文明体系,几千年来根深蒂固。自从考古学兴起后,更证明了中国文明本土起源学说的成立,它是建立在从旧石器时代经新石器时代,直到青铜器时代乃至以后文化的连续发展基础之上的。

中国文明起源于本土,但其源头是多方面的。我国地域辽阔,地理环境复杂,文化传统多样。就新石器文化而言,根据文化渊源、特征、发展道路的不同,可分为以长城地带为中心的北方(红山文化)地区文化;以晋、豫、陕三省相邻地区为中心的中原(仰韶、龙山文化)地区文化;以洞庭湖及其邻境地区为中心的长江中游地区文化;以山东及其邻境地区为中心的黄河下游(大汶口文化)地区文化;以江浙(太湖流域)及其邻境地区为中心的长江下游(良渚文化、河姆渡文化)地区文化;以鄱阳湖——珠江三角洲一线为主轴的南方地区文化;以四川成都平原及其邻境地区的长江上游(巴蜀)地区文化所形成的七大区系文化。

虽然文明的起源是多源的,但是其发展的趋势是逐步走向一体的。大约在距今 5300 年前后,中原地区的仰韶文化、北方地区的红山文化以及稍后长江下游的良渚文化先后出现了高于部落之上、稳定、独立的所谓"古国"的政治实体。但在其进一步的发展中,却各自选择了不同的道路。其中,一开始就走上以军权和王权相结合为基础并突出王权的"仰韶古国",因其客观上避免了以神权为中心的"红山古国""良渚古国"模式对社会财富的极度消耗,从而脱颖而出,走在其他地区文明的前头,而且由仰韶文化而龙山文化,由龙山文化而二里头文化,绵延不绝,越来越强,使中原地区成了中华文化的中心与核心,并通过各种途径从诸

文化中汲取先进营养，逐渐重组、融合成为一体。多元一体模式，是对中国文明进程的最简洁、最明晰、最准确的概括①。

文明、国家，都是不断发展的概念。当社会生产力发展到一定程度时，就开始出现维持人类基本生活之外的剩余生产品，文明便应运而生；当文明因素发展积累到一定程度，社会开始分工，阶级开始形成，国家便开始出现。

中国古代最早出现的国家，考古学界称之为"古国"，大体处在距今5500年至距今4500年这个阶段。在我国古代典籍中，这个阶段被称为"万国"，又叫"万邦"，相当于古史传说五帝中的黄帝、颛顼、帝喾时代。古国不同于部落，古国是高于部落之上的、稳定的、独立的政治实体，一般以崇尚神权为特征，是神权国家，这在"红山古国"、"良渚古国"中表现得最为充分。

从距今大约4500年开始，由古国阶段逐步发展到"方国"阶段。方国的范围一般要大于古国。方国已是王权国家，神权一般已降至次要地位，社会基本结构虽然仍像以前一样，靠血缘关系维系，但"国土"概念已开始萌生。方国阶段从距今大约4500年至公元前221年秦统一全国，大体相当于古史传说中的尧、舜和夏、商、周三代。这一时期，以王权为中心的礼制和法制不断发展和完备，礼制成为维护夏、商、西周社会秩序和保证社会正常运转的重要制度。到了东周的春秋时期，道家、儒家逐渐形成，法制文化也在晋国逐渐萌发。到了战国时期，法家、墨家、名家等各家逐渐形成，并且形成百家争鸣。到战国末期，荀子在批判地吸收了诸子百家思想后，成为以"隆礼尊贤、重法爱民"为核心的诸子百家思想的集大成者。

公元前221年，秦始皇统一中国，帝制时代开始，直到公元1911年，孙中山领导的辛亥革命推翻清朝帝制，帝制时代方告结束。帝制时代的核心是封建君主中央集权制，是以荀子"隆礼尊贤、重法爱民"治国思想为主线而贯穿始终。

第二节　华夏文明起源的尧、舜、禹时期概况

原始社会生产力低下，当时人类过着以采集和狩猎为主的生活，在广阔的大地上遍地开花，由南到北，从西到东，都有先祖们留下的古文化遗迹。当社会进入到耜耕农业的初期阶段，人们需要选择适宜于农作物生长的土地，开始定居生

---

① 李伯谦：《文明探源与三代考古论集》，文物出版社，2011年。

活。在当时的历史条件和气候条件下，北方辽河流域的黑土地不适宜农业生产，南方长江流域的红土地也不适宜，即使黄河流域的黄土地在当时也不是都适宜耜耕的土地。因为黄河上游多是沙漠戈壁，黄河下游又多是水泽湿地，唯有黄河中游地区即今晋南的临汾、运城，河南的三门峡三角地带的土壤最适合于耜耕农业生产。今晋南地区，古称"河东地区"，属于中原黄河流域的重要组成部分，这里地处黄土高原，黄土中含有大量的矿物肥料，而且土质疏松，结构均匀，不但易于开垦耕作，还具有较强的保墒力，适宜栽培干旱植物。据《山西考古四十年》说，当时全球气温已经过了旧石器时代的末次冰期极盛期，"气候逐渐转暖，人类文化也将进入另一个发展阶段"。从而为发展农业生产、铸造农耕文化，提供了优越的天时和地利条件。由于气温回升，这里还得益于黄河、汾河、浍河、涑水河等河流和诸多湖水的浸润，使得遍地温暖而湿润，所以，当时这里农耕文化高度繁荣，原始居民群落密布。

　　晋南地区凭借其得天独厚的条件，创造出了高度发达的原始农业和农耕文化，为文明社会的到来准备了充分的物质条件，率先大踏步地进入文明时代的门槛，并对其他各文化区产生了巨大的影响和向心力作用，所以，这里事实上已构成了华夏文明起源的中心区域。

　　中国社科院考古所在晋南陶寺遗址进行发掘并长期工作过的原山西考古队长高炜和队副张岱海，在其《陶寺——尧舜时期的文明中心》一文中说，十多年来，在黄河、长江两大河流流域和燕山地带考古的一系列重大发现，逐渐揭开了中国历史传说中五帝时古史的面纱。随着公元前四五千年以来文明因素在氏族社会母体中的孕育、积累，大致从公元前3500年的仰韶时代晚期已经迈开走向文明的步伐。他们认为，从陶寺文化可以看到："公元前2500年前后已形成黄河、长江流域及周围地区各文化系统辐辏中原之势。陶寺遗址中包含从燕山以北到长江以南，从东海之滨到甘、青高原广大地域的文化因素，成为集多元于一统最初华夏文明共同体的一个缩影，标志着中原最终铸就在中国文明多元一体格局中的中枢地位，为三代古典文明奠定了基石。"①正如苏秉琦先生做出的格言式概括："大致在距今4500年左右，最先进的历史舞台转移到了晋南。在中原、北方、河套地区文化以及东方、东南古文化交汇撞击之下，晋南兴起了陶寺文化。它不仅达到了比红

---

① 高炜、张岱海：《陶寺——尧舜时期的文明中心》，载于《尧舜禹历史文化研究论文（集）》，2005年，12月。

山文化后期社会更高一级阶段的'方国'时代,而且确立了当时诸方国中的中心地位,它相当古史上的尧、舜时代,亦即先秦史籍中出现得最早的'中国',奠定了华夏的根基"[1]。

尧都平阳,舜都蒲坂,禹都安邑,不仅为人们所公认,更为现今考古所证实。考古发掘已从多方面以翔实的实物证明了晋南的陶寺文化早期属于陶唐氏唐尧的部落;中期属于有虞氏虞舜的部落;晚期属于早期的夏文化[2]。晋南夏县的东下冯类型一、二期文化当是夏族建立国家后的前期夏文化[3]。

上述事实,标志着晋南地区最终铸就了在当时中国文明多元一体格局中的中枢地位。它为后来从这里走出的夏、商、周三代文明奠定了基石。

第三节 华夏文明起源的夏、商时期概况

一、夏朝时期概况

夏族起源于山西晋南的襄汾县及周边一带,禹早期主要活动于今襄汾县陶寺遗址和汾河下游及今运城市一带。禹后期建都于今夏县东下冯遗址。到禹的儿子启即位后期,发生了伯益叛乱;启的儿子太康即位后迁离晋南,渡过黄河,南迁到今河南伊洛地区。太康治国无方,当政期间更是战乱纷纷,最后被东夷的后羿夺取了政权,史称"太康失国"。后羿和太康一样,也是个无能的统治者,终日沉溺于游猎之中,将政事交给寒浞。寒浞掌权后,杀后羿而代之为王。太康弟仲康之孙少康与夏朝遗臣伯靡联手,起兵打败寒浞,恢复夏朝的统治地位,史称"少康中兴"。夏朝这才得以巩固,进入国势向上的相对稳定时期。自少康以后的杼、槐、芒、泄、不降、扃、孔甲等八代统治,政治稳定,经济繁荣。

到夏代第十三个国王孔甲执政,夏朝开始衰亡。只过了四代便导致了亡国之祸。故《国语·周语》云:"孔甲乱夏,四世而陨。"最后一个国君叫桀,是历史上有名的暴君。夏桀时期夏都叫斟寻,在今河南洛阳市偃师县的二里头遗址,那

---

[1] 苏秉琦:《迎接中国考古学的新世纪》,《华人·华的传人·中国人——考古寻根记》,辽宁大学出版社,1994年。

[2] 王克林:《陶寺文化与唐尧、虞舜——论华夏文化的发展》,《文物世界》,2001年第1、2期。

[3] 王克林:《陶寺晚期龙山文化与夏文化——论华夏文明的形成》,《华夏文明论集》,山西人民出版社,2006年,第43、48页。

里有规模宏大的宫殿遗址。这时黄河下游的夷人部落——商，在其首领成汤领导下兴盛起来。他以讨伐暴君夏桀为名，发动灭夏的战争，夏桀兵败逃到夏的发源地（今运城市）鸣条，故《史记·夏本纪》云："桀走鸣条，逐放而死"。《史记》之《集解》云："孔安国曰：'（鸣条）地在（今山西夏县）安邑之西。'"夏桀被俘，放逐到南方的南巢（今安徽寿县）。

夏朝共历十三世（《世本》为十二世），十七王，前后470年（公元前2070—前1600）。

二、商朝时期概况

由于史籍记载不详，加上后世地名变化很大，商族起源于何地一直为难解之谜。千百年来，专家、学者们做了大量的考证，得出的列论有以下八种：（一）西方说：1. 太华之阳说，2. 京兆杜陵说。（二）东方说：1. 豫东鲁西南说，2. 濮水流域说，3. 山东半岛说。（三）北方说：1. 渤海湾说 2. 易水流域说，3. 冀中南说。（四）东北说。（五）晋南说。（六）中原说。（七）夏、商、周同源说。（八）江浙说。

主张"晋南说"的有李民先生、姚政先生，朱彦民先生。《商族起源研究综述》说，"晋南说"也得到考古界的邹衡先生、李伯谦先生的支持。"夏、商、周同源说"不但主张商族起源于晋南，而且认为夏、商、周皆起源于晋南地区。山西的大多数学者主张是"夏、商、周同源说"，也就是"晋南说"。他们认为：由历史文献记载表明，中国历史的开端序幕是从唐尧、虞舜时拉开。经考古证明以唐尧为首领的华夏族始居于晋南盆地，今襄汾塔儿山（古崇山）脚下。据《尚书》中的《尧典》《舜典》等篇记载，主要有唐尧、虞舜、夏族鲧、禹、高祖契、周祖后稷等氏族部落。它们在年代上大体相同。因此，以唐尧氏族部落为首领与夏、商、周三族共同建立了中国华夏文明或初期国家，其三族与唐尧部落相距不远。

王克林先生在《商族源于漳河流域考》中云："从考古学、地名学、古文字学以及历史学等几个方面，充分地论述了商族起源于晋中或晋东南漳河流域的事实……待商族发展壮大后，大约在夏末，由所处的形势和发展需要，其族从始居地逐渐向北和西南辐射"。"经考古调查证实……从太古白燕的殷商遗存起，往西或西南有洪洞下院、浮山、垣曲商城、夏县东下冯二里岗期商城，就是商族从其肇始地的漳河流域向西或西南发展的实物证据。故而可以说，商族于山西东南部起源后，在汾河流域中下游发展壮大"①。

到契十四代孙汤时，商已成为东方一个比较强大的方国。《国语·周语下》云："云王勤商，十有四世而兴。"汤即天乙，姓氏为"子"，甲骨文称大乙，后世习惯上称之为成汤。他为政后，剪除夏朝方国葛（今河南宁陵县北）、韦（河南滑县东）、顾（山东鄄城东北）、昆吾（河南淮阳南），"十一征而无敌于天下"。最后与夏桀战鸣条，夏师败绩。灭夏后，汤回师亳邑（今河南郑州），大会诸侯，正式建立了商王朝，定都于亳。

商汤死后，因其子太乙早死，由太丁之弟外丙即位；外丙死，其弟中壬继位，中壬死，又以太丁之子太甲继位，太甲乃商汤长孙。据《史记·殷本纪》云："帝太甲即位三年，不明，暴虐，不遵汤法，乱德，于是伊尹放之桐宫。"太甲居桐宫三年，悔过自责，伊尹迎回太甲而授之政。以后，太甲修德遵法，诸侯归服，百姓安宁。

商朝疆域，北至辽宁，南达湖北，西到陕西，东濒海滨。据《尚书·商书》载："自契至汤，八迁，汤始居亳。"八迁的具体地点，历来说法不一。近年有人认为郑州商城、偃师都可能是商都西亳。成汤灭夏至盘庚五迁，始居于殷。

武丁是盘庚之侄，即位后励精图治，开创了盛世局面，为后代的文化繁荣打下良好的基础。他死后盛世下衰，祖庚、祖甲以后诸王，特别是帝乙、帝辛（纣王）时期，国内矛盾尖锐，诸侯反叛。周武王攻商，"前徒倒戈"，牧野一战"血流浮杵"，纣王逃到鹿台后自焚而死，商朝灭亡。

商朝的另一个都城——耿都，在今山西省河津市柴家乡一带。史学界一直把祖乙迁耿和迁邢混为一体，其实耿都和邢都是两个都城。公元前1525年祖乙不满相都（河南内黄），把国都迁到耿都（今山西河津）。次年，由于河患，才把国都迁到了邢（河北邢台市）。并封弟祖丙于耿，建立耿国，至今河津市仍有遗址。

商代经历了17代31王，商代世系无定说，据夏商周断代工程认为商朝代夏的时间为约前1556年，至前1046年被周武王所灭，共510年。

---

① 王克林：《商族源于漳河流域考》，《华夏文明论集》，山西人民出版社，2006年，第203-208页。

第四节　华夏文明起源的周朝时期概况

周朝是中国历史上继商朝之后的朝代，分为"西周"（前1046—前771）与"东周"（前770—前256）两个时期。西周由周武王姬发创建，定都镐京，陪都洛邑；东周由周平王姬宜臼建立，定都洛邑。其中东周又称为"春秋战国"，它又分为"春秋"和"战国"两部分。周王朝存在的时间从前1046年至前256年，共传30代37王，共计存在约为790年，为中国历史上最长的朝代。

在中国古代的历史上，周朝的统治很有特点，主要有四大制度：封建制、宗法制、井田制与礼乐制，周朝的政治、礼法、文化对以后两千余年的中国社会产生了深远的影响。

一、西周时期

周人的祖先是黄帝曾孙帝喾元妃姜嫄的儿子弃，即后稷。据考古学家王克林先生论文《周族、周文化的起源及有关问题》论证，认为"周人崛起于晋南汾水下游吕梁山一带"[①]。钱穆先生在其《周初地理考》中说："今考周人盖起于冀州，在大河之东，后稷之封邰，公刘之居豳（bīn），皆在晋地。"[②]王克林在《试论齐家文化与晋南龙山文化的关系——兼论先周文化的渊源》一文中说："历史文献和考古发现均无不说明周人似为夏人的一支或是夏族联盟成员之一。由于周族屡遭戎狄侵扰，使其一部离开故地晋南老家，向西迁徙，其路线可能是沿黄河北上，经内蒙古河套地区转折至今甘、宁地区。""嗣后，周之先祖公刘因在甘、宁又遭戎狄侵扰，方迁于豳（今陕西旬邑或彬县），到古公亶父时，同样为避戎狄，离豳逾梁山，渡沮河漆水，最后到达今陕西渭河北岸的岐山下定居下来，建立了城市国家。"[③]古公亶父迁到岐山南边，名曰周原，故自称为"周"。《说文》云："黄帝居姬水，以姬为姓，周人（因为是黄帝后代）嗣其姓"为姬姓。

[①] 王克林：《周族、周文化的起源及有关问题》，载于《周秦文化研究》，陕西人民出版社，1998年。

[②] 钱穆：《周初地理考》，《燕京学报》第10期。

[③] 王克林：《试论齐家文化与晋南龙山文化的关系——兼论先周文化的渊源》，《华夏文明论集》，山西人民出版社，2006年。第209-220页。

《史记·周本纪》云：古公之少子曰季历，"古公卒，季历立，是为公季。公季修古公遗道，笃于行义，诸侯顺之。公季卒，子昌立，是为西伯。西伯（谥号）曰文王，尊后稷、公刘之业，则古公、公季之法，笃行，敬老，慈少。礼贤下士，日中不暇食以待士，士以多归之"。

西伯姬昌卒，次子姬发继位，是为周武王，追谥姬昌为文王。他以"太公望为师，周公旦为辅，召公、毕公之徒左右王，师修文王绪业"①，武王率师于牧野之战打败商纣王，建立了周朝，后迁都于镐京（今陕西省长安区南，在丰邑东）。周人基本上控制了商朝原来的统治地区，又征服了四周许多小国。为了控制东方大片领土，他采用了"分封亲戚，以藩屏周"的政策，把他的同姓宗亲和功臣谋士，以及原圣王后裔分封到各地，建立诸侯国。其中武王"兄弟之国者十有五人，姬姓之国者四十人"②，他们对周王室起到了拱卫作用。

成王继位后，继承武王遗志，决定在洛阳附近建一新邑"宅兹中国"。为了进一步巩固政权，成王又进行了第二次大的分封，"立七十一国，姬姓独居五十三人"③，其中封其胞弟叔虞于河东唐国。这些宗亲诸侯国的封地往往形成犄角之势，互有联系，相互制约，因而在早期阶段对西周的政治局面稳定确实曾起到一定积极作用。周王朝建立了比较完备的国家机器，对域内实行有效统治。制订的刑罚，比商代更系统。常备军的人数比商代多，在宗周驻有六师，在成周驻有八师。全国的土地和臣民，名义上都属于周王所有，正所谓"普天之下，莫非王土；率土之滨，莫非王臣"。所以，周王封给诸侯土地与臣民时，总要举行授民仪式。所有的诸侯国，要定期朝见周王，有保卫王室的义务。他们还要向周王纳贡服役（包括兵役），否则就要受到惩处。西周时期，周王成为"天下共主"。

周厉王时，周朝的统治开始衰落。由于周厉王统治十分残暴，国人（平民）对他非常不满，于是厉王遂命神巫监视国人。公元前841年，终于爆发了"国人暴动"。厉王仓皇出逃到彘（zhì 今山西霍州市）。他奔彘后，朝政由周公、召公（继承者）共同执掌政权，史称"共和"执政，同时，前841年（共和元年）是我国历史有确切纪年的开始。

---

① 《史记·周本纪》。
② 《左传·昭公二十九年》。
③ 《荀子·儒效》。

"共和执政"结束后,周宣王即位,他采取了明智的政策改善统治,在对外征讨和开拓疆域上接连取得胜利,出现了历史上称之为"宣王中兴"的时期。

宣王在位四十六年而卒,儿子幽王继位,他宠幸妃子褒姒,重用佞臣虢石父,虢石父盘剥百姓,献烽火戏诸侯之计,激化了阶级矛盾,在诸侯中丧失了信用。由于用人不当,加上各种天灾人祸,民怨沸腾。他又废了太子宜臼,欲立伯服,宜臼奔舅家申侯,申侯联合鄫和西方犬戎等攻下镐京,周幽王被杀,西周灭亡。

西周自武王克商到幽王,共 11 代 12 王。为武王—成王—康王—昭王—穆王—共王—懿王—孝王—夷王—厉王—共和十四年(前 841—前 828)—宣王—幽王。

二、东周时期

公元前 771 年,周幽王被杀,西周结束。诸侯共主立太子姬宜臼即位,是为周平王。因镐京被犬戎毁坏严重,渭河平原亦遭打劫,不能立国。所以于次年(前 770),周平王在晋文侯、郑武公、秦襄公合力护送下东迁到洛邑,因洛邑在镐京之东,此后的周朝史称"东周"。

平王东迁之后,周王室只有一小块地盘,大权旁落,失去"天下宗主"的权威,只保有天下共主的名义,而无实际控制的能力。同时,一些被称为蛮夷戎狄的民族在中原文化的影响或民族融合的基础上很快地赶了上来。中原各国也因社会经济条件不同,大国间争夺霸主的局面出现了,各国的兼并与争霸促成了各地区的统一。因此,东周时期的社会大动荡,为全国性的统一准备了条件。东周时期,诸侯纷争加剧,进入了列国征战的春秋战国时期(前 770—前 221)。其中,早期称之为"春秋"(前 770—前 453)①,后期称之为"战国"(前 453—前 221)。

---

① 关于"春秋"和"战国"的年代划分有六种:一是战国起于公元前 481 年。宋代吕祖谦的《大事记》从此年开始;二是"战国"起于公元前 475 年。司马迁《史记·六国年表》即从此算起;三是"战国"起于公元前 468 年。清代林春溥的《战国纪年》和黄式三《周纪编略》皆从此叙起;四是"战国"起于公元前 403 年。司马光《资治通鉴》从此年开始正式记事;五是战国起于公元前 453 年;《战国策》赵、魏、韩三策记事年代最早,赵、韩皆起于前 453 年,本书采用该说;六是田昌五先生《古代社会断代新论》一文倾向于前 359 年"商鞅变法"为分界。因"春秋"的标志是"五霸",战国的标志为"七雄"。"七雄"没有异议,对于"五霸",作者以为勾践北上大会诸侯于徐州,被周天子认可为"伯","春秋"方算结束,所以本书以为以公元前 453 年为合理。

1. 春秋时期（前770—前453）

在中国上古时期，春季和秋季是诸侯朝觐天子的时节。另外，春秋在古代也代表了一年四季。而史书记载的都是一年四季发生的大事，因此"春秋"成为史书的统称。而鲁国史书的正式名称就是《春秋》。传统上认为《春秋》是孔子的作品，也有人认为是鲁国史官的集体作品。据台湾学者南怀瑾的解释，"春秋"意指春去秋来，以编年体形式记录史实。在东周的春秋时期已有约170个政治实体。当然，绝大部分是非常小的，它们在内部分成若干个采邑，又被分给每个统治家族的亲戚或官员。在这个过程中，由于战争连绵不断，许多诸侯国被消灭，或者其面积大为缩小。周天子只是名义上的天下共主，根本驾驭不了众多诸侯国。春秋时期的较大诸侯国共计十四国，除了能称霸天下的齐、晋、楚、吴、越五霸外，还有鲁、秦、宋、卫、陈、蔡、曹、郑、燕九国。

春秋时期，周王室衰微，实际上和一个中等诸侯国地位相近。各国之间互相攻伐，战争持续不断。小国被吞并，各国内部卿大夫势力强大，动乱时有发生，弑君现象屡见不鲜。《春秋》和《左传》中记载的弑君事件多达四十三起，主要集中在"春秋"前期，这也反映了西周和东周交替之际权力的急剧变化。

据史书所载，春秋二百四十二年间，有四十三名君主被臣下或敌国杀死，五十二个诸侯国被灭，有大小战事四百八十多起，诸侯的朝聘和会盟四百五十余次。

春秋时期诸侯国林立，作为一个国家最高政治象征的国君名号，有种种不同。按照西周制度，受封的诸侯国君有公、侯、伯、子、男五种不同称号，是周朝的"五等爵制"。在西周时，边鄙地区一些小国君长在国内也称王。进入春秋以后，楚国国君在春秋早期自楚武王时开始自称王，晚期的吴、越国君也称王。但是在中原的诸侯国还是恪守着周时旧制，按封爵时的爵位高低以公、侯、伯、子、男相称，如宋、鲁国君称"公"，晋、齐、卫国君称"侯"，秦、郑、曹、杞国君称"伯"，邾、莒国君称"子"，许国君称"男"等。在中原国家意识中，周天子地位虽微弱，"礼乐征伐"已"自诸侯出"了，但天下还是由周天子独享。鲁哀公十三年（前482）吴王夫差在黄池同晋国争当盟主，晋向吴提出"诸侯无二君，周无二王。"夫差于是取消"王"号，不称吴王而称"吴公"，参加会盟①。可见，即使到春秋晚期，中原诸侯还是不能随便称"王"，也反对他人称"王"，把径自称王的国家视作"蛮荆""淫名"的化外之人。国君名号虽有王、公、侯、伯、子、

---

① 《国语·吴语》。

男之分，但在国内，他们都是一国的最高统治者。

2. 战国时期

我国战国时期指前453年—前221年（一说为前475—前221；另一说为前403—前221）。其主要时间处于东周末期，它是我国历史上分裂对抗最严重的时期之一。

"战国"一词最早出自《史记·匈奴列传》："冠带战国七，而三国边于匈奴。"战国尽管是主要描写七个国家的征战，而战国时期的国家远远不止七个，战国初期，群雄并起，共有二十多国，依然以周天子为共主。

公元前453年，晋国三卿魏、赵、韩三家共灭智氏并瓜分了其土地，事实上战国七雄局面已经形成。到公元前403年，天下的名义共主之周威烈王册封了魏、赵、韩三家位列诸侯，由此战国七雄局面正式形成。从春秋时代初期的一百四十多家诸侯，经过三百六十多年的兼并，到战国初期就只剩下二十余家。其中又以西嬴姓秦国，东田姓齐国，中原三晋（赵国、魏国、韩国），南芈（mǐ）姓楚国，北姬姓燕国此七国最强，史称"战国七雄"。各家的兼并战争使得诸侯变少了，胜出者疆域变大了，人口变多了，财富也集中了。原本分散在各家诸侯手中的土地、人口、财富等，现在都集中在了少数几个诸侯手里。天下从成百上千个小国家整合为十多个大的实体国家，原本的战略缓冲空间不复存在，各个大国不得不面对直接残酷竞争的格局。资源的集中使得各国间的战争规模、战争剧烈程度也急剧上升。在彼此间不断的激烈攻伐中，如何谋求在竞争中生存下来，并且能够富国强兵成了各国决策层的首要考量目标。在此时代出现的普遍需求之下，一系列的变法改革应时展开。

齐、楚、燕、韩、赵、魏、秦七雄当中，为了富国强兵而竞相实行变法，魏国的李悝、楚国的吴起、秦国的商鞅等实行的变法都在一定程度上推进了社会的进步。尤其是西方秦国的商鞅变法发挥了富国强兵的重要作用，秦国终于后来居上，逐一灭掉了其他六国，完成了"秦王扫六合"的统一大业，形成"海内为郡县，法令由一统"的统一国家。在此情况下，便出现了以苏秦、张仪为代表的纵横家人物，他们在外交斗争中十分活跃。战国时期，商业和交通的发展互相促进，出现了一些著名城市和工程。都江堰、郑国渠、鸿沟等著名水利工程不仅促进了当时的农业，而且造福后世。在文化和思想学术的发展上，战国时期的百家争鸣，辩家鹊起，创造了辉煌的先秦文化，对后世均有极大的影响。

第五节　先秦时期的秦国概况

秦人为嬴姓，是华夏族的一支，传说周孝王因秦的祖先非子"好马及畜，善养息之"①，而将他封于僻处西陲的秦地（今甘肃省张家川），为周初附庸小国，号曰秦嬴。秦嬴生秦侯，侯生公伯，公伯生秦仲，周宣王以他为大夫，攻西戎，秦仲死于戎。秦仲长子曰庄公，宣王以庄公昆弟五人再伐西戎而破之，宣王予大骆犬戎之地，为西陲大夫。庄公立四十四年而卒，襄公立。

秦襄公立，时周幽王烽火戏诸侯，造成内乱，犬戎乘机攻破周都镐京，西周灭亡。其时，晋文侯率兵入陕，同秦襄公、郑武公合力共保周平王东迁都到洛邑。于是周平王封秦襄公为诸侯，伯爵。原周王室直辖的岐山以西土地也全部赐予秦作为领地。

襄公生文公，文公卜居营邑，初设史官记事，后击败西戎，收编周原来的遗民，领地扩展到岐山。

秦穆公是位有作为的君主，继位当年就讨伐茅戎，开始拓疆。他娶晋献公的长女穆姬为妻，立晋惠公夷吾于晋，晋惠公与他战于韩原，秦胜，迫晋割"河外列城五"②，后又出兵送晋公子重耳，立为晋文公。于是两立晋君。然晋文公死后，他乘晋丧出兵越晋东征，结果兵败于崤山，三军尽丧，与晋结下深仇，于是两国交战不止，从此秦国三百年不能进中原，从而改向西部发展，消灭了在今陕、甘、宁一带生活的许多戎狄部落和小国，如陇山以西的昆戎、绵诸、翟，泾北的义渠、乌氏、朐衍 (qú yǎn) 之戎，洛川的大荔之戎，赶跑了渭南的陆浑之戎。成为当时的西方一隅小霸。

秦孝公是一位战国时期秦国有作为的君主，他大胆任用由魏国投奔而来的商鞅进行变法，使秦国开始富强起来。商鞅变法是秦最彻底的一场变革，他取消了世袭特权，规定按军功给予爵位和田宅，使秦国国富民强，为后来的统一六国开辟了道路。

秦昭襄王在位五十六年期间，秦国攻伐六国，开疆拓土。昭襄王卒，孝文王立，孝文王在位短暂，政绩平庸。孝文王卒，庄襄王立。庄襄王时已到战国末期，

---

① 《史记·秦本纪》。
② 《左传·僖公十五年》。

为秦始皇之父,相传他在赵国为质子之时,为吕不韦相中,并加以栽培,成功得到秦王地位。对于他突如其来的早死,有人认为是因为他撞破了吕不韦与赵姬奸情而被吕不韦所杀。庄襄王卒,秦始皇(秦王政)立。

秦始皇是中国历史上第一次统一中国的皇帝,嬴姓,名政,三十九岁称帝。战国末年,秦国实力最强,已具备统一东方六国的条件。秦王政初即位时,国政为相国吕不韦所把持。前238年,他亲理国事,免除吕不韦的相职,并任用尉缭、李斯等人。自前230年至前221年,先后灭了韩、魏、楚、燕、赵、齐六国,终于建立了中国历史上第一个统一的专制主义中央集权制国家——秦朝。

秦始皇统一六国后,修建豪华的阿房宫和骊山墓,先后进行五次大规模的巡游,在名山胜地刻石纪功,炫耀声威。为求长生不老之药,又派方士徐(即徐福)率童男女数千人至东海求神仙等等,耗费了巨大的财力和人力,加深了人民的苦难。三十七年,秦始皇巡游返至平原津得病。于是作书命长子扶苏送葬,并继嗣帝位。行至沙丘(今河北广宗西北),秦始皇病死。赵高勾结始皇少子胡亥和李斯,伪造遗诏立胡亥为太子,并赐扶苏死。秦二世胡亥即位后不久,即爆发陈胜、吴广领导的农民大起义,秦朝灭亡。

第三章　儒家治国思想的孕育

儒家治国思想的形成，经历了一个漫长而曲折的过程。儒家治国思想从原始社会进入文明社会国家的创立而萌芽，经过夏、商两朝，特别是到了西周的文王、武王和周公摄政期间的发展而初步成型，到了春秋时期的鲁国，继承了西周的礼治，又经过臧文仲、柳下惠的充实，最后经过孔子的提炼升华，终于成就了儒家的治国思想。儒家思想是皋陶的"德主刑辅""明刑弼教"，卜子夏的"儒法兼容"和荀子"隆礼尊贤、重法爱民"治国思想主线中的两翼之一，而且是两翼中的首要部分。

第一节　儒家思想的远源

《汉书·艺文志》云："儒家者流，盖出于司徒之官，助人君顺阴阳，明教化者也。"此儒家之远源也。

《尚书·舜典》云："帝曰：'契，百姓不亲，五品不逊，汝作司徒，敬敷五教，在宽。'"司徒之官，是掌握教化为其职务，所以儒家以教育为职志。舜以司徒敷教，而教在五教。五教者，五伦也。故儒家之教，又以明伦为职志。孔子亟(jí)尧、舜，删书断自唐、虞，其意在此①。

儒家的源头在帝尧，《尚书·尧典》云："帝尧曰放勋，钦明文思安，允恭克让，光被四表，格于上下。克明俊德，以亲九族。九族既睦，平章百姓。百姓昭明，协和万邦。黎民于变时雍。"

帝舜是帝尧的继承人，《史记·五帝本纪》云："舜，冀州人也。"其《正义》云："蒲州河东县本属冀州。"《孟子》云："舜生于诸冯，迁于负夏，卒于鸣条，东夷人也。"他受帝尧"禅（shàn）让"后而称帝于天下，国号"有虞"，故号

---

① 陈柱：《诸子概论》，中国书籍出版社，2006年，第2页。

"有虞氏帝舜"。帝舜的儒家思想表现更多。《薛瑄全集·读书绪录卷九》云："圣人之德莫大于孝，故《书》首称舜'克谐以孝'。"舜幼年丧母，父亲娶妻，后娘生子名象，其父、后娘爱象，而对舜刻薄寡恩。《书》称："舜父顽，母嚚，象傲。"因为舜父有眼不识好恶，受后娘挑唆，三人合谋多次害舜，但皆被舜化解，并感化了他们，成为中国历史上的二十四孝之首。所以《史记·五帝本纪》云："舜年二十以孝闻。"又说："舜耕历山，历山之人皆让畔；渔雷泽，雷泽之人皆让居；陶河滨，河滨器皆不苦（yǔ）。一年而所居成聚，二年成邑，三年成都。"舜即位后，总结人们家庭及朋友间要孝敬、忠信、友爱等规则，提出了"父义、母慈、兄友、弟恭、子孝"的五常之教，又名五典。让契为司徒，在民间推行敷布。《尚书·舜典》云："帝曰：'契，百姓不亲，五品不逊，汝作司徒，敬敷五教，在宽。'"这种崭新的道德律条一旦在全国推行开来，就会产生一种新型的社会秩序，一种君臣父子尊卑有序的社会秩序就会建立起来，新的道德伦理和新的社会秩序的建立，必然会推动社会的发展和进步。所以《史记·五帝本纪》云："天下明德皆自舜帝虞帝始。""四海之内咸载帝舜之功"，明德、德治是舜帝对中华民族的最大贡献。

第二节　儒家思想的近源

《淮南子·要略》云："周公继文王之业，持天子之政，以股肱周室，辅翼成王，惧争道之不塞，臣下之危上，故纵马华山，放牛桃林，败鼓折枹（bāo），搢笏（jìn hù）而朝，以宁静王室，镇抚诸侯，移风易俗。孔子修成、康之道，述周公之训，以教七十子，使服其衣冠，修其篇籍，故儒者之学生焉。"此言儒家之近源也。

儒家之教，以五伦为基本，而其教之工具，则最重礼乐。周公制礼作乐，千古莫与比隆，故儒家之业，莫盛于周公。孔子曰："甚矣，吾衰也，久矣，吾不复梦见周公。"盖叹己不如周公之制作也①。

一、周文王

周文王，姓姬名昌，生卒不详，季历之子，商纣王时为西伯侯，故又称"伯

---

① 陈柱：《诸子概论》中国书籍出版社，2006年，第2-3页。

昌",建国于岐山之下,任用太颠、散宜生等能贤之人,施行裕民政策,积善有仁,政化大行,国力日盛,却因纣王嫉妒,加之崇侯虎向纣王进谗言,故被囚禁于羑(yǒu)里。后得释归,益行仁政,倡导笃仁、敬老、慈少、礼贤下士的社会风气,使其领地内社会经济得以发展,天下诸侯率多归从。他发明的"文王八卦"流传于后世。文王在位50年。他的主要功绩是为灭商做好了充分的准备。他是很有作为的创业主,勤于政事,重视发展农业,礼贤下士,广罗人才,拜姜尚为军师,问以军国大事之计,使"天下三分,其二归周",他分化瓦解了商朝的附庸,成功地解决了虞、芮两国的争田纠纷,使河东小国纷纷前来归附。诸侯把文王看成为取代商纣王的"受命之君",他又向西北、西南用兵,为灭商建立了巩固的后方,接着向东发展,沿渭河东进,扫除东进道路上的商朝据点崇国,占据了关中的膏腴之地,在沣水西岸营建了丰邑,将其政治中心迁到丰,完成了对商朝的钳形包围。他死时给儿子姬发的遗训,被发现后收藏于清华大学的战国竹书(即清华简),现已整理,公开面世,称之为《保训》。其中说:

> 惟王五十年,不瘳(chōu)。王念日之多历,恐坠宝训。戊子,自靧(huì)。己丑,昧爽……王若曰:"发,朕疾适甚,恐不汝及训。昔前夗传宝,必受之以詷(诵)。今朕疾允病,恐弗念终,汝以书受之。钦哉,勿轻![1]

从简文可知,文王晚年病重,感觉自己来日不多,恐怕来不及给太子"宝训",于是将他的儿子姬发叫到跟前,对儿子姬发讲了一番语重心长的训教。

周文王主要向太子姬发讲了两件事:

其一是,舜得帝位。其文曰:

> 昔舜久作小人,亲耕于历丘,恐求中,自稽厥志,不违于庶,万姓之多欲。厥有施于上下远迩,迺易位迩稽,测阴阳之物,咸顺不扰。舜既得中,言不易,实变名,身滋备惟允,翼翼不懈,用作三降(隆)之德。帝尧嘉之,用受厥绪。呜呼!发,钦之哉!

这段话讲的是由尧到舜,舜得帝位的史事。其中,舜"自稽厥志",不懈努

---

[1] 《清华大学藏战国书简》,上海文艺出版集团,中西书局,2012年,12月。

力,"求中"而"得中",最终获得帝尧的称赞,继承了帝位。

其二,是上甲微"复"仇。

> 昔微(假)中于河,以复有易,有易复厥罪。微无害,乃归中于河。微志弗忘,传贻子孙,至于成唐(汤),祗备不懈,用受大命。

其所言,上甲微是商汤的祖先,微的父亲曾到有易做生意被杀,微要报仇,因此"假中于河,以复有易"。从这一故事看,微在复仇之后,又"归中于河",并"传贻子孙",从而"用受大命"。

从以上所言,可以看出,周文王临终所恐坠落的《宝训》当为"中"。这里的"中",是什么意思?文王为什么对此念念于怀?可见,这个"中"的重要性,因为它关乎周朝江山社稷的安危,以至于在文王看来,他必须郑重地告诫太子,使之成为合格的周王。

对于《宝训》中的"中道",这个"中"与后来的儒家所倡导的"中庸"是一致的。关于"中庸",郑玄已经解释清楚了。郑《目录》云:"名曰《中庸》者,以其记中和之为用也。庸,用也。孔子之孙子思作之,以昭明圣祖之德。""中"就是处理事情时要把握分寸,将事情处理得恰到好处。

如何在实践中用"中"?如何把握"中"道?它需要具备知识和境界,具备认识水平,了解事物的内在属性,把握事物的发展规律。孔子说:"舜好问而好察迩(ěr)言,隐恶而扬善,执其两端,用其中于民。""用其中",这不是一个简单的数理概念。"中"是不断变化的,就像我们平常用的"称",物体重量的增减,平衡就被打破,要保持平衡,秤砣就要进行相应的移动。舜把握"中"也一定是这样,因此,孔子叹道:"舜其大也与!"(《礼记·中庸》)真正到位的"用中"需要大智慧。

在《保训》中,周文王所说的"中"与上述的"中"是一致的。该篇记文王最后说:

> 呜呼!发,敬哉!朕闻兹不久,命未有所延。今汝祗备毋懈,其有所由矣。不及尔身受大命,敬哉,勿轻!日不足,惟宿不详。

文王对太子发提出的要求是严格的,而且他希望太子发认真遵行,不要松懈。

为了周朝的安宁和发展，要他保持一个诚敬的态度。从文献记载看，文王以后，周武王对文王谆谆告诫的"中"，是认真地执行了。

据记载，到了武王临终前，对辅佐成王的周公谆谆嘱托，要他以"中"教训，使年幼的成王不仅地位稳固，而且要尽快地成长。《逸周书·五权解》云：

> 维王不豫，于五日召周公旦，曰："呜呼！敬之哉！昔天初降命于周，维在文考，克致天之命。汝维敬哉！先后小子，勤在维政之失……"

在这些话之后，周武王还希望周公：

> 克中无苗，以保小子于位。维中是以，以长小子于位，实维永宁。

"克"，允之。"苗"，借为谬。所谓"克中无苗"，就是做到适中无邪；"以"，用也。所谓"维中是以"，就是"维中是用"。由此不难看出，武王对于"中"的重视。

两周时期，"中道"思想很受重视。《逸周书·武顺解》记周人云：天道尚左，日月西移；地道尚右，水道东流。人道尚中，耳目役心。

这种朴素的"人道"主张与"天道""地道"合观，将人放在天地之间，没有孤立地看待人的问题。人道尚"中"，被认为像"日月西移"和"水道东流"那样自然而然，理应如此。所谓"耳目役于心"，人们看到的、听到的信息，要用心去思考、分析、把握，要有透过现象看本质的能力，这才能达到"中"。

那么，这个"中"的标准是什么？这个"中"就是"礼"。符合"礼"的为"中"，否则就不是"中"。所以，《逸周书·武顺解》又云："天道曰祥，地道曰义，人道曰礼。"这里的"礼"符合天理、人情。两周职官中有"师氏"，具体执掌邦国事情，是否合乎法度、礼制。《周礼·地官司徒》云：师氏"掌国中，失之事，以教国子弟。凡国之贵游子弟学焉。"郑玄注曰："教之者，使识旧事也。中，中礼者也；失，失礼者也。"[①]

据清华大学出土文献与保护中心刘国忠介绍，从《保训》简里，可以进一步

---

① 关于清华简的《保训》、儒家思想及其解释，皆用杨朝明：《周文王遗训与儒家"中庸"思想》。

了解到商、周之间错综复杂的关系，了解周文王的对商策略，了解周人的治国理念，还可以了解儒家思想的渊源及发展历程。《保训》中的"中"的观念，即"中道"之意，它与后来儒家所说的"中庸之道"有着内在的联系。

西伯姬昌德治得到广大人民的赞扬，流传到今天的《诗经》里歌颂他的有：《文王》《大明》《绵》《思齐》《灵台》《文王有声》《荡》等篇。西伯姬昌去世后，儿子姬发即位，灭了商纣王，统一了中国，史称之为周武王，武王又追封他的父亲姬昌为周文王。

总之，周文王是后来儒家极为赞扬的理想中的"圣人"。

二、周公姬旦

周公姬旦（？—前1105年），周文王之子。周文王可考证的儿子有十七个，姬旦为文王的第四子，武王之弟。他以孝悌仁爱，敬德爱民，能谋善断，长于政事而得到文王的器重。当武王即位之后，他便成了协助武王处理政务的辅宰。他与武王和太公姜尚共同策划了灭商前的"孟津观兵"，"牧野大战"中他为武王草拟了痛斥商纣王荒淫无道、暴虐天下罪状及激励将士奋勇杀敌的檄文。灭商之后，又为武王提出了监督和安抚商族遗民的良策。

周公一生深孚众望，首先在于他有高尚的德行。武王临终前曾经让周公继承王位，被他断然拒绝。他一生的主要成就在于武王死后，辅佐武王的儿子成王的兴周大业。周公摄政后，为了争取大臣们的支持而"一沐三握发，一饭三吐哺"。他东征平叛，营建洛邑，分封诸侯，制作礼乐，为西周的建立和发展而呕心沥血，鞠躬尽瘁，功绩卓著，彪炳史册，维护了国家的长治久安。

周公不但是一位杰出的政治家，而且是一位杰出的思想家。他的思想来自周文王，经孔子的总结而形成了后来的儒家思想，周公以他的作为和思想堪称儒学的启蒙者。他的思想对儒家学派的影响很大。孔子学习了周公思想，经过总结、发展才形成了儒家思想。孟子首推周公为我国第一古圣人。

（一）周公的治国概况

1. 东征平叛

武王驾崩，四弟周公不肯继承王位，而是通过摄政辅佐成王。当时的周王室执掌重权的武王三弟管叔、五弟蔡叔对周公的摄政不满，散布流言，说周公企图谋害成王，窃取王位。商纣王被迫投降的儿子武庚趁机串通管叔、蔡叔，并联合东夷的徐戎、奄国等方国，发动了复辟殷王朝的战争。于是，周公率领大军东征，经过三年的平息战争,取得了完全胜利,杀了武庚和管叔,流放了蔡叔。随后又平息了东夷的徐戎、奄国等方国,再接着又平息了河东的古唐国。从而巩固了西周的政权。

2. 营建东方陪都洛邑

周公在东征平叛的过程中,俘虏了大批的商族难民,这些商族贵族们当然内心不满,企图复辟。周公从武庚、管叔、蔡叔和唐国的叛乱中汲取了深刻的教训,认为让这些商朝贵族遗老们留在原商都朝歌是非常危险的,便决定营建洛邑,作为陪都。这样既可以将商朝的那些贵族顽民们迁到洛邑,由周王室直接管理,以便防止其叛乱,又能使周王室的势力直达中原。于是周公便派召公到洛邑选址并规划宫室、宗庙的位置,接着就施工建设,然后将那些商族原贵族们迁到那里。

3. 分封诸侯

周公对于周王室的最大贡献,就是建立了一整套巩固和发展国家的政治法典、道德和制度等,其中分封诸侯就是一个重要的方面。他为了巩固国家政权,对其姬姓子弟和在建国中有功的臣子们,以及与周王室有关联的先朝贤能志士,按照与其宗亲关系、贡献大小、才能高低等情况统一封官晋爵,然后按照爵位大小确定其统治地位,让他们各自在自己的地区建立诸侯国,接受王室和天子的统治。虽然这种分封制是从商王朝的行政管理体制中学来的,但周公运用得更加严密。这种管理体制实际上是封邦建国,是一种比较原始的部落遗民统治形式。诸侯分封制比较符合当时的历史发展进程,在当时交通不发达的条件下,它既保持了周王室和天子的最高统治地位,使各国诸侯成为中央周王室的下属和保护国,即所谓"以藩屏周",又便利了各诸侯国的各自发展。

(二) 周公的德治思想

1. 周公的敬德与保民思想

周公"敬德保民"思想的主要内容保留在《尚书》的《大诰》《康诰》《酒诰》《名士》《立政》等篇之中。周公政治抱负的施展发端于他的"敬德保民"思想的确立。敬德的目的在于保民,只有安保人民才能祈天保住江山社稷。它既是对过去天命思想的继承,同时也是对传统思想的发展。

周公"敬德保民"的思想,是在总结历史经验教训的基础上提出来的。夏亡汤兴、殷亡周兴的历史,使周公真切地认识到,上天的旨意(天命)就是让为君王者"敬德保民"。能顾念天意的,上帝就会授予大命;违逆天命的,上帝就会坠厥大命。也就是说，敬德保民不仅是统治者受命于天的条件，而且是能否保有大命的唯一条件。我国到了西周王朝的建立，是在经历了夏、商两朝的败亡，特别是周武王在灭纣中，以少胜多、以弱胜强，以"小邦"灭了"大国"的非常作为，给了他深刻的反思。作为西周灭殷的历史见证人和亲身参与者，他亲历了这场历史的巨变。周公对于殷商灭亡的原因，他是不能不进行认真的反思和总结的。他既感到"天命靡常"，同时从殷人的倒戈使他清楚认识到人民力量的伟大与民情不可违的现实意义。他在总结历史经验的基础上进行了深刻而理智的思考，使他的思想在前人基础上有了较大地飞跃。

首先，他对天人关系赋予了新的内涵。西周以前的先民们把敬祀鬼神看作天大的事情，《礼记·表记》云："夏道遵命，事鬼敬神而远之"①，这反映了夏人敬天尊祖的宗教思想。先民把鬼神的力量变成了自然力量的化身，而周公从历史的经验中得到人民的力量是无坚不摧的，是鬼神无法与之抗衡的，是最神圣的。因此，他历史地提出了保民的天人关系论。其次，保民就要了解民众，就要体察民情。在体察民情的基础上，统治者就要怜恤自己的臣民，就要严格要求自己，这就是"敬德"。从发展的观点来看，他这种"保民"思想在当时的历史背景下，更体现了他进步的一面。不管出于什么原因，他毕竟认识到人民的历史作用，毕竟第一次认识到在社会发展中"保民"的历史价值。

事实上，历史上的贤君都是这样做的，他们都能正确对待百姓的怨气、指斥，便更加谨慎自己的行为；有人指出他们的错误，他们也不敢含怒。周公在《康诰》云："若有疾，惟民其必弃咎，若保赤子，惟民其康。"其意为：即使对待人民的犯罪，也要像对待自己的疾病一样，人民才会弃恶向善；像保护小孩一样保护人民，人民才会康乐、安定。从消极的一面说，周公《康诰》云："勿庸以次汝封。"其意为：不要虐待百姓。他在《梓材》中告诫："罔厉杀人。"其意为：不要随心所欲地杀人。但是这并不是说对那些恶风陋俗可以置之不管，对百姓的违法犯罪可以纵容姑息，不闻不问。因为不加教导，老百姓就不会善良安定②。只有加强教育，通过以教育德化达到敬德保民的目的。因此，周公非常重视教育的作用，对上重师保之教，对下重化民成俗，这一切无不与教育密切相关，所以西周教育的发展与周公"敬德保民"的思想是分不开的。

---

① 《十三经注疏·礼记·表记》。
② 参见郝明朝：《〈尚书〉所见之周公思想》，《管子学刊》，1989年第2期。

西周的教育，比前朝少了些宗教色彩，多了些实用主义，提倡文武并用，诸育兼顾，关心民用所需，促进了六艺教育的兴起。没有教化，一个国家里就不会有美好善良的政治。但是，教育并不是万能的，当教育不起作用的时候，便绳之以刑罚。比如，对那些教化不起作用的作威作福的诸侯家人、内外官员，他们不尊国家大法，另搞一套，危害国家，就要从严从快地依法惩处。问题的关键在于，不管是教育也好，监禁也好，杀戮也好，都要像贤君商汤那样，有一个导民以善、使之遵制守法的明确指导思想①。周公敬德保民的民本思想，对后世的儒家学派思想影响极大。

2. 明德慎罚思想

周公提出"明德慎罚"，以教化为主，万不得已，不得不使用刑罚的时候，一定要慎之又慎，要认真分析犯罪事实，查明犯罪性质，看其是过失犯罪还是惯犯，来确定杀与不杀。还要依法约束狱官，使其依据一定的法律听讼断案。即使是那些已经囚禁起来的等待判刑的人，也应考虑再三，谨慎从事。对那些人人痛恨的"寇攘奸宄（guǐ），杀越人于货"（《康诰》）的犯罪分子，败坏人伦，不友不孝的罪大恶极者，不杀不足以严肃法纪的，就一定要杀无赦。尤为难得的是，周公认为对于狱讼之事，做君主的一定交付给主管官员去办理，不要横加干涉；要摒弃一己之私心，根据犯罪事实，依据相应的法律，当刑则刑，当杀则杀，当劓则劓，当刵则刵，使得任何人都不敢随意地对人民进行处罚。

周公为政以恕、导民以善、明德慎罚的思想，虽然是从维护贵族国家政权利益出发，但在客观上对人民却是有利的。他能在三千多年前提出君主也不能依据自己好恶，随意对"罪犯"予以处治，而应交予有关官员依据一定的法律办理而不加干涉，这确实是难能可贵的，具有一定的进步意义。

限于时代及阶级的局限，周公虽然未能抛弃天命观，但是，他毕竟把着眼点由盲目"执命"、迷信上天，转移到了注意君王自身的修养及施行德政、关心百姓疾苦的人事上，他认为人民不赞成的，上天也就不喜欢。他在《无逸》中云："非民攸训，非天攸若"②，意思是：人民不喜欢的，上天就不喜欢。"天视自我民视，天听自我民听"③，所以他在《酒诰》中云："无于水监，当于民监。"因

---

① 参见郝明朝：《〈尚书〉所见之周公思想》，《管子学刊》，1998年第2期。
② 《十三经注疏·尚书·无逸》。
③ 《孟子·万章上》引《周书》语。

为"皇天无亲,惟德是辅"①,做君主的只有把民情作为镜子,经常照一照,才能看到自己道德修养的不足,行政措施的疏失,这样才能及时地予以改正弥补,才能"祈天永命",长久地保有君位。三千多年前的周公所提出的只有敬德才能保民,只有安保人民,才能祈天永命的天命观,比起以前的迷信上天,盲目执命的天命观,就具有很大的进步意义。

3. 天命思想

周公强调天命,那是因为周朝代替商朝以后,需要在理论上做出说明,在当时,论证王权的合法性,唯有借助天命观不可,周公反复申明,小邦周灭掉大邦殷,不是人为的事情,而是天命使然。周人取而代之,甚至兵戎相见,完全是出于替天行道。周公在《多士》中云:"尔殷遗多士,弗吊(不料)昊天大降丧于殷,我有周佑命,将天明威,致王罚,敕殷命归于帝,肆尔多士","非我小国敢弋殷命,惟天不畀,允罔固乱,弼我。"在《康诰》中说:"天乃大命文王,殪(yì)戎殷,诞受厥命,越厥邦厥民。"根据这个认识,周公深感"天命靡常"。这表明,周公有一种强烈的危机感。周公把天、民与王权看作一个三角关系,天决定着王,王决定着民,民决定着天,三者相互影响,并落实于人民身上。人民是三角关系中最为根本的要素。具体地说就是,天命以民心向背为根据,并以此决定王权的兴衰。民心的向背又取决于王权的执掌人(即天子或诸侯国君)的道德行为。对于王权或国君来说,他不仅要畏于天命,更要畏于民心,因为天命和民心虽然是两件事,但又紧密相连,即天命以民心为准。所谓的天怒人怨(实际是人怒天怨),指的就是这个意思②。

因此,对于周公来说,如何"祈天永命"(《召诰》)就是一个重要问题。周公思想的独到之处在于,在他看来,面对无常的天意,人并不是无所作为的。一个王朝如何才能祈求上天永保自己的统治命运?在他看来,关键在于这个王朝是否有"德",因为"皇天无亲,惟德是辅"。这是他的独到发现。为此,他提出了"以德配天"思想。周公明确指出,殷朝的灭亡是因为不敬德。"惟其不敬德,乃早坠厥命"(《召诰》)。反之,周朝的成功则是因为能够明德,所以,他一再警告:"不可不敬德",只有具有了"德",才能感动天地,从而才能祈天永命。

---

① 《左传·僖公五年》引《周书》语。
② 参见王忠伟、曾梅:《周公的管理思想》,《辽宁科技大学学报》,2009年第2期。

（三）周公制礼作乐

1. 礼乐释义

礼有广义和狭义之分。就广义而言，凡政教、刑罚、国家之纲典、道理与法则、礼仪物品等，皆称之为礼；就狭义而言，则专指当时各级贵族经常举行祀享、丧葬、朝见、军旅、冠婚等诸方面的典礼。礼与乐在中国传统文化里占有极其重要的地位，所以学者们常常将中国传统文化直接称作礼乐文化。礼与乐皆由周公制定，史谓之"制礼作乐"。周公制礼作乐，并不是说周公以前就没有礼和乐。周公之于礼乐，不是发明创造，而是使之规范化、严密化、人文化、政治化。

严格说来，礼与乐不是一回事，但二者又密不可分，正如郑樵所言：礼乐相须为用，礼非乐不行，乐非礼不举①。但这种礼乐相须为用在周公以前和周公以后是大不相同的。在周公之前，礼乐的功能是敬神；在周公以后，礼乐的用途在于对社会等级制度的维系和对道德理想的张扬。

礼之初义为敬神尊祖。礼，履也，所以事神致福也。上事天，下事地，尊先祖而隆君师，是礼之三本也。郭沫若认为：大概礼之起于祀神，故后来其字从示，其后扩展而为对人，更其后扩展而为吉、凶、军、宾、嘉的各种礼仪。也有人认为：礼和乐起源都统一于先民的祭祀活动之中，供物奉神和歌舞娱神活动中同时举行的两个方面。后来到阶级社会里，贵族生活讲究奢侈排场，有所谓的"钟鸣鼎食"的说法。钟鸣，是指歌舞娱神的乐。鼎食，是指供物封神的礼。礼与乐从诞生开始就统一于共同的巫祭程序之中，具有不可分割的内在联系②。礼乐文化到了商代，已经发展到一个相当繁荣的阶段，是一个典型的钟鸣鼎食的社会。殷人巫风大盛，神祀大盛，宗教祀仪繁多，不仅祀天地，祀祖先，而且祀风、雨、雷、电、山川四望，其祭祀的名目亦为繁杂。所以，从出土的青铜器看，礼器特别多，而且十分精美。

2. 周公对礼乐的贡献

从前一小节可以看出，周公之前，中国汉民族已经有了发达的礼乐文化。周公所作的工作只是对传统的礼乐文化做了一番改造和加工，或者说新加了一些东西，使之更为规范，更为细致。对此，杨向奎先生的概括是：在我国古典著作中的"三礼"，以及后来的所谓"五礼"，都是包罗万象，婚丧、嫁娶、朝聘交往、

---

① 魏星星，张恩贤：《周发祥地周原》，三秦出版社，2005年，42页。
② 王忠伟：《中国管理思想简史》，经济科学出版社，2007年，40页。

礼仪乐舞、军事征伐、典章制度，无一非礼，而许多是来自原始社会的风俗习惯，经过阶级社会圣人加工和改造，减轻了礼物的交易性质而增加了德与刑的内容，同时也增加了乐的成分，遂有了周公制礼作乐的记载。周公对原有的礼乐文化进行加工和改造，必须从三礼说起，尤其必须从对周礼的分析开始。根据许多学者的看法，周礼出自周公之手，是其制礼作乐的主要依据。根据周礼记载，周代的礼制是一套十分严谨而复杂的等级制度，其内容包括冠礼、葬礼、聘礼、燕礼、飨礼、祭礼、军礼、乡饮酒礼、士相见礼、觐礼、朝礼等，目的在于：衣服有制，公室有度，人徒有数，丧祭器用，皆有等宜。

前文已述，礼与乐不能分开，礼由中出，礼由外作。据周礼载：祭天神，则奏黄钟，歌大吕，舞云门；祭社稷，则奏太簇，歌应钟，舞咸池；祭先祖，则奏无射，歌夹钟，舞大武……这里只是祭礼的乐。除此之外，飨礼、射礼、乡饮酒礼、军礼、燕礼等都要配以乐舞。

其实，所谓的"礼"，就是一种等级制度。周公制礼作乐，就是为了让人们接受"等级"这一现实，从而不产生非分之想，使周人的亲亲与尊尊在礼乐制度下统一起来，以维护西周王朝的稳定。

周代礼乐即繁又缛（rù），并见于社会生活的各个方面，这里不可能将其全貌呈现出来，只是用来说明周公在中国文明发展史上的地位和作用①。

（四）周公"以人为本"的人本思想

人本思想就是以人为本，重视人的价值，认为得民心者得天下，人是巩固国家政权的基础。中国的人本思想包括了保民、养民、富民、教民的四个方面。其中的核心是"重民"，把人民大众视为治理国家的根基。

周公之所以能成为历代敬仰的周公，是因为他能总结夏、商两朝成功的历史经验和吸取它们灭亡的教训。他从夏、商灭亡的事实中，深切地认识到了"天命靡常""天难谌（shèn）"（天命并非是固定不变的，绝不能盲目地迷信上天）。

上天为什么要"刑殄有夏"，"大降显休命与成汤"（《多方》），继而又坠殷之大命而付之于周呢？周公研究后认为："非天庸释有夏，非天庸释有殷。""乃唯尔自速辜！"（《多方》）并不是上天要舍弃夏朝，也不是上天要舍弃商朝，都是他们自找罪过而自取灭亡。夏桀因不能敬德，大肆逸乐，不肯恤问人民，而且大

---

① 本小节参见王忠伟、曾梅：《周公的管理思想》，《辽宁科技大学学报》，2009年第2期。

肆淫乱，"洪舒天民"（《多方》）。他的臣僚们，亦不懂得保护和劝导百姓，只知道残暴地对待人民，甚至作恶多端，所以上天才不得不另找人民之主。最终找到了上畏天命，下畏百姓，施行德政，保持恭敬，却不敢自满的贤君成汤。但是成汤的末代子孙"纣"却是一个无道的昏君，他也不能修养品德，施行德政，而好酒作乐，自恃有命在天，不了解臣民的痛苦，对于人民的痛恨，不思悔改，只知肆意酗饮，作威作福，所以上帝才对殷朝降下灾祸，另找百姓之主。结果找到了周文王，其原因是文王正如《无逸》所云："徽柔懿（yì）恭，怀保小民，惠鲜鳏寡。自朝至于日中昃（zè），不遑（huáng）暇食，用咸和万民。文王不敢盘于游田，以庶邦惟正之供。"只有像他这样有道德的人，才能和谐众民把中国治理好。

周公在《康诰》中云："若保赤子，惟民其康。"其意为：保护人民就要像保护小孩一样，人民才会康乐、安定。不要虐待百姓，不要随心所欲地滥杀无辜。对于人民的怨恨要报以正确的态度，因为人们是不会无缘无故产生怨气，一定要找出人民产生怨恨的原因，并予以化解。

（五）周公的礼教思想

1. 周公礼教思想的形成源于"敬德保民"

周公的敬天保民思想，及其形成过程，前面本章第二节已经讲过了，此不再赘述。

2. 从"敬德保民"到以教育德

周公施行"敬德保民"的目的是为了巩固西周的江山社稷，那么如何通过"敬德保民"思想的实施进而实现其目的呢？那只有加强教育。通过以教育德达到敬德保民的目的。因此，周公非常重视教育的作用，对上采用重师保之教，对下重化民成俗，这一切无不与教育密切相关，所以西周的教育发展与周公"敬天保民"的思想是分不开的。西周的教育比前朝少了些宗教色彩，多了些实用主义，提倡文武并用，诸教兼顾。关心民生之所需，促进了"六艺"教育的兴起。

（1）制礼作乐，以别尊卑

周公的政治思想有明显的等级差别，他认为上与下，即天子与百姓既有不同的作为，也就有不同的行为规范。《左传·文公十八年》季文子使太史克对鲁宣公云："先君周公制周礼曰：则以观德，德以处世事，事以度功，功以食民。"这不仅说明了周公制礼确有其事，而且指出了治理的目的是以德处事，以事论功。

周公制礼的内容非常广泛，向有"礼仪三百，威仪三千"之说。涉及生活的方方面面，从现有的文献看，周公所制之礼多是西周时期一系列的典章制度。

应当指出，周公制礼作乐，推行礼制的主旨在于"明君臣之义"，"明长幼之序"，向整个社会宣扬"贵贱不愆"的宗法等级观念，周公的敬德是以礼教为中心的，致使西周的教育发生了由原来的生活、生存教育向政治和伦理教育的转变。通过礼教的作用来达到协调人的关系，巩固西周的统治，使礼乐为政治服务，为统治者服务的目的。为了"明君臣之义"他首先在前人祖先崇拜的基础上，更加明确了神权与君权的关系。他变前人神权至高无上的思想为君权高于神权，创造了以相配天的礼制，借此来提高西周王室的地位和身价。在这种礼制的影响下，西周初立以后便出现了"天子"的称谓，这是君权至上的标志，也是天人关系的微妙变化。周公把天子变成了上帝的化身。他认为天子是代表上帝（天）来管理人民的，于是就把敬天和忠君结合起来，后来的祭神也就由以往的宗教活动变成了"敬民事君"的活动，他的礼制的完成也无非是使"君臣有别""长幼有序"合法而已。既然有了"君臣有别"与"君臣有义"，就应实施不同的教育，这就是中国教育之所以没有成为宗教的附庸而成为政治的奴仆的开端①。

(2) 上下异教，以成其法

周公通过礼制完善了他的宗法制度。为了实现他的政治主张，达到他的治民安人的目的，他把教育当成了工具，为了使上下尊卑都能按照上天赋予的使命各行其道，于是对上与对下便采取了不同的教育手段和内容。

①对上重师保之教

周公十分重视统治阶级内部的道德教育，当时周公为成王的太师，召公为成王的太保，他们的任务就是辅助成王兴盛周室王业。周公深知周室受命于天虽然建立了周氏王朝，但要巩固这一新建的王朝，并非一件容易的事情。他曾对召公说："我受命无疆惟休，亦大惟艰。"②这就迫使他诚惶诚恐，在采取政治、经济、军事等多种措施的同时，必须加强对统治阶级内部的道德品质的教育。他大声疾呼："天不可信，我道惟宁（文）王德延。"③他恳切告诉周室的统治者只有加强修己敬德，才能使文王开创的国祚永年。可以看出，他把教育视为关系到社稷千

---

① 参见王洪亮：《论周公的礼教思想》，《商丘师范学院学报》，2006年01期。
② 《十三经注疏·尚书·君奭》。
③ 《十三经注疏·尚书·君奭》。

秋大业的头等大事。在对统治者的教育中，周公强调以下内容：

其一，体恤下民，力戒贪逸。周公说："呜呼！君子所，其无逸，先知稼穑之艰，难乃逸，则知小人之依（隐痛）"（《无逸》）。他正面告诫成王要了解下民生活的艰难与劳动的艰辛，这是戒除贪逸的最好办法。了解下民的疾苦，就应该体恤下民、关心下民。他还说："厥父母勤劳稼穑，厥子乃不稼穑之艰难乃逸，乃谚既诞。否则侮厥父母曰'昔之人无闻知'。"（《无逸》）意思是说，有做父母的艰苦劳动，做子女的却贪图安逸，结果会变得自私而傲慢无礼，不接受父母的教诲，甚至反讥笑父母，说父母是过来之人，懂得什么呢。这是从反面晓喻成王。周公从正反两个方面告诫成王创业之艰难，守业则更为困难。能否体恤民众，具有力戒逸乐的良好品质，关系到江山社稷的存亡。

其二，勤勉从政，谨言慎行。周公以太师之职告诫成王要勤勉从政，他列举前代殷王朝中的中宗、高宗、祖甲能"治民祇惧，不敢慌宁"（《无逸》），因此都成了具有政绩的明王，他盛赞周文王"文王卑服，即康功田功，徽柔懿恭，怀保小民，惠鲜鳏寡，自朝至于日中昃不遑暇食，用咸和万民，文王不敢盘于游畋（tián田）以庶邦惟正（征）之供，文王受命惟中身，厥享国五十年"（《无逸》）。他还以反面的殷纣王荒淫无度，不管朝政，终成为亡国之君的沉痛教训告诫武王，要以此为鉴。周公不但重言教，而且重力行。在周公还政于成王之后，"北而就臣位"，从不以功臣自居，态度格外谦虚。无论对成王还是对他人都是毕恭毕敬，可谓是克己自谦的典范。

周公的教诲和垂范，形成了周公初为政的"无逸"之风。周公死后，成王念其教诲，不敢安逸。成王死后太师召公，太保毕公，仍能坚持周公遗训，"以太子钊见于先王庙，申告以文王、武王之所以为王业之不易，务在节俭，毋多欲，以笃信临之"（《史记·周本纪》）。于是，康王有先王遗风，勤政戒逸，把周朝推向盛世，这就是有名的"成康之治"。

其三，授"官人之法"，"用贤德之人"。由先人的重鬼神与天命，到重人事，这是周公朴素唯物主义思想的具体表现，由此他认识到了在治国安邦中人的作用。所以，他在《尚书·立政》多次陈述了他的思想——为政必须以用人为要。周公以夏、商两代官人之得失告诫成王，从政的根本在用人，夏禹、商汤因善于用人而盛世，夏桀、商纣因用人不当而亡国。这些都是历史的教训，值得汲取。他所授的"官人之法"，就是选人用人之法，其内容包括：第一是识人。即识人要"知忱恂（审其心）于九法之解"，既要审视人的内心之德，又要考察体现其德的道义作为，即注重德与行动的统一。全面了解一个人就要"宅乃是，宅乃牧，宅乃准"①。宅，度也。就是考察一个人要重视他的理事能力，安民方略与时效，执法是否公正，这就是后人所说的"三宅考吏法"。周公特别强调识人不能只看表面现象，更不能凭个人的好恶取舍之，要重在德行的考察，他在考察人才方面开了我国识人的先声。第二是任人唯贤。他告诫成王必须用"吉人"，远"忺（xiān）人"，"吉人"就是有道德的人，"忺人"就是利佞的小人，如果用"忺人"，则一切朝纲制度都形同虚设，足见周公对贤才的重视。还有就是用人不疑。通过用心考察，一旦把有德之人用上，就应该放手使用。这样才能发挥贤人的特长和作用，这不但显示了他作为政治家的雄才大略与英明大度，同时也奠定了我国后世使用人才的基本理论，直接影响了西周选贤制度的确立②。

②对下重社会教化

周公在加强统治者内部修德慎行教育的同时，对下则致力于社会的教化。他提倡彝教，制定民彝，以化民成俗。他不但奠定了我国民俗的基本理论，同时对西周民风的纯洁，社会的稳定，无疑起到了重大作用。第一、提倡彝教，《学记》云："君子欲化民成俗，必由学乎"。我国几千年的教育对民众无不是化民成俗，这就是周公提倡的彝教。周公认为彝教是化民成俗不可缺少的手段。它是开创我国化民成俗教化的第一人，他认为"民之秉彝"就不会有越轨的行为，天下就太平，这就是所谓的"好是懿德"。周公所倡导的彝教内容体现在以下几个方面：

其一是孝。孝在《周礼》中居于特殊的地位。周公对孝的含义做了重大的扩充和发展。在母系社会里，孝的对象自然是以母系为主。进入父系社会后，父权思想逐渐上升，因此周公所言的孝，蕴含了君权、父权、夫权三位一体思想的内涵，他所倡导的孝具有了明显的宗法思想，可以说这是他建立宗法制的一个最基本组成部分。周公所倡导的孝，包含了两层相互关联的内容：首先是生活上对父母的奉养。他在《尚书·酒诰》里云："肇牵车牛，远服贾，用孝养厥父母。"其次是在事业上继承父母。他说："子弗祗服厥父事，大伤厥孝心"，周公在一篇《大诰》中反复讲"子不敢不极卒宁（文）王图事"，就在于孝道要求他努力去完成周文王开创的大业，在他看来"用孝养厥父母"和"祗厥父事"，是孝道的两大事情，二者缺一不可。他这一思想在西周乃至在后来的封建社会意识形态里都占

---

① 《十三经注疏·尚书·立政》。
② 此段参见王洪亮：《论周公的礼教思想》，《商丘师范学院学报》，2006年01期。

着特殊地位。周公用孝来调节社会，不仅表现在孝是用来调节家庭伦理关系的道德规范，而且还是用于协调君臣关系的道德规范。周公在政权建设上确立了嫡长子继承制，使父权占绝对优势，这与他孝道中父权为宗的思想是完全一致的。周公认为"严父莫大于配天"，所谓配天之祖即为"天子"，周天子便成为与国共敬的祖先。君权与孝道结合，并凌驾于孝道之上，《礼记》云："亲之父为首"，"尊之君为首"，周公孝道的基础已由过去的血缘关系变为了阶级关系。

其二是友。友是周公提出的关于兄弟关系的道德规范，内容是弟要"克恭厥兄"，兄要"念鞠子哀"，"友于弟"[①]，周公把友当作与孝友同等重要作用的道德教育内容。他在《康诰》中说："元恶大憝（duì），矧（shěn）惟不孝不友"，"天惟与我民彝大泯乱"。大意是说人恶是被人痛恨的，比如不孝不友，这些上天赋予的人伦规范就会混乱。可见他把不孝不友看作万恶之首，因此他在提倡孝道的同时，更注重兄弟之间友好相处，这种思想被后来的儒学延伸为"悌"。

其三是义。义作为民彝的一个重要内容，与周公有直接关系，武王灭殷之后，部分殷氏乘机滋事，很多人提出对这些人要处极刑，但周公则强调"义刑义杀"，他指出对这些人要慎罚，重在以德以义去感化他们，这种思想对后世影响深远，后来成为儒家道德规范的重要内容。《礼记·中庸》云："仁者人也，亲亲为人；义者宜也，尊贤为大，亲亲之杀，尊贤之等，礼所在也。"可见"义"有"尊尊""贵贵""尊贤"之意，与亲亲是相区别的，特别指出的是周公所倡导的"义"，是要人们注重阶级关系，轻血缘关系，我国后来所推崇的"大义灭亲""舍生取义"无不体现了这一主题。

其四是诚信。在周公的言论中虽然只出现一次，但它是周公所倡导的重要德政目标之一，《论政》解释"多谷也"。段注之本意为多谷，引申之意为原也，信也，诚也。《尚书·君奭》云："汝明勖（xù）偶王，在亶乘兹大命，惟文王德丕承，无疆之恤！"意思是告诫召公要努力辅佐成王，在于有一颗诚心，诚信之德在周公的言论中虽然提及很少，但作用是相当重要的，他在《洛诰》云："作周，孚先"，就是说"作立周邦，诚信第一"。他的这一思想对我国传统道德的形成产生了深远的影响。[②]

[①]《十三经注疏·尚书·康诰》。
[②] 参加王洪亮：《论周公的礼教思想》，《商丘师范学院学报》，2006年01期。

(六）守业艰难的忧患意识

从夏、殷"执命"而亡的历史教训中，周公深深地感到"天不可信"①，"天命靡常"；从践祚摄政、东征平叛、治理殷民等艰辛的经历中，又切实地感受到"小民难保"。所以一种守业艰难的深沉的忧患意识，无时无刻不占据着他的心灵。于是，他在《君奭》中云："呜呼！君肆其监于兹！我受命无疆惟休，亦大惟艰。"正是这种深深的忧患意识和不可推卸的历史使命感，敦逼着他不停思考，以期找到一个"子子孙孙永保民"②的办法。他认为夏、殷之亡，就亡于背离了先代贤王敬德保民的光荣传统。他对召公姬奭说："其汝克敬以予监于殷丧大否，肆念我天威"③。因为只有懂得能够获得天命不是一件容易的事情，才会加以珍惜，珍惜才会敬惧不失；只有知道天命难于相信，才不会"执命"——盲目地依恃上天，而一定要"明德""用德"，君臣一心，勤勉地抚恤百姓，为光大先王之业而不懈努力。这样，我们的国运才会像夏朝那样经历长久，不至于像殷纣王那样短命，他深深地感慨地说："呜呼！休兹知恤，鲜哉！"④由此可知周公的居安思危、忧国忧民的思想。周公认为创业难、守业更难，只有居安思危，才会敬惧勤勉，这种思想对后世的影响是巨大的。

综上所述，周公推行的礼乐制度，其目的当然是为了维护西周的统治，但周公的敬德保民的民本思想，以国家大局为重的宗法礼乐思想，对后世的儒家学派影响极大。后世的孔子就认为他提倡恢复的就是周公之礼。因而，周公的治国思想是儒家礼制思想的先驱。总之，我们可以说周公姬旦不愧为我国古代一位杰出的伟大思想家，其丰富的、有些甚至堪称可贵的思想，直接被以孔子为代表的儒家学派所继承、发扬，这不仅为我国传统文化的主干奠定了基础，而且在中华民族心理素质形成、思想性格塑造方面的影响，也是至为深远的。

---

① 《十三经注疏·尚书·君奭》
② 《十三经注疏·尚书·梓材》
③ 《十三经注疏·尚书·君奭》
④ 《十三经注疏·尚书·立政》

第四章 初期儒家治国思想在鲁国的传承

第一节 鲁国简况

鲁国受封之地，是周王室首先考虑的战略重地。这里离王都较远，又是殷商旧势力极重的地区。另外，东南沿海地区的淮夷、徐戎等部族也没有臣服周朝。武庚叛乱时，"殷东国五侯"也随之群起叛乱，奄国及其附近的各部是周公东征的主要对象，史籍上所谓的"攻商盖""攻九夷"，①"灭国者五十"②都指的是这些地区。就是在伯禽封到鲁国后，"淮夷、徐戎及商奄又叛"。要很好地镇抚东方，把这里作为周王室设立的堡垒是很合适的。基于上述的原因，周公秉政当国，在平定武庚和管、蔡之乱后，他考虑到镇服异族、怀柔殷民、稳定政局、护卫周王室等各种原因后，把其长子伯禽封到这里，作为周王室的前哨。

《史记·鲁周公世家》云："周公旦者，周武王弟也……及武王即位，旦常辅翼武王，用事居多……封周公旦于少昊之虚曲阜，周公不就封，留佐武王……其后武王既崩，成王少……周公乃践阼代成王摄行政当国……于是卒相成王，而使其子伯禽代就封于鲁……成王长，能听政。于是周公乃还政于成王，成王临朝，周公之代成王治……及七年后，还政成王……周公卒，子伯禽固已前受封，是为鲁公。"鲁公伯禽之初封之鲁，三年而后报政周公。周公曰："何迟也？"伯禽曰："变其俗，革其礼，丧三年然后除之，故迟。"

上述这段话，讲述了西周初年周公封于鲁国，但因辅佐武王、成王父子两代而不能就封，而由其子伯禽代之。伯禽初封到鲁三年后向周公汇报政务时，从其与周公的谈话内容可知：鲁国经过伯禽的三年"变其俗，革其礼，丧三年然后除之"。其意是说，伯禽在鲁国为政中，用周礼改造了鲁国原来的民俗和礼治。三年

---

① 《韩非子·说林上》。
② 《孟子·滕文公下》。

后，使鲁国基本上继承了周公所推行的周礼。

伯禽受封时，周王室对鲁国制订了"启以商政，疆以周索"的治国方针，这个方针是与卫国相同的，鲁、卫两国受封时，分别得到殷民六族、殷民七族，两国都肩负着管理殷民的重任。不过，两个国家虽然"疆理土地以周法"，但是同时又都因殷民旧俗。而这正是对周公对待殷遗民总政策的具体贯彻。

伯禽初受封时，因其父周公摄政而地位特殊，所受周王朝封物最多，也因为周公的关系，鲁国得享受天子之礼乐。周公无论在武王灭商，还是在成王年幼时治理天下，都有着卓著的功勋，所以特赐鲁国"世世祀周公以天子之礼乐"。《礼记·明堂位》云："凡四代之器、服、官，鲁兼用之。是故，鲁，王礼也，天下传之久矣。"从文献记载和考古材料综合考察，这种记载是可信的，如周王室的职官有"宗伯""太宰""大司徒等，鲁国即有之。如替国君掌管祭祀的"宗伯"，其他国家只称为"宗"或称"宗人"，有"宗伯"之称的只有王室和鲁国。又如，"鲁得立四代之学"①鲁还有四代之乐。这些都是鲁国特有的现象。

伯禽受封同时或稍后，周王室又在东方分封了一些小国，这些小国有的即为鲁国的附庸，有的则以鲁国为"宗国"。时至春秋王室衰微、礼坏乐崩之际，许多小国纷纷朝鲁，并且至鲁观礼。鲁国在东方夷人势力较重的地区，始终不忘"尊尊而亲亲"的原则，使鲁国的政权始终掌握在周人的手里，因此，他们较完整地保存了周礼。这样，鲁国为宗周在东方的代表形象更加突出，以为当时的人们视礼为国家的根本，周礼似乎是周王朝统治者的象征。

鲁国为东方的宗周模式，更具体地表现在对周王室政策的贯彻上。周初，周公治国，他的敬德保民思想、明德慎罚、勤政任贤等都似乎在鲁国当政者身上有所体现。封伯禽于少昊之虚曲阜时，周公曾有《伯禽之命》一篇，可惜已经亡佚，但鲁国与卫国政策相同，故周公对康公的告诫应当也适合于鲁。如周公作《酒诰》，文中告诉康叔"纣之所以亡者以淫于酒"，后代的周王也时常记起殷人"率肆于酒，故丧师祀"的教训。从现有的史料中还找不到鲁人迷酒误政的例子，直到战国时，鲁国的酒尚以"薄"著名。可能这与周公《酒诰》有一定联系。②

因为鲁国始终遵循周礼，因而时至春秋末年，鲁国仍然是一个保存周礼最多的国家。晋国韩起（宣子）聘鲁，见《易》《象》与《鲁春秋》，曾感慨地说："周

---

① 《礼记·名堂位》孔颖达疏。
② 参见郭克煜：《鲁国史》，人民出版社，1994年12月，第9页–第10页。

礼尽在鲁矣。"①吴国公子季扎至鲁观乐后叹道："观止"。这些都说明了鲁国文化之高，也说明了鲁国是受西周礼影响最深的诸侯国。

鲁国的疆域主要在泰山以南，有今山东省的南部，兼涉河南、江苏、安徽三省之一隅。由于鲁国受周礼的束缚严重，保守性强，旧势力大，因而始终是一个弱国。从伯禽封鲁到鲁顷公二十四年（前246）为楚国所灭，共传二十四世，经三十四位国君，历时八百余年。

鲁国继承了西周的礼制，为我国儒家文化的摇篮。孔子是儒家学派的创始人，后世誉之为"儒圣""文圣""圣人"。其继承人为子思、孟子，后世又称孟子为"亚圣"。任何学派的形成都有一个漫长的过程，孔子之前就有初步具有儒家思想的臧文仲、柳下惠，他们的思想对孔子的儒家学说具有一定的影响。

第二节　臧文仲的政治思想

一、臧文仲其人

臧文仲，即臧孙辰，姓臧孙，名辰。"文仲"为其之谥号。②他是鲁国著名的大夫，他曾废除关卡，以利经商，于国于民尽职尽责。其博学广识而不拘常理，思想较为进步，他不仅在当时鲁国的社会生活中起了重要作用，而且对后世也产生了重要影响，是鲁国重要的政治家、军事家、外交家和经济改革家。其后，在鲁国执政的仲遂和季孙行父都曾把他的话引为名言，襄公时期的鲁国执政叔孙豹更因臧文仲立言于世，③而称他为"死而不朽"的人。④在鲁国的公族中，臧氏家族是仅次于三桓的一个世家大家族。长期活跃于鲁国的军政界，成为鲁国世家中享世禄最久的一个家族。

据《左传》《国语》记载，鲁庄公二十八年（前666），鲁国"大无麦，禾"，出

---

① 杨伯峻：《春秋左传注·昭公二年》，中华书局，1983年。
② 《中国历史大辞典·思想史卷》以为"文仲"是其字，非也。可参见童书业：《春秋左传研究》附录《周代谥法》。
③ 见《左传·文公十八年》。《左传·襄公二十四年》记范宣子与叔孙豹讨论"不朽"问题时说：古人有言，曰："'死而不朽'，何谓也?"
④ 《左传·襄公二十四年》记范宣子与叔孙豹讨论"不朽"问题时说：古人有言，曰："'死而不朽'，何谓也?……鲁有先大夫曰臧文仲，既没，其言立，其是之谓乎！豹闻之，太上有立德，其次有立功，其次有立言。虽久不废，此之谓三不朽。

现饥荒,臧文仲告籴(dí)于齐国,当时他以为鲁卿。到鲁文公十年(前617)臧文仲去世,臧文仲为政至少有50年。有人说,臧文仲在鲁国担任司寇,或者是司空兼司寇。①《考工记》郑《注》云:"司空是主管营建都邑、立社稷宗庙,造公室、车服、器械,监百工者。唐虞以上曰共工。"《周礼·秋官》郑《注》云:"有虞氏曰士、夏曰大理、周曰大司寇",鲁之曰:司寇。主管刑法的官员。②

(一)臧文仲的治国思想

由于史料的缺乏,已无法就臧文仲的思想进行论述,但可以从《左传》《国语》等零星的记载中,明显地看到他的政治思想,所表现出的明礼、崇德、尊君、重民、尚贤等特点。

1. 明礼

出身于贵族之家的臧文仲从小受祖父臧僖伯的影响,也成为春秋时期的知礼之人。他不仅知礼明礼,而且按照贵族的礼仪行事,这在他刚登上政治舞台时就有表现。鲁庄公二十八年,鲁国遭受大饥荒,他主动要求到齐国籴买粮食,这是他知道:"国有饥馑,卿出告籴,古之制也。"③

臧文仲由于明礼仪,勤于政事,所以在朝廷中也受到尊重。鲁僖公二十四年(前636)周王子带之乱时,周王被迫出逃于郑。使者到鲁国告难,鲁人使臧文仲出来应对。④鲁文公时,臧文仲为四朝老臣,鲁之执政卿季孙行父曾师事臧文仲,向他学习"事君之礼",而且"行父奉以周旋,弗敢失坠。⑤

礼的作用在于"明分",即维护君臣、上下、贵贱、尊卑的差别。在当时的人们看来,礼是政治之本,"国将亡,本必先颠,而后枝叶从之"。⑥所以鲁闵公年间,齐国欲攻打鲁国时,鉴于鲁"不弃周礼"而未敢轻易进攻。臧文仲也深深知道"服于有礼"乃"社稷之卫也",因此,鲁僖公三十三年(前627)齐国庄子聘

---

① 清人武亿《群经义证》云:"《左传》宣公十八年:'臧宣叔怒曰:子欲去之,许请去之。'注:'宣叔,文仲子,武仲父,许其名也。时为司寇,主行刑。'襄公二十一年,季孙谓臧武仲曰:'子为司寇,将盗是务去。'此两世皆为司寇。独文仲无,古者仕有世官文仲,盖居是位而子孙因之。"清人李惇《群经识小》亦曰:"臧氏世为司寇,文仲当已为之,或为司空兼司寇也。"

② 此段参见郭克煜:《鲁国史》,人民出版社,1994年,第300页。

③ 《国语·鲁语上》。

④ 见《左传·僖公二十四年》。

⑤ 见《左传·文公十八年》

⑥ 见《左传·闵公元年》。

于鲁时，臧文仲看到他"自郊劳至于赠贿，礼成而加之以敏"，便劝告僖公结好齐国，因为"国子为政，齐犹有礼"。

2. 崇德

臧文仲主张以德治民，他认为"德之不建，民之无援"①。

在西周春秋时代，崇德、明礼乃是统治者思想的主要内容，人们把统治者为政以德看得很重，如"大上有立德"，"大上以德抚民"等，均是当时人们的议论和共同看法。《左传·襄公三十一年》（前542）引《泰誓》说："民之所欲，天必从之。"《孟子·万章上》也引《泰誓》说："天听自我民听。"臧文仲也认为："以欲从人，则可；以人从欲，鲜济。"②为了尊重天意，就应该遵从民意，这便是实行德政，推己及人，使自己的政治行为符合德的标准。

3. 尊君

与明礼相联系，臧文仲又主张维护国君的地位。他的随从者问他："国君没有派您去，您自己主动请求前往，这不是自己选择职事吗？"臧文仲回答说：

> 贤者急病而让夷，居官者当事不避难，在位者恤民之患，是以国家无违。今我不如齐，非急病也。在上不恤下，居官而惰，非事君也。③

他认为要忠于国君，做一位好的事君之臣，就应在国家需要时挺身而出。这是有道理的，因为在宗法统治下，国君代表着国家，国家不存，君将焉依。从这个意义上讲，臧文仲无论是鲁国大饥时主动请缨入齐告籴，还是僖公三十一年晋解曹地以分诸侯时不惮仆仆兼程前往，都可以看作是他尊君的具体表现。

当然，他的尊君并不是无条件的。这就是要求君主以德待民，建立德行。他说："民主偷，必死。"④意思是说国君说话不可苟且，不能没有远虑，否则，就不会有好的结果。

4. 重民

重民思想在周初已经萌芽，当然，这里的所谓"民"是指"国人"而言。春

---

① 《左传·文公五年》。
② 《左传·僖公二十年》。
③ 《国语·鲁语上》。
④ 《左传·文公十七年》。

秋时，由于古代军事民主制残留和"国人"地位的提高，以及西周末年"国人"大起义后春秋时期常常发生的"国人"与执政贵族之间的抗争，使贵族统治者不得不重视和畏惧"国人"。作为贵族阶级的一员，臧文仲为了缓和与"国人"之间的矛盾，也大力提倡"重民"之论。他主张统治者为政以德，为民表率，居官者要体恤下情，关心人民，即以德"训民"和在位"恤民"。国无患，民无难，人民安居乐业，是以国家太平。只要做到这些，即使国家遭受凶险，也能得到人民的救援，有凶险也能安全地度过。否则，"德之不建"，则"民之无援"。为此，国家应当重视人民，急人民之所急，即使"铸名器，藏宝材"，也应以"民之殄病是待"。①只有这样，才能保证社稷江山的稳固。

同春秋以来所谓的"重民轻神""重民轻天"思想一致，臧文仲也知道迷信神鬼无用，唯有得到"民"（即"国人"）这个贵族统治实力支柱的支持，才能很好地生存与发展。鲁僖公二十一年（前639）夏天大旱时，僖公要烧死巫人与尪（wāng）者，多亏了臧文仲出面劝阻，使僖公在民艰于食的情况下，稍给民食，设法补救灾荒。使这年虽饥荒严重却没有伤害人民。

5. 尚贤

臧文仲崇尚贤能的事例：

鲁文公二年（前625）八月丁卯，鲁"大事于太庙"，将僖公的享祀之位升于闵公之上。在君位上，僖公入继闵公，依照传统的享祀位次排列方式和昭穆制度等礼制，闵公当在僖公之上。但当时为宗伯的夏父弗忌力尊僖公，并对礼进行了新的解释，他说："吾见新鬼大故鬼小，先大后小，顺也。跻圣贤，明也。明，顺，礼也。"②当有人指出他违背昭穆制度时，他说："我为宗伯，明者为昭，其次为穆，何常之有？"③据韦昭注，这里的"明"谓僖公有明德。夏父弗忌认为僖公有明德，为圣贤，所以尽管有人反对，他还是坚持那么做。庄公时立于鲁之朝廷，历闵公、僖公以至于文公，以为四朝老臣，其言行足以左右当时，虽执政者为公子遂，为季孙行父，但文仲不据当时礼制加以制止，表明了他对夏父弗忌这种做法的认同。

臧文仲生活于春秋前期，他的思想中保留着很多周人思想内容的因素。不过

---

① 《国语·鲁语上》。
② 《左传·文公二年》。
③ 《国语·鲁语上》。

同历史的发展相适应，他的思想也在周人传统思想观念的基础上有了显著的进步。据童书业的研究，周人传统的政治和道德观念是"敬事上天遵法先祖，尊重君上，慈爱臣民，修明道德，慎用刑罚，勤修政事，屏除奢侈，以礼教治国，兵威镇众，而励用中道"①。这些在臧文仲的思想中大多可以找到，不过，与因循和继承相比，他思想的变化似乎十分显著。例如在对待"天"的问题上，周人重天、敬天，认为天是人类的父母，"惟天阴骘（zhì）下民，相协厥居"②，"悠悠昊天，曰父母且"③。臧文仲大不以为然，天大旱时，他没有虔诚祈祷，也看不出他对天有什么敬畏之情，而是如东汉王充所说："文仲知非政，故徒修备，不改政治。"④也就是说，臧文仲不认为旱灾是由于政治惹怒了上天而引起，他考虑的是积极采取措施来防灾救灾。又如对于礼，臧文仲知礼、明礼，主张"服于有礼"，当周王被迫出奔，王的使臣到鲁告难时，他也能以礼应对："天子蒙尘于外，敢不奔问官守？"⑤殊不知，这仅是"恭敬之辞而已"⑥。另外，臧文仲崇尚贤能，如擢（zhuó）升重馆人出于隶而为大夫，也有悖于鲁国传统的"尊尊而亲亲"的原则，参之于他在外交生涯中表现出的冷静态度，臧文仲表现出的是一位开明贵族的形象。⑦

二、关于孔子对臧文仲的评价

史学家童书业先生说：

> 春秋时代已有很多有学问的人，如鲁国的叔孙豹、齐国的晏婴、晋国的叔向、楚国的左史倚相、吴国的公子季扎等，都可以算得上当时的大学者。这些人之中，尤推鲁国的臧文仲和郑国的子产是不世出的圣贤。臧文仲能立言垂世，子产能够有开明的新思想，施之于实际的政治。等到孔子出世，集古代思想学术的大成，开始建立哲学的系统，真正的士大夫阶层就由他一手造成。

---

① 童书业著：《春秋史》，中华书局，2012年，第96页。
② 《尚书·洪范》。
③ 《诗·小雅·巧言》。
④ ［东汉］王充《论衡·明雩》，卷十五。
⑤ 杨伯峻著：《春秋左传注·僖公二十四年》，中华书局，1983年。
⑥ 杨伯峻著：《春秋左传注·僖公二十四年》，中华书局，1983年。
⑦ 本小节见于郭克煜等：《鲁国史》，人民出版社，1994年。第300-305页

童先生还称臧文仲是春秋时期的"学人"①、贵族阶级中的"学者"②。这的确是十分精到的见解。孔子之前，学者不乏其人，然而，诸如叔孙豹、晏婴、叔向、左史倚相、公子季扎等都晚出于臧文仲，至于与文仲并称为"圣贤"的子产，则其时已近于孔子时代。在鲁国僖公、文公时，臧文仲有很高的地位。他为鲁国出谋划策，也为了鲁国而奔走，但更多的，臧文仲似乎更具"学人"形象。《左传·襄公二十四年》范宣子与叔孙豹讨论"不朽"问题时，范宣子说："古人有言，曰：'死而不朽'，何谓也？"叔孙豹说："鲁有先大夫曰臧文仲，既没，其立言，其是之谓乎！豹闻之：太上有立德，其次有立功，其次有立言。虽久不废，此之谓（三）不朽。"一般来讲，国君立德，武者立功，文者立言。作为"学人"，臧文仲便成为"立言"者中的典范。正如为了学礼，"孟懿子与南宫敬叔师事仲尼"③一样，季孙行父曾随文仲学习"事君之礼"，在这里，臧文仲也是以学者身份出现的。事实上，不仅在鲁国，就是在整个春秋时代的各国，臧文仲都是最早的"有学问的人"。

孔子出生于臧文仲死后的67年，两人虽然同是鲁国的著名学者，但一位生活在春秋前期，且居官在位，家族兴盛，一位处于春秋末叶，仕途坎坷，家族衰落，他们的思想有很大的差别。同以前鲁人对其"先大夫臧文仲"的敬重不同，孔子曾批评臧文仲。

《论语·公冶长》记孔子说："臧文仲居蔡，山节藻棁（zǎo zhuō），何如其知也？"所说的即此事。孔子强调礼，而其根本在于"名"，"夫名以制义，义以处礼"④他重视"正名"⑤，从而以"名"定"位"，主张"不在其位，不谋其政"⑥，以"位"为政，使上、下不相僭（jiàn）越。所以《周易·艮·象传》中说："君子思不出其位，"正因如此，鲁三家唱着雍诗撤除祭品、"季氏八佾（yì）舞于庭"、季氏要祭祀泰山，都是孔子看不惯的事情。所以，臧文仲"作虚器"也自然地受到孔子的指责。

---

① 童书业：《春秋左传研究》，上海人民出版社，1980年，第379页。
② 童书业：《春秋史》，中华书局，2012年，第211页。
③ 《左传·昭公七年》。
④ 《左传·桓公二年》。
⑤ 《论语·子路》。
⑥ 《论语·泰伯》。

综观孔子对臧文仲的批评，倒明显地透露着臧文仲不墨守成规的特点。当然，像"祀爱居"之类确可列为他"不智"的方面。然而，其他几点并不也尽可作如是观。臧文仲不专注农业，甚至鼓励人们从事商贾末业，对于素有重农传统而带有封闭意识的鲁国来说，倒不失为开明的举动。①

孔子谙于鲁事，一定对臧文仲比较了解，他距文仲时代不远，二人又同处于鲁国，孔子不可能不受到臧文仲的影响。

第三节　柳下惠的道德思想

一、柳下惠简介

柳下惠是与臧文仲同时期的鲁国大夫，不仅以善于讲究贵族礼节著称，而且颇具儒家道德的理想形象。后人总结说："孝恭慈仁，允德图义，约货亡怨，盖柳下惠之行也。"②他的行为受到孔子、孟子等儒家大师的表彰。也许正是因为如此，他才成为了后人心目中的道德典范，对后世产生了重要影响。

《国语》《左传》等书中保留有他的部分言论。另外，先秦乃至秦汉的一些文献中也有后人的评论。由于这些记载比较零散，柳下惠的事迹便显得若明若暗。郭克煜等人从以下几个问题上进行了考查。

1. 关于"展禽三黜"在《左传》《国语》之后，不少文献提到了柳下惠"三黜"，如《论语·微子》云："柳下惠为士师，三黜"；《荀子·成相》曰："展禽三绌（案：绌通黜）。"《战国策·燕策三》《新序·杂事》《列女传·贤名》《风俗通义·别卷》等也都有柳下惠"三黜"的说法。

然而，"三黜"何指？却无史明文，历来说法很多，这里采用郭克煜等所著的《鲁国史》一说："展禽三黜"之"三"因理解为"多次"，并不一定实有其数。他们认为：古籍中多次提到"三黜"，可能是因为这些记载同据一源，不可捕风捉影，强为其解。

至于"黜"字应做何解释，后人看法也不一致。"黜"本有废、贬退之意，故有人认为"黜"即撤职，这种理解与事实不符。柳下惠官小职微，卑为士师，故《史记》《孟子》等都谈及他"居于下位""不卑小官""降志辱身"等，说明他在仕途上受到一定的压抑，并无被裁撤之意。

---

① 郭克煜等：《鲁国史》，人民出版社，1994年，第309页。
② 《史记索隐》引《大戴礼记》。

据《论语·卫灵公》，孔子曾指责臧文仲"知柳下惠之贤而不与立也"，俞越《群经平议》认为，"立"与"位"相同，他说："不与立于朝廷，而且曰不与立，文义不足。立当读为位。《周礼·小宗伯》'掌建国之神位'，注曰：'故书位作立，立读为位。'古者立、位同字，古文《春秋》经'公即位'为'公即立'，然则'不与立'即'不与位'，言知柳下惠之贤而与之禄位也。"郭克煜等所著的《鲁国史》认为："这种看法很有道理。由是观之，'黜'在这里有压制之意。'展禽三黜'可理解为柳下惠多次应得升迁而未果。"

2. 柳下惠与臧文仲

柳下惠和臧文仲皆为鲁国的大夫，据说，臧文仲大概居司寇之职，柳下惠为士师，正为文仲的下属。故孔子把柳下惠居下位而不得举归罪于臧文仲，说："臧文仲其窃位者与？知柳下惠之贤而不与立也。"①批评臧文仲"其不仁者三"，"下展禽"即其一端②。以后，更有不少人随而对臧文仲甚至于对其讥骂，如明代的顾梦麟《四书说约》道："自古权臣无不蔽贤，匪独量隘，实是持位保禄之心胜耳。知惠之贤而不与立，是何心肠？"清人刘逢禄《论语述何》也由此大发感慨地说："素餐尸位，妨贤病国之文臣，不者遄（chuán）死之为愈矣。"

然而，郭克煜等《鲁国史》认为：上述的谴责是偏颇的，柳下惠迄未得举，并不是臧文仲"持位保禄""妨贤""蔽贤"所致，而是两人在思想上的差别造成的。事实上，臧文仲不仅不"蔽贤""妨贤"，相反，如前节所说，他的思想倒表现了明显的崇尚贤能的特点。对柳下惠也是如此，齐孝公伐鲁，他主动向柳下惠请教御敌之策；他在"祀爰居"遭到柳下惠的指责后，又主动地承认自己的错误，并说柳下惠之言"不可不法"。应该说，臧文仲对柳下惠还是很尊重的。

但是，二者在思想上毕竟是有差别的，与臧文仲的思想表现了春秋时代较强时代性相反，柳下惠对周礼却表现得十分执着和拘泥，这或许正是柳下惠一直居于下位的原因所在。

二、柳下惠的道德思想

对柳下惠有了初步了解之后，便可以对他的道德思想进行大致的总结、归纳如下：

---

① 《论语·卫灵公》。
② 《左传·文公二年》。

1. 和悦平易

据《列女传》所载,柳下惠三黜不去时,其"妻曰:'无乃渎乎?君子有二耻;国无道而贵,耻也;国有道而贱,耻也。今当乱世,三黜而不去,亦近耻也。'柳下惠曰:'油油之民,将陷于害,吾能已乎?且彼为彼,我为我,彼虽裸裎,安能污我?'油油然与之处,仕于下位。"所以,柳下惠死后,他的妻子称他为"恺悌君子"。《列女传》为西汉刘向编纂而成,此书作为传记文学作品,固可以小说家言视之,但其中所记不会毫无根据。《论语》《孟子》等文献中也都可以找到类似的记载。

孟子也曾对柳下惠进行批评说:"不羞污君,不辞小官。进不隐贤,必以其道。遗佚而不怨,厄穷而不悯。与乡人处,由由然不忍去也。"①柳下惠的风节影响所及,可使"鄙夫宽,薄夫敦"。即胸襟狭窄的人变得宽阔,刻薄的人变得厚道。故孟子称柳下惠为"圣之和者也"②,在后人的心目中,他成了一位"以和名于世者"③。

2. 不以三公易其介

柳下惠为人处世和悦平易,但绝不丧失原则,始终保持自己的操守,即使有高官做也不会改变,用孟子的话来说,就是"不以三公易其介"④。据《文选》注引刘熙云:"介,操也。"《孟子》赵岐注则谓:"介,大也。"二者是一致的,此谓柳下惠以宏大之志为其操守,故不耻污君,不以三公荣显之位而移易己之大志。他"遗佚""厄穷",却不怨不愁,反而一直按照自己的原则行事。他了解"圣王"的制祀原则,坚持传统的礼仪制度,故而不论臧文仲"祀爰居",还是夏父弗忌"跻僖公",他都正言抨击,而不考虑自己身为臧文仲的下属和夏父弗忌是掌握国家祭祀之礼的宗伯。在自己一再受到贬抑,仕途并不顺利的情况下,人们劝他离去,他却仍然"蒙耻救民",⑤"油油然"处于下位。

3. 恪守直道

与其重视操守相联系,柳下惠为人憨直,恪守直道,或者说,恪守直道是柳下惠重视操守的重要表现。当他长期受到压抑,有人劝他离开鲁国时,他说:

---

① 《孟子·万章下》。
② 《孟子·万章下》。
③ 蔡节:《论语集说》引刘东溪曰。转引自程树德《论语集释》。
④ 《孟子·尽心上》。
⑤ 《列女传》卷二《贤明传·柳下惠妻》。

"直道而事人，焉往而不三黜？枉道而事人，何必去父母之邦。"①对此，皇侃《论语义疏》引李充解释说："举世丧乱，不容正直，以国观国，何往不黜也？"又引孙绰云："言以不枉道而求留也。若道而不枉，虽九生不足以易一死，柳下惠之无此心，明矣。故每仕必直，直必不用，所以三黜也。"从柳下惠的回答看，其辞语雍容，和悦可见，"然其不能枉道之意，则有确乎，其不可拔者，是则所谓必以其道，而不自失焉者也"，②这里的"道"便是"直道"。

4. 言中伦，行中虑

孔子曾将柳下惠与伯夷、叔齐、虞仲、少连等并成为"逸民"，他说："柳下惠，少连降志辱身矣，言中伦，行中虑"③。孔子对他们进行评说，是因为他们"逸民虽同而其行事有异"，"夷、齐隐居饿死，是不降志也；不仕乱朝，是不辱身也，是心迹俱超逸也。此二人（指柳下惠、少连）心逸而迹不逸也，并仕鲁朝，而柳下惠之黜，则是降志辱身也。虽降志辱身，而言行必中于伦虑。"④东汉的郑玄则将二者区分为"避世"与"避色"之别，他说："伯夷、叔齐、虞仲，辟世者；柳下惠、少连辟色者。"柳下惠主张慎行，尤其在祭祀方面，反对"无故加典"⑤和"以逆训民"的行为，动辄以"道"行事。在对待外强方面，他反对"为小而崇，以怒大国"，认为"处大教小，处小事大"才是御乱之方，所以，当齐军进犯时，柳下惠令人"以膏沐犒师"，并用齐、鲁两国先君周公、太公之"所职业"，即成王令其后"世世子孙无相害"的道理，使来犯者"许为平而还"⑥。因此，后人称柳下惠处朝，"言不废大伦，行不犯色，思虑而已"⑦

5. 不去父母之邦

《论语·微子》记："柳下惠为士师，三黜。人曰：'子未可以去乎？'曰：'直道而事人，焉往而不三黜？枉道而事人，何必去父母之邦。'"既然直道事人而不枉道，走到哪里也会受到压抑，那就没有必要离开生养自己的故土。

柳下惠的这一点与孔子相似而有差别。孔子当然也对本国有着特殊的感情，

---

① 《论语·微子》。
② 程树德：《论语集解》。
③ 《论语·微子》。
④ （南朝梁）皇侃：《论语义疏》。
⑤ 《国语·鲁语上》。
⑥ 《国语·鲁语上》。
⑦ （南朝梁）皇侃：《论语义疏》引张凭云。

只是他表现得更加合乎时宜,用孟子的话说,就是"可以速而速,可以久而久,可以处而处,可以仕而仕。"①当孔子觉得齐景公不可事时,就"接淅而行",②这是"去他国之道也";而离开祖国的情形则不同,孔子去鲁国时,说:"迟迟吾行矣,去父母国之道也。"③柳下惠与孔子的不同之处,则是应该去而没去,不可仕亦出仕。不过,这只是在父母之邦才如此。也就是说,相对于个人的机遇而言,他对父母之邦的感情更加深沉,诚如《风俗通义·十反卷》所说:"展禽不去于所生",或者"柳下惠不去父母之国"。

6. 诚信而与人无害

柳下惠诚实信用,而且声名远播,如齐人使验鼎的故事。但是,这一事实,《韩非子》却属之于乐正子春,如此,《新序》和《吕氏春秋》记载的真实性便打了折扣。但不论如何,这种记载本身,却可说明柳下惠是一位讲究诚信的人。另外,柳下惠之妻也说他"信诚而与人无害"④,再参之于他"蒙耻救民",耿介直爽,三黜不去,依恋父邦,以及言行中于伦虑的诸种表现,柳下惠诚实守信,与人无害应是可信的。⑤

三、对柳下惠道德思想的几点认识

1. 柳下惠是孔子之前的"圣"者和"仁"者

在春秋时代人们的观念中,圣人乃是德、智俱高的人,具有非凡的才识,而且仁、智、勇等道德品格兼具。孔子就把圣人作为其人格理论中最高的层次。在他看来,圣人非一般的"仁"者和"君子"所能比拟的,像尧、舜、禹、汤、文、武才是这种令人倾慕的圣人。另外,孔子所称道的一些"贤"者也与"圣"者具有近似的道德水准,如他以"贤"许之的伯夷、颜回等后来都被称为"圣人"。⑥柳下惠亦复如此,据《论语·卫灵公》记,孔子以为他是"贤"人,后来,孟子也

---

① 《孟子·万章下》。
② 即淘米时不等淘完、晾干就马上离去。
③ 《孟子·尽心下》。
④ 《列女传》卷二《贤明传·柳下惠妻》。
⑤ 郭克煜等:《鲁国史》,人民出版社,1994年,第317—320页。
⑥ 《论语·述而》记,子贡曰:"伯夷、叔齐何人也?"孔子曰:"古之贤人也。"《孟子·万章下》记,孟子曰:"伯夷,圣之清者也。"《论语·雍也》记孔子称颜回"贤哉",后人则尊他为孔子之后的"复圣"。

以"圣"相称，说他是"圣之和者也"。

孔子对柳下惠的批评可谓无一微词，①言语之中充溢着称颂之意，他认为："中庸之为德也，其至矣乎！"②"中庸"是孔子的最高道德标准。柳下惠为人和悦，讲究诚信，言行中于伦虑，根据前述标准，应该说他具备了中庸之道。

2. 柳下惠的道德思想体现了鲁文化的特质和内涵

鲁国对周人重礼文化风格的继承，在柳下惠身上体现的十分明显。周人的礼乃是从殷人的宗教观念中发展而来，但在意识形态中，伦理道德以替代宗教而发挥出重要作用来，只是其道德修养中仍有宗教的虔诚包含在里面，或者说，周人的道德观念也有浓厚的宗教色彩，据《礼记·表记》："周人尊礼而尚德，事鬼敬神而远之。"在尊神事鬼方面，殷人"率民以事神，先鬼而后礼"，周人尊礼显然与殷人尊神不同，但周人毕竟也是"事鬼敬神"的。例如他们对于作为"宗庙之礼"的昭穆制度就十分重视，他们的观念是："夫祭有昭穆。昭穆者，所以别父子、远近、长幼、亲疏之序而无乱也。是故有事于太庙，则群昭群穆咸在而不失其伦，此之谓亲疏之杀也。"③当鲁宗伯将僖公在鲁太庙中的享祀之位升于闵公之上时，宗有司也重申说："夫宗庙之有昭穆也，以次世之长幼，而等胄之亲疏也。"认为宗伯的做法与传统的昭穆制度不合。在这场争论中，柳下惠与宗有司一致，他认为应该坚持宗庙昭穆的常规，要"长幼有序"而"不失其伦"。宗伯违背常规而"易神之班"（即搞乱了神位的班次），乃是违反"鬼道"；同时，用"逆祀"昭示天下之民（"以逆训民"），亦非为人之道（"犯人道"）。所有这些，皆为"不详"，甚至会因此而招致灾殃。④

不过，周人的宗教观念与殷人相比，已经发生了显著变化，这便是逐渐补充、增加了道德的内容，即认为祭祀的对象都有某种"善"的品质。⑤作为鲁国公族中的一员，柳下惠的理解正是如此，他曾表述说："夫圣王之制祀也，法施于民则祀之，以死勤事则祀之，以劳定国则祀之，能御大灾则祀之，能扞大患则祀之。

---

① 《风俗通义·别卷》曰："柳下惠三黜不去，孔子谓之不恭。"按：查遍有关资料，无一孔子谓柳下惠不恭的记载，《孟子·公孙丑上》记孟子说"柳下惠不恭"，此处或误"孟子"为"孔子"。

② 《论语·雍也》。

③ 《礼记·祭统》。

④ 《国语·鲁语上》。

⑤ 参考崔大华：《中国传统思想伦理道德特质形成的比较分析》，《孔子研究》，1988年第3期。

非是族也，不在司典……加之以社稷山川之神，皆有功烈于民者也；及前哲令德之人，所以为明质也；及天之三辰，民所以瞻仰也；及地之五行，所以生殖也；及九州名山川泽，所以出财用也。非是，不在司典。①他认为祭祀的"国之大节"，关系到"政之所成"，必须"慎制祀以为国典"。

从以上的论述中可以看出，柳下惠对事物进行品评时所表现出的褒贬好恶乃是以宗周传统礼制为准绳的，也就是说，他的道德思想乃是以坚持周礼为前提的。这恰恰是鲁国重礼文化的根本所在。

当然，在周王室衰微，列国竞雄的年代里，徒凭周礼竟难存久远，随着时间的推移，鲁国"有秉周礼"的名声已不能继续支撑场面。为了免于沦亡，鲁人既要重礼，又不能拘泥于礼而对周礼抱残守缺，应当在新的条件下有所变通。这便使得一些知礼、明礼而又执着于礼的鲁人，既受时人敬重，而又仕途不顺。这种矛盾在柳下惠乃至后来的孔子身上，无一不得到淋漓尽致的体现。②

3. 柳下惠的道德思想对孔孟等先秦儒家产生了重要影响

孔子"数称……柳下惠"，③孟子也"反复羞……柳下惠之德"，④柳下惠对孔、孟的影响是可以肯定的。总而言之，这种影响还是在道德层面上表现较为明显。

在春秋时期，"仁"是道德的代名词，生活在春秋前期的柳下惠曾以"仁"评人。"仁"这个字，在殷代的甲骨文和西周的金文中都没有发现。《尚书》二十八篇只有一个"仁"字，《诗经》三百篇有两个"仁"字，其意义都不很清楚。只是到了春秋时代，"仁"字才被人们越来越多地提起。在《国语》中，"仁"字凡24见，基本意义是爱人。《左传》中的"仁"凡23见，除爱人外，其他几种德行也被称作仁。⑤继孔子把"仁"作为一种道德思想体系之后，孟子也对作为道德规范的"仁"进行了发挥。既然如此，从柳下惠的口中说出"仁"字，更值得引起我们的重视了。

《国语·鲁语上》记，臧文仲令国人"祀爰居"时，柳下惠批评其："难以为仁且智矣。夫仁者讲功，而智者处物。无功而祀之，非仁也；不知而不能问，非智也。"韦昭注曰："仁者心平，故可论功。"有功则祀，无功则否；无功而祀，即

---

① 《国语·鲁语上》。
② 郭克煜等：《鲁国史》，人民出版社，1994年，第321-322页。
③ 《史记·仲尼弟子列传》卷六七。
④ 《孟子·万章下》赵岐注。
⑤ 匡亚明：《孔子评传》，南京大学出版社，1990年，第181页。

为不仁。这与孔、孟"人而不仁，如礼何"①以及仁者"爱人"②的思想是相通的。

应该说，柳下惠是我国古代较早谈论"仁"这个概念的人。他的这一看法为孔子所接受。我们当然不能说孔子"仁"的道德思想与柳下惠有必然联系，但孔子在柳下惠那里借鉴了某些思想材料却极有可能。学者们在论述孔子思想体系的渊源时，无不认为他的思想受到了鲁国特定环境即当时鲁国国情的影响，那么，处在鲁国社会中的著名人物对孔子的影响就更为直接。杨伯峻说，孔子对春秋的政治家、思想家"都很熟知，有的做好评，有的作恶评，有的不加评论。由这些地方，可以看出孔子对他们的看法和取舍，反过来也可以从中看出他们对孔子的影响"。③在鲁人中，孔子"数称臧文仲、柳下惠"④，臧文仲属于孔子"作恶评"的人，他还对孔子的思想产生了某些影响，更何况孔子"做好评"的柳下惠呢！

当然，孔、孟在对柳下惠颂扬时，也不是没有任何分析，如柳下惠降志辱身，三黜不去，孔子即有别，他说："我则异于是，无可无不可。"⑤孔子不为鲁国司寇信任，鲁君又不以礼待之，他便离鲁他适，以求施展抱负。只是他离开父母国时，与"去他国之道"不同罢了。孟子也赞同孔子的做法，而认为"柳下惠不恭"。⑥

---

① 《论语·八佾》。
② 《论语·颜渊》《孟子·离娄下》。
③ 《试论孔子》，载《论语释注》。
④ 《史记·仲尼弟子列传》卷六七。
⑤ 《史记·孔子世家》《论语·微子》。
⑥ 郭克煜等：《鲁国史》，人民出版社，1994年，第323-324页。

第五章　儒家思想的形成

我们说鲁国的治国思想是以儒家为主体，并不是说鲁国建国伊始，儒家思想就占据了思想界的主导地位，尽管周公的儿子伯禽带去了西周初期周公的以德治国思想，但它毕竟没有形成一种系统的学说，直到春秋末年的孔子时代，儒家学派才得以形成。儒家学派在鲁国的形成，不是一蹴而就的，因为在孔子以前早已有了"儒"的存在。

对于"儒"，历来有许许多多的考证和阐释，得出的结论也互有差异。就文献的记载来看，"儒"者应是当时有学问的人，他们不仅有"道术"，而且以其道传人、教人，负责教化民众。例如：《周礼·太宰》云："儒，以道教民。"《周礼·天官》云："儒，以道得民。"《礼记·大司徒注》云："师儒，乡里教人以道义考。"《汉书·司马相如传》云："有道术者为儒。"《礼记·儒行释文》云："儒者，言之优也，和也，言能安人，能服人。"等等。可见，"儒"符合东汉许慎《说文》所谓"儒，柔也，术士之称"的说法。根据胡适《说儒》一文的见解，在殷代，儒乃是以"殷民族教士"的身份出现的[①]。徐中舒后来发表的《甲骨文中所见到的儒》一文[②]，证实了胡适的说法，并认为，在当时，儒与士、史相类，并与巫有一定联系。巫事上帝而交通鬼神，而儒则事于祖先交通人鬼，后来，儒渐渐从巫中分化出来。到西周春秋时期，"儒"虽仍然没有完全摆脱"教士"的身份，但由于他们能明于礼乐，他们便以从事文化教育活动为主了。

《论语·雍也》一文载，孔子对子夏说："女为君子儒，无为小人儒。"这说明孔子以前不仅已经有儒，而且其流派也已很复杂。它与后来孔子创立的儒家虽然有一定联系，但其区别也是很明显的。儒家仍以礼乐教化为其职志，诚如《汉书·艺文志·诸子略》所说："夫儒者，盖出于司徒之官，助人君顺阴阳，明教诲者

---

① 见《胡适学术文集——中国哲学史》（下册），中华书局，1991年，12月。
② 见《四川大学学报》，1975年第4期。

也。游于六经之中，留意于仁义之际，祖述尧舜，宪章文武，宗师仲尼，以重其言，于道为最高。"这主要是就孔子后世的儒家而言的。自孔子之后，儒家在鲁国可谓蔚为大观，不仅孔子周围聚集了来自各地的弟子，甚至到战国时，"举鲁国而儒服"①，"鲁人皆以儒教"，②足见儒家之学在鲁国的巨大影响。③

第一节 解析鲁史研究孔子和儒家思想的途径

孔子是我国古代伟大的思想家、教育家，孔子及其创立的儒家学派思想深深地影响了中国长达两千多年，甚至在海外也有广泛地传播和影响。从而，孔子成为世界历史文化名人。

孔子生活在春秋末年的鲁国，他既属于那个时代，更属于他所在的地域——鲁国。因此，研究孔子和儒家，既要考虑当时的时代特征，又要注意其地域印痕，只有这样，对孔子和儒家的研究才会更加客观，更加接近真实。马克思主义认为："意识在任何时候都只能是被意识到了的存在。"④既然人们在一定历史时期的观念反映着该时期的社会实际，那么，就不难理解，剖析孕育了孔子与儒学的鲁国，自然就是研究孔子和儒学思想更为切实的途径。

实际上，结合鲁国社会的特点来认识和评价孔子的思想已经有人注意并付诸实施。李启谦指出："孔子的思想主要是在鲁国这个特定的社会环境中产生和形成的，孔子既属于他那个时代，又属于他那个国家。或者说，他的思想既有时代的特色，又有'鲁'字的印记。因此，研究鲁国社会的历史特点，自然地便成了研究孔子及其思想的一种重要途径和方法。"⑤张富祥也把孔子与鲁文化结合起来进行研究，他认为："儒家文化作为典型的重现实、重人世的文化类型，其孕育、产生和发展……与鲁国重农、重礼的固有传统息息相关，未曾须臾相分离；时至今日，研究春秋经济文化与学术文化的相互关系及其影响，鲁国当仍是理想的剖析之地。"⑥这就是说，不仅研究孔子和儒家应当从鲁国社会中寻找其思想根源，

---

① 《庄子·田子方》。
② 《史记·游侠列传》卷一百二十四。
③ 见郭克煜等：《鲁国史》，人民出版社，1994年，第325—第326页，有所改动。
④ 《马克思恩格斯全集》第3卷，第29页。
⑤ 张富祥：《结合鲁国社会的特点认识和评价孔子的思想》，《齐鲁学刊》，1987年第6期。
⑥ 《鲁文化与孔子》，《孔子研究》，1988年第2期。

而且鲁国历史的研究对那个时期学术文化的探讨都有着重要的意义。

鲁国是一个典型的宗法农业社会,在这个社会中,鲁国按照宗周模式,继承了重农与重礼的文化传统,所以,鲁国保存周礼比任何其他国家都要完整,鲁国的社会是一个礼治的社会。孔子时代,鲁国社会在急剧地变化。"初税亩"实行后的第四年,即公元前590年,鲁国"作丘甲";公元前483年,鲁国又"用田赋"。"税以足食,赋以足兵",①盖上述措施都是增加聚敛的办法。这一方面是因为诸侯国之间的征战较多,另一方面也透露出鲁国在经商事贾之风逐渐盛行的同时,农业生产却出现了危机。土地私有化的趋势冲击着原来的土地制度,生产关系中的这一变化表现在政治上则是"天下无道""礼乐崩坏"。因而,孔子以维护周天子的一统天下和重建文、武、周公之业为己任,通过对传统和现实的反思,形成了他的一整套所谓"修身、齐家、治国、平天下"的理论。而他的理论表现为对于现实的反动,带有明显的"尚古""从周"特征。这也折射出当时父权家长制权威特征的丧失,以及由于农业经济的衰落,小农对于君权依赖关系有所减弱。他的重义轻利的义利观也是这种情形下派生的。孔子向往的那种同小农经济相联系的宗法统治秩序,维护"动不违时,财不过用"②的鲁国传统。面对现实,他又不得不承认,"富与贵,是人之所欲","贫与贱,是人之所恶"。但与"道"相比,这又是次要的,所以"君子谋道不谋食","忧道不忧贫"③显然,他认为"道"是靠人来掌握的,治乱兴废是由人来决定的。但"治国之道"或"君人之道"都不能破坏和违反等级制度或次序,应当"为国以礼"④

孔子所谈的"礼",在很大程度上是指建立在小农业生产方式和生活方式基础上的宗法制度。礼作为宗法等级社会的制度和规范,最注重的是尊卑长幼秩序,以及不同名分的人们之间的区别。孔子把礼看得很重,他说:"丘闻之,民之所由生,礼为大。非礼,无以节事天地之神也;非礼,无以辨君臣、上下、长幼之位也;非礼,无以别男女、父子、兄弟之亲,婚姻疏数之交也。"⑤他强调"君使

---

① 《汉书·刑法志》。
② 《国语·鲁语上》。
③ 《论语·卫灵公》。
④ 《论语·先进》。
⑤ 《礼记·哀公问》。

臣以礼"的同时，更强调臣"事君尽礼",①"事君以忠",②"事君，敬其事而后食"③，"事君，能致其身"④。与之相适应，孔子又倡导孝悌、亲亲，不但"君君、臣臣"，还要"父父、子子"⑤。"弟子入则孝，出则弟。""事父母，能竭其力。"⑥孔子的这些主张，正是周公在初封鲁国时，所确立的与鲁国宗法、农业、社会相适应的治国方针，终鲁之世，鲁国的这一方针也一直体现得十分明显。

从实质上讲，礼是周人的治国工具，鲁国的统治者重视礼乐，也是为了鲁国的长治久安。然而，时代发展了，礼乐的崩坏之势无法阻挡。这种时势之下，孔子的礼学也应运而生，孔子在当时有崇高的威望，是因为他知礼明礼，孔子一生努力追求的也是恢复周礼，"礼"在孔子思想中居于核心地位是毋庸置疑的。⑦

第二节　儒学的创始者——孔子

一、孔子的生平

孔子（前551年——前479年）姓孔名丘，字仲尼，鲁国陬邑（今山东曲阜东南25公里）人。

孔子的祖先是宋国的贵族，据传为微子启的后代。在宋国的一次统治集团内部斗争中，孔子的先祖孔父嘉被杀。孔父嘉孙防叔遂避难奔鲁，为防邑大夫。孔氏本出于宋国公族，孔父嘉即是宋国司马，他被杀以后，其子降为士。防叔奔鲁，孔氏原来显赫的社会地位便丧失了。

孔子的父亲叫叔梁纥，他是防叔的孙子。叔梁纥曾为陬邑大夫，是鲁国的一位有名的武士。据《孔子家语》说，他先娶施氏，生了几个女儿，其小妻生的儿子孟皮又是一个跛子。于是，在晚年又娶了颜家的年轻女子颜徵在为妻，婚后，两人曾到尼丘山上祈祷求子，后来得子，于是取名叫孔丘。⑧

---

① 《汉书·刑法志》。
② 《论语·八佾》。
③ 《论语·卫灵公》。
④ 《论语·学而》。
⑤ 《论语·颜渊》。
⑥ 《论语·学而》。
⑦ 参见郭克煜等：《鲁国史》，人民出版社，1994年，第28页。
⑧ 《史记·孔子世家》卷四七："祷于尼丘得孔子"，今山东曲阜东南有尼山，原名尼丘山，后因避孔子之讳而改。现在山下有"夫子洞"等遗迹，传为孔子出生之地。

孔子3岁时，年老的父亲叔梁纥便去世了。颜徵在带着儿子离开了原来居住的陬邑，迁到鲁国的国都曲阜。孔子一生的大部分时间便在这里度过。

孔子出身于没落贵族家庭，他的社会身份属于"士"，是贵族的下层。但他的家境贫困，政治上也没有靠山，所以其社会地位比较低下。据说他当过吹鼓手，20来岁时给大贵族季氏当过管理账目的"委吏"，管理牲畜的"乘田"。孔子母亲死后不久，鲁国的执政大夫季孙氏"飨士"，孔子兴冲冲地去了。季孙氏的家臣阳虎出来挡驾，说："季氏飨士，非敢飨子也。"①孔子被挡了回来。这对于想进入贵族社会的孔子是当头一棒。但这也使得孔子在逆境中奋发，于是，孔子博学多知的名声愈来愈大，他的社会地位逐渐提高。

孔子在鲁都曲阜长大，从小受礼的熏陶，对于当时的贵族政治制度没有任何一点抵触的地方，却是以膜拜崇敬之心加以顺从和接受，以至于在对社会的现实不满时，也没有去抱怨贵族宗法和等级制度本身。孔子一生都认为要挽救"礼乐崩坏"的局面，必须维护贵族的统治，恢复西周文王、武王和周公之治，以实现其仁政德治的"理想"。

春秋末期，一个人若要参与贵族政治而取得地位，必须学会礼、乐、射、御、书、数等六艺。孔子试图挽救危局、拯救乱世，使"天下有道"，主张以礼修身治国。他曾说："兴于《诗》，立于礼，成于乐。"②《论语·八佾》又记："子入太庙，每事问。"孔子又曾适周问礼于老聃，曾向师襄学琴，因而他深谙礼仪，熟悉音乐。

孔子好学，在于他研求为政和做人之道。他主张学以致用，盼望有机会施展自己的政治抱负。但是，仕途的大门迟迟没有向他打开。于是，在没有从政机会的情况下，他开始聚徒讲学，从而开辟了一条私人讲学的道路。在那期间，虽有几次从政的机会，但由于受"忠君尊王"思想和现实贵族政治不可侵犯立场的支配，50多岁前，孔子基本以教授生徒为主。诚如司马迁在《史记·孔子世家》中所说："孔子不仕，退而修《诗》《书》《礼》《乐》，弟子弥众，至自远方，莫不受业焉。"由于孔子"学而不厌，诲人不倦"的持久努力。聚集在他门下的弟子一天天地增多。据说，孔子一生教授弟子三千，成名者就有70多人，颜渊、闵子骞、宰予、子贡、冉有、季路、曾参、子游、子夏等，都是学有所成的著名弟子。

---

① 《史记·孔子世家》卷四七。
② 《论语·泰伯》。

孔子自35岁以后，参加了一些政治活动。51岁时，孔子被任命为"中都宰"，即为中都（今山东汶上西）地方的长官，后来又先后升为主管建筑和道路等事务的"司空"和掌管司法与外交事务的"司寇"。孔子仕鲁参政以后，表现了他自己的非凡的才干。他为中都宰时，这里的政事就为外地所效法；孔子为司空时，"别五土之性而物各得其所生之宜，咸得厥所。"①

孔子做了司寇后，政绩更为突出。首先是外交上的胜利。鲁定公十年（前500）齐鲁夹谷之会，鲁定公以孔子为随行大臣。孔子说："有文事者必有武备，有武事者必有文备。"②根据他的建议，鲁国派遣管理军队的左右司马带兵前往。孔子任鲁君相礼，相当于后来的司仪。会盟开始后，齐国奏夷狄之乐，为孔子斥退。齐又出倡优、侏儒，孔子令处死。这样，孔子及时识破了对方劫持定公的险恶用心，义正词严地以当时通行的礼法责备对方，依靠事先准备的武力，使齐景公的阴谋破产。为掩饰曾经有过的阴谋，表示自己是为了谋求友好，会盟之后，齐乃归还了所侵鲁地郓（今山东郓城东）、汶阳（今山东泰山南）和龟阳（今泰安南）之田。

孔子在鲁国励精图治，对于一心想控制鲁国的齐国是不利的。所以，齐国君臣鉴于鲁定公和季桓子都好声色犬马之乐，便投其所好送给鲁国80名能歌善舞的美女，还有30辆华丽的马车，每辆车由四匹披着彩锦的骏马拉着。于是，鲁国君臣迷于声色，怠于政事，疏远孔子。后来，鲁国举行郊祭礼，执政者违背常礼，祭祀用完后的肉没有分给孔子，这意味着他已经不受敬重。孔子感到自己的政治抱负已经不能继续施展，于是被迫向定公辞职，带着一批弟子忍痛离开鲁国，开始了周游列国的漫长历程。这一年是鲁定公十三年（前497），孔子55岁。

孔子在鲁国离开官场之后，从56岁开始了他周游列国的活动。孔子带着他的数十个弟子，边讲学，边游历，用14年时间访问了卫、陈、曹、宋、郑、蔡、楚等诸侯国和其国君，即所谓的孔子周游列国。

在周游列国逆境中，孔子从来不改变自己的政治主张，他不因为天下诸侯之君不用自己、不接纳自己，而对自己的政治主张做任何修改。他坚信自己的政治观点是天下的"至道"，总有一天，他的"道"会被统治者接受，成为治国的理论。

---

① 《孔子家语·相鲁》，卷一。
② 《史记·孔子世家》卷四七。

孔子周游列国，四处碰壁，于是他希望回到故国去。这时，孔子的学生在鲁国建立了不少事功。子贡、有若、冉有等在对外交涉和战争中立下不少功勋。季康子感到孔子的弟子中确有不少人才，也转变了对孔子的态度。公元前483年，68岁的孔子被季康子派人带着重礼请了回来。他终于回到了阔别14年之久的鲁国。

孔子回到了鲁国后，鲁哀公和执政的季康子以"国老"之礼相待，向他问为政之道。但季康子的所作所为，与孔子的政治思想背道而驰，孔子反对季康子的奢侈多欲，反对他在田税之外，另又以田征收军赋。孔子依照他遵循周朝田制和施行礼制、仁政的主张，认为施政应以礼为准则，遵循周公的典章，不应厚敛于民。

鲁哀公十四年，齐相田常杀死了国君齐简公。孔子认为以臣弑君是大逆不道。他要求鲁哀公和季氏出兵讨伐，但遭到拒绝。

孔子和季氏持不同政见，孔子就把晚年的全部精力用在文化教育事业上，他删《诗》《书》，定《礼》《乐》，修《春秋》，努力搜集和整理古代文献，作为教授弟子的课本。传授"礼、乐、射、御、书、数"六艺，实施"文、行、忠、信"，又叫"德行、言语、政事、文学"四科教育。

孔子一生，在政治上积极参与，怀着济世济民的抱负，然而却经常失意。晚年的孔子在政治上受到冷遇，生活上也一再遭到不幸。孔子69岁时，他的儿子孔鲤死。第二年，最心爱的弟子颜渊又死。其独子孔鲤和弟子颜渊的相继去世，对孔子是莫大的打击。特别是颜渊死后，他连连地说："天丧予！天丧予！"①

孔子72岁时，他的亲密弟子子路在一次统治阶层夺权内斗中遇害，这又一次使孔子的感情遭到沉重的打击，心情愈加沉重。次年，孔子在悲痛凄凉中病倒。不久，一代儒学宗师终于在失意中走完了他的一生，时年73岁。②

二、《论语》的成书

《汉书·艺文志》云："《论语》者，孔子应答弟子、时人，及弟子相与言而接

---

① 《论语·先进》。
② 孔子的生年：《左传》无文。《公羊》《谷梁》皆说孔子生于鲁哀公二十一年（前551），而《史记·孔子世家》说，其生于鲁哀公二十二年（前552）。《左传·哀公十六年》载，孔子其年四月己丑卒，故依前说终年73岁，依后说，则为72岁。

闻于夫子之语也。当时弟子各有所记。夫子既卒，门人相与辑而论纂，故谓之《论语》。"由此可知，《论语》成书是在孔子去世以后，它不是一人一时之作，而是孔子的弟子或再传弟子经过多次编辑整理才完成的。不过，由于这里并没有指明编撰《论语》者是哪位门人，于是，后世的学者们便有了不同的推测。既然这些"孔子应答弟子、时人，及弟子相与言说而接闻于夫子之语"，"弟子各有所记"，"夫子既卒，门人相与辑而论纂"的说法，显然只是《论语》编撰前期的粗略事实，并没有提到主编者的名字，也没有明确再传弟子对于成书的作用，不能概括全过程，又毫不涉及编撰的动因、原则、目标、范围和重点等主要问题。所以，这不是比较完善的总结。为此高培华先生在其《卜子夏考论·子夏参与主编"论语"考论》①中认为：虽然郑玄《论语序》提到"仲弓、子游、子夏"，《论语崇爵谶》只提到子夏一人，也不等于只有此三人或此一人，汉儒之说不够全面。他认为，《论语》编写成书，大小事情皆需要逐步摸索，势必会是一个颇为复杂的、可以分为若干阶段的漫长过程。子夏、曾参对于推进《论语》编撰发挥了关键的作用。曾子去世后，耄耋之年的子夏又双目失明，致力于《六经》"发明章句"，再无力顾及《论语》的编纂。其最后的编排定稿，也就是在原有基础上的补充、调整、誊写等工作，是由鲁国再传弟子中的新一代儒学大师——以有若、曾参的门人为主，在闵子和冉子门人参与下合作完成的。原来仲弓、子游、子夏、子贡、子张等人的门人，可能只提供各自老师的一些精粹言论，而没有参与定稿工作。但曾参、子夏对《论语》编纂起到了特殊的作用。

《论语》之名称，应该是自孔安国开始的。王充说："初，孔子孙孔安国以教鲁人扶卿……始曰《论语》。"大概孔安国在给《古论》各篇命名的同时，也给此书定下了《论语》的名字。《汉书·儒林传》说，司马迁曾从孔安国学古文，司马迁本人也说自己"年十岁则诵古文"②，其中应当包括《古论》。司马迁在《史记·仲尼弟子列传》中说："学者多称七十子之徒，誉者或过其实，毁者或损其真，钧之未赌厥容貌；则论言弟子籍，出孔氏古文近是。余以弟子名姓文字悉取《论语》弟子问，并次为篇，疑者厥焉。"作为孔安国的学生，司马迁较早在其著作中称名《论语》是合乎情理的。

关于此书为何称为《论语》，则是因为书中记录的是孔子解说个人主张及其与

---

① 高培华：《卜子夏考论》，社会科学文献出版社，2012年，9月，第320页
② 《史记·太史公自序》卷一百三十。

弟子们或他人的"论难"之语。毛亨在《诗·大雅·公刘》传中说："直言曰言，论难曰语"；许慎《说文解字》说解"言"字曰："直言曰言，论难曰语"；说解"语"字曰"论也"，段注曰："此即毛郑说也。语者，御也。如毛说：一人辩论是非谓语；如郑说：与人相答问辩难谓之语"。

1993年秋，在湖北省荆门市郭店村发掘了郭店一号楚墓，发现郭店楚简804枚，专家整理确定为十六篇先秦时期文献，其中道家典籍两篇，儒家典籍十四篇，从竹简内容来看，有的与现在的儒学有一定的出入。看来在孔子之后，《论语》的成书、流传历经两千多年，其中自然难免掺杂后人的不同传说，因此，我们今天研究孔子，利用《论语》的资料时，应当持一种审慎的态度①。

三、以"礼"为核心的儒家思想学说

《论语》一书虽然不可避免地掺杂有不太可靠的成分，但今日研究孔子，它依然是我们的重要依据。除《论语》外，《春秋》《仪礼》《礼记》《周易》也是研究孔子思想的重要著作。《春秋》一书作为鲁国国史，毕竟经过孔子的手订，孔子认为自己"志在《春秋》"，并说"知我者其惟《春秋》乎！罪我者其惟《春秋》乎"②，其中寄托了他的政治思想；《仪礼》一书中，关于礼的叙述十分细密，尽管《仪礼》全书成书较晚，但从有人专门向孔子学习"士丧礼"等的记载看，孔子与《仪礼》的关系应当是十分密切的。17篇中，尤以《丧服礼》最为重要，子夏特为之作传。《汉书·艺文志》说："《礼古经》五十六卷，《经》十七卷。《礼古经》者，出于鲁淹中及孔氏，与十七篇文相似。"或许《仪礼》17篇也经过了孔子的整理传授；《礼记》是关于礼的性质、意义和作用的讨论，此书很是值得重视，其中的一些篇章所记孔子的言论，其价值可能不在《论语》之下。据《史记》等书，还有《易经》中的一些卦象辞、爻象辞为孔子所亲作，孔子的哲学思想在该书中有所反映，而且，孔子与《易经》的密切关系又逐渐为考古材料所证实。以上这些古籍，可以说是研究孔子的基本材料。

纵观以上有关材料，其中多是孔子关于政治和伦理的论述，即他编次的书籍，也隐含着他的政治思想和伦理主张，或者说，由这些材料，我们也可以看出孔子这样一位大政论家和大伦理家的形象。孔子的学问是为统治者阐发的，主要有礼、

---

① 次节，《〈论语〉的成书》，郭克煜等：《鲁国史》，人民出版社，1994年，第333页。
② 《孟子·滕文公下》。

乐、仁、义诸种概念。例如，礼、乐当属于政治制度的层面，而仁、义则属于伦理、道德的范畴。礼、乐、仁、义等孔子所涉及的诸种重要概念之中，礼是受到格外重视的。

儒家提倡以礼教化各阶层的大小贵族和平民，使之能够事君之尊贵，畏君之威严，以免下级犯上作乱，以免庶民不安其业。把礼看成生死存亡的根本。认为"礼，经国家，定社稷，序人民，利后嗣也。"①

礼，是孔子思想的灵魂，主张人们一切行为都要符合礼。提出以礼去制约全部的社会生活，去调节贵族的等级关系。他主张维护天子的至尊地位，反对大臣僭越。

当然，孔子也不完全否定"法"，但毕竟"法"与"礼"不同，"礼者禁于将然之前，而法者禁于已然之后"。所以他曾说："道之以政，齐之以刑，民免而无耻。道之以德，齐之以礼，有耻且格。"②相对于"刑"而言，孔子更希望能以"礼"齐民。

礼在孔子学说中受到了特别的强调，他把"礼"看成规范人们行为的准则，认为"礼所以制中也"③，"中"即中庸，这是孔子整个理论的哲学基础。这就是说，礼是用来调节人们的一切行为，使之不过，亦不可不及，只要做到了行为"适中"，便是有了立身之本。因此，孔子一再重复说"立于礼"，"不学礼，无以立"；"不知礼，无以立也。"孔子自幼游戏时，"陈俎豆，设礼容"，在礼乐氛围浓厚的鲁国都城中，受到了礼的极深熏陶。为了摆脱自己家族的没落处境，他便积极地求学，求礼问礼，想以此作为进身之阶。作为下层的士，他十分向往旧时的贵族政治，然而，家族的没落就像时势的变化不可逆转一样，孔子想跻身于贵族行列，却反而遭到打击。孔子在逆境中更加奋发，更加勤奋地学习礼乐知识，因此到中年时，他已有了礼这个立身处世的根本，这便是他自己所说的"三十而立"。

孔子生于礼乐崩坏之世，一方面，许多人已经不懂礼，如鲁国的大贵族孟僖子竟不能"相礼"；另一方面，即使有些人还知道在贵族仪节中使用礼，但礼数尚在，而礼之义已经失掉，从根本上讲，孔子维护的是宗法等级制度，是旧的纲常

---

① 《左传·隐公十一年》。
② 《论语·为政》。
③ 《礼记·仲尼燕居》。

名分，他当然看不惯那些只具有礼的形式，而失去了礼实质意义的行为。在这种情况下，孔子便格外强调起一个"仁"字来。孔子曾说：

人而不仁，如礼何？人而不仁，如乐何？①
礼云礼云，玉帛云乎哉？乐云乐云，钟鼓云乎哉？②

他认为，礼、乐并非仅仅是玉帛、钟鼓等形式，在这个形式之中，还包含有更多、更深的内容，人要正确对待礼、乐，必须具有仁的道德情感。

以上都是说明孔子不满意于礼仅有外在的行为规范，应该在实行礼时具有"仁"人之心，即应有内心的道德情感。孔子把"礼之本"看得很重要，认为礼绝不应仅具有形式。对长者生之致孝和死后致丧，都应发自内心，"生，事之以礼；死，葬之以礼，祭之以礼"③，这自然都是礼的要求，但在施行礼时，发之于情，动之于心才是最要紧的。正如《四书集注》引范氏注"林放问礼"章时所说："夫祭与其敬不足而礼有余也，不若礼不足而敬有余也；丧与其哀不足礼有余也，不若礼不足而哀有余也。"礼的形式与其内容相比，重要的是内容；丧祭之礼重要的是人的哀敬之情。孔子把这看作是礼的根本。与其形式周全、隆重而缺乏哀敬之情，倒不如形式简易而充满真诚的感情。这都是孔子所说的"人而不仁，如礼何"的最好注解。

综上所说，可知孔子讲"仁"乃是为"礼"服务的。礼作为以血缘为基础，以等级为特征的宗法性氏族体系，要求维护或恢复这种体系乃是"仁"的根本目标，孔子讲"仁"是为了释"礼"，与维护"礼"直接相关。这是如今不少学者的共识。

第三节 孟子对孔子学说的继承和发展

一、孟子其人与《孟子》其书

孟子名轲，生于周烈王四年（前372），死于周赧（nǎn）王二十六年（前

---

① 《论语·八佾》。
② 《论语·阳货》。
③ 《论语·为政》。

289），终年84岁。

孟子虽然不是鲁人，但他的先人却是鲁国的公族"三桓"中的孟孙氏。鲁国在春秋后期以至于战国之初，如孔子所说，由于"陪臣执国命"，故"夫三桓之子孙微矣"。①战国中期时，孟孙氏确实衰落下去。孟子幼年丧父，母亲从事纺织为生，家境也比较贫寒。据《列女传》和《韩诗外传》说，孟子幼年时，他家居处在一个离坟地不远的地方，孟子做游戏时便学着埋葬死人。孟子的母亲唯恐对儿子影响不良，就搬了家；这一次他们住在集市的附近，孟子就学着商贩叫卖，孟子的母亲又将家搬到一个学校的附近居住，使孟子从小学习礼仪，于是，孟子就"设俎豆，揖让进退"。这就是"孟母三迁"的故事。孟子小时候不爱读书，贪玩爱耍。孟母质问他时，他就说去找丢失的东西。孟母很是生气，就用刀子把织布机上正在织着的布割断，趁机教育孟子说："要你读书，就是希望你成名。现在你不去读书而去玩耍，就像割裂织布机上的布一样。学习不努力是不行的。"这就是"孟母断机教子"的故事。

孟子稍长，从学于子思的弟子，即司马迁在《史记·孟子荀卿列传》中所说的"受业子思之门人"，孔子是孟子最敬重的人，《孟子·公孙丑上》记有孟子的话，他说："乃所愿，则学孔子也。"《离娄下》又说："予未得为孔子徒也，予私淑诸人也。"他曾经称赞说："自生民以来，未有盛于孔子也。"②根据学者们的考证，孟子的师承关系是：孔子—曾子—子思—子思门人—孟子。孟子通五经，尤长于《诗》《书》《春秋》，他虽然没有直接受业于子思，但确实属于子思学派，他与孔子、子思的思想乃一脉相承。孟子认为，人生最快乐的事情是"得天下英才而教育之"。③中年以后，他怀着政治抱负游历各国，但终不见用。他的一生除中年以后的二十几年游历各国外，主要从事教育事业。孟子的弟子虽不及孔门弟子的数量多，但就《孟子》一书所记，可考者也有十几人，如公孙丑、万章、乐正子、公都子、屋庐子、孟仲子等。

当时，学士们游说诸侯的风气盛行，孟子学成后，也"以儒道游于诸侯"④，极力宣扬他的"仁政""王道"思想，企图凭借诸侯国君实现个人的政治抱负。

---

① 《论语·季氏》。
② 《孟子·公孙丑上》。
③ 《孟子·尽心上》。
④ 郭克煜等：《鲁国史》，人民出版社，1994年，第375页。

梁惠王后元十五年（前320），孟子首先到了魏国。《史记·魏世家》说："惠王数败于军旅，卑礼厚币以招贤者。"当时的孟子已经50多岁，他在魏国，劝说梁惠王减轻人民的刑罚赋税，施行"仁政"。孟子坚决反对各国尚功利的事实，主张以仁义治国。据考察，孟子先后到过魏、齐、宋、邹、鲁、滕等国，但都"与所如者不合"，①虽然他也每每受到各诸侯国君的优待，却一直没有受到重用。

孟子在齐国的时间最长，曾先后两次到齐国。最初，孟子与齐王的关系融洽，但孟子的主张终不见被采纳。《孟子·公孙丑下》云："孟子将朝王"，王称疾病，次日视朝，孟子亦称有病。孟子说对齐王"吾见亦罕矣"，或即见到，也是"一日曝之，十日寒之"。直到第二次到齐之初，孟子在齐一直"无官守"，"无言责"，"进退……绰绰然有余欲"。大概此时他也只为稷下大夫之类的闲官。

后来，孟子在齐国的地位有所改变。《孟子·公孙丑上》云："孟子为卿于齐"，当初，弟子们十分兴奋，公孙丑说："夫子当路于齐"，齐国可望再度昌盛。又说："夫子加齐之卿相，得行道焉，虽由此霸王，不异矣。"但淳于髡（kūn）曾批评孟子说："夫子在三卿之中"，若在政治上无任何建树就应当离去，不是仁者的态度。孟子则认为，处在低下之位的贤者会遇到不同的"污君"，他们对待这些"不肖"君主的方法可能不一样，但共同的原则是坚持仁；国不用贤人，就会被削弱乃至灭亡；贤人不被用，自己的主张没法推行，就应该离去。从这场争论中，也可看出，孟子并没有受到重用。

为了推行自己的主张，孟子本人还是希望得到重用。他认为："诸侯之宝三：土地、人民、政事。"②又说："齐国不但有其地，而且亦有其民"，只要在"政事"上"行仁政而王，莫之能御也"③。他希望"贤者在位，能者在职"，他对自己的处境并不满意，所以，虽然孟子出行时往往"后车数十乘，从者数百人"，④比起其他稷下先生来说受到优厚礼遇，但是，他仍然认为"言弗行也，则去之"⑤。齐为大国，他在齐国的时间较长，除了后来母亲去世，"孟子自齐葬于鲁"⑥外，五六年内一直没有离开过齐国。他期望齐王施行仁政，成为一个贤明君主，然而

---

① 《史记·孟子荀卿列传》卷七四。
② 《孟子·尽心下》。
③ 《孟子·公孙丑上》。
④ 《孟子·滕文公下》。
⑤ 《孟子·告子下》。
⑥ 《孟子·公孙丑下》。

当时的齐宣王只是以德高望重的学者对待他。齐宣王曾说:"我欲中国而授孟子室,养弟子以万钟,使诸大夫国人皆有所矜式。"①就是说想让孟子办个学校,给以万钟(一钟为六石四斗)待遇,作为国民的榜样。齐宣王根本就不想推行孟子的那一套不切实际的"王道政治"。最后,孟子不得不离开齐国。

在政治上没有前途的情况下,孟子只好仿效孔子,回到老家从事教育,并和弟子"万章之徒序《诗》《书》,述仲尼之意,作《孟子》七篇"②,直至终老。

今存的《孟子》有《梁惠王》《公孙丑》《滕文公》等7篇,每篇又分为上、下篇,所以共有14篇。记载了孟子的活动,反映了孟子的思想学说,是我们今天研究孟子的宝贵材料。③

二、孟子的"仁政"治国思想

孟子所处的战国年代,是一个诸子并起、百家争鸣的时代。当时与儒家对立的,以墨家和杨朱学派的势力最大,所以孟子说:"杨朱、墨翟之言盈天下。天下之言,不归杨,则归墨。"④又说:"逃墨必归于杨,逃杨必归于儒"。⑤可见,当时的思想界,儒、墨、杨有三分鼎足之势。孟子继承了孔子的衣钵,以孔子的护法者和儒家的卫道者自居,辟杨、墨,正人心,捍卫孔子之道。他对孔子的思想做了系统的阐发,既有继承,又有改造,使自己成为孔子之后的又一位著名的儒学大师。

在孔子之后,孟子发展了孔子的思想,建立了具有完整体系的政治理论——"仁政"学说。孟子的这一思想涉及政治、经济、军事、教育等多方面,他提倡"王道"、"仁政",其出发点和目的在于"得天下""王天下"。孟子以此学说游说诸侯,但是,这种主张并不适用于那种群雄竞逐的动荡年代,因此他被讥笑为"迂远而阔于事情"⑥,就像当年孔子那样在政治上一直不得意于诸侯。然而,他本人却有坚定的信念,认定"圣人复起,不易吾言"⑦,并以此著书立说,教授生徒。

---

① 《孟子·公孙丑下》。
② 《史记·孟子荀卿列传》卷七四。
③ 见郭克煜等:《鲁国史》,人民出版社,1994年,第378页。
④ 《孟子·滕文公下》。
⑤ 《孟子·尽心下》。
⑥ 《史记·孟子荀卿列传》卷七四。
⑦ 《孟子·滕文公下》。

为了实现"王道""仁政",孟子提出了争取民心的主张。他说:"桀纣之失天下也,失其民也;失其民者,失其心也。得天下有道:得其民,斯得天下矣;得其民有道:得其心,斯得民矣;得其心有道:所欲与之聚之,所恶勿失,尔也。"①而得民心,就应与民偕乐,因为,"乐民之乐者,民亦乐其乐;忧民之忧者,民亦忧其忧。乐以天下,忧以天下,然而不王者,未之有也。"②从这个前提出发,孟子提出了"民为贵,社稷次之,君为轻"③的著名议题,认为国君"得乎丘民而为天子",把人民提到了比社稷还高的地位。

尊贤重士也是孟子"仁政"的重要内容,他认为,国君要"王天下",带来政治上的益处,就必须使"贤者在位,能者在职"④。孟子认为:"尊贤使能,俊杰在位,则天下之士皆悦,而愿立于其朝矣。"⑤接着说:"土地辟,田野治,养老尊贤,俊杰在位,则有庆"。⑥前代的圣王霸主取得天下,无一不是如此。

孟子还十分重视对人民的教化,这也是他的"仁政"学说的特点之一。在孟子看来,人民有了稳定的经济生活,仅仅是"王道之始",只有进而对人民进行教化,才能完成王道政治的实现。这与孔子"富而后教"的思想如出一辙。他推崇古圣贤王的教化能力,屡言应该"谨庠序之教",⑦"设为庠序学校以教之"⑧他把庠序之教与政治、经济并提,有时甚至提到政令之上,把教育看成为施行王道政治的根本性的途径。

在世界观上,孟子也是孔子"天命"论的继承者。孟子说:"《书》曰:'天降下民,作之君,作之师。'"⑨他还说:"莫之为而为者,天也;莫之致而致者,命也"。⑩他认为人应"思诚","诚者,天之道也;思诚者,人之道也"。⑪人做到了至诚,就能感动上天。

---

① 《孟子·离娄上》。
② 《孟子·梁惠王下》。
③ 《孟子·尽心下》。
④ 《孟子·公孙丑上》。
⑤ 《孟子·公孙丑上》。
⑥ 《孟子·告子下》。
⑦ 《孟子·梁惠王上》。
⑧ 《孟子·滕文公上》。
⑨ 《孟子·梁惠王下》。
⑩ 《孟子·万章上》。
⑪ 《孟子·离娄上》。

为了按照"天命"行事，首先必须知道"天命"，为此，孟子又提出了一套尽心、知性、知天等原则。他说："尽其心者，知其性也，知其性则知天矣。"①"尽心"就是要尽量扩充，发展仁、义、礼、智等固有的"善端"，只有这样，才能完整地把握、认识人的本性；能完整地认识人的本性，就能够知道"天"了。这种唯心主义世界观的不断扩张、膨胀，终于达到了"万物皆备于我矣，反身而诚乐莫大焉"②的地步。孟子的天人合一的世界观和人性论溯源于天，归本于人，这也是他"王道""仁政"学说的理论根据。③

第四节　儒家的治国思想

儒家治国学说是中国传统治国思想的主体之一，西汉以后更是如此，儒家在政治生活中占有非常重要的地位，发挥着极其重要的影响。其治国思想的基本内容如下：

一、修己安人、内圣外王的思想

儒家哲学主要是人生伦理哲学。梁启超把儒家哲学归结为八个字：修己安人，内圣外王。修己安人是儒家哲学的功用。它的作用就是修己，即个人的道德修养或说是修身。修身达到极处就是内圣，安人达到极处就是外王，即治国平天下。

内圣是儒家治国思想的逻辑起点，外王是儒家治国思想的追求目标。所谓"内圣"，指的是在内心自我修养，以达到一种圣贤的境界；而"外王"是指天下国家要行王者之政，建立一种理想的社会政治秩序。儒家强调只有"内圣外王"相统一才可以担当治国使命。"内圣"在治国理政的链条中居于首要和中心的位置。儒家是家国统一论者，他们认为，治理天下的前提是先行修身、齐家，为此它提出了理性的治国思维模式：修身—齐家—治国—平天下。这是儒家治国思想中非常重要的一个概念。"古之欲明明德于天下者，先治其国。欲治其国者，先齐其家。欲齐其家者，先修其身。欲修其身者，先正其心"④，正心是根本。由于

---

① 《孟子·尽心上》。
② 《孟子·尽心上》。
③ 郭克煜等：《鲁国史》，人民出版社，1994年，第381页。
④ 《礼记·大学》。

在治国中统治者是主宰,因此正心,统治者必须率先做起。于是正人必须先正己,遂成为儒家治国思想的经典含义。孔子的言论就十分典型地反映了先正己而后正人的治国思维:"政者,正也。子帅以正,孰敢不正"①;"其身正,不令而行;其身不正,虽令不从"②。儒家把它称作"自然之理";"天下之事千变万化,其端无穷,而无一不本于人主之心者,此自然之理也"③。在儒家那里,"内圣"和"外王"是互为表里的,只有在思想上达到了"内圣"(也就是道德境界极高),在行为上才能实现"外王"(当官治理好国家)。因此,统治者"修身"治己,是治国的起点或中心环节。"知所以修身,则知所以治人"④。我们现在很多人不懂得这一点,以为当官是管理别人的,其实当官首先是应管理自己的。治人、治物、治国、治天下都是治己的外化和扩大而已。从这个意义上说,统治者应当成为道德的楷模,使民众有所效仿,以实现治国管理的理想境界。

二、德主刑辅的思想

这是儒家治国思想的核心内容,也就是以德治国,德治为先,辅之以刑。以仁为本,以德治国,是儒家思想的中心命题。仁政是核心,德政是达到仁政的手段。以德治国的根本含义,是要突出道德在治国上的主导作用。儒家认为,道德礼仪方为治本,而政令、刑法尽可以治标,即所谓"导之以政,齐之以刑,民免而无耻;导之以德,齐之以礼,有耻且格"⑤。这就是说,在政治统治方面,如果只用政令来教导他们,用刑法约束他们,老百姓也可以免于犯罪,但不知道犯罪是可耻的。如果用教育来感化他们,用道德规范来约束他们,老百姓不但不犯罪,而且还知道犯罪是可耻的,这样就能提高人们的道德品质,改善社会的道德风尚。对于一个统治者来说,孔子强调"为政以德,譬如北辰,居其所而众星拱之"。意思是说,如果一个国君能够以"德"来统治天下,他就会像北斗星一样,坐在那里不动,而众星就会拱围着他。所以明智的统治者,就应该以坚持"德治"立场,在治国中贯彻"认德不认刑"的原则。

---

① 《论语·颜渊》。
② 《论语·子路》。
③ 朱熹:《晦庵先生朱文公文集》卷十一《戊申封事》。
④ 《礼记·中庸》。
⑤ 《论语·为政》

三、民重君轻的思想

这是古代中国社会的民本论。它有两层含义：其一是在人和神的关系上，提出"重民轻神"的思想；其二是在君与民的关系上，提出了民重君轻的思想。其核心的论点是：国家为君主之本，庶民为国家之本，所以安定民生为政治之本。① 孔子是儒家民本思想的奠基者，他建立"仁学"，核心宗旨便是"爱人"，主张"亲亲而爱民"②。孟子"民本论"的典型表述为"得乎丘民而为天子"，"民为贵，社稷次之，君为轻"③。这句话的意思是说在国家的大格局中，人民是大头，有了人民才有国家，有了国家才有君主。当君主的只有有了这个概念，才能当君主；只有笼络住人心才能当君主，坐住江山，保住社稷。后来就发展为"得民心者得天下，失民心者失天下"的思想，也发展为"君舟民水"，"水可载舟，亦可覆舟"的思想。儒家的民本思想与后来的民主思想还是有很大的区别的，儒家那里是没有民主思想的，他们认为"民可使由之，不可使知之"④。儒家的民本思想与我们今天所说的以人为本更是两码事。他们的重民还是为让他们能够载舟。是替民做主，而不是让民做主，甚至也不是同治（共同治理）。是在国家稳定的结构中，民是重头，是基础，安全的统治必须建立在这个基础上，不然就要翻船。切不可理解为，他们把民众看得比统治者还高贵，还重要。即使如此，"民本"观毕竟是承认民众生存前提下带有阶级调和色彩的统治理论，儒家对它长期坚持与弘扬，还是具有积极意义的。

四、中庸和谐思想

这是儒家治国思想的世界观的基础和理想的治国模式。儒家强调"极高明而道中庸"，也就是说"用中适时"，不偏不倚，无过无不及为基调的"中庸"理论。孔子对"中庸"的看法是，讲究原则性、稳定性、适应性，是修身、齐家、治国、平天下的基本前提，凡事都必须坚守大经大法，做到不偏不倚，无过无不及。具体做法是"执其两端用其中"，从中找到和掌握合适的度，凡事不走极端。孔子把这种中庸之德，定位为最高的道德境界政治智慧。他的孙子子思更是系统地深化

---

① 刘泽华等主编：《中国古代政治思想史》，南开大学出版社，2001年，第350页。
② 《论语·阳货》。
③ 《孟子·尽心下》。
④ 《论语·泰伯》。

了中庸思想，专门作了《中庸》一篇，成为《礼记》中一个重要组成部分，《中庸》讲的是性、命、天道，把它升华为宇宙间最普遍的根本法则。指出只有遵循这一法则，天地万物才能安启所，保持平衡，和谐发展；"喜怒哀乐之未发，谓之中；发而皆中节，谓之和。中也者，天下之大本也；和也者，天下之大道也。致中和，天地位焉，万物育焉。"①而能理解中庸之道精髓，并且在政治实践中加以巧妙运用的，只有那些高明的统治者。"君子中庸，小人反中庸。"后来的儒家一以贯之地继承了这一思想，认为"中者，天下之正道；庸者，天下之定理"②。并且强调只有实行中庸之道，天下方可"致中和"。这是有辩证法思想的。这种中庸思想体现在社会治理模式上，便是和谐；达到"小康"，进而达到"大同"的理想境界。这就是孔子所说的"夫大道之行也，天下为公。选贤与能，讲信修睦。故人不独亲其亲，不独子其子。是老有所终，壮有所用，幼有所长，矜寡孤独废疾皆有所养。"③与孟子所说的人人"老吾老以及人之老，幼吾幼以及人之幼"④，从而实现天下大同。

《中庸》的主要内容大体可分为五达道、三达德、九经等几个方面。五达道主要是运用中庸之道，调节君臣、父子、夫妻、兄弟和朋友的这五种人际关系，通过正确处理这五种人伦关系，来实现天下太平和谐的理想境界；要处理好这五种人际关系，就需要人们的内心品德和智慧，所以就有了智、仁、勇的三达德。而培养这智、仁、勇三者的基础，又要靠"诚实"，"诚"是实现中庸之道的最根本条件。九经是中庸之道治理天下，达到太平和谐的九项具体工作：1.修养自身以达到美好的人格；2.尊重他人以不至迷惑；3.爱护亲族解去怨恨；4.敬重大臣以明治政；5.体恤群臣使将士尽力报答；6.爱护勉励老百姓会得到拥戴；7.劝勉各种工匠意在充足财富；8.优待远来客意在四方归顺；9.安抚各地诸侯以得天下敬仰。要做好这九项工作，就必须用至诚、至仁、至善的爱心去充分体现中庸的美好人格，这九项工作做好了，事实上就处理调节好了天下的九种人际关系，这是实现国家太平和谐的重要保证。

---

① 《礼记·中庸》。
② 《四书章句集注·中庸章句》，中华书局，1983年，第17页。
③ 《礼记·礼运》。
④ 《孟子·梁惠王上》。

五、选贤任能的思想

儒家是主张精英治国的。这里面包括两层意思：一个是认为治理国家任务是非常繁重的，单靠君主是不行的，所以必须有人帮助；再一个是一般的人是不行的，必须依靠精英。所以十分强调举贤任能的重要性。甚至认为"不用贤则亡"①，"天下之治，由得贤也；天下不治，由失贤也"②。这一点应该说在中国治国思想中除了道家外，具有共性，而儒家强调的尤甚。而且人才成长不是自然而然的。儒家对人才成长有过这样经典描述"舜发于畎亩之中，傅说举于版筑之间……百里奚举于市"。由此得出的结论是"故天降大任于斯人也，必先苦其心志，劳其筋骨，饿其体肤，空乏其身，行拂乱其所为，所以动心忍性，曾益其所不能。"儒家认为，人只有有了这样的经历，就有面对治国上的挑战，有智慧战胜治国上的困难，有能力取得治国上的成就，这对于治国安邦来说，无疑是一种雄厚的资本。从这个意义上讲，人才成长中的"几起几落"是一个正常现象，从某种意义上讲，也是一种财富。它使人更有一种韧性，历史上很多有大作为的人都是几起几落。而且儒家还主张在其位谋其政，不在其位不谋其政。也就是说该干的你不干那是不对的，不该干的你干了那也是不对的，也不是积极性越高越好。都是为了各干各的事，井然有序，顺畅和谐。

六、克己复礼的思想

儒家的"礼"讲的是秩序，是礼数，也就是封建社会的整个伦理道德，就是封建的政治秩序和统治秩序。其基础是贵贱有等，上下有分的管理秩序，本质是肯定统治阶级剥削与压迫的天然合理性。儒家把人分为两大部分："劳心者"和"劳力者"。而且各有分工，"劳心者治人，劳力者治于人"③。所以礼的规定，其前期就是"君君、臣臣、父父、子子"④，汉朝以后，指的就是"三纲五常"。如果仅从个人和整体的关系讲，"克己"是对的，尤其是个人的欲望要维护大局，那是有意义的，这是事物一般的法则。但孔子所说的"克己复礼"，不仅是对下的，也是对上的，就是君主一定要施行仁政，包括对下面的大臣也要有礼数，叫

---

① 《孟子·告子下》。
② 《河南程氏文集》卷五《上仁宗皇帝书》。
③ 《孟子·滕文公上》。
④ 《论语·颜渊》。

作"君待臣以礼，臣事君以忠"，只有这样才是真正的"克己复礼"。

在儒家治国思想的行程和发展中，有几个有影响的历史人物：第一个是孔子，第二个是孟子，第三个是董仲舒，他的思想是"三纲五常""道之大源出于天，天不变道亦不变"，第四个是朱熹（这时还有程颢、程颐、张载、陆象山等），是程朱理学的代表人物把儒家思想和天理紧密地联系，提出了"存天理，灭人欲"的主张，核心是让人们不能有"造反"的思想。第五个代表人物是王阳明，他把儒家思想进一步推进，提出了"破山中贼易，破心中贼难"的"心学"思想，从理学深入到心学，进一步加强了对人们的思想控制。

从以上分析可以看出，一种治国思想的形成和长期占据几乎统治的地位，至少有三个因素：一是这种思想自身的相对科学和完备，最主要的是要符合当时治国理政的实际需要，有利于巩固封建统治，所以它长期不衰；二是要得到统治阶级的认可；三是一种治国思想的传播和延续，还要不断地充实新的内容。儒家思想传播中形成的不同时期的代表人物链以及他们对儒学提出的新见解和认识，是这种思想能够不断发扬光大的一个十分重要的原因①。

---

① 参见运新宇：《治国史鉴十讲》，国防大学出版社，2009年，第14页。

第六章　法家思想文化的孕育与成熟（一）

第一节　法家思想的远源

《汉书·艺文志》云："法家者流，盖出于理官，信赏必罚，以辅礼治。"此言法家之远源也。理字从玉，里声；里，从土声，故理官于古为士，《尚书·舜典》云：帝曰："皋陶，蛮夷猾夏，寇贼奸宄，汝作士，五刑有服，五服三就，五流有宅，五宅三居，惟明克允。"

其意是：舜帝说："皋陶啊！外族侵占我们华夏，抢劫杀人，造成外患内乱，你为狱官之长吧，五刑各有使用的方法，五种用法分别在野、市、朝三处执行。五种流放有各自的处所，分别放到三个远近不同的地方。要明察案情，处理公允！"

上面一段是关于皋陶制法之说。然而《尚书·皋陶》载，皋陶云：

天叙有典，敕我五典五惇哉！天秩有礼，自我五礼有庸哉！同寅协恭，和衷哉！天命有德，五服五章哉！天讨有罪，五刑五用哉！

这段话的意思是：老天规定了人与人之间的伦理秩序，告诫我们要父义、母慈、兄友、弟恭、子孝，我们要使这五种关系敦厚起来。老天规定了人的尊卑等级，我们就要推行天子、诸侯、卿大夫、士和庶人这五种人应该遵循的礼节，并且使它经常化，君臣之间就能互恭互敬、协同一致，和睦相处了。老天任命有德的人，用天子、诸侯、卿、大夫、士五等礼服表彰这五种人。老天惩罚有罪的人，用墨、劓、剕、宫、大辟五种刑罚去处置犯了各种罪行的人。从上面这段话可知皋陶盖甚明于礼者，以明礼者为士，则《汉书·艺文志》谓法"以辅礼制"者为不诬也。

我们这里考证"法"字之义，《说文》廌部云：廌，刑也。平之如水。从水，廌所以触不直者去之，从廌去。法，今文省，佱，古文。

胡适《中国哲学史大纲》谓古时有两法字，一为佱，是模范之法；二是廌，是刑法之法，其说是也。考佱（fǎ）字从亼（jí）从正，亼即合之古文，字从亼正，谓合于正者也，是即模范之义。就器而论，则为铸器之型法；就人事而论，则为行事之礼法。一言以蔽之，则凡以之为标准法度者皆佱也。及至佱既不足以为标准法度，于是乃以灋济之。《易·蒙卦》云：

初六，发蒙，利用刑人，用说桎梏。
象曰：利用刑人，以正法也。

此刑字，世之学者多误解为刑杀之刑；当从沈起元说，作"仪刑文王"之刑。然则正法之法，古字当作佱。说，古脱字。然则初六辞谓发蒙者，当善用可以仪刑之人，以脱其桎梏之苦，谓其可以免于恶，而避于刑也。《噬嗑之象》曰：

先王以明罚敕法。

此法字乃灋之本义也。夫佱所以使合于正也，而不正者则必去之，则灋生矣。于是后世乃合而为一，而法字乃含有数义矣。《尹文子》云：

法有四呈……一曰不变之法，君臣上下是也。
二曰齐俗之法，能鄙同异是也。
三曰治众之法，庆刑罚是也。
四曰平准之法，律度权衡是也。

（《尹文子》是伪书，然所分甚明晰，故引之。）
此四法：第一不变之法，是定名分之法；第二能鄙，即能不，古鄙不同音，能不犹言能否，当指考核之法；第三为赏罚之法；第四为标准之法。第一、第二、第四，这三种之法，皆为佱字之义，皆所谓合于正也。第三种之法，则灋字之义，合于正者存之，不合于正者去之也。此四者皆法家之所谓法也。而儒家所谓礼仪之法，则非法家之所重矣。
简括言之：法家盖起于礼，正如学校之内，先有种种应该遵守之规则，而后乃有赏罚之规则也。礼不足治，而后有法，礼流而为法，故而礼家流而为法家。①

第二节　西周宗法制度的传承与裂变

　　思想文化是指作为观念形态的文化。一定的观念形态是一定社会政治、经济发展的历史产物，并给予一定的社会政治、经济巨大的影响作用。不同的观念形态往往表现为不同的思想学说体系，在春秋诸侯割据的春秋时代，各种思想体系，有的已形成学术流派，有的已见端倪，并相对集中于各种不同的地域和国别，其思想学说带有浓厚地域色彩，由此形成各类不同的地域思想文化。

　　西周宗法制度是我国古代贵族的族制，宗法观念起源于氏族社会，它是根据血缘关系远近亲疏辨别世系，区分族属。进入阶级社会后，原始的宗法观念就转化为宗法制度，在家族中表现为祭祀权或族权的等级分配，在国家则表现为政权和财产权的等级占有。

　　进入春秋时代后，诸如鲁文化、晋文化、齐文化、楚文化、秦文化及卫、郑、宋文化等各具特色的地域文化形态，如雨后春笋般地竞相崛起，它们组成异彩斑斓的中华地域文化的历史画卷，促进了礼法之争的初步发展。②

　　所谓"礼法之争"，就是主张"以礼治国"，还是"以法治国"的不同治国思想，其核心是对待传统的周礼问题。而"周礼"的核心实为宗法贵族制度。当时以鲁、卫、郑、宋等国实行的是"礼治"，其中尤以鲁国为代表极力维护西周的宗法制度，成为孔子儒家文化的发祥地，是守旧势力的思想政治代表。齐国是东方大国，到了齐侯桓公时，继续采取"俗之所欲，因而予之；俗之所否，因而去之"的"修政"方针（《史记·鲁周公世家》），并引进了一系列社会改革，表现了齐文化兼容众家的"多元化"特点。楚国是南方蛮夷大国，长期与周王室分庭抗礼，很少受"周礼"的约束，形成了以老子为代表的道家学派。西方秦人是春秋列国中立国最晚者，到秦孝公时，秦仍"不与中国诸侯之会盟，夷狄遇之"③，中原诸侯视秦为夷狄之邦。可见秦国亦较少地受西周宗法制度的约束，较多地保留了西方戎狄游牧民族的传统习俗，加之秦国执政大臣多为晋人，他们把晋国的法家思

---

①　陈柱：《诸子概论》，中国书籍出版社，2006年，第116页。
②　李尚师：《晋国通史》，山西人民出版社，2014年，第1149页。
③　见《史记·秦本纪》卷五。

想带到了秦国，影响了秦人的治国思想。①

晋国始封君为西周成王胞弟叔虞，被封于古唐国，即帝尧新都之地，亦称"夏墟"。古唐国在今翼城、曲沃、侯马等市以及浮山县西部和襄汾、尧都区河西一带，其北、东、南三面环山，皆为戎狄所居之地，所以，周王室授予他的治国方针是"启以夏政，疆以戎索"。这"夏政""戎索"并举，即发扬包括皋陶治国思想在内的夏民族文化传统，又尊重戎狄习俗法规，做到以夏、戎之法，治夏、戎之民。这一治国指导方针最终导致了晋国后来的反周人宗法制度的变法思潮。从而有了后来的小宗代大宗，为维护君权灭公族，"诅无畜群公子"，形成了"晋无公族"的制度。晋国随着不断发展而有许多戎狄融入华夏族后，戎狄文化中的功利思想必然影响了晋人的治国思想，更加重功利，奖勇战，淡化了宗法观念，逐步形成了一个尚功、尚战、尚能的法治文化传统。例如"作爰田""范宣子刑书"铸鼎公布、赵简子在铁之战宣布的"克敌者，上大夫受县，下大夫受郡，士田十万，庶人工商遂（可以从功进仕做官），人臣隶圉免（取消贱民身份）"的尚法措施，可见晋国法治思想成为其主流思想。于是，晋国由此成为中国古代法治文化的摇篮、战国法家学派的母体。

鲁国是受周礼约束最深、推行宗法制度最彻底的诸侯国。《史记·鲁周公世家》载周公长子伯禽受封到鲁国后向周公报告其施政情况时写道：

> 鲁公伯禽之初受封之鲁，三年而后报政周公。周公曰："何迟也？"伯禽曰："变其俗，革其礼，丧三年后除之，故迟"。

作为武王之弟又有辅佐之功的周公旦，被封于"少皋之墟曲阜"，因尚佐武王而使其长子"伯禽代就封于鲁"。其地本为东夷族故墟，亦为商朝旧属奄国的所在地。伯禽受封到鲁后，严格遵照"以法则周公，用即命于周"的治国之方，他"变其俗，革其礼"，彻底变革当地的传统制度和原来的民族习俗，把鲁国建成为推行周礼文化的中心，从而也就规定了鲁国治国思想的发展格局。由于鲁国在西周时期的特殊政治地位，使它得以保存了仅次于周王室的礼器法物和典籍史册。周平王因战乱而被迫东迁之后，只有鲁国比较完整地保留者周公制礼作乐的遗篇。

鲁国由于长期深受周礼和西周宗法制度的影响，在"亲亲尚恩"的原则下，

---

① 李尚师：《晋国通史》，山西人民出版社，2014年，第1150页。

使全国的官职几乎全部控制在公族之手，于是到了春秋末期，鲁国即成为孔子儒家文化的发祥地。儒家明确主张"从周""复礼"，主张"以德治国"，极力维护周礼即西周的宗法制度，坚持推行"礼治"，是守旧势力的思想政治代表。①

齐国和鲁国一样，都是西周初年第一次受封的重要诸侯国，但齐国所受宗法制度的约束却比鲁国要弱得多。《史记·鲁周公世家》载述姜尚向摄政周公旦报政的情况时写道：

（姜）太公亦封于齐，五月而报政周公。周公曰："何疾也？"曰："吾简其君臣礼，从其俗为也。"

姜太公尚受封于齐国，亦为东夷族故墟，是殷商旧属国蒲姑国所在地。但姜尚到齐后，开国伊始，并非像鲁国那样严格的恪守西周的宗法制度的礼制，不像鲁国君伯禽那样去"变其俗，革其礼"，而是推行了"简其君臣礼，从其俗"的另一套治国之策，对于当地的传统给以适度的调整，所以在短期内即见成效，于是"五月而报周公"。《史记·齐太公世家》载述姜太公到齐国时的情况是写道：

"（姜）太公至国，修政，因其俗，简其政，通商工之业，便渔盐之利，而人们多归齐，齐为大国。"

可见姜太公采用的治国方针与伯禽在鲁国采用"变革"的方针形成鲜明对照。所以在春秋末孔子认为鲁国的境界高于齐国，说道："齐一变，至于鲁；鲁一变，至于道"。早在西周初年，齐、鲁两国受封之时，周公旦就担心地预感到："鲁后世其北面事齐矣！"

历史证实了当年周公旦的预感，到了春秋时期，果然鲁国日趋衰落下来，而齐国则沿着姜太公治齐的方针道路不断前进，成为东方大国。在齐桓公时，管仲在保留宗法贵族制度的同时推行了一系列有利于新兴封建制的社会改革，使齐桓公成为春秋时第一位霸主。②

楚国与齐、鲁两国的建国历史不同，被华夏族认为是蛮夷之邦。楚之先祖原为华夏集团，"其后中微，或在中国，或在蛮夷，弗能纪其事。"往后，于夏商之

---

① 李尚师：《先秦三晋两个辉煌时期暨治国思想》，中国文联出版社，2008年，第256-258页。

② 李尚师：《先秦三晋两个辉煌时期暨治国思想》，中国文联出版社，2008年，第258-260页。

际，他们逐渐南迁到江汉流域，与那里的苗蛮之族杂居，并且逐渐融合为一体。

楚建国初期尚且弱小，后逐渐壮大又联合了江汉地区的群蛮百濮而成为他们的领袖。从此积极发展势力，开疆拓土，国力渐强，便进而与周天子分庭抗礼。历史进入春秋争霸的春秋时代，楚成王继续征讨兼并周边的小国和苗夷部落，统一了江汉流域，其疆域之大，并长期与中国诸侯争夺霸主地位。楚人立国后的数百年的历史表明，它虽是受封于周王室的诸侯国，但因为其居住于南方的落后蛮夷之地，后又长期与周王室分庭抗礼，所以很少受到周礼的约束。虽然在不断地与中原诸侯的交往中逐步地与华夏文化融合着，但楚文化依然保持着有别于中原地区华夏文化的特征。

在封建化过程中出现的自耕农，其中有的来自没落的贵族阶级，他们既具有宗法贵族的血统和文化教养，却又处于农民小生产者的政治经济地位，这必然使他们一方面对贵族制产生绝望，对传统和现实深为不满，由此发出尖锐的批判；另一方面却又无力改变现实，看不到前途和出路而趋于沉沦，不少人走上了避世之路，成为隐居之士。他们的思想倾向反映了真实的现实，这种思想融汇于对周礼持怀疑、批判态度的楚文化之中，形成了以老子为代表的道家学派。①

秦国与晋国的卿大夫赵氏"共祖"，在周孝王时，秦的先祖非子为孝王养马，由于养马有功，"马大蕃息"，于是被封于今甘肃天水一带的"秦邑"，"号曰秦嬴"，从此秦便成为西周王朝的"附庸"；秦嬴生秦侯，以下历二世至秦仲，时周厉王无道，诸侯判之，西戎反王室。秦仲之子庄公又出兵攻西戎，并大败之。"于是复予秦仲后，及其先大骆地犬戎并有之，为西陲大夫"；西周幽王无道被杀，周平王无法再在镐京立国，于是秦襄公与晋文侯、郑武公一道"将兵救周，战甚力，有功。"保卫了周室政权，同时又护送周平王东迁至洛邑，稳定了东周初年的局势。于是"平王封襄公为诸侯，赐之岐以西之地"，从此秦襄公"始国，与诸侯通使聘享之礼"。这就是说，直到东周初年，秦国才正式被封为诸侯国。可见，秦人立国为春秋列国之最迟者。

秦国列为诸侯，但立国初年土地窄小，虽然有幸处于原周天子故地，但随着周王室东迁，中心东移，秦陇一带空虚，加之幽王时犬戎借机侵毁镐京，这里的经济文化都大受破坏而衰败。秦文公继位后开始开疆拓土东进，开始"初有史以

---

① 李尚师：《先秦三晋两个辉煌时期暨治国思想》，中国文联出版社，2008年，第260–262页。

纪事"。开始制定简单的法律。到秦武公继位后建立君主集权。秦穆公继位后进一步强化君主集权，在稳固了国内政局之后展开了再次对外兼并，成为西方一隅小霸，从此秦与晋、楚、齐成为春秋四强国之一。但是秦国直到战国中期秦孝公继位时，秦仍"不与中国诸侯之会盟，夷狄遇之"，中原所有诸侯国仍不承认秦为华夏联盟成员。从另一角度来看，也反映了秦国很少受到西周宗法制度的约束，较多地保留了西方戎狄游牧族的传统习俗。加之秦国的执政大臣多为晋国的能臣贤士，晋国本为法治思想文化的摇篮，这些晋人必然把晋国的法治思想带到秦国，影响了秦人的治国思想。①

第三节　晋国的治国思想文化

一、叔虞封唐前的治国文化积淀②

任何一种新思想的诞生不但受其孕育过程中的经济、政治等基本条件诸方面的影响，而且还必然受到该地域历史上传统思想的影响，晋国法治思想的形成，也同样如此。这种积淀过程恐怕要追溯到传说时代。据《尚书·吕刑》载："蚩尤惟始作乱……惟作五虐之刑，曰法"。这就是说刑法在传说中的黄帝时代即已出现了。

尧舜时代，其统治中心正在后来唐叔虞所封唐国境内，作为尧、舜、禹的理官，皋陶长期居于中枢之位，其制定的法律"五刑"和所倡导的"五礼""五典""五服"，成为常法常规，并已深入人心，推广到华夏各地，对其统治中心的古唐国地区的影响更是至深。这些治国思想在古唐国一代代传承下来，成为传统。所谓"传统"，即"在中国的古典含义，就是世代相传，至今不绝的某种根本性东西"③。也可以说，"传统""是历经延传而持久存在或一再出现的东西"，它"包括人们对某种事物的信仰，关于人和事物的形象，也包括惯例和制度"④。皋陶的依法治国思想在古唐国历经夏、商王朝千年而传承下来。《左传·昭公六年》载："夏有乱政，而作禹刑；商有乱政，而作汤刑"。尽管这些"禹刑""汤刑"波及古唐国，但皋陶的治国思想在这里依然影响很深，况且"禹刑"，可能为皋陶

---

① 李尚师：《先秦三晋两个辉煌时期暨治国思想》，中国文联出版社，2008年，第263–265页。
② 李尚师：《晋国通史》，山西人民出版社，2014年，第1150页–1151页。
③ 朱维铮：《传统文化与文化传统》，《音调未定的传统》，辽宁教育出版社，1995年。
④ ［美］E·希尔斯著，傅铿、吕乐译《论传统》，上海人民出版社，1992年。

所定，因为皋陶在晚年仍为禹的理官，夏代的刑法本身包括了"皋陶之法"，古唐国又是夏人长期生活的"夏墟"之地，所以皋陶的治国思想必然成为影响晋国治国思想文化的主要因素。

二、晋国宗法传统的裂变①

晋国始祖叔虞封唐，周天子在《唐诰》中给予他的治国方针为"启以夏政，疆以戎索"，既要发扬当地夏民族的文化传统，又要尊重戎狄民族的习惯法规。前者包括了皋陶的治国思想，他虽为"理官"，却非是纯法治主张，而是"德主刑辅""明刑弼教"。周天子给晋国的治国方针，又无疑是一个求同存异，兼容并包的方针，这便使后来的统治者可以根据自己的具体国情来决定政策，去灵活处理问题的思想方法。

历史实践证明，这一方针的确立，直接规定了晋国思想文化的发展格局，导致了晋国历史上强烈的反宗法制传统，由此在晋国的春秋时期逐步形成了蓬勃的变法思潮，使晋国社会成为中国古代法治文化的摇篮，以及后来战国法家学派的母体。晋国的治国方针的灵活性，使晋文化形成了其特有的叛逆性。它对于西周以宗法制为主要内容的周礼背离，始于西周末年国君嫡长子继承制出现的危机。当时，国君历经七世传至晋穆侯，他死后，其太子姬仇未能继位，却被穆侯之弟殇叔自立为君，姬仇被迫出亡国外。四年后，他突率私属袭杀了殇叔，夺回了君位，他就是晋文侯。于是，开创了春秋晋国国君嫡长继承的宗法制全面背离周礼的先河，也为文侯死后埋下了统治集团争夺君位的长期内战的先例。晋文侯死后，曲沃桓叔果然展开了夺取国君昭侯之君位的内战。曲沃小宗桓叔和他的儿子庄伯、孙子武公历时六十七年，连杀了翼都大宗的五君并逐一君，终于在湣侯二十七年（前678）以曲沃小宗代翼都大宗使晋国复归统一，从而结束了它过去拘于周礼的时代。

晋侯武公（即曲沃武公）在重新统一晋国后的次年而死，儿子晋侯献公继位。献公是位颇有作为的君主，他继承发扬了晋文侯、晋武公开创的历史功业，扩疆拓土，为此，他便从强化君权着手。因为公族争立的殊死厮杀惨景历历在目，为了防止自己亲近而又有实力的公族觊觎自己的君位，他便用大夫士蒍之谋，除掉了"桓、庄之族"，从此解决了公族逼宫的问题，大大巩固了君权。可在献公晚年，

---

① 李尚师：《晋国通史》，山西人民出版社，2014年，第1151–1153页。

却发生了震撼华夏的"骊姬之乱",使晋国遭受了巨大挫折,但从献公的举措看,他于太子申生被迫自杀,公子重耳、夷吾被逼出逃后,便就"始为令,国无公族焉"①。从而可以看出献公在主观上是为解决晋国的公族问题,他不但解决了当时的公族问题,还立令严禁后世再立公族,从根本上杜绝了晋国公族逼宫的问题,所以到灵公时"自是晋无公族"②。到了晋文公以后,直至三家代晋时,国君的同姓、同氏宗族完全被禁绝于公族大夫之职以外,且多送居于国外。虽然到了第二十五位国君晋成公时,复设公族大夫之职,却皆是假公族,多由其卿族赵氏、韩氏、范氏、中行氏、智氏等异姓、异氏宗族担任,而国君真正的同姓、同宗族者却被完全地禁绝于公族大夫之职以外。

由以上可以看到,到了晋献公时的晋国,西周的宗法体制已经开始崩溃解体。其一,作为宗法制核心的嫡长制,特别是国君系统的嫡长制被打破了。上述的殇叔继承了穆侯的国君之位,成为打破嫡长制的先声,到了春秋初年,小宗曲沃彻底代替了翼都大宗;献公诛杀"桓、庄之族"。"骊姬之乱"更将嫡长子制的周礼给以毁灭性打击,例如晋君惠公、文公皆是献公的庶子,文公更是以伯父继承了侄儿怀公之位。晋襄公亦非文公嫡长子,成公亦是作为灵公叔父继其君位的。从晋文公起所有国君皆因把自己的公子们都送往列国寄居,再也无法形成对君权构成威胁的公族势力。至此,以血缘关系为纽带的公族宗法制度已从根本上被彻底破坏掉了。因为国君的庶子旁系公子们被送居列国,所以国君必然要扶植非血缘关系的异姓、异氏的贤能之士执掌国中大权,例如献公倚以为重的有士芳(范氏)、荀息(后分为中行氏和智氏),赵夙、毕万(魏氏)、里克、吕甥、郤芮(郤氏)等,他们及其后代成为晋国真正握有军事实权的显赫强族。所以,在当时"唯晋公子不为卿,故卿多异姓"③。异姓强族的崛起,也从另一面表明了晋国春秋社会中以血缘为纽带的宗法关系已是黯淡无力了,对西周以来"亲亲尊尊"的世袭制度是一个重大的打击。

天下之事,皆有其两重性,即有其有利的一面,便有其弊病的一面。晋国无公族亦然如此,晋自献公"国无公族"后,国家勃兴,迅速崛起,称霸时间于"五霸"之中最长。然而,晋国在春秋的诸大国之中却亡国最早。其原因之一便在

---

① 《国语·晋语二》。
② 《左传·宣公二年》。
③ [清] 高士奇:《左传纪事本末·晋卿族废兴》,中华书局,1979年,第431页。

于晋君只是个光杆司令，无公族枝杆相护，进而大权旁落。

三、尊贤尚功的用人制度

晋献公时，士芳为献公出谋划策，灭掉晋国公族，立了大功，被封为大司空。晋献公在灭耿、魏后，因其御戎赵夙、戎右毕万有功，被封为大夫，赐给土地。文公在外流亡十九年，回国后对随从者大加封赏，凡跟随晋文公出亡的和功臣皆受赏赐，尊爵封邑。因此成为晋国重臣有：狐偃（狐氏）、赵衰（赵氏）、魏犨、胥臣、先轸、贾佗等。晋国在废除"亲亲尚恩"的制度，在各诸侯国中率先开始了尊贤尚功的用人制度。这种尊贤尚功制度思想，是法家思想之一的表现。晋国这种"尚功、尚利、尚能"的法治思想，冲破了以宗法制为核心的周礼枷锁的束缚，加速了社会进化，但这也必然使社会各种矛盾尖锐激化而动荡不安。

四、"戎狄之教"对晋国法治思想形成的作用[①]

在新石器时代的中晚期，我国的各民族便初步形成，中原华夏民族之外还有西戎、东夷、北狄、南蛮的"四夷"。从殷墟出土的卜辞和铜器铭文看，至少从殷以来，人们便懂得华夷之别。所谓华夷之别，主要是他们各自在社会经济发展差别的制约下，语言、风俗等方面形成的差别。先进者自称"华夏"，对落后者呼为"蛮夷戎狄"，其中戎狄多居于晋国四周生产生活条件较差的山区。

当叔虞封唐时，周天子给他的治国方针是"启以夏政，疆以戎索"，可见西周初年，古唐国所在地即今晋国翼城、曲沃、浮山西部、尧都区和襄汾河西的周边，必定居着不少戎狄部落，所以《左传·昭公十五年》云："晋居深山，戎狄之与邻，而远于王室，王灵不及，拜戎不暇。"直到春秋初年，曲沃武公并翼之后，晋国疆域虽逐渐扩大，但"戎狄之与邻"的状况不会有多大改变。正如《国语·晋语二》所云："景、霍以为城，而汾、河、涑、浍以为渠，戎狄之民实环之。"到晋侯献公时，骊姬说："狄之广漠，于晋为都（邑），晋之启土，不亦宜乎"[②]。已经崛起的晋国这才开始了伐狄拓疆的第一次大发展阶段，不过伐狄只是晋国大量

[①] 李尚师：《晋国通史》，山西人民出版社，2014年，第1154-1159页。
[②] 《左传·哀公二年》。

兼并华族小国的副战场。在晋国的六百年历史中,"戎狄"一直是晋对外斗争、结盟、联姻的重要一环,并围绕着晋国,到了春秋末期,晋国周边还存在着戎狄。清人高士奇说道:

> 晋四面皆狄,唯姜戎役属于晋,为不侵不犯之臣。赤狄在其北,即潞氏也;陆浑在其南,秦晋之所迁于伊川者也;鲜虞在其东,所谓中山不服者也;白狄在其西,尝与秦伐晋者也。故曰:"狄之广漠,晋之启土,不亦宜乎",盖以其兼群狄而为疆也。①

1. 晋国周边的戎狄

其实,晋国周边的戎狄远非上述的姜戎(陆浑之一部)、中山(白狄一部)、赤狄,还有条戎、奔戎、北戎、骊戎、扬拒、泉皋、伊洛之戎、茅戎、仇由、草中之戎、丽土之狄、燕京戎等。这诸多戎狄与晋长期交错接壤,必然在政治、思想、文化诸方面相互交流与影响。

2. 晋人与戎狄的联姻

晋与戎狄的联姻很多,如晋献公娶骊姬;重耳居中山娶廧咎如(qiáng gāo rú)之女季隗;赵衰娶廧咎如之女叔隗,生下正卿赵盾,长期专晋国之政;正卿赵鞅亦娶狄女生了赵无恤。所以必然也影响了晋国的诸多方面。

重功利,奖勇战是法家思想的一个重要内容,也是戎狄文化长期演变的结果。《汉书·匈奴列传》载:戎狄之俗,"逐水草迁徙,毋城郭常处耕田之业","随草畜牧而转移",这种居无定所的游牧生活方式,决定了戎狄文化中功利思想的浓重。《左传·襄公四年》说,他们"无亲而食",《史记·匈奴列传》也说,其"利则进,不利则退,不羞盾走。功利所在,不知礼义"。可知戎狄文化的核心是重利的。晋国的这些重功利、奖勇战的观念与措施,与接受戎狄思想不无关系,并且在晋国形成了一个尚功、尚战、尚能的文化传统。

总之,晋国"疆以戎索"的实施,使晋国受西周以宗法制为核心的周礼影响束缚较少,加之献公、文公、赵衰、赵鞅娶戎狄之女为妻,长期生活在一起,他们和戎狄之女所生的重耳、夷吾、赵盾、赵无恤又皆为晋国非常有影响的人物,他们的治国思想必然受戎狄习俗影响,宗法观念淡漠,尚功、尚战的法制思想强

---

① [清] 高士奇:《左传纪事本末·晋并戎狄》,中华书局,1979年,第501页。

烈。从而说明了晋与周边戎狄通婚，曾对晋国统治者的治国思想产生了巨大的影响和制约作用。

3. 法治思想是晋国文化史上的传统

反复出现的又能长期延续下去的文化，谓之传统。春秋以来，随着周室的衰微，其上层建筑也日渐崩溃，在此历史进程中，旧制度在晋国也被破坏得最早、最多。宗法制传统的周礼在晋国被破坏，自然需要另一种制度来规范约束社会成员，于是法制思想便在晋国萌芽、发展、成长，尚法的思想便代替了周礼的宗法制而成为维护社会秩序的一个传统手段，其尚法传统主要体现在经常不断颁布的法典之中。

就目前所知，在成文法公布之前的晋国法典共有六部：

顷公十三年（前513），晋国把范宣子（士匄gài）制定的刑书铸在了一尊大铁鼎上。孔子曾经有过一段评语道："夫晋国将守唐叔之所受法度，以经纬其民。卿大夫以序守之，民是以能尊其贵，贵是以能守其业，贵贱不愆，所谓度也。"① 可知晋国的始封之君唐叔虞建国之时就有法令并传给了他的子孙，这无疑是晋国的第一部法典。

从曲沃代翼到晋侯献公诛灭公族，由于内乱方定，百废待兴，献公委士蒍以重任，整饬朝纲。《国语·晋语八》载："子舆为理，以正于朝，朝无奸官；为司空，以正于国，国无败绩"，子舆乃士蒍之字。《左传·成公十八年》又载：晋侯悼公"使左行辛为司空，使修士蒍之法"可知晋史中确有士蒍之法，但其法却无其内容可究。此为晋国第二部法典。②

骊姬之乱后，晋国再次出现持续二十多年的大动荡，国力极速下降，社会必然发生重大变化，需要在新形势下制定一部新的法典。于是在文公四年（前633），晋侯文公在被庐作三军，"是以作执秩之官，为被庐之法"③从而确立了新的政治秩序，这是晋国法制史上的第一次变革。孔子在评论范宣子刑书铸于铁鼎之上时还说："文公以作执秩之官，为被庐之法，以为盟主"，以孔子之说，被庐之法，即是秩序之法。关于它的内容，《汉书·刑法志》注引应劭之说："蒐于被庐之地，作执秩以为六官之法"和《左传·僖公二十七年》所载的"作执秩以正其官"

---

① 《左传·昭公二十九年》。
② 李尚师：《晋国通史》，山西人民出版社，2014年，第1017页。
③ 《左传·昭公二十九年》。

来看，其法是正爵秩，命职官。所谓"六官之法"，即文公"作三军，谋元帅"之法，亦即军政合一的六卿及其所属之官的册封建制之法。被庐之法可能还含有官吏俸禄制度和经济改革方面的内容，这可从文公的改革方案之中窥见。《国语·晋语四》载：

> 弃责薄敛，施舍分寡。救乏振滞，匡困资无。轻关易道，通商宽农。懋穑劝分，省用足财。利器明德，以厚民性……公食贡，大夫食邑，士食田，庶人食力，工商食官，皂隶食职，官宰食加。

这是一条奖励垦殖、降低赋税，发展商业和规范官吏俸禄的法令。

被庐之法是晋国史上一部非常重要的法典，它确立了新的政治、经济秩序，是晋国法制史上一次大的变革。其法的推行，使晋国出现了"政平民阜，财用不匮"的大好局面，从而为晋侯文公创建霸业打下良好基础。此为晋国第三部法典。①

第四部法典是襄公七年（前621），赵盾登上正卿之位，晋侯襄公死后儿子灵公尚幼，赵盾（宣子）修改了被庐之法典而制定的，史称之为"赵宣子之法"，关于"赵宣子之法"的内容，《左传·文公六年》提纲挈领地写道：

> 制事典、正法罪、辟狱刑、董逋逃、由质要、治旧洿、本秩礼、续常职、出滞淹。

其中的"制事典"（制定行政法）、"正法罪"（制定刑律）、"辟狱刑"（审理积案）、"董逋逃"（通缉追捕逃犯）、"治旧洿"（改革弊政）、"本秩礼"（纠正不在此列僭逾级位、贵贱相滥）、"续常职"（补缺选官）、"出滞淹"（贤能却沉滞于民间者要将其选拔出而封为官员），均属于行政法。而"由质要"（财物出入皆用契约、账目，以为凭据定夺）则属于民事法，这种契约形式规定的财产关系远比以前的那种以"礼"规范人们习惯更适合时代需要。其"赵宣子之法"旨在维护私家利益方面多一些，它修成之后，"使行诸晋国，以为常法"②。

---

① 李尚师：《晋国通史》，山西人民出版社，2014年，第1017–1018页。
② 出滞淹，当即《左传·昭公十四年》的"举淹滞"，亦即《论语·尧曰篇》的"举逸民"。杜《注》："淹滞，有才魄而未叙者。"《左传·正义》云："贤能之人沉滞田里，拔出而官爵之也。"

"赵宣子之法"施行于赵盾执政始末。成公六年（前601）赵盾死去，两年后晋景公即位，景公是位有作为的国君，他恶赵氏专横，于景公七年（前593）使士会聘周，士会回国后，按照周礼的精神，"讲聚三代之典礼，于是乎修执秩以为晋法"（《国语·周语》），是为"范武子之法"。晋景公废"宣子之法"而为"武子之法"，显然是为了崇公室而抑强家，景公十七年（前583）景公以法诛杀赵氏就是这部新修法典基本精神的最好说明。这是晋国第五部法典。①

"武子之法"施行于晋景公、晋厉公两代统治时期，公室以此法诛杀了赵氏之外，还除掉了继赵氏而专晋政的郤氏三卿五大夫。但是连续戮除强族激化了公室与大夫之间的矛盾，上下相互猜疑，导致了栾书联合中行偃政变杀死了晋厉公。晋悼公元年（前573）即位后，"命士渥浊为太傅，使修范武子之法"②此法虽无其内容记载，然据悼公同时的政策措施，当可看出其法典的基本精神。《左传·成公十八年》载：

> 悼公始命百官，"施舍、已责，逮鳏寡，振废滞，匡乏困，救灾患，禁淫慝，薄赋，宥罪戾，节器用，时用民，欲无犯时。"

在颁布此恤民政策的同时，悼公还任命了一批贤能之士为职官，"凡六官之长，皆民誉也"为"士渥浊之法"，它既然是依照"范武子之法"而成，对于"范武子之法"，韦昭《注》："晋文公蒐于被庐，作执秩之法。自灵公以来，阙而不用，故武子修之，以为晋国之法也"。可知其法是承文公的"被庐之法"而来的，此为晋国第六部法典。③

上述的六部法典，内容庞杂，礼法不分。前550年，晋国正卿范宣子（士匄）又制定了一部刑书，史称《范宣子刑书》。《范宣子刑书》是晋国法制史上第一部从国家总法中分离出来的刑事法规④。它废除了西周以来的"礼不下庶人，刑不上大夫"这个贵族享有的特权。这部刑书问世后最初被藏于秘府，为贵族所垄断。四十后，晋国六卿已不能相安，于顷公十三年（前513），晋卿赵鞅和荀寅才把它铸

---

① 李尚师：《晋国通史》，山西人民出版社，2014年，第1018-1019页。
② 《左传·成公十八年》。
③ 李尚师：《晋国通史》，山西人民出版社，2014年，第1019页。
④ 《左传·昭公二十九年》。

到大铁鼎上,公布了出来。实际比郑子产"铸刑书"早十四年。此刑鼎和前二十三年(前536)郑国子产所铸的刑书,历来被史学界认为是我国成文法的最早公布。孔子对晋国失去了"唐叔之所受法度"大加责难:

> 晋其亡乎,失其度矣……今弃是度也,而为刑鼎矣,何以尊贵?何业之守?贵贱无序,何以为国?且夫宣子之刑,夷之蒐也,晋国之乱制也,若之何以为法?①

孔子此番言论,是以主张用礼制来反对法制的发展,但恰恰证明了三晋地区文化变革旧法的精神和尚法的传统②。

《韩非子·外储说右上》云,晋侯文公采用狐偃建议,实行"信赏必罚"、"法行所爱"。即赏罚分明,不论亲疏贵贱,一视同仁。他为取信于民,杀了亲信颠颉、祁瞒、舟之侨,"三罪而民服"。

4. 推行晋法的实践群体

在晋国,掌管刑法的大夫叫"士"或"理"。《周礼·秋官》郑《注》曰:"有虞士曰士、夏曰大理、周曰大司寇",所以晋人有时也称之"大士""大理"为"司寇",如《国语·晋语》曰:"今吾司寇之刀锯日弊""邢侯……与非司寇而擅杀"。晋国范氏世典刑法,所以范氏又称士氏。晋国法典不但用于晋国之内,而且还将晋的法典施用于当时的"国际社会",接受他国的诉讼,甚至出国到别国断案,其中包括派使平王室之狱,扮演了一个"国际法官"的角色。当然接受他国诉讼,出国断案,平王室之狱都是在晋国成为霸主之后的事。

晋文公五年(前632),卫成公与其大夫元咺争讼,到晋国求断曲直,结果卫侯败诉。元咺胜讼归卫后便立公子瑕③。晋灵公八年(前613),周室"周公将与王孙苏讼于晋……而使尹氏与聃启讼周公于晋。赵宣子平王室而复之"④。《左传·襄公二十六年》载,晋人执卫大夫宁喜、北宫遗,卫侯到晋国请释其二大夫,晋人意将卫一并"执而囚之于士弱氏"。杜《注》:"士弱氏,晋主狱大夫。"《左传·成公十一年》(前580)载:"晋郤至与周争鄇田,王命刘康公、单襄公讼诸晋

---

① [清]陈士珂:《孔子家语疏证·正论解》,上海书店影印出版,1987年。
② 张有智:《先秦三晋的社会与法家文化研究》,人民出版社,2002年,第143页。
③ 《左传·昭公二十八年》。
④ 《左传·文公十四年》。

……晋侯使郤至勿敢争"。最有说明意义的如《左传·襄公十年》(前503)载：周王室卿士王叔陈生与伯舆争政，晋侯悼公派范宣子出使平周平王室之狱。范宣子(士匄)坐堂听完双方代理人陈述之后，要求双方"合要"对质，即以"以约言语，两相辩答"，结果"伯舆辞直，王叔无以应"，"不能举其契"。于是范宣子当场宣布审判结果。《左传·昭公十四年》(前528)载，晋刑侯与雍子争鄐(chù)田，士景伯出使楚国，叔鱼摄理。杜《注》云："士景伯晋国理官。"叔鱼"摄代景伯"。可知大夫有自己的公堂和监狱。这是国内之狱。晋国大夫审理周室之案的还有：《左传·宣公十六年》(前593)载，"晋侯(景公)使士会平王室"。即调和周室诸卿士间的矛盾；《左传·昭公二十四年》(前518)载，周室敬王与王子朝争继王位，久不能决。于是，"晋侯(顷公)使士景伯涖问周故"。杜《注》："涖，临也。就问子朝、敬王，知谁曲直。"士景伯立于王城北门外问于民众，因王子朝理曲，所以"晋人乃辞王子朝，不纳其使。"结果敬王胜，王子朝败，逃往楚国，后被杀。

诚然，晋国以"国际法官"的姿态出现于春秋历史舞台与其霸主地位有关，但其发达的法律制度为他的霸主身份粉饰添彩，以及在列国中处理诉讼案件赢得的声誉是分不开的；这是其他大国所不能比拟的。晋国大夫的属官，除专典监狱的狱大夫外，还有"刑史"。《国语·晋语》云："无乃不堪君训而陷于大戮，以烦刑史"。刑史就是刑官之史，刑史是帮助大夫整治文案事务。晋国内部的重臣多为法吏或称之为法学家，除前所述的士芳、赵宣子(赵盾)、范武子(士会)、范宣子(士匄)，赵简子(赵鞅)、五正卿外，还有士贞子(士渥浊)、右行辛，荀寅，士景伯(士弥牟)等。除此，还有韩厥，他于灵公六年，晋秦河曲之战时，途中赵盾故意使人以其车扰乱行军队伍，韩厥作为司马之职，便依法将此人斩首。由于韩厥为赵盾所荐，他执法如山，不负所荐，所以事后赵盾说："二三子可以贺我也，吾举(韩)厥也而中，吾乃今知免于罪矣"[①]。景公十一年，晋齐鞌之战时，行军到卫地，司马韩厥依法将斩违律者，主帅郤克闻讯飞驶急救，但当他赶到时，韩厥"既斩之"[②]，郤克便令下以其首殉于全师。魏绛于悼公四年随晋侯悼公去鸡泽主持诸侯会盟，行至曲梁，悼公弟杨干违纪扰乱行军，他身负中军司马

[①]《国语·晋语五》。
[②]《左传·成公二年》。

之职，主管军法，便依法杀了杨干之御仆。悼公以为他欺君，要杀魏绛，魏绛便上书奏章说"日君乏使，使臣斯司马。臣闻：'师众以顺武，军事有死无犯为敬'……请归师于司寇"①。悼公被感动，反迁他新军佐。文公五年，城濮之战中，晋军至曹国，功臣魏犨（chōu）和颠颉违反军令，放火烧了曹大夫僖负羁之宅，晋文公便依法斩了颠颉，贬了魏犨。这说明晋国是一个具有尚法传统之国，国君和执政公卿均是法典的制定者，他们和其下属又都是法的执行者，所以他们中的多数人皆是法吏或法学家。晋文公时的李离，身为理官，"听过杀人"，造成了冤案，他认为"自拘当死"文公便劝道："官有贵贱，罪有轻重，下吏有过，非子之罪也。"而李离却"辞不受命"。并说："理有法，失刑则刑，失死则死。公以臣能听微决疑，故使为理。今过（失）听杀人，罪当死"。遂不受命，伏剑而死。司马迁评论说："李离过杀而伏剑，晋侯文公以正国法。"②

综上所述，春秋时期的晋国因受宗法制度和礼乐制度影响较小，而成为一个法制思想很活跃的国家。从叔虞封唐起，他所奉行的"启以夏政，疆以戎索"的治国方针，就具有尚变求改符合国情的灵活运用精神。到春秋初，晋国的法令频频进行修订并在治国中推行，从而使晋国的法典日渐发展，尚法的执政者日益增多，在晋国成为主流。逐步形成一条尚法、尚变的传统，晋文化，就是法治文化的摇篮，并成为战国赵、魏、韩三国法家的母体，也是其名家、纵横家产生的地方。晋国也因此而迅速崛起，称霸天下一百五十年之久。

第四节 齐国、楚国的法家思想文化简况

一、齐国的法家思想文化简况

（一）齐桓公即位

齐襄公残暴荒淫，对外滥杀诸侯，对内数欺大臣，使得齐国处于混乱之中。他的几个弟弟纷纷逃往国外。他的次弟公子纠之母为鲁国之女，由他的师傅管仲和召忽相辅佐，逃到鲁国。襄公的另一个弟弟公子小白，由其师傅鲍叔牙辅佐，跑到莒国。齐襄公死，无知立为君，游于雍林，雍林人杀掉无知，小白在高傒等人的支持下立为齐国之君，是为齐桓公。

---

① 《左传·襄公三年》。
② 《史记·循吏列传》卷一百一十九。

齐桓公即位后，齐、鲁二国战于乾时，鲁军大败，鲁庄公险些被捉，齐君乘胜追击，断绝了鲁军回鲁的途径。《史记·齐太公世家》载，齐桓公派人到鲁营中送信曰："子纠，兄弟也，弗忍诛，请鲁自杀之。召忽、管仲，仇也，请得甘心醢之，不然，将围鲁。"在齐国的压力下，鲁人杀了公子纠，召忽自杀，管仲作为囚犯送到齐国。

鲍叔牙是齐桓公为公子时的师傅，又与他一起逃亡到莒国，为齐桓公患难陪同的亲信者。鲍叔牙又与管仲为至交，深知管仲的治国才能。当时鲍叔牙就对齐桓公说："君将治齐，即高傒与叔牙足矣，君且欲霸王，非管夷吾不可。夷吾所居国国重，不可失也。"①齐桓公听从鲍叔牙的建议，佯做要报管仲的射钩之仇，以亲手杀管仲为名，骗取鲁国送回管仲，实际上是要重用之，且暗中通知管仲。鲁国战败，只能答应齐国的要求，送回管仲。鲍叔牙得知管仲来到齐国，亲自出迎管仲到齐国的边境堂阜（今山东蒙阴县西北），又亲自解开其绳索。齐桓公也出城到都城之郊外，与之交谈，得称霸之术，于是就任管仲为齐国执政，展现了齐桓公政治家的豁达胸怀和战略眼光。

（二）管仲的改革

《管子》一书，《汉书·艺文志》将它列入道家。但《管子》一书不一定出自管仲之手，也不一定反映管仲的思想，多认为是齐国稷下学宫的集体创作，有一部分可能出自秦汉时代的作者之手，所以隋唐以后的《经籍志》又将管仲列入法家②。

齐国自太公望就开始采取尊贤尚功的国策。到了齐桓公时，他不记带钩之仇，任用管仲为相，当管仲从鲁国来到齐国时，"齐桓公亲扬其先君（齐襄公）之恶，以唱管仲，然后群臣得尽其心……管子对以致霸之术。"③同时又以鲍叔牙、隰朋、高傒等修齐国之政。于是，齐国政治出现了一个蓬勃发展的局面。

管仲改革，建立法度，赏赐刑罚分明，使民有纪纲。根据《国语·齐语》的记载：管仲改革的内容主要有：

1. 国野制度

所谓"国"，指齐国的国都之内。"国都"之中所居住的人称为"国人"，由

---

① 《史记·齐太公世家》卷三二。
② 见李玉洁《先秦诸子思想研究》，中州古籍出版社，2000年，第185页。
③ 《资治通鉴》卷四十六。

统治者本族的人组成，包括贵族和平民。齐国规定，只有本族人才能有"执干戈以卫社稷"的权利，这种人叫"士"。他们可以接受教育、学习军事等，享受一些较好的待遇。《国语·齐语》载：管仲把齐国辖地分成国和野两部分，即"叁其国伍其鄙"。

所谓"叁其国，"即把"国"分为三个部分，也就是三军。管仲在"国都"设置二十一个乡，其中有士乡十五个。十五个士乡分为三部分，齐桓公亲帅五个乡；国氏、高氏是周天子的命卿，也各帅五乡。另外还有六个工商之乡，即三个工乡，三个商乡。

士乡的编制是：每五家为一轨，设轨长；十轨为一里，设里有司；四里为连，设连长；十连为一乡，设乡良人。这是一种军政合一的行政编制。每轨五家，每家出一个兵丁，故五人为伍，由轨长帅之；每十轨为一里，共五十人为一小戎，由里有司帅之；四里为连，二百人为一卒，由连长帅之；十连为乡，每乡两千士兵为一旅，由乡良人帅之；五乡共有兵丁一万人，为一军，军帅帅之。齐国共有三军，有中军之鼓，由国君亲自率领；另有国子之鼓、高子之鼓，由国、高二氏帅之。

士乡是军政合一的地方行政编制。管仲令士乡之中，其每五家祭祀同福，死丧同恤，祸灾共之。人与人，家与家，居处相连，居同乐，行同知，死同哀，彼此相亲，战则同强，守则同固，天下大国没之能御。其余的三个工乡，三个商乡，不服戎役。

所谓"鄙野"，是指广大被征服的部族所居之地。齐国把被征服的部族，即异族人束缚在鄙野里。这些"异族"人，被称为"野人"，"野人"没有兵役，只有劳动，没有受教育、学军事的权利，没有保卫社稷的义务。

管仲在鄙野中实行的制度是"伍兵鄙"。即把齐国的鄙野分为"五属"。也就是，每三十家为一邑，设邑有司；每十邑为一卒，设卒帅；十卒为一乡，设乡帅；三乡为县，设县帅；十县为一属，设属大夫。齐之鄙野共有五属，共设有五个属大夫同立五正。在鄙野中，只有政令，而无军令，也就是没有军事编制。

管仲定国都、鄙野制度，士、农、工、商不许杂住。让士学礼，仪孝父母，尽忠国君；让工居一起，学习技术，由官员管理；让商居一起，了解市场之贾；让农民居于田野，安心耕田，不能迁徙。

2. 上计制、三选制和书伐制

在用人制度上，管仲抛弃了西周的任人唯亲的世卿世禄制，采用了任人唯贤制度。从此中国有了最早的上计制度。所谓"上计制",就是令"国都"中的乡大夫和鄙野中的属大夫向国君报告自己属下的好人和优秀人才,如果不报,就要治罪。发现农民中的德、才兼备者可以升为士。同时,乡、属大夫,还要报告乡、属中的那些不孝父母、骄躁淫暴、不听上级命令的,自然要治罪。如果不报,就要治其大夫之罪。对于官员,还实行"书伐制"和"三选制"。这里的"书伐制",就是齐国的各级官员,每到一年之末,将自己管辖的下级官员,在治理国家中的政绩和功劳写成书稿,上报给国君,并将其下属中的贤能者上报进用。被进用的官员,必须是有道德者,能劝民农耕,阻挡诽谤朝政。"三选制",《国语·齐语》韦昭注:"三选,乡长所进,官长所选,公所訾相。"即先由地方官(就是乡、属大夫)推荐那些卓有政绩的官员,国君将这些推荐上来的官员召到朝中,通过和他们谈话、询问朝政得失、国家大事等,观察他们的品质和能力。从中发现有真材实学者,就委以重任。所以 齐国出现了齐桓公任用"穷困无一自进"卫国寒士宁戚,从抬土人群中提拔了"不避死亡,不重富贵"的东郭牙,作为大谏臣。[①]另外,齐桓公还任用了从陈国逃来的公子完为齐国工正。

齐桓公和管仲对选官制度的改革,使齐国的官员能定期检查自己的政绩,忠于职守,勤于正事,不敢怠惰。《国语·齐语》云:"国子、高子退而修乡,乡退而修连,连退而修里,里退而修轨,轨退而修伍,伍退而修家……是故匹夫有善,可得而举也;匹夫不善,可得而诛也。政既成,乡不越长,朝不越爵,罢士无伍,罢女无家。夫是,故民皆勉为善,与其为善于乡也,不如为善为里;与其为善于里也,不如为善于家。是故士莫敢言一朝之便,皆有终岁之计,莫敢以终岁之议,皆有终岁之功。"齐国对贤者进用提升,对劣者罢黜治罪的制度,打破了西周以来任人唯亲的原则,冲击了世袭的贵族政治,使齐国出现了政治清明,空前强盛的时期。

3."相地而衰征"

在土地制度上,管仲也进行了改革。《国语·齐语》云:"吾鄙若何?"管子对曰:"相地而衰征,则民不移;政不旅旧,则民不偷;山泽各致其时,则民不苟;陆、阜、陵、墐、井田、畴均,则民不憾;无夺民时,则百姓富;牺牲不略,则牛羊遂。"关于其中所说的"相地而衰征"之意,韦昭对此做了注,他说"视土地之美恶及所生出,以差赋之轻重也。"其意为:国家根据农民所耕种土地质量的

---

① 《吕氏春秋·勿躬》。

好坏和所收的粮食多少,来决定对他们征收赋税的多少和差役的时间长短。

自西周以来,各诸侯国所实行的土地制度,采用的是劳役地租。而到了春秋时期生产力发展了,开垦农田的大量增加,原来的劳役地租形式已经不再适合生产力的发展。于是管仲就废除了旧的土地制度,采取"相地而衰征"的改革。根据土地的多少和好坏,按照陆、阜、陵、墐、井田、畴等各种土地的情况区征收赋税,合理均平。这样就刺激了齐国农民种田的积极性。他还规定,不准在农忙时节让农民服劳役、不准抢夺农民的牲畜,于是保证了农民的生产时间,牲畜也得到了繁殖,所以齐国的经济得到迅速发展。

4. 通商贾于东莱

管仲在经济上,采取了开放的政策。齐国自立国以来就与东莱交战不止,逼迫东莱人东迁到大海之边,所以与齐人从不往来。《国语·齐语》云:管仲改革之后"通齐国之鱼盐于东莱,使关市讥而不征。"韦昭注曰:"取鱼盐者不征税,所以利诸侯,致远物也。"由此可以看出,改革之后,是鼓励商贾贸易,放宽对关税的征收,很有利于工商业的流通。

5. 罚金制度

管仲的改革,对于犯罪之人,按其犯罪的轻重罚以兵甲。如犯了死刑重罪,可以用犀牛皮制成的甲和一根一丈六尺的戟赎之;剕、刖之类的轻罪,可以用盾一副和一根戟赎之;如果犯了小罪,则罚以金(铜);对于那些仅仅是怀疑,但还未找到证据者,则赦免原谅。《国语·齐语》云:管仲规定"美金以铸剑戟,试诸狗马;恶金以铸鉏、夷、斤,试诸壤土。甲兵大足。"韦昭注:"恶,粗也。夷,平也,所以削草,平地。斤,形似鉏而小。"经过这些措施,犯罪者,皆以兵器、兵甲来赎罪,使得齐国的兵甲大增。

总之,齐国在桓公时,不计带钩之仇,任用管仲为相,进行了成功的改革,使齐国在短期内就迅速发展,力量壮大而崛起,齐桓公成为春秋时期的第一位霸主。[1]

二、楚国的法家思想文化简况

据《史记·楚世家》载:"楚之先祖出自帝颛顼高阳",名重黎,"为帝喾高

---

[1] 此节中的第一,"齐国的法家思想文化简况",参见,李玉洁:《齐国史·第三章齐国在春秋时代的霸业》,新华出版社,2007年。

辛居火正"之职，属于火官，因其"甚有功，能光融天下，帝喾命曰祝融"，祝融的后裔便繁衍为楚民族。所以，楚的先祖原系中原华夏集团，"其后中微，或在中国，或在蛮夷，弗能纪其世"。据说是受夏、商所逼迫而逐渐南迁到江汉流域，与当地土著民族苗蛮集团长期杂居。到了西周初年，祝融后裔之中有一个叫熊绎的领袖层出"事成王"，周成王便"封熊绎于楚蛮，封以子男之田，姓芈氏，居丹阳"，从此有了楚国。

当时楚国地处尚未开发的江汉地带，其先宗地位低下，仅为子爵。西周到春秋前期，因较少接受中原礼制影响，中原华夏诸国和楚人自己都认为楚国是"蛮夷"之国。楚国初期还很弱小，后联合江汉地区的群蛮百濮并成为其领袖，于是积极发展势力，开疆拓土，接着与周王室分庭抗礼。到了楚君熊渠时，就宣称"我蛮夷也，不与中国之谥号。"①于是，去掉周王室所封的"子男"绝号，自立为"王"。王是周天子的爵号，说明楚国已经旗帜鲜明地与周王室相抗衡了。到了春秋时代，楚国继续征讨兼并，统一了江汉淮流域，其国土之大，为列国之首，它还长期与中原诸侯国，特别是与晋国争夺霸主地位。

楚人建国800多年的历史，它虽然是受西周王室所封的诸侯国，但因为其地处尚不发达的南方蛮夷之地，由于长期与周王室分庭抗礼，所以很少受到周礼的约束，进而对周礼采取了怀疑和批判的态度。楚人在迅猛的扩疆之中，为了适应扩疆的需要，楚国便形成了以军功成败论将，以政绩臧否责官，惩罚制度非常严明，表现出一种强烈的尚武精神。春秋初年，楚武王率军与巴人作战，大败巴人于津，其大阍鬻拳关闭城门，不准其入城；楚文王因沉迷于田猎，不理政事，受到葆申的鞭笞；据《左传·桓公十三年》（前699）所载，楚国重臣莫敖屈瑕伐一小国罗，傲慢而不设防，结果被罗联合卢戎，两家合力袭击楚军，楚军大败，慑于楚国惩罚制度，"莫傲缢于荒谷（今湖北江陵县西）"；《左传·僖公二十八年》（前632）载，晋楚大战于城濮时，楚国令尹子玉（得臣）刚愎自用，不听楚成王告诫，楚成王先归，退入方城之内，子玉与晋军决战，结果楚军大败。子玉自杀于连谷（方城之外，今地已无考）；《左传·僖公三十三年》（前627）载，晋国阳处父率师伐蔡国，楚成王出兵相救，晋与楚二军隔泜水（今河南鲁县西的北沙河）对峙。阳处父知道楚太子商臣与楚国令尹子上（斗勃）有矛盾。于是，派人对子上说："贵师若速来交战，我军可以后退，你军可以渡过泜水，列好方队来交战。

---

① 《史记·楚世家》卷四十。

何时渡河交战，早晚都可以。若不然，让我军渡河交战。如果我们长久隔河对峙下去，岂不白费功夫，还要多花费钱财！"与此同时，令全军做好战斗准备。子上听了便要渡河，楚大夫成大心拦住说："晋人的话不可信，若渡河半截，晋军来攻打，我军必败，不如我们后退，让晋军渡河吧。"于是楚军后退。阳处父便大肆宣扬："楚军逃跑不敢交战！"然后率师回了晋国。楚太子商臣果然向楚成王诬告道："子上接受了晋军的贿赂而退避不战，其罪莫大焉！"于是楚成王便杀了令尹子上；楚康王的令尹子南结党营私，其宠人未益禄而有马数十乘，于是康王"杀子南于朝，患观起于四境。"①据《说苑·至公》载，楚文王的王子革与王子灵因夺一老长的戴畚被杀。楚国将帅因战败而被迫自杀的有子玉、子反、子上等。楚有《将遁之法》云：楚发兵相战，而将遁者诛。若不及诛而死，"乃有桐棺三寸，加斧锧其上，以殉于国。"

对于贪贿犯法的官员，楚国更是严惩不贷。楚康王时期，令尹子南多养宠人，其中有观起益禄而有马数十乘，于是康王"杀子南于朝，患观起于四境。"②楚平王时期，令尹子旗有辅弼平王即位之功，但子旗与养氏之族结为比党，贪求无厌，楚平王则杀子旗而尽灭养氏之族。楚共王时期，右司马公子申因多受小国之贿被杀，令尹子辛因侵欲陈国而被杀。《左传》中列举楚国春秋时期的令尹约有26个，被迫自杀或被处死的竟有9人，贵族伏法是楚国法律中的特点。在楚国，虽王子犯罪，刑之无赦。楚国"君能制命为义，臣能承命为信。"大臣"知死而不敢废王命"。③楚王的意志，楚王制定的命令就是最高效力的法律形式。楚庄王有《茅门之法》载："群臣大夫诸公子入朝，马蹄践雷者，廷理斩其辀，戮其御。"④楚庄王太子入朝，马蹄践霤。廷理行法，举殳击其马，而败其驾。太子入见庄王，请诛廷理。楚庄王说："夫犯法废令，不尊敬社稷者，是臣乘君而下尚校也。臣乘君则主失威，下尚校则上位危，威失位危，社稷不守，吾将何以遗子孙。"⑤楚庄王斥责太子，对廷理进行表彰，益爵二级。与中原诸侯国相比，楚国的法律显示了一定的严酷性和进步性。⑥这也是楚国迅速发展的重要原因。

---

① 《左传·襄公二十二年》。
② 《左传·襄公二十二年》。
③ 《左传·宣公十五年》。
④ 《韩非子·外储说右上》。
⑤ 《韩非子·外储说右上》。
⑥ 李玉洁：《楚国史》，河南大学出版社，2002年，第191页。

可以看出，楚国的刑罚极为严峻，王子犯法与民同罪。正如明人董说在其《七国考》中说："（楚）令尹执国政者，皆其公族，少有偾事，旋被诛杀。"在春秋战国时期，楚国这种森严的法律制度，必然也会对中原华夏诸国产生一定的影响，当是后来战国时期法家信赏必罚的渊源之一。

◆ 治国方略史鉴

第七章 法家思想文化的孕育与成熟（二）
——魏国的治国思想文化①

卜子夏于公元前476年应晋卿魏驹之邀，带着不纯正的儒家思想返归晋国，到魏地西河设教至去世共五十五年。子夏返晋在传授儒家"经艺"给弟子的同时，又研究了晋国的法治思想文化。于是，形成了他的儒法兼容的治国思想，并传授给诸弟子。魏斯从师于卜子夏，较好地师承了卜子夏的儒法兼容思想。

魏文侯是魏国历史和治国思想的奠基者，这不仅因为他是魏国的开国君主，更重要的是在他统治魏国的半个世纪（前446—前396）中，雄才大略，具有儒法并用的正确指导思想，顺应时代实行变法改革，使魏一跃而成为战国早期第一强国，从而奠定了魏国的历史和发展格局。

魏文侯既倚重法家，又尊崇儒家，使得儒、法两家思想学说均能在魏国相与并存，相得益彰，呈现出了儒法交融的独特风貌。他支持李悝等人在魏国全面推行法治，大力扶植新兴封建地主势力，严厉打击守旧的贵族势力。另一方面，"师卜子夏，友田子方，礼段干木"在魏实施"儒术治国"的方略，以此来笼络人心，《史记·魏世家》载："魏君贤人是礼，国人称仁，上下和合"，由此而"国治身逸"，"由此得誉于诸侯"。

第一节 魏文侯的"重法尊儒"治国思想及其治国之道

魏斯（——前396），即魏文侯，"文"为其死后之谥号，战国时期魏国的创立者。晋献公时毕万因功被封于今芮城县北古魏城，毕万及后裔们便以魏为氏。到晋悼公时，魏绛又以功进入卿列，魏氏从此中兴，奠定了魏氏在晋国晚期的强

---

① 参见李尚师：《先秦三晋两个辉煌时期暨治国思想》，中国文联出版社，2008年，第324-358页。

族地位，后魏绛由今霍州市之霍迁到今夏县西北的安邑。魏氏传至魏驹（桓子）时，于公元前476年邀请卜子夏返晋到魏地西河设教，教授魏斯。大概公元前445年前魏斯继父魏驹之职为卿，前446年魏斯称侯，史称魏文侯，在位五十年（前446—前396），建都安邑。周威烈王二十三年（前403）周王承认魏、赵、韩三家皆列为侯。魏文侯是一位胸怀大志，极有作为的国君。他在位期间，励精图治，治国方面不拘一格选拔人才，实行变法易俗，奖励耕战，增强国力。又利用军事优势对秦、中山、齐等国发动进攻，使魏版图大增，从而使魏国成为战国初期第一强国。

一、从师卜子夏，具有儒法并用的思想

《史记·仲尼弟子列传》载："孔子既没，子夏居西河教授，为魏文侯师。"子夏为孔子守孝三年后，受魏驹所邀返晋，来到魏地西河设教传授弟子，其时尚在童年的魏斯便为子夏之徒。"受子夏经艺"，学习"六艺"，从子夏的治国思想看，肯定还有他研究晋国历史与现状的法制思想内容，如果此说无多大出入的话，魏斯的儒法并用思想就应在他就读子夏门下时已经初步树立。《汉书·艺文志》载："六国之君，魏文侯最为好古"，《史记·魏世家》载：魏文侯"贤人是礼，国人称仁，上下和合"。可见，魏文侯是把儒学思想和魏国当时的实际状况相结合的最好典范。尧时实行"平章百姓"，"协和万邦"①为中国和合文化的源头。《尚书·舜典》云："八音克谐，无相夺伦，神人以和。"从而孕育出了"和谐"的理念。晋悼公在为魏绛赐乐队时说："如乐之和，无所不谐"②，为春秋较早提出"和谐"理念。魏文侯时的君臣"和合"社会和谐，是尧、舜、晋国古文化的延续。魏文侯当政期间，魏国的国势达到了巅峰，尽管这可能和战国初期其他各国尚未对魏国形成有力的威胁有关，但与他的礼贤下士，"重法尊儒"的正确治国思想有着相当密切的关系。另一方面，他执政后与子夏之间融洽而又富有成果的关系，也成为后世士大夫与君主之间学习的典范。俩人关系融洽，更使他容易接受子夏儒法兼容的治国思想，他们相互商议，使之日臻完善。

儒家主张"以义为尚"的"仁政"，实行"王道"，维护"周礼"，守旧性强；

---

① 《尚书·尧典》。
② 《左传·襄公十一年》。

法家"以利为尚"，崇尚法律，树立法律的最高权威性，使全社会都无条件服从法律，实行君主集权。从现实出发改革旧法，建立新法，进而形成一个整齐规范的社会。

魏斯受老师卜子夏的儒法兼容治国思想影响，到他继承祖父卿位，以至当了魏君之后，依然尊卜子夏为"王者之师"。魏斯于公元前446年当上魏国君，卜子夏于公元前420年去世，所以卜子夏在魏文侯继位后又活了二十六年。这二十六年中，子夏又培育了许多精英人才，以供魏文侯使用。

魏文侯从卜子夏老师那里接受了儒法兼容的治国思想，两家又各有利弊，法家"以利为尚"，尚功，尚利，有利于国家的富强，进而能形成一个整齐、规范的有序社会。魏文侯元年即公元前446年，仅晚于三家分晋八年，卜子夏因他熟悉晋国历史由兴到亡的全过程，懂得晋国衰亡的原因在于其政治上君权下移，六卿长期把持晋政、三家分晋皆是政权涣散的极端表现，所以他必须采用依法治国的手段。然而，法家的"以利为尚"，又极易导致人们去不择手段为"利"而去争夺、去厮杀，从而导致社会的不稳定，各派矛盾易于激化，反过来使君权亦不稳固。儒家主张"以义为尚"，实行"仁"，可以使人们和睦相处，君臣相安，有利于社会稳定，具有一种凝聚力，国家才可以和谐。但它的弊病也不少，容易使人丧失进取意志而不思进取，难于激发人们为国杀敌、为利拼搏的精神，也难于建立起一个有法有序的国家。魏文侯就是基于这种思索，便产生了儒法并用的正确治国思想。他从富国强兵、维护自己的君主统治出发，以实现"大一统"的理想，取两家所长，弃两家所短，兼而用之。于是，形成了"贤人是礼，国人称仁，上下和合"的和谐局面，这是他把儒学思想和魏国实际相结合的最好典范。他又遵循卜子夏"选于众"的思想，拜具有道家思想的谋略家田子方和段干木为师。又任用法家人物李悝为相，主持国政，在政治、经济领域实行变法，建立起各项封建制度。又支持法家、军事家吴起、乐羊在军队中实行改革，支持西门豹在邺进行改革，破除迷信，兴修水利，对有治国经验的翟璜、魏成子言听计从。在他儒法兼容并用策略的吸引下，法家、儒家、道家、兵家等各家最优秀人才汇集于魏国，尽其所长，为当时魏国成为第一强国做出了极大的贡献。

二、礼贤下士，具有政治家风度

魏文侯受卜子夏经艺，在"以德治国"方面，实行"贤人是礼"的儒家"仁"

治。《吕氏春秋·下贤》载："文侯可谓好礼士矣！"他坐车经过段干木的庐舍，都要下车示敬。

当时魏国另一位著名贤士叫田子方，文侯对他高度尊崇，文侯弟公季成（魏成子）很不理解，《新序·杂事第四》记述了两人的一场争论：

> 公季成谓魏文侯曰："田子方虽贤人，然而非有土之君也，君常与之齐礼，假有贤于子方者，君又何以加之？"文侯曰：如子方者，非成所得议也。子方仁人也，仁人也者，国之宝也；智士也者，国之器也；博通士也者，国之尊也。故国有仁人，则群臣不争；国有智士，则无四邻诸侯之患；国有博通之士，则人主尊。固非成就议也。"公季成自退于郊，三日请罪。

按照公季成的见识，田子方虽然是贤人，但毕竟并非拥有土地的国君，而贵为国君的文侯如此去卑身礼敬他，那么，更有贤于田子方者，又将"何以加之"？而文侯对于其弟魏成子的意见、批评那是一种浮浅之见识，并说服他道：自己之所以如此礼敬田子方这样的"仁人""智士"和"博通之士"，正是基于国富兵强无内忧外患之虑的战略需要，做到国内政通人和、"群臣不争"，便能无敌于天下，"无四邻诸侯之患"，作为一国之君自然会有"人主尊"的高度威严了。一席话说得公季成自愧难当，向文侯赔礼请罪①。

有一次魏文侯同臣子一起饮酒，正在欢天喜地之时，突然天下起雨来，文侯下令要其御戎驾车到城外的山上去。众臣劝道："如今正在饮酒快活，天又下着雨，主公您不如天晴了再去吧！"文侯说："寡人与管理森林的官员已约定了要去行猎，现在虽正快乐又下点雨，但怎么能违背与人约定了的事呢？"于是，便乘车前往会面。

魏文侯派大将乐羊去攻打中山国，灭了中山国之后，他就把中山国封赐给了自己的儿子魏击。魏文侯接着向臣子们问道："寡人是怎样的国君？"大家都回答说："主公是位仁爱之君主。"唯有任座说："国君您取了中山，不把它封给您的弟弟，而把它封给你的儿子，怎能说是仁爱的国君呢？"文侯听了发怒，任座赶快出走。文侯接着问翟璜，翟璜答道："主公当是仁爱之君。"文侯说："你凭何知道寡人为仁爱国君？"翟璜答道："臣听说国君仁爱则臣子就会正直。刚才任座讲

---

① 李元庆：《三晋文化源流·魏文化》，山西古籍出版社，1997年，第280页。

话正直,臣由此知道主公乃仁爱之君。"魏文侯听后很高兴,便派翟璜去召请任座返回朝堂,并亲自下堂迎接任座,待他为上宾。

从以上可以看出魏文侯具有高度的尊崇贤才、礼贤下士的政治家风度和儒家的品格气质。

三、善于用人

魏文侯用人,其一,不论其出身、资格,能唯才是用。他朝中的得力大臣,绝大多数是来自于下层的知识分子,如李悝、西门豹、吴起、乐羊等人,皆为才干出众而被文侯委以重任,然后得以在各个领域立下卓越功勋。其中最典型的如吴起,他本是卫国平民百姓,曾拜大儒曾子为师,他誓志不为卿不归卫,所以母丧不归,于是曾子怒,与他断决师徒关系。他后又奔鲁,"杀妻以求将",便被谤毁,故又被鲁君辞退,一时声名狼藉,后听说魏文侯贤便跑到魏国。文侯问李悝道:"吴起何如人哉?"李悝答道:"起贪而好色,然用兵司马穰苴(ráng jū)不能过也。""于是魏文侯以为将,击秦拔五城"①。吴起又因"善用兵,廉平,尽能得士心"②,被文侯任命为西河太守。结果使"秦兵不敢东乡,韩、赵宾从"③。

其二,魏文侯用人还表现在他用贤不避亲,不图虚名。一次在他从弟弟魏成与大臣翟璜俩人中挑选谁为相国之时,觉得二人各有所长,究竟选哪一人更合适呢?使他难以决断,便召李克问:"先生尝教寡人曰:'家贫则思良妻,国乱则思良相。今所置非(魏)成则(翟)璜,二子何如?"李克谦让之后说道:"君不察故也。居视其所亲,富视其所与,达视其所举,穷视其所不为,贫穷其所不取,五者足以定之矣,何持克哉!"文侯便根据李克所提的五项标准决定由魏成任相国。由此可以看出文侯因位择人,以才授职的用人原则。

其三,魏文侯用人不疑方面,表现在派大将乐羊率军攻打中山国一事上。乐羊很有军事才干,被翟璜推荐为将后,攻打中山国三年不克。因此耗费了大量资财,因而大臣们上书指控诽谤乐羊的奏章竟有一筐之多,然而魏文侯不为谤言所动,因为他知道这中山国远离魏国,中间还隔着赵国,便全力供应乐羊的军资所用。后来,乐羊所率的魏军攻克中山国返回魏都安邑之后,屡次夸口自己的功劳,

---

① 《史记·孙子吴起列传》卷六五。
② 《史记·孙子吴起列传》卷六五。
③ 《史记·孙子吴起列传》卷六五。

魏文侯这才取出那一筐指控他的奏章给他阅看。乐羊这才幡然醒悟，若非文侯用人不疑，自己可能早已没命了。于是乐羊再拜稽首曰：此非臣之功也，主君之力也"①。

魏文侯为了广徕人才，除了礼贤下士外还能做到不计贵贱唯才是用，用人不避亲，用人不疑，所以四方志士多有慕名来投，使魏国一时人才济济。

四、支持臣下进行改革，实行以法治国

魏文侯除用儒家思想笼络人心，招徕人才外，他又高瞻远瞩，为了富国强兵，坚决支持李悝、吴起、西门豹等人在各个领域进行轰轰烈烈的变法运动，实行变法强国。

（一）支持李悝进行经济、政治的改革

李悝是战国法家学派的创始人，初为北地太守，后被魏文侯提拔为国相，他在相位期间，在经济基础和上层建筑领域全面地进行了卓有成效的变法。

1. 经济改革

李悝推行"尽地力"，"善平籴"，改革农业政策，发展农业生产，使国家政权获得巩固的经济基础。

"尽地力"又称"尽地力之教"，这是一项改进农作方法用来挖掘土地潜力的政策。主要指在生产领域实行技术革新，以发挥土地潜力，增加单位产量，提高劳动生产率。《汉书·食货志上》记述了李悝"尽地力之教"的基本内容：

> 是时，李悝为魏文侯作尽地力之教，以为地方百里，提封九万顷，除山泽邑居参（三）分去一，为六百乃晦（亩），治田勤谨则晦益三升（斗），不勤则损亦如之。地方百里之增减，辄为粟百八十万石矣。

其意是，以百里见方的范围为例，共有田九万顷，除去山泽、村落所占的三分之一面积外，还有田地六百万亩。如果农民"治田勤谨"，则每亩可增产粮食三斗②。这一增一减，产量便相差一百八十万石，将直接影响到百姓生活和国家的田

---

① 《史记·樗里子甘茂列传》卷七一。
② 《汉书·食货志》"治田勤谨则亩益三升"。此处三升当为三斗之误。臣瓒在此处注说："当言三斗。"师古亦在注里说，按其所说计算，升错，"升"字当为"斗"。师古计算正确，故改之。

赋收入，因而必须大力提倡"尽地力之教"，充分发挥土地的潜力。如何才能"治田勤谨"，其具体内容是：必杂五种，以备灾害。力耕数耘，收获如寇盗之至（谓促遽之甚，恐为风雨捐之）。还庐树桑，菜茹有畦，瓜瓠（hù）果蓏（luǒ）（木实曰果，草实曰蓏。茹，所食之菜。畦，区也），殖于疆场①。

李悝提出的这些措施中，一、"必杂五种，以备灾害"，就是要实行多种经营，不能只搞一种粮食品种，防止单一作物遇灾害时难以补救；二、"力耕数耘，收获如寇盗之至"，在农作物生长过程中，要精耕细作，勤于除草。粮食成熟时要抓紧抢收，要像防强盗抢劫那样，虎口夺食。三、"还（环）庐树桑，菜如有畦，瓜瓠果蓏，殖于疆场"，就是要充分利用房前屋后，田间地头的闲散土地，植树种桑或修成菜园。这是尽量发展副业生产，以解决瓜果蔬菜粮食不足。这三项内容，都是为通过挖掘一切潜力，提高粮食和副业产量，发展小农经济，以实现富国裕民的目标。它很适合魏国人稠地窄的实际国情，所以《史记·平准书》说："魏用李悝，尽地力，为强君"。

与"尽地力之教"相配合，李悝又推出一项发展小农经济的措施——"平籴法"，它的基本内容是：籴甚贵伤民，甚贱伤农；民伤则离散，农伤则国贫。故甚贵与甚贱，其伤一也。善为国者，使民毋伤而农益劝……是故善平籴者，必谨观岁有上、中、下孰（熟）……故虽遇饥馑水旱，籴不贵而民不散，取有余以补不足也。②

这就是说，其一，要制定合适的粮价，太贵则市民负担不起，便会离散；粮价太贱，农民入不敷出，种粮农民会受损失不愿种粮，国家则贫困。所以粮价偏高或太低了，都不可取。只有制定合适价格才能"使民毋伤而农益勤"，以达到人口增加而农业发展的目的。其二，国家要制定"平籴法"，根据收成好坏，把丰、平、灾年，分为三个等级，每年都依据收成好坏分别买进或卖出相同数量的粮食，来平衡调剂丰歉，使社会安定。这样可以使"虽遇饥馑水旱，籴不贵而民不散"，就会保证市场粮价稳定，遏止投机粮商的活动，达到民心稳定，国家稳步发展。所以，李悝的平籴法"行之魏国，国以富强"③。

---

① [唐] 杜佑：《通典·食货二·水利田》，中华书局，1988年。
② 《汉书·食货志上》。
③ 《汉书·食货志上》。

2. 政治改革

(1) 支持李悝进行了官爵世袭制的改革

官爵世袭制是西周社会的产物，晋国自西周叔虞封唐以来一直延续到了春秋初年，自晋文公之后方有所改变，晋卿公族一般采用的是袭爵不袭职（官），但其子孙却享受着世禄的特权。李悝便改革官爵世袭制，制定鼓励新兴地主阶级"食有劳而禄有功"，"使有能而赏必行、罚必当"的奖惩标准，将"食""禄"等级与功劳直接挂钩，功劳大者食禄高，小者则低。按才能大小授予职位有功必赏，有过必究。又主张"夺淫民之禄，以徕四方之士"，即对那些无功食禄的旧贵族进行剥夺，用它来奖励外来的"士"。这在一定程度上打破了世卿世禄制，为地主阶级的中、下层和外来有才干者开辟了上升之路，并有益于调动旧贵族的积极性。

(2) 法律改革

李悝根据春秋以来到战国初期的社会大变动的实际情况，从维护地主阶级新统治秩序和新等级制度出发，他博采诸国法律之可用者，编撰了中国古代第一部比较完整的封建法典——《法经》。《法经》的编撰，奠定了战国法家学派的理论基础，也把魏国的法治建设推向了新的高峰，对当时各国的变法和实行法治起到了历史先导作用，也为后来各代封建王朝制定律令提供了重要依据，具有开创性的意义。

《法经》虽已失传，但从历史文献中仍不难窥见其大略。《晋书·刑法志》比较全面地概括了李悝编撰《法经》的立法宗旨及其内容结构：悝撰次诸国法，著《法经》。以为王者之政，莫急于盗、贼，故其律始于《盗》《贼》；盗贼须劾捕，故著《网绸》（应为《囚》）、《捕》二篇；其轻狡、越城、博戏、借假、不廉、淫侈、踰制，以为《杂律》一篇；又以《具律》具其加减。是故所著六篇而已，然皆罪名之制也。

依此所载，《法经》的内容分为六篇，这六篇中以《盗法》和《贼法》为首，其次是《囚法》和《捕法》，再次是《杂法》和《具法》。

从编排的次序及其内容看，《法经》的立法宗旨有三个特点：

其一，保障地主阶级的私有财产和人身安全不受侵犯。于是《法经》的首要任务是维护居于统治地位的地主阶级意志的"王者之政"，王者（统治者）当务之急"莫急于盗、贼故其律始于《盗》《贼》"。同时，"盗贼须劾捕，故著《囚》《捕》二篇"，因为要惩处"盗""贼"，就要此二法。由以上分析，《法经》首先是一部保卫封建国家政权、维护地主阶级政治、经济的利益、镇压百姓反抗的封建法典。

其二，《法经》是一部限制统治阶级内部特权的法律。其法的第五篇《杂律》主要是惩处人们诸种违法行为："轻狡、越城、博戏、借假、不廉、淫侈、逾制"等，其中"不廉"指的是贪污贿赂；"淫侈"是指荒淫奢侈；"逾制"是指应用器物超越了封建等级制的规定，这些条款就是针对统治者中的官员，用来维护其统治者内部的秩序。于是否定了贵族阶级过去的一些特权，具有一定进步意义。

其三，虽然其中的《具法》有依照具体情况而量刑或予以减刑的规定，但从后世的法学研究者看来《法经》还是一部严刑峻法的重刑主义法典。

总之，《法经》作为中国古代第一部比较完整的封建法典，其主旨在于强化和巩固地主阶级专政，充分体现了封建统治者的意志。① 同时，《法经》一书也体现了法家的指导思想。

《法经》作为一种维护和巩固封建政权的工具，不可避免地带有一定历史局限性，但它毕竟开创了法典编纂的新体系，而《具法》一篇的设立，更是开历史之先河。《法经》既有先进一面，同时又主张对劳动人民的反抗给予残酷镇压，试图以法律来治国，来统治民众，使民众以其制定出的法律为行为规范。②

《法经》和李悝的其他变法内容是相辅相成的，既通过"尽地力之数"与"平籴法"促进了小农经济，保护小农和其他人的利益，可他又用法律将小农紧紧地束缚在土地上，禁止他们随意迁徙。这样的结果，既破坏了旧的世卿世爵，又极力地在维护新的等级制度。所以说，这部《法经》和其他变法的内容一样，浸透着和体现着新兴地主阶级统治者的意志。在当时的历史条件下，它显然是最适宜的法典。它的产生也是新兴地主阶级完全取得政权与封建体制确立的标志。

3. 支持吴起在军队内的改革

魏文侯在支持李悝进行经济、政治改革的同时，又支持吴起在军队内进行改革。吴起是李悝之后的一位法家学派代表人物。他不仅是法家，也是军事家，政治家。

吴起原籍卫国，因杀人而逃往鲁国，"学兵法以事鲁君"，却得不到重用，"于是闻魏文侯贤"③ 而入魏，得李悝所荐而"为将"。

---

① 李元庆：《三晋古文化源流·魏文化》，山西古籍出版社，1997年，第265页。
② 孙开泰：《先秦诸子讲座》，《新田文化与和谐思想研讨会论文汇编》，2007年9月（内刊）。
③ 《史记·孙子吴起列传》卷六五。

吴起在魏国共二十七年，这是他一生中最辉煌的时期。据《吴子兵法》《史记》《韩非子》《吕氏春秋》等文献所载，吴起的治军思想十分精湛且独具卓识。他认为，兵不在多，"以治为胜"。所谓"治"，就是要经过严格选拔和严格的训练，建立一支战斗力很强的精锐部队。他曾引经据典地向魏君阐述了这个思想。于是在魏文侯的支持下，在军内实行了变革，他一改过去军队内老少强弱不齐的状况，实行"武卒制"①。即：从征集兵员起，就进行严格的体力考选，其考取的标准是：穿三层甲，佩利剑，操强弩和箭五十支，扛长矛，负三天口粮，半天急行军一百里。凡被录取的兵士全具备体力强健的素质，其军队也自然成了精悍、迅猛的军队。为鼓励百姓踊跃投军，对参军者又特制定了优待政策：凡入选者，免去一家徭役，并奖给田宅。对于入选的兵士，又根据每人特长分类编队，身高力大、宜于近战拼搏的兵士为一队；机灵敏捷，便于翻山越岭的战士为一队；强健耐劳，善于长途突袭的兵士又为一队，然后分别施行严格的训练。他采取"一人学战教成十人，十人学战教成百人，百人学战教成千人，千人学战教成万人，万人学战教成三军"②的办法，做到人人精通战术，武艺高强。他根据不同人的体质编队，可以发挥每个战士的优势，使魏军具备了进退迅疾、战斗力强的特点。

吴起在西河还推行了李悝的"尽地力之教"与"平籴法"，大大提高农民积极性。还大胆提出了"贤者居上，不肖者居下"的新用人制度，将一大批有才能者提拔到关键职位上。③

魏军对军队进行改革之后，战斗力大为增强，他便率领着这支训练有素的军队，与各诸侯国打过大仗七十六次，其中六十四次是大获全胜，其余的十二次也是胜负未分，从来没有损兵折将打过败仗。其时的魏国"辟土四面，拓地千里"，吴起的这次军队改革为这些胜利起到了奠基作用。魏军向西，收取了河西，"击秦，拔五城"；向北，越过赵国攻取了中山国（今河北定县一带）；向南，打败了强楚，使当时魏国的疆土南有鸿沟（即汴河）与楚为邻；东有淮、颖二水，与宋、齐为邻；函谷关内黄河西岸，自郑（今陕西华县）西北过渭河，沿北洛河东岸到上郡，筑长城与秦为邻；东北有卷（今河南新乡一带）、酸枣（今河南延津县）与

---

① "武卒制"之名，乃后人据其变改内容所定。
② 《吴子·治兵》。
③ 孙开泰：《先秦诸子讲座》，《新田文化与和谐思想研讨会论文汇编》，2007年9月（内刊）。

赵为邻。从而使魏国疆域大增，奠定了魏的大国地位。

4. 支持西门豹在邺实行移风易俗的改革

西门豹到邺（今河北临漳县）之前，邺地流行河神娶媳妇的陋俗，每年巫婆都要选择年轻漂亮的姑娘沉到河底，说是送媳妇给河神。还恐吓说，若不如此，河神就会发大水淹没土地。当地人为躲此难，纷纷举家逃往外地，致使邺地人丁迅减，田野荒芜。西门豹到任后，当年就破除迷信，刹住河神娶媳妇的陋习，又引导大家兴修水利，发展生产，藏粮于民，兵甲于民，使邺地很快繁盛。有人告于魏文侯，"廪无积粟，府无储钱，库无甲兵，官无计会。"文侯到邺邑视察，果如所说，便让西门豹讲出道理。西门豹说："我听人说实行王道的君主重视百姓富裕，实行霸道的君主重视军备和训练军队，即将亡国君主注重搜刮民财充实国库。大王想成为霸主，我因此将钱粮兵甲储蓄于民间，若不相信，请大王让我击鼓"。于是就令人到城上击鼓。第一遍鼓：民众身穿甲胄，肩束弓，手执戈和箭弩出来。二遍鼓，推着粮食的车子来到。于是文侯命西门豹攻打燕国，便收复了失地。于是"河内称治"[①]。

总之，魏文侯因为长期从师于卜子夏，称君统治魏国后又有很长时间得到子夏的影响，便采用了儒法并用的治国之道，既倚重法家，又尊崇儒家，在魏文侯时代，迥然不同的儒、法两大学派思想均得以在魏国相持并存，儒法思想荟萃交融。如任用李悝为相，全面改新，"而魏国大治"；[②]任用西门豹为邺令，移风易俗，"而河内称治"[③]、"魏无赵患"[④]；任用北门可为酸枣令，"而魏无齐患"[⑤]；任用吴起进行军队改革，去守西河"击秦，拔五城"，"秦兵不敢东向，韩、赵宾从"[⑥]"而西河之外宁"[⑦]。这是他倚重法家用兵和治国之道。他"师卜子夏，友田子方，礼段干木"这些贤人为其出谋划策，不但国家大治，而且"身逸"，可谓"天下之贤主"[⑧]。魏文侯说："（田）子方仁人也，仁人也者，国之宝也；智士

---

① 《史记·魏世家》卷四四。
② 《说苑·臣术》。
③ 《史记·魏世家》卷四四。
④ 《说苑·臣术》。
⑤ 《说苑·臣术》。
⑥ 《史记·孙子吴起列传》卷六五。
⑦ 《说苑·臣术》。此前这一段参见李元庆：《三晋文化源流》，山西古籍出版社，1997年，第281页。
⑧ 《吕氏春秋·察贤》。

者，国之器也；博通士也者，国之尊也。故国有仁人，则群臣不争；国有智士，则无四邻诸侯之患；国有博通之士，则人主尊"①。这是文侯对儒家贤士的评价和尊崇儒家的道理。

魏文侯"重法尊儒"，从严治吏，以礼教民。这些充分说明了魏文侯既重法又尊儒的历史功业。魏文侯是一位杰出的政治家和战略家，而非学者和士人，历史上多把他归为儒家，其实与他的所作所为根本不符，他们应是儒法兼容的独立一家治国思想学派，可谓是儒法兼容之家，或称子夏之学，只是尚未成为一种体系而已，尚未被多数世人认可罢了。②

第二节　魏文侯以后的魏国治国思想

魏文侯作为魏国历史和文化的奠基者，他新开创的儒、法思想荟萃交融的局面，说明了他所统治的魏国，有着各派学术相互兼容的文化氛围。正是有了这样一种宽松的文化氛围，所以在战国中、后时期的魏国，又出现了"以善辩闻名"的名家学派和专门"游说权谋"的纵横家学派，他们在战国的中、后期非常活跃，由此在魏国呈现出了多家学派共存的文化景观，形成独具特色的历史风貌。然而，魏国在卜子夏和魏文侯相继去世之后，其后的统治者们使文侯的那种儒法并用的治国思想日渐退却以至消失，所以到了魏惠王的中期之后，魏国的鼎盛时期结束，国力开始衰落。这期间，战国形势发生重大变化，从魏国走出去的商鞅到秦国实行变法，齐威王也进行改革并获得成功，齐、秦两强崛起，在东、西方威胁三晋；不为魏武侯重用的吴起，也到南方楚国进行变法，使楚国进一步强大起来；北方的燕国亦崭露头角。于是，战国七雄鼎足之势形成了。"魏惠王兵数破于齐、秦，国内空，日以削"③。从此，曾经的强国魏国终于衰败下来了。

---

①《新序·杂事第四》。
② 如《史记》将魏文侯列入其《儒林列传》。其实已有许多学者认识到魏文侯并非是纯儒了，李元庆先生在《三晋古文化源流·魏国文化》中已提到"魏文侯的重法尊儒"，但又说"我们评论魏文侯其人及其思想，主要不是看他属于法家还是儒家……" 1997年版的《山西通史》张庆玉先生在第三章中评述魏文侯时亦说"他有儒法并用的正确思想"。
③《史记·商君列传》卷六八。

一、魏武侯时期的治国思想

魏文侯在位五十年，于公元前396年去世，次年（前395），其子魏击即位，是为魏武侯。武侯在位二十六年，于公元前370年去世。

魏武侯在位之初，其父文侯儒法并用的治国思想遗风尚存，而且当年的一班老臣多数还健在。例如相国李悝，于公元前390年去世，也就是说，李悝又在武侯时期活了六年。另一改革的法家（兼兵家）吴起还正为魏国镇守河西，所以魏国国力依然很强。

据《战国策·魏策》载：（一次）魏武侯与诸大夫浮于西河，称曰："河山之险，岂不亦信固哉！"王钟侍王，曰："此晋国之所以强也。若善修之，则霸王之业具矣。"吴起对曰："吾君之言，危国之道也；而子又附之，是危也。"武侯愤然曰："子之言有说乎？"

吴起对曰："河山之险，信不足保也；是伯王之业，不从此也……殷纣之国，左孟门而右漳、釜，前带河，后被山。有此险也，然为政不善，而（周）武王伐之。且君亲从臣而胜降城，城非不高也，人民非不众也，然而可得并者，政恶故也。从是观之，地形险阻，奚足以霸王矣！"武侯曰："善。吾乃今日闻圣人之言也！西河之政，专委之子矣。"

这里说的是，魏武侯和吴起等臣在西河坐船巡游时，魏武侯认为边防的坚固是因为那里的"河山之险"。随从王钟附和着说，"此晋国之所强也"，吴起便直言谏道，武侯之言乃"危国之道"，"子又附之"就更"是危也"。于是武侯愤怒地问吴起有何根据，吴起便回答说：光凭山河险要是保卫不了国家的，要建立霸业并不能只靠"河山之险"，他又列举了商纣王四边皆有名山大川为屏障，结果亦被周武王消灭掉了。又说武侯你亲自率领臣民攻下敌国的城池，那些"城非不高"，城里的人"非不众"，能攻下敌城的原因是因敌国君主的"政（策）恶"，不得民心。由此观之，只靠地形险阻，又怎样建立起霸王之宏业呢？武侯听了称赞吴起所言"善"，今天"闻圣人之言矣！"便将西河之政，全委任给了吴起。

李克在中山国为相国期间，多次和武侯（未即位前）纵论国家兴亡之道。一次，武侯问李克，吴王夫差何以亡国，李克答曰：由于"骤战骤胜"。因为"骤战则民罢，骤胜则主骄"。"骄则恣，恣则极物；罢则怨，怨则极虑"[①]，其意是，骤然而战，会使民众疲惫；骤然而胜，国君便会骄奢。国君因为"骤胜"而骄奢，

[①]《吕氏春秋·适威》。

必然纵欲放恣，乃至荒淫无度；百姓疲惫难耐了必然怨声载道，就会谋划着反对国君，这便是吴王夫差亡国之因。

武侯即位之后，自认为"谋事而当"，退朝之后自以为是地夸自己说："大夫之虑，莫如寡人矣。"李悝于是以楚庄王"谋事而当，有大功，退朝而有忧色"的事例向武侯讲述了"骄君必亡国"的道理。指出：若要臣下不如国君，国君则无师可求，无友可依，此乃危险之事，所以历来为"霸王（主）之所忧"，而主公你却反而引以自喜！武侯听了很有感悟地说："善！人主之患也，不在于自少而在于自多，自多则辞受，辞受则源竭"①其意是：作为君主，可怕的不是自谦而是自我骄奢；自我骄奢，必然会听不进臣下的进谏，自己的智谋便会枯竭。所以，他称李悝"可谓能谏其君矣"②。李悝死于公元前390年，所以这次对话必在此年之前。可见魏武侯这时虽有骄奢的苗头尚有其父文侯善于纳谏的政治家风度，也能看到李悝、吴起等一帮前朝老臣都在尽心竭力地直言进谏，所以君臣尚能和睦。

因为武侯前期君臣和睦，所以，其时魏国的国力还处于强盛时期，于是在武侯五年（前391），以魏国为首的三晋联军再次攻楚，占领了楚国大梁（今河南开封市）、榆关（今河南中牟县南）等地，从此大梁归魏所有。此后，魏又先后攻取了楚襄陵（今河南睢县）、鲁阳（今河南鲁山县北）等地，使魏国的版图扩展到黄河以南。

魏武侯前期能继续执行文侯的儒法并用治国思想，所以国力依然在上升。魏对诸国一方面以武力相威胁，另一方面又打着"王道"的旗帜，极力拉拢各国，俨然以霸主自居。早在战国初期的文侯时期，魏在三晋联盟中就扮演过这种角色。韩与赵曾经发生过纠纷，韩请魏出兵攻赵，被魏文侯给拒绝了。后来赵国也约魏出兵攻韩，同样遭到拒绝，当时两国都对魏不满，当他们后来知道魏国这样做是为了维护三晋兄弟间的友谊时，皆十分受感动，都向魏国朝觐，"魏于是始大于三晋"③。当魏为三晋联盟首领后，对其他国家亦直接扮演起霸主角色。例如当时的齐国到了齐简公时，政权已旁落到了田氏家族，田悼公死后，田和继田悼子执政。魏武侯九年（前387），田和与魏武侯相会于浊泽（今河南临颖白沙水库东），田和请魏武侯劝说周王同意改立田和为诸侯。武侯便派使者游说周天子和各国诸

---

① 《吕氏春秋·骄恣》。
② 《吕氏春秋·骄恣》。
③ 《资治通鉴》卷一。

侯，请求立齐相田和为齐国之君。周天子便同意了魏的请求，次年就册封田和为齐侯。可见这时的魏武侯显然是以霸主自居。

据《史记·孙子吴起列传》载，吴起当了"西河守"之后，"甚有声名"。不久，李悝去世，"魏置相"国，吴起这位对魏建有奇功且有雄心壮志的大军事家、改革法家，一心想为相，结果武侯却任用了田文为相，所以吴起"不悦"。后来俩人相互对话，互论短长，最后"吴起乃自知弗如田文"。这说明了武侯用田相是对的，也说明吴起并非小肚鸡肠，能够顾全大局，权衡之后甘拜下风，于是将相和睦。再后，"田文既死，公叔为相"，嫉妒吴起，向武侯进谗言说，吴起功高盖主，恐不会安于西河守之职，诬蔑吴起对魏国有二心，公叔又是武侯之婿，开始武侯还不太相信，时间一久也就逐渐起了疑心，于是撤了吴起西河守的职务，"吴起惧得罪"，于魏武侯十四年（公元前382）离开了他生活过二十七年的魏国。他离开时悲痛地说，倘若国君始终如一地让我施展才能，一定能灭掉秦国，现在国君听信谗言，西河不久就会被秦国夺去，后来，事实果然如此，魏国便逐渐被削弱下去。

吴起到了楚国，受到楚悼王的器重，当上令尹（相当于相国），在楚实行改革变法，"明法审令，损不急之官，废公族疏远者，以抚养战斗之士。要在强兵，破驰说之言纵横者"。于是楚迅速强大，"南平百越，北并陈、蔡"两国，北击退魏、赵、韩三晋，"西伐秦"国。从此楚成为魏在南方的一个劲敌。

魏武侯初年与吴起"浮于西河"时，尚能纳谏，听了吴起"王霸"天下不在于"地形险阻"，亡国失地的根本原因在于"政恶故也"之后，称赞吴起之言为"圣人之言"，并将"西河之政""专委"给吴起，以及听从李悝"骄君必亡国"的进谏，此乃贤明之举。后来富有治国经验又有威望的老相国李悝死后，又选任了田文为相，吴起虽然不满，但通过与田文推心置腹的一席谈话之后，"乃自知弗如田文"，便继续效忠于魏国。可到了武侯在位的中期，武侯却忘记了被他称之为"圣人"的吴起之贤之忠及治军之能，在相国田文死后，不能委任"甚有声名"、战功显赫的吴起为相，而任用了自己的女婿公叔为相。公叔嫉妒吴起功高"而害吴起"，武侯便听信谗言，免去吴起"西河守"，"吴起惧，遂去，即之楚"，从而酿成大错。吴起被迫出魏投楚使之恢复强国又成为魏国一大劲敌，西河又渐被西秦吞去，而造成这种状况的根本原因在于魏武侯治国指导思想的错误。文侯治国是倚重法家李悝、吴起、西门豹等能臣干吏，尊崇田子方、段干木等贤人，儒法并用。武侯时李悝、西门豹已死，唯有吴起这位栋梁健在，明知为"圣人言"

者之贤人，却中奸臣计谋，终不肯任用吴起为相以主国政。迫使吴起逃楚，乃魏国一大损失。若魏武侯在位的二十六年中，能像文侯一样成为明君，统一中国者，将是魏而非秦国。由此来看，武侯后期既不能依靠法家，也未见到其崇儒之事。虽然魏国这时尚能表面上保持着强大上升之外貌，其实是文侯治理的余力所为，犹如飞驰车辆之惯性。

二、魏惠王时期的治国思想

魏武侯时用人失误，中奸人计谋，迫使吴起出逃楚国，造成魏国一大损失。武侯晚年，在其君位继承人问题上也没有安排妥当，致使他一去世魏国就因君位发生内争外乱。公元前370年，武侯去世后，其子魏䓨即位，是为魏惠王。

魏惠王即位之初，其父武侯晚年的种种矛盾在魏国陆续表现出来。最先表现出来的是魏惠王与魏武侯的另一子公中缓争夺君位。为此，又引起赵、韩两国对魏的武装干涉。魏惠王即位后，立刻加封公中缓，而公中缓却跑到邯郸请赵国出兵护送他回国争夺王位。于是赵国联合韩国，共同出兵伐魏，并在浊泽（今山西永济市东）打败魏军，魏惠王被围，危在旦夕，但因赵、韩意见分歧，韩军撤退而流产。故《史记·魏世家》评论说："惠王之所以身不死，国不分者，二家谋不和也，若从一家之谋，则魏必分矣"。于是为魏军转败为胜创造了条件，惠王便发兵追击，又在马陵和怀分别与韩、赵两军大战一次，均告胜利。当赵军溃退至平阳时，再次遭到魏军阻击①。赵、韩侵魏至此以魏胜结束，三晋关系从此公开交恶。此后魏将公叔痤又在浍水以北击败了赵、韩联军，俘虏赵将乐祚，攻占赵之皮牢（今山西翼城县东北），并多次攻掠韩国，迫使韩国服魏，但赵国依旧不服。

三晋交战之际，西方秦国在秦献公、孝公执政期间，任用商鞅开始变法，使秦国再次强大，不断进攻魏国西河郡，双方激战几次魏军失利，不得不加强防御。魏惠王认为再向西发展无望，于是决定于惠王九年（前361）四月，将国都从今夏县的安邑迁往今河南开封的大梁，以便向南发展。

魏惠王徙都大梁后，立即加紧在那里的建设，兴修水利，开发川泽，有了一定发展。鲁、卫、宋、韩等国君不得不于魏王十三年（前357）赴魏朝见惠王，惠王又于公元前344年正式称王，召集在逢泽（开封市南）之会，率众诸侯朝见周

---

① 《竹书纪年》："梁惠成王元年，邺师败邯郸师于平阳"。见《水经·浊漳水注》。

天子，声势达到顶峰。

  但从总的形势来看，魏惠王迁都后，为秦的迅速崛起创造了有利条件。使魏在南部的开拓与在西部的损失相比得不偿失，所以魏从迁都就开始走下坡路。

  魏惠王初期因与公中缓争夺君位而导致赵、韩联合伐魏，三晋交恶，其原因全在于其父魏武侯临终前在君位继承人问题的失误所致，方有后来的内争外乱，这都表现于惠王继位之后。但惠王与其父武侯犯了一个同样的错误，即不识贤才，用人失误。得天下者，除了得民心，更在于得到贤才辅佐，因为有了贤才辅佐，国君才会有正确的治国方略，自然才能获得民心拥护。惠王的相国公叔痤有一家臣叫卫鞅，姓公孙，故亦称公孙鞅，原籍为卫国人，故又称之卫鞅。"商"是他离魏投秦之后，秦封他于商邑，便又以其封地"商"为氏，故后世称之为商鞅，"号为商君"。公叔痤赏识卫鞅"年虽少，有奇才"，所以在他病危惠王前去探望时问公叔痤"有如不讳，将奈社稷何？"公叔痤便向惠王举荐了卫鞅，"愿王举国而听之"。可惠王却不肯纳荐。于是，"公叔（痤）既死，公孙鞅闻秦孝公下令国中求贤者……遂西入秦"①。卫鞅虽非三晋人，也未在魏国长期活动，但在魏国时，李悝的《法经》早已问世，而且在魏国已执行了多年，所以他带着《法经》入秦，于是"商鞅受之以相秦"。这说明他是带着李悝的《法经》走出魏国的，并在《法经》的指导下在秦实行变法，所以说他是把魏国的法家思想文化移植到了秦国②。秦国通过商鞅变法，便日益强大。不仅夺回西河地区，而且一度越过黄河，攻入河东，占领安邑。与此同时，三晋间关系每况愈下。不久，齐将田忌大败魏军于马陵（今山东范县西南），魏军主力全部被歼，主将太子申被俘，庞涓自杀，从此魏国独霸中原半个多世纪的历史结束。

  秦孝公趁魏军元气尚未恢复，便采纳商鞅的建议，命商鞅伐魏，用计生擒了魏公子卬。

  魏惠王中期，名家惠施曾为相十五六年，做出过重要建树。惠施原籍为宋国，一生主要活动于魏国。所谓名家，即"辩者""刑名之家"，他为魏相期间积极提倡法治，曾"为魏惠王法"，亲自制定法律。据说"其法已成，以示诸民人，民人皆喜之。献之惠王，惠王善之"③。同时，他还极力主张抗秦，在当时，他和犀首

---

① 《史记·商君列传》卷六八。
② 参见李元庆：《三晋古文化源流·魏文化》，山西古籍出版社，1997年，266页及407页。
③ 《吕氏春秋·淫辞》。

（将军）公孙衍是魏国合纵政策的实际组织者和执行者。后来在联合齐、楚抗秦和追随秦伐齐、楚问题上与连横派张仪发生争论，而魏惠王听从了张仪，决定跟着秦国攻打齐、楚①，于是，惠施离开魏国。在以后数年，秦、魏之间又进行岸门（今山西河津市南）大战②、雕阴（今陕西甘泉县南）大战③，魏国屡战屡败，只得将河西拱手奉还给秦国。秦收回河西后继续对魏进攻。

如果说魏武侯的最大错误是不肯重用吴起，那么，魏惠王在位的最大错误则是不能重用商鞅。吴起离魏入楚，使楚再次强大，但对魏虽有威胁却非致命，而商鞅入秦实行改革之后，强秦不但夺去西河，还入侵魏国根据地河东，占领魏旧都安邑，直至最后灭了魏国及三晋，并统一了中国。商鞅变法为秦统一中国奠定了基础，也同样为秦灭魏打下了坚实基石。若究其根源，应是魏惠王的治国指导思想之错，错在无能，错在不能儒法并用。

三、魏国中后期纵横家的治国思想

魏惠王是魏国由极盛转衰败之君，从外部看，这期间的战国形势已发生了重大变化，东方齐威王的改革已获得成功；南方楚国经吴起改革后，国力也恢复起来；北方原来一直落后的燕国也崭露头角；尤其是因得不到魏惠王重用后商鞅入秦，在秦孝公的支持下进行了一系列的改革之后，西方崛起给魏国带来非常严重的威胁，以致成为灭顶之灾；再者是魏与赵、韩的兄弟关系彻底破裂，当然其原因不在于魏惠王，那是魏武侯临终前在君位继承人问题上安排不妥所造成的，也是赵、韩企图将魏国一分为二造成的。从魏国内部的治国指导思想来看，这是其根本原因所在，魏文侯去世之后，那种儒法并用的治国思想日渐消失，在当时战国斗争纷杂的战乱局面下，重法而轻礼，只追求现实利益而忘记先君遗训的崇儒礼贤，所以魏惠王中期之后尽管也曾任用过惠施实行变法，还主张联合齐、楚合纵抗秦，然而惠王却听信连横派张仪去追随秦国去攻打齐、楚，致使惠施离开魏国，从而使魏国更加衰落下去。

魏惠王末期，战国七雄拼杀的结果日趋明朗，秦孝公重用商鞅大刀阔斧地实行改革之后，国力迅速崛起，为日后统一中国打下了坚实基础。天下七国中唯

---

① 《韩非子·内储说上》。
② 见《史记·秦本纪》孝公二十四年条及索隐。
③ 《史记·秦本纪》卷五惠文君七年条。《史记·魏世家》卷四四襄王五年条。

"秦国最雄，诸侯方弱"①。当时，在战国争雄的复杂国际关系中，面对各诸侯弱肉强食、相互兼并，特别是西方强秦的崛起，致使国际形势日趋危机，各国统治者不得不高度重视用外交力量来聚散离合，即"安民之本，在于择交；择交而得则民安，择交而不得则民终身不安。"②可见，外交上的成功与否，直接关系到国家的安危。各国间彼此"连与交质，重约结誓，以守其国"③，由此形成"邦无定交，士无定主"④的复杂局面。于是"游说权谋之徒，见贵于俗"⑤，开始大显身手。他们凭借着能言善辩的"口舌"，纵横捭阖，在各国之间往来穿梭，迎合各国诸侯"强以兼人而弱以图存"的心理，宣扬所谓的"道贵制人，不贵制于人也；制人者握权，制于人者失命"⑥的政治信条，巧妙地利用各国之间的矛盾，从事国际政治交易。这便是产生战国纵横家的历史背景。所谓"纵横家"，又称"游士""谋士""策士"或"游说权谋之徒"，亦即中国古代外交家。到了战国中期，"诸侯放恣，处士横议"⑦，"天下方务于合纵连横，以攻伐为贤"⑧。于是纵横家活跃起来了。

战国时代，宗法制度全面崩溃、商业经济蓬勃发展，正如顾炎武在《日知录·周末风俗》中所说："春秋时犹尊礼重信，而七国绝不言礼与信矣"；"春秋时犹宗周王，而七国绝不言王矣"。"春秋犹论宗姓氏族，而七国则无以言矣"。这种形势无疑为战国中、后期出现的纵横家提供了一个良好的环境。与此同时，商业经济的蓬勃发展更为纵横家登上历史舞台提供了千载难逢的历史机遇。

战国纵横家因其政治主张不同而分为"合纵""连横"两大派。所谓合纵即"合众弱以攻一强"⑨，就是主张纵向（南北方向）联合除秦以外的六国诸侯，来共同抗击秦国；所谓的连横，即"事一强以攻众弱"⑩，就是主张横向（即东西方向）随从秦国进攻其他国家。战国时期，最初发起纵横活动的是张仪和公孙衍，

---

① [汉] 刘向：《战国策序》。
② 《史记·苏秦列传》卷六七。
③ [汉] 刘向：《战国策序》。
④ [清] 顾炎武：《日知录·周末风俗》。
⑤ [汉] 刘向：《战国策序》。
⑥ 《鬼谷子·中经》。
⑦ 《孟子·滕文公下》。
⑧ 《史记·孟子荀卿列传》。
⑨ 《韩非子·五蠹》。
⑩ 《韩非子·五蠹》。

二人均系魏国名士。在当时，合纵派的著名领袖是苏秦、公孙衍；连横派的著名领袖是张仪。薛瑄说得好，"战国纵横之徒，唯言利害，而不及礼义，先王之泽尽矣"，不论"礼义"只讲"利害"是纵横家价值观的核心。

游说诸侯之风，早在春秋末年已经兴起，这些人多处于弱小国家，且为经济发达地区，"纵横家的最初创始人"子产①就是地处中原的郑国。《左传·宣公十四年》说，"郑昭宋聋"，其意是说宋国相对愚蠢，郑国却显得明智多了。

战国中期纵横家学派的显赫人物是苏秦、张仪、公孙衍等人。《说衡·答佞》载："苏秦、张仪纵横，习之鬼谷子先生"。《史记·张仪列传》亦载："张仪与苏秦俱事鬼谷子先生，学术"，鬼谷子被认为是"周时豪士，隐于鬼谷，因以自号"，著有《鬼谷子》一书。其书中心内容是：投人所好，避人所恶，见机行事，见风转舵，借以博取统治者的欢心，谋求自身的功名利禄②。

合纵派苏秦是东周洛阳人，《史记·苏秦列传》说他最初曾以其连横主张游说秦惠王，但未成功，才转而推行合纵。连横派张仪是魏国贵族的后代，河东（今万荣县王显乡张仪村）人，后入秦为客卿，秦惠王十年（前328），任秦相，迫使魏国献出上郡、少梁。任相第四年，助秦惠文君称王，随后又游说各诸侯国服从秦国，瓦解了齐楚联盟并夺取了楚国汉中之地，"散六国之从（纵），使之西面事秦"③成为战国连横的代表人物。

公孙衍是魏国阴晋（今陕西华阴市东）人，他最初曾在秦国做官，因"与张仪不善"，张仪相秦后，他从秦出走，转而推行合纵抗秦。魏惠王后元十一年（前322年），张仪由秦入魏为相，劝魏与秦连横，真实目的是"欲全魏先事秦而诸侯效之"，企图组成秦魏军事集团，以对付其他国家。这时，公孙衍和惠施被迫离开魏国。公孙衍力倡合纵，并得到齐、楚、赵、燕、韩五国的响应。于是他"佩五国之相印，为约长"④，"主天下事"，统帅五国大军合纵攻秦，大败秦军⑤，他们合力迫使魏国于公元前319年驱逐张仪回秦，改任公孙衍为相。从而，合纵形势基本形成，这也是他推行合纵政策的得力之作。《史记·苏秦列传》说，"世言苏秦多异，异时事有类之者皆附苏秦"，这便知苏秦之事多为附会，真正合纵之策之

---

① 范文澜：《中国通史》第一册，第157页。
② 见《鬼谷子·谋》。
③ 《史记·李斯列传》卷八七。
④ 《史记·张仪列传》卷七十。
⑤ 见《战国策·魏策一》。

推行者乃是公孙衍。《史记·张仪列传》说，"三晋多权变之士，夫言从衡（纵横）强秦者，大抵皆三晋之人也"。其实公孙衍和张仪这对政敌，皆为魏人，他俩一纵一横又都是以魏国为斗争中心的①。

"三晋多权变之士"的原因何在？首先是三晋的前身晋国在数百年来形成了崇尚功利的法治文化传统；而纵横家追求名利富贵，又善于权变之说，纵横家与晋国延续下的尚功尚利，勇于变革的传统有着直接的关系。其次是三晋到了战国中期，其力量下降，处于弱势，面对强秦的压力，魏与赵、韩及齐、楚、燕六国，为求得生存，不得不相互联手，但它们之间又矛盾重重，于是促进了纵横家应运而生。为何又多集中于魏国呢？可能是魏国除了上述两个原因之外，魏国由原来战国初、中期（历文、武及惠王前期）的霸主地位很快衰落下来，这种大落差促使魏人不得不去到外部游说以求生存！其实，这种纵横家思想，根本不是治国的长久之策，只是一种权宜之计。所以，从魏惠王末期起，历襄王至魏昭王六年（前290）的近四十年中，魏国河东大片土地数次易主。魏曾修筑蒲坂关力图固守黄河天险，但也未能挡住秦国的强大攻势，后汾阴、曲沃又相继失陷。尤其是魏昭王三年（前293），魏助韩在伊阙（今河去年同期洛阳市东南龙门）抵抗秦军，被秦将白起打得大败，魏国将士死亡二十四万②，魏遭此重创后，秦军乘胜挥师河东，而魏已无力争夺。公元前257年，魏国虽趁秦军包围赵都邯郸，魏国信陵君矫诏夺兵救赵，打败秦军，收复了河东部分地区，然三年后，秦军展开反攻，河东这块魏国老根据地尽归秦人。从此，魏再无力抗秦，终于于公元前225年，秦军兵围魏都大梁，魏王假投降，魏国灭亡。

纵观魏国历史，自魏文侯元年（前446）至公元前225年灭亡，又历武侯、惠王、襄王、昭王、安釐王、景湣王、魏王假，共八君，221年。魏文侯以卜子夏之学，运用儒法并用治国思想，依重法家李悝、吴起实行全面改革，同时又尊重儒家贤士，两手并重，使魏国迅速崛起，成为战国初期第一强国。魏武侯初期尚能运用先君儒法并用治国思想为指导，加上一班前朝老臣辅佐，国势继续上升，可后来重用亲戚，冷落贤才，使吴起被迫离魏赴楚，又在国君继承人问题上没有处理好，导致其死后，惠王与另一子公中缓为争夺君位而掀起赵、韩联合攻魏。惠王即位，在打败赵、韩联军后，改变文侯向西发展战略，改向东发展，给秦国以

---

① 参见李元庆：《三晋古文化源流·魏文化》，山西古籍出版社，1997年，第397页。
② 见《史记·魏世家》卷四四及《史记·秦本纪》卷五。

可乘之际，接着又像武侯一样不能重用贤才商鞅，亦使之离魏赴秦，从而使秦在改革之后迅速崛起并威胁魏国，惠王经马陵战败后，从巅峰直落而下，后虽用惠施等人再次改革，可已无力回天，转为弱国的惠王在其晚期更是饥不择食，又被纵横学派所驾驭，从此以后，魏惠王以下数代国君，更是在泥潭之中越陷越深，无力自拔，任人摆布，江河日下，苟延残喘，何谈什么治国思想。究其原因，是因自武侯后期，文侯的儒法并用治国思想被淡化，以至被抛弃，惠王及后代更是如此。

◆ 治国方略史鉴

第八章　法家思想文化的孕育与成熟（三）
——赵国的治国思想文化①

春秋末年，赵氏成为晋国六卿中声势最为显赫的异姓卿族，尤其是赵鞅（简子）、赵无恤（襄子）父子开创的"简襄功烈"，使赵氏势力发展到了鼎盛，建立了以晋阳（今太原市西南）为中心的巩固根据地，并在六卿兼并"范中行之乱"中吞灭了邯郸赵氏，瓜分了范、中行氏的领地。后来，又在三家分晋前夕瓜分了智氏的领地。于是，赵氏便形成了以晋阳、邯郸相连接，地跨今晋、冀两省的赵国。然而，当三家分晋之后，赵氏的改革步伐却变得比较迟缓，力度不大，其原因在于：赵无恤（襄子）将老之时，虽有五子，但因自己非嫡长子继位，所以"不肯立子，且必欲传位于（长兄）伯鲁子代成君（即赵周）。成君先死，乃取代成君子浣立为太子。"襄子死后，赵浣立，然其年"少即位，治中牟"，可襄子之弟赵桓子不服，赶走赵浣"自立于代"，但在位仅一年而死。"国人曰桓子立非襄子意，乃共杀其子"②，复立赵浣继位，即赵献子，献子在位十五年死，其子赵籍立，是为赵烈侯，此年为公元前409年。六年后，即公元前403年，魏、赵、韩三国共同迫使周威烈王承认三国之君为诸侯，烈侯便追封其父为赵献侯。

第一节　赵烈侯任用公仲连实行改革及其治国思想

赵烈侯即位称侯之时，魏文侯在位已经三十六年，魏国通过李悝、吴起和西门豹的全面改革之后，国力早已超越赵国，成为战国初期"战国七雄"的第一强国。魏文侯依重法家，尊崇儒学的儒法并用思想必然影响着赵、韩两个兄弟邻邦。卜子夏的儒法兼容治国思想便通过魏文侯、李悝、吴起、田子方、段干木等人及

---

① 李尚师：《先秦三晋两个辉煌时期暨治国思想》，中国文联出版社，2008年，第359-378页。
② 《史记·赵世家》卷四三。

其再传弟子们影响了周边邻国,其中受影响最深的便是赵国。

据《史记·赵世家》记载了赵烈侯七年(前403),由相国公仲连提倡实行了一场政治改革,其基本状况:

> 烈侯好音,谓相国公仲连曰:"寡人有爱,可以贵之乎?"公仲曰:"富之可,贵之则否。"烈侯曰:"然。夫郑歌者枪、石二人,吾赐之田,人万亩?"公仲曰:"诺"。不与。居一月,烈侯从代(归)来,问歌者田。公仲曰:"求,未有可者。"有顷,烈侯复问。公仲终不与,乃称疾不朝。番吾君自代来,谓公仲曰:"君实好善,而未知所持。今公仲相赵,于今四年,亦有进士乎?"公仲曰:"未也。"番吾君曰:"牛富、荀欣、徐越皆可。"公仲及进三人。及朝,烈侯复问:"歌者田如何?"公仲曰:"方使择其善者。"牛富侍烈侯以仁义,约以王道,烈侯攸然。明日,荀欣侍以选练举贤,任官使能。明日,徐越侍以节财俭用,察度功德。所与无不充,君说。烈侯使谓相国曰:"歌者之田且止。"官牛富为师,荀欣为尉,徐越为内史,赐相国衣二袭。

这里记述的是,赵烈侯因爱好音乐,所以非常宠爱"郑歌"之叫枪和石的两个歌手,并想授予二人以官爵,于是征求公仲连意见。公仲连回答说:"富之可,贵之则否",烈侯便下令赐给二人每个人一百万亩良田。可是赵国当时已有功劳和官爵等级挂钩的制度,所以公仲连回答烈侯宠爱的人时说,只能富之,不能贵之。一个月后,烈侯催问此事,公仲连推托没找到合适土地,过了不久烈侯又催问时,他难以回答,便"称疾不朝"。后来有个叫番吾君的人来探望公仲连,建议他将牛富、荀欣、徐越三个贤士推荐给烈侯,于是他便将三人推荐给了烈侯。第一天"牛富侍烈侯以仁义,约以王道",讲了兴国之理;接着荀欣侍烈侯时讲了"选练举贤,任官使能"的必要性;再接着徐越侍以烈侯时讲了"节财俭用,察度功德"的益处。三人所讲的道理使烈侯明白了如何治国的道理,便立刻派人将原来赏赐给枪和石二人的命令作废。并任命"牛富为师",主管思想,教育百官;"荀欣为中尉",主管军队和选拔官员;"徐越为内史",主管征收田赋和考核群臣的政绩。同时又"赐相国衣二袭",以表彰公仲连的举荐之功。

这次由公仲连主持又得到赵烈侯认可的赵国政治改革,尽管改革中心并不是全面的社会变革,而是在一些具体政策方面的改进,但从改革的内容可以看出,

◆ 治国方略史鉴

这次改革大体与魏文侯时代有着相似的历史风貌。关于赵烈侯接受牛富"以仁义，约以王道"的说教，按照儒家的社会政治伦理标准去规范、教育君臣和教化百姓，这是以儒家之术为指导的治国思想。关于采纳荀欣"选练举贤，任官使能"和采纳徐越"节财俭用，察度功德"的主张，按照赵国统治者的政治标准去选拔官员，处理财务、考核臣子们的政绩，这方面的改革属于法家的治国思想。这些改革的举措也体现了卜子夏学说的一些特点，例如牛富的"以仁义"，荀欣的"选练举贤"，徐越的"节财俭用"，都是子夏继承孔子儒家思想的地方。在思想上，"选练举贤，任官使能"一项，与子夏《论语·颜渊》中所载的"……舜有天下，选于众，举皋陶，不仁者远矣。汤有天下，选于众，举伊尹，不仁者远矣。"的观念相似。再如"节财俭用"之类，与子夏注重"小利"的思想如出一辙。但是改革的"约以王道""察度功德"等，则是孔子学说中所没有的观念。可见，在子夏弟子魏文侯为政时，就有了一统天下的王道治国思想，子夏的弟子李悝和吴起在全面改革中，考察官吏政绩也是其变法的主张之一。所以，赵国这次改革的核心内容与卜子夏的儒法兼容的治国思想基本上是一致的，但是公仲连和他举荐的牛富、荀欣、徐越三位贤人尚不具备思想家的才能素质，还不能从理论上系统地发展子夏学说的思想。所以赵国的这次改革与魏国初期魏文侯的改革相比，力度则较小，显得较为逊色。

赵烈侯时期，赵国虽然进行过一些政治改革，具有魏文侯的儒法并用的治国思想，但是它尚未涉及经济、军事等领域，所以这次改革给赵国带来的变化并不大，远不能和当时的魏国相媲美。烈侯时期的赵国与魏、韩两国尚保持着兄弟之谊，曾经联合对外作战，先后打败过齐国和楚国，不断拓疆扩土，并在改革时，三晋又联合起来，迫使周威烈王正式册封魏、赵、韩三国皆为诸侯国。赵烈侯在位仅九年而卒，其"弟武公立，武公十三年卒，赵复立烈侯太子章，是为敬侯"①。

赵敬侯时，"赵始都邯郸"，不久又"与韩、魏分晋，封晋君（晋静公）以端氏"。但到赵敬侯儿子赵成侯时，魏惠王之弟公中缓为争君位跑到邯郸，请赵国出兵护送他返魏争夺君位。于是赵国从私利出发，联合韩国，出兵攻打魏国，导致三晋联盟局面破裂，从此，三国互相征战，由此，三晋各国的实力皆大大削弱了。

---

① 《史记·赵世家》卷四三。

第二节　赵武灵王的"胡服骑射"改革及其治国思想

赵武灵王名雍，是赵国的第六代国君，在位二十七年（前325—前299）。他是战国中期三晋历史上最有抱负和才能的君主之一。他为改变赵国的被动落后局面，向胡人学习骑射，颁布了《胡服令》，实行"胡服骑射"的军事改革，使赵国一跃而成为当时威震诸侯的军事强国，并通过这场改革，将当时的中原华夏民族和北方戎狄民族的文化交融推向高峰，促进了中国古代的民族融合步伐。其治国思想一定程度上体现了子夏儒法兼容的治国思想。

一、"胡服骑射"改革前的外部形势

历史进入战国中期之后，中原诸侯各国，在魏国改革成功之后，纷纷进行改革，并都取得了相当的成就。在那个弱肉强食的时代，赵国主要面临着四个方面的严重威胁。

1. 西方秦国东进的威胁

赵国在战国初期与西方秦国并不接壤。当时的魏国经过文侯改革之后，国力急剧上升，军事家吴起率军西进，攻占黄河以西的大片秦地，并驻守西河，魏国曾在那里置西河郡和上郡，后又在河西洛河修筑了长城，扼制住秦国东进的道路。但是魏惠王时，商鞅因得不到重用从魏国出走入秦，在秦孝公的支持下成功地实行了全面改革之后，使秦国迅速崛起，而魏惠王即位之初，赵、韩两国从各自私利出发联合进攻魏国，三晋兄弟打得不可开交，致使三国力量都下降许多，加上魏国向东南迁都到大梁离开河东安邑（今山西夏县），从而为秦国问鼎中原向东发展创造了条件。魏国又在公元前341年，其精锐在马陵被齐国伏击，全军覆没，从此日渐走向衰落，并在秦军的进攻面前不断丧失土地。据《史记·秦本纪》载：秦惠文王六年（前332），"魏纳阴晋（今陕西华阴市境）"于秦；八年（前330），"魏纳河西地"于秦；十年（前328），"魏纳上郡十五县"于秦。从而，魏国在黄河以西的大片领土尽数归于秦国。于是，赵国与秦之间便有了一条很长的边界，形成了秦兵东渡黄河入侵赵国的直接通道。

据《史记·赵世家》所载，秦国打开直接连通赵国之路后便不断对赵进行攻击，使赵国西疆受到严重威胁。赵肃侯二十二年（前328），赵将"赵疵与秦战，败，秦杀赵疵（于）河西，取我（赵）蔺（今山西离石区西）、离石（今山西离石

区)"。

赵武灵王九年（前317），赵"与韩、魏共击秦，秦败我，斩首八万级"。

赵武灵王十年（前316），"秦取我中都（今山西平遥县西南）及西阳（亦称中阳，在今山西中阳县西）。"

赵武灵王十三年（前313），"秦拔我蔺，虏将军赵庄。"

2. 东方齐国西进的威胁

赵国东面与齐国相接壤，齐威王时起用了邹忌为相实行改革，国力大为增强。强大起来的齐国自然要向西扩展，首先在马陵之战中打垮魏国主力，杀其名将庞涓，俘虏了魏太子申，接着屡次向赵国进攻。

据《史记·赵世家》所载：赵肃侯十八年（前331），"齐、魏伐我，我决河水灌之，兵去"赵肃侯二十三年（前327），赵将"韩举与齐、魏战，死于桑丘（今河北易县境内）。"赵武灵王九年（前317），"齐败我（于）观泽（今河南濮阳市北）。"

3. 赵国"腹心"中山国的威胁

所谓中山国，本为白狄族之别部，春秋时晋文公之舅氏，骊姬之乱时文公曾居黄河西边中山十二年，后来中山开始迁徙，路线是先北后东，由今内蒙古越过太行山脉进入河北地区。中山非鲜虞①。战国时期的中山国，除东北一角与燕国相邻，其余绝大多数与赵国毗连。战国初期它曾被魏国的乐羊率师所灭，后来又重新复国，并与赵为敌。《吕氏春秋·贵卒》说中山之民"多力者"，剽悍凶猛，其军"衣铁甲操铁杖以战而所击无不碎，所冲无不陷"。中山所处位置若向南可截断赵国都城邯郸与西部晋阳的联系；经常侵扰赵国。《战国策·齐策》载："昔者，中山悉起而迎燕、赵，南战于长子，败赵氏；北战于中山，克燕军，杀其将。夫中山千乘之国也，而敌万乘之国二，再战比（必）胜，此用兵之上节也"。《史记·赵世家》载：赵武灵王十九年与臣下议兵时说："……先时中山负齐之强兵，侵暴吾地，系累吾民，引水围鄗，微社稷之神灵，则鄗几于不守也。先王丑之，而怨未能报也。"可知中山国势力之强大，赵国对其无能为力。

4. 三胡轻骑南下骚扰

北方的三胡：东胡、林胡、楼烦经常以其机敏灵活快速的轻骑突袭赵国，三

---

① 李孟存、李尚师：《晋国史·晋国与戎狄关系及其疆域·与晋毗邻的戎狄诸部》，山西古籍出版社，1999年。

胡常趁赵与别国作战之际，乘隙来袭，趁火打劫。东胡的轻骑兵从无穷之门（今河北张家口外）而入，骚扰赵的代（今河北蔚县东北）地；另外林胡、楼烦二胡经常利用他们在地域上与赵国杂居而边境交错的条件，亦常有轻骑兵到赵国奔袭掳掠。面对三胡骑兵的快速灵活，赵国的兵车则显得笨重，步兵身披铠甲更是难以对付，正如《史记·赵世家》所载，赵武灵王与大臣肥义"议天下"时所说的"今中山在我腹心……东有胡，西有林胡、楼烦……而无强兵之救，是社稷亡"之大患。所以说，若不能对付这些来自三胡轻骑的侵扰，确实关系到赵国北方的安危。

所以，赵武灵王面对秦、齐的夹攻形式日益严重，中山小国居内胁从进攻，三胡轻骑频繁骚扰，他经过多年观察和思考之后，便悟出了汲取北方游牧民族在军事上的优势，决心组建一支穿着短衣紧袖的"胡衣"，骑着奔驰的战马，手执长矛、利刃，身背轻弓的骑兵，不但可以对付三胡，而且可以配合兵车、步兵作战，抵御秦、齐等中原大国，从而扭转四面受敌的困境，重振国威，称雄天下。

二、"胡服骑射"改革的实施

赵武灵王是一位有抱负有才能的君主，在认识到了赵国落后挨打的形势之后，自然会产生一种强烈的愿望，即图存求变，"胡服骑射"改革军制的宏伟计划，为了实施其改革计划，便采取了两个步骤：

1. 转变群臣思想观念，统一对"胡服骑射"的正确认识

所谓"胡服骑射"，即改穿北方游牧民族习惯的短小精干的服装，组建新式骑兵部队。这一改革虽然从实用出发可以提升赵军的作战能力，但由于它改变了当时华夏民族的传统文化习俗，并有可能危及当权大臣们的其他既得利益，还要相应地革除掉传统的服饰等级制度，所以必然会遭受高层保守势力的抵制。于是赵武灵王便因人而异，区别对待，争取有改革意识者的重臣支持；对于思想保守的元老重臣们，晓之以理，说服动员，礼贤下士，转变其认识，最后统一了大家的思想。

（1）与有改革意识的元老重臣取得共识，形成变革的核心力量

就一国而言，除了国君之外，当权者莫过于相国了，所以武灵王首先与先朝元老、相国肥义取得共识。《史记·赵世家》载：

> 十九年（前397）春正月，大朝信宫。召肥义与议天下，五日而毕……王

曰:"简襄主之烈,计胡、翟之利。为人臣者,宠有孝悌长幼顺明之节,通有补民益主之业,此两者臣之分也。今吾欲继襄主(赵无恤)之迹,开于胡、翟之乡,而卒世不见也。为敌弱,用力少而功多,可以毋尽百姓之劳,而序往古之勋。夫有高世之功者,负遗俗之累;有独智之虑者,任骜民方怨。今吾将胡服骑射以教百姓。而世必议寡人,奈何?'肥义曰:'臣闻疑事无功,疑行无名。王既定负遗俗之虑,殆无顾天下之议矣。夫论至德者,不和于俗;成大功者,不谋于众。昔者舜舞有苗,禹袒裸国,非以养欲而乐志也,务以论德而约功也。愚者暗成事,智者睹未形,则王何疑焉。'"

文中赵武灵王表达了要继"简、襄功烈"的精神,阐述了推行胡服骑射改革的重大战略意义,指出了这样改革之后能够收到"用力少而功多""有高世之功"的效力,但他又担心"世必议寡人",来询问先朝元老的相国肥义。肥义深知这次改革对赵国的重大战略意义,所以他尽力鼓励武灵王不要疑虑,因为"疑事无功,疑行无名"。又以舜帝和大禹为例论证了"论至德者,不和于俗;成大功者,不谋于众",来激励武灵王将"胡服骑射"改革大胆的进行到底,取得实效。

《史记·赵世家》接着又记述了赵武灵王取得肥义支持后,再召另一位重臣楼缓进行交谈的情况:

我先王因世之变,以长南藩之地,属阻漳、滏之险,立长城,又取蔺、郭狼,败林人于荏,而功未遂。今中山在我腹心,北有燕,东有胡,西有林胡、楼烦、秦、韩之边,而无强兵之救,是亡社稷,奈何?夫有高世之名,必有遗俗之累。吾欲胡服。楼缓曰:"善"。

这里,赵武灵王为取得楼缓的支持而分析了赵国虽在东南建立了"漳、滏之险",北边筑起长城,攻占了西部的蔺、郭狼等地并打败了林胡的有利一面,然而尚有中山国"腹心"之患,又有燕、三胡、秦、韩于赵国北、东、西几面的威胁非常严重,国家又"无强兵之救",实有"亡社稷"之险恶,所以他要"欲胡服",在赵国实施"胡服骑射"改革。楼缓称赞"善",以表支持。于是武灵王高兴地说道:"吾不疑胡服也,吾恐天下笑我也。狂夫之乐,智者哀焉;愚者所笑,贤者察焉。世有顺我者,胡服之功未可知也。虽驱世以笑我,胡地中山吾必有之。"于是遂胡服矣。

赵武灵王取得了相国肥义和另一元老重臣楼缓的支持后，于是实施"胡服骑射"改革的核心力量便形成了。

(2) 说服反对改革派

任何一种改革，无不是破除原来长期形成的社会旧制度，改变人们固有的传统习俗，所以必然遭到多数社会成员的异议和反对，当改革内容公布之后"群臣皆不欲"①。其中，以元老重臣赵武灵王叔父公子成为首以及赵文、赵造、周绍、赵燕和将军牛赞等这一批手握重权的大臣或公开反对，或消极抵抗。于是他便反复讲理说服，申明大义，逐个改变他们思想。

首先要解决的当然是公子成的思想问题，对此，《战国策·赵策二·武灵王平昼闲居》先记述了武灵王派使者王孙绁向公子成传述改革方案，以便动员他支持方案的施行。王孙绁告公子成曰："寡人胡服，且将以朝，亦欲叔之服之也。家听于亲，国听于君，古今之公行也；子不反亲，臣不逆主，先王之通谊也。今寡人作教易服，而叔不服，吾恐天下议之也。夫制国有常，而利民为本；从政有经，而令行为上。故明德在于论贱，行政在于信贵。今胡服之意，非以养欲而乐志也。事有所出，功有所止。事成功立，然后德具见也。今寡人恐叔逆从政之经，以辅公叔之议，且寡人闻之，'事利国者行无邪，因贵戚者名不累。'故寡人愿慕公叔之义，以成胡服之功。使绁谒之叔，请服焉。"使臣王孙绁虽然以"国听于君，古今之公行""臣不逆主，先王之通谊"的道理劝公子成改变主意"以成胡服之功"，然而公子成却认为这次改革为离经叛道之举，他说：

臣闻之："中国者，聪明睿智之所居也，万物财用之所聚也，圣贤之所教也，仁义之所施也，《诗》《书》《礼》《乐》之所用也，异敏技艺之所试也，远方之所观赴也，蛮夷之所义行也。今王释此，而袭远方之服，变古之教，易古之道，逆人之心，畔学者，离中国，臣愿大王图之。"

赵武灵王听了王孙绁的回报后，便亲自前往公子成府上去说服动员，他说：

夫服者，所以便用也；礼者，所以便事也。是以圣人观其乡而顺宜，固其事而制礼，所以利其民而厚其国也。被发文身，错臂左衽，瓯越之民也。

---

① 《史记·赵世家》卷四三。

黑齿雕题，鲲冠秫缝，大吴之国也。礼服不同，其便一也。是以乡异而用变，事异而礼易。是故圣人苟可以利其民，不一其用；果可以便其事，不同其礼。儒者一师而礼异，中国同俗而教离，又况山谷之便乎？故去就之变，知者不能一；远近之服，圣贤不能同。穷乡多异，曲学多辨。不知而不疑，异于己而不非者，公于求善也。今卿之所言者，俗也。吾之所言者，所以制俗也。今吾国东有河、薄洛之水，与齐、中山同之，而无舟楫之用。自常山以至代、上党，东有燕、东胡之境，西有楼烦、秦、韩之边，而无骑射之备。故寡人且聚舟楫之用，求水居之民，以守河、薄洛之水；变服骑射，以备其参（叁）胡、楼烦、秦、韩之边，且昔者简主不塞晋阳，以及上党，而襄主兼戎取代，以攘诸胡，此愚知之所明也。先时中山负齐之强兵，侵掠吾地，系累吾民，引水围鄗，非社稷之神灵，即鄗几不守。先王忿之，其怨未能报也。今骑射之服，近可以备上党之形，远可以报中山之怨。而叔也顺中国之俗而逆简、襄之意，恶变服之名，而忘国事之耻，非寡人所望于子！

这里，赵武灵王针对上述公子成的中原历来胜过周边戎狄的说辞，认为人们"聪明睿智"，"圣贤之所教"，"仁义之所施"，若要进行"胡服骑射"就等于沿袭远方戎狄习俗，变更古代之教，改变古人之道，违逆众人之心的守旧观念，从理论到实际，从历史到现实，深入细致地、系统地阐明自己观点。说明了赵国的现实严峻形势，强敌众多，"侵掠吾地，系累吾民"，"先王忿之，其怨未能报"，改革之后，"近可以备上党之形，远可以报中山之怨"，重振国威，劝公子成不要"逆简、襄王义，恶变服之名，而忘国事之耻"。这一席语重心长的谈话，说得公子成心悦诚服，彻底改变了立场，支持改革，便于次日穿上"胡服"上朝，武灵王"于是始出胡服令。"

赵武灵王在说服了反对派的首领公子成之后，又同反对派的赵文、赵造为首的中坚分子过进行了针锋相对、尖锐激烈的说理斗争；对于较温和的反对人物周绍、赵燕、牛赞等进行了说服工作。于是，保守势力的这些代表人物一个接一个地转变了立场，积极支持改革运动。从而，在赵国朝野上下，齐心协力，投入到"胡服骑射"的改革实践大业之中。

2. "胡服骑射"的改革实践与光辉成就

赵武灵王在逐个说服朝中众大臣，统一了大家的思想之后，便开始了"胡服骑射"的改革。他自己带头穿"胡服"，众臣思想转变之后亦普遍穿起胡服。但要建立一支精悍骑兵部伍绝非易事，这对于长期适应于车战和步战的赵军来说，则是一场破旧立新的艰巨过程。为此,他便先行试点,让将军牛赞主持训练一支骑兵,然后向全军推广,终于历经数年,多方招募组成了一支强大善战的骑兵部队。

赵武灵王从其在位第十九年(前307)开始改革,到他去世后的赵惠文王四年(前295)的十多年间,展开了对三胡、中山的进攻战。据《史记·赵世家》载,这期间进行的几次战役有:

(1) 赵武灵王"二十年(前306),王略中山地,至宁葭(今河北石家庄市西);西略胡地,至榆中(今内蒙古鄂尔多斯东胜一带)。使得胡林王献马。"

(2) 赵武灵王"二十一年(前305),攻中山。赵诏为右军,许钧为左军,公子章为中军,王并将之。牛赞将车骑,赵希并将胡、代。赵与之陉,合军曲阳(今河北曲阳县一带),攻取丹兵、华阳、鸱之塞。王军取鄗、石邑、封龙、东垣。中山献四邑和,王许之,罢兵。"

(3) 赵武灵王"二十六年,复攻中山,攘地北至燕、代,西至云中、九原。"

(4) 赵"惠文王二年(前297),主父(赵武灵王)行新地,遂出代,西遇楼烦王于西河而致其兵。"

(5) 赵惠文王"三年,灭中山,迁其王于肤施……代道大通。"

另据《战国策·赵策二》载:"牛赞……遂胡服,率骑入胡,出于'遗遗之门',逾九限之固,绝五陉之险,至榆中,辟地千里。"

从上述所载和有关史料可知,赵武灵王在实施了"胡服骑射"之后的几年中,灭了"腹心之患"中山国,旋又带兵北上,击溃了林胡、楼烦,迫使林胡、楼烦向北迁徙,"辟地千里",并在所得的土地上建立了云中郡、雁门郡和代郡①。云中郡治所在今内蒙古的托克托,其所辖境地相当于今内蒙古大青山以南、黄河南岸及长城以北地区。雁门郡治所在今山西右玉县南,所辖境地相当于今山西北部的神池、五寨、宁武等县以北到内蒙古的一部分地区。代郡治所在今河北蔚县,辖境有今山西东北部和河北、内蒙古的一部分地区。从此,赵国的实力超过了魏、韩两国,成为战国中期以后三晋中唯一能和秦国抗衡的国家。

赵武灵王在灭了中山,打败三胡之后,便准备移兵南下兼并诸国,实现统一天下大业。于是,他勇敢地打破传统,于其二十七年(前299)主动把王位让给次子赵何,即赵惠文王,而"自号为主父",并任命肥义为其相国,辅佐新君赵惠文王,使自己能够专心去实现统一大业。他所要兼并的第一个对手便是对赵威胁最

---

① 《史记·匈奴列传》卷一百十。

大的秦国，据《史记·赵世家》载：

> 主父欲令子主治国，而身胡服将士大夫西北略胡地，而从云中、九原直南袭秦，于是诈自为使者入秦。秦昭王不知，已而怪其状甚伟，非人臣之度，使人逐之，而主父驰已脱关矣。审问之，乃主父也。秦人大惊。主父所以入秦者，欲自略地形，因观秦王之为人也。

由此可见，赵武灵王是准备用突袭的方式一举灭掉秦国，故而冒险扮为使臣去探秦之虚实。

3. 晚年传位失策，"饿死沙丘宫"

赵惠文王三年（前296），即赵武灵王从秦归来的第三年，赵灭了中山国后，便"封长子章为代安阳君。章素侈，心不服其弟所立。主父又使田不礼相事也"①。由此便引起了两子为争夺王位继承权的内讧。当时，赵武灵王与次子赵惠文王赵何、长子赵章、相国肥义及田不礼等朝臣皆在沙丘宫（今河北平乡县东北）出游。长子赵章与其相田不礼欲发动政变杀掉赵何夺权篡位，然而重权在握的公子成和李兑以"赵四邑之兵"战败了赵章叛军，赵章战败急"往走主父，主父开之"。于是公子成和李兑兵围"主父宫"，结果"主父欲出不得，又不得食……三月余而饿死沙丘宫"②。

造成如此悲剧的原因，正如司马迁在《史记·赵世家》中所评："主公初以长子章为太子，后得吴娃，爱之，为不出者数岁，生子何，乃废太子章而立何为王。吴娃死，爱驰，怜故太子，欲两王之，犹豫不决，故乱起，以至父子俱死，为天下笑，岂不痛乎！"

三、赵武灵王时期赵国的治国思想

赵武灵王是一位具有雄心壮志、有魄力、有才能的国君，他所实施的"胡服骑射"改革，是在他意识到赵国面临落后挨打的严峻形势而进行的。他的改革之心早已产生，只是担心群臣反对才迟疑不决。当他把自己疑虑告诉给了肥义时，肥义便明确鼓励他"疑事无功，疑行无名"，肥义的主张是"论至德者，不和于

---

① 《史记·赵世家》。
② 《史记·赵世家》。

俗；成大功者，不谋于众"。其意是只有在把"德"放在首位，可以暂时不在乎大家的议论，办大事情，就不要考虑它是否合乎传统的习俗，这才促使赵武灵王决定开始"胡服骑射"。若把肥义的所谓以"德"为中心而不计较具体实施手段的观点，和卜子夏的以"小利"为先导的政治主张相比较，在义理上是非常一致的。子夏认为，只要能够对"利"给予有效的约束，以德治国的思想最终就能实现。子夏还认为，"大德不逾闲，小德出入可也。"即大"德"方面不能超越，具体小节上有些出入是可以的。推行"胡服骑射"改革，其"德"是为了使赵国强盛，在具体小节上，穿上"胡服"，学习胡人"骑射"当然是可行的。所以，肥义的观点在子夏的治国思想中是顺理成章的。

反对改革派的首领公子成在反驳赵武灵王观点时说，"中国者……圣贤之所教也，仁义之所施也，诗书礼乐之所用也……变古之教，易古之道，逆人之心。"这是标准的儒家思想理论。然而，赵武灵王却能耐心地同公子成一起回忆赵国的历史，又针对公子成的观点，说"服者，所以便用也；礼者，所以便事也"，所以"圣人"都是根据形势变化而对风俗和礼仪加以改变，从而为天下百姓和国家谋利益，这便是法家的一种实用主义，求变的思想。

赵武灵王在批驳赵文、赵造时还说"及至三王，观时而制法，因事而制礼，法度制令，各顺其宜，衣服器械各便其用。故礼世不必一其，便国不必法古。"他的结论是，礼、法都是在"因时""因事"而变化的，不能只遵循某一种固定的习俗，只要对国家有利，都可以改变。

若细心推敲上述赵武灵王的言论，应属于卜子夏积极进取的治国思想。他对待反对改革的许多臣子们，并非采取镇压、免职等极端手段，而是逐个说服讲理，改变对方政治主张的思想，因而具有儒、法并用的治国思想，但他远不及魏文侯。魏文侯的改革是全面的，既有政治、法律、经济改革，又有军事、习俗的改革，所以取得的成就自然就辉煌灿烂。赵武灵王的改革，仅限于服饰和军事的改革，这次改革的范围虽然有限，但也具有重大的意义。赵武灵王是位政治改革家，而非学者或思想家。在他所处的战国中后期，各类矛盾尖锐，社会动荡不安，所需要的是一种急救之法。儒家学说的核心是"仁""以义为尚"，实行"王道"，它只能治平世，即在国家政治中要发挥真正作用，不仅需要一个较长的时间，而且需要一个相对稳定的政治环境，所以在当时很难起到真正的作用。法家"以利为尚"，主张以"法"治世，具有强制力，注重于有现实利害的"实用"性，可以治理乱世，为治理乱世的救急之法。赵武灵王所处的时代，是七雄面临相互兼并的战争时期,当然在儒法并用的卜子夏学说中,所运用的法治成分必然多于儒家的"仁"治成分。

赵武灵王的"胡服骑射",看上去是政治保守势力与改革激进势力的一场较量,但经过双方激烈辩论碰撞之后,终于结合到一起,赵国的"胡服骑射"改革和魏文侯的全面改革一样,不但获得成功,而且使得社会稳定,君臣关系'和谐'相安,究其原因,显然与卜子夏的儒法兼容治国思想在赵国的影响息息相关。但它既不像商鞅到了秦国所实施的变法那样成功,也不像吴起到了楚国所实行的改革那样成功,最后自己残死于反对势力之手。

荀子(约公元前313—前238),名况,又称孙卿,赵国人。他作为卜子夏治国思想的学术继承人,他的儒法兼容并蓄、"隆礼尊贤""重法爱民"治国思想的形成时期,正是赵国推行"胡服骑射"改革的前后(改革始于公元前307—前297),其时荀况为6岁—16岁之间,所以荀子自然要受到赵武灵王实施"胡服骑射"改革的影响。他作为卜子夏的第五代门人,自然接受了魏国卜子夏的儒法兼容治国学说,并逐步完善了他的治国理论[①],最终成为影响了中国历史二千多年,主张儒法兼容治国学说的集大成者(后第十四章有专章论述)。

---

① 高专诚:《卜子夏与三晋儒学》,山西人民出版社,2001年,第31页。

第九章　法家思想文化的孕育与成熟（四）
——韩国的治国思想文化

春秋时期，韩氏经正卿韩起的长期经营后，成为晋国后期的六卿之一，韩不信又与魏、智三家协同赵简子灭掉了范、中行二氏族。韩康子（韩虔，一作韩虎）又与魏驹协同赵无恤在晋阳城下灭了智氏，于是三家分晋。春秋结束，平阳（今山西临汾市尧都区河西金殿镇）成为战国初年韩国的第一个都城。

战国时期，韩国一直是三晋中的最弱者，亦为七雄中比较弱小的诸侯国。前期活动于平阳地区，随后又与魏、赵交换土地后曾迁都到宜阳（今河南宜阳县），再迁到阳翟（今河南禹州市）；最后迁都到郑（今河南新郑市）。韩主要占据今山西上党地区和河南豫中伊、洛、颍、汝河流域。其地形犹如《战国策》所形容的"韩，天下之咽喉"一样，为中原之要冲，其地势"平夷洞达"，自古为兵家必争之地。综观韩国自河东地区迁都黄河以南后，与魏国一样，其地理形势皆"可谓危矣"。这种形势使韩国自然产生了一种强烈的忧患意识，居危地而求生存，在这种外部劣势条件下，变法求生存成为韩国人的强烈意识。

韩国与赵、魏一样，由具有悠久法制思想的晋国分裂而来，这也是韩国延续魏国李悝变法成功之后，韩国开始实行变法，使得法家得以充分发展的原因之一。韩昭侯时，他任用申不害为相国，实施"重术"的变法运动，为韩国法治文化的繁荣奠定了基础。到了战国末期，韩非又集法家之大成，把韩国法治文化推向最高峰，成为中国先秦法家的集大成者。

第一节　韩昭侯时期的申不害变法及其治国思想

一、申不害改革前韩国的历史概况

韩康子与赵襄子、魏桓子三家分晋之后，创立了韩国。康子卒，其子武子即位,"杀其君(晋)幽公"①。武子九年(前416),通过与魏、赵交换土地,韩国开始向南发展,由平阳(山西临汾市尧都区)南迁到宜阳(今河南宜阳县)。武子卒,其子韩景侯立,于公元前409年称侯,其六年(前403)与魏文侯、赵烈侯一起迫使周威烈王承认三国之君皆为诸侯。韩景侯时又将都城从宜阳东迁到今河南禹州市的阳翟。韩国在战国初期也曾进行过一些改革,虽然改革步伐远不如魏文侯的改革,但其结果还是增强了国力,扩大了领土,所以才有上述两次迁都之举。韩景侯卒,其子韩取立,是为韩烈侯。烈侯卒,其子韩文侯立。韩国从景侯到文侯时期,楚国与韩、魏争着侵夺郑国土地,于是魏、赵、韩三晋联合伐楚,最后在大梁(今河南开封市)一带打败楚军。从此,韩国又夺取了郑国的阳城(今河南登封市),还打败了宋国,并俘虏了宋君。

文侯卒,子哀侯立,哀侯二年(前376)与魏、赵共同灭晋。三年(前375),韩终于灭掉郑国,将其都城从阳翟迁到今河南新郑市的郑。其领土大为拓展,并攻取颍、汝河地区,从此与楚、魏相抗衡,在中原图谋发展。但是,韩国未能出现过一位像魏文侯那样雄才大略的国君,改革也很不彻底,且法律经常变动,轻易地废立法律,如《韩非子·定法》所说:"晋之故法未息,而韩之新法又生;先君之令未收,而后君之令又下",使朝野臣民无从适应,政局混乱,韩哀侯在位六年,便被臣子韩严所弑。

哀侯被杀,其子懿侯即位。这时,魏武侯死,魏惠王与魏武侯的另一子公中缓争夺君位,赵国便来说通韩国,共同出兵干涉魏国内政,结果被魏惠王打败于马陵,从此三晋开始分裂。韩国力弱,后又于公元前362年被魏国击败于浍。在魏国的威逼利诱下,韩国只得屈从于魏国,重新服从于魏国调遣,国力被削弱。

懿侯卒,其子即位,是为韩昭侯。昭侯初年,西方的秦国也重新发展强大起来,开始向东用兵,韩国则面临着魏、秦东、西两面夹攻的严峻形势。如:昭侯元年(前358),"秦入我西山";二年(前357),"魏取朱"。另有"宋取我黄池"。韩国在此严峻的国际形势下,就必须实行改革变法,增强实力,使自己不至于在当时激烈的兼并战争中被人吞灭,这种残酷的现实无法回避,必须面对。于是,便有了韩国昭侯时期的申不害变法。

---

① 《史记·韩世家》卷四五。

二、韩昭侯时期申不害的"重术"改革

韩国在战国初期的三晋中，国力最弱，改革力度也最弱。历代君臣皆不太注重法律的稳定性，朝令夕改，造成群臣、百姓难以择从的结果。此外，韩国内乱较多，例如：公元前397年，发生了韩烈侯的相国侠累被聂政刺杀的事件，韩哀侯时期，韩国稍有起色时又发生了大臣"韩严弑其君哀侯"[1]和相国的事件。所以，韩昭侯继位后不久，便决心求贤变革，于是在其八年（前355）任命法家人物申不害为相，实行变法。

法家的根本精神有两个方面：首先是崇尚法律，树立法律至高无上的权威性，让全社会所有成员，包括统治阶级在内的官员们都必须无条件地服从于法律。其次，从现实的国情出发，改变旧有法律中不适应现实的部分，建立起能适应于现实的新法，促使社会进步。在此基础上，又重功利、奖勇战，最终目的是富国强兵，建立起一个有法可依、执法必严、违法必究，规范有序的社会。

三晋各国是从晋国分裂出来的，晋国素有变法的传统。到了晋国末期，韩氏和其他几家为攫取更大利益，纷纷变革旧制度，废除了百步为亩的旧亩制，代之"以二百步为畛（亩）"[2]。晋国后期还变封邑制为郡县制。这种田制和郡县制都是韩国新经历过的变革。法家学说重法轻礼，追求的是现实利益而非圣人的遗训，在三晋这些礼制薄弱，又有法家思想传统的国家中，变法的出现只是早晚的事情，只是韩国的变法晚于魏国半个多世纪。

1. 申不害的生平事迹及其"重术"的治国思想

继李悝、吴起之后，申不害对法家的理论又有较大的发展。关于申不害的生平事迹，《史记·老子韩非列传》说：

> 申不害者，京人也，故郑之贱臣。学术以干韩昭侯，昭侯用为相。内修政教，外应诸侯，十五年。终申子之身，国治兵强，无侵韩者。

这就是说，申不害原是数十年前的哀侯二年（前376）被韩所灭的郑国京邑（今河南荥阳）人[3]，曾在郑国担任过低级官吏，故称之为"故郑之贱臣"。据钱穆

---

[1]《史记·韩世家》卷四五。
[2] 李孟存、李尚师：《晋国史·晋国奴隶制的瓦解和封建因素的增长》，山西古籍出版社，1999年，第265页。
[3]《史记·韩世家》卷四五。

的《先秦诸子系年·申不害考》说，申不害任昭侯相国为十七年，直至去世，而非《史记》所云之十五年。任相之后，"内修政教，外应诸侯"，经他变法之后的韩国"国治兵强，无侵韩者"。文中所谓的"术"，即"重术"之意。"重术"，就像"重法"、"重势"一样，属于战国法家的三大思想流派。在当时的法家中，李悝、商鞅为重法学派代表；生于三晋赵国，学成于齐国，后来到韩国的慎到，为法家"重势"学派代表；申不害当为"重术"学派的代表。

关于法、术、势，后期的法家思想集大成者韩非认为："法者，编著之图籍，设之于官府，而布之于百姓者也"①。就是说，"法"的对象是全体臣民，必须公开，法是由朝廷编著制定，交由官府的主管官员保管，并公布于世让天下百姓都知道国家的法律，它是要求所有臣民都必须无条件服从的行为准则，"术者，藏之于胸中，以偶众端，而潜御群臣者也"②。"术"是国君藏在自己胸中而不外泄以便控制群臣的手段，主要讲的是国君驭臣之术，从大的范围来讲就是治吏，怎样管好官员，《韩非子·外储说右下》便提出"明主治吏不治民"。这是有见地的，抓住了为政的重点。它可以使臣下不敢去越雷池半步，诚惶诚恐地敬畏君主；"势者，胜众之资也"③，"主之所以尊者，权也"④。这就是说，"势"是君主至高无上的位势、权势、威势，这位势、权势、威势三位成为一体，都是为维护和巩固国君集权于一身、不可或缺的统治工具。

由于受到当时韩国特殊历史环境的影响，申不害在原有法家理论尚"法"的基础上，又提出了"术"这一理论。所谓"术"，即上述韩非之说，其基本内含就是如今所说的"权术"。他提出的"术"，追根溯源出于老子。《老子》第五十八章有"祸兮福所倚，福兮祸所伏"的朴素辩证法理论，此理论以"物极必反"为基础，提出了"坚强者死之徒，柔弱者生之徒"，柔弱能战胜刚强。这一理论可以说是"术"的最根本的源泉所在——真刀实枪迎战敌人为刚，用阴谋对付敌人为柔。老子在"柔弱胜刚强"理论基础上，将其具体为"将欲废之，必固兴之；将欲夺之，必固与之"。从此其中，不难发现"术"的影子，所以评价老子思想，便认为他具有"君人南面之术"，即君主统治臣下的权术手段，所以说法家的"术"

---

① 《韩非子·难三》。
② 《韩非子·难三》。
③ 《韩非子·八经》。
④ 《韩非子·心度》。

正是从这些理论基础上发展而来的①。

关于申不害的著作，《史记·老子韩非列传》说他"著书"二篇，号曰《申子》。《集解》和《索隐》皆认为"有上下二篇，中书六篇"。然而其著作《申子》全书已失传，现在只留下后人辑录的一篇名为《大体》之作和称之为《佚文》的一些零碎资料。《大体》篇的内容集中体现了申不害的重术治国思想。例如：

> 夫一妇擅夫，众妇皆乱；一臣专君，群臣皆蔽。故妒妻不难破家也，乱臣不难破国也。是以明君使其臣并进辐凑，莫得专君焉。今人君之所以高为城郭而谨门闾之闭者，为寇戎盗贼之至也。今夫弑君而取国者，非必逾城郭之险而犯门闾之闭也，蔽君之明，塞君之听，夺之政而专其令，有其民而取其国也。

这段话，是以"一妇擅夫，众妇皆乱"为比喻，说明朝中若要"一臣专君"，便会"蔽君之明，塞君之听"，国君对其他大臣的意见便会听不进去，其结果是，君权被"一臣"架空，从而达到他"夺之政而专其令，有其民而取其国"的篡权窃国目的。所以，对于国君来说，真正危险的不是"高为城郭（廓）而谨门闾之闭"去防备"寇戎盗贼之至"，而是自己身边大权在握的大臣们。作为国君必须对于周围的群臣们要时刻保持高度的清醒头脑，其办法就是不要轻信任何一位大臣，不让任何一位大臣"得专君焉"而专宠于国君。只有如此，才能做到群臣忠实地效忠国君，不敢萌生篡权不臣之心。这样，国君才能维护他的至高无上的权威，做到群臣"并进辐辏"，群星拱月。若要做个至高无上的国君，就得掌握驾驭群臣之术，实现法家的"重术"治国。《大体》比喻道：

> 故善为主者，倚于愚，立于不盈，设于不敢，藏于无事。窜端匿疏，示天下无为……镜设精，无为而美恶自备；衡设平，无为而轻重自得。凡因之道，身与公无事，无事而天下自极也。

其意是说，国君的城府要深，驾驭群臣之术就像把镜子和衡器藏到暗处，自己却"藏于无事"，"示天下无为"，不动声色地洞察臣下的言行神色，衡量他们

---

① 孙开泰：《先秦诸子讲座》，《新田文化与和谐思想研讨会论文汇编》，2007年9月。

的忠心、能力、功绩，表面"无为"，可他们每个人的"美恶"自己心中明白，每个人的"轻重"，自己心底称量得清楚，取其所长，避其所短，量才而用，防患于未然。这样可以使群臣摸不清国君心中的真实意图，而不敢轻易妄为。申不害认为，国君只有这样，才能巩固自己的君权，因而，他主张重术治国之法。

2. 申不害的术治种类

关于申不害的术治种类，可有以下三种类型：

(1)"正名术"。即《大体》篇所言的"操契以责其名"之术为国君任免、考核、赏罚群臣的手段，其文为：

> 名者，天地之纲，圣人之符。张天地之纲，用圣人之符，则万物之情无所逃之矣……是以有道者自名而正之，随事而定之……昔者尧之治天下也，以名，其名正，则天下治；桀之治天下也，亦以名，其名倚，而天下乱。是以圣人贵名之正也。主处其大，臣处其细，以其名听之，以其名视之，以其名命之。

这就是说，"名"是国君授予臣下的职位和名分，"名"是天地之纲领，圣人之信符，如同宇宙天道一样的神圣，所以"万物之情无所逃之矣"。就君主治国而言，"主处其大，臣处其细"，其意是国君定要执掌大政方针，对于群臣，分工任命，"随事而定之"，赐给臣下一定名分，再确定他的职务和责任，然后交由臣子们去具体操办。国君不必凡事躬亲，只要"操契以责其名"，便可根据其各自职务分类考核，依照各自功绩优劣给以奖赏或处罚。

申不害的"正名术"，要求官吏必须"名"与实相符合，恪守其职，不能超越自己的职权范围。《韩非子·二柄》记述了韩昭侯曾惩处了两个超越自己职权和失职的官员。一次，韩昭侯因酒醉而卧床，掌管给国君戴帽子"典冠"者关心他，怕他着凉给他盖了衣裳，昭侯醒来后因此而先处罚了那个掌管给他穿衣服的"典衣"者，因为他"失其事也"，同时也处罚了给他盖上衣服的"典冠"者，理由是"典冠"者"越其职也。"他认为自己"非不恶寒也，以为侵之害甚于寒"。意思是，尽管"典冠"这样做，是关心昭侯，怕他受了寒凉，但他"越职"行事会削弱国君对臣子们的控制，其"害甚于寒"，所以应当处罚他，以示禁止官员越权办事。由此可知，申不害的"操契责名"的正名术，虽然其主旨是不许臣下越权，来预防发生削弱君权的行为发生。但是，它太过于刻板，反而会限制住臣下的主观能动性。

(2) "潜御群臣"术。即上文所记的《大体》篇中的"倚于愚，立于不盈，设于不敢，藏于无事。窜端匿疏，示天下无为"之术，即完全不动声色，却可以洞察鉴别和衡量臣下们的一言一行，对于君主的忠心与否。它是让国君玩弄阴谋驾驭群臣的方法。《大体》篇就此方法还说：

> 是以近者亲之，远者怀之；示人有余者，人夺之，示人不足者，人与之。

这就是说，国君若要与臣子们接触得多了，他们便会亲近你而心中失去敬畏之感；接触少了，他们又会怀疑你对他有什么不满；国君若要显露出"有余"，他们将想法去"夺之"；若显露出了"不足"，他们为了取得国君喜欢，将会"与之"。可见，国君的一举一动，群臣都会产生非分之想，采取相应的对策，从而都会削弱君权。所以，国君在臣子面前绝不可显露自己的内心世界，要不然便会带来不良后果。

《韩非子·内储说上·说六》讲述了韩昭侯运用"潜御群臣"之术的两个例子：

一次，韩昭侯派人到城外巡行，回报说"南门外，有犊食苗"，他便下令那人不许泄密，他也装作不知。接着给当地官员下令查看牛马践踏庄稼情况，他说，以前多次下令，"禁止牛马进入田中糟蹋青苗，这次如不据实报告"将重其罪。于是，地方官看了东西北城三门外情况后报昭侯说"没有"。昭侯说"未完全查清"。结果，查出了南门外牛犊在啃吃禾苗。于是，官吏都以为昭侯通达神明，大家从此都小心谨慎、忠于职守。

又一次，韩昭侯握着指甲，假装掉了一个指甲，非常着急地找。随从中有人就取下自己的指甲献给昭侯。昭侯用这个办法考察左右的诚实情况。

韩昭侯这种"潜御群臣"之术很有慑服人心之效，因被人暗中监视比公开监督更容易产生恐惧感，对于封建社会国君来说不失为一种有效的对臣下的控制术。

3. "外应诸侯"的外交术，即在处理国际关系中的权术

韩国从三家分晋到韩昭侯任用申不害为相的这百年间，一直处于弱势，在战国弱肉强食的年代中，屡遭兵侵，尤其是在三晋关系破裂的韩懿侯时期，韩国更加势孤力单。面对激烈的诸侯兼并，为了求得生存和发展，只得调整国际关系，在众强之中周旋。尤其是如何巧妙地处理对魏、赵两国的关系，更成为韩昭侯和申不害所直面的严峻问题，于是"外应诸侯"的外交之术便应运而生。

据《战国策·韩策一》载：

> 魏之围邯郸也，申不害始合于韩王，然未知王之所欲也，恐言而未必中于王也。王问申子曰："吾谁与而可？"对曰："此安危之要，国家之大事也，臣请深惟而若思之。"乃微谓赵卓、韩晁曰："子皆国之辩士也，夫为人臣者，言可必用？尽忠而已矣。"二人各进议于王以事。申子微视王之所说以言于王，王大说之。

这里说的是，魏兵包围了赵都邯郸，"赵令人因申子于韩请兵，将以攻魏"，当韩昭侯征询他的意见时，申不害怕自己与昭侯意见不合，便推诿说，如此关系国家安危大事，请王深思之后再作决定。与此同时，他又私下让赵卓、韩晁分别以联赵或联魏两种相反之策献给昭侯，他在旁以测昭侯的心意，然后根据昭侯之意陈述了联魏的好处，于是"王大说之"。

《战国策·韩策三》就这件事继续写道：

> 谓郑王曰：（韩）昭釐侯，一世之明主也；申不害，一世之贤士也。韩于魏敌侔之国也，申不害与昭釐侯执珪而见梁（魏）君，非好卑而恶尊也，非虑过而议失也。申不害之计事，曰："我执珪于魏，魏君必得志于韩，必外靡于天下矣，是魏弊矣。诸侯恶魏必事韩，是我免于一人之下，而信于万人之上也。夫弱魏之兵，而重韩之权，莫如朝魏。"昭釐侯听而行之，明君也；申不害虑事而言之，忠臣也。

这就是说，在申不害观察判断到昭侯倾向于联魏时，便权衡了联魏与联赵的得失利弊之后，认识到了联魏要好于联赵，因为魏的势力大于赵。从韩的利益出发，朝拜魏君，魏"必得志于韩"而轻视其他五国诸侯，五国则对魏国不满，对韩国便会亲近。这样，韩国表面上屈尊于魏，然而却因此而笼络住了众诸侯国，从而便削弱、孤立了魏国。于是，申不害便陪同昭侯"执珪于魏"朝见了魏惠王，与魏结成同盟。

据《韩非子·定法》载，申不害为相期间，曾"十使昭侯用术"。可知他是一位"重术"派的法家人物，具有重于以术治国的思想特点。但他的"重术"和"重法""重势"流派一样，并不是不重视其他方法，而是偏重于"术"而已。申不害亦认为君主集权是最能统一全国力量来求得生存和发展的政权形式，故此，必须维护君主的绝对权威，对群臣要有绝对的支配权力，群臣亦必须绝对地服从于君主，这就叫"势"。对此，他在《申子·大体》篇中写道：

> 明君如身，臣如手；君若号，臣若响。君设其本，臣操其末；君治其要，臣行其详；君操其柄，臣事其常。

这就是说，国君如同人身体上的头脑和躯干一样，去支配长在躯干上的手臂执行行动：国君发出号令，群臣就要坚决听从指挥；国君执掌国家根本大权，群臣便去各行其责；国君制定出治国的纲要，群臣们就得去具体实施，处理好日常事务。《大体》还说，"鼓不与五者，而为五音主"。意思是，在乐队里，鼓是指挥其余所有的乐器之主，国君不参与朝野的各项日常事务，但却是国家至高无上的主宰者。这是申不害对"势"的诠释。

申不害关于"法"的论述，在《申子·佚文》中说：

> 君必有明法正义，若悬权衡以称轻重，所以一群臣也。
> 尧之治也，盖明法审令而已。圣君任法而不任智，任数而不任说。黄帝之治天下，置法而不变，使民安乐其法者也。
> 君之所以尊者，令。令不行，是无君也，故明君慎令。

这就是说，国君制定的"法"，就像秤一样，是衡量轻重的统一标准。国君只有用"法"才能把"群臣"统一管理起来。尧帝所以能把天下治理成"盛世"，原因是他能"明法审令"，"任法而不任智"，"任数而不任说"，即治国是靠法律，而不是用个人的才智去治理国家，国君的才智只有通过法律来体现。法律颁布之后，不能轻易变动，要有连贯性，不可朝令夕改，才能"使民安乐其法"。这样，国君的权势和尊严方可得到保证，国君的意志方可得以执行下去；如果国君发出的命令执行不下去，结果和"无君"一样，国君的权势和尊严便丧失掉了。所以，国君在制定每一道法令时，都必须做到谨慎研究、多方考证并修改之后，方可颁布于世。他对于"法治"，除上述外，还建议韩昭侯说，"法者，见功而与赏，因能授官"①，要求昭侯"循功劳，视次第"②，即按照功劳大小，去行赏；按照能力高下，去任命官职。他还建议昭侯，执法要不徇私情，一视同仁，这样法律才能执行下去。

4. 改革的成效与缺点

申不害在为相的十七年间，因过于"重术"，而对统一法令、严格法制措施不力，所以效果并不太好，反而给韩国带来许多弊端。因此，在他死后，韩非在他的著作《韩非子·定法》中曾评论说道：

> 申不害，韩昭侯之佐也。韩者，晋之别国也。晋之故法未息，而韩之新法又生；先君之令未收，而后君之令又下。申不害不擅其法，不一其宪令，则奸多。故利在故法前令则道之；利在新法后令则道之。故新相反，前后相悖，故申不害虽十使昭侯用术，而奸臣犹有所谲其辞矣。故托万乘之劲韩十七年，而不至于霸王者，虽用术于上，法不勤饰于官之患也。

这就是说，当时的韩国"故法"与"新法"内容"相悖"而且并行，所以造成了韩国的混乱局面。而申不害不能统一法律，推行新法，只知玩权弄术，于是使一些奸臣利用新、旧法律并存之机，选用有利于自己之法进行诡辩。因而，韩国经申不害的变革，虽做到了"国治兵强，无侵韩者"，却不能像魏文侯改革后的魏国那样而"霸王者"。其原因在于，过分地"重术治，而没能整顿形成统一的法令"③。

申不害所主张的"术"治，虽有不少缺点，但从当时实际状况来看是有一定进步意义的。因为在战国之前一直实行的是分封制，众贵族各自为政，当时分封制虽基本废除了，但是影响尚未消除，有实权的大臣们总有一些人无视国法。而君主用"术"控制大臣则有效地抑制了这种情况，达到巩固君主集权、稳定政权的作用，如《大体》所云："明君使其臣并进辐凑"。即国君能使臣下像车轮上的辐条一样，受到像车毂一样的君主的控制。他的"术"对后世君主有很大影响，自隋朝开始的科举制度，在某种意义上讲，正是脱胎于他的"循功劳，视次第"与

---

① 《韩非子·外储说左上》。
② 《战国策·韩策一》。
③ 李元庆：《三晋古文化源流·韩国文化》，山西古籍出版社，1997年。

"待有功者而赏"的理论。①

第二节　慎到对法家思想的发展——"势"

一、慎到的生平、思想及其来源

据《史记·孟子荀卿列传》载："慎到，赵人"，"学黄老道德之术，因发明序其指意，故慎到著十二论"。《集解》徐广曰："今《慎子》，刘向所定，有四十一篇。"战国中期人，其生卒年代很难考订，据钱穆《先秦诸子系年》说他公元前350年生，前275年卒，基本可信。他早年与卜子夏西河之学可能有关。据说，齐湣王初，曾到齐国稷下学宫讲学多年，"赐第为上大夫"②，成了不参与国家而议论朝政的稷下先生。亦有盛名，稷下学宫中衰后，他便离开齐国，来到韩国，"为韩大夫"③，但未见其治国之绩。

慎到的法家思想是由黄老之学转化而来的，但同样也受到子夏之学的影响。因此，慎到思想中有浓厚的黄老哲学的成分但整体上又确是法家，而且是一位杰出的法家"势"派代表人物。他虽没有成为一位法家的实践者，但却大大地丰富了法家理论，成为一名当之无愧的法学理论家。

春秋战国时，齐国出现了"田氏代齐"，田氏为了论证这场政变的合理性，就需要一种新理论为其服务，于是产生了黄老之学。黄老之学虽出于道家，但实质却倾向于法家。即以老子的哲学思想来论证法家的政治经济主张，也可以说黄老之学是从道家向法家转化的一个过渡性的学派。例如：其代表人物宋钘说："君，无代马走，无代鸟飞。此言不夺能，能不与下诚也。"④其意是说君主不必去做具体事情，具体事应交臣下去做。此观点与法家观点非常相似。在任人唯贤上，几乎与法家理论一致。黄老之学另一位代表人物伊文说："有贤有不肖，故王尊于上，臣卑于下；进贤退不肖，所以有上下也。"⑤从而说明黄老之学派与法家一样也主张要以"贤"与"不肖"为标准来划分等级。两家亦有不少分歧，法家极为

---

① 孙开泰：《先秦诸子讲座》，《新田文化与和谐思想研讨会论文汇编》，2007年9月。
② 《史记·田敬仲完世家》卷四六。
③ 《风俗通义·姓氏》，转引自《齐文化概论》，第453页。
④ 《风俗通义·姓氏》，转引自《齐文化概论》，第453页。
⑤ 见[唐]欧阳询：《艺文类聚》二，上海古籍出版社，1999年。

重视"赏"与"刑罚",黄老之学则认为"赏不足以劝善,刑不足以惩过"①,但也主张用法来作判断事物是非的标准,从而体现了黄老之学作为过渡性学派的特点。法家在此之前只强调"法治"好,借政权力量去硬干,慎到作为黄老之学的代表彻底完成了从道家到法家的转化,使法家学派在理论上有了很大发展。②

二、慎到"重势"的治国思想简略

慎到从新兴的地主阶级夺取政权和巩固政权的过程中,看到君主地位、权势的极端重要性,于是《韩非子·难势》中说:

> 慎子曰:飞龙乘云,腾蛇游雾,云罢雾霁,而龙蛇与螾蚁同矣,则失其所乘也。贤人而诎于不肖者,则权轻位卑也;不肖而能服于贤者,则权重位尊也。尧为匹夫,不能治三人;而桀为天子,能乱天下;吾以此知势位之足恃,而贤智之不足慕也。夫弩弱而矢高者,激于风也;身不肖而令行者,得助于众也。尧教于隶属,而民不听;至于南面而王天下,令则行,禁则止。由此观之,贤智未足以服众,而势位足以屈贤者也。

其意是,飞龙乘云,腾蛇游雾,一旦云散雾开,则飞龙、腾蛇就与蚯蚓、蚂蚁没有什么两样了。这是因为它们失去了飞腾所凭借的依托。贤能的人被不肖之人所压制,则是因为他们权势轻微、地位卑贱的缘故;不肖之人能服众贤能者,则是因为贤能之人权势厚重、地位尊贵。假若尧是普通的百姓,可能连三个人都管不好;而桀为天子,就能搅乱天下;我因此而知道权势、地位是足以凭借,而贤能智慧是不值得羡慕的。软弱的弓却能射出飞得很高的箭矢,是借助于疾速的风势;自身不肖却能令行禁止,是得益于众人的帮助。尧若只是个平民,可以教导他的百姓和徒属,却不可能有百姓来服从他;而他作为君王面南背北治理天下,则可以令行禁止。由此可见,贤者和智慧,不足以服众,而权势地位则足以压制贤能之人。

慎到由此提出"重势"的主张。他把君主的权势比作"飞龙""腾蛇"赖以飞行的"云雾",一旦云消雾散,它们就会变得如同地上的蚯蚓,无所作为。君主

---

① 《管子·内业》。
② 孙开泰:《先秦诸子讲座》,《新田文化与和谐思想研讨会论文汇编》,2007年9月。

所以能统治了天下臣民与百姓，完全凭借他的权势。就是先圣尧帝，若失去权势，则"不能治三人"，而一旦"南面而王天下"，就能"令则行""禁则止"，其原因完全在于势位在起作用。所以说，"贤智未足以服众，而势位足以屈贤者"。从而说明了权势和地位的重要性，也说明了权势是中性的东西，关键在于由谁来掌握权势。

慎到的"重势"主张，为法家学派输入了新鲜血液，成为后来韩非子学说中的重要内容，即"法、术、势"之一"势"的理论基础。

第三节　法家集大成者韩非子的治国思想

韩非子生活于战国晚期的韩国，出身于公室贵族。他虽然出自儒法兼容的荀子之门，但因当时韩国政治腐败，国衰兵弱，对此他深有体会。在当时形势下，他从韩国的国情出发，认识到韩国不可能去依靠儒家之道摆脱其长久以来的困境，而只能像早期魏国李悝和当时秦国的商鞅变法那样，用法家强有力的手段彻底扭转国家的发展方向。韩非子的学说，集法家的法、术、势三大流派为一体，主张以法为本，法、术、势相结合，建立中央集权的封建政权。在他的著述中，极力推崇商鞅在秦国的治国之术，另一方面则严厉斥责儒家学说害民误国。他的学说，是我国古代完成系统法家集大成之学说，对于秦始皇创立的封建统一中央集权制的国家体制，奠定了理论基础。而且，这种中央集权制的大一统体制，影响了中国历史两千多年。

一、韩非所处的韩国社会概况

如前所说，韩国自懿侯与赵国联手出兵，共同干涉魏惠王与公仲缓争夺君位失败之后，三晋关系破裂，韩国首先遭到魏国的打击而使国力削弱。后来，西方日渐强大的秦国开始东征，对韩国的武力威胁日趋严峻。到了韩昭侯时期，任用申不害为相，实行变法改革，并取得较好的成效，使韩国一度"国治兵强，无侵韩者"，然而其变革因为不能"重法"，未能建立起像魏国李悝和秦国商鞅改革时实行的法律制度，所以韩国也未能像魏国初期一样强大。韩国在昭侯之后又日渐衰败下来，到了韩非生活的时代，韩国更是衰败到了濒临灭亡的边缘，在强秦面前不断丧师失地，已无反抗之力。据《史记·韩世家》所载，韩釐王二十三年（前273），赵、魏联合攻韩，"韩告急于秦，秦不救"，经韩相国再三乞救，秦才出兵大破赵、魏联军。从此，韩国迫于形势，完全依附于秦国，成为秦国手中的羔羊。

其状况，正如韩非子出使秦国时上书给秦王的《存韩》文中所描述的情形：

> 韩事秦三十余年，出则为扞蔽，入则为席荐。秦特出锐师取地而韩随之，怨悬于天下，功归于强秦。且夫韩入贡职，与（秦）郡县无异也。

这就是说，在这三十多年中，秦国每每出兵攻打他国时，韩国总是鞍前马后跟随，韩国为此而与诸国结怨尤深，秦国却获利许多。韩国出则就如同秦国的"扞蔽"（即袖套和车帷），入则为秦人的"席荐"（即草席坐垫）。再者，韩国向秦国交纳的贡赋，与秦国自己的"郡县无异"。历史也验证了韩非子的这一预言真实无误，据《史记·韩世家》所载：韩非死后三年多韩王安"九年（前230），秦虏韩王安，尽入其地，为颍川郡，韩遂亡。"

关于韩国如此衰败的原因，《史记·老庄申韩列传》写道：

> 于是韩非疾治国不务修明其法制，执势以御其臣下，富国强兵而以求人任贤，反举浮淫之蠹而加之于功实之上。以为儒者用文乱法，而侠者以武犯禁。宽则宠名誉之人，急则用介胄之士。今者所养非所用，所用非所养。悲廉直不容于邪枉之臣，观往者得失之变，故作《孤愤》《五蠹》《内外储》《说林》《说难》十余万言。

这就是说，最令韩非痛心疾首的，也是导致韩国腐败衰落的原因，是"治国不务修明其法制，执势以御其臣下"。相反，对于那些危害国家残害百姓的"浮淫之蠹"不但不去清除，反而还给以重用，被提拔到了很高的地位，其地位尊荣显贵远远高于为国为民从事耕战者的"功实之上"。他认为，那些以蛊惑性言论乱法的儒士文人，却被朝廷宠信为"名誉之人"，高高在上；那些行凶逞勇的无赖之徒们"以武犯禁"，国家的法令对他们失去了约束力，朝廷还重用他们作为"介（甲）胄之士"。朝廷养活着的那些"儒者"不能为国出谋划策，反而"以文乱法"，供养的那些"侠者"剑客，不能去为国拼杀于疆场，反而去"以武犯禁"，无视法律。朝廷供养的这些"以文乱法"的"儒者"和"以武犯禁"的"侠者"，对国家"非所用"。而那些对国家真正有用的耕战之士、"廉直"之臣朝廷又不肯"所养"。朝中的"廉直"贤臣们又不被"邪枉"奸臣所容，反而被谗言陷害。于是，邪恶得宠，贤良反受迫害，功过是非完全颠倒，结果是国家法律被破坏，朝廷混乱不堪。

韩非又在其《五蠹》一文中，讲述了韩国当时因其政治局面混乱不堪而导致的社会颓败之风情况：

> 今境内之民皆言治，藏商、管之法者家有之，而国愈贫，言耕者众，执耒者寡也；境内皆言兵，藏孙、吴之书者家有之，而兵愈弱，言战者多，而披甲者少也。

这就是说，韩国因为"治国不务修明其法制"，"反举浮淫之蠹而加之于功实之上"，造成了"所养非所用"，"所用非所养"的混乱之局。所以韩国上下面对政治腐败之际，虽"民皆言治"，贤能之士家中藏有"商（鞅）、管（仲）之法"，因得不到"今者"赏识而不能实施，所以"国愈贫"，讲空话的多，实际肯干的少。面对强敌国难，朝中"皆言兵"，虽然有的战将谋士家中藏有"孙（子）、吴（起）之（兵）书"，然因得不到"今者"的重视，只能置之高阁，所以"兵愈弱"而"披甲者少"。在如此腐败之风气中，社会空谈的多，务实者少，何谈富国强兵。

韩国政治如此腐败，每况愈下，"国愈贫"，"兵愈弱"。然而，廉直不容于邪枉，"浮淫之蠹"反"加之于功实之上"，韩非愤慨地在《孤愤》中写道：

> 人之所以谓齐亡者，非地与城亡也，吕氏不制而田氏用之；所以谓晋亡者，亦非地与城亡也，姬氏不制而六卿专之也。今大臣执柄独断，而上弗知收，是人主不明也。与死人同病者，不可生也；与亡国同事者，不可存也。今袭迹于齐、晋，欲国安存，不可得也。

这就是说，姜（吕）姓为国君的齐国被人灭掉，并非是它的土地和城池被人攻占掉了，而是姜（吕）氏作为国君不能控制自己的国家，因而被大臣田氏所占有；同样，晋国的灭亡，也并非是它的土地和城池被别国攻占去了，而是姬氏国君控制不住自己的国家而被他的六卿把持。韩国的现状也和当年的齐国、晋国一样，大臣专权而国君皆昏庸无能不知集权。这就是与死人得了同样的病，不可能再活下去；与上述亡国情况一样的国家，不可能不被人消灭。韩国的情况也正像齐、晋两国那样沿着灭亡之路滑落下去，已不可救药了，实在是欲国安存，不可得也。

二、韩非的生平概况

韩非（约前280—前233），出身韩国贵族，是先秦法家的集大成者。与李斯俱事荀卿，甚喜刑名法术之学，而其归本黄老。为人口吃，不能道说而善著书。

《史记·老庄申韩列传》道：

> 韩非者，韩之诸公子也。喜刑名法术之学，而其归本于黄老。非为人口吃，不能道说，而善著书。与李斯俱事荀卿，斯自以为不如非。
>
> 非见韩之削弱，数以书谏韩王，韩王不能用。于是韩非疾治国不务修明其法制，执势以御其臣下，富国强兵而以求人任贤，反举浮淫之蠹而加之于功实之上……悲廉直不容于邪枉之臣，观往者得失之变，故作《孤愤》《五蠹》《内外储》《说林》《说难》十余万言……人或传其书至秦。秦王见《孤愤》《五蠹》之书，曰："嗟乎！寡人得见此人与之游，死不恨矣！"李斯曰："此韩非之所著书也。"秦因急攻韩。韩王始不用非，及急，乃遣非使秦。

从《老庄申韩列传》中这篇寥寥数百字小传，对韩非一生言行所记，仅见其大略。可知韩非是战国末年的韩国人，出身于韩国王室贵族，为"韩之诸公子"。照当时的称谓习惯，所谓诸公子，应指诸侯之子。比如，《史记·平原君列传》说，平原君赵胜是赵国"诸公子"，而赵胜为赵惠文王之弟，即赵武灵王儿子。由此可知，韩非应为韩国某位国君之子。他患有"口吃"，不善言谈而长于写作，思想敏锐；曾从师于荀子学习，与李斯为同学；在韩国，虽多次"以书谏韩王"，但始终得不到采纳，并受到排挤，郁郁不能得志；可他是位有远见卓识的政治思想家，潜心研究古今历史和诸家学说，进行批判、吸收、借鉴，以成其著作。写下了《孤愤》《五蠹》等"十余万言"的作品。但他的政治见解在韩国却不被重视，反而深得韩国的强敌秦王政的赏识。

韩非的出生时间，一般认为是在公元前280年（另一说为公元前298）。他死于公元前233年，时年为四十八岁（或六十六岁）。不论哪种说法，在他前后，共历韩国四代国君：韩襄王、釐王、桓惠王、韩安王（前239年即位，前230年韩亡于秦）。他为韩"诸公子"，应和上述四代韩王有密切关系。

韩非的求学时间，可分为两个时段。首先是在韩国学习申不害的黄老"刑名法术之学"。前已讲过，申不害为韩昭侯宰相期间，曾进行过变法，大力推行以崇尚法制为基本精神的刑名之学。结果，韩国大治，诸侯不敢来犯。可见，"刑名法术"在韩国早已流行，他作为诸公子，"喜刑名法术之学"，虽无师承可考，可视在韩国学习所得。

韩非之前战国法家的重法派代表人物是魏文侯的宰相李悝和魏惠王时宰相公叔痤的家臣公孙鞅（因其为卫国人，又称卫鞅）。公孙鞅因得不到魏惠王重用而带着李悝的《法经》离魏投奔到秦国，并得到秦孝公的重用，在秦国推行了著名的"商鞅变法"，他因食邑名为商邑，故而又称商鞅。韩非法家思想中的"以法为本"思想，来源于李悝和商鞅的学说。战国时，学术思想非常活跃，百家争鸣，各派学说在各国间互为传播，韩非接受李悝、商鞅法制思想亦应在韩国完成。

韩非子之重势部分的法家思想，大概应接受于慎到离齐入韩国为大夫之后。

其次，是韩非"与李斯俱事荀卿"期间。其地可能在楚国，因李斯为楚国上蔡人。他们师从荀子学帝王之学，从而继承了荀子的法家学说部分和他的大一统思想，以及"性恶"的观点。当时，楚国和其他东方诸侯一样已经衰落，唯西方秦国崛起而强大，于是李斯入秦，在秦王政即位之年（前247），其时韩非约已三十三岁（或为五十一）岁，思想已经成熟，仍坚持他的"刑名法术之学"为主，而力排儒、墨等各派学说。所以，在韩非的著作中，很少提及老师荀子，荀子著作中亦未见到这位学生。他与李斯两人都没有全面继承荀子思想之原因，为战国末年各国为时局所限的严酷兼并战争，而儒学则需要一个较为安定而长久的和平环境。两人就学问而言，李斯"自以为不如（韩）非"。

韩非生活在战国末年，其时战国七雄经过多年严酷拼杀与竞争之后，西方崛起的秦国一枝独秀，其余六国皆已衰败不堪，韩国更为这六国之中最弱小者。它政治腐败，兵无斗志，在强秦的攻伐下面临亡国之危机。"非见韩之削弱"，为自己的祖国救亡图存，曾"数以书谏韩王"，要求变法改革，以期"修明其法制，执势以御其臣下"，为了"富国强兵"而"求人任贤"选能。然而，"韩王不能用"他的变革图存的主张，于是他退而著书立说，研究治国之道。"悲廉直不容于邪枉之臣"，满怀一腔悲愤的忧国忧民之情，"观往者得失之变"，总结了战国历史上李悝、商鞅的"重法"、申不害的"重术"和慎到的"重势"法家学说之经验、教训，批判地继承了他们的法家思想，写成了《孤愤》《五蠹》《内外储》等"十余万言"的法家巨著，成为法家思想的集大成者。

《韩非子》现存五十五篇，从内容看，大致包括了五个主要部分。其一，自《主道》至《饰邪》共十五篇为其进谏韩王所作；其二，《解老》《喻老》是其在哲学上吸收了老子思想中的精华，加以变化创新，是他政治思想的哲学基础；其三，《说林》以下至《外储说右下》共十四篇，是他法术思想的核心之论，集先秦法家的法、术、势三派学说之大成。其四，《说难》《说疑》至《显学》共十二篇，为其疾世之论，为痛斥时弊而作；其五，《初见秦王》《存韩》《难言》《爱臣》四篇是入秦后，为说秦之作。

三、韩非的法家治国思想

韩非的法家治国思想见第十一章《法家思想文化从韩国到秦国的第二次移植》之第二节。

第十章 法家思想从魏国到秦国的第一次移植
——商鞅变法

第一节 秦献公的改革

一、秦献公生平概况

秦献公（前384—前362），秦灵公之子，生于秦灵公元年（前424）。秦灵公在位十年，这时，由于秦国国内封建因素的增长，在统治阶级内部出现了一部分主张改革旧制度的进步势力，这一部分势力是以灵公之子公子连为代表的，正因如此，在前415年灵公死后，控制政权的守旧势力坚决反对立公子连为君，从晋国接回灵公的叔父悼子立为国君，这就是秦简公（前414—前400）。秦简公时代，秦国内部反对封建改革的守旧势力占据统治地位，对主张进行封建改革的进步势力进行排斥打击，公子连为防不测，从秦国出走，流亡到魏国，开始了长达二十九年的流亡生涯。[①]

当时的魏国正是魏文侯主政时期，魏文侯自幼师卜子夏，友田子方、段干木，深谙治国之道，他尊儒重法，重用李悝、吴起、西门豹等人，推行中央集权，礼贤下士，以法治国，使魏国国力强盛，并且奠定了此后魏国长达百年的霸业。而此时，秦国在简公和惠公时期都是守旧势力掌权，内部矛盾日趋尖锐，国力疲弱，政权不稳，秦国长期酝酿的矛盾斗争公开激化，秦惠公（前399—前387）死后，秦国守旧势力把年仅两岁的惠公之子——出子推上君位，其母小主夫人当政，小主夫人代表守旧的贵族势力，反对任何一点改革，其做法引起国内新兴封建势力的反对。《吕氏春秋·当赏》记载："群贤不说自匿，百姓郁怨非上。"反映了当时小主夫人统治的不稳定。

魏文侯三十八年（前408），吴起连连击败秦军，完全夺取了秦国早在秦穆公

[①] 参见林剑鸣：《秦史稿》，中国人民大学出版社，2009年12月，第136页。

时期就占有的西河地（在今天陕西境内，黄河与洛水之间的大片土地）。此时的秦国只占有陇山以东、洛河以西、秦岭以北的渭河平原，土地狭小。在魏国咄咄逼人的攻势面前，秦国几乎有被灭亡的危险。

流亡在魏国的公子连，看到了秦国的困顿低落，这与魏国的蓬勃发展形成了鲜明对比，想到自己的遭遇和秦国的衰败，公子连产生了夺回君位、实行新政变法的强烈愿望。由于公子连曾经被立为太子，后又被废，所以他在政治上有很大的利用价值，因此魏国给公子连的待遇很优厚。公子连一方面研究学习魏国的强国经验，一方面密切注视秦国国内的局势。正当秦国国内骚动之际，一部分反对小主夫人的新兴势力，拥戴流亡在魏国的公子连回秦夺权。经过一系列的精心准备，新兴势力将公子连接回秦国。小主夫人得知公子连入境的消息后，慌忙发兵要在国境上讨"寇"，但由于秦国新兴势力强大，讨寇的部队也不满当时秦国的统治，在进军途中竟决定与"寇"联合，变成了拥护"寇"的力量。将公子连迎接回首都雍，并杀死了秦出子和他的母亲，公子连夺回了君位，是为秦献公。①

秦献公取得政权后，利用他在魏国时所学到的治国理念，励精图治，锐意改革，不参与中原诸侯国间的争斗，秦国人口增加，国力渐渐增强，军队的军事素质有了很大的提高，使秦人对恢复秦穆公时的荣耀越来越强烈。对于献公的一系列改革，秦国的地主阶层十分支持，但贵族们却有很大意见。献公的政策无疑是支持地主经济改革，而贵族们则受到了很大的抑制，其中一部分人转化为地主，采取地主经济的生产方式，献公对这些人的做法很支持。但毕竟秦国的贵族势力是一个传统势力，尤其是在秦人早期活动的西部中心，这些势力依然很强大。贵族控制的西部地区与地主控制的东部地区的矛盾越来越大，他们开始对现有土地和权力进行激烈的争夺。尽管对于土地和庄园的经营，贵族们明显不如新兴地主在行，但他们对土地的渴望却是同样强烈的。所以秦献公决定用战争来转移紧张的国内矛盾，以抢夺邻国的土地来缓解国内对土地的强烈需求。秦人对与中原的交流有着强烈的愿望，这也是献公一直以来的梦想。献公晚年，秦国为此进行了一系列的战争。

秦献公自幼流亡魏国，见证了魏文侯的文治武功，更学习了不少改革经验，回到秦国后，下令招贤，决心改革，废除用人殉葬恶习，迁都栎阳，为后期的秦孝公变法打下了一定的基础。献公在位二十三年卒，其子孝公即位。

---

① 参见林剑鸣：《秦史稿》，中国人民大学出版社，2009年12月，第137页。

二、秦献公的改革①

秦献公共在位统治了二十三年，在他即位之后，就对秦国的旧制度进行了改革。

1. 废除人殉制度，增加人口

秦献公元年（前384），献公宣布"止从死"②（《史记·秦本纪》），正式明令禁止人殉制度。废除了秦国自秦武公以来实行了三百多年的人殉制度。秦献公废除这项制度，从根本上来说，是为了避免青壮年劳动力被白白地杀死。此前，秦国的贵族以殉葬人的数量和质量来显示自己的身份，秦国每年都要杀死大量的青壮年仆人或俘虏。废除以人殉葬，为秦国积累了大量的劳动力，对秦国的农业和工商业生产非常有利。作为殉葬制度的变通措施，秦国的贵族开始以陶俑代替真人殉葬。秦国地多人少，献公鼓励多生，还吸引周边国家和部族的人到秦国种地、放牧，与本国人一视同仁，不许歧视这些外来户。通过这些措施，秦国的人口数量明显提高，原来的很多荒田得到了开垦。

2. 迁国都、推广县制

秦的国都原在雍（今陕西凤翔）③，秦献公二年（前383），献公将都城从雍迁往秦国东部，接近河西地的栎阳（今陕西西安阎良区武屯乡）。秦国旧都雍，远在关中西部，对于东部地区有鞭长莫及之感。栎阳在今陕西临潼区栎阳镇东北，距离魏国很近，又是商业贸易繁荣的要冲之地，"东通三晋，亦多大贾"④，是战略要地，献公迁都的目的是向国人表明，他要夺回被魏占领的西河之地，以重振秦国国威。在献公的领导下，秦人看到了秦国复苏的希望，许多人都追随献公建功立业来到了栎阳，栎阳很快就成为秦国新的政治和军事中心，代替了雍的地位。

春秋时期，秦国就在边远地区设置带有军事性质的县。战国初期，随着领导的变化，秦国不断增置县，前389年在陕（今河南三门峡市西）设县，秦献公六年（前379），把蒲、蓝田（陕西蓝田西）、善明氏等边境地区改建成县，秦献公十一年（前374），在栎阳设县，更有其特殊意义。这表明当时的国都栎阳处于军事争夺要冲，地方行政组织也必须适应战争的需要，同时也为秦国在全国范围内推

---

① 参见林剑鸣：《秦史稿》（第八章），中国人民大学出版社，2009年12月。
② 秦虽自献公就宣布"止从死"，但实际到战国末年，殉葬制度在秦国仍没有绝迹，在陕西境内发掘的战国秦墓仍有人殉的尸骨出现。
③ 据记载，秦历世所居之地有：西垂、犬丘、汧渭之会、秦、平阳、雍、泾阳、栎阳、咸阳。这里记的有的是地名，有的是国都。如西垂、汧渭之会等仅泛指一处地方，并非国都。
④ 《史记·货殖列传》卷一二七。

行县制进一步做了准备。

3. 推行初租禾

秦国在公元前408年开始实行"初租禾"。所谓初租禾就是按照土地占有者实际占有的土地面积，征收农作物实物税。这项制度的实施，就是在法律上承认了土地占有者对所占土地拥有所有权，使大批占有私垦田地的地主和自耕农成为土地的合法主人。秦献公对地主和自耕农兑现了自己的行政纲领，继续推行"初租禾"，并得到了地主和自耕农的支持。秦国的初租禾在东部边防地区推行得比较顺利，在贵族聚集的以雍为中心的西部地区则受到了很大的抵制。秦献公把都城迁到东部的栎阳，就是要得到在那里占优势的地主集团的支持，而对西部的贵族则没有硬性改变他们的生产方式。为了稳定新兴地主和贵族两大集团，秦献公采用了一种折中办法。

4. "初行为市"，允许商业活动

秦献公七年（前378），"初行为市"，明令允许在国都内进行商业活动，开始对工商业进行规范管理，抽取营业税。封建经济下的商业，与西周贵族社会"工商食官"制度下的商业活动有本质的不同。这是封建经济初步发展的结果，"初行为市"给刚刚发展起来的商业资本提供了进一步发展的可能，它的发展无疑会加速旧生产方式的分解，也为秦国的国库带来了大量的收入，国家的经济实力倍增。这些改革对秦国的富强起到了重要作用，并很快在军事斗争中反映出来。

5. 编制户籍

在先秦时期，一部分自耕农居在"野"，一部分平民和贵族在"国"，两部分人的界限十分清楚。随着社会的进步，要求按照阶级变动的新情况，重新编制户籍。秦献公十年（前375），秦"为户籍相伍"，把全国人口按五户编为一"伍"，称为"户籍相伍"（《史记·秦始皇本纪》）。农忙时互相帮助，农闲时进行军事训练。如果有人犯法，实行连坐。因而人人自危，互相监督，秦国的社会治安明显好转。这一编制的意义在于：取消了"国"和"野"的界限，凡秦国统治下的人民一律被编入"伍"，实际上等于在法律上承认了原来"野人"与"国人"地位平等，提高了"野人"的身份，也就是承认自耕农经过斗争取得的成果，这是积极进步的。

6. 取得军事斗争初步胜利

秦献公即位后在国内实行改革，秦国国力逐步增强，所以在秦同韩、赵、魏的军事斗争中逐步由失败转向胜利。

秦献公十九年（前366），献公见韩、魏两国威胁周天子显王，便决定以此为借口，起兵勤王。秦国出兵向韩、魏联军进攻，大败韩、魏联军于洛阴，得到周显王的赞赏。接着，秦献公二十一年（前364），献公下令秦军攻魏，夺取了秦国的故土河西地，深入到河东，在石门（今山西运城西南）①和魏大战，斩首六万，取得了秦国前所未有的大胜利。献公把这些土地赏给了地主和贵族，国内的矛盾得到了一定的缓解。就连天下名义"共主"——周显王也赶紧向献公祝贺胜利。②献公竟自称为"伯"（霸主的意思），表示自己的身份地位提高了。③

秦献公二十三年（前362），魏国与韩、赵两国发生大战，并在浍大败韩、赵。正当此时，秦国趁机进攻魏国，在少梁（今陕西韩城西南）大败魏军，俘虏魏将公叔痤，攻取了庞城（今陕西韩城东南）。公叔痤早年在魏国对秦献公不薄，献公在盛情款待一番后，将公叔痤放回魏国。

秦献公的改革，虽仅仅是开始，但已经在一定程度上改变了秦国一贯落后的局面。秦国军事上取得的初步胜利，并不能说明秦国真正强大起来。因为秦国还没有进行最根本的社会制度改革。不久，秦献公去世，太子渠梁即位。秦国封建制改革只能由其子秦孝公去完成。

通过秦献公在秦国的一系列改革，我们不难看出魏文侯当初在魏国改革的一些影子和卜子夏儒法兼用治国思想的印迹。说明秦献公在魏国停留二十多年，从思想上受到魏国全面改革的影响比较深刻，但是其根本的治国思想理论并没有形成。

---

① 石门，《史记·六国年表》《集解》徐广曰："一作（石）阿。"其地有两种说法，一说在三原县西北，一说在山西运城西南，查此战役，秦斩首六万，同年赵曾出兵石门救魏，当以山西石门说为是。

② 《史记·秦本纪》卷五。

③ 《史记·周本纪》卷四。

第二节 商鞅变法

一、商鞅变法的背景

1. 秦孝公招贤

孝公嬴姓，名渠梁，在位二十四年（前361—前338），即位时二十一岁，是战国时期秦国很有作为的一位君主。秦国经过秦献公时期的改革，虽然取得了一定的成效，但改革遭到守旧势力的抵抗，改革思想不能全部贯彻到底。与中原的诸侯大国相比还处于落后地位，被视为"戎狄"，与秦穆公时期的国力相比还差很远。所以秦孝公认为秦国处于这样的国际地位"丑莫大焉"①，于是决心变法图强。他一生中做过两件大事，其一是迁都咸阳，其二是大胆任用商鞅进行变法。通过秦孝公的大胆改革，使秦国一跃成为战国七雄之首。贾谊在《过秦论》中写到"秦孝公据崤之固，拥雍州之地，君臣固守以窥周室，有席卷天下，包举宇内，囊括四海之意，并吞八荒之心。当是时也，商君佐之，内立法度，务耕织，修守战之具，外连横而斗诸侯。于是秦人拱手而取西河之外"。这就是变法以后的秦国。

秦孝公是一位有远见卓识的君主，他懂得民心的重要，因此首先采用笼络民心的办法加强统治："布惠，赈孤寡"，同时增强军事实力，"招战士，明功赏"②。并宣布："有能出奇计强秦者，吾且尊官，与之分土"（《史记·秦本纪》），颁布了"求贤令"，"宾客群臣有能出奇计强秦者，吾且尊官，与之分土"③。为证明图强的决心，孝公还出兵向东围陕城，向西讨伐戎族，斩"戎之獂王"。由于取得初步胜利，次年，周天子也来"致胙"，表示祝贺。在秦孝公以土地和官爵为诱饵，发出求贤令以后，卫鞅便从魏国带着李悝的《法经》来到了秦国，开始了他后世瞩目的"商鞅变法"④。

2. 商鞅入秦

商鞅（约前390—前338），姬姓，卫氏，故名卫鞅，原是卫国国君的后裔，

---

① 《史记·秦本纪》卷五。
② 《史记·秦本纪》卷五。
③ 《史记·赵世家》卷四三。
④ 参见林剑鸣：《秦史稿》，中国人民大学出版社，2009年12月，第143页。

所以叫"公孙鞅"，因为他到秦以后，被封为商君，历史上就习惯称他"商鞅"。战国时期的政治家、思想家，著名的法家人物。

商鞅"少年好刑名之学"①，所谓"刑名之学"，是指建立和巩固地主阶级专政的一套法家学说。不过，他也曾向魏国曲沃人（一说鲁国人）尸佼学习过杂家，因此，商鞅对战国时各派的理论主张均有所涉猎。公元前365年，商鞅来到魏国，魏国是战国时期进行封建改革最早的诸侯国，尤其在魏文侯时期，重用李悝变法，法家思想在魏国影响很深。当商鞅到魏国时，虽然法家鼻祖李悝已去世，但"余教"尚在。商鞅入魏后在魏相公叔痤门下作"中庶子"，期间接受了李悝、吴起等法家人物的深刻影响。卫鞅在这里进一步研究了法家思想，逐步形成了自己的法家理论主张，特别是李悝的《法经》对商鞅的影响颇大。但是，他在魏国并没有得到重用。后公叔痤病重时对魏惠王说："公孙鞅年少有奇才，可任用为相。"见魏王不用之，又对魏惠王说："王既不用公孙鞅，必杀之，勿令出境。"公叔痤死后，魏惠王对他的嘱托不以为然，也就没有照做。当秦孝公下令求贤时，在魏国不得志的卫鞅，便携带李悝的《法经》到了秦国。卫鞅来到秦国后，通过秦孝公的宠臣景监三见秦孝公，提出了"帝道""王道""霸道"三种君主治国之策。只有霸道得到秦孝公的赞许，一连数日也不厌倦。商鞅的"强国之术"就是法家的强国政策和主张，秦孝公听后认为商鞅的法家学说可行有效，于是准备按照商鞅的学说对秦国的制度进行改革。②

3. 变法前的辩论

秦孝公准备用商鞅的法家理论来进行变法，但仍顾虑"变法""更礼"改变旧制度会遭到守旧势力的反对，于是便召集反对变法的两个代表人物甘龙和杜挚，在朝堂上与商鞅进行辩论："讨正法之本，求使民之道"③。对商鞅来说，辩论实际上是为变法扫清障碍的一场理论斗争。

在辩论中，商鞅首先针对孝公思想状况，直截了当地指出："疑行无成，疑事无功"，若要变法，就不要怕别人反对，而要强国必须变法，并得到了孝公的支持，但遭到甘龙和杜挚的反对，一场激烈争论就此展开。辩论的焦点集中在是否应当改变旧制度的问题上。商鞅认为："苟可以强国，不法其故；苟可以利民，

---

① 《史记·商君列传》卷六八。
② 参见林剑鸣：《秦史稿》，中国人民大学出版社，2009年12月，第144页。
③ 《商君书·更法》。

不循其礼。"他以"强国"和"利民"为最终目的，认为为此目的，不用拘泥于过去的习惯和制度，提出"当时而治法，因时而制礼"，要根据已经变化的形势来改变制度和政策。而甘龙、杜挚认为："利不百，不变法，功不十，不易器。""法古无过，循礼无邪。"只能按照旧制度、旧规矩进行统治，一切制度都不能变。商鞅针锋相对地指出："前世不同教，何古之法？帝王不相复，何礼之循？""治世不一道，便国不法古，故汤武不循礼而王，夏殷不易礼而亡。反古者不可非，而循礼者不足多。"从而主张"当时而立法，因事而制礼"①。这是以历史进化思想驳斥了旧贵族所谓"法古""循礼"的复古主张，为实行变法做了舆论准备。在批判甘龙这种思想的过程中，商鞅提出了更为进步的历史观，他认为："三代不同礼而王，五霸不同法而霸"，时代不同，制度就应该不同，主张改革变法。这种思想有利于新兴封建制的确立，适应历史发展的潮流。

由于商鞅的理论和主张适应了秦国新兴地主阶级的需要，迎合了秦孝公"图强"的愿望。经过辩论，秦孝公终于下定决心，任用商鞅实行变法。②

二、商鞅变法

(一) 变法的实施

前359年，秦孝公以卫鞅为左庶长开始变法革新。卫鞅就制定改革法令。在将改革法令公布以前，卫鞅先做了一件事以取信于民。

卫鞅把一根三丈长的木头放到国都南门，宣布如果有人能将此木移到北门就赏十金。结果老百姓没人相信，接着卫鞅又宣布，能移到北门者赏五十金，于是百姓中有人将信将疑出来表示愿意移木，果然把木头抬到了北门，卫鞅立刻赏此人五十金，"以明不欺"③。这就是"徙木赏金"的故事。卫鞅在实行变法以前，用实际行动来宣传"明法"的主张，让人们相信新法，从而树立起新法的威信。

卫鞅制定严厉法令，以法治国，奖励军功，鼓励耕织。当时中原诸侯相互征伐，秦处雍州偏僻之地，不参与中原会盟。秦孝公利用秦地远离中原战场积蓄力量，他布施恩惠，救济孤寡，修治德政，讲究武功。经过卫鞅一段时间的变法，

---

① 《商君书·更法》。
② 参见林剑鸣：《秦史稿》，中国人民大学出版社，2009年12月，第146页。
③ 《史记·商君列传》卷六八。

秦国渐渐开始从弱变强，从贫转富，国力不断增强，军事素质也大大提高。不久，秦趁魏攻赵，大败魏师于元里（今陕西澄城东南），拔少梁（今陕西韩城西南）。前352年，秦孝公任卫鞅为大良造，出师拔魏安邑故都（今山西夏县西北）。次年，秦筑关于商（今陕西丹凤西南），秦师围魏固阳，攻赵蔺（今山西离石西）。

前350年，卫鞅开始第二次变法，迁都咸阳后进一步实行变法。废井田制，统一度量衡，设县制。同年，孝公诏令卫鞅营咸阳，筑冀阙。咸阳故城亦名渭城，在今咸阳东15里。不久，秦国初在县置有定额之秩吏，即规定县令和县长的俸禄，按户按口征收军赋，使郡县组织日趋完备。秦孝公积极支持卫鞅变法，在变法过程中，太子犯法，卫鞅曰："法之不行，自上犯之。"于是，刑其太傅公子虔和其老师公孙贾。结果在前346年，太傅公子虔复犯法，商鞅施以割鼻之刑。于是"法大用，秦人治"。变法日久，秦民大悦，使秦国道不拾遗、山无盗贼。前341年，秦军攻魏西鄙。前340年，孝公在卫鞅策划下复攻魏，东向以制诸侯，成霸王之业。不久，卫鞅诱执魏军大将公子卬，大败魏军，迫魏王献部分河西之地求和。魏割河西之地与秦，将百姓迁居大梁，此时魏惠王大忿："寡人恨不用公孙痤之言也。"卫鞅因功封于商十五邑。同年，以卫鞅功大，"封卫鞅为列侯"于商（今陕西商洛市东南商镇一带），故称之为商君或商鞅。

商鞅在前356年和前350年先后两次实行变法，经过商鞅两次有力的改革举措，使秦国走上了富国强兵之路，这是先秦最为彻底的一场变革。从此秦国日益富强，为后来秦统一六国开辟了道路。但商鞅之法刻薄寡恩，设连坐之法，制定严厉的法律，增加肉刑、大辟，有凿顶、抽肋、镬烹之刑。尤其是军功爵制度，造成秦国贵族怨恨。秦国公族赵良劝说商君勿积怨太深，宜"归十五都，灌园于鄙"，"不贪商、于之富，不宠秦国之教"，商鞅不听。前338年，秦孝公卒，秦惠文王即位，公子虔告发商鞅谋反，商鞅逃亡至边关，欲宿客舍，结果未出示证件，店主害怕"连坐"而不敢留宿他，自是"作法自毙"；欲逃往魏国，魏人因他曾背信攻伐魏国，故不愿收留。后来商鞅回到商邑，发邑兵北出击郑国，秦人发兵讨之，杀鞅于郑国黾池，死后被秦惠文王处"车裂之刑"于彤，"灭商君之族"。然商鞅虽被处死，但商鞅所变之法未改，仍行于秦，为秦国统一六国奠定了基础。此后，在秦国确立了封建制度，使秦成为政治制度先进、经济发达、军力强盛的强国。

秦孝公是秦国的基石君主，他坚定废除了贵族的世袭特权，采用军功爵制度，极大地激发了国民的征战热情，较为彻底地根除了秦国的政治毒瘤，促进了经济发展，加强了新兴地主阶级的中央集权，使秦国国势蒸蒸日上，为秦始皇统一六国奠定了基础，也推动了华夏文明的进步。

(二) 商鞅变法的内容与效果①

秦国在战国初期，社会经济发展落后于中原的齐、楚、燕、韩、赵、魏六国。其井田制瓦解，土地私有制产生和赋税改革，都比中原各国晚了很久。如鲁国的"初税亩"是在前594年，秦国的"初租禾"是在前408年，落后了186年。可是这时，秦国已使用铁制农具和牛耕，社会经济发展较快，这不仅加速了井田制的瓦解和土地私有制的产生，而且还引起社会秩序的变动。前384年，秦献公即位，才下令废除人殉的恶习。

春秋战国时期是中国社会大变革的过渡时期，由于铁制农具的使用和牛耕的逐步推广，导致大贵族的土地国有制逐步被封建土地私有制所代替。随着新兴军功地主阶级经济实力的增长，要求获得相应的政治权力。因此纷纷要求在政治方面进行改革，建立地主阶级统治。各国纷纷掀起变法运动，如魏国的李悝变法。楚国的吴起变法等。商鞅变法正是在这种背景下发生的。

1. 变法的政治措施

商鞅对政治的改革是以彻底废除旧的世卿世禄制、建立新的封建专制主义中央集权制、推行郡县制为重点，他在这方面远远超过李悝、吴起。主要内容如下：

1) 统一制度，整顿吏治

"百县之治一形，则从迁者不敢更其制，过而废者不能匿其举"。也就是说，政治制度要统一，则官吏不敢胡作非为。商鞅指出，对官吏要求他们不许拖延政务，"无宿治"，有了错误不能掩盖，不能"过举不匿"。用这些办法来加强地主阶级国家机器的效能。

2) 制定严厉法令

商鞅还制定了严厉的法令以维护封建地主阶级利益。这些法令制定的原则是"轻罪重刑"，即使犯了很轻的"罪"，也要处以极重的刑罚。据说连"弃灰于道者"也要处以黥刑。②因为先秦法家都有这样的理论：认为只有对轻罪处以极重的

---

① 参见林剑鸣：《秦史稿》，中国人民大学出版社，2009年12月，第147页。
② 《史记·商君列传》卷六八引《新序·佚文》及《史记·李斯列传》卷八七《汉书·五行志》《韩非子·外储》，均记有此事。

刑罚，人们才不敢犯更大的罪，"重刑连其罪，则民不敢试"（《商君书·赏刑》）。由于民不敢犯"罪"，则"国无刑民"，这叫作"以刑去刑"。①

3）实行愚民政策

商鞅提出，不能让百姓掌握文化知识，应使他们处于愚昧状态，只知种地干活，进行农业生产劳动，国家就能安宁，"民不贵学问则愚，愚则无外交，无外交则国安而不殆"，这样就"草必垦矣"。

秦国的变法虽自秦孝公三年（前359）就开始了，但由于在这期间商鞅仅系客卿身份，没有实权，所以一切变法措施仍由秦孝公推行。到秦孝公六年（前356），即商鞅入秦后三年，孝公拜商鞅为左庶长，将实权交给商鞅，在这一年，商鞅开始实施大规模的改革。

4）奖励军功，实行军功爵制，禁止私斗

商鞅下令"有军功者，各以率受上爵，为私斗争，各以轻重被刑"，以奖励军功而禁止私斗。规定爵位依军功授予，宗室没有军功不得列入公族簿籍。即"有功者荣显，无功者虽富无所荣华"。制定军功爵制的做法，意味着商鞅彻底废除了旧的世卿世禄制，今后将根据军功的大小授予爵位，官吏从有军功爵的人中选用。经过若干年的发展，军功爵制发展为后来著名的二十级爵：一级曰公士，二级曰上造……第十九级曰关内侯，二十级曰彻侯。据《汉书》载："商君为法于秦，战斩一首赐爵一级，欲为官者五十石。"制定奖励法为：将卒在战场上斩敌人首级一个，授爵一级，可为五十石之官；斩敌首级二个，授爵二级，可为百石之官。各级爵位均规定有占田宅、奴婢的数量标准和衣服等级。

废除世卿世禄制，奖励军功，使得军功地主发展起来，打击了贵族势力，促进了新兴地主势力，使得秦国军事力量发展起来。《史记》载：秦国规定"宗室非有军功者，不得为属籍。名尊卑爵秩等级，各以差次名田宅，臣妾衣服以家次。有功者显荣，无功者虽富无所荣华"。即以军功大小定贵族身份的高低。该规定沉重打击了贵族统治者，因而招致了他们的怨恨。《商君列传》载："商君相秦十年，宗族贵戚多怨望者。"历史上任何一次变法，不仅是一种政治方略的重新选择，而且是一种利益关系的重新调整，这便是改革受阻的根本原因。

---

① 《史记·李斯列传》卷八七："商君之法，刑弃灰于道者。夫弃灰，薄罪也，而被刑，重罚也。彼唯明主为能深督轻罪。夫罪轻且督深，而况有重罪乎？"《汉书·五行志》颜师古注引孟康曰："商鞅为政，以弃灰于道必坋人，坋人必斗，故设黥刑以绝其原也。"

与此同时,商鞅变法还制定了禁止私斗的刑罚条款(《史记·商君列传》),这是针对当时的形势而提出的措施。所谓私斗,并不是一般人打架,而是指"邑斗"(《商君书·战法》),"邑"是指一般的城镇,被贵族所占有。贵族之间为了争夺土地、财产,经常发生争斗。这在春秋战国时代是普遍现象。新法规定不准私斗,严惩私斗,违者则"各以轻重被刑大小"(《史记·商君列传》),即为私斗者,各依情节轻重,处以刑罚。目的在于削弱贵族势力,加强中央集权。

5)编制什伍组织

秦国的都、乡、邑、聚都是自然形成的大小居民点。商鞅为了加强封建专制的统治,管理广大居民,将百姓用军事组织形式编制起来,并将居民登记入户籍,这本来在献公时就已开始推行,商鞅又公布了这样的法令:"令民为什伍"。且较献公时更为严密。商鞅将魏国李悝的《法经》颁布施行,还增加了连坐法。主要内容是:居民以五家为"伍",十家为"什",将什、伍作为基层行政单位。按照编制,登记并编入户籍,责令互相监督。一家有罪,九族必须检举告发,若不告发,则十家同罪连坐。不告奸者腰斩,告发"奸人"的与斩敌同赏,匿奸者与降敌者同罚,这与后代的保甲制度相同。商鞅同时规定,旅店不能收留没有官府凭证者住宿,否则店主也要连坐。这种什伍连坐的统治方法,是秦国镇压人民的重要手段,而且后来发展得更为严密。

6)推行县制

商鞅在政治方面的另一重大改革是"集小都乡邑聚为县",以县为地方行政单位,废除分封制,将县制在全国推广,"凡三十一县"(也有史书认为是四十一县或三十六县)。每县设县令以主县政,设县丞以辅县令,设县尉以掌管军事。县下辖若干都、乡、邑、聚。秦孝公十三年(前349),秦在各县设置了有定额俸禄的官吏。满万户以上的设县令,不满万户的设县长,俸禄由三百石至一千石不等。这些官吏领取封建朝廷的俸禄,而国君则可随时任免他们,与贵族社会的世卿世禄制完全不同,属于封建性质的行政机构和官僚制度。这一套行政组织,是以后数千年封建国家机器的最初雏形。他通过县的设置,把领主对领邑内的政治特权收归中央。该措施有力地配合了"废井田,开阡陌"的政策,用政治手段保证了土地私有,巩固了中央集权的封建统治,削弱了豪门贵族在地方的权力。

后来,秦在新占地区设郡,郡的范围较大,又有边防军管性质,因之郡的长官称郡守。后来郡内形势稳定,转向以民政管理为主,于是郡下设县,这便形成了秦国的郡县制。

7）定秦律，燔诗书而明法令

商鞅变法中所指定的法令，除前面举出的一些以外，其余的现在已不得而知，后来陆续完成的《秦律》可能包括了商鞅变法时的某些法令，可以看出商鞅所制定的法令是极为严厉的。

商鞅的措施是为了排除复古思想的干扰，也符合法家思想，在一定程度上维护了秦国的统治。为加强思想统治，商鞅曾将不符合地主阶级利益的某些书籍烧掉，商鞅曾下令"燔《诗》《书》而明法令"，①他开创的"燔诗书"高压政策，不仅极端地控制了人民思想，对于古代中国文化典籍也是一种摧残。

8）迁都咸阳

商鞅第二次大规模进行变法的时候，将国都从栎阳迁到咸阳。②迁都之举，商鞅主要出于两方面考虑，首先是考虑到秦国一直处于旧贵族势力的控制之下，不利于变法；其次是考虑到秦国要发展，需要有一个交通便利，能与各方沟通交流的中心地区，以便控制各地。同时也为统一中国做准备。③

商鞅迁都的目的是十分明显的，秦孝公急于向东发展，原来的国都栎阳位于关中平原中部，处于同魏国斗争的重要位置，由于秦献公晚年同魏斗争取得了一系列的胜利，迫使魏在前361年将国都由安邑（今山西夏县）迁往大梁（今河南开封）。④这时河西之地已部分收回，斗争中心逐渐转移至函谷关以东，秦的视线扩展至更远的东方。这样栎阳就显得偏北了，而咸阳（今咸阳市窑店东）北依高原，南临渭河，适在秦岭怀抱，既便利往来，又便于取南山之产物，若浮渭而下，可直入黄河，这对向东发展是极为方便的，正可谓"据天下之上游，制天下之命者也"⑤。商鞅变法时迁都咸阳，十分清楚地反映了秦国地主阶级要向更大范围发展的勃勃雄心。

---

① 《韩非子·和氏篇》。
② 《史记·商君列传》载："作为筑冀阙宫庭于咸阳，秦自雍徙都之。"这里说是从雍徙都咸阳，误。早在秦献公时，秦已从雍徙往栎阳，《秦本纪》："（献公）二年城栎阳。"因此，应当是由栎阳徙都咸阳。
③ 张国：《中国治国思想史》，新华出版社，2002年10月，第47页。
④ 杨宽：《战国史》，上海人民出版社，1956年，第142—143页，注2。
⑤ ［清］顾祖禹：《读史方舆纪要》。

2. 变法的经济措施

商鞅对经济的改革是以废除井田制、实行土地私有制为重点。这是战国时期各国中唯一用国家的政治和法令手段在全国范围内改变土地所有制的事例。主要内容如下：

1）废井田、开阡陌

公元前 408 年，秦简公时代实行"初租禾"，承认封建土地私有制，商鞅又于公元前 350 年，在经济上推行重大的举措："废井田、开阡陌。"《史记·商君列传》载："为田开阡陌封疆，而赋税平。"《战国策》说他"决裂阡陌，教民耕战"。所谓"开阡陌封疆"就是把标志土地国有的阡陌封疆去掉，废除贵族制土地国有制，[1]实行土地私有制。从法律上废除了井田制度，确立了土地私有制。法令允许人们开荒，土地可以自由买卖，赋税则按照各人所占土地的多少来平均负担。此后秦政府虽仍拥有一些国有土地等，但后来陆续转向私有。以法律形式承认土地私有，允许土地买卖，这样就破坏了贵族制生产关系，促进了封建经济的发展。商鞅取消了标志着国有土地的"阡陌封疆"，又承认私有土地"爰田"，这就使封建土地所有制顺利地发展起来。这一措施对封建制的确立和发展具有重大的意义。

2）推行重农抑商政策

商鞅变法时还规定：凡由耕田和纺织而生产粟帛多的人，可免除自身的徭役。"僇（lù）力本业，耕织致粟帛多者复其身，事末利及怠而贫者，举以为收孥（nú）"[2]，凡经营商业及怠惰而贫困的人，要连其妻子儿女一同没入官府为奴。商鞅以农业为"本业"，以商业为"末业"，因弃本求末，或游手好闲而贫穷者，全家罚为官奴。又提出"重关市之赋"，对商人多征赋税，压制商业活动。商鞅还招募无地农民到秦国开荒。为鼓励小农经济，还规定凡一户有两个儿子，到成人时必须分家，独立谋生，否则要出双倍赋税。禁止父子兄弟（成年者）同室居住，推行小家庭政策。这些政策可以增殖人口、征发徭役和户口税，进而发展经济。

3）颁布"初为赋"

秦孝公十四年（前348）"初为赋"（《史记·秦本纪》），是变法中的一项重要内容。它是以人口为计算对象，按人口征收赋税，也就是人头税。由于封建经济

---

[1] 林剑鸣：《秦史稿》，中国人民大学出版社，2009 年 12 月，第 165—166 页。
[2]《史记·商君列传》卷六八。

的发展，土地由传统土地国有变为封建土地私有，如果仍采取以前根据土地征收赋税的办法，对封建国家显然不利。因此在"初租禾"以后出现了"初为赋"。也就是除了以田亩收"租"外，还要以人头征"赋"。"初为赋"在当时有一定的积极作用，因为按人头征赋，使负担不至于全部落在耕种土地的农民身上，这在客观上为农民带来一定好处。这对于农业发展、土地开垦和生产都是有好处的。当然它也加重了广大人民身上的负担。

4) 统一度量衡

秦孝公十八年（前344），商鞅下令统一度量衡，这是商鞅变法的又一重要内容。①统一的办法是规定全国的度量衡都必须统一进位制度，即把升、斗、桶、权、衡、丈、尺等度量衡做统一规定，发到全国各地，要求全国必须严格执行，且不得违犯。由量器和铭文可知，当时统一度量衡一事是十分严肃认真的。变法前秦各地度量衡不统一，为了保证国家的赋税收入，他制造了标准的度量衡器，如今传世的"商鞅量"上有铭文记有秦孝公监造，"爰积十六尊（寸）五分尊（寸）之一为升"。从"商鞅量"中得知，商鞅规定的一标准尺约合0.23米，一标准升约合0.2公升。

商鞅变法统一度量衡对当时的经济发展是有利的，也为后来秦始皇统一全国后统一度量衡奠定了基础，所以这一措施对全国的统一起了积极作用。

3. 变法的目的、作用和局限性

商鞅变法的目的旨在富国强兵，其变法意义是在经济上改变了旧有的生产关系，废井田、开阡陌，从根本上确立了土地私有制。政治上打击并瓦解了旧的血缘宗法制度，使封建国家机制更加健全，中央集权制度的建设从此开始。军事上奖励军功，达到了强兵的目的，极大地提高了军队战斗力，为秦实施下一步战略创造了有利条件。

总之，商鞅变法是战国时期一次较为彻底的改革运动，大大推动了社会进步和历史的发展。通过改革，秦国废除了旧制度，创立了适应社会经济发展的新制度。改革推动了秦国的社会进步，促进了经济发展，壮大了国力，实现了富国强民。为以后秦统一全国奠定了基础，对中国历史发展起到了重要作用。

虽然商鞅变法为秦国的发展起到了重要作用，但变法也存在一定的局限性：

---

① 林剑鸣：《秦史稿》，中国人民大学出版社，2009年12月，第166—167页，认为《史记·商君列传》将"平斗桶权衡丈尺"同"为田开阡陌封疆"记在一起，实际并不在同年发布。

1. 商鞅变法鼓吹轻罪重罚，轻视教化。

2. 变法在一定程度上加重了广大人民所受的剥削和压迫，特别是连坐法，给广大人民带来巨大的痛苦。

3. 变法并未与旧制度、旧文化、旧习俗彻底划清界限。

4. 重农抑商政策在变法刚开始有利于封建经济发展，但后来却阻碍了商品经济发展。

5. 燔诗书是一种文化专制，毁掉部分典籍，抑制了人民创新意识。

商鞅变法是在秦孝公的支持下，进行了法家治国思想的一次成功实验，史书称之为"商鞅变法"。这是一次带有根本性质的改革，是我国春秋战国时期诸多改革的集大成者，其结果是：人亡（商鞅被车裂）政存（但他的变法给保留下来了）。

（三）商鞅变法后的秦国

秦惠文王在位27年（前337—前311），又称秦惠王或秦惠文君，名嬴驷，孝公之子。前338年，孝公死，嬴驷即位。他为太子时犯法，商鞅掌刑法，曾黥（在面上刺字）其师以辱之。故孝公死后，惠文王即位就将商鞅车裂，但他并未废除商鞅之法。

前330年，秦惠王命大良造魏人公孙衍打败魏军，不久魏尽献河西地于秦。秦惠文君自称为王。前318年，韩、赵、魏、燕、楚五国"合纵"攻秦被秦打败。张仪又游说拆散齐、楚联盟，秦乘机打败楚军，占领汉中。前316年秦又出兵灭蜀，后又灭掉苴（今四川广元市昭化区东南）和巴（今重庆市嘉陵江北），使秦"擅巴蜀之饶"，为以后的发展准备了雄厚的物质基础。

张仪以前，秦未设过单独的相，只有将相和一个大良造。大良造主管军、政、民，权力很大，对君权是一个巨大威胁。惠王即位后，便对大良造进行分权。张仪为秦第一任相邦，就把大良造原来的相权剥离出来，使大良造成为最高军职。因惠王勤于政事，亲自主持秦国大局，剥夺了许多宰相权力，使相邦实际只相当于外相。前311年，秦惠王在位27年而卒，葬于今陕西咸阳市秦都区。

法家思想自晋国孕育、发展，至魏国发展逐步成熟，并得到魏文侯时期的实践应用，已经日臻成熟。秦献公（公子连）在流亡魏国期间，看到魏国变法出现的巨大变化，激发了他回秦改革的热情。秦献公即位后，把在魏国学到的经验应用到自己的改革实践中，使秦国出现了转机。商鞅带《法经》入秦后，在秦孝公的支持下进行大刀阔斧的改革，使秦国一扫当年的贫弱而雄于诸侯。

通过秦献公和商鞅把魏国的法家思想第一次移植到了秦国,并在秦国深刻全面地实施变法,使秦国发生了翻天覆地的变化,达到了富国强民的目的,为后来秦王政统一六国打下了良好的基础。

第十一章　法家思想文化从韩国到秦国的第二次移植
——韩非入秦

第一节　韩非入秦

一、韩非生平概况

见第九章《法家思想文化的孕育与成熟（四）》之第三节。

二、韩非之死

据《史记·老子韩非列传》载，韩非的这些著作，"人或传其书至秦"，秦王嬴政（后来的秦始皇）读后，不无感慨地赞叹道："嗟呼，寡人得见此人与之游，死不恨矣！"韩王安五年（前234），秦出兵再次攻打韩国，向韩国索要韩非，韩王安"及急，遣非使秦"。韩非虽然对韩王安不满，但出于对祖国的忠贞，便临危受命出使到了秦国。秦王嬴政见到他仰慕已久的韩非"悦之"。但因韩非是为敌国的使臣，秦王虽然推崇他的治国学说，却"未信用"。加之秦王宠用的相国李斯虽然和韩非同为荀子之弟子，然因同学期间"自以为不如非"的嫉妒心态，见韩非到秦，自感对他的仕途有很大威胁，再者，秦王的另一重臣姚贾与韩非政见亦不同，于是，李斯、姚贾害之曰："韩非，韩之诸公子也……非为韩不为秦……今王不用，久留而归之，此自遗患也，不如以过法诛之。"这正合乎秦王嬴政的多疑心理，于是"以为然，下吏治非"，把韩非囚禁起来，但还未下决心除掉。这时的李斯一不做二不休，"使人遗非药，使自杀"。韩非满腹治国经纶，欲见秦王陈述自己的政见，然而因为李斯的迫害而"不得见"，"终死于秦，不能自脱"。秦王毕竟还有爱惜人才一面，后来觉得"悔之"，便"使之赦之"，可是为时已晚，"非已死矣！"韩非死后三年（前230），韩国便被秦灭掉，又过九年（前221），秦始皇终于完成了统一天下的大业，建立起中国历史上第一个中央集权的封建统一国家，实现了韩非法家学说的大一统理想。然而韩非虽留下自己的法家不朽巨著，为我国的统一大业从学说理论上奠定基础，自己却成为自己法家学说的殉道者。其实，法家人物如吴起、商鞅、李斯等又何尝不是如此呢！故而，从这个侧面可以看到实行纯法治国的严重弊病。

关于韩非的死因，《战国策·秦策五》与上述的《史记·老子韩非列传》说法略有不同，只是强调了个人原因，主要是说韩非揭露了姚贾的阴谋，说他是梁监门人，尝盗于魏都大梁，后被赵国驱逐，所以让秦王不要重用他。然而秦王听了姚贾的辩解之后，信任了姚贾"而诛韩非"，韩"非死云阳"[①]。其实，这两种说法是为互补的，李斯和姚贾陷害他，主要是政治原因，当然亦有他个人原因。从政见看，李斯主张"先取韩以恐他国"，而韩非上书秦王主张"存韩"，认为先攻取赵、齐，"二国事毕，则韩可以移书定也"[②]。与韩非同门师弟的李斯对韩非之才大为嫉妒，怕他对自己的仕途产生威胁。于是抓住《存韩》大做文章。王充在其《论衡·祸虚》之中亦说："李斯妒同才，幽杀韩非于秦"。纵观韩非死因，被李斯所害为主要，姚贾参与其中为次之，但其根本原因还在于秦王嬴政。他虽极为赏识韩非的法家治国思想，并运用韩非的学说来指导他建立中央集权封建专制制度的统一大业，但出于对韩非来自敌国的使臣身份并不信任，及其个性暴戾，才最终导致了韩非的杀身厄运。[③]

第二节 韩非的法家治国思想

韩非在深入研究历史的发展演变，特别是在研究春秋晋国法制思想和战国期间诸家学说的基础上，批判地总结历史经验和教训及战国时法家前人的思想得失，再根据他所处于战国末期客观现实变革的需要，进行综合与创新，从而形成他的思想体系，使之成为法家思想的集大成者。

韩非的法家思想博大精深，其内容包括了他的宇宙观、人性论、历史观和治国政治学说等方面，它是一个完整而不可或缺的有机统一体系。这里，我们只就

---

① 《史记·秦始皇本纪》卷六。
② 《韩非子·存韩》。
③ 李元庆：《三晋古文化源流·韩国文化》，山西古籍出版社，1997年，第304页。

其法家治国思想方面作以简述。

韩非吸收并改造了老子的辩证法及其老师荀子的唯物主义观点，发展了荀子的性恶论。韩非是法家思想的集大成者，他综合了法家前人的三大学派思想，即以魏相李悝和带着李悝《法经》入秦的商鞅等二人的"法治"理论为起点，吸收了韩国改革家申不害的"术治"和韩国大夫慎到的"势治"理论，并把三者的法、术、势理论融为一体，创立了他的"以法为本"，"法""术""势"相结合为一体的封建君主集权专制理论。他的政治理论，实际上为秦王政统一中国，实行君主专制主义的中央集权统治，做了理论上的准备，成为中国两千年来封建主义政治体制的指导思想。他的思想，主要集中于《韩非子》一书之中，书中的绝大多数为韩非本人所作，也有极少数作品可能是他的学生和后人纂辑的。

一、韩非法治思想的理论基础

1. 韩非主张人性恶论

韩非子的老师荀子主张人性恶论，即《荀子·非相》所说"好利而恶害，是人之所生而有也"。《荀子·性恶》文曰"从人之性，顺人之情，必出于争夺，合于犯分乱理而归于暴"。荀子认为人的最根本需求就是要生存，要生存就必须依靠对物质财富的占有。而大自然的物质财富虽然丰富，但总是有限的，人的欲望却是无限的，为了满足自己的无限私欲，人们之间必然要产生争夺。荀子认为，使"其善者，伪也"①。即人的善良是通过后天人为受教育而改变的。为了改变人性的恶，就要"明礼义以化之，起法正以治之，重刑罚以禁之，使天下皆出于治"②。即提倡礼仪来教化他们，兴起法律来管理他们，加重刑法来禁止他们违法乱纪，使得天下达到安定，合于善良。

韩非子受老师荀子人性恶论的影响，也充分肯定好利恶害是人与生俱来的本性，于是他在《韩非子·难三》（以下只注篇名）中说"好利恶害，夫人之所有也。""喜利畏罪，人莫不然"。《难三》说："人情皆喜贵恶贱"。《心度》说："夫民之性，恶劳而乐佚"。他把人们谋求自身私利的本性称之为人的"自为心"，认为

---

① 《荀子·性恶》。
② 《荀子·性恶》。

这自为心支配着人的所有行动，故而人人"皆挟自为心也"①。因为人们皆为谋求个人私利，所以，人与人之间的关系完全是一种利益交换的关系。

然而，韩非在人性恶论上与老师荀子又有不同的地方。他认为，人们好利恶害的自为心并非尽是坏事。于是，他在《外储说左上·说三》中就父母与子女之间，主人与雇工之间的利益关系写道：

> 人为婴儿也，父母养之简，子长而怨；子盛壮成人，其供养薄，父母怒而诮之。子、父，至亲也，而或诮或怨者。皆挟相为而不周于为己也。夫卖庸而伯耕者，主人费家而美食，调布而求易钱者，非爱庸客也，曰：如是，耕者且深，耨者熟耘也。庸客致力而疾耕耘者，尽巧而正畦陌畦畤者，非爱主人也，曰：如是，羹且美，钱布且易云也。此其养功力，有父子之泽矣，而心调于用者，皆挟自为心也。

其意是，当一个人还是婴儿时，父母对他的抚养漫不经心，他长大后会怨恨父母。儿子长大成人，供养他的父母很微薄，父母也会愤怒而斥责他。父与子是"至亲"骨肉，然而却相互怨恨、责备，这是因为他们都抱着要对方帮助自己的希望，却得不到满足的缘故。然而，那些出卖劳动力来耕种的人，雇主却要花费钱财衣饭供养雇工，雇工也因此而一心一意地替雇主去效力干活。雇主与雇工之间之所以能够如此，并非雇主"爱庸客"，也并非雇工"爱主人"，其原因在于雇主和雇工双方"皆挟自为心也"。即，都是为着满足自己的私利着想而已。

韩非在《外储说左上》中，接着分析了人们的好利恶害的本心，并不是一定会导致出恶的后果，他认为这甚至还可以促成雇主和雇工之间的合作，其原因主要在于：

> 故人行事施予，以利之为心，则越人易和；以害之为心，则父子离且怨。

其意是说，人们做事待人，若从对他人有利着想，即使是素不相识的越国刁民也容易与他亲和；以损害他人为目的，即使是父子"至亲"也会离心离德而相互抱怨。

---

① 《韩非子·外储说左上》。

与荀子相比，韩非子虽然也认为人的本性是"好利恶害"，但他从社会进化论反倒引出了"故民可治也"①的结论。认为，只要国君能顺从人的本性，去制定法律，赏功罚罪，实行依法治国，利用人的"好利恶害"本性，驱使他们积极从事耕战，则国家便会"兵无敌也"②，从而达到国富兵强。法家"重势"派人物慎到认为："家富则疏族聚，家贫兄弟离，非不相爱，利不足相容也"③。其意是说，人们处世的准则皆是谋求自身的私利，人与人之间的关系皆是以是否能满足自身利益为转移，因而"家富"了，便"疏族聚集"，而贫穷了，即使是骨肉亲兄弟也会相争而"离"，所以，人人无不受"利之所在"④的驱使。从而可以看出，韩非的人性论虽有受荀子影响的因素，但主要还是接受了前代法家慎到思想的影响，并有进一步的发展。

韩非的政治思想的基本倾向是一种非道德主义，这首先表现在他对人性的现实主义思考上。韩非受荀子影响，也认为人的最根本的需求就是生存，生存就必须依靠对物质财富的占有，这便有了人类永恒的私欲。因此，人们一切行动的驱使力是利益，而不是道德，这就是人性恶论。但在如何对待解决人性恶的方法上，他与荀子的主张又不同。韩非进而认为，人类历史的进程也是如此，人类的物质需求和物质供给之间的矛盾是造成人类历史前进的基本动力。人类社会随着物质生产的丰富，在人类物质欲望的推动下向前发展。所以，他在《五蠹》篇中写道：

> 上古之世，人民少而禽兽众，人民不胜禽兽虫蛇；有圣人作，构木为巢以避群害，而民悦之，使王天下，号之曰有巢氏。民有果蓏蚌蛤，腥臊恶臭，而伤害腹胃，民多疾病；有圣人作，钻燧取火，以化腥臊，而民悦之，使王天下，号之曰燧人氏。中古之世，天下大水，而鲧、禹决渎。近古之世，桀纣暴乱，而汤武征伐……是以圣人不期修古，不法常可，论世之事，因为之备……故曰：事异则备变。上古竞于道德，中世逐于智谋，当今争于气力……故明主必其诛也。是以赏莫如厚而信，使民利之；罚莫如重而必，使民畏之；法莫如一而固，使民知之。故主施赏不迁，行诛无赦。誉辅其赏，毁

---

① 《商君书·错法》。
② 《商君书·错法》。
③ 《慎子·佚文》。
④ 《慎子·佚文》。

随其罚,则贤不肖俱尽其力矣……故明主之国,无书简之文,以法为教;无先王之语,以吏为师;无私剑之捍,以斩首为勇。是以境内之民,其言谈者必轨于法,动作者归之于功,为勇者尽之于军。是故无事则国富,有事则兵强,此之谓王资。

其意是说,上古时代,天子劳累清苦而为民先,民众不以天子为贵,自然会有禅让;在今世物质丰富后,人们自然要去争。这和道德无关,只是社会发展了,人们的物质追求也随之不同。在韩非看来,人类社会按照物质财富生产水平的发展阶段,可分为上古、中古、近古三个阶段。前两个时期,人类活动的中心是与自然的斗争,"构木为巢,以避群害","钻燧取火,以化腥臊",这是上古时期人类与自然斗争过程中取得的文明成果;到了中世纪,人与自然界斗争的能力大为加强,于是有了大禹治水的壮举。总之,韩非所说的上古和中古社会,皆为人与自然的矛盾。近古时期则发展为人类社会各集团间的斗争,例如,"桀纣暴乱而汤武征伐"。他认为真正的圣人并不期望修行古代先王的德行,不效法古代先王的政治,而是讨论当今的社会情况、社会问题,根据现实制定符合实际的完备方案……所以说,时代不同了,所实施治国的方略也必须随着变化。在上古以道德之高下来竞赛,在中古以智谋之多寡来定输赢,到今世则是以气力的强弱来较量胜负……由此可见,英明的君主一定要实施诛杀之策。实行重奖、重罚,奖赏时使人们向往,惩罚时使人们害怕,让刑罚统一而长期不便,百姓方可知法而惧。君主的奖赏不能变更,有罪诛杀不可赦免。在舆论上用荣誉来辅助赏赐,用批评来伴随对他的惩罚。这样,贤能和非贤能的人就都可以尽力为君主服务了……韩非主张,明主治理下的国家,没有书籍文学,而用法律做教材;没有称颂先王的空话,而用官吏做老师;没有侠客强盗敢违法犯禁,而以斩敌为勇。这样,国内百姓的言论就会遵循法律,耕作者会以建功立业为目标,勇敢者将在战场上竭尽力量厮杀。这样,天下太平则国家富裕,有战事时则兵强,这就是"王业的资本"。

君主要重赏,就得有足够的物质财富,所以,韩非还在《六反》篇中写道:

故明主之治国也,适其时事以致财物,论其税赋以均贫富,厚其爵禄以尽贤能,重其刑罚以禁奸邪,使民以力得富,以事致贵,以过受罪,以功致赏,而不念慈惠之赐,此帝王之政也。

其意是说，聪明的国君，要适应时事增加国库中的财富，依其贫富合理地征收他们的税赋，用丰厚的爵禄来激励他们去竭尽才能为国效力，用严峻刑法来禁止人们的奸邪行为，促使百姓靠着自己劳动去致富，凭着个人的本领去获得尊贵，使有罪者受到应有惩罚，对国有功者一定获得重奖，不要去考虑对民众去实施仁慈恩惠，这才是他的治国之道。

总之，韩非从人性的好利恶害的本性出发，提出"远仁义，去智能，服之以法"的治国思想，片面反对儒家的礼治，倾向于非道德主义，鼓吹愚民政策，使百姓成为没有理想、没有知识，只知道耕战的驯服工具，一切唯法是依。使人们为君主卖命，威逼他们不敢违法。他从社会进化论出发，得出积极、进步的政治观点。他认为时代不同了，国家的政治也应该发生相应的改变，治国的方案也要相应变革，这就是他和战国法家积极主张变法思想的理论基础。

2. 韩非法家思想理论基础的来源

《史记·老子韩非列传》说，韩非的思想"归本于黄老"，可知，他的法治思想的另一渊源应为《老子》。他的法治思想另一来源是通过批判地吸收了《老子》"道法自然"的合理思想部分而形成。在韩非看来，"道"是"万物之始，是非之纪"①，是"万物之新然也"，"万物之新成也"②，总之，"道"是客观世界运动的自然发展规律。于是，韩非子在《饰邪》中写道：

故先王以道为常，以法为本。本治者名尊，本乱者名绝。

其意是说，古代的圣王把"道"作为治理国家的常规，把法作为治理天下的根本。法制严明，国家政权的根本就牢固，国君的地位和名分就尊贵；法制混乱了，其政权便会动摇，国君的地位也就随之不稳定了，名分就会丧失。从而，韩非借助了"以道为常"，论证了"以法为本"，于是为他的法治学说找到了哲学理论根据。他的《解老》《喻老》，是在吸收了老子思想上的精华，加以变化、创造，是韩非政治思想的哲学基础，于是为他的法治学说找到了哲学理论根据。

---

① 《韩非子·主道》。
② 《韩非子·解老》。

韩非的历史观除了上述上古、中古、近古历史总结之外，更注重于对战国时期各国变法实践的总结。韩非是朴素唯物论者，同时又是一位急功近利者，他的法治选择是经过"观往者得失之变"的结果。韩非法治思想的形成与战国时期各国的变法实践有着密不可分的关系。从某种意义上讲，韩非是在总结各国变法实践基础上，而形成了他的法治思想。

魏初时，经李悝变法后成为战国初期的霸主。卜子夏的另一法家弟子；也是著名兵家的吴起，后来离魏到楚，在楚国主持变法，"明法令，捐不急之官，废公族疏远者，以抚养战斗。要在强兵，破驰说之纵横者"①。

韩非的法治思想体系中接受商鞅以法治国思想的内容最多。如商鞅的《商君书·定分》中说，"法令者，民之命也，为治之本也，所以备民也"。并说，为治而没有法，就好像想不挨饿却没有饮食，想不受冻却脱去衣服，或是想到东方却向西方走一样。这些观点对韩非的影响甚大。商鞅主张用法是为了促使民众一心从事耕战，以达到富国强兵的目的。商鞅还主张通过"法"来提高君主的权威和控制百姓的目的。这些观点也被韩非接受下来，并成为韩非法治思想的重要组成部分。

韩非通过对历史的研究和对春秋战国时期各家学说的研究，从逻辑学方面更为封建专制主义提供了方法论原则和思维工具。他曾在《难一》和《难势》中皆讲过一个既夸自己的矛有"无不陷"之锐，又夸自己的盾有"物莫能陷"之坚的同时卖矛又卖盾的寓言故事。韩非接着指出，这两种说法是"不可同世而立"的矛盾，从而形成了他的"矛盾说"。其说的主旨是在说明法家的法治和儒家的礼治是"不可两立"的。因此，他在《难一》和《难势》中意在说明推行法家的法治必须禁绝儒家的礼治之说。韩非把仁义定义为"忧天下之害，趋一国之患"②。这似乎和范仲淹"先天之忧而忧，后天下之乐而乐"的看法很相似，但实际上有很大不同。韩非的仁义是要臣下竭力为君主效力，为君主的霸业竭尽忠诚就是最大的仁义，而对于儒家的仁义是坚决反对的。韩非并且还在《显学》篇中说：

---

① 《史记·孙子吴起列传》卷六五。
② 《韩非子·难一》。

> 夫冰炭不同器而久，寒暑不兼时而至，杂反之学不两立而治。今兼听杂学缪行同异然矣。

其意是说，不仅儒家，而且所有其他各家学派的"杂反之学"，它们同法家的法治主张之间，就如同"冰炭"一样不能同器，同"寒暑"一样不能"兼时而至"。也就是说，法家的主张与其他各家学派都是势不两立的，不能同时用来治理国家。所以，要建立中央集权的封建君主专制国家，就必须坚决禁止儒家和其他各家学派的"杂反之学"。现今君主同时采纳"杂反之学"的言辞，国家"安得无乱乎"？"听行如此"，而不加分别，那么在治理国家，管理群臣的方面也一定会如此。所以，韩非主张实行中央集权的君主高度专制的"霸道"，禁锢人们的言论自由。

韩非更在其《问辩》中，进一步阐明他的"霸道"法家思想而写道：

> 对曰："明主之国，令者，言最贵者也；法者，事最适者也。言无二贵，法不两适，故言行而不轨于法令者必禁……是以愚者畏罪而不敢言，智者无以讼。此所以无辩之故也。

其意是说，国君的法令是全国所有人言行的唯一准则，全国上下必须绝对服从。所谓"不轨于法令"的任何言行，当然包括除法家之外的儒家等"杂反之学"，即包含诸子各家学派言行在内的任何言论和行为，必须一律禁止。从而使得"愚者畏罪而不敢言，智者无以讼"，由此可以在全国实行"霸道"，用法令把人们言行、意志统一起来，便于建立起中央君主集权的专制制度，以便实行文化专制主义，这便为秦始皇在统一中国之后实行禁锢言论自由，推行的残酷"焚书坑儒"政策做了直接的舆论准备[1]。也为我国后来许多朝代中多次出现过的专制暴君所实行的"文字狱"恶政作了舆论支持。这样，封建统治者推行文化专制主义、禁锢言论自由，也就由此获得了行之有效的逻辑思维工具[2]。

总之，韩非法治思想的理论基础来源是多渠道的。他继承了老师荀子人性

---

[1] 李元庆：《三晋古文化源流·韩国文化》，山西古籍出版社，1997年，第315页。
[2] 李元庆：《三晋古文化源流·韩国文化》，山西古籍出版社，1997年，第316页。

"好利恶害"之说，却在如何解决这种人性恶的方法上与其他学派大相径庭，他继承了《老子》的"虚静无为之道"，却不是《老子》消极意义上的绝对的清静与无为，而主张积极入世，依法治理天下，反对实行"德治"；他便继承了李悝、商鞅为代表的"重法派"的"以法为本"思想、申不害为代表的"重术派"的"术治"思想、但又在《定法》中说"申子未尽于术，商君未尽于法也"。对于"重势派"代表慎到，同样认为其有许多不到之处。问渠那得清如许？为有源头活水来。韩非之所以能成为先秦法家思想之集大成者，其思想理论基础正是来源于上述这些方面，继承并发展了前者理论而成其为"韩学"。

二、韩非法治学说的具体主张

韩非是先秦法家思想的集大成者，他的思想核心是以法为本，兼与法、术、势相结合的君主专制学说，其学说的重要内容是为这一理论服务的"利君中心论"。

先秦法家学派的三种主要学说是法、术、势，韩非是法、术、势三者的集大成者，他主张对君主而言，法、术、势三者是一个有机的法学整体，缺一不可，都是君主手中治御臣下的工具。

1. "抱法处势"。就是法治要和势治相结合，势就是权势，势是法和术实行的前提和保障。君主失去了势，就不再是君主了，法和术也就成了无源之水，更无从谈起施政了。

在先秦的法家中，赵人慎到是"重势"派的代表人物。韩非继承并发展了慎到的"重势"思想，于是在《难势》中还写道：

抱法处势则治，背法去势则乱。

其意是说，法治是靠"势"治作保障的，法治只有和势治相结合，方可实现国家治理，如果违背了法治，放弃了"权势"，国家就要出现动乱。所以，国君必须牢牢掌握住权势，坚决实行法治，国家"则治"。

韩非把国君至高无上的权势看作是治理国家的保障。他在《八经》中写道：

君执柄以处势，故令行禁止。柄者，生杀之制也；势者，胜众之资也。

其意是说，君主执掌的权柄是生杀予夺的大权，君主的权势是制服臣民的资本，君主只要执掌着生杀予夺的权柄，具有至高无上的绝对权威，就可以做到有令则行，有禁则止，才能把国家治理好。

慎到认为，政治上谁服从谁，不是由个人品德和才能决定，而是由权势决定的。所以，他主张君主必须实行独裁统治，国家不能有两个权势中心，"两则相争，杂则相伤。"一国可以多贤，不可有两君，可以无贤，不可以无君，因为"贤智未足以服众，而势位足以屈贤者也"。——权势是第一位重要的①。

韩非在《难势》一文中，进而对"国位"、权"势"、法"令""刑罚"进行了形象的比喻，他说：

今以国位为车，以势为马，以号令为辔，以刑罚为鞭策。

就是说，国家好比一辆马车，君主的权势如同拉车的马匹，君主的"号令"就像驾驭马匹的辔绳，刑罚就像推马前进的皮鞭一样。君主要用"号令""刑罚"规范臣民，实行"法治"。

在《难势》中，韩非将所谓的"势"，即权势，分为"自然之势"和"人之所设"之势。

1）所谓"自然之势"，就是生来就有的权势。如国君的嫡长子，依照宗法制他生来便是储君太子，将来自然会继承君位，因而这不是至关重要的。真正的"势"是"人之所设"之势，即"人为之势"。

2）"人为之势"，则是人们在现实政治中自己造就并可以加以选择的权势。像历史上尧、舜、夏桀和商纣这样的大治和大乱，那是必然治理的势或是必须治乱的势，也可以说是"自然之势"，但像这样的自然之势，毕竟是极少的特例。可在历史长河的现实中，统治国家的君主，绝大多数皆是"中才"。他们取得的权势往往都是"人为之势"，其权势并不是生来就有的。所以，这些"中才"君主如果掌握着权势，实行法治，则可以治理好国家。违背法治则会出现动乱。

韩非还认为，真正的人为之势，包括了两层含义：其一是所谓的"聪明之势"。这是指"人主以一国目视，故视莫明焉；以一国耳听，故听莫聪焉"②。就

---

① 赵沛：《韩非子》珍藏本，中国少年儿童出版社，2004年，第320页。
② 《韩非子·定法》。

是说，君主用全国百姓的眼睛来看，所以他的眼睛最明，用全国人民的耳朵来听，所以他的耳朵最聪。从而做到身居深宫，而明照四海。其二，为"威严之势"。即使用严刑峻法、厚赏重罚驾驭群臣，树立自己的威严。在他看来，君主只要掌握了这两种"势"，即使并非圣贤，只要有常人之才也可治理好天下。韩非所以特别强调人为之势，因为在他看来，君主虽有自然之势而位居君位，但并非一定能真正拥有权势，君主要刻意造势，也就是要把所有的权力都紧紧握在自己手中，成为真正的绝对权威。

2. "以法为本"——韩非法治主张的中心内容

韩非认为，要造就君主的"人为之势"就必须依靠法治，因为法律是君主用来制约和控制群臣与百姓思想行动的最好工具，"一民之轨，莫如法"①。君主的个人意志就是法律，君主运用独裁权势来执行他个人的意志，这就叫作法治。韩非的"以法为本"思想，是其在继承并发扬了商鞅"法令者民之命也，为治之本也"②思想的基础上，总结了战国当时的政治现实而得出的。他在《饰邪》中说，"本治者名尊，本乱者名绝"。其意是说，法制严明了，国家的根本就稳定，国君便受世人尊敬，法制混乱了，国家的根基就被动摇，国君的名位便随之丧失。

韩非与商鞅、李悝一样坚决主张变法，实行法治，认为国家盛衰的根本原因在于是否实行法治，这是他思想中始终如一的一条主线。他在《五蠹》篇中提出"古今异俗，新故异备"的命题。又借助"守株待兔"的故事讽刺那些抱定先王之法，以古非今的儒士，指出"欲以先王之政治当世之民，皆守株之类也"。

韩非在《诡使》中，就法的重要性说：

> 夫立法令者，以废私也，法令行而私道废矣。私者，所以乱法也……故《本言》曰："所以治者，法也；所以乱者，私也。法立，则莫得为私矣。"故曰："道私者乱，道法者治。"

其意说，设立法令是为了废除私欲，法令得到推行则私利之道便被废除了，私欲是破坏法律的根本原因……《本言》说："国家之所以治理，是因为有了法

---

① 《韩非子·有度》。
② 《商君书·定分》。

律；国家之所以衰乱，是因为私道。法律确立了，私道则被禁止。"所以说："遵循私道者必然乱国，遵循法治者，必然治国。"

韩非主张治国只能任法，反对儒家寄希望于任贤、任德、依礼治国的思想。他在《有度》中强调"国无常强；无常弱，奉法者强，则国强；奉法者弱，则国弱"。其意是说，国家没有一成不变永远强大的，也没有经常不变永远衰弱的。执法官员坚强，不曲法从私，国家就会强盛；执法官员软弱，曲法从私，则国家就会衰弱。他又在《饰邪》中说，"明法者强，慢法者弱"。他相信只有实行法治，国家才会强盛起来。韩非相信有了法律为依据，严格执法，官吏就不敢贪赃、枉法、徇私；民众守法苦干就可以致富，各级官吏依法治国，政治清平、公正，这样，国家就一定能强盛起来。韩非的法治主张是有一定的合理性，也比较符合历史实际。他认为，任法强国的目的在于尊君，韩非的学说最终目的是建立一个君主个人拥有绝对权威的独裁国，所以他在《扬权》中写道：

事在四方，要在中央。圣人执要，四方来效。

其意是说，政事虽在四方，但国家政治的总要却集中在中央，圣明的君主掌握政治机要，四方之臣就会来效忠君主。这是韩非最核心的治国思想，他认为唯有这样，才能够富国强兵，征服天下。尊君和强国在韩非的学说中是同一内容，而实现的前提就是任法。

韩非认为"法"的对象是全体臣民，首先要有公开性，这概是他总结了晋国定公十三年（前513），晋卿赵鞅、荀寅将"范宣子刑书"铸成铁鼎公布于世的历史经验的结果。于是，他在《难三》中说：

法者，编著之图籍，设之于官府，而布之于百姓者也。

其意是说，法律是君主授权，朝廷依君主之意制定，编写成文，再由各级官府向全民公布。韩非又在《定法》中说：

法者，宪令著于官府，刑罚必于民心，赏存乎慎法，而罚加乎奸令者也，此臣之所师也。

其意是说，所谓法，是指在官府中明确颁布的成文法令，使得刑罚和赏赐在人民的心中都有明确的标准，慎重地使用和遵守法律则能受到奖赏，扰乱法令则要受到惩罚，这就是要求群臣必须遵守法令。法律公开颁布并普及，并且能深入人心，才能有效地发挥出法律的作用，从而实现"境内之民，其言谈者必轨于法"①的目的。

韩非同时还认为，"法"要具有平等性。于是，他在《有度》中说：

> 法不阿贵，绳不挠曲。法之所加，智者弗能辞，勇者弗敢争。刑过不避大臣，赏善不遗匹夫。

其意是说，法令不屈从，准绳不屈挠。法律颁布并严格执行之后，智巧的人不能辩解，勇敢的人不敢去争斗。惩罚过错不回避重臣，赏赐功劳不遗忘百姓。这是对商鞅"刑无等级"②法治思想的继承和发展。从此可以看出，韩非的法律观彻底否定了过去"刑不上大夫"的宗法等级传统，具有历史积极进步意义。他坚决反对"释国法而私其外""释公行，行私术"，"废法而行私重"，主张提倡"去私曲就公法""去私刑行公法""奉公法，废私术"，从而达到"民安而国治""兵强而敌弱"的目的③。所谓"公"，实际上就是国君。法律是君主为臣民而设，其基本原则当然是要体现君主利益而废止臣民的"私"利。

韩非认为法治的两大基本功能是赏与罚，所以赏与罚正是君主治理国家、驾驭群臣和万民行之有效的两大"权柄"。于是，他在《二柄》开篇便说：

> 明主之所导制其臣者，二柄而已矣。二柄者，刑德也。何为刑德？曰：杀戮之谓刑，庆赏之谓德。为人臣者，畏诛罚而利庆赏，故人主自用其刑德，则君臣畏其威而归其利矣……今人主非使赏罚之威利出于己也，听其臣而行其赏罚，则一国之人皆畏其臣而易其君，归其臣而去其君矣。此人主失刑德之患也。

其意是说，英明的君主是用来挟制群臣的手段，不过"二柄"而已。所谓

---

① 《韩非子·五蠹》。
② 《商君书·赏刑》。
③ 《韩非子·有度》。

"二柄"即刑和德。其中，推行杀戮叫作"刑"，实施庆赏叫作"德"。作为人臣畏惧杀戮而喜好赏赐，所以君主一定要亲自牢牢地掌握住刑和德这"二柄"，则群臣畏惧君主的威严而归属于君主以求其利……反之，君主若放松刑、赏"二柄"大权而归其他大臣，则全国上下就只畏惧其大臣而轻视君主，进而必然依附大臣而背离君主，这便是失去刑赏"二柄"所带来的祸患。

韩非不但主张赏罚，而且在李悝、商鞅厚赏重罚基础上，更强调了严刑峻法、轻罪重罚，使"重刑"主张走向极端。于是，他在《五蠹》篇中说：

> 赏莫如厚而信，使民利之；罪莫如重而必，使民畏之；法莫如一而固，使民知之。故明主施赏不迁，行诛无赦，誉辅以赏，毁随其罚，则贤、不肖俱尽其力矣。

其意是说，赏赐有功者要丰厚而真实，使百姓向往；惩罚有罪者要既严厉又必行，使百姓闻之害怕，如此才符合人们"好利恶害"的本性。法律要统一而固定，不轻易改变，从而使百姓知法。因此，有功必赏，并给以荣誉表彰，有罪必罚，无所赦免，并广告世人。这样，贤与不肖就都能竭尽其力效忠于国君了。

韩非所崇尚的法治，说到底，完全是为了君主专制服务，其核心是通过立法、行法令，以达到"尊公废私"，实现"利出一孔"的一元化国家体制。其法律对于群臣具有指导意义，要求举国上下的一言一行都必须绝对符合法律的要求，使他们知法、不敢违法，而且要"禁其心"，使群臣皆谈法变色，从内心惧怕法律，实现他在《五蠹》篇中所说的"明主之国，无书简之文，以法为教；无先王之语，以吏为师；无私剑之捍，以斩首为勇。"即：治国要"以法为教"取消流传下来的文献古典；要禁绝传播先王之语而以官吏为榜样；要制止游侠暴行，鼓励杀敌立功。如此，全国上下的言行方可纳入法令轨道，实现君主独裁、富国强兵的目的。

3."术治"。所谓"术治"，就是国君驾驭群臣之术，是用来整治官吏的，是强调君主个人独有，用来控制臣下，在任用官吏及其黜陟（chù zhì）权力运用中的技巧和如何玩弄权术。也就是君主如何控制和使用臣下的权术。其目的在于不让臣子们摸清君主的内心想法和喜好，以便利于君主驾驭群臣，便于实行君主集权统治。

关于"术"，韩非自己曾在两处对"术"下过定义。其一：在《难三》篇中说：术，是君主暗藏在自己心中来对付各种事端，又用来暗中制御群臣的。并说：

国君使用"术",连最亲近的大臣也不能让他们有所耳闻。其二:在《定法》篇中说:"术者,因任而授官,循名而责实,操杀生之柄,课群臣之能者也,此人主之所执也。"即:"术",就是能够依照人的才能来授予他合适的官职,遵循他们的名位来要求他们的实际政绩,君主要掌握生杀大权,考核群臣的胜任与否,这就是由君主所掌握的。后来班固的《汉书》把《韩非子》一书中"术"的内涵归纳为:"擅生杀之柄,通壅塞之途,权轻重之数,论得失之道。"其目的和作用,是"使远近情伪必见于上。"

韩非"法治"的根本目的是要造就绝对有利于君主的人为之势,因此,只依靠法治是不够的,如果"无术以知奸"[①],也无法真正造就君主人为之势。所以,他在《定法》中说,"君无术则弊于上,臣无法则乱于下,此不可一无,皆帝王之具也。"就是说,君主不掌握"术"就会被群君所蒙蔽,大臣们不遵守法令就会从下面扰乱朝政。因此,术治和法治是缺一不可的东西,因为两者都是君主治国不可或缺的工具。

为阐明法和术二者"不可一无"的主张,韩非在《定法》中还写道:

> 申不害不擅其法,不一其宪令则奸多,故……申不害虽十使韩(昭)侯用术,而奸臣犹有所谲其辞矣。故托万乘之劲韩,七十年(应为十七年)而不至于霸王者,虽用术于上,法不饰于官之患也。公孙鞅之治秦也……赏厚而信,刑重而必。是以其民用力劳而不休,逐敌危而不却,故其国富而兵强;然而无术以知奸,则以其富强也资人臣而已矣……商君虽十饰其法,人臣反用其资,故乘强秦之资数十年而不至于帝王者,法不勤饰于官,主无术于上之患也。

其意是说,申不害"徒术而无法",虽然十倍地努力促使韩昭侯用"术",却因为不注意建立统一法律及用法律整治官吏,结果形成"奸多"的弊病。结果,历时十七年之久而未成霸主之业。商鞅则"徒法而无术",虽赏赐丰厚而信实,刑罚严厉而坚定,百姓用力劳作而不休息,兵将善战而不退却,秦国因此而富足兵强,但秦君因无术治,结果改革的成果成为奸臣谋求私利的政治资本,所以秦国虽强富却也未成帝王大业。

---

① 《韩非子·定法》。

韩非所讲的"术",内容包罗万象,主要可以归结为以下几点:

1) 神秘之术。"事以密成,语以泄败"①。君主为达到使臣下畏惧自己,就必须让臣下增加对君主的神秘感,君主的内心世界必须深藏不露,使臣下无从猜测自己的真实想法,决不能投其所好,徇私枉法。例如韩非在《扬权》中强调君主的"自神术"时说道:"主上不神,下将有因"。即:君主如不懂得隐藏自己的思想,不使自己变得神秘莫测,臣下将有机可乘;君主处事不当,臣下就会按照君主的习惯投其所好。否则,臣下就会根据国君的好恶来投其所好,达到劫夺君权的目的。君主要做到"自神",就必须"无为"。韩非的无为,实际就是一种手段,要君主不露声色,让臣下难测其内心所想及其喜怒哀乐,则群臣畏惧,便会战战兢兢做好本职工作。可见,其神秘术,就是君主把自己伪装起来、隐藏起来,由神秘而威严起来。

2) 决策之术。决策是要广泛听取大家意见,做到听无门户,即更要注意听取反对意见,所以在听取臣下意见之前,不能先做任何倾向性的暗示,以便了解臣下们的真实想法。兼听的目的是为了君主决策的绝对权威,兼听更要独断,牢牢地掌握决策权。

3) 御臣之术。就是要在驾驭群臣方面讲究权术,要"用人如鬼"。例如,要有"以一警世众心之术",即抓住某一典型事例,大造声势,以便对臣子起到督责的作用;有"间谍之术",即设密探来对付臣下,来预防臣下对君主的不忠行为;有"指鹿为马之术",用来检测臣下忠诚与否。

4) 抑制重臣之术。即对于朝中手握重权的权臣要尤加注意抑制其势力的发展。首先不要给臣下过高的权势,注意将权势分散,使其相互制约;其次不能将兵权、用人权、赏罚权、财权等轻易地交给重臣,避免其权力过大、尾大不掉;再次禁止他交结私党,因为重臣朋党一旦羽毛丰满,就会威胁到君主;最后对于那些已经形成一定权势,并有很高威望,对君主产生了威胁的权臣,必须看准时机除掉。

韩非将术治最终具体化,称之为"六微"与"七术"。

所谓的"六微",就是指在宫廷和社会上存在的种种阴谋,或者是有损专制君权的隐蔽情况,简述如下:"一曰权借在下":即君主将权力借给在下的臣子;

---

① 《韩非子·说难》。

"二曰利益外借"：即奸臣和君主的利益根本不一致，他们会利用外国的力量来谋求私利；"三曰讬于类似"：即奸臣假托类似的事情蒙蔽君主，以达到个人目的；"四曰利害有反"：即从本质讲，君主和奸臣的利益、国家的危害和臣下的危害相悖，臣下通过危害君主和国家利益来取得自己私利；"五曰参疑内争"：即君权和臣权相掺杂，臣中不同等级名分的互相比拟（疑）与越位，导致争权夺利，杀戮残害；"六曰敌国废置"：即敌国用计使君主审察混乱，处事不当，君主如不明察，敌国就会用离间计废置其国的贤良之臣[①]。

以上的"六微"之术，是作为君主备用的素材，是让"主之所察也"[②]，即这六种情况君主是一定要明察的。所谓"七术"，是指君主防奸察奸，制御臣下的七种治术，内容简述如下：

"一曰众端参观"：即对众人所言和所行为之事，进行参验比较，观察其得失，不偏听偏信；"二曰必罚明威"：即对犯罪者坚决惩罚，以显示国君法律的威严神圣不可侵犯；"三曰信赏尽能"：即对有功者给予厚赏，言而有信，以使臣下竭尽全力才能效忠于君主；"四曰一听责下"：即对群臣的言论要一一听取，不偏听偏信，督责他们的行动；"五曰疑诏诡使"：即传出可疑的诏令，让臣下产生怀疑，再用诡诈的手段来考察臣下是否忠诚；"六曰挟知而问"：即用已经了解的事情来询问检验臣下是否忠诚；"七曰倒言反事"：即用说反话做反事的方法，来窥测臣下的阴谋，从而探知他们的奸话[③]。

以上这"七术"者，是"主之所用也"，即这七种术治，是供君主用来控制群臣的。

韩非认为，君主只要能明察，识破这外在威胁君权的"六微"之术，再灵活地运用驾驭群臣的"七术"，便可以防患于未然，从而可以牢固地掌握住君权。

总之，韩非继承并发展了李悝、商鞅的"以法为本"、申不害的"术治"、慎到的"势治"思想，成为他的新型法治学说。按照他的法治学说，法、术、势本是三位融为一体的，不可分割的有机整体，"皆帝王之具也"。三者都是为了造就有利于君主的"人为之势"，以便于维护君主的利益，其目的在于建立封建君主中

[①] 《韩非子·内储说下·六微》。
[②] 《韩非子·内储说下·六微》。
[③] 《韩非子·内储说上·七术》。

央集权制。他的新型法治学说,是我国先秦法治文化的最高峰①。

三、韩非法治学说的历史功过

韩非是法家思想的集大成者。"法家"曾是个有争议的概念,我们对法家的定义是从先秦诸子百家争鸣的角度来说的。法家是先秦诸子中的一家,它是以法制思想为指导的一个学派。其学术思想主要包括法、术、势三个方面。从历史角度看,它是历史的一个范畴,产生于传统贵族制向封建制过渡时期的晋国,经过战国时期的魏、赵、韩"三晋"及秦等国,到秦始皇统一六国,以法家精神建立了中央集权的秦帝国,使它发展到顶峰,其理论也走向极端,导致秦末农民大起义,使秦帝国灭亡,法家也随之消亡。虽然法家在作为一个学派在秦灭亡后就悄悄地退出了历史舞台,但它对我国传统贵族制的转化和封建大一统局面的形成却起了重要作用,而且对后世法制的发展也有着深远的影响。从阶级角度来说,法家的阶级基础是新兴的地主阶级,它是伴随着新兴地主阶级的形成而后产生的,也是新兴地主阶级的代言人。

韩非的法家学说传到秦国并被秦王嬴政完全采纳,实际上指导秦国统一了中国,建立起了我国历史上第一个封建君主中央集权制帝国。秦国的基本政体架构又在中国延续了两千多年,难怪谭嗣同说,中国"两千年之政,皆秦政也"。

第三节 法家治国思想

法家,是战国时期形成的,并在后世产生深远影响的一个很重要思想流派。它的形成比道家、儒家要晚一点。它的出现标志着中国传统政治学的高度成熟。法家在诸子百家中是最讲究政治操作性的一家,它的理论基本上集中于工具、制度模式的层面,法家学说的唯一宗旨就是"务治"(也就是管用),即完全围绕"治国驭民"为题展开,主张严刑峻法管理天下,推行绝仁去义、惟力是视,高度强化君主为本体的中央集权制。如果说儒家的思想是"入世说",道家的思想是"出世说",那么法家的治国思想则是典型的"经世说"。他最强调的就是经世致用,也就是说要"管用",要立竿见影,有时达到了极端地步。法家的思想渊源可

---

① 孙开泰:《先秦诸子讲座》,《新田文化与和谐思想研讨会论文汇编》,2007年9月。

以上溯到春秋时期的管仲、子产、士匄，它的实际开山人物首推战国时期魏国的李悝，他的《法经》颁布标志着法家作为一个学派的诞生。其主要人物有商鞅、吴起、申不害、慎到等人，其集大成者是战国晚期韩国的韩非子，战国时期法家思想占优势地位，秦时期占主导地位。当年商鞅征服秦孝公的理论，就是法家的理论。史载，商鞅开始见秦孝公时，先讲了儒家的治国理论，又讲了道家的治国理论，都没有引起秦孝公的重视。在他讲了法家的治国理论之后，才引起了秦孝公的高度重视，产生了相见恨晚的感觉，采纳了商鞅的建议，并委以商鞅重任，主持变法。这才有了"商鞅变法"这次光照千古的大改革。可见当时法家治国思想影响之大。汉武帝实行"独尊儒术"后，看起来法家思想好像淡出了。其实，这是一个错误：原因是历来错把荀子的治国理论划归到了"儒家"范畴。再看历史上的真实情况，根本没有那么简单，法家学说作为一股强大的思想潮流，始终活跃于中国古代社会的政治生活当中。《汉书·元帝纪》云："宣帝作色曰：'汉家自有制度，本以霸王道而杂之，奈何纯任德教，用周政乎！且俗儒不达时宜'"①，可知，汉朝绝非用的是"纯儒术"治国思想，所以"后来有人讲，在中国古代治国思想实际操作中是'霸王道而杂之'，是符合历史实际的"②。"就是采纳董仲舒意见，确立'独尊儒术'为治国指导思想的汉武帝本人也讲过，本朝实行的实际上是'内法外儒'的方略"③。所以我们可以说，法家是中国古代治国思想，仅次于儒家的主体构成，法家对古代经国治军活动具有指导意义是长期存在的客观事实，所产生的作用和影响是巨大的。其主要思想如下：

一、厚今薄古的思想

这是法家的一个基本历史观，是改革变法的重要理论基础。法家认为社会是发展的，"治世不一道，便国不必法古"④，强调"当时而立法"。因此厚今薄古，以至于是今非古是法家人物的普遍主张，"法后王"是他们的典型特征。甚至出现了王安石的"三不足"，即"天变不足惧，人言不足恤，祖宗之法不足守"⑤的名言。应该说，中国古代的历史哲学理论，就其体系的成熟性和内涵的丰富性而

---

① 《汉书·元帝纪》。
② 运新宇：《治国史鉴十讲》，国防大学出版社，2009年。第22页。
③ 运新宇：《治国史鉴十讲》，国防大学出版社，2009年。第22页。
④ 《商君书·更法》。
⑤ 《王荆公年谱考略·节要附存》卷二。

言,早在先秦时期就已经确立。当时的各主要学派,都有自己关于历史发展问题的基本认识。但从本质上说,诸子历史哲学的主要倾向就是两种:一种是"法先王",就是主张学习上古时代的做法,在思想理论上和实际操作上都是厚古薄今;所谓"法后王",就是主张当时而立法,在思想理论和实际操作上都是厚今薄古。二者斗争的实质是守旧复古和事异备变的对立。如果从历史的大视野来看,在古代治国思想史中,道家的"复古"立场最为坚定;法家"崇今"的态度最为鲜明。几乎所有的法家人物都认为人类历史是进化的,所以都主张厚今薄古。法家集大成者韩非明确指出不同时期的社会特点:"上古竞于道德,中世逐于智谋,当今争于力气。"①可知法家关于历史进化的理论是相当清晰的。所以有人说历史进化论是他们对中华文化与中国政治发展所做出的重要理论贡献之一,这并不过分。因为西方的进化论比战国时期的韩非要晚的太多了。这种进化论为改革变法提供了理论依据。许多法家人物都是改革家,都有改革变法的经历。法家"不法古,不修(循)今"的思想是历史上所有从事社会改革实践的人们的理论纲领。那些改革的实际主持人,不论其是否属于法家学派,在推行改革过程中坚持"不法古""不循礼"的原则立场上却是完全一致的,后汉时的崔寔、仲长统说过一段非常典型的话:"作有利于时,制有变于物者,可为也。事有乖于数,法有玩于时者,可改也。故行于古有其迹,用于今无其功者,不可不改。"(《后汉书》卷五十二)。也就是说,过去做得再好(于古有其迹),但现在不管用了(于今无其功),也要改变。这两个人并非典型的法家人物,但他们关于"变通"的改革理念却与法家的进化论思想相一致,由此可见法家社会进化观在中国社会历史上的深远影响。

实事求是地说,法家的思想和现代进化论不是一回事。但法家以厚今薄古、进化趋时为特征、以变革创新为核心的社会历史观,毫无疑义是法家治国思想的重要理论基础之一。事实上也正是因为法家承认进化,主张趋时,厚今薄古,所以他们在治国经武方面,不拘于常规旧法的束缚,能够提出一系列比较切合实际、符合时代需要的而且便于具体操作的重要思想与相关手段;也正是因为法家提倡变革,追求创新,解放思想,才使得他们的思想能够挑战传统观念,为社会历史的健康有序发展注入强大的动力,使数千年的中华文明史,实际上成了自上而下的改革与自下而上的革命二者交相更替、互为作用的运动过程,从而在政治实践

---

① 《韩非子·五蠹》。

的层面，证实了《易·系辞下》所提出的"穷则变，变则通，通则久"的普遍规律。总之主张厚今薄古，强调因时立法，注重经世致用是法家思想的一个重要的理论支撑。

二、人本性恶的思想

这是法家治国思想的一个重要认识基础，是实行法治的理论依据。法家在治国中采取的许多措施都与这一思想有关。"性恶论"的观点，出自《荀子·性恶篇》，与孟子的"性善论"大相径庭。法家的性恶论虽然来自荀子，但对于人性恶的程度、根源特别是处理方法则迥然不同。荀子虽然认为人的本性是恶的（实指人的欲望），这是人的自然属性、生理本能，但可以通过教化达到善；而法家顺理成章地推进到了极端的地步，认为人的本性本来就是恶的，教育是不起作用的，只能制裁、控制，而不能转化。

在法家看来，儒家说的那种"仁义道德"都是骗人的，并对其贬斥之为"六虱""五蠹"，即危害国家安全，导致国家民风萎靡不振、国家削弱危亡的丑恶事物。面对这种情况，就有两种不同处理办法：荀子认为，"人之性恶，其善者伪也"，通过后天的教化甚至可以"涂之人皆可以为尧舜"[①]；而法家在处理方法上正与之相反，认为，人性恶是根深蒂固的，只能用严厉的法律来约束和控制，使之不敢为非作歹，只能老老实实地接受君主的统治和管理。法家的这一思想成了他们采取一系列治国措施和方略的重要理论基础。

三、以法治国思想

这是法家思想体系中的核心主张，也是法家治国思想的中心命题。用法家自己的话说就叫作"法为天下程式"。儒家也讲法的作用，也说"令之以文，齐之以武"，但二者绝对不是一个意思。他们的区别是根本性的。在法家这里，法是唯一的，后来经过改造，也仍然是中心。也就是说，法不讲人情，一切唯法是视，以法为"本位"，以严刑为特色。法家反对"德治"，他们认为，"法"是治国理论的核心原则和政治的唯一标准。它包括这样几个意思：第一、一定要确立法治的中心地位，也就是使法成为天下之"程式"。第二、要注重制定法律，故《明法》曰"以法治国，则举措由己"。"明主者，有法度之制，故群臣皆出于方正之治，

[①]《荀子·性恶》。

而不敢为奸。百姓知主从事于法也,故所使者,则民从之,无法则止。民以法与吏相距,下以法与上从事。"①也就是要让人们都有一个基本遵循,有法可依。第三、要严刑峻法,令出必行。强调依法行事,"以刑止暴"。法家指出,要使每一个通晓统治者所制定的法律,这是使人们"战战兢兢,如履薄冰",不敢越轨犯法的前提;而严刑峻法的目的,是使人望而生畏,这是使人们不敢越轨犯法的根本保证。为此,法家普遍主张用严刑。第四、法家认为严刑峻法既是治民又是"护民"。

四、尊主卑臣的思想

法家是君主专制的积极讴歌者,他们都主张强化君主专制和独裁。法家对于治国的理想追求格局是:"事在四方,要在中央;圣人执要,四方来效。"②也就是由中央说了算,君主要有绝对权威。由于法家事事处处都站在君主的利益角度考虑问题,提出方案,从而使自己的理论呈现出崇尚暴力,鼓吹集权,提倡杀戮的基本特点。应该说,在维护君主专制上,儒家和法家的理念是一致的,都提倡以君主为中心的大一统中央专治集权,严格强调上下纲常等级名分。但二者是有着重大区别的,儒家主张君主专制是有一个前提和限制的,就是当君主要实行"仁政"、搞"德治",才有执政的合法性;而法家所鼓吹的君主专制独裁是没有任何限制和前提的,是绝对的。儒家的理论包含着约束和限制统治者的思想和内容;而法家更多地扮演了刽子手的角色,将君主专制原则转化为冷酷无情的社会政治实践。所以法家在历史上名声一直不太好。

为了实现尊君卑臣的目的,维护君主的绝对权威,法家还设计了一套"驭臣"之术,也就是人们常说的"法、术、势"。(前面已经分开讲过,在此不再赘述)。

五、富国强兵思想

这是法家治国根本追求的目标。法家强调的一切治国方法,说到底都是治国安邦的指导原则和具体手段,他们所要达到的目标是非常明确的,就是为了发展实力,富国强兵。换言之,就是要壮大力量。法家认为,治理国家取得成功与否的主要标志,就是经济发展,军力强大,即所谓的富国强兵。他们认为"国富者

---

① 《管子·明法解》。
② 《韩非子·扬权》。

兵强，兵强者战胜，战胜者地广"①，而富国强兵的基础则在于发展经济，实现富民。在富民的基础上，法家提倡强兵，认为这是保证国家安全的根本条件，也是国家强大、君主专制统治巩固的显著标志。

怎样实现富国强兵，法家提出两条基本途径：一是鼓励耕，一是奖励战，这就是法家的耕战思想。法家认为，耕和战二者不可分割，互为表里，农耕为攻战之本，富国与强兵必须结合。还必须懂得强国的道理，否则国家富了，也未必强，照样会面临危机，君主专制体制照样无法维持，二者关系就是这样紧密，所以法家特别强调鼓励耕战。

可见法家治国思想是一个相对完整、严谨的体系，是中国古代治国思想的很重要组成部分，值得我们认真研究和借鉴。

六、对法家学说治国思想的总结

法家的远源与儒家是同时期的，但法家的形成比儒家要晚约200年，比道家学派更晚一些，直到战国晚期才正式形成的，也是对后世产生深远影响的一个重要思想流派。法家是由众多具有一定社会地位的士、大夫的思想家学者群体组成。他们大多数居于政治权力核心，成为君主政治的组成部分，处处为君主权力着想，巩固君主权力、延长王朝命祚，他们的国家治理目标是"效能"。法家的出现，标志着中国传统政治学的高度成熟，相当于西方世界马基雅维利的《君主论》的诞生对于西方统治术完善的意义②。法家在诸子百家中是最讲究政治操作的一派，它的理论基本上集中于工具、制度模式的层面，法家学说的唯一宗旨就是"务实"（即管用），也就是完全围绕"治国驭民"的问题展开，主张严刑峻法管理天下，推行绝仁去义，唯力是视，高度强化君主为本位的中央集权体制。2016年12月10日，习近平总书记在中共中央政治局第37次集体学习时说："法律是准绳，任何时候都必须遵循……法安天下。"如果说，儒家为"阴"，则法家为"阳"，具有阳刚之霸气，是为政者治理天下两手中"硬"的一手，是"底线的道德"。法家的根本精神有三个方面：首先是崇尚法治，树立法律至高无上的权威性，使社会所有成员，包括统治阶级在内的全体成员，都必须无条件地服从于法律从而提高国家的管理效能。其次是思想的创新能够积极促进社会制度的变革，提倡"变古"以

---

① 《管子·侈靡》。
② 纪宝成主编：《中国古代治国要论》，中国人民大学出版社，2004年，第97页。

"趋时"的历史进步观。能从现实的国情出发，具有不断地变革旧法律的不适应部分，建立能适应现实的新法律，促使社会进步，快速发展。再次是重功利，奖勇战，打击豪强，惩治腐败，惩治顽民恶棍，具有一种傲然的阳刚霸气。它的最终目的是富国强兵，建立一个有法可依、执法必严，违法必究的一个规范有序的社会。法家素来被认为完全是为帝王统治和权术服务的学说。然而法家"信赏必罚"的学说，要求统治者必须"有德泽于人民"的思想，也表现了法家的重民思想。法家在历史上是为专制统治服务的学说，但"王子犯法与民同罪"的观点，也有非常大的合理性和民主精神。如果说儒家思想是"入世说"，道家思想是"出世说"，那么法家治国思想就是典型的"经世说"。他最强调的就是经世致用，也就是说要"管用"，要立竿见影，所以有时甚至达到极端的地步。

法家学说理论的缺点是：

1. 如前面所说，任何一种学说都不是十全十美，有矛就有盾，有得就有失。法家阳刚霸气，缺少柔性的仁爱和"中庸"手段。由于法家手段过于强硬，矛盾容易激化，滥用之，甚至会造成社会动乱。

2. 纯法制无法制约权力

法家强调"缘法而治"，但是在其法治理论体系中将法律作为维护专制权力的工具。商鞅变法、吴起变法，这些法实际都是统治者实施专制的工具，他是随统治者的意志为转移的，当统治者需要的时候，它便是统治的法宝，当统治者发生变更时，法治的权威往往也随之改变，缺乏持续性。

3. 纯法家法治理论过于重刑

法家过分地相信法律的威慑作用。由于重刑思想的支配，执法中就很难做到"缘法而治"，一般官吏往往会在不经意间枉定人罪，"明法"转为"淫刑"。

4. 纯法家理论封闭自塞

法家理论产生于诸子百家争鸣时期，在诸子学说并存时期，法家的这一缺陷可以得到弥补，没有显现出它的缺点，如魏文侯时期，儒家、法家、道家、墨家共存，魏文侯又很会运用权柄，魏国一度成为七雄之首。当秦始皇统一六国后，"焚书坑儒"，独尊法家，这一缺陷就很快暴露出来。定于一尊的法家学说不但迫使其他学说转入"地下"，而且自身的发展也从僵化走向窒息。

5. 纯法家理论利攻不利守

法家主张重刑主义，法网繁密、刑罚严酷，必能使百姓因畏于受刑而安分守己，听任统治者的役使调度，不敢有任何犯上作乱的念头。这种严刑峻法的统治方法，在战国时期诸侯混战的形势下是行之有效的。那时民心思安，渴望结束战乱，完成统一。因而秦国君民一心，勤勉耕战，秦法无疑对保证秦国统治者的各项政策法令得意贯彻实施具有积极作用，因而基本上是顺应民心，顺应时代。但在取得天下后，严刑峻法则容易导致社会矛盾的激化。秦统一后将法家学说定于一尊，实行文化专制，专任刑罚，实施暴政，使百姓对秦政权失去信任和希望，最终推翻了秦王朝的统治。

第二篇
治国方略主线

概　述

中国古代传统国家经历了夏、商、(西)周三代分封的王国政治，尽管三代和秦汉以后的政体不同，但治国理念与实践却有相通之处。三代实行以血缘为依据的分封制，为了维护其王室长久统治，朝廷或国君也积累了霸道和王道的政治"治理"的初期经验。

春秋战国时期，是中国古代治国思想迅速发展并臻于高度成熟的时期，也是最重要的发展时期。学界有一个共识，都认为春秋战国是中华文化的"轴心时代"。它的主要标志有两个：一个是涌现出老子、孔子、孙子、孟子、荀子、墨子、庄子、韩非子为代表的一大批中国历史上最伟大的思想家。第二个标志是，在此基础上，形成了儒、法、道、墨、兵等重要思想流派，这就是历史上说的"诸子百家"。

到了春秋后期，晋国温邑卜子夏师从孔子，接受了儒家思想，为孔子守孝三年之后，返回到法治文化摇篮的晋国并生活了55年，接受了法家思想，从他的弟子看，既有法家代表李悝、吴起，又有儒家公羊高、谷梁赤，可见他的思想是"儒法兼容"；卜子夏的第五代门人荀子，是晋国分裂出来的赵国人，他生活在战国后期，继承了卜子夏的"儒法兼容"思想，又到齐国稷下学宫讲学，接触到其他的诸子学者，还走访过秦、赵、齐，卒于楚国兰陵，著《荀子》32篇专著。其中既有儒家思想文章，又有许多法家的观点，他的最主要观点是"隆礼尊贤而王""重法爱民而霸"。于是，从皋陶"明刑弼教"、卜子夏"儒法兼容"、荀子"隆礼重法"的一条治国思想主线便形成了。

第十二章 皋陶"德主刑辅""明刑弼教"的治国思想

第一节 皋陶生平简介

一、皋陶其人①

《新唐书·宗室世系上》载:"帝颛顼高阳氏生大业,大业生女华,女华生皋陶,字庭坚,为尧大理"。光绪版《山西通志》载:"皋陶里,(山西)洪洞县(城)南十三里皋陶村,有冢存"。《洪洞县志》云:"皋陶故里在县城南十五里皋陶村"。相传皋陶生于此,或高阳也,有庙春秋祀焉。现洪洞县皋陶村(士师村)有庙遗址和墓遗址,并有残碑。近年又找到明天启元年重刻《圣臣志》,附近又有羊獬村。

对于皋陶的出生身世,无论是古籍文献,还是民间传说,在史学界的观点历来并不甚一致,根据《史记·五帝本纪》《史记·夏本纪》《尚书·舜典》《尚书·大禹谟》及《尚书·皋陶谟》等典籍所载,皋陶在帝尧时已为司法官"士",在舜时继续担任这一职务,到了夏禹时他被确定为禹的继承人,但由于去世早而未能即位,这一说法值得怀疑。

在原始社会末期,人们生活水平之低下,医疗水平极差,一个人的年龄要跨越三代人几乎是不可能的。但无论从《左传·昭公十四年》引《夏书》云:"'昏、墨、贼、杀'皋陶之刑也",还是从《竹书纪年》载:"帝舜三年命皋陶作刑",以及《孟子》《荀子》《论语》的内容来看,我国历史上确有皋陶其人,而且就活动在尧、舜、禹时期。

---

① 李尚师:《晋国通史》第二十八章《晋国治国思想的发展》,山西人民出版社,2014年11月,第1142页。

原始社会末期，中华文明的曙光从今晋南升起，在这里形成了尧、舜、禹为首的强大部落联盟，她是华夏民族的核心。因为晋南地区有黄河、汾河、涑水河以及诸多湖泊沼泽，在今临汾、运城盆地里有较宽广的平原和众多丘陵、山坡。这里雨量充沛，气候温和，土地肥沃，适宜于农耕、渔猎、放牧，随着耜耕农业的出现，人类需要选择适宜的土地来定居生活。我国虽然土地辽阔，但在居住生活方面，南方红土地不适合，东北黑土地也不适合，只有晋南黄土地的丘陵坡地最为适宜人类聚集和农耕生活。作为尧、舜、禹辅佐大臣的士师皋陶自然生活在这一地区，今襄汾县陶寺遗址发掘出的城址、宫殿、观象台、祭祀建筑、王陵、文字等诸多文物可以证明其都城就在这里[①]，皋陶的庙址和羊獬村距离陶寺遗址北百余里地也是合乎情理的。皋陶制法、造狱或制定刑罚、"画地为牢、置于丛棘"便在今晋南这块土地上诞生了。

在原始社会中，社会组织的基本单位是氏族，而调和社会的主要规范是风俗和习惯，但随着生产力的发展，私有制的产生，阶级的出现，于是作为阶级的代表国家就逐渐形成了，到了原始社会末期，社会由愚昧混沌状态一步步地走向文明，中华文明的曙光首先在晋南大地出现了。

尧到老年时期，令舜"摄天子执政"[②]，以后舜在四岳群牧，巡守天下的布告中有"象以典刑，流宥五刑，鞭作官刑，扑作教刑，金作赎刑。眚灾肆赦，怙终贼刑"[③]，这就标志着刑罚的出现。刑在此之前还是没有的，刑罚的出现维护了部落联盟内部氏族酋长及其联盟首领的权力，维护了部落内部富有者的强制性暴力与氏族部落内的贫者与被奴役者对立的地位。舜时的联盟议事机构也较帝尧时更加完善，成员有了职务的分工。舜时，在四岳、十二牧、二十二人当中明确出现了司空、司徒、士、公、虞、典乐、纳言、秩宗诸官，并且有考核的办法，即"三载考绩，三考，黜陟幽明，庶绩咸熙"[④]。这样皋陶便成了凌驾于社会之上的制定刑罚和执掌刑法之官——大理。

[①] 2015年山西临汾市"尧文化暨德廉思想"研讨会上，中国社会科学院考古研究所所长王巍认为"陶寺就是尧都""几成定论"；国家"九五"科技攻关重大项目"夏商周断代工程"首席科学家、国家"十五"科技攻关重大项目"中国文明探源工程预研究"课题主持人、北大教授李伯谦等专家皆认为"陶寺就是尧都"。

[②]《史记·五帝本纪》。

[③]《尚书·舜典》。

[④]《尚书·舜典》。

二、皋陶在历史上的地位

任何一种新制度、新思想的诞生都有一个漫长的孕育过程，法的思想文化在悠久历史的积淀中逐渐形成，这种积淀过程应远溯到传说时代。据说，刑法在黄帝时就已经出现了，《尚书·吕刑》载："蚩尤惟始作战……惟作五虐之刑，曰法。"关于我国的法律起源问题，诸家说法不一。

一曰：法源于天说。

《尚书·皋陶谟》中说："天讨有罪，五刑五用哉。"《尚书·大禹谟》中也说："故圣人因天讨作五刑"。

二曰：刑起于兵说。

《易·师》中说："师出亦律"。《国语·鲁语》中语："大刑用甲兵，其次用斧钺；中刑用刀锯，其次用钻凿；薄刑用鞭扑，以威民也。故大者陈之原野，小者致于市朝。"

三曰：法源于苗民说。

《尚书·吕刑》中说："苗民弗用灵，制以刑。惟作五虐之刑，曰法。"

四曰：法源于定分止争说。

《管子·七臣七主》中说："法者，所以兴功惧暴也；律者，所以定分止争也。"

然而，最有说服力的还是皋陶造律说。

《尚书·舜典》《左传》昭公十四年引《夏书》《竹书纪年》及《吕氏春秋》等古籍中，皆记载皋陶是尧舜时代的"士"（大法官）。《史记·五帝本纪》载："舜曰：皋陶，蛮夷猾夏，寇贼奸宄，汝作士……惟明克允。"《史记·夏本纪》载："皋陶作士以理民……皋陶于是敬禹之德，令民则禹。不如言，刑从之。舜德大明"。

综上所述，我国最早的立法者，应该是古籍中所明确记载的皋陶其人。从这些记载中，也明确地反映了史前时期我国先民立法的一些真实情况。这里首先引述前面已有的两条史料。《左传》昭公十四年载：晋国大夫叔向提及皋陶之刑："《夏书》曰：'昏、墨、贼、杀，'皋陶之刑也"。《尚书·舜典》载帝舜说："皋陶，蛮夷猾夏，寇贼奸宄。汝作士，五刑有服，五服三就。五流有宅，五宅三居。惟明克允"！此后者出自《尚书》，但所述其事可信，至于"五刑有服"数句，据唐人孔颖达解释，大意是"受罪者皆有服从之心，言轻重得中，悉无怨恨也"。这里的说法虽被后世儒家涂上了理想化色彩，但这两条史料无疑值得重视。因为在这里，一是提出了皋陶立法的缘由，从而实际上论及了中国法律的起源。二是介绍了皋陶所立之法的部分内容。

关于前述之《舜典》所述，虽然多数学者认为此段记述中的前面几句已被后世儒家进行了改造。例如夷夏的观念不可能在皋陶时代出现。但是，"刑"始于"兵"，或说兵刑一体。如《国语·鲁语》引臧文仲曰："大刑用甲兵，其次用斧钺；中刑用刀锯；薄刑用鞭扑，"可《商君书·修权篇》则反过来说："刑者，武也。"对于兵刑一体有关之论，可以联想到《舜典》所载，也是如此一个历史事实；皋陶之法具有两重功能，既要制服外部敌人"蛮夷"，制止他们来"猾（乱）夏"，又要惩处华夏族内部的罪犯，即惩处那些犯有"寇贼奸宄"之罪的人。

再说前述的《夏书》并非是作为今本《尚书》中的一篇，而是"古之遗书"。其史料价值不仅远远高于今本《尚书》，而且比常说的先秦史料还要古老和珍贵。虽然此《夏书》所包含的内容还无从揣测，但他联系下面一点也可做出相应的推测。据《左传》昭公六年所载："夏有乱政，而作禹刑。"皋陶晚年仍为禹的法官"士"，据此可以推测出：虽不能完全说夏刑尽为皋陶所定，但夏定刑法包括了"皋陶之刑"则完全是有其理由的。至于所谓之"禹刑"，那只不过是"皋陶之刑"的再修订或再颁布而已，并非意味着夏禹本人是一位立法和执法者。从以上两点可以认为，皋陶其人确应为我国历史上的一位最早的立法者。

《尚书·舜典》载："帝曰：'皋陶，蛮夷猾夏，寇贼奸宄，汝作士，五刑有服'。"文中之"士"，即为法官，为制定刑法并执行刑法之官。《管子·法法》载："舜之有天下也……皋陶为李。原注：'古治狱之官，此作李官'。"此"李"即"理"，"理"为讲理，古之法官称之为"理"。《说苑·君道》云："当尧之时，皋陶为大理。"相传皋陶在执掌司法时，"画地为牢"，成为最初监管犯人的囚禁场所，我国从而有了监狱。从此，"皋陶造狱，画地为牢"正式流传下来，而造狱的先驱者皋陶，便被尊为狱神。《后汉书·范滂传》记述狱吏对入狱的范滂说："凡坐系者，皆祭皋陶"。可见东汉时，监狱中就有了祭皋陶的习俗了①。

皋陶的事迹主要见于《尚书·虞书》和《皋陶谟》之中。《尚书》是我国流传下来的一部最古老的历史文献，然而如今所见到的本子，其中有不少篇章是后人

---

① 付周：《皋陶在中国法制史上的地位和作用》，贺伟主编：《法祖皋陶》中国戏剧出版社，2005年，第132页。

伪作。从《虞书》来说，今天《尧典》和《舜典》原为一篇。《皋陶谟》和《益稷》原来亦为一篇，皆被分开为二篇。

《皋陶谟》伪孔《序》说："皋陶矢厥谟，禹成厥功"。孔颖达《疏》亦说："皋陶为帝陈其谋，禹为舜陈已成所治水之功。"其文之两说皆不当。南宋蔡沈对伪孔《序》说过："禹曷尝无言，皋陶何尝无功"。从《皋陶谟》全篇来看，皋陶不是就一时一事陈其谋划，而是在总述其多年所有之谋划，而且这些谋划大都已经实施或正在实施。可以说，皋陶和禹都在陈其已成之功，所不同的是一个为谋划之功，另一个为治水之功。所以舜在皋陶讲完后说："来禹，汝亦昌言。"用白话说为："禹，你也直言无隐呀！"说明二人都是在同一场合说的是同一话题，而不是一个陈谋，一个言功，彼此无关。伪者把《皋陶谟》割裂开来，于是其形式和内容都错了位：一篇成两篇，一个场合变成两个场合，一个话题变成两个话题，一回事变成了两件事，本来彼此相关之事变成了两者不相关，造成了一种假象。

《孟子·滕文公上》云："尧以不得舜为己忧，舜以不得禹、皋陶为己忧"，禹和皋陶是舜最得力的两位助手，禹以治水在部落联盟中享有较高声望，皋陶一向德行卓著而得到很多部落的拥戴。两人都具备继承帝舜之位来担任部落联盟的最高公职条件，但不论选择哪一位，都必须得到另一位的支持，否则联盟二王并立会出现动荡，为此帝舜煞费苦心。因此，方有舜与禹、皋陶三人对话的那一段史事出现。在对话中，舜对皋陶的陈述未发一言，而在大禹的陈述中，却多加赞扬，从而表明属意于禹。皋陶居功不傲，明白舜的意图后，当即表态完全赞同舜的选择，并大力支持大禹，表现了谦逊的美德，大禹也因此而对皋陶表示十分钦佩，帝舜放下了心，问题得到圆满解决。于是司理乐舞的夔带着乐队赶来庆贺，君臣共歌共舞，出现了一个非常热烈的场景。从这里，体现了皋陶让贤的高大形象，但这一史事却被伪者改得面目全非，晦而不明。

传统的说法是，皋陶"造律"，是"理官"、是"狱神"。故而被尊为司法的祖神。从这些头衔中只能反映出皋陶在历史上的部分功绩，并非全部。若再把《皋陶谟》与《舜典》合起来看，便会发现我国在尧、舜时代，许多政治措施大多和皋陶的谋划相连在一起。所以说：皋陶是我国文明曙光、国家初创时期的一位智囊式伟人[①]。

[①] 刘和惠：重读《尚书·皋陶谟》–兼论皋陶的历史地位，《安徽史学》，1998年第2期。

第二节　皋陶治国思想框架

一、选法初衷在于教化民众，明刑弼教

从史料中，可以看到皋陶造法的初衷是要对民众进行礼的教化，使民之心安于为善师而耽于为不善，体现了皋陶主张慎用刑罚，坚持"明刑弼教"的思想。《尚书·舜典》云："象以典刑，流宥五刑，鞭作官刑，扑作教刑，金作赎刑。眚灾肆赦，怙终贼刑。"《益稷》亦云："皋陶方祇厥叙，方施象刑，惟明。"其中的所谓"象刑"，就是指用"画衣冠""异服亲"的办法来惩罚罪犯。

原始社会中的"象刑"即公共议论，也就是让社会舆论来批评，这也是一种约束人们的手法。原始社会的自我约束力是从原始群落时期的习惯延续下来的，为世代传承的习俗，若有人违反了某种习俗，便会受到公共议论的谴责和社会公众给予的威胁。

《尚书·舜典》有"象以典刑"。《益稷》曰："皋陶，方祇厥叙，方施象刑，惟明。"《尚书大传》说唐虞时用象刑，犯人不受拘禁而居于州里。"民耻而反于礼"。郑立以为："时人尚德义，犯刑者，但易衣之衣服，自为大耻。"这就是我国原始社会末期极为推崇的"德主刑辅"思想，也就是皋陶创法执法过程中的"明刑弼教"，①以化万民的精髓所在。他对于犯罪的人用刑法来制约，用德化来治理，用礼仪来约束，使人们感到犯罪是可耻而不可为的，这样也就减少了犯罪，从而教化了民众。同时，提出与其杀无辜，"宁失不轻和罪疑惟轻"的慎刑思想，这些做法对舜、禹时期的政权奠定了坚实的基础。

随着社会的发展，这些思想和做法已远远不能适应原始社会的发展形势，从尧、舜治天下时，不必赏赐百姓而自然行善，不必处罚百姓而自然戒恶，到赏赐了依然不仁，处罚了仍然作恶的德教衰废，蛮夷猾夏，寇贼奸宄。《竹书纪年》载："帝舜三年命皋陶作刑。"《左传·昭公十四年》载："昏、墨、贼、杀，皋陶之刑也"，《舜典》载：帝舜对皋陶说"汝作士，五刑有服，五服三就，五流有宅，五宅三居，惟明克允"。其意是说：你作为大理（法官），五刑各有使用的方法，五种用法分别在野外、市、朝三处执行。五种流放有各自的处所，分别流放到三个远近不同的地方，你要明察案情，处理公允②。

---

① 这里的"明刑弼教"，即《尚书·大禹谟》中所说的"明于五刑，以弼五教"的概括。
② 弘文：《法律的起源》，贺伟主编：《法祖皋陶》中国戏剧出版社，2005年，第93页。

二、以"法制"辅助"德治"的"德主刑辅"主张

皋陶制刑注重教化,明"五刑"以弼"五教,期于予治,刑期于无刑",这都集中体现了皋陶的刑罚观、道德观。他主张以"法制"辅助"德治",即"德主刑辅"。在原始社会末期,部落相互征战,成批地屠杀俘虏,简单而又残忍地对待犯人,所以皋陶提出了"天讨有罪,五刑五用哉!"并制定了五刑以惩办不同罪行的人。以画地为牢制监狱而缓刑,制止杀戮来显示法律的存在和威严。皋陶在起初制定刑罚之时,就提出了"慎刑""轻刑",以"刑期于无刑"的思想。"慎刑",就是不滥用刑罚而殃及无辜者,"轻刑",就是从轻处罚,防止刑重于罪。所谓的"刑期于无刑",就是把犯罪消灭在犯罪之前的萌芽状态之中,"以致未等用刑而案先泯"。他为了实行其惠民安民的政策,推行德政,《皋陶谟》载皋陶说,"天叙有典,我五典五惇哉!天秩有礼,自我五礼有庸哉!同寅协恭和衷哉!天命有德,五服五章哉!天讨有罪,五刑五用哉,政事懋哉!"在这里他倡导了"五典""五礼""五服""五刑"。

所谓"五典",又称"五教",五教即五常之教。"五典"的内容,历代有不同的解释,《左传·文公十八年》载鲁太史克所云,五教为"父义、母慈、兄友、弟共(恭)、子孝"。《尚书正义》及孔颖达《疏》亦同此说。孟子则释为"父子有亲,君臣有义,夫妻(男女)有别,长幼有序,朋友有信"。两者相比较,以孟子的解释较胜。尧舜之时,正处于从野蛮走向文明,部落之间人伦风尚不一,需要整合。孟子所说的五种关系包括了人们在社会上最基本的几种社会关系,这几种关系是文明社会必须具备的前提。关于《左传》记载的鲁太史克所说的"五教"只限于家庭成员之间的关系,是封建礼教的范畴。帝舜对于兴"五教"是十分的重视,于是《史记·五帝本纪》载舜对契说:"百姓不亲,五品不训,汝为司徒,而敬敷五教,在宽。"其意是要司徒契负责推行"五教。"

关于"五礼",历史上有几种不同的解释。《尚书正义》曰:"公、侯、伯、子、男五等之礼。"马融谓"五礼"乃"吉、凶、宾、军、嘉也"。郑玄云:"五礼,天子也、诸侯也、卿大夫也、士也、庶民也。"王肃曰:"五礼谓王、公、卿、大夫、士。"我想,应倾向于马融之诠释吧!其他各说均系后来阶级社会、等级社会制度的体现,尧舜时期大概不会有此等之礼。《史记·五帝本纪》说"自尧时而皆举用,未有分职。"而到了"舜摄天子政"之后,"朝廷"才被设"二十二人咸成厥功",尚未出现下面的公、卿、大夫、士之名。马融所谓的"五礼",吉礼:即祭祀之礼,为当时社会之头等大事,敬祀天神、地祇、祖先,是人类社会

最早的信仰，起源于对自然的崇拜，乃传统相承；凶礼：就是丧礼，悼亡、哀葬死者，乃人之常情，早在旧石器时代就已经存在了，亦属传统之礼；宾礼：系部落与部落联盟之间、部落与部落之间，以及与联盟之外的友好部落之间的聘享之礼；军礼：此为组织氏族、约束大众的 成军之礼，部落联盟时期已经出现准军事组织，凡遇征伐、大役，都要聚众；嘉礼：此礼为"饮食、男女"之礼。饮食之礼能够起到和睦亲近的作用。男女之礼包括了男子成年的冠礼、女子成年后的笄(jī)礼以及婚聘之礼、嫁娶之礼等，以此来提高男女成年后和婚姻后的社会责任意识，整合婚俗。此"五礼"也见之于《周礼·大宗伯》，但其只沿其名，内容已与尧、舜时有了很大的变化，不可等同。

所谓"五服"，原文是"天命有德，五服五章哉！"其意是：老天辅佐有德之人而规定了人的尊卑等级，我们就要推行天子、诸侯、卿、大夫和士这五种人应该遵循的礼节，并使它经常化，君臣之间就能够互恭互敬，协同一致，和睦相处了。老天任命有德之人，用天子、诸侯、卿、大夫和士五等礼服来表彰这五种人。

所谓的"五刑"，是"甲兵、斧钺、刀锯、钻笮、鞭扑"，而非《尚书·吕刑》所载的"五刑"。刑是一种强制的手段，须以武力作为后盾。当时的兵与刑尚未分开，掌刑同时掌兵。《尚书·舜典》载帝舜说："皋陶，蛮夷猾夏，寇贼奸宄。汝作士，五刑有服。"可见，皋陶"作士"既要主管联盟内部的治安，整治"寇贼奸宄"，也要执掌对外征讨"蛮夷"之任。在"五刑"之中，第一是"用甲兵"，即对外来的侵犯和对内部叛乱的讨伐。第二是"用斧钺"，系军队内之刑，属于军法，这两项均附于兵事。第三是"用刀锯"，系死刑和重肉刑。《左传·昭公十四年》载："《夏书》曰，'昏、墨、贼、杀'，皋陶之刑也"。"昏"是劫夺他人财物；"墨"是贪黩败公；"贼"是恣意杀人，此三罪均属于死刑。第四是"用钻笮"为轻肉刑。第五是"用鞭扑"，系对轻罪所施的薄刑[①]。

关于《舜典》和《五帝本纪》所载："象以典刑，流宥五刑，鞭作官刑，扑作教刑，金作赎刑。"其中"象以典刑"，前面已经讲过，不再赘述。

"流宥五刑"，即以流放代替五刑。流，指流放。宥，即宽恕之意，因为流放之利宽于"五刑"（五刑的内容见前）。

[①] 文中的"五教""五礼""五刑"引用刘和惠：重读《尚书·皋陶谟》—兼论皋陶的历史地位，《安徽史学》，1998年第2期。

流刑，即可以对外，又可以对内。所谓对外，即将入居华夏联盟内的异族逐出联盟地域以外。所谓内，就是将族邦成员以一定的罪名驱逐出联盟。从《五帝本纪》所载的八例流刑案例来看，除三苗和穷奇属于蛮夷外，其他大多数属于华夏族。这表明流刑的制定，主要是针对族邦联盟内部。故殛（jí）、流"俱是流徙"，放、窜同义（《舜典·正义》），流共工于羽山被称作"殛共工于羽山"（《五帝本纪》）。

鞭作官刑，"官"通"管"，初义是指采邑（《尔雅·释诂》），引申为管理、官职。"官者，管出"（《礼记·王制》），"怡众之意"（《说文》段注）。上古社会是贵族社会，官如果不是贵族，其地位则卑下，颇类似后代的管家之类。如果他办事不力就要被鞭抽打，故曰"鞭作官刑"。"扑作教刑"的教，是教训之意，与"鞭作官刑"的处罚方法相同。而扑刑主要是针对"谗说殄伪，振惊动众"的情况制定的一种刑罚。"金作赎刑"是皋陶制定的处理族邦之间争执和纠纷的一种刑罚，意谓有争执的族邦双方，其中理曲者要出金（铜）以赎罪。

皋陶处于大禹治水前后，通过对当时的社会问题和皋陶制刑内容分析，至少可以得到如下几点认识：

1. 随着生产力的提高和农业的发展，出现了贫富分化、抢掠盗窃等犯罪现象，尤其多发生于饥荒等特殊时期。

2. 皋陶制定的五刑，从立法的基础来看，来源于氏族社会固有的风俗习惯，具有自然性和普适性的特点，因为有广泛的群众基础，所以容易得到各族邦及其宗族成员的认可与赞同，达到立法的目的。

3. 皋陶制刑本于氏族社会特点，依于宗教族邦社会结构，法分内外，轻重有别，其立法的目的在于"惇叙九族"[①]，促进各族邦间的和睦，巩固部落联盟的发展，安定社会秩序。

三、执法概况

关于皋陶执法，史书所载极简，散见于《尚书》《史记》和诸子书中，这里只能依据这些零星的材料，窥其大概。

其一，关于皋陶依俗执法与神明裁判。传说皋陶理案时借助一只名为獬豸的

---

① 《尚书·皋陶谟》。

神兽来判断案情的曲直。《论衡·是应篇》中说獬豸是独角之羊，"皋陶治狱，令羊触之，有罪则触，无罪则不触。斯盖天生一圣兽，助狱为验，故皋陶敬羊，起坐事之。"

皋陶借助巫觋调解族帮之间纠纷的办法，据《说文》说，有一种叫廌的神兽，似山牛，一角"古者决讼，令触不直。"《广雅》注亦云："廌似鹿而一角，刑罚得中，则生于朝廷。"《说文》《广雅》的说法与《论衡》说法并不完全相同，且说"古者"如此，非限于皋陶，说明《说文》《广雅》不是抄自《论衡》，而是有传说的依据。这种传说表明，借用兽类断狱是上古流行的习俗，皋陶并非此习俗的发明者，只是其中个例，使习俗带上法律的性质，这种做法表现出皋陶因俗执法的特点，使法律与习俗相协调，使其执法得到社会认可。同时，他具有神明裁判的性质，不能真正判明曲直，但在上古时代有其存在的正当理由，因为在邦族之间的纠纷案件中，作为联盟法官的个人可能属于两方之中其中一方的邦族成员，神判却能使他摆脱偏向本邦族的嫌疑，从而使其断案更容易令双方信服。但上古的神判与中世纪有所不同。

其二，关于皋陶执法过程中赦杀的范围、内容和意义

《尚书·舜典》载皋陶执法的原则说："眚灾肆，赦；怙终贼刑，钦哉，钦哉，惟刑之恤哉"！眚，《说文》解是"目病生翳也。从目生声，"眼疾遮蔽为眚，即后来的"眼中钉""肉中刺"之义，这里指宗族社会因为血亲复仇杀人。肆即陈尸。《礼礼·月令》："毋肆掠，"孔疏："肆，谓陈尸而暴之。"《仪礼士·丧礼》释文："肆，解也，"《广雅·释言》："肆，噬也。"这里实指杀人列尸分解而食的全过程。反映上古食人之风。"眚灾肆，赦"意为凡是血亲复仇杀人和因饥荒所迫杀人或食人者，皆不治罪。皋陶执法，正当大禹治水之时，其时黄河泛滥，水灾成患，饥荒流行，引起杀人、抢掠，乃至人相食，所以为了除灾治水土，恢复农业生产而将其赦免，但不允许再犯二次，若继续犯罪便要处以死刑，即"怙终贼刑"。限制杀人、食人现象蔓延，又珍惜存在着的生命，即所谓"惟刑之恤哉"的真实含义。从中体现了皋陶"宽而栗、柔而立、愿而共、治而敬"的"知人""安民""惇叙九族"的治国思想。①

---

① 刘宝才等：《皋陶制刑研究》，贺伟主编：《法祖皋陶》中国戏剧出版社，2005年7月，第118页。

四、处理罪与罚的原则

皋陶在处理罪与罚的关系时所遵循的几条原则：

1. 执法公正原则。皋陶执法的指导思想是"惟明克允"①，其意就是办案时要查明案情，秉公办案，处理公允。正是由于他执法公正严明，所以在尧、舜时代才有"民各伏得其实"②，案件中的双方与社会上的百姓们心服成悦，于是法纪大明。

2. 从轻量刑的原则。皋陶作刑法的最终目的在于教化，即"以教祗德"③，就是执行刑法的目的是为教育罪犯改邪归正，教导臣民敬重德行。所以他总是"惟刑之恤"④，即使用刑罚时要十分地慎重。更要慎用重刑，特别是判处死刑。而且，他还规定"流宥五刑"和"金作赎刑"，使罪犯能够有机会避免那些残酷的刑罚。

3. 同罪不同罚的原则。"眚实肆，赦；怙终贼，刑"表明皋陶在量刑时不以罪犯的客观罪行为唯一依据，即使客观罪行相同，在考虑到偶犯和累犯、过失犯罪和故意犯罪，以及是否悔改的区别之后，判决则不一样。

4. 罚弗及嗣的原则。鲧（gǔn）治水失败后被杀掉了，但他的儿子禹仍是其部落联盟的首领，后来还因禹治水成功而接替舜帝的禅让，成了最高领导者。可见，禹并未因为鲧而受到株连。

此外，"金作赎刑"的适用范围是有限的。否则，作为首领的鲧必定富有，然而亦被杀于羽山，而同样共工、欢兜和三苗也不至于都被流放了。

五、皋陶的法学思想

皋陶虽然修订了刑法，规定了种种刑罚，但他的真正目的不在于处罚，而是教化，即"士制百姓于刑之中，以教祗德"⑤。所以他致力于"迈种德，德，乃降"⑥。其意为，皋陶勉励重树德行，德行具备了，他人自来降服。他实行"流宥五刑"、"金作赎行"和"眚灾肆赦，怙终贼刑"，实质上是以严惩与宽大相结合的手段来引导人安分守己、自我克制。他致力于通过教化民众来实现一个没有犯

---

① 《尚书·舜典》。
② 《史记·五帝本纪》。
③ 《尚书·舜典》。
④ 《尚书·吕刑》。
⑤ 《尚书·吕刑》。
⑥ 《左传·庄公八年》引《夏书》。

罪行为的和谐社会为终极目标,此为皋陶法学思想的精髓所在。他以其深邃的法学思想为指导,修订并完善了前人的刑法,改革了刑审制度,从而确立了罪与罚的正确原则。①

六、"慎厥身""知人"和"安民"的治国方略

在上古时期,皋陶之所以能受到舜、禹二帝的钟爱和尊重,成为我国法祖先圣,是与其在治国方面表现出来的非凡才能和过人的韬略分不开的。

从《皋陶谟》中还可以看到他的政治主张是实行"德政"。他认为,实行德政的关键在于提高人的品德修养,强调群臣的修身应当由上而下,由己及人。只有勤政、廉政的人才能治理好国家,才能施恩于民。民心之安稳取决于为政君臣之德。皋陶首次提出了"慎厥身""知人"和"安民"的治国方略,认为治理国家之人不能贪图安逸和怀有私欲,办事要兢兢业业,不能虚设职位。"允迪厥德,谟明弼谐",作为统治者的天子去诚实地施行德政,就会决策准确,群臣便会同心协力,方可成为圣贤。要知道"君子"之德风也!小人之德草也,草之风必偃的道理,所以居上位者如果有法,百姓必然会虚心学习上司,上下才能和谐相处,上行下效。若上者其身不正,虽有令而难行通。"慎厥身"就是要严格要求自己,以身作则,提高自己的治国能力,有利于政令的推行。所以当政的统治者要修德不懈,当然"惇叙九族,庶明励翼"了。其意为,要使近亲宽厚顺从,使贤人勉励辅佐,由近及远,完全在于从这里做起。关于"知人""安民"方面,皋陶认为,天子只有自身有德、有能,才能做到知人善任,对不同才能之人要任以适合于不同人的职务,达到人尽其才,臣尽其能,才能实现为民谋利的目的。君臣协和,百姓得利,生活安定,和睦相处,社会才能和谐,显示出天子"以德治国","谟明弼谐"的作用。

七、皋陶的用人之道

皋陶在用人之道方面详细地提出要任用"九德"之人。其"德"并非道德之德,亦非恩惠之德,而是选拔和考察公职人员的标准和要求。"九德"就是"宽而栗""柔而立""愿而恭""乱而敬""扰而毅""直而温""简而廉""刚而塞""强而义"。其意为:宽宏大量而又谨小慎微有原则;性格温和且又独立

---

① 付周:《皋陶在中国法制史上的地位和作用》,贺伟主编:《法祖皋陶》中国戏剧出版社,2005年7月,第132页。

不移；诚实忠厚且又严肃庄重；富有才干且又办事认真；柔和驯服且又刚毅果断；为人耿直且又待人和气；志向远大且又注重小节；刚正不阿且实事求是；坚强不屈且又符合道义。"九德"的内涵包括了所用之人的禀赋、气质、才干等诸多方面。作为公职人员要管理公众事业，与庶民要求标准当然不能一样，必须具备一定的素质和条件方可胜任。他制定的这九条标准皆包含了秉性和理性对立的两面。因为人之秉性是有区别的，要选择或正直，或善良，或刚毅，或勇敢之人并不难，然而仅有这一面秉性之人却不一定能够办好公众事业，所以还必须具有理性的一面。具有了理性，才能取长补短，相辅相成，才能把公共事情办好。在皋陶所处的时代，社会尚处于向文明过渡之时，人们大都还处于自发的本能状态之中，只有极少数的"俊、乂"之士，才能够从前人的经验和失败中吸取知识并在实践中增长才干。所以"九德"是从人的秉性出发，而强调了人内在的理性素质。皋陶鼓励人们要敬谨修德，同时对不同层次的公职人员要求也有区别，并详述具有三德可以为卿大夫，具备五德就可以为诸侯，而天子就应具备完美的九德方可胜任。这样治理好天下的事就可以解决了，所以修德是天子和众臣必不可少的治身之法。皋陶制订的"九德"是我国历史上最早考察、选拔公职人员的实例。

《皋陶谟》中所说的"惇叙九族"的"九族"，虽有几种不同解释，但当时的社会尚处于原始社会的末期，其中氏族部落仍是社会的主要组织形式。所谓的"九族"，即部落联盟核心的亲属部落，既包括了母族和妻族婚姻关系的部落，也包括了父族。即"九族者，父族四、母族三、妻族二。"部落是一个松散的组织，联盟的权威没有可靠力量作为后盾是维持不下去的。所以必须紧密地团结亲属部落，把他们联系在一起，形成核心力量，才能保证联盟的稳定性。所以"亲九族"亦是当时历史条件下一项重要的政治策略。[①]

从皋陶与舜、禹之间讨论如何具体实行以德治理国家的方略和"慎厥身""知人""安民"的主张中，我们不难看出，皋陶不仅是一位辅弼君主的圣臣，更是一位具有以德治国的政治家。为此"帝禹立，而举皋陶荐之，且授政焉"。皋陶在总揽朝事中，谋划了一系列有关社会制度、习俗和文化等全方位的革新方案，使兴"五教"定"五礼"，设"五服"创"五刑"，亲"九族"树"九德"，通过这些重大措施的付诸实践，建立了社会正常秩序，加强了部落、部族的联系和关系

---

① 刘和惠：重读《尚书·皋陶谟》——兼论皋陶的历史地位，《安徽史学》，1998年第2期。

的融洽，为国家的产生打下了坚实的基础，使尧、舜、禹时期出现了文明国家的尧天、舜日时代，随着社会的发展和贵族社会的建立，夏王朝应运而生。从此我国的刑法便有了详细的记载，如《唐律疏义》载："昔者，三王始用肉刑，其属二千五百。穆王度时制法，五刑之属三千，周襄刑重，战国异制。魏文侯师于李悝，集诸侯刑典，造就了我国历史上的第一部《法经》六篇，及商鞅入秦传授，改法为律"……这些都是从皋陶之刑发展而来的，而皋陶的《五刑》要早于古巴比伦的《汉穆拉比法典》三四百年，皋陶刑法是我国最早系统的和制度化的刑法，为我国真正意义上的刑法开端，故而皋陶亦被尊为中国的"法祖"，皋陶的治国思想是一种原始、朴素的唯物主义思想，而不同于其他国家的宗教思想，她深刻地影响了中国四五千年的历史，并对当今社会的治国思想亦有着一定积极的现实意义。

第三节 皋陶治国思想框架对后世的影响①

一种成熟治国思想的形成，需要有一个漫长而曲折的历史过程。从文明曙光时代起，法祖皋陶就在《尚书·皋陶谟》和《大禹谟》等篇中体现了他的"德主刑辅""德先刑后""明刑弼教（即"明于五刑，以弼五教"）""期于无刑""迪德明谐"等治国思想框架。他对德与刑的关系所进行的阐述，影响了我国数千年的封建社会，尽管期间在三晋地区出现过重刑轻德的法家学说，和在鲁国出现过孔孟重德轻刑的儒家学说，但是在历史实践的长河中，最终还是将儒、法两家融合为一体，形成了"隆礼尊贤、重法爱民"的单独门派。

西周初年，武王、成王分封天下一百多方国。周天子根据唐（晋）国是为"大夏之墟"和戎狄为邻的国情，给予的《唐诰》是"启以夏政，疆以戎索"，即求同存异、兼容并包的国策，是有别于其他方国特殊的治国方针。从而，使晋国在反宗法制和兼容戎狄的发展中形成法家文化的摇篮。

周代分为西周和东周，东周又包含了春秋和战国。到了春秋末年，作为孔子高足的晋人卜子夏，为孔子守孝三年之后，回到晋国，设教西河，魏驹让孙子魏斯（都）拜他为师，他又收留和培养了各家弟子；有后来成为法家的李悝，道家

---

① 参见李尚师：《先秦三晋两个辉煌时期暨治国思想》，中国文联出版社，2008年，第225页–227页。

的田子方、段干木（李宗），墨家的禽滑厘，法家、军事家的吴起，儒家的公羊高、谷梁赤。他在晋国生活了二十三年又在三家分晋后的魏国生活了三十多年。他在进行教学的同时，一方面整理和注释孔子的著作，一方面对各家各派不怀偏见、兼容并包，同时对皋陶的德、刑治国理念做了深入研究，还对晋、鲁等国历史进行反思，并把这些思想传授给魏斯，魏斯即位是为魏文侯，魏文侯在位五十年，治国方针是尊儒重法，《史记·魏世家》载他"贤人是礼，国人称仁，上下和合"，魏国连败南楚、西秦、东齐而独霸天下。魏相李悝写出了我国历史上第一部法家代表专著《法经》，魏文侯死后，在他儒家思想影响下的后任者，排斥法家人物，使得法家的改革很不彻底。于是商鞅带着《法经》到了秦国，得到秦孝公的重用，使秦国迅速崛起并奠定了秦统一天下的大业。吴起到楚国后，受到守旧势力的打击而失败。只有赵武灵王的胡服骑射改革收到了强赵的作用。韩国是三晋中最弱小之国，所以图存变法的意识很强，申不害变法为韩国法家文化的繁荣奠定了基础，于是造就了百年之后法家的集大成者韩非子。然而，他却不逢良主，被遣往秦国，不久又被秦相李斯杀害，但他的法家理论却被秦始皇所用，终于成就了秦统一天下之大业而名垂千古。

统一天下后的秦朝仅存在了十五年，便被陈胜、吴广和后来的刘邦、项羽给推翻了。纵观战国时期的法家人物——吴起、商鞅、韩非等，多数都落了个悲惨结局。何故？重法失德而背离了皋陶"德主刑辅""明刑弼教"的治国思想和卜子夏的"儒法兼容"治国思想。

皋陶原始淳朴的治国思想，既含有儒家以礼教民的思想，又含有以法护教的思想。在历史演变中，这种思想又分为儒家和法家两种门派，但两者经过演变、摩擦、碰撞之后，又重新融合为和谐一体，从"德主刑辅、明刑弼教"到"礼法兼容"，再到"隆礼、重法"，并被以后两千多年的历代封建王朝反复实践证实，"礼法合治，德主刑辅"是最适合中国两千年社会发展的治国之道。对今后的社会发展也有一定可借鉴的地方。

德与法正如鸟之两翼，车之双轮，缺一不可，缺少任何一个，国家便会偏离轨道和方向，最终给人民带来无尽灾难，如果柄政者不偏离这条治国思想主线，国家便会繁荣昌盛，社会便会安定，人民便会安居乐业。

第十三章　卜子夏"礼法兼容"的治国思想[①]
——晋法与鲁儒的碰撞与融合

从皋陶以后，再经过夏、商、（西）周三代实行以血缘为依据的分封制，他们为了维护长久统治，朝廷和王国已经积累了初步的霸道和王道相结合的治国政治经验。

晋国是法家的发源地，鲁国是儒家的家园。在春秋末年群雄四起的时代大潮中，前者是经过耕战爆发起来的新兴地主阶级，后者是由贵族向地主转化的开明阶层。二者有矛盾的一面，也有一致的一面，从总体上讲，不是绝对的水火不相容。前者是用暴力手段和立法行为来打击贵族，后者用道德伦理的手段来推动社会前进。但在特定的时间和空间中可能发生对立和斗争，也可能发生互相包含与融通。[②]

第一节　鲁儒孔丘对晋政的抨击

鲁国政权，一直控制在三桓手中，严格地遵循着礼，生产发展的内动力也促使公室在缓慢地改革着，在公元前594年实行了初税亩，自耕农的身份也在变动着。孔子在这样的历史氛围中，建立了的儒家学说。

晋国政权后来被异姓大夫所控制，不断地在削减公族势力，壮大自己力量。为了巩固自己的胜利成果，公元前513年铸刑鼎，把范宣子刑罚公布出来，用暴力手段打击公室和对手，成了法家的策源地。儒家"义以为尚"，法家"利以为尚"，两者是对立的，二者又是辩证统一的，这就形成了孔子对晋国进行的功利改

[①] 李尚师：《晋国通史》，山西人民出版社，2014年11月，第1159页。
[②] 参见李孟存：《晋学研究丛书》之《新田文化研讨会论文集》，山西教育出版社，2005年9月。

革进行抨击。

孔子在其《论语·宪问》中说："晋文公谲而不正，齐桓公正而不谲。"他在这里说的"谲而不正"，第一、是指《左传·僖公二十八年》冬的温之会，"晋侯召王，以诸侯见，且使王狩。仲尼曰：'以臣召君，不可以训，故书曰：天王狩于河阳，言非其地也，且明德也。'"所说的"齐桓公正而不谲"，是指齐桓公伐楚，实因侵蔡而遂伐楚，以公义责苞茅之贡，不入问昭于南征不还而言的。孔子是从儒家"礼"的角度来评论晋文公和齐桓公二霸的，是就对待早已腐朽的"天子王"态度而言的。其实齐桓公并非尽"正"。在他一生的政治生涯中，确实有着不可否认的历史功绩，但他的用人路线和自己的人品，并非都是"正"的，同样存在着不容否认的"邪"：（一）他治国有方，不计射钩之恨而用管仲，但同时却宠爱着如易牙（雍巫）、竖刁（寺人貂）、开方等一批奸邪佞臣。所以周王室太宰说："齐侯不务德"（《左传·僖公九年》）；（二）一个政治家的业绩，不但表现在他生前所建树的事业上，更要看他对死后接班人的安排和自己创建的事业是兴旺还是被夭折。《左传·僖公十七年》：齐桓公"好内，多内宠，内嬖如夫人者六人。"《史记·齐世家》说：他卧病后，"五公子各树党争立。"《左传·僖公十七年》载："易牙入，与寺人貂因内宠以杀群吏。"《史记·齐世家》载：桓公死后，"尸在床上六十七日，尸虫出于户"。从此，齐国开始长期内乱不止，一蹶不振，终春秋之世，与霸业无缘。第二、孔子说晋文公的"谲"，是指晋文公在城濮之战中，使用了"诱敌深入"和"伐谋"等用兵的诡道手段。南宋大儒朱熹继承了孔子之说，也曾说："晋文用兵，便是战国孙吴气习。"所谓"孙吴之气习"，是指孙子、吴起所推崇和实践的"兵者，诡道也"的用兵之风，这恰恰说明了儒家的迂腐一面。其实，这也证明了晋文公的睿智和与时俱进的法治学说的先进思想。晋文公的一生，能与逃亡者相敬如宾，共度危难。《国语·晋语四》说他"好善不厌"，对群臣"明贤良"，"尚功劳"，"举贤授能"，从谏如流，能"纳襄王于周"，举"尊王"之大旗，"带三日粮伐原"，"大蒐于被庐"，树起了知义、守信、尚礼的光辉形象。他为政之中，不徇私情，秉公执法，依法处死了违律的有功之臣的颠颉，罢免了另一有功之臣亲信魏犨。《国语·晋语四》说他能知人善任，公正无私，所以能博得群臣的忠贞。因此在他执政期间，出现了狐偃"三德"、赵衰"三让"、先且居"三赏"。在文公主政期间，史书中未发现文公的身边有一个奸邪佞臣。晋文公时代，出现了历史上少有的"君明、臣忠"的清明。这与齐桓公晚年那种不辨忠奸、正邪，宠爱佞臣易牙、竖刁之流，形成了鲜明的对比。其次，文公在国君接班人的问题上，也处理得比较好。只留一个德才兼备的庶子姬骦于身边，作为自己的接班人，将其余的儿子送往他国寄养。他选择的姬骦也不负父望，崤山一战全歼秦国三军，尽俘秦军三帅，使晋国霸业得以继续，成为春秋五霸中的佼佼者。成为当时天下经济最富有、军事最繁盛的诸侯国，创造了我国古代历史上的壮举，堪称杰出的政治家、军事家、外交家、改革家。第三、孔子说晋文公"谲而不正"的另一点是指他执政时的改革措施：《国语·晋语四》载"公属百官，赋职任功。弃责薄敛，施舍分寡，救乏振滞，匡困资无。轻关易道，通商宽农，懋穑劝分，省用足财。利器明德，以厚民性……"这些举措都是功利行为，与儒家的道德主张发生了冲突。

《左传·昭公二十九年》（前513）记载了赵鞅铸范宣子刑书于鼎，孔子大加抨击："晋其亡乎！失其度矣。夫晋国将守唐叔之所受法度，以经纬其民，卿大夫以序守之，民是以能尊其贵，贵是以能守其业。贵贱不愆，所谓度也……今弃是度也，而为刑鼎，民在鼎矣，何以尊贵？贵何业之守？贵贱无序，何以为国……"铸刑鼎在我国历史上具有进步意义的大事，废除了看贵族脸色行事的习惯法，孔子用礼制来衡量，称之为"贵贱序，何以为国"的乱法。

《史记·孔子世家》记载这样一件事："孔子既不得志于卫，将西见赵简子，至于河西闻窦鸣犊、舜华之死也。临河而叹曰：'美哉水，洋洋乎，丘之不济此，命也！'……孔子曰：'窦鸣犊、舜华，晋之贤大夫也'……"孔子周游列国，中原各国几乎都去过，这次来晋，中途而返，这就是"道不同，不相为谋"。赵简子叛臣佛肸（bì xī）以中牟畔，"子欲往"，遭到子路反对未能成行。赵简子执政时曾把传统三年之丧改为一年，废嫡长子伯鲁，而立翟婢所生的精明强干的毋恤为太子，这就是能继承和发扬他的事业的赵襄子，历史上称为"简襄功烈"。这就是孔子所说的"赵氏其世有乱乎"[①]。

第二节　卜子夏的生平概况[②]

卜子夏（前507—前420），姓卜名商，字子夏。祖籍晋国温邑（今河南温县城西南三十里，三家分晋后属魏地），春秋末，战国初晋国（三家分晋后为魏国）

[①]《左传·定公九年》。
[②] 李尚师：《晋国通史》，山西人民出版社，2014年12月，第549页。

人，中国先秦的教育家、思想家、史学家，中国古典六经的主要参与者和主要传播者。在晋国主要活动于晋定公末、出公、哀公及战国初期的魏国。

卜子夏的籍贯温邑（一说为卫人，误也。温邑，到晋国三家分晋后属魏国，故误以魏为卫），在西周初年为周武王分封的温国，本在东都洛邑（今河南洛阳）范围之内，东周初期被狄人所灭，后为周廷司寇苏忿生的封地，晋文公二年（前635），平周王室之乱有功，周襄王便把温邑在内的南阳八邑赏赐给晋。春秋末，温邑归魏氏。故卜子夏当为晋人，三家分晋后为魏人。

子夏，姓卜，"卜"为"占卜"，可能其祖上曾为过晋献公的卜官（史官之一）卜偃（亦称郭偃）。其名字中的夏、商二字，为周代前的两个朝代，《说苑·修文》云："商者，常也；常者质，质主天。夏者，大也；大者文也，文主地，故王者一商一夏，再而复者也。"从子夏名字可知其慕先王之德，以名抒志的远大情怀，又从对历史的看重，说明他的家族具有一定的文化底蕴和渊源，应是贵族世家之后裔。据高培华先生的《卜子夏考论·从"河济之间"到"洙泗之间"》所说，子夏之祖，很可能是晋国献公、文公时的智囊人物卜偃其庶子，随晋国文公时的首任温邑大夫狐溱居于温邑，而其子孙世居于其地。然而在他出生的春秋末期，贵族制即将崩溃，新兴封建制正在形成，他出生时其家尚是士大夫之类的富裕家庭，所以受到过良好的教育。可《荀子·大略》云："子夏家贫，衣若悬鹑"，可知其家境贫寒，应为从社会底层奋斗出来的士人，与颜回、曾参等人的出身相似，那么其家如何破落呢？因为子夏十岁时（前497），正值晋国范、中行氏之乱开始。十四岁时（前493）正是赵鞅与为范、中行氏护送粮食的郑军进行铁（今河南濮阳县附近）之战时，其时子夏之母死于战争中，所以他后来见孔子时就问："居父母之仇如之何？""居从父母昆弟之仇如之何？"可见他报仇心之切。《礼记·檀弓上》记述："子夏丧其子而丧其明。曾子吊之曰：'……吾与女事夫子于洙泗之间，退而老于西河之上，使西河之民疑女于夫子，尔罪一也；丧尔亲，使民未有闻焉，尔罪二也，丧尔子，丧尔明，尔罪三也'。"子夏丧亲在孔门求学时期，丧亲是丧父亲还丧母亲？究竟什么原因"使民未有闻焉？"据高培华《卜子夏考论》论证，子夏自鲁哀公七年（前488）任卫国行人期间，挫败了晋国赵简子威胁甚至劫持卫君的企图，在返温邑丧亲时，赵简子正执掌晋国权柄，子夏因担心遭到报复和迫害，为其父办理丧事尽量悄然行事，不予声张，"使民未有闻焉"。子夏丧亲究竟是丧父还是丧母？《礼记》谓"亲之丧""丧亲"之亲，是专指父亲，而不包括母亲。在古代社会，男女不平等十分严重，父母双亲去世的表述也有明确区别,无论国君、公卿、大夫还是士,丧母称作"母死""母卒"或"母丧",不能同丧父一样称作"丧亲"或"亲之丧"。因此子夏在铁之战中丧其母,为卫国行人后丧其父,西河设教时丧子。每次丧失亲人都为子夏带来巨大的悲痛。

子夏十五、六岁时拜孔子为师。《论语》记载子夏有关的言行有二十章,共二十七次(称名4次,称字23次)。孔子生于晋平公七年(前551),他比孔子小四十四岁。跟着孔子周游陈、蔡,同甘苦共患难,解脱"陈蔡之厄"之后,孔子便派他先期到楚联络,自楚返卫国后,孔子便推荐子夏出任卫国的行人(外交官),古时入仕正途有二:一是享有世卿世禄特权,二是有军功。可在当时已有变化,他只能与求学孔门有关。在卫国做行人期间:一是挫败晋卿赵鞅劫持卫出公的企图;二是有效地维护了卫君与齐君平等相见的礼节;三是在苑囿中阻击野兽掩护卫出公脱险,表现了他的英勇无畏,刚强果敢的性格。《论语》载:子夏后来还做过鲁国莒父地方行政长官,其时向孔子"问政"的时间在前483年到前481年。孔子所办的学校,并非今天的小学、中学之类的学校,而是与今天大学的研究生班相似,他把学生分为四科:"德行、言语、政事、文学",子夏分在文学科(即今社会科学),主要是学习和整理古代文献,孔子门下弟子先后有3000多人,其中70多人取得突出成就,《学而》说:"贤贤易色,事父母能竭其力,事君能致其身,与朋友交,言而有信。"子夏和孔子研讨诗时,孔子在《八佾》中说"启予者商也"。许多弟子都向子夏请教,无疑他是孔子弟子中的佼佼者。孔子晚年将子夏列入"四科十哲"之中。期间子夏曾说"虽小道,必有可观者焉"。孔子先劝子夏"见小利则大事不成",他却坚持"大德不逾,小德出入可也",因此孔子警告子夏说:"女为君子儒,勿为小人儒",因小人只追求功利。可见卜子夏在学习期间接受了鲁儒的基本学说,但在他身上无疑也具有晋人的法家因素。鲁国政权一直控制在三桓手中,严格地遵循着周礼,孔子生活在这样历史氛围中,并建立了儒家学说。晋国末年的政权,控制在异姓大夫手中,用纵容公室腐化和暴力手段打击对手,成了法家的策源地。所以孔子一生不入晋。孔子周游列国十四年,回到鲁国已是六十八岁的老人了。"鲁终不能用孔子,孔子亦不求仕",便集中精力整理古代文献,即删《诗》《书》订《礼》《乐》,赞《易》,作《春秋》,奠定了中华民族传统文化的基本格局。这时的孔子已经年迈,搜集、整理资料要靠年轻的二十四岁弟子子夏和子游等弟子来帮助。

孔子晚年,集中精力边教学边整理古代文献典籍,子夏作为文学魁首,又正是年轻有为，精力旺盛之年，自然成为孔子搜集、整理、分类、编撰文献的得力助手。孔子以"仁"为内容，以"礼"为形势，创立儒家思想文化学说，删《诗》《书》，订《礼》《乐》，赞《易》，作《春秋》，奠定儒家思想的基本格局。子夏参与《六经》的创立编撰，所起的作用是非常重要的。

据《史记·仲尼弟子列传》载："孔子即没，子夏居西河教授，为魏文侯师。"以及《礼记·檀弓上》曾参谓子夏"吾与女事夫子于洙泗之间，退而老于西河之上"观之，子夏在为孔子服丧三年期满后就离开鲁国。孔子卒于晋定公三十三年（前479）春四月十一日，子夏时为二十九岁。他死后，诸弟子早已存在的分歧表面化，出现了思想交锋。尽管这种思想争议只是同一思想派别内部的分歧，但就子夏而言，因为他的思想与鲁国本地所谓"缙绅之儒"的思想主流分歧特别严重，加之他所具有三晋人的耿直性格，使他在鲁国深受沉重的思想和政治压力，于是他便产生了离开鲁国的念头。恰在这时，晋卿魏驹为教育其子魏斯向他发出了邀请，子夏在为孔子守孝三年后（前476）踏上了返归故里的道路。

子夏返晋之后可能在魏邑（今芮城）一带设教从事教育事业，亦可能到安邑（夏县）讲学，晚年可能到当时的耿邑（今河津市山王村），史称的设教西河，长达五十五年。子夏亦可能像孔子那样流动讲学，曾在魏氏家族的发祥地今芮城或魏的统治中心安邑（今夏县）讲学也是可能而合乎情理的，今河津亦应是其后期活动之地。子夏一生终老于魏国西河。在温地的传世记载中虽认为子夏自离开之后再没回来，但也说子夏终归葬于他的出生地，且立碑建祠，由其后裔守侍，应为衣冠冢。另外，今山东菏泽市卜固都（牡丹区万福办事处丁庄附近卜固里）、河南省获嘉县西关村也有卜子夏之墓。

第三节　卜子夏的治国思想特色

一、卜子夏对古文献的整理、传授与贡献

孔子周游列国十四年，回到鲁国已是六十八岁的老人了。"鲁终不能用孔子，孔子亦不求仕"①，便集中精力整理古代文献，即删《诗》，《书》订《礼》《乐》，赞《易》，作《春秋》，奠定了中华民族传统文化的基本格局。这时的孔子已经年迈，搜集、整理资料要靠年轻的子夏和子游等弟子来帮助，子夏又是

---

① 《史记·孔子世家》。

文学高徒，正是年轻有为，精力旺盛之年，自然成为孔子搜集、整理、分类、编撰文献的得力助手。子夏参与《六经》的创立编撰，所起的作用是非常重要的。如编写《春秋》《公羊传疏》引闵因序曰："昔孔子受端门之命，制《春秋》之义，使子夏等十四人求周《史记》，得百二十国宝书"，以及散落在社会上的一部分文献资料，依据鲁史、周史兼及各国史，"芟夷烦乱"，编写出《春秋》。《史记·孔子世家》说，孔子"笔则笔、削则削，子夏之徒不能赞一辞"，说明子夏始终参与了"六经"的编写，孔子有问题都及时与子夏商量。"不能赞一辞"说明孔子定稿后不能在词语上再改动。也说明平日的意见都被吸纳进去，最后自然无话可说。宋朝洪迈《容斋随笔》载："孔子弟子，惟子夏于诸经独有书……于《易》则有传，于《诗》则有序。于《礼》则有《礼义·丧服》一篇，而毛诗之学，一云子夏授高成子，四传至小毛公；一云子夏传曾申，五传至大毛公。于礼则有仪礼丧服一篇……公羊高实受之于子夏。谷梁赤者，《风俗通》亦云子夏门人。于《论语》，则郑康成以为仲弓、子夏等所撰也"。他帮孔子整理古文献功绩是最大的。

子夏对教授古文献的独特贡献，是对《六经》进行了分段、断句、加标点方面的贡献。东汉徐昉在上疏中说："《诗》《书》《礼》《乐》定自孔子，发明章句，始于子夏。"子夏"发明章句"，则可以更具体地说他在传经中的独特贡献。孔子培养弟子的目的是为了他们从政，故只注重阐述其核心内容，没有系统地、逐章逐句讲解，所以经书就不分章节和句子。子夏在传授这些经典时，最独特的贡献就是对经书进行了章节划分、句读判明、文义解释。经子夏加工的经书易看好懂，便于理解掌握。这不仅是文史上的重大改革，而且在文化、教育、科学发展史上，具有重要的意义。子夏整理古文献仅次于孔子，而他对传播孔学的贡献是其他弟子无法比拟的。郑玄、朱彝尊等经学专家都认为子夏"于易有传"，卜始治易，更有家学渊源。两汉、晋、魏大都认为《六经》是子夏传播下来的。《孔子家语》谈到子夏贡献时，用"无以尚之"来赞扬他。王滋源在《论语新探》中说："在孔子弟子中，若就影响而言，子夏无疑是最大的。"两汉魏人一致认为六经都是经子夏的传授才流传下来，并对六经进行了分段、断句、加上标点。历代均有学者提出《左传》《国语》是子夏所做的推测，补充了孔子整理古文献之缺——传述《春秋》，可以说他是中国传统史学的奠基者也不算过分[①]。

[①] 李尚师：《先秦三晋两个辉煌时期暨治国思想》，中国文联出版社，2008年4月，第297-302页。

关于《论语》之名，班固《汉书·艺文志》说："当时弟子各有所记。夫子既卒，门人相与辑而论纂，故谓之《论语》。"关于儒家最主要的论著《论语》的编撰成书，是一个漫长的过程，《论语》的作者，汉代有两种说法：一是汉代流行的《论语崇爵谶》说："子夏六十四人，共撰仲尼微言，以当素王。"[①]二是东汉经学大师郑玄在《论语序》中说："仲弓、子夏等所撰定"，又说是"仲弓、子游、子夏等撰[②]。"据高培华先生《卜子夏考论》说，后来曾参也参加了《论语》的撰写，但没有在孔子弟子手中完成，而补充内容、调整编排、誊写定稿等工作是由子夏弟子和鲁国以有子、曾子的门人为主的再传弟子来最后完成。但就总体而言，子夏和曾参对《论语》编撰具有特殊的作用。[③]

子夏一直协助孔子编写《春秋》。《孝经钩命决》说"春秋属商（子夏）"，是可信的。述《春秋》有三种书，即《左传》《公羊传》《谷梁传》，概皆传自子夏。《左传》以《春秋》为纲，又超出《春秋》十一年，出现了无经之传。传统认为是鲁史官左丘明所作。据《论语·公冶长》说："巧言、令色、足恭，左丘明耻之，丘亦耻之；匿怨而友其人，左丘明耻之，丘亦耻之。"左丘明应为孔子前辈，至少也应为同龄人。《左传》和《国语》所载材料最多为晋国，描述军事和战争的文笔最精彩。清代学者姚鼐指出"吴起之徒为之者盖犹多"。童书业先生在《春秋左传研究》中写到"本书盖吴起及其先师（子夏）后学陆续写定，唯吴起之功为多耳！"现代许多学者更认为《左传》就是卜子夏所著。[④]

《公羊传》起止年代同《春秋》，据《春秋公羊传注疏》徐彦疏引戴宏序："子夏传于公羊高，高传其子平，平传其子地，地传其子敢，敢传其子寿，至汉景帝时，寿乃与齐人胡毋子都著于竹帛"，用当时通用的隶书写成，称为"今文经学"并立于官学。"公羊学解经"是阐述微言大义，提倡"大一统"，为近代改良主义所尊用。

《谷梁传》是子夏弟子鲁人谷梁赤所作，汉时著录成书，用隶书写成。起止年代及体例，与《公羊传》相近，记载的史实中与《公羊传》略有出入。总之，作

[①]《六臣注文选·（刘子骏）移书让太常博士一首并序》李善注引《论语崇爵谶》，上海古籍出版社，1993年，第1023页。

[②]《诸子集成·论语正义》附录《郑玄论语序逸文》，上海书店，1986年，第431页。

[③] 见高培华：《卜子夏考论》，社会科学文献出版社，2012年，第345页–350页。

[④] 钱穆、郭沫若、童书业等皆赞同清人姚鼐之说。山东大学教授鸿修在其《孔子高足，学术大师》一文中说："子夏传授《春秋》，并可能与他的门人先后参与了《左传》的撰写。"

为经学"章句"发明人,子夏研究和传授中华上古文献的功绩,可以说是仅次于孔子,是其他孔门弟子所难以比拟的;当然也是其他学派的学者难以企及的。其他如道、墨、法、阴阳等学派的学者,要想卓然自成一家,就不能不学古代文献,不能不师从儒家……因而可以说:子夏不仅对于荀子及汉儒经学一派产生了深远的影响,对法家、墨家、道家、杂家等其他学派,也起到了某种程度上的催生或助长作用。他实乃继孔子之后,为战国时代百家争鸣的形成,做了开拓、奠基的一代文化巨人。①

二、子夏不是纯儒家

子夏回到晋国(后魏国),自知在政治上难有作为,便一心传播孔学、广招从学弟子,在传播孔学的诸弟子中成为独一无二者。本来就有法家思想倾向的他,来到法家策源地,在晋国这个大的社会氛围中,子夏逐渐看清了形势,于是在儒家思想的基础上萌生了法家思想。(汉)董仲舒《春秋繁露》卷六《俞序》云:"故卫(温)子夏言:有国家者不可不学春秋。不学春秋,则无以见前后旁侧之危,则不知国之大柄,君之重任也。故或胁穷失国,揜(yǎn)杀于位,一朝至尔,苟能述《春秋》之法,致行其道,岂徒除祸哉?乃尧舜之德也。"又云:"故子夏言:'春秋重人诸讥,皆本此。或奢侈使人愤怨,或暴虐贼害人,终皆祸及身。'"

从以上董仲舒在《春秋繁露》中所记述的关于子夏的言论可以看出,子夏虽然打着学《春秋》的名义,但实际上所表现出来的是法家的君主专制思想。他要求君主要"见前后旁侧之危",要抓"国家之大柄,君之重任"。如不这样,就会"胁穷失国,揜杀于位",一旦如此,则祸及此身。如果能行"春秋之法,致行其道。岂徒除祸哉?乃尧舜之德也。"

子夏的法家思想言论还有:

《论语·颜渊》载子夏说:"舜有天下,选于众,举皋陶,不仁者远矣。汤有天下,选于众,举伊尹,不仁者远矣。"皋陶、伊尹都出身于贫民,因此,可以推测,子夏"选于众"的范围,应该包括普通民众。这不论出身贵贱、举贤使能的思想是法家所崇尚的。

《韩非子·外储说右上》载子夏曰:"《春秋》之记臣杀君、子杀父者,以十数矣。皆非一日之积也,而渐而以至矣""善持势者,蚤绝奸之萌"。可见法家集大成

---

① 高培华:《卜子夏考论》,社会科学文献出版社,2012年,第395页。

者韩非子也承认子夏思想中有法家"势"的思想。善持势者，就能做到防患于未然。因为只有善于持势者，才能预防各种奸邪的发生，从而稳固国君的统治地位。这是子夏对国君的法律主张。

《论语·学而》中子夏说："与朋友交，言而有信。"《论语·子张》中也载具说："君子信而后劳其民。"不论是为百姓，还是为君者，都应有信。尤其是为君者，更应先施信与民，然后才能使民。没有良好的信誉，法律便得不到贯彻，只有讲"信"，才能保证法在实施过程的有效性。这种思想对后来法家吴起、商鞅的变法都起过重大作用。

《礼记·檀弓上》记载的曾子数落子夏曾在"事夫子于洙泗之间"，即鲁国时，以孔子为师，而在"退而老于西河之上，使西河之民疑女为夫子"，人们不知子夏是孔子的学生，郑玄注曰："言其不称师也。"也就可能是，子夏在西河讲学，根本就没有称自己是孔子的学生，也没有以儒家学说去传授学问①。那么，子夏可能传授的是他自己的"儒法兼容"思想的学问，这里很明显地可以看出，子夏以儒家之言辞，宣传的还有法家思想的内容。子夏当然是"儒法兼容"思想的先驱者。于是加之他"学以致用"的思想，在他早期教育活动中，培养出被子游讥笑为"舍本逐末"的一批英才。

李悝亦为子夏弟子，为魏文侯所信任，他总结晋国经验，著有《法经》，成为我国法家鼻祖，在经济方面实施"尽地力之教"，实行平籴政策，在政治方面实施"夺淫民之禄"，这些措施对后世的封建统治者影响都很大，成为封建王朝治乱振兴的基本国策。

子夏的名弟子还有与孙武齐名的法家、军事家吴起（卫人），后为西河守；以贤名闻世的政治谋略家、道家段干木（今芮城人）和田子方；墨家禽滑厘；儒家公羊高、谷梁赤等。可见子夏设教西河，不但贯彻了孔子的"有教无类"，而且学术自由，兼收并容，推动了"百家争鸣"的发展，首启儒法通融的先河，为战国后期荀况的唯物主义思想奠定了基础，业绩博大，德泽后世。西河设教成为我国先秦史中，继鲁国孔子设教后的第二个教育中心。

其实，子夏最得意的弟子就是魏文侯，魏斯青少年时就拜子夏为师，在他即位后还经常请教，倍加尊重。魏文侯在位半个世纪，使魏成为战国初最强之国。《汉书·艺文志》说"六国之君，魏文侯最为好古"。《魏世家》说"贤人是礼，国

---

① 参见李玉洁：《先秦诸子思想研究·承儒启法思想研究》，中州古籍出版社，2006年，271页。

人称仁,上下和合",是把儒学和魏国实际相结合的最好典范。遵循子夏"选于众"的思想,又拜田子方、段干木为师。唯才是用,不怀学派偏见,对有治国经验的翟璜、魏成子言听计从,还启用法家李悝、西门豹,军事家乐羊、吴起,使魏国疆域大增,经济发达。如果说子夏是纯儒家,那他绝不会教出包括重要法家人物在内和其他诸多学派的弟子来,这就从另外一个方面证明了卜子夏不是一个纯儒家人物。

三、子夏的治国与为政思想

卜子夏在对孔子儒家思想的传承和传播方面的成就是最大的,尽管他兼容了晋人的法治思想。另外,子夏还有过从政的经历,对于当时现实政治具有切身的体会和深入的思考研究,因而在他入晋之后,便用自己的治国思想指导了战国时期的魏国,并影响了赵国和韩国的政治,所以,他在治国思想方面逐渐形成了相当成熟的系统思想。

子夏的治国与为政思想论述,在春秋末战国初期是超前的。其思想不仅孕育了影响中国数千年的儒法兼容的荀子治国学说,而且还深刻地影响了三晋法家思想的完善、成型和发展。他虽然无系统的长篇大论和治国方略流传于世,但我们依然从零星的资料中可以看出,子夏对治国为政提出的一些卓有见解的思想。

(一)"见小利"的实用经济思想

子夏随孔子周游列国回到鲁国后,他受已近七十的孔子举荐,做了鲁国莒父的邑宰。当孔子在教学之余,来到莒父考察子夏为政之时,子夏"问政"于孔子,孔子便提出了严肃的建议和批评:"无欲速,无见小利。欲速,则不达,见小利,则大事不成[①]。"其意有两方面意思,一是说子夏的政治指导思想倾向于"欲速",即急于求成,想很快地改变他所管辖的莒父之邑状况;二是批评子夏的治理措施容易流于"见小利"。具体地讲,在孔子的意见中,他的前者"无欲速"是劝告子夏,不要只一心一意想着要在短期的任职内改变他所不满意的社会状况;后者是"欲速"的具体表现,即从"小利"上入手。对子夏而言,所谓的"见小利",不是"私利",而是在经济上想改善普通人的物质生活。孔子批评子夏"见小利",孔子也曾倡导过"足食",要保障百姓的物质生活。但是,从治国根本精神上说,孔子认为应该将端正执政者的治国思想放在首位,或者说,在事实操作上把道德

[①]《论语·子路》。

教化和改善百姓物质生活同时进行，但在思想上，要把道德教化放于首位。

子夏认为，道德教化属于思想范畴，容易流于空洞，要想从发展经济入手取得民众的信任，必须要加强当政者的权威。为此，子夏强调指出，当政者应当利用其特殊地位推进其政治事业。子夏认为，当政者不应该姑息养奸，而是应该利用自己的权势，巩固自己的政治地位，以便长期推行自己的政治主张，这与他重视民众物质生活的主张是一致的。

不论是想取得民众的信任，还是要提高全社会的道德素质，都是以当政者的地位牢固、政令畅通为前提的[①]。

（二）统治者必须勤于学习，谨于行动

《韩诗外传》载子夏回答哀公问题时说："不学而能安国保民者，未之有也。"哀公（又问）曰："然而五帝有师乎？"子夏曰："臣闻黄帝学乎大填，颛顼学乎禄图……未遭此师，则功业不能著乎直，名号不能传乎后世者也。"其意为，要做一个好的天子、国君或地方之长，就必须勤奋地学习，通过拜师学习，熟知政治、经济、军事、天文、地理等方面的知识，才有能力驾驭天下、安邦定国，才能保护好国家的安全和利益，造福于民众。就是我们的祖先五帝也不能例外，黄帝还要拜大填为师，颛顼也曾投师于禄图，他们投师学知识，再根据实际情况，治理天下，成就大业，造福于天下，才使他们的名号传扬于后世，万古不朽。不拜师，不学习，却想实现安国保民之目的，是从来就不可能有的事。

《礼记·乐记》载：子夏回答弟子魏文侯（斯）关于音乐时说，"《诗》云：'肃雍和鸣，先祖是听。'夫肃肃，敬也；雍雍和也。夫敬以和，何事不行？为人君者谨其所好恶而已矣。君好之，则臣为之。上行之，则民从之。"用今天话说：《诗》说'肃穆徐缓的合奏，先祖要听的正是这种乐声。'肃肃，是恭敬的样子；雍雍，是和谐的表示。有了恭敬和谐的心声，什么事情都可以做好。做国君者一定要谨慎，时刻检点自己的好恶。

国君喜欢的，臣下就会照你的心意去做，做官的干什么，民众就会跟着去干什么。子夏这种君王必学与谨行的思想，为历代有作为的统治者所重视，他们不但自己勤奋学习，而且非常注重对子孙的教育，以实现永保江山社稷的目的。唐太宗、明太祖、清圣祖等明君尤其重视自己言行的表率作用，也收到了良好的效果。

[①] 高专诚：《卜子夏与三晋儒学》，山西人民出版社，2001年，第12页。

(三)"选于众"的举贤思想

《论语·颜渊》载子夏在回答孔子时说:"舜有天下,选于众,举皋陶,不仁者远矣。汤有天下,选于众,举伊尹,不仁者远矣。"这是说,在帝舜统治天下时,他从民众百姓里选拔正直有德行的人时,民众选举了皋陶,那些不正直不够格的人就靠到一边去了。商汤治理天下时,也让大家推荐有贤德之人,民众推举了伊尹,那些品德不高的人也靠边站了。

子夏的"选于众"思想,就是从普通大众中选拔治国贤才。舜帝和汤王选出的皋陶和伊尹两人都是我国历史上著名的贤臣宰相,这就是良将出于普通兵士,贤臣出于基层官吏。

《礼记·乐记》载:子夏回答魏文侯问乐时,教导魏文侯说"君子听钟声,则思武臣……君子听磬声,则思封疆之臣……君子听琴瑟之声,则思志义之臣……君子听鼓鼙之声,则思将帅之臣,君子之听音,非听其铿锵而已也,彼亦有所合之也。"其意是:做为国君,听到铿锵的钟声就会思念武将;听到磬磬石磬声就会怀念那些为保卫国家而牺牲的部下;听到琴瑟哀怨的声音就会相信那些有志节的臣下;听到竽、竹、箫、管收敛的声音,就会怀想那些属下;听到鼓鼙喧嚣使人激动的声音就会眷念那些统率士卒的部将。作为一国君主,听到音乐,不是只去欣赏那些悠扬或铿锵的声音,而是要从其声之中引发出心中无穷的思念。即一位有作为的君主要有雄心壮志,任何时候都要尊重贤臣能吏,去选贤任能。魏文侯遵从师长之话实行选贤任能治国,师尊子夏、田子方、段干木,任用法家李悝为相实行改革,用法家军事家吴起、乐羊为将,挫败强秦,扩土拓疆,任用西门豹治邺,移风易俗,兴修水利,发展生产。

《论语·子张》载:子夏还教导魏文侯说,"大德不逾闲,小德出入可也。"即用人要看"大节",只要大节不超越界线,在小节上有点出入都是可以允许的。因为天下之人虽众,却人无完人,金无足赤。例如吴起是个有错的人,但他具有非凡的军事才干,魏文侯不计其小节,任他为西河守,为魏败秦扩地,为古之良将。子夏的"举贤"思想为后世明君所采用。

(四)统治者必须有驾驭形势和懂权变的能力

《韩非子·外储说右上》载:"患之可除,在子夏之说《春秋》也:'善持势者,蚤绝其奸萌。'"又载:"子夏曰:'《春秋》之记臣杀君、子杀父者,以十数矣。皆非一日之积也,有渐而以至矣。'"其意为:祸患可以消除,在子夏讲解《春秋》时就已说道:"善于掌握形势的人,早在邪恶势力刚发生时就将他根绝。"

子夏说:"《春秋》中记载的臣子杀君主,儿子杀父亲的事,就以十计之,都不是在一天内累积的,(矛盾)都是逐步积累慢慢达到这种程度的。"

子夏这两段话的核心是,身为统治者的国君,在任何时候都要明察秋毫,必须在事前发现危害国家的不安定因素,一旦发觉,就把它消灭在萌芽状态之中,以绝后患。

子夏在讲《春秋》时的这一观点,对当时魏国政治改革家魏文侯、魏相李悝、将军吴起的思想影响颇深,由此而启示了法家的法、术、势思想的产生,促使弟子李悝著就我国历史上第一部《法经》,成为法家鼻祖,吴起实行军事改革,于是,魏国成为法家的策源地,成为战国初期的第一强国。后来法家的理论又辐射到周边诸国,影响了各国的历史进程。商鞅虽是卫人,但其思想却是在魏国形成的,他因在魏不得志,便携带着魏相李悝之《法经》入秦,在秦国实行变法,使秦国迅速强大,为秦统一中国打基础。子夏的重"势"思想为历代统治者所重视,大多数的统治者都非常重视对《春秋》《左传》的学习研究,并从中汲取治国之经验。

通过子夏此番言论看出,他从《春秋》《左传》中懂得权变,从前人的经验教训中汲取为政之术,提高自己驾驭国家形势的能力。

(五)官员如何取信于民与君

《论语·子张》载:"子夏曰:'君子信而后劳其民;未信,则以为厉己也。信而后谏,未信,则以为谤己也。'"其意为:有道德的官员,若要顺利地统治自己管辖区域以内的百姓,首先必须以诚实取得百姓的信任,然后再去使唤他们,不然,百姓会以为你在残害他们。同时,官吏只有在取得君主的信任之后,再去向君主去进谏,如果你还未取得君主信任,就匆忙着去进谏,结果君主还认为你是在毁谤他。所以,为官者若要取得百姓的信任,就得关心百姓们的疾苦,为百姓办些实事,不讲空话,办事公正,以取得民心。若要取得君主的信任,就得廉洁从政,做出成绩,自然就会得到君主和上司的信任,你的建议他们自然会采纳。

子夏有着十分明确的"学"的目的,即"君子学以致其道"。可见子夏之"学"是为推其政治主张而学。

(六)实现"大一统"是我国历史发展的趋势,是中华民族的意志,是历史的必然。

《春秋公羊传注疏》徐颜引载宏序云:《公羊传》最初是口头传授,"子夏传于公羊高,高传于其子平,平传于其子地,地传于其子敢,敢传于其子寿。至汉景帝时,寿乃与齐人胡毋子都著于竹帛。"(《汉书·艺文志》)。

《公羊传》开宗明义提出"大一统"之说,结尾又强调"拨乱反诸正,莫近乎《春秋》。"此书的宗旨"大一统"之论,非常有利于巩固国家统一,为我中华民族的统一大业奠定了理论基础。"大一统"的观点,当时是公羊高老师子夏的治国学说组成部分,传授于弟子们,魏文侯以此为目标,作为其治国动力,走法家兴国和贤人治国相结合的路线,使魏国在战国初期虽未能达到华夏统一的目的,却成为当时最强盛的国家。秦始皇高举"大一统"旗帜,灭了六国,扫除分裂,建立了中国历史上第一个统一国家。秦统一中国之后的两千多年中,中国历史上虽也出现几次短期的分裂,例如"三国""南北朝""五胡十六国"等分裂局面,然而"大一统"观念深入人心。分久必合,成为中国历史发展的规律。两千多年来,每当国家政治动乱,出现分裂,或外来入侵时便有无数仁人志士就会站出来,高举"大一统"旗帜,不怕牺牲,前赴后继,去为祖国统一大业赴汤蹈火。汉武帝时,他诏太子受《春秋公羊传》,对儿子进行"大一统"观点教育[①]。

"大一统"观念对于我们这个民族众多、地域如此辽阔的中国来说,至关重要。翻开世界史,所谓的四大文明古国,唯有我们中国历史不被隔断而能连续不断地延续至今,子夏"大一统"的理论功不可没。中国文化在其发展的历史长河中,逐渐形成以炎黄为人文共祖,以华夏文化为中心,同时融汇了国内各兄弟民族文化的统一体。这种"大一统"的观念在国家出现分裂时发挥了强烈的民族凝聚力,使中国在多次内忧外患、战乱分裂的状态下仍能重归统一,其原因之一就是"大一统"观念文化在起作用。

第四节 子夏之学的发展

子夏在孔子死后三年,即定公三十六年(前476)返回晋国魏地西河设教。当时,晋国六卿的第一次兼并战刚结束不久,或许他联想到赵氏家臣董安于的悲剧,自己又是一介书生,孤身无亲,在现实的残酷政治大决斗中难有作为;或许是他看到晋人那种尚功、尚利、很少有人情味的法家思想的缺陷,便用自己所学的儒家学说去融通,开启一条取儒、法两家所长的新治国之路。便一门心思,通过教

---

① 参见卜丑年:《西河设教》(内刊),2002年,第74—75页、76—78页。

授魏驹（桓子）之子魏斯，用传播孔子儒家学说来改造晋国的法治思想，同时也广招有可塑之才的弟子。史籍说"子夏居西河，教授三百人"，这是相对于孔子"教授三千人"而言，学生收徒自然应少于老师，但这只是一种尊师之说。其实子夏在五十五年的教学生涯之中，收徒何止三百！

事实上，在以布播孔子之学的诸位孔门弟子中，子夏的成就是独一无二的。子夏在传授孔子儒家典籍的同时，必然还传授了他研究晋人的法治思想。他在教学中，不但贯彻了孔子的"有教无类"，而且学术自由，兼容并收，推动了战国"百家争鸣"的发展，所以，在子夏的弟子中"百家"皆有。在子夏弟子中表现突出的有吴起、田子方、段干木、禽滑厘、公羊高、谷梁赤等人，这些弟子有人成为君主之师，有人成为政治家、军事家、道家、墨家，也有人成为儒学的学者思想家，再加上称雄天下一时的魏文侯和其相国法家鼻祖李悝。可见，子夏在西河讲学影响之深，使魏国西河成为先秦的教育中心。子夏本人在魏国受到的礼遇和子夏之学在魏国政治中发挥的积极作用，使子夏的名声和治国思想在三晋人心上产生了巨大的影响，子夏与魏文侯对话时曾提出："圣人作为父子君臣以为纲纪"的政治主张。这其中虽有浓厚的儒家味道，但也透露出他为魏文侯建立新的封建秩序的思想。这一思想经荀子、韩非子、董仲舒而形成后世的"三纲"学说①。而这个时候正是三晋法家及思想成长的时期，三晋法家思想的产生和发展，从总的方面看当然是时代发展的必然，但在子夏时代，作为一种思想体系的法家思想还处于酝酿阶段。在春秋末期，许多卓有成效的政治家已经开启了后世所谓的"法家"治国之先河，但真正从学术理论上形成一整套相关的理论工作还是没有人有意识地去做。从前所述，子夏之学的某些方面确实与后世逐渐成形的三晋法家思想有着内在的联系。李悝是子夏的学生，接受过子夏儒法兼容思想的熏陶，并发展了子夏法家思想。他曾相魏文侯及武侯，使魏国富兵强，为战国初期少有的政治家之一，是一位由儒家转为法家的人物，成为真正意义上的法家，著就了我国第一部《法经》，成为我国法家的始祖。

子夏的弟子公羊高和谷梁赤两人都是学者型的人物，继承的只是子夏对《春秋》的研究成果，分别著出了研究《春秋》的著作《春秋公羊传》和《春秋谷梁传》，两书皆属于儒家的著作。

弟子吴起接受了子夏的思想之后，将其才智主要发挥于军事上，成为战国初

---

① 孙开泰：《先秦诸子讲座》，《新田文化与和谐思想研讨会论文汇编》（内刊），2007年。

期著名的军事家、法家和政治家。在历史上,人们常把吴起和孙武、孙膑相提并论,并称为"孙吴"。《史记》则把他们三人合在一起,专门写成了一篇《孙子吴起列传》。

弟子禽滑厘学成之后离开魏国,转向了墨家,最终成为墨家巨子。《墨子》一书中的四十九篇,就有十一篇是禽滑厘向墨子谈问军事战备及战争谋略方面的问题。《墨子·备梯》则记"禽滑厘子事墨子三年,手足胼胝,而且黧黑,役身给使,不敢问欲。"他后又奉墨子之命,率300人助宋拒楚。

田子方,魏人,名无择,从师于子夏,以贤名闻于当世,为魏国著名的政治谋略家。魏文侯善于纳谏,多次向他请教治国方略,他又甘于清贫,不肯入仕,因此刘向在《淮南子·泰族训》赞他"善言归乎可行,善行归乎仁义,田子方、段干木轻爵禄而重其身,不以欲伤生,不以利累形。"

段干木,复姓段干,名木,又一说他叫李宗,魏人,今芮城县学张乡之下段村为其故里(古《芮城县志》记为陌南镇段家庄人),曾在西河从师于卜子夏。他的才学后人知之甚少,《吕氏春秋·期贤》说:"君子之用兵,莫见其形,其功已成",说的是魏文侯敬段干木一事。《吕氏春秋·尊师》记载:"段干木,晋之大驵,而为魏文侯师。""驵",即今所谓的市场经纪,俗称"牙行"。先秦贤士隐于屠沽门监者,大有人在,段干木精于商贸,必有富民强国之术,文侯独具慧眼,宜得贤才,史书亦称他为谋略家,但他同田子方一样不肯入仕。

纵观田子方、段干木二人,并非是儒者形象,更像是早期道家人物的做派。

在子夏的诸多弟子之中,真正能继承子夏儒法兼容治国思想的要算是魏文侯了。他从师于子夏的时间最长,执政之后又与子夏长期共事。纵观魏文侯在位时的言行与用人,支持大臣进行的一系列经济、法治、军事改革,可以断言魏文侯具有儒法并用的卜子夏治国正确思想。可因为他是政治改革家,一国之君,而非学者思想家,尽管留于后世的论述甚微,但从他在实际的政治运作中,采取的是讲求实用,即任用了李悝、吴起这样的法家人物,也与田子方、段干木交往谋划国家大事,可以说,他是一位"重法尊儒"的政治家,子夏的弟子虽多,但因实行的是学术自由、兼收并容的方针,其宗旨在于改造现实社会,所以子夏的弟子多向发展,出现了"百家争鸣"的现象,被《墨子》大加鞭挞为之"贱儒",错加指责。世界上的事本来就是千姿百态,反映到学术流派上自然为"百家争鸣",作为儒、法两大主流兼收并容才符合社会发展的规律,只是子夏的治国思想尚不成熟,未能形成一个体系而已。需要指出,《荀子·非十二子》中说的"子夏氏之贱儒"，并非说子夏是"贱儒"，而是说子夏的后代弟子中那些个别"正其衣冠、齐其颜色，嗛然而终日不言"者。荀子本人亦是子夏的第五代门人。

子夏学说的另一个重要贡献是对荀子和韩非子思想学说的影响。根据荀子弟子韩非子的说法，孔子去世后，其弟子之间的思想分歧明朗化，并在战国时代出现了"儒分为八"的局面。从留存于后世的典籍和后人的研究看，齐鲁之儒始于曾子和子思，到战国中期出现了孟子这个大儒，儒家便成体系，而子夏这位本不纯正之儒来到晋国，结合晋（魏）实际，却独立发展、汲取晋国法家思想，形成了儒法兼容的一种独立的思想。后经近一个世纪，为荀子所继承，并发展为一个系统的治国思想体系，且多为秦朝以后的朝代所采用，以至影响了中国两千多年的历史。

子夏弟子李悝，在魏文侯时社会改革中的主要贡献表现在经济和法制方面。而这两方面，前者是子夏思想的重点，后者则是荀子思想的重点。所以，像李悝这样的人物，很可能是担当了子夏与荀子思想之间传递者的角色。

真正继承并发展了卜子夏"儒法兼容"思想的是他的第五代传人荀子。荀子是战国中期赵人，他在继承了皋陶和卜子夏的治国思想基础上，又到齐国稷下学宫与其他各家学派进行交流和碰撞，吸取各家所长，摒弃所短，并发展了他们的学说。从而形成了集诸子百家学说之长的"荀学"。谭嗣同在其《仁学》中说："中国两千年之政，秦政也"，"两千年之学，荀学也。""秦政"是指荀子（名况）的学生李斯和韩非子帮秦始皇实行封建君主专政的中央集权制，"荀学"是指荀子的"隆礼尊贤""重法爱民"学说。然而自《史记·孟子荀卿列传》至今，一直把荀子列为儒家，近年来一些学者又称他为带有法家思想的儒家。其实他既非儒家，又非法家，而是继卜子夏之后独自成为一体的、既儒又法的荀学。

孔子是告诉百姓怎样做人；荀子则是告诉帝王怎样治国。荀子的《解弊》批判各家的片面性，用《非十二子》摒弃各家之短，吸收其长，既包容又兼用，成为集诸子百家思想之集大成者。

◆ 治国方略史鉴

第十四章　荀子生平及其治国思想形成的历史渊源①

荀子是我国先秦诸子中一位杰出的思想家，他是先秦诸子百家思想的集大成者。他在总结先秦治国学说中，批判地吸收了诸子各家学派的积极因素，尤其继承了卜子夏儒法兼容的治国思想，以及魏文侯"依重法家、尊崇儒家"的治国理念，主张"隆礼尊贤""重法爱民"，综合创新，建立了有别于春秋战国诸家各派的学术思想文化体系，我们称其谓之"荀学"。

世代皆说，统治中国两千多年的是孔、孟儒家的治国学说。在"诸子百家"等古今典籍里，无不把荀子划归于儒家学派，或者说他是一位带有法家思想的不纯正的儒家学者，或者说他是承儒启法的思想家。《汉书·艺文志》把《孙卿子》三十三篇列入儒家。《韩非子·显学》亦云：自孔子之死也，儒分为八。"有子张之儒、有子思之儒、有颜氏之儒、有孟氏之儒、有漆雕氏之儒、有仲良氏之儒、有孙氏之儒、有乐正氏之儒。"却无子夏氏之儒，是因为韩非把子夏看成了法家的始祖，而荀子恰恰继承和发扬了子夏的思想。

不少学者认为荀子为儒家，然而法家学说的集大成者韩非子和李斯皆是荀子的学生。《史记·韩非列传》云：韩非子"与李斯俱事荀卿，斯自以为不如非。"又《老子荀卿列传》云："李斯尝为弟子，已而相秦。"

如此说来，荀子既是儒家，却又教出来了法家弟子，这便说明了荀子既具有儒家思想，又有法家思想。

其实，细究起来，真实的情况并非如历史所说荀子为儒家，正如谭嗣同先生所说，中国"两千年之政，秦政也；两千年之学，荀学也"。其意是说，在中国两

---

① 参见李尚师：《先秦三晋两个辉煌时期暨治国思想》，中国文联出版社，2008年4月，第434—477页。

千多年的封建朝代中，各个朝代的政体架构，皆沿袭了秦朝中央集权的封建专制制度；在此期间各个朝代的治国思想，都采用的是荀子学说，即"荀学"。当然，此论亦非尽然，例如：秦王朝的治国指导思想则是韩非子的法家学说；王莽的"新朝"采用的却是儒家学说的"王道"。然而，此两个朝代则因不能按照荀子的"隆礼尊贤""重法爱民"思想来治国，所以皆只存活了十多年便短命夭折了。

第一节　荀子的生平事迹

关于荀子的生平事迹，司马迁在其《史记·孟子荀卿列传》中过于简略却较全面地写道：

荀卿，赵人。年五十始来游学于齐。驺衍之术迂大而闳辩；奭也文具难施；淳于髡久与处，时有得善言。故齐人颂曰："谈天衍，雕龙奭，炙毂过髡。"田骈之属皆已死齐襄王时，而荀卿最为老师。齐尚脩列大夫之缺，而荀卿三为祭酒焉。齐人或谗荀卿，荀卿乃适楚，而春申君以为兰陵令。春申君死而荀卿废，因家兰陵。李斯尝为弟子，已而相秦。荀卿嫉浊世之政，亡国乱君相属，不遂大道而营于巫祝，信禨祥，鄙儒小拘，如庄周等又滑稽乱俗，于是推儒、墨、道德之行事兴坏，序列著数万言而卒。因葬兰陵。

其《索隐》又解注：荀卿，"名况。卿者，时人相尊而号为卿也……后亦谓之孙卿子者，避汉宣帝讳改也。"其实汉宣帝名询，汉时尚不讳嫌名，且如后汉李询与荀淑、荀爽、荀悦、荀或俱书本字……盖荀音同孙，语遂移易[①]。顾炎武《日知录》亦主其说：荀为孙，如孟卯之为芒卯，司徒之为申徒，语音之转也。然此说亦未必就对。可知荀卿名况，"荀卿"为时人之尊称。亦尊称为荀卿子。

荀子走出赵国多方游说，但不被各国统治者重视和采纳，只是到了晚年曾被楚相春申君黄歇赏识，被委任为兰陵（今山东枣庄东南）令，但任职时间不长，事迹不彰。他的一生在仕途上怀才不遇、困厄一生。

关于荀子游历列国的事情，由于史籍的缺载，其时间上的先后顺序已不明晰。荀子早年曾游燕国。《韩非子·难三》云："燕子哙贤子之而非孙卿，故身死为僇。" 燕王五年（前316），燕王哙让国于其相子之。前314年，齐宣王趁机干涉，让国失败。燕王哙、子之等死于乱军之中燕国几乎灭亡。荀子到燕国应在此年

---

① 汪荣宝：《法言义疏·君子卷》（新编诸子集成），中华书局，1987年。

(前314)之前。由《韩非子》所载可见，荀子是反对燕王哙让国的。由于他与燕王的意见不合，所以在齐国武力干涉之前，荀子就可能已经离开了燕国。

荀子离开燕国以后的事迹无法考证，经过很长一段时间，大约于齐湣王末年来到齐国，曾三次做了齐国稷下学宫"祭酒"。

齐湣王初时，仍然继承威、宣时期举办稷下学宫的政策，但到了晚年，齐湣王喜好武功，连年征战，引起楚、燕、魏、赵等国的嫉恨。在国内，他任用孟尝君为相，君臣猜忌，上下离心，各种矛盾已很尖锐，危机四伏。荀子在齐国讲学期间，就洞察到齐国存在的问题，曾力谏齐国宰相孟尝君，曾企图说服齐国宰相实行王道政治，争取统一天下。然而齐相对荀子的劝谏和警告并未理睬。荀子只好离齐之楚。不久，荀子的预见果然得到了应验。公元前284年，燕国大将乐毅帅五国联军攻打齐国，临淄陷落，齐湣王被杀，齐国几亡。

他在楚国不长时间，便就去秦国考察，公元前262年，后二度入楚，他因有人在楚相春申君面前谗言而被辞退，便去了赵国。赵国长平之战前不久又接受春申君的邀请，第三次来到楚国。概在荀况第三次来到楚国之后，又停了一段岁月，"春申君相楚八年……以荀卿为兰陵（今山东苍水县兰陵镇）令，当是时，楚复强"①。据《史记·春申君列传》载：楚"考烈王元年，以黄歇为相，封为春申君"。而楚考烈王元年即公元前262年。也就是说，荀卿是于七年后的公元前255年开始为"兰陵令"的，到楚考烈王二十五年，即公元前238年，春申君被其舍人（赵人）李园的死士刺死，"春申君死而荀卿废"②。这样计算，荀卿为兰陵令共计为十七年（前255—前238）之久。这时的荀卿也已老了，便"因家兰陵"③，即荀子因失去春申君的支持而被免去兰陵令之职，遂定居兰陵。

第二节 荀子治国思想的形成及其源流

一、皋陶的治国思想是荀学的源头

任何一种思想的产生都有其长期的孕育过程，这种思想文化经过悠久的历史积淀之后，便逐渐地形成了这种学说。作为在中国两千多年封建社会中君主治理

---

① 《史记·春申君列传》。
② 《史记·孟子荀卿列传》。
③ 《史记·孟子荀卿列传》。

国家理论根基的"荀学",其渊源可以追溯到唐尧、虞舜和大禹时期的皋陶"德主刑辅""明刑弼教"的治国思想(见前第十二章:皋陶的治国思想框架)。

中国历史到了新石器时代末期,文明曙光首先在今晋西南升起。尧都平阳,舜都蒲板,禹都安邑,不仅为人们所共识,更为如今的考古所证实。随着时代的前进,社会的变革,其间,相传下来的皋陶治国思想,也必然随之发生相应的变化。于是,在继承皋陶治国思想的基础上,代表贵族统阶级的治国思想随之形成,它就是周代以宗法制度为核心的"周礼"。"周礼"更多强调的是皋陶治国思想中的"德主"的一面,却弱化了"刑辅"的一面。

西周灭亡之后,中国历史又走进了由贵族制向新兴封建制过渡的春秋和战国时代,社会处于激烈的大变革、大动荡之中。周天子名存实亡,呈现出了诸侯争霸、"礼崩乐坏"的战乱局面,支撑宗法贵族制的周礼受到全面冲击。与社会巨变相适应的思想文化领域也掀起了波澜壮阔的"百家争鸣"运动。

在这次空前的百家争鸣的大论战中,如何对待长期主宰中国社会以宗法制为代表的周礼,是各个学派、各个诸侯国必须直面对待、不能回避的问题。于是,受周礼统治最牢固的鲁国孕育出了以孔子为代表的儒家学派;居于南方较落后地区的楚国,它长期与周王室分庭抗礼而少受周礼影响,便孕育出了以老子为代表的老庄学派;东方齐国因对周礼采用了"修正"方针所以孕育出了礼法兼用的管子学说。而晋国自曲沃小宗代大宗翼政权之后,接着晋献公实行了诛杀公族,随后又逼走诸公子,遂即"焉始为令,国无公族焉"①,晋文公更是主动地将诸公子皆送到国外,"自是晋无公族"②。晋成公更实行了假公族制。自献公起,历代皆任用大批与公室非血族关系的异姓势力为朝中卿、大夫。而且,当时在列国之卿中,多为本国公族,"惟晋,公子不为卿,故卿皆异姓"③。另外,晋君继承人多非嫡子,所以,春秋时的晋国,以血缘亲亲为纽带的公族宗法体制已从根本上被冲毁了。随着旧宗法制的崩溃和异姓势力的崛起,晋国的政治、经济、思想文化等领域内的新旧矛盾斗争激化起来。于是,掀起了法治思想发展高潮,在晋国数百年中形成了以法治国的主流思想。然而,尧、舜、禹时期,皋陶"德主刑辅""明刑弼教"的治国思想依然在晋国得以传承。因为晋国的始封君唐叔虞的封

---

① 《国语·晋语二》。
② 《左传·宣公二年》。
③ [清]高士奇:《左传纪事本末·晋卿族废兴》,中华书局,1979年,第431页。

地——古唐国，正是当年尧都所在地，已经发掘出西周九代晋侯墓地的天马——曲村遗址，与尧都所在的陶寺遗址直线相距仅二十多公里。例如，晋文公时期，在回答"文公用咎犯之言而败楚人于城濮"①的原因时，赵衰说："夫三德者，（狐）偃之出也，以德纪民，其章也大矣。"虞翻云："三德，谓劝文公纳襄王以示民义，伐原以示民信，大蒐以示民礼"②。文公实行一系列改革中的用人宗旨是，"昭旧族""尊贵宠""明贤良""赏功劳""举善授能"③、不计前仇，重新起用逃亡的头须和几次追杀他的寺人披等④，皆体现了皋陶的"德主"治国思想，称霸中仅杀三人：颠颉（jié）、祁瞒、舟之侨⑤，此为体现了皋陶"刑辅"的治国思想。再如，晋悼公入主晋国之后，据《国语·晋语七》说，他实行的改革内容是："定百事，立百官，育门子，选贤良，兴旧族，出滞赏，毕故刑，赦囚系，宥（yòu）阅（造字）罪，荐积德，逮鳏寡，振废淹，养老幼，恤孤疾……"而对于被推翻的前朝反对派，并未采取党同伐异大开杀戒的处理办法，据《左传·成公十八年》载，只是采用了"逐不臣者七人"。晋悼公选贤任能，对外实行和戎政策，内部八卿和睦，这是晋国当时和谐理念的表现。从中可以看出，悼公的这些施政之举，亦体现了皋陶的"德主刑辅"的治国思想。从以上史实可以看出，晋国自小宗代翼之后，虽然实行的是以法治国思想为主，但皋陶留传下来的"德主刑辅"治国思想，在晋国（古唐国）这片故土上依然具有一定的影响。

战国初期的魏文侯，他的治国方针是"重法尊儒"，并取得了丰硕成果，成为战国初期的霸主。魏文侯是卜子夏的弟子，其重法尊儒，当然体现了卜子夏的儒法兼容治国思想，但他们师徒的治国思想亦必然受到三晋本土传承下来的皋陶治国思想的影响。

战国末期的赵人荀子，又是卜子夏的第五代门人，故而，"荀学"的源头当然可以上溯到唐尧、虞舜时期皋陶"德主刑辅""明刑弼教"的治国思想。

二、卜子夏"儒法兼容"的治国思想是"荀学"的雏形

到了春秋末年，晋国南阳温邑（今河南温县）人卜子夏，在孔子死后三年，

---

① 《吕氏春秋·义赏》。
② 《国语·晋语四》及韦昭注。
③ 《国语·晋语四》及韦昭注。
④ 见《新序》及《韩诗外传》。
⑤ 《左传·僖公二十八年》。

子夏更与鲁国的"缙绅之儒"思想分歧严重，便离开了鲁国，返回到晋国魏地，开始"西河设教"，卜子夏在晋国生活了二十三年，又在战国初期的魏国辅佐弟子魏斯三十二年，共计五十五年之久。他在晋、魏必然接受了晋国数百年来形成的法治思想，从而形成了他的儒法兼容治国思想，这既是鲁国孔子儒学与晋国法制思想碰撞之后融合的结果，也是他继承了晋国先前遗传下来的皋陶"德主刑辅"，并在晋文公和悼公时期再次验证为行之有效的治国思想的结果。

卜子夏整理了"六经"，但没有留下他有关治国思想的专著，我们只能从浩瀚的历史典籍中寻找线索，进行分析，从他的弟子们经历的活动轨迹之中觅迹。

魏斯是卜子夏的高足，他从师于子夏时间最长，继位之后依然以子夏为师达二十多年之久，他继承子夏之学不只是其治国思想，更是将这种儒法兼容，即"德主刑辅"的治国思想运用于治理国家之中，使魏国成为战国初期无可争议的霸主。

在卜子夏之前的春秋末期列国之中，楚国老子的道家，鲁国孔子的儒家皆已形成，而且老子、孔子的弟子们叛离其宗者甚少。孔子的儒家弟子唯有卜子夏在继承儒学的基础上，又吸纳了法家思想，构成了他的儒法兼容治国思想。就儒学而言，历来对卜子夏皆有"不纯正"之微词，然而，又承认子夏对儒学的"六经"整理和传播功劳最大。其实，卜子夏是在继承了皋陶"德主刑辅"的治国思想基础，在晋国的法治思想基础上，吸纳了儒学、道学思想，形成了卜子夏独立的治国思想，即集儒、法、道思想，如果反思起来，孔子的儒学的形成，概是继承并发展完善了古老华夏族皋陶的"德主"思想一面，而晋国因为对以宗法制为核心的周礼破坏得彻底，而且继承并发展了皋陶"刑辅"的思想一面。子夏之学正是将其发展并完善了皋陶之"德"一面的儒学，和发展了皋陶之"刑"一面的法治思想相融合，成为儒法兼容的子夏之学。

这里需要指出的是《非十二子》篇中，荀子所说的"子夏氏之贱儒"，并非是说他的师祖"子夏是贱儒"，而是指子夏氏弟子中的低贱儒生一类。

齐桓公时期相国管仲实行一系列改革，使齐桓公成为春秋第一代霸主。管仲说："法者，天下之至道也，圣君之实用也"，"君臣贵贱皆从法"[①]，又说：礼义廉耻为"国之四维"，"治之本也"[②]，可见，管仲是主张法制与礼治相济相辅，

---

① 《管子·任法》。
② 《荀子·富国》。

即礼法并用的治国思想。卜子夏的儒法兼容思想之中是有与其相似之处概受其一定影响，但并非是继承了管仲之学，而是在继承皋陶治国思想的基础上，在晋人的法治思想基础上与孔子的儒学相融合的结晶（前已论述）。

子夏之学是由其弟子魏文侯实施而且得以证明，他依法崇礼的治国思想是行之有效的治国之道，是在七雄并立的多极化社会中行之有效之道。

三、战国中后期诸家学派的发展与"荀学"的形成

西周时，天下一统。统治天下思想的是以宗法制为核心的"周礼"，历史进入东周的春秋时期，呈现出"礼崩乐坏"的状态。在此历史背景下，先后涌现出了道家、儒家及晋国的法治思想。到了春秋末战国初期，魏文侯虽然较全面地继承了"子夏之学"，但他是政治家而不是学者，所以没有著作留于后世。

遗憾的是魏文侯之后，子夏之学逐渐被冷落了。其原因大概是法家思想在三晋根深蒂固，加上战国中后期，七雄间战争接连不断而激烈空前，更适合法家的短期效应。

在三晋国家中，李悝、吴起和带着李悝《法经》从魏到秦的商鞅属于"重法"派代表；韩国的申不害为"重术"派代表，后来到韩国当了大夫的赵人慎到属于"重势"派代表。春秋末韩国公子韩非主张以法为本，与法、术、势相结合，成为法家的集大成者。另外，在以魏国为主的三晋中活动的学派还有，兵家吴起（和齐国的孙子）、纵横家（游士、谋士、策士，或称游说权谋之徒）苏秦、张仪、公孙衍；名家（辩士、刑名之家）惠施、公孙龙。

春秋后期，虽然周王室失去"天下共主"的资本，但尚有"霸主"打着"尊王"旗号，起到维持诸侯国秩序的作用。但进入战国之后，天下便失去权力中心，出现了七雄并立，形成了一个多极化社会。多极社会的特点是，各国矛盾更加复杂而尖锐，各国根据自身的生存利益需要，组合、分化不定，这也为代表各种集团利益的百家学派提供了千载难逢的自由发展机遇。于是，出现了"百家争鸣"的学术自由发展高潮。上述卜子夏之后的三晋法家、兵家、儒学、纵横家、名家等学派正是在此历史背景下形成并得以发展的。

战国这个多极化时代，不但造就了上述三晋各家学派的蓬勃发展而并立存在，而且也使三晋之外的其他几国各种学派也在按照自身的方向蓬勃地发展起来。这期间，庄子发展了老子的道家学说，形成了以老、庄为代表的道家学派；孔子是儒家学说的创始人，他的儒家思想主要记述在《论语》之中，但尽是些"语录

式",他的学说核心是讲"礼",到了战国孟子,又发展了孔子的儒学,才提出了"仁政",写成了《孟子》一书。春秋战国之交的鲁国人墨翟又创立了墨家学说,写成了《墨子》一书,墨学反对战争,主张"兼爱"。

荀子是子夏的第五代门人(见本章荀子离开赵地游学齐国的年龄一节),生活于战国中后期。其时诸子百家皆已形成,而且正在"争鸣"之中,这便为"荀学"的形成创造了一个学术自由发展的环境。同时,诸子百家学说也需要去除糟粕,进行整合性的总结。于是,这个时代总结百家学说的伟大使命便落到了荀子肩上。稷下学宫是我国先秦时期的重要学术研究中心,荀子在那里接触到三晋以外的诸家学派的代表人物,研究了他们的学说,所以才写成《非十二子》。他综合分析评论了诸家的学说,对墨家、儒家、名家、道家和法家的某些观点进行了批判,他以犀利的语言批判了墨翟、宋钘"不知壹天下,建国家之权称,上功用、大俭约而慢差等,曾不足以容辨异、县君臣,"即不知道统一天下,建立国家的礼法制度,只崇尚功利,重视节约而忽视等级差别,以致不能容许人们之间的区分,君臣之间的等级悬殊,荀子说他们这是"欺惑愚众"。指出"兼足天下之道在明分",除草施肥,是农民的事;增加人民功利,使人民和睦团结,是兼管军民将帅的事;管理百姓,使百姓不受饥寒是国君宰相的事。荀子又批判儒家孟子"略法先王而不知其统",以为孟子徒法先王,只言尧舜之道,而不知兴作之方略。揭露孟轲、子思的学说是"避讳而无类,幽隐而无说,闭约而无解"的荒谬说教,斥责他们是清高傲世、行为离奇、不学无术,胡言乱语的贱儒。还批判名家惠施、邓析"不法先王,不是礼仪,而好治怪说,玩琦(奇)辞",夸夸其谈而毫无用处,做事很多却功效很少,不能作为治理国家的原则。批判法家中"重势"派慎到、田骈"尚法而无法,下修而好作,上则取听于上,下则取从于俗,终日言成文典,反纠(xún)(循)察之,则倜然无所归宿"。实乃"欺惑愚众"。另外荀子在其《解蔽》一文中还批判"墨子(翟 dí)蔽于用而不知文,宋子钘蔽于欲而不知得,慎子(到)蔽于法而不知贤,申子(不害)蔽于势(权势)而不知知(智),惠子(施)蔽于辞而不知实,庄子(周)蔽于天而不知人"。接着指出他们被蒙蔽的道理是:如果只从(墨翟)功用的观点来论道,人们就都会去追求功利;只从宋钘欲望的观点来论道,人们就都会去追求满足欲望了;只从(慎到)法的观点来论道,人们就都会去硬搬法律条文了;只从申不害权势的观点来论道,人们都会去看方便行事了;若只从惠施的逻辑命题的方面来论道,人们就都会去强词夺理,追求能言善辩了;若只从庄周的听天由命的观点来论道,人们就会去消极地顺从命运安排了。

　　荀子在批判诸家学说糟粕的同时,又吸取了各家的精华,例如,中道思想由来已久,先民进入文明社会之后,社会的基本问题便是公平、公正与平衡发展的问题。陶唐时代就有"允执厥中"之说,认为若违背他,就会"四海困穷,天禄永终"①。社会矛盾严重,故而长期存在着不平衡,所以求索持久平衡,成为有识之士的难题。春秋战国由于社会矛盾非常激烈,诸子百家都在论之。孔子言"中庸",老子言"守中",墨子言"尚同"又言"强必治""权正"等,韩非主张"不可两立"。从诸子百家主要学派观点而言,他们都只认识到客观辩证法的一个方面,分为以强用中和以弱用中两种。孔子以"中庸"之"过犹不及"进行了整合,讲了事物发展规律的辩证法。荀子整合了以强、以弱用中,对事物内在性质、形态进行了深入分析,完备了古代的中道辩证法,他的"中则是从"之说,着重揭示矛盾双方冲突即发生"争"的条件因素,从中寻求发展同一性的基础,这些观点具有重要的理论意义,也具有积极的实践意义②。

　　荀子一生命运多蹇,他在齐国遭人嫉妒而离齐入楚,在楚不得志而入秦考察,虽受到秦国君、相赞扬,但不肯用之。他二次入楚再被猜忌而返归故土赵国,虽有救国忠心良策,然遭遇与赴秦无异,这才受邀三次入楚,方得为兰陵令一职,最后"因家兰陵",整理一生著述。《孟子荀卿列传》说他"推儒、墨、道德之行事兴坏,序列著数万言而卒。因葬兰陵。"其实荀子著作何止"数万言",他的巨著原有三百多篇,经汉代刘向校阅整理,芟去重复之篇,方编为三十二篇,为避汉宣帝讳定名曰:《孙卿新书》,到了唐朝中期,杨倞又把《孙卿新书》重新编排一次,并加上注释,分之为三卷,定名为《荀子》,流传至今。关于大小戴《礼记》之篇名,文字上有很多与《荀子》相同的地方,梁启超考证后认为是《礼记》采录了《荀子》。《荀子》一书内容丰富,涉及治国思想、哲学思想、治学方法、立身处世之道、军事战略战术、经济问题、学术论辩等方面。他的代表作有《劝学》《天论》《解蔽》《非十二子》《王制》和《议兵》。论说富有文采,论理透辟,气势浑厚,结构严谨,形式完美。荀卿在离开三晋之后,在与百家争鸣过程中,在解诸子之蔽的基础上,综合了百家之学,思虑精湛,蹊径独辟,既师法有源,又

---

　　① 《论语·尧曰》。
　　② 魏宗禹:《荀子辩证思维简论》,选自高剑峰《荀子故里话荀子》第二辑,山西古籍出版社,2006年,第124页。

博采众长，提出了自己一整套的礼法结合、王霸并用的理论主张，终于成为先秦诸子百家学说的集大成者，从而完成了创自皋陶，经其五世师祖卜子夏奠基，影响了中国历史两千多年治国之学说的伟大历史著作——《荀子》。于是，奠定了中国两千多年来封建社会的治国理论根基。人们尊他为"荀子"，称其学说为"荀学"。但在诸子百家的划分上，历代皆称荀子为"儒家"，其原因，因为"荀学"重视以人为本、伦理道德、传统文化，既以"隆礼"为主一面，然而却忽视了他"重法"的另一重要面，也忽视了他还融入了其他学派的方面。其实，荀子顺应历史发展的潮流，批判地改造了儒家孔、孟学说，荀子和孔子所讲的"礼"差别很大。孔子之"礼之用，和为贵"（《论语·学而》），主要是从精神修养角度立论。而荀子所谓之"礼"，"断长续短，损有余，益不足"（《荀子·补论》），是专门从物质分配角度立论。孔子言礼专主"节"，荀子言礼专主"分"，因为人的身份、境遇、年龄、材质上各有不同，物质上的享用、地位上的高低自然有所差别。荀子的"礼"，将权力之争夺变为权利之认定，与法家确定权利以立度量分界的精神相近，而与孔子所谓的"道之德，齐之以礼"的精神相去甚远。特别是思孟学派的思想，给孔子的"礼"赋予了法治的内容，作为中央集权主义的理论基础。他兼收百家思想，特别是吸收了法家的法治思想，成为以"法"辅"礼"的统治理论。我们不但应当承认他是诸子百家思想的集大成者，更应当承认他既非儒家又非法家的独立学派。他是沿袭皋陶"德主刑辅"，卜子夏儒法兼容，再批判地吸收了战国时期百家学说而自成一家的"荀学"。

王道与霸道、礼治与法治、义与利，这三者，看似相互对立的矛盾体，然而又是相互依存、互相补充的统一体。荀子是春秋战国诸子百家的治国思想理论的集大成者，他睿智地认识到，在同一治国方略中，礼治与法治看似矛盾的两个方面却相互依存、互为补充，而且缺一不可。中国两千多年的历史，成功与失败的治国经验与教训，证明了荀子"隆礼尊贤""重法爱民"治国思想基本理论是正确的，经得起历史验证。

第十五章　荀子治国思想（上）

春秋、战国时期，尤其战国是我国群雄并立的多极化时期，于是，造就了学术理论上诸子百家争鸣的局面。荀子正是在百家争鸣过程中，综合了百家之学，总结出了一整套自己独特的理论主张，终于成为先秦各派学说的集大成者，著就了《荀子》一书，该书共三十二篇，其内容非常丰富，涉及哲学、政治、经济、军事、法律、伦理、教育、文艺等方面。荀子的思想理论，在宇宙论、人性论、道德论、教育论、逻辑学、经济学等方面都有很大建树，尤其是其治国思想，他在继承了尧、舜时代皋陶的"德主刑辅"，卜子夏的"儒法兼容"治国思想基础上，使其理论更加完善，铸就了一套完整的治国学说。

有人说：老子言"道德"，孔子言"仁"，孟子并言"仁义"，荀子则言"隆礼、重法"。

还有人说：孔子告诉百姓怎样做人；庄子告诉人们如何做人；荀子则告诉帝王怎样治国。

其实荀子学说的治国思想，并非仅帝王必学，而且是朝堂之中辅佐帝王的王公、将相必学之学，各级朝臣、官吏亦应学之，贤人君子亦需学之。学则启迪心智，才智俱增，学通则将成为明君、贤臣、能吏、贤达之人，而终身受益，前途光明！不学则将浑浑噩噩，迷失方向、误入歧途，迷茫而无所适从，最终遗憾终生！

荀学虽然创立已有两千多年，但是对于现今社会仍有积极的指导借鉴作用。上至君王，中到政府各级官员，下至平民百姓，都有借鉴引导作用，用于治国则国治，用于治民则民乐，用于治企则企兴，用于修身齐家，则个人发奋自强，家庭和睦团结。因为无论治国还是修身，道理都是相通的。

第一节 荀子的唯物主义世界观和认识论

一、荀子的唯物主义世界观

荀子认为世界是物质的，人类生活在世界上，先有物质，后有礼义等制度。其《王制》云："天地者，生之始也；礼义者，治之始也；君子者，礼义之始也。为之、贯之、积重之、致好之者，君子之始也。故天地生君子，君子理天地。"在这里，荀子非常明白地表明了他对世界的看法。他认为，在世界上，先有天地等物质，然后才有礼义等各种道理制度，以及在礼义制度下产生的君子。而天地生君子，君子反过来又管理天地，这是一个辩证的关系。

荀子说："水火有气而无生，草木有生而无知，禽兽有知而无义。人有气、有生、有知且有义，故最为天下贵也"（《荀子·王制》，以下只引篇名）。荀子认为，气才是产生世界万物的根本。在中国哲学的概念中，气是指细微的流动的物质。由于气的流动性，古代哲学提出，气是形成世界万物的基础物质。凡认为以气为本的思想，中国哲学认为是唯物的。先秦时期的道家学说奠基人老子认为"道"是世界万物之源。荀子就此问题表示了以气为本的思想，是唯物主义的世界观。荀子提出，人有气、有生、有知、有义，最为天下贵也。人是世界最为尊贵的，肯定人的作用和意义，表现出人的自信。先秦时期，迷信巫术思想充斥在人类社会。许多人崇拜鬼神和自然神，把对神的祭祀当成最大的事。"古之大事，在祀与戎。"而荀子则宣称，"人为天下贵"，这是人对自然的宣言和自信。

荀子认为：天，即大自然，它有自己运行的规律，这种规律是客观的存在，任何人也不能改变。人们只能顺应自然的规律才能让其为人所用，化为吉祥；如果违背了这种规律，就会给人类带来灾难。荀子说："天行有常，不为尧存，不为桀亡。应之以治泽吉，应之以乱则凶。强本而节用，则天不能贫；养备而动时，则天不能病；修道而不贰，则天不能祸。故水旱不能使之饥渴，寒暑不能使之疾，祅怪不能使之凶"（《天论》）。天的规律不可改变，只要遵循这个规律，那么天就会为人所用，任何灾祸也无法侵害人类。"天不为人之恶寒也，辍冬；地不为人之恶辽远也，辍广"（《天论》）。天的规律是不以任何人的意志而转移，但人们利用这种规律，可以得到不同的后果。如"治乱，天耶？曰：日月、星辰、瑞历，是禹、桀之所同也。禹以治、桀以乱，治乱非天也"（《天论》）人们所处的环境一样，而所得的结果相反，所以事情的成败，国家的治乱在于对问题的处理方法，而不在"天命"。故荀子说:"从天而颂之,孰与制天命而用之?望时而待之,孰与应时而使之?因物而多之,孰与骋能而化之"(《天论》)?

"制天命而用之",是荀子提出的重要的哲学命题。荀子认为大自然的规律虽然不能改变,但人们可以利用这个规律使之为人类服务,即"制天命而用之"。先秦时期,生产力迅速发展,如魏文侯时的西门豹引漳水灌溉邺地,使得当地大获丰收,就是"制天命而用之"的典范。荀子在战国时期这种生产力发展的影响下,提出"制天命而用之"的命题,表现了人类战胜自然的意志和魄力,也表现了人类在大自然面前的自信。

先秦时期人们非常迷信,往往把一切自然现象和人事、政治等联系到一起,但荀子认为,这些都是自然现象,与人事等无关。他说:"星坠、木鸣,国人皆恐。曰:是何也?曰:无何也。是天地之变,阴阳之化,物之罕至者也。怪之,可也;而畏之,非也。夫日月之有蚀,风雨之不时,怪星之常见,是无世而不常有之。上明而政平,则是虽并世起,无伤也;上暗而政险,则是无一至者,无益也"(《天论》)。荀子认为,日月之蚀、风雨、怪星之不时,都没有什么可畏。如果政治清明,任何灾异现象也无伤害;政治黑暗,即使没有什么灾异出现,也会有不好的事情发生。他把自然现象和人类世界政治分开,这是荀子思想中的又一闪光思想。①

二、荀子的认识论

世界上的事物千差万别,复杂多变,从这些事物中怎样去分辨正确和错误,认识事物的真谛,这是古往今来人们认识世界的大问题。荀子提出的认识论,即认识事物的方法和观点,在中国哲学史上占有重要地位。

人们认识世界必须有正确的方法,否则就不能得出正确的结论。人们对世界的认识是通过自身的感官而得到的,即荀子在《正名》中所说的"缘天官"。(唐)杨倞注曰:"天官:耳、目、鼻、口、心、体也,谓之官。言各有所司主也。缘天官,谓天官谓之同则同,谓之异则异也。"荀子认为,对同类事物的认识,是通过"天官"去感觉体会,然后比较其形象,再对事物以定其名称,从而认识的。所谓认识事物,就是通过耳、目、心、口、鼻、体等天官而人士总结出来的。《正名》曰:"形体、色、理以目异;声音清浊、调竽奇声,以耳异;甘、苦、咸、淡、辛酸、奇味,以口异;香、臭、芬郁、腥臊、洒酸、奇臭,以鼻异;

---

① 李玉洁:《先秦诸子思想研究》,中州古籍出版社,2006年,287页。

疾、养疮、热、滑、跂、轻、重，以形体异；说、故、喜、怒、哀、乐、爱、恶、欲，以心异。"不同的事物，则用目、耳、鼻、形体、心等去区别，去分类。这是人们通过"天官"对外界事物得出的最初印象，即感性认识。

有了这种感性认识，还要通心，即大脑的思维去思考，加深这些感性认识。人们用"心"（今人叫思维，古人认为思维在心进行）去综合这些感性认识。荀子曰："心有徵知。徵知，则缘耳而知声可也；缘目而知形可也；然而徵知必将待天官之当薄其类，然后可也。五官薄之而不知，心徵之而无说，则人莫不然谓之不知，此所缘而以同异也"（《正名》）徵知，杨倞注曰："徵，召也。言心能召万物而知之。""薄，书也。当薄，谓如各主当其薄书不杂乱也。"

任何事物都是复杂的，都有其内部的、外部的、表面的、本质的、侧面的、全面的等不同方面和现象。如果只看到事物的局部现象，就不可能得出正确的结论。《解蔽》云："凡人之患，蔽于一曲，而暗于大理。"如果人们只被事物的某一曲（侧面）所蒙蔽，就不会明白其中之大理，所以人们只从"天官"而得到的认识还是不够的。必须上升到理性认识；但这种认识绝不能"蔽于一曲"，也不能"闇于大理"。欲明大理，荀子认为就必须"解蔽"。

事物为什么有蔽呢？荀子曰："故为蔽，欲为蔽，恶为蔽，始为蔽，终为蔽，远为蔽，近为蔽，博为蔽，浅为蔽，古为蔽，今为蔽。凡万物异则莫不相为蔽，此心术之公患也"（《解蔽》）。荀子认为，人们对事物的好恶可以为蔽，只看开始和终结，而不了解事物的发展过程就可能受蔽，距离事物太远或太近皆可为蔽，对事物看得太多、太浅可为蔽，古今不同，以古喻今不当，亦可为蔽。所有的事物各不相同，而以此物观看他物，可互为蔽。这种"心术之患"，即人们考虑问题时的通病。

如何才能不受其蔽？荀子曰："圣人知心术之患，见蔽塞之祸，故无欲、无恶、无始、无终、无近、无远、无博、无浅、无古，无今，兼陈万物而中悬衡焉。是故众异不得相蔽而乱其伦也"（《解蔽》）。也就是丢掉偏见，不蔽于一隅，尽列事物时，互相比较，才能不受事物的片面性影响，而扰乱了对事物的本质和真相的认识。

第二节　荀子"隆一而治"的礼制和尚贤思想

一、"隆一而治"的礼制思想

荀子生活在战国晚期，他作为春秋战国时期诸子百家思想的集大成者，既主张礼治，又主张法治，他认为礼是治国治民的根本。

　　荀子说："礼者，治辨之极也，强国之本也，威行之道也，功名之摠也，王公由之所以得天下也，不由所以陨社稷也。故坚甲利兵不足以为胜，高城深池不足以为固，严令繁刑不足以为威，由其道则行，不由其道则废"（《荀子·议兵》本节以下，有关《荀子》只注篇名）。也就是说，只有礼，才是国富民强的根本，王公皆由此道而得天下，反其道则会失去政权社稷。任何坚甲利兵、高城深池，严令繁刑，都不如礼的作用大。《强国篇》云："礼义，节奏是也。故人之命在天，国之命在礼。人君者，隆礼尊贤而王，重法爱民而霸，好利多诈而危，权谋倾覆幽险而尽亡。"人之命系于天，国之命系于礼。国君只有隆礼尊贤，才能成为王道。反之，则会有危亡之患。《王霸》云："国无礼则不正，礼之所以正国也，譬如犹衡之于轻重也，犹绳墨之于曲直也，犹规矩之于方圆也。既错之而人莫之能诬也。《诗》云：'如霜雪之将将，如日月之光明；为之则存，不为则亡。'此之谓也。"这里所引用的几句诗，不见于今之《诗经》，是逸诗。其意为，礼的作用很大，是衡量国家制度好坏的标准，关系到国家的存亡。"礼者，人主之所以为群臣，寸、尺、寻、丈，检式也。人伦尽矣"（《儒效》）。"虽王公士大夫之子孙也，不能属于礼义，则归之于庶人。虽庶人之子孙也，积文学，正身行，能属于礼义，则归之卿相士大夫"（《王制》）。荀子把礼义看作是治国首要，存亡之道。礼是治国治民的"寸、尺、寻、丈"的法度。只有隆礼，才能治国。在这里，荀子所说的"礼"与儒家是一致的。

　　礼是什么？礼是怎样产生的呢？《礼论》曰："礼起于何也？曰：人生而有欲，欲而不得，则不能无求，求而无度量分界，则不能不争。争则乱，乱则穷。先王恶其乱也，故制礼仪以分之，以养人之欲，给人以求。使欲必不穷乎物，物必不屈于欲，两者相持而长，是礼之所起也。"在这里，荀子对礼的认识是深刻的。孔子虽多次提到礼，但是没有做太多详细的解释。荀子认为，人是有欲望的，但物是有限的，而人的欲望是无穷尽的。这样人们为了满足自己的欲望，就会发生争执。争则乱，乱则穷，故有权势者制定礼义以分之。也就是说，礼就是人为地把人们划分成等级，身份等级高的的权贵可以少劳动，得到较多的物质产品以满足自己的欲望；身份等级低的人要多劳作，只能得到较少的物质产品以维持自己的生活，而把劳动所得的收获大部分送给等级高的权贵们。权贵们制礼是来约束人们，把人们固定在礼义等级的管辖之下，心甘情愿地接受礼制的约束，这就是礼的实质。王公大臣们正是用礼去正国家，治民众的。

荀子说："人之生，不能无群，群而无分则争。争则乱，乱则穷矣。故无分者，人之大害也；有分者，天下之本利也；而人君者，所以管分枢要也。故美之者，是美天下之本也；安之者，是安天下之本也；贵之者，是贵天下之本也。古者先王分割而等异之也，故使或美或恶，或厚或薄，或佚或乐，或劬或劳，非特以为淫泰夸丽之声，将以明仁之文，通仁之顺也。故为之雕琢、刻镂，黼黻、文章，使足以辨贵贱而已，不求其观；为之钟鼓、管磬，琴瑟、竽笙，使足以辨吉凶，合欢定和而已，不求其余；为之宫室台榭，使足以避燥湿，养德辨轻重而已，不求其外"（《富国》）。这段话的意思非常明白，那就是世间的人必须有一定的组织，才能更好地生存。而人君就是管理这种组织的人。人君的管理应把人分割成不同的等级，美、恶、厚、薄、佚乐、劬劳等去从事各种角色，然后再按照他的等级去雕琢刻镂宫室台榭，穿各种黼黻文章花纹的衣服，享用钟鼓管磬，琴瑟竽笙之乐等。故荀子说："礼者，贵贱有等，长幼有差，贫富轻重皆有称者也"。所以，礼的本质就是一种等级制。

荀子说："少事长，贱事贵，不肖事贤，是天下之通义也。有人也，势不在人上，而羞为人下，是奸人之心也"（《仲尼》）。荀子主张，人们就应该分为等级，让贱等人为贵等人服务。有的人其地位属于下等，而不甘心于下人，这是"奸人之心"。

为了维护这种等级制度，荀子认为，一国之内，君主必须实行集权，树立君主的绝对权力，不准有分散国君的势力存在。"权出于一者强，权处于二者弱，是强弱之常也"（《议兵》）。权力集中于国君手中，那么这个政权就是强有力的；而如果让权力分散，号令不一，这个政权就是软弱无力的。《致士》云："君者，国之隆也；父者，家之隆也。隆一而治，二而乱；自古及今，未有二隆争重而能长久者。"作为国君必须把国家大权掌握在自己手中，使国君处于至高无上的地位，才能治理好国家。战国时期，各国王权逐渐成熟，克服了春秋时期妨碍王权、君权集中的诸多因素，向专制主义发展。荀子适应王权发展的形势，提出了国君要"隆一而治"的论点，是历史发展的必然现象。

荀子说："天下之行术，以事君则必通，以为仁则必圣，立隆而勿贰也。然后恭敬以先之，忠信一统之，谨慎以行之，端悫以守之，顿穷则疾力以申重之。君虽不知，则无怨嫉之心；功虽甚大，无罚德之色；省求、多功、爱敬、不倦，如是，则常无不顺矣"（《仲尼》）。这是荀子提倡大臣对君主的态度，要恭敬、忠信、谨慎，无怨疾，无伐德，立隆而勿贰等。那样才能事事皆顺，才是天下通行的君臣之道。

　　荀子首先主张以礼治国，隆一而治，王权集中，天下分为贵贱等级，这正是礼制的内容。荀子主张以礼治国，与孔子相同，不过荀子的思想比孔子更进一步发展。他认识到礼的实质是对社会物质财富的分配制度的体现。人为地把人分为不同的等级，然而再按照等级去分配社会财富，使分配向有利于贵族的方面进行，贵族少劳或不劳而获得到相对多的社会物质财富。为了保证这种分配制度的顺利实施，那么必须绝对地维护国君的权力，那就是要"隆一而治"，"立隆而勿贰"，君权、王权集中，才是国家强盛不衰的保证。

二、荀子的尚贤思想

　　荀子认为，国家必须把贤能之人放在最重要的位置上，也就是要任贤使能。荀子思想比孔子、孟子的思想更有所发展。孔子、孟子虽然提到国君要施行仁政，任贤使能，但并没有详细论证怎样任贤。而荀子不仅提到尚贤，而且还提出来了反对世袭制的论题。

　　《荀子·王制》云："请问为政？曰：贤能不待次而举，罢不能不待须而废，元恶不待教而诛，中庸民不待政而化。分未定也，则有昭缪。虽王公士大夫之子孙也，不能属于礼义，则归之庶人。虽庶人之子孙也，积文学，正身行，能属于礼义，则归之卿士大夫。"荀子不仅提出了贤能"不待次而举"，而且提出，对无能无用之官职应随时罢黜，不能等到非罢黜不可时才罢。他提出王公大人之子孙，如果不能属于礼义，则归之于庶人；而庶人之子孙，只要能有好的表现和行为，就是贤能之士，"则归之于卿相士大夫。"

　　春期战国时，虽然是"社稷无常奉，君臣无常位"，但"江山改姓"的情况一般是在动乱或"宫廷政变"情况下发生的。而在正常情况下，根深蒂固的世袭制度统治着中国。儒家的"礼不下庶人，刑不上大夫"的主张，也比较顽固地占据着人们的思想。荀子提出的庶人贤能子孙可归之于卿相，王公大臣的不肖子孙，可归之于庶人的主张，这是当时很先进的思想。这种思想虽然在战国时期已经出现，例如魏文侯首开任用布衣卿相的先河，但以思想意识而总结出来的理论还很少。荀子的这种思想是战国时期较为自由的政治形势下而出现的理论。

　　荀子认为，人主之治国，不可以独自而成，必须由卿相来辅佐。天下有许多复杂参差的事物，如君主不能尽知尽明，就会处理失误、而君主的尽知尽明，就需要身边的左右近臣去了解和查明，所以国君身边的近臣必须是十分值得信任的人才可，卿相是辅佐国君处理政务的，所以任命的卿相必须是德智兼备。荀子说："卿相，辅佐人主之基杖也，不可不早具也。故人主必将有卿相辅佐足任者然后可，其德音足以镇抚百姓，其知虑足以应待万变然后可，夫是之谓国具"（《君道》）。任用贤能是为了使国家长治久安，即"尚贤使能之为长功也"。

在任用贤能的问题上，荀子认为，国君用贤不应只停留在口头上，而必须在行动上真正地用贤。荀子说："人主之患，不在乎不言用贤，而在乎诚必用贤。夫言用贤者，口也；却贤者，行也；口行相反，而欲贤者之至，不肖者之退也，不亦难乎"（《致士》）。人主尊贤，必须真正地尊贤，才能使国家兴旺。

对于一个国家来说，如果贤能之士皆能为其所用，都能得到相应尊贵的地位，就说明这个君主是贤明的。荀子说："观其朝廷，则其贵者贤；观其官职，则其治者能；观其便嬖，则其信者悫；是明主已"（《富国》）。荀子还在《王制》篇中说："王者之论，无德不贵，无能不官，无功不赏，无罪不罚。朝无幸位，民无幸生。尚贤使能，而等位不遗；折愿禁悍，而刑罚不过。百姓晓然皆知为善于家而取赏于朝也，为不善于幽而蒙刑于显也。"朝廷应因能授官，按照能力之大小，道德之优劣，功劳之显著的不同，而受官职大小和尊隆；绝不能让侥幸之人，窃取官位。国君任贤，一定要"德必称位，位必称禄，禄必称用"（《富国》）。地位要和能力相称，富贵要和德行相配，才是任贤之道。

荀子在任贤方面提出了自己的具体看法，即使贤能卿大夫的子孙只要达不到要求，也不能世袭而归于庶人，庶人的子孙，只要能属于礼义者，也可以成为卿大夫。荀子在战国时期各国任贤使能的基础上，总结了当时用人制度的经验和教训，提出了他自己的用人思想，在今天仍然有一定意义。

第三节 荀子"隆礼""重法"的治国思想①

春秋战国时期的诸侯国君在遵循礼的基础上，也必须治国以法。荀子认为人性原本是恶的，他坚决反对孟子的人性善论。他说："孟子曰：'人之学者，其性善。'曰：'是不然，是不及知人之性，而不察乎人之性伪之分者也'"（《荀子·性恶》，以下只注篇名）。荀子认为，人生而好利，如果顺人之性情，则必然出

---

① 李尚师：《先秦三晋两个辉煌时期暨治国思想》，中国文联出版社，2008年4月，第479页—523页。

现争夺，争夺就必然会产生犯分乱理，礼义忠信全亡的情况。荀子认为礼是治国之本，而人们之间的争夺必然会使礼义忠信全部失去并产生淫乱，成为乱国的根本。所以荀子认为，如果国君要维护国家的统治，就必须以法制止。荀子说："故枸木必将待檃（yǐn）栝烝矫然后直，纯金必将待砻厉然后利。今人之性恶，必将待师法然后正，得礼义然后治。今人无师法，则偏险而不正；无礼义，则悖乱而不治。古者圣王以人之性恶，以为偏险而不正，悖乱而不治，是以为之起礼义，制法度，以矫饰人之情性而正之，以扰化人之性情而导之也。始皆出于治，合于道者也"（同上）。

正因为人性是恶的，所以古代圣人才立君立法以治之。荀子认为，用法、刑的目的就是为了禁止那些由于人本性恶而引起的偏险、淫乱和罪恶。荀子还在《性恶》中说：

明礼义以化之，起法正以治之，重刑罚以禁之，使天下皆出于治。

其意是，倡明礼义来教化天下百姓，用法律来管理天下民众，加严刑法来禁止他们违法乱纪，使得天下实现安定和谐。所以，荀子的"隆礼""重法"观点，与儒家以仁为核心的礼治，和法家专用严刑峻法的法治，存在着明显的差别和本质的不同。

治理天下必须以礼，礼是治国治民之本，而法是必不可少的手段。法是维护礼的，是维护等级制度的。法对于那些争利的阴险小人也是一种惩治。故荀子主张，治理国家应以礼法并用。荀子说："至道大形，隆礼至法则国有常，尚贤使能则民知方，纂论公查则民不疑，赏克罚偷则民不怠，兼听齐明则天下归之"（《君道》）。只有以礼法合治，百姓才能归顺，"刑政平而百姓归之"，因此，礼与法皆国之纲纪。"道之与法也者，国家之本作也；君子也者，道法之摠要也，不可不顷旷也。得之则治，失之则乱；得之则安，失之则危；得之则存，失之则亡"（《致士》）。礼和法对于治国来说是同等重要的。"隆礼重法"是国君必须重视的治国的基础理论[①]。

国君如果想万代为王，必以礼义；如欲强大而霸，必重以法，即"君人者，隆礼尊贤而王，重法爱民而霸"（《天论》）。其意为礼法并用。它是荀学的一大特

[①] 参见李玉洁：《先秦诸子思想研究·荀子思想研究》，中州古籍出版社，2006年，第277页。

征，又是荀学与儒家学说和法家学说以及其他百家学派的最大区别之处。

关于礼、法并用，即"隆礼""重法"并用的观点，在《荀子》中记述的就有多处。《荀子·强国》（以下只写篇名）载：

> 人君者，隆礼尊贤而王，重法爱民而霸，好利多诈而危，权谋倾覆幽险而亡。

这段话，在《荀子》一书中可见到的还有《天论》篇和《大略》篇两文之中，在其他的篇章之中，亦还有相似的文字加以阐解。这充分说明了荀子是非常重视"隆礼尊贤"与"重法爱民"并用这一主张的。"隆礼"体现了儒家的"王道"；"重法"则体现了法家的"国家治理'效能'"。

关于"隆礼"的"隆"字，其本意是山高起于土地，还可以引申为盛，所以有隆起、隆盛之意，说明"隆礼"就是将"礼"兴盛、兴隆起来之意。关于"重法"的"重"，其本意是与轻相对，可引申为重视、敬重、慎重之意。说明"重法"之意，并非是严刑重法，而应理解为要谨慎、慎重地使用刑、法①。既然"重法"，那就必须刑称其罪，即刑罚和其罪要相当。荀子认为，刑罚是为了禁止凶暴，惩治罪恶，警戒将来。如果杀人者不死，伤人者不刑，那就是对凶暴者的恩惠，宽容贼子，不是保护良善的做法。《正论》曰："夫德不称位，能不称官，赏不当功，罚不当罪，不详莫大焉……刑称罪则治，不称罪则乱。故治则刑重，乱则刑轻。犯治之罪固重，犯乱之罪固轻也。《书》曰：'刑罚世轻世重。'此之谓也。"惩人以刑，必根据罪之轻重，而不能根据人的爱恶情绪定罪。

法对于国家来说是非常重要的，那么用什么样的法，派什么样的人去执法，也同样是重要的。换句话来说，就是制定什么样的法律，委派什么样的人为执法的官员乃为国家存亡之大事。荀子说："国者，天下之大器也，重任也，不可不善为择所而后错之，错险择危；不可不善为择道然后道之，涂秽（huì）择塞；危塞责亡。彼国错者，非封焉之谓也，何法之道，谁子之与也。故道王者之法，与王道之人为之，则亦王。道霸者之法，与霸者之人为之，则亦霸；道亡国之法，与亡国之人为之，则亦亡。三者，明主之所以谨择也，而仁人之所以务白也"

---

① 参见魏宗禹：《荀子辩证思维简论》，引自高剑峰《荀子故里话荀子》，第二辑，山西古籍出版社，2006年6月，第116页。

(《王霸》)。

荀子的这种思想也是从历史的教训中总结出来的。自夏、商、周（西周）三代至春秋、战国时期的诸侯国君，"深谷为陵，高岸为谷"，"社稷无常奉，君臣无常位。"三代之后，于今为庶，社会发生了大动荡，大更替。然而这些变化又是怎么产生的呢？君主的荒淫，以及不符合常情的苛政酷法。如殷纣王醢九侯，脯鄂侯，剖比干以观其心。纣王"重刑辟，有炮烙之法"（《史记·殷本纪》）。这种刑罚更加速了殷商亡国的速度。所以"道亡国之法，与亡国之人为之，则亦亡。"故荀子特别强调了"何法之道，谁子之与也"的重要性。荀子认为只有制定公正的刑罚，并由廉平忠信的官员去执行，才会使国家走上正确的道路。国君如果想走上"王者""霸者"之路，成为"王者""霸者"之国，那就必须采取"王者""霸者"之法，并用"王者""霸者"之人为之，才能成为"王者"或"霸者"。故荀子又说："故法不能独立，类不能自行，得其人则存，失其人则亡。法者，治之端也；君子者，法之原也。故有君子，则法虽省，足以遍矣；无君子，则法虽具，失先后之施，不能应事之变，足以乱矣"（《君道》）。君主的刑法要正、要顺，并且得其人才能政和刑平，国泰民安，才能无失国之患。对于刑法，国君一定要谨慎择之。

荀子还主张，一人犯罪，一人当刑，不应罪及整个家族。荀子说："古者刑不过罪，爵不逾德。故杀其父而臣其子，杀其兄而臣其弟。刑罚不怒罪，爵赏不逾德，分然各以其诚通。是以为善者劝，为不善者沮。刑罚綦省而威行如流，政令致明而化易如神。传曰：'一人有庆，兆民赖之'，此之谓也。乱世则不然，刑罚怒罪，爵赏逾德，以族论罪，以世举贤。故一人有罪，而三族皆夷，德虽如舜，不免刑均，是以族论罪也"（《君子》）。

春秋时，楚国"杀其父而臣其子"，秦国却是"一人有罪而三族皆夷"，其二国之刑罚在荀子心中留下深深的感叹。他认为，一人有罪，一人承担，而不应罪及三族，那是不公平的。因为在其所罪的三族人中，也可能有像舜一样的道德高尚的人，如果以族论罪，将玉石俱焚，酿成灾祸和悲剧，所以荀子反对"罪及三族"的政策，并指出"罪及三族"是一种残酷的非人道的屠杀行为[①]。

在当时，儒家只重视仁义的礼治德教，轻视法治，而法家强调的是明法审令，

[①] 参见李玉洁：《先秦诸子思想研究·荀子思想研究》，中州古籍出版社，2006年。有改动、删节，第280页。

轻视道德教化。荀子则认为儒家重礼轻法，法家重法轻礼都是不全面、不妥当的。荀子的治国思想是既重礼，又重法。认为只有礼法并重并用，方可治理好国家，只重于礼，或只重于法，皆是不可取的。《成相》载：

治之经，礼与刑，君子以修百姓宁。明德慎罚，国家既治，四海平。

其意是，礼与法并用，才是"治（世）之经"，即礼法并用，是治国的根本法则。当政者若能以礼法并施治国，国家就治理好了，这样百姓才能安居乐业。他进一步阐明"礼与刑"是要"明德慎罚"，即当政的在朝君臣和在野官吏，都要昭明自己的美好品德，慎用刑罚，各种矛盾便会缓解，百姓大治，社会太平，国家自然就会和谐。

儒家主张礼治，荀子学说中也有"隆礼"的一面，所以，两者也有相一致的一面。其一，两者都重视伦理道德，《论语·子罕》载："子罕言利，与命与仁"。此处的"与"，应是赞许之意。"与命与仁"之意为，孔子赞许天命和赞许"仁"就结合在一起，这种哲学与伦理相结合的思想成为儒家的传统思想。孟子强调仁义，他的仁政主张是政治与伦理的结合。哲学思想是以"性善论"为基础的。"尽心"——"知性"——"知天"是"天人合一"的思想。即哲学与伦理紧密结合在一起[①]。《荀子·礼论》说："礼有三本：天地者，生之本也；先祖者，类之本也；君师者，治之本也……故礼，上事天，下事地，尊先祖，而隆君师，是礼之本也"。可见荀子也是"天人合一"的哲学与伦理相结合的思想；其二，两者都主张人在社会中的地位应该是敬重先祖"长幼有序"。上述荀子的《礼论》说："先祖者，类之本也"。其意是崇敬先祖，尊长爱幼，是三礼（天地、先祖、君师）的重要内涵之一。《论语·学而》中孔子说："慎终追远，民德归厚矣"。其三，两者都认为，社会上的每个人都应以礼来确定各自的社会定位，正确对待人与人之间的关系。荀子的《劝学》说："礼者，贵贱有等"。《论语·尧曰》孔子说："不知礼，无以立也"。《论语·学而》有："礼之用，和为贵"。荀学与儒学相一致较多，所以历来将荀子划归儒家，却又认为他不纯正，算不上"纯儒"。

---

① 参见孙开泰：《浅谈荀子思想的儒家本质》，引自高剑峰《荀子故里话荀子》，第二辑，山西古籍出版社，2006年6月，第58-59页。

荀学中，虽有"隆礼"的儒家成分，并且占有较大部分，但他还有"重法"的部分，以及道家等其他学派，荀子是诸子百家思想的集大成者，当然与儒家之间也存在着差异性。首先，两者关于礼的来源不同。孔子的"礼"是，"复礼""吾从周"。说明孔子关于"礼"的思想直接来源于周礼，前已讲过孔子所在的鲁国是周礼保持最多之国，是从"损益周礼"中来的。荀子"礼"的思想，直接来源于三晋文化。《国语·晋语》说："民生有三，事之如一。父生之，师教之，君食之"。《晋语八》又说，"从其等，礼也"。这些观点与先述过的《礼论》关于"礼有三本……"之说，大致是相同的。晋国虽亦为周的封国，但晋自曲沃小宗代翼之后的二百多年间，原来以宗法制为核心的周礼被冲毁，实行"晋无公族"。于是，异姓崛起，实行郡县制，实行法治改革，尚功、尚能、奖励耕战，实行以地域行政区划取代血缘分封的政治制度等，从而形成晋国的法治思想。所以，孔子之礼，主张维护世卿世禄制，原指"君君、臣臣、父父、子子"，是贵族社会固定不变的社会秩序。荀子之礼，突破了周制，具有法治理念，主张以法治改造礼治，体现了与时俱进的时代精神，这是孔子之礼中所没有的。其次，荀子之礼中，引入了老子关于道的观念，如《君道》中有"道存则国存，道亡则国亡"之观点，他在《正名》中还说："道者，古今之正权也"，"治之经理也"。再次，荀子和孟子在个人修养上也不同。孟子强调的是天赋道德论，是通过内省的途径来提升修养；而荀子则反对这种学说，强调了学的重要性，主张从外求。其四，荀子对"礼"经过改造，与儒家的世卿世禄的旧世袭制有了根本的区别。他在《君道》中说："论德而定次，量能而授官，皆使人载其事而各得所宜，上贤使之为三公，次贤使之为诸侯，下贤使之为士大夫，是所以显设之也"。即按照品德高低排定等级，衡量能力大小授予官职，使人们都能担负起他所胜任的事，上等贤能者任用他们为三公，次等贤能者让他们做诸侯，下等贤能者让他们担任士大夫，这就是要按照才能妥善安排，任用人的路线。荀子在这里以其贤能与否作为新等级划分的标准。它既不靠天命，也不靠血缘关系，不是去强调亲亲、贵贵，这是晋人法治思想的体现。荀子还对儒家的"礼"进行了改造。他在《王制》篇中说："虽王公士大夫之子孙也，不能属于礼仪，则归之庶人。虽庶人之子孙也，积文学、正身体，能属于礼仪，则归之卿相士大夫"。同时，荀子把"礼"与"法"相结合，对"礼"做了新的解释。例如。荀子在《劝学》中说，"礼者，法之大分，类之纲纪"。又在《修身》中说，"非礼，是无法也"。从而，给礼赋予了法的内容。从而可以看出荀子并非为"儒家",说荀子为儒家是不成立的。

荀子还有"重法"的一面,他在关于法的思想理论方面与法家主要人物商鞅、李斯、申不害、韩非等人的思想有相同之处,更有大异之处。荀子在《正论》中说:"杀人者死,伤人者刑,是百王之所同也"。在《君道》中说:"先时者杀无赦,不逮时者杀无赦"。又在《王制》中说:"才行反对者杀无赦"。还在《成相》中说:"君法明,论有常,表仪既设民知方。进退有律,莫得贵贱孰私王"。与韩非在《五蠹》中说的"明主施尝不迁,行诛无赦"。在《有度》中说:"刑过不避大臣,赏善不遗匹夫",两者基本上是一致的。

关于荀子在《王制》中说:"听政之大分,从善至者待之以礼;以不善至者待之以刑"。即处理政事的关键在于:对怀着善意而来的人,以礼相待;对怀着恶意来的人,则用刑罚处理。所谓的"善",就是符合统治者的标准,"不善",当是其反面了。这就为我国封建专制主义思想开了先河。他的弟子韩非、李斯两位法家人物发展了老师的这种专制主义思想,因此出现了秦代的封建专制主义,并一直为后世历代统治者所沿用①。

荀子的治国思想"隆礼""重法"虽然是礼与法并用,但他把"隆礼"还是放在第一位的。例如:荀子在《劝学》中说:"礼者,法之大分,类之纲纪"。又在《性恶》中说:"礼义生,而制法度"。可知,荀子是把"礼"置于"法"的前面的,这就体现了荀子在治国学说中,是以"德"为主的。另外,在荀子的"重法"思想中,含有浓厚的人文主义精神,他在《天论》中说:"重法爱民而霸"。又在《君道》中说:"人君者,爱民而安",还在《王制》中说:"故人君者,欲安,则莫若平政爱民矣"。从中可以知道,荀子的"重法"思想,不是严刑峻法,而是建立在"爱民"基础上的,以使社会矛盾缓解,得到较相对的平衡②。

总之,荀子的"隆礼""重法"治国思想,概括起来就是:1. 总体是"礼法并用",即"礼法合治"。2. "隆礼",就是把"礼"放在第一位,"礼"可以理解为"德",其意就是说"德"是主要的,居于第一位。3. "重法",就是首先在重视"德"的基础上,同时也必须重视"法"作用,其意思是说:在治国理政中,"德

---

① 参见孙开泰:《荀子的生平与思想》,引自高剑峰《荀子故里话荀子》,第二辑,山西古籍出版社,2006年6月,第194页。

② 参见魏宗禹:《荀子辩证思维简论》,引自高剑峰《荀子故里话荀子》,第二辑,山西古籍出版社,2006年6月,第194页。

治"是第一位的;"法治"是第二位的。合起来就是"德主刑辅"。全面概括起来,就是我们今天说的:"礼法合治","德主刑辅"。"礼"和"法"犹如鸟的"双翼",缺一不可。这里需要补充的是,在正常的情况下,实行的是"德主刑辅",在特定的形势下,也可以灵活应用了,但不能久用之。

荀子在《议兵》中,与其弟子李斯有段对话。李斯问老师荀子道:"秦四世有胜,兵强海内,威行诸侯,非以仁义为之也,以便从事而已。"李斯所谓的"以便从事而已"。就是用武力和计策称霸诸侯之意。荀子回答道:

> 非女(汝)所知也。女(汝)所谓便者,不便之便也。吾所谓仁义者,大便之便也。彼仁义者,所以修政者也;修政则民亲其上,乐其君,而轻为之死……今女(汝)不求之于本而索之于末,此世之所以乱也。

荀子这里讲述了他不同意李斯的观点,指出李斯"以便从事",是只主张秦国的法制而无礼制,绝非长治久安之策。历史也证明了荀子的判断,秦统一天下后,仅十五年就亡于无法忍受其严刑峻法残酷压迫的农民起义浪潮之中。秦灭亡的原因虽多,但李斯入秦为相后,用的是纯法家的治国思想,忘记老师"隆礼至法,则国有常"[①]的教导,忽视了老师的"礼治"也是其重要原因之一。

从荀子的"隆礼""重法"治国思想与上述的儒家及法家思想比较中,可以判断出的结论是:荀子既非儒家,亦非法家,而是诸子百家思想的集大成者。因为荀学既"隆礼"又"重法",或称为儒法并用,或称之为王霸并用。因为荀学不但能缓解社会各种矛盾,使社会相对平衡,还能用法律规范人们的行为,惩处不听教化违犯法规的不法分子,建立起一个有序的长治久安的社会。所以自西汉政权巩固之后,鉴于秦朝"用刑太极","尚刑而亡"[②]的教训,并比较了春秋战国诸子百家学说之后,到了汉武帝时终于决定"罢黜百家,独尊儒术"。而提出这个主张的董仲舒认为:"教,政之本也,狱,政之末也"[③],即道德教化为政之本,监狱刑罚为其辅助。又说:"故刑者德之辅"[④],

---

① 《荀子·君道》。
② 《史记·郦生陆贾列传》。
③ 《春秋繁露·精华》。
④ 《春秋繁露·天辨在人》。

即：刑罚是教化的辅助手段。董氏主张，实乃荀子"礼法并用"之思想。汉代所谓的"独尊儒术"，实为推广"荀学"。到了汉宣帝时，更明确地说："汉家自有制度，本以霸王道杂之"①。即，自西汉政权稳固之后，就一直是"霸道"与"王道"依据国情而交替使用。自西汉之后，除两汉之间的王莽"新朝"施用"王道"之外，中国"两千年之学，皆荀学也"。

荀子的"隆礼""重法"社会管理平衡论，在诸子百家学说中，经两千多年的多少历史朝代反复实践验证，证明对于统治者的统治是有益的，成为多数有识统治者共识的治国思想。应当强调的是，荀子的治国思想中，无论是"隆礼"或是"重法"，都含有人文关爱的精神，强调统治者必须"爱民"，要满足百姓的基本生产、生活的要求，其统治才能巩固不衰。于是，荀子在《富国》篇中，勾勒出了一个明君用"隆礼尊贤""重法爱民"思想治理出的繁荣盛世：

> 其耕者乐田，其战士安难，其百吏好法，其朝廷隆礼，其卿相调议，是国治已。观其朝廷，则其贵者贤；观其官职，则其治者能；观其便嬖，则其信者悫，是明主已。凡主相臣下百吏之属，其于货财取与计数也，宽饶简易；其于礼义节奏也，陵谨尽察，是荣国已。贤其则其亲者先贵；能其则其故者先官；其臣下百吏，污者皆化而修，悍者皆化而愿，躁者皆化而悫（què），是明主之功已。

其意是，那里的农民安心乐意种田，战士不避难，百官喜好法制，朝廷崇尚礼义，卿相皆能协商议事，此为治得好之国。观其朝廷，尊贵的皆是贤人；官吏中办事的都有才能，国君亲信者，人人忠诚，其君则是英主。所有国君、宰相及众大臣，对于财物收支，手续宽松，对于法度严明详尽，其国必是繁荣昌盛。如果朝野皆能尚贤使能，官吏中虽有干过错事者却能改正，以前残暴的人受教化变得谨慎了，狡猾者也变得诚实了，这些就是明主的功劳。

---

① 《汉书·元帝纪》。

第四节 荀子"以政裕民"的民本治国思想

战国时期,七雄并立,战争频繁而残酷,社会各种矛盾交错而尖锐,各国诸侯不顾百姓死活,驱赶他们为自己的政权卖命厮杀,百姓苦不堪言。儒家亚圣孟子首先提了"民为重,社稷次之,君为轻"的"国以民为本"[①]名言。但是,孟子的"君轻民重"观点,毕竟脱离现实,所以荀子从当时的客观实际出发,提出了他的"以政裕民"的治国理念。这就把儒家的民本思想提升到一个新阶段,完善了荀子 "隆礼"的那一部分理论,为我国两千多年封建社会富国养民、兼利天下,构建起社会和谐起到了重要的影响作用。

一、平政爱民,天下归心

荀子作为当时诸子百家思想的集大成者,深深懂得治国者要巩固自己的政权,平政爱民是达古通今,构建和谐社会的"古今通理"。荀子在其《王制》篇中写道:

> 马骇舆,则君子不安舆;庶人骇政,则君子不安位。马骇舆,则莫若静之;庶人骇政,则莫若惠之。选贤良,举笃敬,兴孝悌,收孤寡,补贫穷,如是,则庶人安政矣。庶人安政,然后君子安位。传曰:"君者,舟也;庶人者,水也。水则载舟,水则覆舟"。此之谓也。故君人者,欲安,则莫若平政爱民矣;欲荣,则莫若隆礼敬士矣;欲立功名,则莫若尚贤使能矣;是君人者之大节也。

其意是说,马惊车了,坐在车上的君子就不安稳;百姓惊惧政事,君主在职位上就不安宁。如果马要惊车,就没有比让它安静下来更好的;百姓惊惧政事,就没有比施给他们恩惠更好的。选择贤良,提拔忠诚的人,提倡子孝父、弟敬兄,收养孤寡,救助贫困,这样百姓就安稳于政治,统治者的职位也就安稳了。古书上说:"君主像船,百姓像水;水能使船安稳行使,水也能使船倾覆沉没"。说的就是这个道理。所以,作为君主要想安宁,没有比改善政治,爱护人民更好的了;要想国家繁荣昌盛,就没有比崇尚礼义,敬重读书人更好的;要想建立功名,就

[①]《孟子·尽心下》。

没有比尊重贤人，使用能人更好的。这是统治天下，治理国家的核心。

荀子在这里告诫当政者在选用属下官员时，要任用那些既贤良又有才能、还能敬民爱民者，并要时刻关注贫困孤寡的穷人，社会矛盾才能得到缓解，如若注重船与水的关系，则能求得社会矛盾相对平衡，君主的政权才能巩固，国家才能和谐安定。

荀子认为，当政之君，应该把"爱民而安，好士而荣"①，作为施政的纲领。他始终坚信"义立而王，信立而霸"②，当政者必须讲求礼义，讲求诚信，才能取信于天下，获得百姓的拥戴。极力反对使用那些"奸言、奸说、奸事、奸能"③之辈。为阐明其意，他在《王霸》篇中说，"汤以亳（bó），武王以镐（hào），皆百里之地也，天下为一，诸侯为臣，通达之属莫不服从"。亳在今山西垣曲县内，镐在今陕西西安市西南。商汤、周武二王的管辖地，皆不过方圆百里之地，可二人皆能尚贤使能，平政爱民，所以赢得了民心，深得百姓爱戴拥护，成为天下共主。其原因在于二人懂得"用国者，得百姓之力者富，得百姓之死者强，得百姓之誉者荣"④的道理。荀子用上述的商汤、周武二王治国的例子告诫身为帝王将相的当政者应该如何爱民。

荀子还在其《富国》篇中说，爱民应当"时其事，轻其任，以调齐之，潢（huàng）然兼覆之，养长之，如保赤子"。即：按照不同季节安排农事，协调统一百姓，爱护和养育百姓，就像保护初生的婴儿一样。可见荀子爱民之情切。

荀子认为爱民不只是给予物质帮助，爱民还在于如何教育百姓，当政者必须以身作则，在于"修身"，为举国上下做出榜样来。于是，荀子在其《君道》篇中说，"君者，仪也，民者，景（影）也，仪正而景（影）正。君者，盘也，民者，水也，盘圆而水圆"。又说，"君者，民之原（源）也，原（源）清则流清，原（源）浊则流浊"。上述所说的"民"不只是百姓，应当包括国君下属的各级官吏在内。有什么样的国君，便有什么样的官吏，国君爱民之心，是通过层层官吏去执行，去落实的。国君爱民的目的，当然是为了"亲己"、为己所用了，所以荀子《君道》文中又说："故有社稷者而不能爱民，不能利民，而求民之亲爱己，不可

---

① 《荀子·君道》。
② 《荀子·王霸》。
③ 《荀子·王制》。
④ 《荀子·王霸》。

得也。民不亲不爱，而求其为己用，为己死，不可得也。民不为己用，不为己死，而求兵之劲、城之固，不可得也……故人君者，爱民而安，好士而荣，两者无一焉而亡"。其意是说，具有江山的国君，如果不能爱民，则百姓就不会拥戴国君，国家危难时就不会拼死去保卫国君。所以，国君必须真心实意地"爱民"，争取民心，以保自己的江山社稷。

二、轻税惠民，开源节流

荀子的"民本"思想，还表现在他的轻税惠民和开源节流两个方面。他认为，富国必须先富国民，国民富了就有条件，也有心从事农业生产，才能使田地肥沃，增产增效。为了让百姓富有，国家必须减轻赋税，按照较合理的标准征收田赋，提倡臣民节约消费，国家才能富足起来。

1. 轻赋薄税，让利于民

荀子在其《王制》篇中写道：

> 王者之法，等赋、政事、财万物，所以养万民也。田野什一，关市几而不征，山林泽梁，以时禁发而不税。相地而衰征，理道之远近而致贡，通流财物粟米，无有滞留，使相归移也。四海之内若一家，故近者不隐其能，远者不疾其劳，无幽闲隐僻之国，莫不趋使而安乐之。

其意是：王者的法令，按等级规定赋税，处理好民事，利用万物，来养育广大百姓，按田亩征收十分之一的税，关卡和市场只查问却不征税，到山林中伐木，到湖泊渔场中捕鱼，根据季节规定关闭和开放的时间，却不征税。察看土地好坏，分别征税；区别道路的远近来送交贡物；使财货、粮食流通没有滞留而不积压，使之相互交流。四海之内好像一家人。所以，近处的人不隐没自己能力，远处的人不怨恨自己劳苦，偏远之国，也愉快地听候王者的使唤。从中可以看出，荀子意在建立大一统的中央君主集权之后，根据土地的好坏，道路的远近，实施统一的赋税，来养育万民。并且鼓励各地互通有无，不收赋税，让利于民，对于山林、渔场实行定时开放，禁止伐木、捕鱼，以便保护百姓的长远利益，使之休养生息。荀子的这些治国思想体现了他的"民本"思想。

2."以政裕民""开其源""节其流"主张

关于"以政裕民"的思想，荀子在其《富国》篇中写道：

> 轻田野之税，平关市之征，省商贾之数，罕兴力役，无夺农时，如是则国富矣。夫是之谓以政裕民。

其意是，减少田地的赋税，适当地征收关卡集市的税收，减少商人的数量，少兴劳役，不侵犯农事季节，这样，国家就富强了。这叫作用政令来富裕人民。

从上述的"以政裕民"内容看，荀子认为，要让广大百姓富裕起来，国家就必须制订出"裕民"的政令，减轻田地的赋税，适当收取其他赋税，他还根据当时中国是个以农业为主的国家，而且在生产力还落后的情况下，为了发展农业生产，要控制商贾（gǔ）人数，减少征用劳役。因为农业生产的季节性很强，所以必须保障农时，即农忙生产季节，少征或不征劳役，或改到农闲之时。

荀子民本思想的另一个方面，是关于其开源节流的理财理论。所谓的"开源"，就是要在富民的基础上发展生产；所谓的"节流"，就是要轻税节用的财政政策，从而解决国家的财政问题，实现富国的目的。所以，荀子在《富国》篇中写道：

> 足国之道，节用裕民，而善臧其余。节用以礼，裕民以政。彼裕民故多余，裕民则民富，民富则田肥以易，田肥以易则出实百倍。上以法取焉，而下以礼节用之。余若丘山……故知节用裕民，则必有仁义圣良之名，而且有富厚丘山之积矣。此无它故焉，生于节用裕民也。不知节用裕民则民贫，民贫则田瘠以秽，田瘠以秽则出实不半，上虽好取侵夺，犹将寡获也。

其意是，要使国家富足的原则，就是节省费用，使人民富裕起来，贮藏盈余的物质财富。节省费用，要以"礼"规定等级地位的标准，使人民的富裕依靠政治上的各项措施。推行裕民政策，人民就会富足，会有多余的财物，田地就会得到治理而肥沃，粮食就必然增产。国家收费必须按法律规定，人民按"礼"的等级节约费用，余粮就会堆积如山。如果不知道节约费用少取而使人民富裕起来，人民就会贫穷，那样人民就无心劳动，田地贫瘠而荒芜。于是，社会上粮食歉收，国家即使想向人民去剥夺，也只能收获无几。

荀子的《富国》篇又写道：

> 量地而立国，计利而畜民，度人力而授事，使民必胜事，事必出利，利足以生民，皆使衣食百用出入相掩，必时藏余，谓之称数。

其意是，农业生产要贯彻"计利而畜民"的方针。即，国家要在核算经济收益的基础上来畜养民众百姓，一方面要分配给他适当的活去干，使其劳动能力得以充分发挥；另一方面，要让他们从劳动中得到报酬，能够支持他们的基本生产和生活需要开支，保持一个大致平衡。这个方针的关键在于"利足以生民"，即要保证百姓从劳动中获得报酬，得到必要的物质利益，以此来鼓励百姓的生产积极性。荀子从"计利而畜民"的原则出发，还提出了一系列的重视农业的政策措施：首先，国家要实行一夫百亩的授田之策，保证农民有田耕种。其二是前面所述的"轻田野之税"，减轻百姓的负担，使百姓能得以休养生息。其三是，国家要以管理百姓农业生产为己任，"罕兴力役，无夺农时"，国家尽量不要征集百姓去服劳役，即使有必要的工程非干不可，也要避开农忙季节，以免影响百姓收种管理。所以，荀子还说："时其事，轻其任，以调齐之"①。

荀子还在其《富国》篇中写道：

> 士大夫众则国贫、工商众则国贫，无制数度量则国贫。下贫则上贫，下富则上富。故田野县鄙者财之本也，垣窌（窖）仓廪者财之末也；百姓时和，事业得叙者货之源也，等赋府库者货之流也。故明主必谨养其和，节其流，开其源，而时斟酌焉。潢然使天下必有余，而上不忧不足。如是，则上下俱富，交无所藏之，是知国计之极也。

其意是说，国家应减少非农业生产的政府机构和工商人员，（因为古代中国是个农业国，当时"工人"指从事玉石、金铜器奢侈品生产者），反对漫无节制地浪费财物，认为百姓所在的农村和田野是财货的根本，官府粮仓和货库只是财货的末节，而百姓顺应天时，适宜耕作，才是财货的源泉，国家征收的赋税和国库收入，也只是国家财货的支流，所以英明君主必须实行"开其源""节其流"的富国利民政策，这样才能使广大百姓和政府共同富裕起来，此乃治国经济之根本

---

① 《荀子·富国》。

大计。

荀子"开其源""节其流"的理财理论,即后世所谓的"开源节流",成为我国两千多年来财经工作的"金科玉律"。从而,体现了荀子爱民的"民本"治国思想另一大特色。

第五节　荀子的中道思想及构建和而不同的和谐社会的治国思想

中国的和合文化源远流长,"和合"文化这一概念范畴虽然出现在春秋战国时期,但礼乐制度与和合文化的源头可以上溯到唐尧时期。孔子在《论语·泰伯》中说,"唯天为大,唯尧则之,荡荡乎民无能名焉"。在《学而》说:"礼之用,和为贵,先王之道斯为美"。这"先王"无疑是指唐尧了。"和合"是代表着千差万别不同质的事物相互联系的整体系统。耜(sì)耕农业的兴起为和合文化的出现奠定了物质基础。帝尧时期,面对社会贫富分化,矛盾日益严重便提出了"平章百姓,协和万邦"的英明对策。他本着"兴天下之利,除天下之害"的精神,任贤使能,创《大章》陶冶民情,和合百姓,统一中原。总之,用礼节制民心,用乐谐和民情,节制则民不争,谐和则民不怨,以达到"文质彬彬"天下太平目的。

《尚书·舜典》记载帝舜命夔(kuí)主持乐官时说:

诗言志,歌咏言,声依永,律和声。八音克谐,无相夺伦,神人以和。

就是说,乐章的创作和演奏,其"诗"、其"歌"、其"五声""六律""八音",能够协调有序而不错杂,就是"神人以和"的美丽乐章。这其中的"八音克谐"之"谐""神人以和"之"和",便孕育了古代乐章所用的"和谐"理念。这是帝尧的"和合"文化的继续。从而开创了中华的"和谐"文化。

到了晋国献公时,因骊姬之乱公子重耳出逃在外,晋惠公主晋时党同伐异,国家矛盾四伏,内外交困。重耳返国是为晋文公,文公宽容弃怨任贤,敬贤礼士,惩赏分明,施惠百姓,弃债薄敛,救乏振滞,以厚民生。从而,上下和合君臣团结和谐,成为春秋五霸之一。晋悼公在晋厉公被杀之后入晋,他面对如此严重危机,便同样采取了和合之策,化解了国内矛盾,实现了社会和谐,重新恢复了晋国霸业。

战国初期的魏文侯,主张老师卜子夏"儒法并用"的治国思想,他在位五十年里，国家社会和谐，从而成为战国初期霸主。

荀子正是在总结了三晋地区历史上的中道思想和其"和合"文化的基础上，并吸收了当时诸子百家思想的优点，从而形成了他的中道思想和构建和而不同的和谐社会治国思想。

一、荀子的中道思想

荀子生活在战国七雄并立的多极化时代，政治上产生的多极化是：一方面战火连天，天下大乱；一方面给诸多学派带来自由发展的良机。其中儒家学派中有孔子的"仁者爱人""己所不欲，勿施于人"，孟子主张的"和为贵"，言"仁义"；道家为道，心性顺无为；法家善变，法、术、势并用而重利；兵家言谋，巧变加智慧，亦在重利；墨家重"兼爱"，"上功用、大俭约"[1]；名家"好治怪说，玩琦（奇）辞"[2]；纵横家"唯言利害，而不及礼义"[3]。对此，荀子在其《解蔽》篇中写道：

> 凡人之患，蔽于一曲，而暗于大理……今诸侯异政，百家异说，则必或是或非，或治或乱。乱国之君，乱家之人，此其诚心莫不求正而自以为也。

其意是，人们认识上的通病，是被片面的认识所蒙蔽，而不明白全局的大道理……如今，天下诸侯采取的政治措施不同，各家的学说也不一样，那么就有对的，有错的，有的可使国家安宁，有的可使国家混乱。造成国家混乱的君主，背离正道，蔽于一曲的各派学者们，他们的真心没有不想追求"正"道，自以为是。

面对各学派的观点和造成人们被蒙蔽，百家反而自以为是的情况，荀子又在其《解蔽》篇中写道：

> 兼陈万物，而中县衡焉。是故众异不得相蔽，以乱其伦也。

其意是，要把各种不同的事物全都排列出来，在中间树立起一个正确的标准

---

① 《荀子·非二十子》。
② 《荀子·非二十子》。
③ ［明］薛瑄：《读书录》卷二。

去加以判断。这样，各个不同的方面就不会互相蒙蔽，不至于扰乱了事物本身的秩序。

荀子指出，客观世界千姿百态，千变万化，但绝不能只知事物的一面，而忽视了其另一面，顾此而失彼。不能纵看全局、全貌，可能一叶障目不见泰山，从而得出的只是片面的结论。所以，在认识世界中，只有"兼陈万物"，进行比较，加以全面分析判断，如此才能得出对事物的总体认识，即得到"中"或"正"的合乎于客观事物本身发展的规律。例如，儒家重礼轻法，尚义轻利，法家却重法轻礼，荀子则"兼陈"儒、法两家，而采取卜子夏的"儒法兼容"而"中"的思想；法家尚功尚利而轻义，荀子则既重礼义，又重法讲实利，提出"隆礼"与"重法"的"中""正"治国思想。

荀子"中""衡"观点的意义在于，一是社会相对的公平，二是中和，即人与人之间的和谐、人与社会的和谐、人与自然的和谐。于是，他在其《王制》篇中写道：

> 百事无过，非君子莫能。故公平者，职之衡也；中和者，听之绳也。

其意是，做一切事情都没有差错，这是非君子不能做到的事情。所以，公平是处理事情的标准，宽严适当是处理政务的准绳。

在客观的世界里，无论是自然界还是人类社会，无不处于矛盾之中，而且矛盾无处不在，无时不有，总是处于既对立又统一之中，是对立统一的矛盾体。荀子认识到了其中的奥妙哲理，便深入到哲理之中进行分析。于是，还在《王制》篇中写道：

> 分均则不偏，势齐则不一，众齐则不使。有天有地而上下有差，明王始立而处国有制。夫两贵之不能相事，两贱之不能相使，是天数也……先王恶其乱也，故制礼义以分之，使有贫、富、贵、贱之等，足以相兼临者，是养天下之本也。

其意是说，名分相等，就会（不辨尊卑）无法统属了；权势相等，（上下一样）就会无法集中统一了；大家都一样，就谁也不能役使谁了。有了天，有了地，就有上下的差别，（这是自然的道理），英明的国君开始当政，处理国政就有一定的等级制度；两人同样高贵，不能相互侍奉；两人同样卑贱，不能相互役使，这是自然的道理……古代圣王痛恨天下混乱，所以制定了礼义来分别等级，使人们有贫富、贵贱的差别，于是完全能够彼此制约，逐级统治，这就是养育天下的根本原则。

荀子的这些话，含有深刻的中道辩证法思想，是对客观事物矛盾统一的概括。"中"是事物存在中的相对平衡状态，"中和""公正"，是客观事物存在中，所呈现出的最佳质量。[①]

荀子的中道辩证法，重视矛盾双方对立之间的依存和互补，以及矛盾系统双方的自行调节。矛盾着的双方为了自身的生存和发展，彼此都会做出一定的包容，做出一定的让步，寻找出相对的均衡，以便求同存异，以求共同生存、共同发展的思想，这"是古代辩证思维中的主体思想，影响深刻而久远，也是荀子思想中最为闪光的观点"[②]。荀子在诸子百家学派的"以强用中和以弱用中"两种观点基础上，"整合了以强、弱用中，对事物内在性质、形态进行了分析，完备了古代的中道辩证法……作为中华文化传统的思维方式，很值得认真研究和继承发扬"[③]。当然，荀子中道思想的目的，是要统治者与百姓共存。而求得社会平衡，只有"隆礼"与"重法"并用才能实现。

二、构建和而不同的和谐社会

1. 人为私利而争夺，是社会不和谐的根本原因

荀子在其《天论》篇中说，"天行有常，不为尧存，不为桀亡"，这里的"天"是指大自然界，客观存在的大自然有它自身变化发展的规律。人所以能"制天命而用之"（即掌握自然界运动变化规律，合理开发使用）的根本原因，在于合群，即人类社会和睦相处。而人类社会或某一个群体是否能和睦相处的根本原因，在于能否合理分配劳动所得成果。分配得合理，则大家和谐；反之，"群而无分则争，争则乱，乱则离，离则弱，弱则不能胜物"。所以，"制天命而用"的

[①] 参见魏宗禹：《荀子辩证思维简论》，引自高剑峰《荀子故里话荀子》，第二辑，山西古籍出版社，2006年6月，123页。

[②] 参见魏宗禹：《荀子辩证思维简论》，引自高剑峰《荀子故里话荀子》，第二辑，山西古籍出版社，2006年6月，124页。

[③] 参见魏宗禹：《荀子辩证思维简论》，引自高剑峰《荀子故里话荀子》，第二辑，山西古籍出版社，2006年6月，124页。

关键在于合理分配社会劳动成果。因而建立并不断改进分配制度是构建人类和谐社会的前提。于是，荀子从人的本性谈起，他在其《性恶》篇中写道：

> 人之性恶，其善者伪也。今人之性，生而有好利焉，顺是，故争夺生而辞让亡焉；生而有疾恶焉，顺是，故残贼生而忠信亡焉；生而有耳目之欲，有好声色焉，顺是，故淫乱生而礼义文理亡焉。然则从（纵）人之性，顺人之情，必出于争夺，合于犯分乱理而归于暴。

其意是，人的本性是恶的，而"善"是后天培养的。人的本性，生来有喜好私利的，顺着这种本性，于是，人与人间会发生争夺，谦让便消失了。人生来有忌妒、仇恨的，顺着这种本性，于是残害忠良的事会发生，忠诚、信用便消失了。人生来有耳、目的欲求，喜好动听的声音和美色，顺着这种本性，于是淫乱的事发生了，礼仪、等级制度和道德观念也便消失了。既然这样，放纵人的本性，顺着人的情欲，必然会发生争夺，出现违反名分、破坏社会礼仪秩序的事情，从而导致暴乱。

荀子又从人的生理本能上阐述了他的人生观，于是，在其《正名》篇中写道：

> 生之所以然者谓之性。性之和所生，精合感应，不事而自然谓之性。性之好、恶、喜、怒、哀、乐谓之情。

其意是说，人生下来就有性。由本性的阴阳二气相合而产生的，由人的精神和与外界事物接触而产生反应，不必经过后天努力或社会教化就自然这样的，叫作性。性的好、恶、喜、怒、哀、乐，叫作情感。

关于"性"的内容，荀子又在其《性恶》篇中还写道：

> 今人之性，饥而欲饱，寒而欲暖，劳而欲休，此人之情性也……若夫目好色，耳好声，口好味，心好利，骨体夫理好愉佚，是皆生于人之情性者也。感而自然，不待事而后生之者也。

其意是说，人的本性，饥饿了就想吃饱，寒冷了就想要穿暖，劳累了就想要休息，这是人的情欲和本性……至于眼睛喜欢美色，耳朵喜欢听动听的音乐，嘴巴喜好美味，内心喜好私利，身体皮肤喜好愉快舒适，这都是产生于人的情欲和本性；一接触就自然那样，是不等事情发生然后产生的。

　　荀子上述的这些论述，皆为人们的生理本能，世人皆如此，无可厚非。那么，人的生理本能既然是"感而自然"的，即一接触就会自然地那样。所以，荀子的人性观，实际上是人性的自然生理观、人性的自然本能观。

　　人性的自然本能，既然是：饥欲饱，寒欲暖，劳欲休，目好美色，耳好美声，口好佳味，心好私利，骨体肌理喜好愉快舒适。所以，当人们在看到社会或自然界的物质或其他方面利益的时候，便会为了各自的私利而展开争夺。大则一个集团，一个地区，乃至一个国家，为了自己的集团、地区、国家，亦会展开争夺，直到残酷的战争厮杀。人类数千年的社会发展历史，也已无数次地证明了荀子这个观点的正确性。

　　2."隆礼""重法"是实现和谐社会和而不同的根本途径

　　荀子生活于战国七雄并立的多极化时代，看到了当时各国诸侯间的战争残酷，和广大人民深受其害的悲惨生活。于是，思想的同时在总结前代圣贤治国还研究并总结了当时的诸子百家思想之所长，得出的结论是：人们要能克服自身的自然和生理本性是不太可能的。他认为，克己之欲并不是每个人都能轻易做到的，要使分配得相对合理的办法只有"隆礼"与"重法"并用才行。于是，荀子在《王霸》篇中说："义立而王，信立而霸，权谋而亡"。即"遵循礼义可以称王于天下；恪守信用可以称霸于诸侯，玩弄阴谋权术就会灭亡。一个国家、一个政权的存在就必须在思想、法律、用人等统治方面有所创新，并根据客观形势的变化而改革，才具有生命的活力。这就是荀子的"隆礼"与"重法"的治国思想。首先是"隆礼"，为此他在《礼论》篇中说：

　　　　天地以合，日月以明，四时以序，星辰以行，江河以流，万物以昌；好恶以节，喜怒以当，以为下则顺，以为上则明，万变不乱，贰以则丧也。

　　其意是，天地因礼的作用而和谐，日月因礼的作用而明亮，春、夏、秋、冬四季代谢，星辰运行，江河之水滔滔不尽，万物茂盛，喜好憎恶有节制，喜怒都能表现得适当，都是由于礼的作用。用礼约束人民，人民就顺从，用礼规范君主，君主就英明，经历千变万化也不会混乱，违背了这个规律就会丧失一切。

　　荀子接着在《王霸》中说：

> 国无礼则不正。礼之所以正国也,譬之犹衡之于轻重也,犹绳墨之于曲直也,犹规矩之于方圆也,既错之而人莫之能诬也。

其意是:国家没有礼义就不能得到治理,礼义之所以能治理国家,好比秤能称出物品的轻重,好比木工的墨线能订出曲线和直线,规和矩能画出方形和圆形一样,治国的礼法标准既已确定,人们约定成俗就不敢大胆妄为了。荀子认为礼义教化可以防患于未然。他又在《君道》说:"赏不用而民劝,罚不用而民服"。即,礼法并用要比法家的单纯使用赏罚有许多优点。

荀子在《劝学》篇中说:"礼者,法之大分,类之纲纪要"。即"礼"是礼法的总纲,也是各种条例的纲要。所以,社会的法制,人伦的分类,都要以"礼"为根据。

荀子认为,要维持人伦,维持社会秩序,就要讲"礼"。荀子"礼"的内容很多,涉及人与人、人与社会、人与自然等方面。他在《礼论》中说:"礼者,养也……故礼,上事天,下事地,尊先祖而隆君师,是礼之三本也"。其意是:"礼"的含义就是用来调节人们的欲望,满足人们的需要……所以,礼对上用来祭祀天,对下用来祭祀地,尊重先祖而又尊崇君主,这就是礼的三个根本。又说:"先祖者,类之本也"。从以上可以看出荀子具有"天人合一"思想。他又主张人在社会中的地位应是"长幼有序",尊老爱幼,父义,母慈,兄友,弟恭,子孝。他认为人类社会应是个等级分明的社会,荀子认为:

> 兼足天下之道在明分,掩地表亩,刺草殖谷,多粪肥田是农夫众庶之事也,守时力民,进事长功,和齐百姓,使人不偷,是将帅之事也。高者不旱,下者不水,寒暑和节,而五谷以时孰,是天下之事也。若夫兼而覆之,兼而爱之,兼而制之,岁虽凶败水旱,使百姓无冻馁之患,则是圣君贤相之事也。①

其意是:使天下富足的办法,在于明确等级之分,耕地除草,种庄稼、施肥,是农民的事;促使人民努力生产,使人不偷懒,百姓和睦,是君王的事;使天气不旱不涝,五谷成熟是自然界的事;保护百姓不受饥寒是明君贤相的事情。荀子还说:

---

① 《荀子·富国》

> 礼者，贵贱有等，长幼有差，贫富轻重皆有称者也。故天子袾（朱）裷（衮）衣冕，诸侯玄裷衣冕，大夫裨冕，士皮弁服。德必称位，位必称禄，禄必称用。由士以上则必以礼乐节之，众庶百姓则必以法数制之①。

其意是："礼"，使高贵者与卑贱者有等级之分，年长的与年幼的有差别，使贫、富、尊、卑者都有与他们的等级相称的规定。所以，天子穿戴红色的龙袍礼帽，诸侯穿戴的是黑色的龙袍礼帽，大夫穿礼服裨衣戴礼帽，一般士人穿戴着用白鹿皮做的帽子和衣服。品德一定要和他的地位相称，地位要与他的俸禄相称，从士人以上就必须用礼义来节制，广大的百姓就必须用法来治理。

儒家重义轻利，法家重利轻义。荀子《大略》篇说："义与利者，人之两有也"。即：义与利，是人心中皆有的两个最主要的方面。"礼"的作用，就在于规定社会的"秩序"，使各种等级各种位次的人，能各守其义，各得其利。"争夺"是人的生理本能，为了避免"争夺"，就必须制定礼义来，陶冶人们的本性，使之归于和谐，成为人爱人的"仁人"，使之与人为善。然而，人的生理本性是为了生存而去"争夺"，而"伪"是后天接受礼义教化才成。所谓"伪"，即后天人为努力之意。所以《性恶》说："其善者伪也"。即"善"是后天人为努力而成的。又说："故圣人化性而起伪，伪起而生礼义，礼义生而制法度"。即：所以，圣人改造人的丑恶本性，兴起后天人为的善良，从而才产生了礼义，礼义产生后，就制定法律制度。但是，人的本性和伪起（后天人为努力）两者又是相待而成的。荀子便进而解释道："性者，本始材补也；伪者，文理隆盛也。无性则伪之无所加，无伪是性不能自美"②。即：人的本性，本来就是根据自然材质形成，人为的努力，就是使礼法的条文日臻完善。如果人无本性，人为的努力就无法表出来，没有人为的努力，人的本性就不能自行地表现完美。

要想让人的品德完美起来，成为品德高尚的仁人者，就得去用"礼"教化他，改变他，去重塑人的灵魂。荀子在《劝学》篇中说，"君子博学而参省乎已，则知明而行无过矣"。即：君子通过广博地学习，而且每天检查和反省自己，就会明白道理，而行动也不会犯错误。又说："积善成德，而神明自得，圣心备焉"。

---

① 《荀子·富国》。
② 《荀子·礼论》。

即：不断地做好事，养成高尚的品德，就自然聪明睿智，具备了圣人的思想境界。还在《修身》篇中说："君子贫穷而志广，富贵而体恭，安燕而血气不惰，劳倦而容貌不枯，怒而不夺，喜不过予"。即：君子即使处境贫困，心志却宽广开阔；身处富贵，体态却恭敬从容；休息时候，精神也不懈怠；在劳累疲倦时容貌也还庄重；在盛怒之下罚不过重；在喜悦的时候，也赏不过高。

大自然的物质是有限的，而人类的欲望却是无限的且永远不会满足。因为人的生理本能"好利"，为了满足自己的消费和占有的欲望，于是就必然产生相互间的争斗，从而造成社会混乱，乃至发生战争拼杀。荀子说，为此，"先王""故制礼义以分之，以养人之欲，给人之求。使欲必不穷乎物，物必不屈于欲，两者相持而长"①。即：所以制定礼义来划分等级，来调节人的欲望，满足人的要求，使人们的欲望一定不因物资的不足而得不到满足，使物资一定不因为人们的欲望大而被用尽，物和资两者互相制约，协调增长。可见荀子的"礼义"在"人欲"和自然"物"之间的协调分配，并不是平均的，而是要有等级差别的。为了说明这种在分配"物"时的等级差别，他在《荣辱》篇中又进一步阐明说："富有天下，是人情之所同欲也，然则从（纵）人之欲，则势不能容，物不能赡也。故先王案为之制礼义以分之，使有贵贱之等，长幼之差，知（智）愚、能不能之分，皆使人载其事而各得其宜，然后使悫（què）禄多少厚薄之称，是夫群居和一之道也"。即：拥有天下的所有财富，这是人情所共同希望的，然而顺从人们的欲望，事实上就不能被允许，因为（自然界财富多少是不变的）物质上无法满足。所以，古代圣王就为人们制定礼义来分别高下，使人们有贵与贱的等级，老与少的差别，把聪明的和愚蠢的、有能力和没能力的都区别开来，使每一个人各自担负起所能做的工作，各得其所，然后再根据上述的等级差别，给予不同的俸禄（或报酬待遇），使（各等级人们的）多少厚薄得以（相对的）不平衡，这就是使社会上下之间和谐一致的办法。而人们所希望的人人平等，只是一种理想，也不符合社会发展规律和现实。

3. "乐"可以配合社会和谐

荀子还认为，要让社会安定和谐，除了用"法"制裁，用"礼"来规范教育，臣民之外，还应当有"乐"的配合，因为"乐"可以用艺术的形势来潜移默化地感化所有的君臣与百姓，使统治者和被统治者能够和谐相处。于是，他在《乐论》

---

① 《荀子·礼论》。

中说：

> 夫乐者，乐也，人情之所必不免也，故人不能无乐……乐者，天下之大齐也，中和之纪也，人情之所必不免也……乐者，先王之所以饰喜也；军旅铁（斧）钺（yuè）者，先王之所以饰怒也。先王喜怒皆得其齐焉。是故喜而天下和之，怒而暴乱畏之，先王之道，礼乐正其盛者也。

其意是：好的音乐，是人们用来表达感情不可缺少的。它能使天下人民行动统一起来，使人的性情符合礼法的要求，成为纲纪。音乐是古代圣王用来表达喜悦感情的。古代圣王喜怒都能够适宜恰当。因此，古圣王喜悦，则天下附和他，愤怒且暴虐的人畏惧他。在古圣王所执行的原则中，乐和礼一样都是很重要的。

关于音乐能使人们和谐相处，《乐论》还写道：

> 声乐之入人也深，其化人也速，故先王谨为之文。乐中平则民和而不流，乐肃庄则民齐而不乱。民和齐则兵劲城固。敌国不敢婴也。如是，则百姓莫不安其处，乐其乡，以至足其上矣……君子以钟鼓道志，以琴瑟乐心。动以干戚，饰以羽旄（máo），从以磬管。故其清明象天，其广大象地，其俯仰周旋有似于四时，故乐行而志清，礼修而行成。耳目聪明，血气和平，移风易俗，天下皆宁，美善相乐。

其意是：音乐对人的影响十分深远，它能迅速地改变人的思想感情，所以圣王制订礼乐典事。音乐中正和平，百姓就"和而不流"，音乐严肃庄重，百姓就"齐而不乱"。人民和睦团结了，就能兵强城固，敌人不敢来犯。这样，百姓则安居乐业，而尽力奉养他的君主……君子用钟鼓琴瑟等音乐引导志向，陶冶性情，用盾牌斧头起舞，用箫、管伴奏，他的歌声清脆，像天空一样明朗，如大地一样宽广，他舞蹈动作有如春、夏、秋、冬四季那样变化。所以，音乐流行，志向纯洁，礼义原则完备，人们的德行就能养成，耳聪目明，血气平和，移风易俗，天下便都安宁无事，人们非常快乐。

荀子认为音乐的功效，除了能陶冶人的性情，提高人们的品德外，他认为音乐还能配合礼制使社会更加和谐。《乐论》还说：

且乐也者，和之不可变者也；礼也者，理之不可易者也。乐合同，礼别异。礼乐之统，管乎人心矣。穷本极变，乐之情也；著诚去伪，礼之经也。

其意是：音乐，体现了人们和谐一致，是不可变更的原则；礼，体现了人们伦理制度不可更易的原则。音乐使人们和谐一致，礼使人们区分等级差别。礼和乐的总体，管束着人们的思想。从根本上改变人的性情，是音乐的本质；彰明忠诚，去掉虚伪，是礼的原则。

总之，音乐，不但能表达人的感情，陶冶人们的性情，改变人的思想感情，使人"耳目聪明，血气和平""天下皆宁，美善相乐"，而且是人们和谐一致不可变更的原则。音乐和礼制"管乎人心"，促进社会和谐。

4. "国君"及其用人路线是实现社会和谐的关键

社会的主体是人，社会治理的好坏在于主宰者国君，及其国相和群臣们，尤其在封建社会，更是如此。要构建和谐社会，除了荀子的"隆礼"和"重法"方针及以"乐"配合外，更重要的措施，在于用人的路线。

首先在于国君的素质与品质，荀子在《君道》中说，"有乱君，无乱国，有治人，无治法"。即：有造成国家混乱的君主，而没有必定混乱的国家；有安定国家的人，而没有使国家自然安定的法制。又说，"君者，民之原（源）也：原（源）清则流清，原浊是流浊"。即：君主是人民的本源，本源清澈，下流就清澈，本源浑浊，下游就浑浊。从而可见国君是国家之根本。

关于君主的职责，《王霸》说："君者，论一相，陈一法，明一指，以兼覆之，兼熠（yì 照）之，以观其盛者也"。即：君主的职责是，选好一个宰相，公布一个统一法律，明确一个用人原则，用来统帅一切，来显示国家的成就。

其次，用人要有一个好的组织和考察方略，因为偌大个国家，千头万绪，国君有再大本事也办不完。荀子在《君道》中说：

其取人有道，其用人有法。取人之道，参之以礼；用人之法，禁之以等。行义（仪）动静，度之以礼；知虑取舍，稽之以成；日月积久，校之以功。故卑不得以临尊，轻不得以县重，愚不得以谋知，是以万举不过也。

即：君主选人要有一定原则，用人要有一定法度。选人的原则是用礼作为检验的标准；用人的法度，是用等级去限制被用的人。对他们的行动，要用礼义来衡量；对他们判断是非正确与否，要用实际成效来考查，日积月累，用他们做出的功绩来考察。所以，卑贱者不能够凌驾于尊贵者之上，轻的东西不能够用来衡量重的东西，愚蠢的人不得用来替聪明的人出主意想办法。这样做事情，就不会出差错。《君道》接着又说了君主用人的原则：

材人：愿悫（què）拘录（同劬 qú碌），计数纤啬而无敢遗丧，是官人使吏之材也。修饰端正，尊法敬分而无倾侧之心；守职循业，不敢损益，可传世也，而不可使侵夺，是士大夫官师之材也。知隆礼义之为尊君也，知好士之为美名也，知爱民之为安国也，知有常法之为一俗也，知尚贤使能之为长功也，知务本禁末之为多材也，知无与下争小利之为便于事也，知明制度，权物称用之为不泥也，是卿相辅佐之材也。未及君道也。能论官此三材者而无失其次，是谓人主之道也。

其意是：量才用人之法，是选用老实忠诚而又勤劳，即使细小事情也能精心计算，不敢遗漏，这是管理一般具体事务的官吏之材；修养品德，端正行为，尊重礼法，重视名分，没有不正确的思想；坚守岗位，搞好业务，不敢任意增减，可以使这些制度、方法世代相传而不被损害，这是士大夫及一般官长之材；懂得尊崇礼义是为了尊重君主，敬重有品德的人是为了张显美名，爱护人民是为了安定国家，有确定不变的法令是为了统一习俗，崇尚贤人使用能人是为了长远建功立业，注重立国之本的农业生产而控制末节的发展是为了增加国家财富，不与民争利是为了有利于办事，懂得明确制度，权衡事物符合实用是为了不墨守成规，这些都是担任卿相辅佐之材要懂得的道理和知识，但还没有达到君主治国之道。能够评定任用这三种人才，不使安排失误，这就是君主用人的原则。

荀子在讲述了明君的用人组织和考察方略及用人的原则之后，又在《君道》中指出了君主的"大患（毛病）"如下："使贤者为之，则与不肖者视之；使知者虑之，则与愚者论之；使修士行之，则与污邪之人疑之"。即：让贤者去做事，又伙同不贤者监督他；让有智谋的人去考虑问题，又伙同愚蠢的人去评论他；让有品德修养的人去做事，又伙同内心丑恶的人去怀疑他。这样，即使想把国家的事办好，也是不可能的。

其三，君主的用人路线确定之后，他首先选用之人便是国相。于是荀子在《君道》中说道：

> 人主不可以独也。卿相辅佐，人主之基，仗也，不可不早具也。故人主必将有卿相辅佐足任者然后可，其德音足以填抚百姓，其知虑足以应待万变然后可，夫是之谓国具。

其意是：君主不能单独一个人治理国家。卿相的辅佐，好比是君主行路所系的鞋带和所拿手杖，不能不及早地准备好。所以，君主一定要有可以胜任的卿相辅佐才行，他的道德声望要能安抚百姓，他的智谋思虑要完全能应付千变万化的事务才行，这就是治国的材具。

因为相国对于国君来说太重要了，要想使国家强大而安宁团结，相国的作用举足轻重，荀子就相国的品德与才能，在同文中进一步写道：

> 在慎取相，道莫径是矣。故知（智）而不仁不可；仁而不知（智）不可；既知（智）且仁，是人主之宝也，而王霸之佐也。不急得，不知（智）；得而不用，不仁。无其人而幸有其功，愚莫大焉。

其意是：要实现国家久治，就在于慎重地选择宰相，没有比走这条路更方便的了。因此，有智慧却不仁爱的不行；有仁爱却没有智慧的也不行。既有智慧又有仁爱，这才是君主的宝物，也是王者霸者的助手了。

像上述的既有智慧又有仁爱的贤良能人，正是国君的宝物，所以荀子在《君道》中还写道："故明主急得其人……则身佚而国治，功大而名美，上可以王，下可以霸"。即：明君若能很快地求得一位既有智慧，又有仁爱的贤能兼具的人才，成为自己的相国，那么他就可以称王于天下，称霸于诸侯，而且身逸国治，此乃做国君之道。

荀子还就君与相之间的关系，进一步在其《王霸》篇中写道：

> 彼持国者，必不可以独也；然而强固（应为败）荣辱在于取相矣！身能相能，如是者王。身不能，知恐惧而求能者，如是者强。身不能，不知恐惧而求能者，安唯便僻左右亲比己者之用，如是者危削，綦（qí）之而亡。

其意是：掌握国家政权的人，要治理好一个国家，不能只靠国君一人之力，国家的强弱、荣辱，在于任用辅佐国君的相国了。国君和相国两人都有才能，便可称王于天下；君主无能，但他懂得恐惧而寻求有才能的辅佐自己，便可成为强盛之国；君主自己无能，只知道任用阿谀逢迎的人和左右的亲信，其国便危险到了极点。

关于相国的职责，《王霸》说：

相者，论列百官之长，要百事之听，以饰朝廷臣下百吏之分，度其功劳，论其庆赏，岁终奉其成功以效于君。当则可，不当则废。

可知宰相的职责是：选好各部门长官，总管一切事务，到了年终，把所有官吏的政绩呈报给国君。论功行赏，称职留用，不称职者罢免，结果报告给君主。

其四，选贤任能。治理好一个国家，除了国君和相国这个核心之外，还要有一大批不同档次、不同类型的贤能人才来参与治理。所以，国君要治理国家，在用人的组织路线上，除了上述几项措施和警告外，荀子还总结了晋国及三晋，如晋文公、景公、悼公、魏文侯等的治国经验后，他们成功经验中的一个共同点，就是"选贤任能"，他在《君道》篇文中写道：

论德而定次，量能而授官，皆使人载其事而各得所宜，上贤使之为三公，次贤使之为诸侯，下贤使之为士大夫，是所以显设之也。

即：按照他们品德高低排定等级，衡量能力大小授予官职，使其都能担负起他所胜任的事。上等贤能者派他担任三公的职务，次等贤能的人，派他担任诸侯，下等贤能的人派他担任士大夫，这就是要按照才能妥善安排和任用人的道理。

关于个人如何做，才能与社会、与他人和谐相处呢？《非十二子》写道：

兼服天下之心：高上尊贵不以骄人，聪明圣智不以穷人，齐给速通不争先人，刚毅勇敢不以伤人。不知则问，不能则学，虽能必让，然后为德。遇君则修臣下之义，遇乡则修长幼之义，遇长是修子弟之义，遇友则修礼节辞让之义，遇贱而少者则修告导宽容之义。无不爱也，无不敬也，无与人争也，恢然如天地之苞（包）万物，如是则贤者贵之，不肖者亲之。

其意是：（一个人）要使天下人都信服的方法是：职位很高，身份尊贵，不因此而傲视别人；聪明睿智不因此而使人难堪；口才流利思维敏捷，不要因而凌驾别人之上；刚毅勇敢，不因此而伤害他人。不知便问，不能就学，即使有能力也要谦让，使自己言论行动符合道德要求。见了君主就行臣下之礼，见了同乡就讲求长幼尊卑，见了长者就行子弟之道，见朋友要有礼节，看到身份低年龄小的要宽容诱导。总之，要表现出无所不爱，无所不敬，与人无争，襟怀宽广能容万物。如能这样，贤人就敬重你，不贤的人也会亲近你。

5. 建立一支王者之师是实现社会和谐的保障

任何一个国家的存在都离不开一支军队作为支撑政权的后盾，构建和谐社会的国家更需要一支强大的"仁义"之师作为它的安全保障。荀子认为建立"兵劲"不是为了侵略，而是为了"禁暴除害"，保障国家的安全免受侵犯。荀子在《议兵》篇中说：

仁人之兵，王者之志也……仁人上下，百将一心，三军同力……仁人之兵聚则成卒；散则成列；延则若莫邪之长刃，婴之者断，兑（锐）则若莫邪之利锋，当之者溃，圜居而方止，则若磐石然，触之者角摧，案角鹿埵（duǒ）陇种、东笼而退耳。

其意是：仁德之人掌握军队，是王者的志向，军队便上下一心，众将同志，全军协力。士兵聚集起来便成队伍，分散了还成行列，横着像莫邪宝剑的长刃，碰到它就断，尖锐的像莫邪宝剑的锋利，挡着它就会被打散。他的军队扎营阵形或方或圆，如同磐石，触犯它的便被摧毁。只能狼狈不堪，夹着尾巴逃跑。可见，荀子是主张建立一支训练有素的军队，但必须是正义之师，还必须是一支全心全意地保国为民安全的军队，所以他又说"凡用兵攻战之本，在乎一民……兵要在乎善附民而已"。即：用兵攻战的根本，在于使民心一致，用兵的要领只是在善于使人民归附自己罢了。

荀子主张拥有保国守土的正义之师，但反对侵略别国，他在《王制》篇中说：

用强者，人之城守，人之出战，而我以力胜之也，则伤人之民必甚矣。

伤人之民甚，则人之民恶我必甚矣……地来而民去，累多而功少……诸侯莫不怀交接怨而不忘其敌，伺强大之间，承强大之敝，此强大之殆时也。

其意是：使用武力去与别国争夺疆土，这必然伤害别国人民，受伤害的他国就会十分厌恶我们。争来了土地却失去了人心，这样的强国就危险了。

从上述情况可以看出，荀子不是在就军事论军事，就战争论战争。他是站在战略政治家的角度上，谈论军事的成败问题。

《议兵》篇记述了荀子的两个学生与他的两段对话。学生陈嚣问老师荀子道："先生议兵，常以仁义为本。仁者爱人，义者循理，然则又何以兵为？凡所为有兵者，为争夺也"。其意是：老师常认为用兵要以"仁义为本"，那为何还要用兵呢？其实"用兵"还不就是为了"争夺"吗？荀子答道："非汝所知也。彼人者爱人，爱人故恶人之害之也；义者循理，循理故恶人之乱之也。彼兵者，所以禁暴除害也，非争夺也。故仁人之兵，所存者神，所过者化，若时雨之降……兵不血刃，远迩（ěr）来服，德盛于此，施及四极"。其意是：这个道理是你所不知道的，坚持正义的仁者，其用兵目的是为了"禁暴除害"，非去"争夺"城地。仁者军队驻地，能得到大治，经过之地，百姓受到教化，就像雨降临一样，深得人民欢迎。这样的军队"兵不血刃"就会四海升平。

荀子的另一位弟子李斯，在入秦之前，曾经问过老师荀子道："秦四世有胜，兵强海内，威行诸侯，非以仁义为之也，以便从事而已"。即：秦国虽不用仁义之师，照样取胜。荀子认为，秦虽取得胜利，但这样的不仁义之师，只能得胜一时。然而，只有正义才是治军打仗的最高原则，精良的装备不足以克敌制胜，坚城深沟不足以巩固国防。历史也证明了荀子的论点正确，秦统一中国后仅十五年，因其不施仁政，只用暴政，结果急速崩溃于人民反强权的狂飙（biāo）之中。从而为荀子和弟子李斯的不同意见，做出了正确的历史评判。从《议兵》篇中，还可以看出，荀子不但是位政治战略家，而且他的治军、用兵理论，就是与孙武、孙膑、吴起这些军事名家相比，也有其独到之处。他提出的"六术""五权""三至""五无圹（kuàng）"的军事戒律，也是建立威武之师的重要法宝。

所谓的"六术"，即六项战术原则："制号政令，欲严以威；庆赏刑罚，欲必以信，处舍收藏，欲周以固；徙举进退，欲安以重，欲疾以速；窥敌观变，欲潜以深；遇敌决战，必道吾所明，无道吾所疑"。其意是：军令要严明以取信于众；赏罚要坚决而讲求实用，取信以众；修筑营垒、收藏财物要周密而坚固；进退转移要安全而又稳重，紧张而迅速；侦察敌情及其变化，要秘密而深入，要反复分析、验证；与敌决战，要依据所了解的情况去行动，绝不实施有疑点的作战计划。

所谓的"五权"，即五种值得权衡的情况是："无欲将而恶废，无急胜而忘败，无威内而轻外，无见其利而不顾其害，凡虑事欲孰而用财欲泰"。其意是：不要只想到保住自己的将帅地位；不要急于求胜而忘记可能的失败；不要只注重内部政令的威严而轻视外敌；不要只看到有利一面而不顾及有害的一面；凡是考虑问题都要深思熟虑，在用财物进行奖赏时不要吝啬。

所谓的"三至"，即三项最高原则，也叫军事将帅不接受君主命令的三种情况是："可杀而不可使处不完，可杀而不可使击不胜，可杀而不可使欺百姓"。其意是：作为军队主帅宁可被君主杀，但不可使防守之地不完备；宁可被杀，但不能让军队打败仗；宁可被杀，但不能纵容军队去欺压百姓。这是荀子从守、攻、爱民三个方面，为建设一支威武之师提出的最高原则。

所谓的"五无圹"，即五种不能疏忽大意方面的是："敬谋无圹，敬事无圹，敬吏无圹，敬众无圹，敬敌无圹"。其意是：在对待谋划、对待战事、对待下属官吏、对待士卒、对待敌人五个方面，都要始终谨慎而不疏忽大意，忘乎所以。更要从严治军，都要明断、善处、敬重、端正地树立起威武之师的形象。

荀子以上"六术""五权""三至""五无圹"的作战纪律和军事律令，是建设威武之师、正义之师，行之有效的治军治国思想理论。在"兵学"上面具有极大的价值和历史影响。

总之，荀子认为，建设一支训练有素的，正义的威武之师，是保证国家长治久安，社会和谐发展的基本保证。

第十六章　荀子治国思想（下）

第一节　荀子的君本主义和君民"舟水"重民治国思想

荀子是一位具有浓重君本主义倾向的民本主义者。他是孔学的传承者，但他的政治学说是在其认为封建政权已经稳固，抛却了孔孟儒学之于现实的傲慢和迂阔（不切实际），从内心倾向于封建集权的前提下提出的。荀子的君民"舟水"关系说，实质上弱化了孔孟民本主义精神，强化了君主专制的力度，从而在根本上构建了他的君本主义的基本框架。孔孟的民本主义思想表面上被荀子继承，但实际上则被削去锋芒，塞入君本主义体系之中，于是，他在牺牲了"民贵君轻"精神的情况下，完成了与封建专制政治理论的整合。

一、荀子的君本思想

荀子在其《性恶》中说："人之性恶，其善者伪也。今人之性，生而有利焉，顺是，故争夺生而辞让亡焉；生而有疾恶焉，顺是，故残贼生而忠信亡焉；生而有耳目之欲，有好声色焉，顺是，故淫乱生而礼义文理亡焉。然则从人之性，顺人之情，必出于犯分乱理，而归于暴。故必将有师法之化，礼义之道，然后出于辞让，合于文理，而归于治。用此观之，人之性恶明矣，其善者伪也。"他认为人性本"恶"，正是因为这种恶，才产生了种种混乱与争夺，才产生了圣人"化性起伪"和创造礼仪的工作，因此，"恶"是人间是是非非的根源。

荀子认为：治病必先治本。要改变人性之"恶"，就需要圣人的教化和引导，需要礼法的规范和制约，所以荀子在《性恶》中说："圣人化性而起伪，伪起而生礼义，礼义生而制法度……起礼义，制法度，以矫饰人之情性而正之，以扰化人之情性而导之也，始皆出于治，合于道也。"他又在《儒效》中说："人无师法，则隆性矣；有师法，则隆积矣。而师法者，所得乎积，非所受乎性。性不足以独立而治。性也者，吾所不能为也，然而可化也。积也者，非吾所有也，然而可为也。"他认为人性虽"恶"，但通过圣人的引导和规范，通过老师的教育，再加上自己对于感官欲望的节制就可以合于法，合于道。荀子还特别强调了"圣人君师"的作用，于是，他在《王制》中说："天地者，生之始；礼义者，治之始也；君子者，礼义之始也；为之，贯之，积重之，致好之者，君子之始也。故天地生君子，君子理天地；君子者，天地之参也，万物之总也，民之父母也。无君子，则天地不理，礼义无统，上无君师，下无父子，夫是之谓至乱。"

在凡人变为圣人和天下归治的历程中，荀子与孔孟不同，孔子重视的是人们内心的情感——"仁"的阐发，孟子强调的是个人意志力和道德行为——"义"的作用。荀子所尊崇的是外在的"礼治"的价值和"圣人君师"的影响力，所以他把礼看成了"治之始""治之经""治辨之极""强国之本"，他不是孔孟的"内圣"之道，而注重"外王"之道，从而使民众自主性降低了，而"圣人君师"的权威和由他们创制的礼仪规范的强制性却大大增强了。荀子强化了人的主动性，更注重君主权威的隆升。因为在他看来，"天地生君子，君主理天地"才是人间正理。

在如何得天下的问题上，荀子认为："人君者，隆礼尊贤而王"[①]他认为人君只要以礼为武器，以尊贤为手段就可以得天下。在"人君"——"隆礼尊贤"——得天下三者的关系中，人君和他的政策成了决定性因素，正如他在《礼论》中的论述："君者，治辨之主也。"在《议兵》中说："礼者，治辨之极也，强国之本业，威行之道也，功名之总也，王公由之得天下也。"这就是说，国君是治国之主，礼是治国之具，"君"的重要性自不待言。然而，两者相较，人君又是最重要的，所以他在《王制》中又说："有治人，无治法。"由于礼义法度有圣人君师所造，国家兴亡由明主暗君指导，所以在政治的诸因素中，君主处于枢纽地位。

君主既是一国之主，他的言行必然影响着全国的各级官吏，也影响着天下百姓。所以，荀子在《正论》中说："主者，民之唱也；上者，下之仪也。彼将听唱而应，视仪而动"。又在《君道》中说："君者仪也，民者景（影），仪正而景（影）正，君者盘也，民者水也，盘圆而水圆"。还在《富国》中说："上一则下一，上二则下二矣"。这就是说，国君在全国处于主宰地位，他的所作所为必然影响着所有官吏和天下百姓，一个国家的兴亡，君主起着首要作用。荀子将君主与臣民的关系解释为："臣之于君也，下之于上也，若子之事父，弟之事兄，若手

[①]《荀子·强国》。

臂之扛头目而覆胸腹也"①。总之，荀子认为："上者，下之本也"②，"君者，民之原（源）也"③。

二、荀子的君民"舟水"关系与重民思想

君民关系是先秦诸子普遍关注的问题，荀子对此提出了他自己的独特见解，他用"马"与"舆""舟"与"水"的关系来表述自己的观点，他在《王制》中写道：

传曰："君者，舟也；庶人者，水也。水则载舟，水则覆舟。"

其意是：古书上说："君主好像船，百姓好像水；水能使船安稳地行驶，水也能使船倾覆沉没。"

这是一段著名的论述，说明了荀子对君民关系的看法，反映了他的重民思想。据荀子称君民、舟水关系是前人提出的，但由于不见于世荀子以前文献著录，所以常被人们视为荀子首创。这一段论述的主旨是探讨政权稳定的基本原理。"马"是驱动"舆"前进不可缺少的动力，要想安坐"舆"中，享受车辆带来的快捷与舒适，就必须使马乐于由你驱使，因此"静之"是驱车最重要的要领；君子为政也是这个道理，"庶人"如马，"政"如车舆，要想安享权利带来的尊贵与风光，莫若使庶人安于被统治，乐于效劳，而达到这一目的诀窍便是"惠之"，具体措施诸如"平政爱民""选贤使能"等等。荀子用"舟水"关系做类比，目的在于揭示上述道理。

当然，荀子的重民爱民思想的前提是为君主统治服务的。在荀子的上述立论中，他首先注意到了"庶人"之于"政"的重要性，指出他们既是君权存在的基础，又是君权覆亡的力量，并没有据此得出"政从庶人"或"君随民愿"的结论，而是把主动权交给了国君。他得出的结论是：为政者要善于采取一些惠民措施，使民众听从于你，不必为庶人的力量惊慌失措，"惠之"即可。民众只是驾车的马，载舟的水。统治者在一定程度上减轻民众的负担，或者说给民众一定实惠，

---

① 《荀子·议兵》。
② 《荀子·正论》。
③ 《荀子·君道》。

其目的是想利用重民的手段来强化对民众的统治,此乃荀子重民的实质。这种思想符合历史发展规律,具有一定的进步意义。

荀子有一套重民保民的思想体系,其内容是基于维护国君统治需要提出的。荀子意识到民众对于统治者的政治具有重要意义,所以他说,"庶人安政",君子才能"安位","民不为己用,不为己死,而求兵之劲,城之固,不可得也。兵不劲,城不固,而求敌之不至,不可得也。敌至而求无危削,不灭亡,不可得也"①。其意是说国君的安危还要看民众愿不愿意为自己卖力。出于这种认识,荀子提出:"君人者,欲安,则莫若平政爱民矣;欲荣,则莫若隆礼敬士矣;欲立功名,则莫若尚贤使能矣,是君子者之大节也。三节者当,则其余莫不当矣。三节者不当,则其余虽曲当,犹将无益也"②。荀子将"平政爱民""隆礼敬士""尚贤使能"定为治国的三项根本准则,其中将"平政爱民"放在首位,足见其重视程度。荀子还要求国君应将爱民落到实处,不能只挂在嘴上,民众的衣食住行等细节问题也都应考虑到位,保民爱民应做到像爱护"赤子"一样。他说:

> 上之于下,如保赤子。政令制度,所以接下之人百姓,有不理者如豪末,则虽孤独鳏寡必不加焉。故下之亲上欢如父母,可杀而不可使不顺。③

其意是:君主对人民,就像爱护婴儿那样。政令和制度,是用来对待下层的广大老百姓的,即使是鳏寡孤独,也不能把不合理的事情加在他们身上。所以,人民亲近君主,如同喜欢自己的父母一样,宁可被杀,也不能让他们不顺君主。在这里,荀子把君民关系阐释为父母与子女的关系,父母对子女自然是关心备至的,但"制之以礼,行之以孝",作为民众父母的君主及其臣僚却取得了对他们的支配权,而这种支配权又被裹在温情里,让人民心甘情愿。

荀子关于财富的观念有如他的政治观,他明确指出了君富离不开民富,他在《富国》篇中写道:"下贫则上贫,下富则上富。"又说:"足国之道:节用裕民,而善藏其余。节用以礼,裕民以政。彼裕民,故多余。裕民则民富,民富则田肥以易,田肥以易则出实百倍。上以法取焉,而下以礼节用之,余若丘山,不时焚

---

① 《荀子·君道》。
② 《荀子·王制》。
③ 《荀子·王霸》。

烧，无所藏之"。人民是国家财富的来源，人民财富的增加，也是国家财富的积累。处于维护政治稳定的需要，荀子反对暴敛于民，并指出暴敛是导致社会混乱的根本原因。他说："厚刀布之敛，以夺之财；重田野之赋，以夺之食；苛关市之征，以难其事……百姓晓然皆知其污漫暴乱，而将大危也。是以臣或弑其君，下或杀其上，粥（鬻）其城，倍其节，而不死其事者，无他故焉，人主自取之也"①。厚敛百姓，无异于"伐其本，竭其源"，自取灭亡。他在《王制》篇中，还做了一个形象比喻："亡国富筐箧，实府库。筐箧已富，府库已实，而百姓贫；夫是之谓上溢而下漏。入不可以守，出不可以战，则倾覆灭亡可立而待也"。荀子主张发展生产，轻徭薄赋，从而达到民富国富的目的。他明确指出："轻田野之赋，平关市之征，省商贾之数，罕兴力役，无夺农时，如是则国富矣"②。在《王制》篇中，荀子甚至提出许多有利于生产的具体措施，如修堤梁、通沟渠、排水涝、修火宪、整地、修路、养畜、种树等，可以说，凡是生产中涉及的问题荀子几乎都想到了。

荀子还从争取更多民众支持的角度，要求国君政治清明，修礼义之政，不与民争利。政治清明无疑是争得民众支持的关键，所以统治者必须十分重视这件事情。他在《致士》篇中讲了这样一个道理：

> 川渊深而鱼鳖归之，山林茂而禽兽归之，刑政平而百姓归之，礼义备而君子归之。故礼及身而行修，义及国而政明，能以礼挟而贵明白，天下愿，令行禁止，王者之事毕矣。

基于此，统治者应该多讲义，少讲利，避免把民众引向逐利上来。荀子注意到，一国之君唯利是图，大小官吏也就会上行下效，"无度取于民"③。其危害是严重的，甚至会因此而亡国，他在《王霸》篇中说："絜（xié）国以呼功利，不务张其义，齐其信，唯利之求……如是，则臣下百姓莫不以诈心待其上矣。上诈其下，下诈其上，则是上下析也。如是，则敌国轻之，与国疑之，权谋日行，而国不免危削，綦（qí）之而亡"。逐利的危害主要是民众会因此而产生欺诈之心，

---

① 《荀子·富国》。
② 《荀子·富国》。
③ 《荀子·君道》。

从而导致上下分崩离析，民众狡黠难用。在荀子看来，一国之君尚礼义、不贪利，民众就会乐于效力，就能君臣同心天下大治。

当然，荀子把"富民"是作为维护王权的手段，或者说是利导民众为君主效力的工具，正如他在《富国》篇中所说：

> 不利而利之，不如利而后利之之利也。不爱而用之，不如爱而后用之之功也。利而后利之，不如利而不利者之利也。爱而后用之，不如爱而不用者之功也。利而不利也，爱而不用也者，取天下矣。利而后利之，爱而后用之者，保社稷也。不利而利之，不爱而用之者，危国家也。

其意是说：不给人民以好处，却要从人民那里索取好处，不如先给人民以好处，然后再向人民索取好处更为有利。不爱护人民却想要使用人民，不如先爱护人民然后再使用人民更为有效。给予人民好处然后向人民索取好处，不如给予人民好处，却不向人民索取好处更为有利，爱护人民然后使用人民，不如爱护人民却不使用人民更为有功效。给予人民好处但不向人民索取好处，爱护人民但不使用人民，这样的君主，是获得天下的君主；给予人民好处然后向人民索取好处，爱护人民然后使用人民，这是保护国家的君主；不给予人民好处只是向人民索取好处，不爱护人民却只是使用人民的，是危害国家的君主。

说到底，荀子是站在封建君主的立场上看问题，"利之"也好，"不利之"也罢，都是为了用之，为了"取天下"，为了"保社稷"[①]。

人类社会进入文明时代后，便产生了阶级和国家，社会有了分工，形成不同的等级，国家必然要有领袖和各级官吏，从而才能实现对全国人民有效的管理，荀子正是站在国家管理者的角度看问题，所以他的君民"舟水"论和其重民思想，在封建社会里是有进步意义的，也符合历史发展的必然。

第二节 荀子的社会控制思想

荀子生活在战国末期，是新旧秩序交替的时期，诸侯割据的局面正朝着中央集权、走向全国统一的新局势转化。从这一现实出发，荀子提出了丰富、系统的

---

① 参见王保国：《评荀子的君本论和君民"舟水"关系说》，《史学月刊》，2004年第11期。

社会控制思想。他认为，人的本性是恶的，人性恶决定了人们共同的追求和无限的占有财富和权力的欲望，而社会财富又是有限的，二者之间的矛盾必然导致人们之间的冲突和争斗。"欲恶同物，欲多物寡，寡则必争矣"①。因此，荀子认为必须对人恶的本性加以控制，社会才能安宁、和谐，于是他提出了三种社会控制手段：使群、隆礼、重法，以达到"至平"的社会控制秩序目标。

一、使群：社会控制的组织手段

荀子在《王制》篇中说："人有气、有生、有知亦且有义，故最为天下贵也。力不若牛，走不若马，而牛马为用，何也？曰：人能群，彼不能群也"。这就是说人所以能战胜其他动物是因为人"能群"。然而，"今人之性，生而有好利焉，顺是，故争夺而辞让亡焉；……从（纵）人之性，顺人之情，必出于争夺，合于犯分乱理而归于暴（乱）"②。所以荀子又将人之"群"作为满足和控制人们"欲多物寡"的重要手段，"百技所成，所以养一人也。而能不能兼技，人不能兼官；离居不相待则穷，群而无分则争。穷则患也，争则祸也。救患除祸，则莫若明分使群矣"③。其意是说：每个人的生活所需，都是靠各行各业制成的产品来养活的，一个人的能力不可能同时掌握几种不同的技术，也不能同时解决不同的事务；脱离社会而独居，不互相帮助，必然穷困无法生活，人们一块居住，但没有上下等级的分别，必将引起争斗。穷困使人忧虑，斗争产生祸乱，而拯救忧患、消除祸乱，就不如明确人们的职分和等级，来组织社会群体。

如何建立有序的社会组织结构，荀子提出"明分"的办法。他在《王制》篇中说："分均则不偏，势齐则不一，众齐则不使。有天有地而上下有差，明王始立而处国有制。夫两贵之不能相事，两贱之不能相使，是天数也。势位齐，而欲恶同，物不能澹（同赡）则必争"，就会（不辨尊卑）无法统属了；权势相等（上下一样），就会无法集中统一了；大家都一样，就谁也不能役使谁了。有了天地，就有上下差别，（这是自然的道理）英明的国君开始当政，处理国政就有一定的等级制度。两个人同样高贵，不能互相侍奉；两个人同样卑贱，不能互相役使，这是自然的道理。权势和地位相同，喜好厌恶相同，但物质又不能满足需要，必

---

① 《荀子·富国》。
② 《荀子·性恶》。
③ 《荀子·富国》。

定互相争夺，一争夺就必定混乱，一混乱就必定穷困没有办法了。所以荀子认为其解决的办法就是"明分"，即明确的给社会各个阶层的所有人，有个明确的等级划分。他又说："以明分达治而保万世也"①。如何"明分"？首先，"明分"是要使社会群体各司其职，形成明确的社会分工和职业结构。他根据当时的社会状况，划分出四类职业类别，即"农、士、工、商。"他认为农分田而耕，贾分货而贩，百工分事而劝，士大夫分职而听，建国诸侯之君分土而守，三公总方而议，则天子共己而止矣"②。农民、商人、工匠、士大夫各行其是、各司其职，职业分工明确，就井然有序了。其次，"明分"是使各社会群体各得其所，形成等级分明的国家管理和伦理结构。荀子主张统治者要根据不同社会群体的等级明分给以相应的治理和待遇。君主应当有把人组织为群体的能力，即"能群"。如何组织呢？他在其《君道》中说："君者何也？曰：能群也。能群也者，何也？曰善生养人者也，善班治人者也，善显设人者也，善藩饰人者也。善生养人者人亲之，善班治人者人安之，善显设人者人乐之。善藩饰人者人荣之。四统者俱而天下归之，夫是之谓能群。"其意是说：君主是什么人呢？答道：君主是善于按等级名分把人们组织起来。什么叫能把人们组织起来？答道：就是善于养活人民，善于治理人民，善于安置、任用人，善于修饰人民的衣着，从而分别显示不同的等级。善于养活人民的人，人民就亲近他；善于治理人民的人，人民就使他安逸；善于安置、任用人的人，人们就对他满意；善于修饰人们衣着从而显示不同等级的人，人们就敬重、称颂他。如果上述四个方面都做到了，天下的人都会归顺他，这就叫作能按名分等级组织人们，即"能群"。

上述所讲的两个方面，实质上就是要有"明分"的能力和素质，有"能群"的本领，具体来说，就是善用"明分"的办法来养育好人民，治理好朝廷、任用好百官，按等级名分组织人们。

二、隆礼：社会控制的文化手段

"礼"是荀学中的核心字眼。在荀子看来，"礼"正是起源于人性恶的判断，其目的就是为了调节人的欲望与有限的财物之间的矛盾，他在《礼论》篇中说：

---

① 《荀子·君道》。
② 《荀子·王霸》。

人生而有欲，欲而不得，则不能无求，求而无度量分界，则不能不争。争则乱，乱则穷。先王恶其乱也，故制礼义以分之，以养人之欲，给人之求。使欲必不穷乎物，物必不屈于欲，两者相持而长，是礼之所起也。

其意是：人，生来就有欲望，欲望不能得到，就不能没有要求，要求若没有一定的限度和界限，就不能不发生争斗。争斗就会产生混乱，混乱就无法收拾。古代圣王憎恶这种混乱局面，所以制定礼义来划分等级，来调节人们的欲望，满足人们的要求，使人们的欲望一定不因物资不足而得不到满足，使物资一定不因为人们的欲望大而用尽，物和欲两者制约，协调增长，这就是礼的起源。

在荀子的社会控制思想中，"礼"具有全面的社会控制功能和广泛的辐射面。他说："人无礼则不生，事无礼则不成，国家无礼则不守"①。"礼"既是个人修养的道德规范，又是社会成员的行为准则，也是国家的根本纲要。

"礼"是个人修养的道德规范。荀子反复论述要培养君子人格，他在《修身》中说："礼者，所以正身也。"其意是：礼，是为了端正自己行为的。荀子提倡从君主到普通老百姓都应当遵守忠孝信义的道德规范，君主修身是为了树立道德之威，成为臣民的表率。他说："君者，民之原也；原清则流清，原浊则流浊"②。其意是：君主是人民的本源，本源清澈，下游就清澈，本源浑浊，下游就浑浊。百姓修身是为"治达""和节"，举止优雅。

"礼"是社会成员的行为准则。社会成员在交往中都要遵循礼义准则。首先，要用"礼"来确定人伦关系。"礼以定伦"③，"礼者，贵贱有等，长幼有差，贫富轻重皆有称者也"④。"礼也者，贵者敬焉，老者孝焉，长者弟焉，幼者慈焉，贱者惠焉"⑤。作为君、臣、父、子、兄、弟、夫、妻都应各自遵守相应的礼义。其次，人们的行为举止必须符合礼义。例如他在《修身》中要求青少年说："端悫顺弟，则可谓善少者矣；加好逊敏焉，则有钧无上，可以为君子者矣……老老，而壮者归焉；不穷穷，而通者积焉；人有此三行，虽有大过，天其不遂乎"。其意是：诚恳老实又顺从长辈，就可以叫做好青年了；加上好学、谦逊、敏捷，就只

---

① 《荀子·修身》。
② 《荀子·君道》。
③ 《荀子·致士》。
④ 《荀子·富国》。
⑤ 《荀子·大略》。

有和他相等的人，而不会有人超过他，这就可以成为君子了……尊敬老人，青壮年便都会归附；不轻视侮辱处境穷困的人，有才能的人便将聚集在周围；暗中做好事，并不希望有所报答，贤德的人和品德不好的人便都归于一处了。一个人要是有这三德，即使大祸临头，上天也将使他不受祸害。此外，人们在祭礼、养生等具体事宜中也应当遵守"礼"的准则。在养生方面，"量食而食之，量要而带之"①。

"礼"是为政治国的根本。荀子说："礼者，政之挽也，为政不以礼，政不行矣"②。即：礼，是处理政事的指导原则。处理政事，不按照礼，政事便不能实行。还说："人之命在天，国之命在礼"③。即人的命运由天决定，国家的命运就在于实行礼义。由此，可以看出荀子将礼的重要性提高到了关系国家命运的高度。

三、至法：社会控制的制度手段

荀子从狭义社会控制角度提出了"法"这一社会控制手段。也就是说，他只是将法作为礼的补充手段来对社会越轨者实行惩罚和重新教育。

荀子认为，法起源于礼之后，作用于礼所不能的范围。他说："圣人化性起伪，伪起而生礼义，礼义生而制法度"④。其意是：圣人改造人的丑恶本性，后天兴起人为的善良，从而产生了礼义，礼义产生了，就制定法律制度。若从社会发展史看，人类最初是用道德教化来调节自身行为，随着"私有"的观念增强，阶级、国家的出现，然后才出现了法律政令。荀子的认识是符合历史发展的真实情况。荀子还说："厚德音以申之，明礼义以道之……时其事，轻其任以调齐之，长养之，如保赤子，政令以定，风俗以一。有离俗不顺上，则百姓莫不敦（同憝）恶，莫不毒孽，若祓不详，然后刑于是起矣"⑤。其意是：用重视道德声望来影响人民，明确礼义制度来劝导人民……按照季节安排事务，减轻人民的负担，来调整统一百姓，养育人民，如像保护初生婴儿一样。政令已经确定，风俗已经整齐一致，如有违背风俗、不顺从君主的，那么百姓没有不厌恶，没有不痛恨的，

---

① 《荀子·大略》。
② 《荀子·大略》。
③ 《荀子·强国》。
④ 《荀子·性恶》。
⑤ 《荀子·议兵》。

（要除掉这样的人）好像除掉邪恶和灾害一样，这样，惩治坏人的刑罚就产生了。由此可见，荀子认为当礼仪不能调节人们的行为，或人们的行为违反礼义要求时，才能用到法。这是他继承了皋陶的"德主刑辅""明刑弼教"和卜子夏的"儒法兼容"的治国思想。在这种认识基础上，荀子对"法"在社会控制领域中的运用形成了三点主张。其一，"法"并非万能。"无国而不有法治，无国而不有乱法"①，其意是：每个国都存在使国家得到治理的法令制度，也有使国家动乱的法令制度。他还说："有治人，无治法"②，即：有能治理好国家的人，没有必定能治理好国家的法。所以，法不是万能的。其二，要"明德慎罚"。荀子认为，由于治理方法不同，国家可以有四种不同的前途："隆礼尊贤而王，重法爱民而霸，好利多诈而危，权谋倾覆幽险而亡"③。其意是：（作为国君）尊重礼法，崇敬贤良，便可以称王于天下；重视法制，爱护人民，便可以称霸于诸侯；贪图财利，诡诈多端，就会危险；玩弄权术，反复无常，阴险莫测，就会灭亡。在"王道"和"霸道"之间，荀子主张王霸并用，但更倾向王道。因此，他在提出"礼"与"刑"为治国纲领的同时，主张"明德慎罚"④。所以，他说："明德慎罚，国家既治四海平"⑤。其三，在法与人的关系上，荀子更重视人的作用。他说："法者，治之端也；君子者，法之原（源）也。故有君子，则法虽省，足以遍矣；无君子，则法虽具，失先后之施，不能应事之变，足以乱矣"⑥。其意是：法治是治理国家的根本，而君子又是推行法制的根本。所以，有了君子，即使法制简略，但完全可以普遍地依法治事；没有君子，即使法制具备了，在实行时便会失去了先后次序，不能依法处理各种事变，就必定会给社会带来混乱。

四、至平：社会控制的秩序目标

荀子通过"使群"构建社会组织结构，以"礼义"作为社会成员的价值规范和行为准则，用"至法"作为制约社会越轨行为的制度性手段，形成了一套完备的社会控制模式。其最终的目的则是为了形成良性的社会运行秩序，即所谓的

---

① 《荀子·王霸》。
② 《荀子·君道》。
③ 《荀子·强国》。
④ 《荀子·成相》。
⑤ 《荀子·成相》。
⑥ 《荀子·君道》。

"至平"。

何为"至平"？荀子在《荣辱》篇中说："仁人在上，则农以力尽田，贾以察尽财，百工以巧尽械器，士大夫以上至于公侯，莫不以仁厚知能尽官职，夫是之谓至平"。其意是：仁德的人处在统治地位，农民就以精心尽力来从事耕种，商人以明察市场供需来精于理财，各行各业的工匠以自己的技艺制造各种器械工具，士大夫以上，以至王公侯伯没有不以仁德厚道、聪明才智来履行自己的职责。这就叫最公平。荀子对"至平"的另一表述是在《君道》篇中所说：

> 故赏不用而民劝，罚不用而民服，有司不劳而事治，政令不烦而俗美；百姓莫敢不顺上之法，象上之志，而劝上之事，而安乐之矣。故藉敛忘费，事业忘劳，寇难忘死，城郭不待饰而固，兵刃不待陵而劲，敌国不待服而诎，四海之民不待令而一，夫是之谓至平。

其意是：不必用奖赏，人民就勤勉；不必用刑罚，人民就顺服；官吏不用劳累，事情已经办成；政令不繁多，风俗却淳美；百姓不敢不顺从君主的法令，按照君主的意志为君主努力办事，这样大家就相安快乐了。所以，在征税时，人民不认为负担过重，办事时人民忘记了疲劳，敌人来侵犯时，人民忘记了生死，城郭用不着修整就很坚固，兵器用不着磨砺就很锐利，敌国用不着征服就会屈降，四海之内的人民用不着命令而行动一致。这就叫作最安定。

解读荀子的理想社会，有以下特点：第一，统治者要有道德之威，才能实行德治；第二，它是一个"群道当"的社会；第三，它有明确的社会分工和等级差别；第四，在这个社会中，各个群体的相应欲望分别得到满足；第五，各个群体各安其事，各负其责，井然有序。[①]

第三节　荀子的人与自然可持续发展思想

荀子在关注自然界时，形成了他自己独特的生态理念和实践操作系统。在自然界中，万物各得其和以生，人只有按照自然界的规律对其进行合理地开发利用，做到"斩伐养长不失其时"，才能维持生态系统的平衡。其思想对于解决后人所面

[①] 赵秀芳：《荀子社会控制思想略说》，《光明日报》，2011年4月21日。

临的生态环境问题,对实现可持续发展具有特别重要的意义。

一、思想理念:从"天人明分"走向"天人之合"

荀子所言之天,则为自然之天。他从唯物主义立场出发,把"天"解释为客观存在的自然界。他在《天论》中说:

> 列星随旋,日月递炤,四时代御,阴阳大化,风雨博施,万物各得其和以生,各得其养以成,不见其事而见其功,夫是之谓神。

其意是:天上众星相随旋转,太阳和月亮交替照耀,春夏秋冬四季轮番交替,阴阳二气相互作用和转化,风雨广泛地施加于万物,万物各得其所,互相调和而滋生,也各自得到营养而成长。人们看不见大自然是怎样做的,却可以看到它的功效,这就叫作"神"(指自然规律)。

在天人关系上,荀子明确提出"天人明分"的自然观:天和人各有其职分。天职属于自然,自然没有意志;而人职属于社会,社会是有意识的人在活动。自然界的存在是客观的,自身的运动是有规律的,万物的变化皆依其规律而动,不因人的意志而改变,正所谓"天有常道矣,地有常数矣"①。"天不为人之恶寒也,辍冬;地不为人之恶辽远也,辍广"②。其意是:天不能主宰人事,不能决定人的吉凶祸福;自然界和人类社会、天道和人事两不相干,人事取决于人自身而不是取决于天的意志,要求人们自觉地按自然规律办事。"强本而节用,则天不能贫","本荒而用侈,则天不能使之富"③,社会的治乱也是如此,在人而不在天。荀子说:"天行有常,不为尧存,不为桀亡。应之以治则吉,应之以乱则凶。"这是对儒家天命论的否定,也是对君权天授思想的否定。因此,明于天人之分,应当尽人事,尽了人事,人便会增加驾驭自然的能力,减少自然灾害而使大自然为人服务。

荀子将人作为认识的主体,将自然界作为认识的客体。人类主体性的首要表现是人类要学会尊重自然规律,注意自然生物的相互联系和制约,使万物不失其

---

① 《荀子·天论》。
② 《荀子·天论》。
③ 《荀子·天论》。

生、不绝其长；要不违农时，不违自然规律，适时地进行农业生产，使人类有余粮、有余用、有余材。在尊重自然规律的同时，人不能放弃主观人为而错失自然万物为人服务的机会。这种对人的主观能动作用的强调，间接批评了庄子"蔽于天而不知人"的观点，表现了他的唯物主义思想。

荀子在《天论》中，在提出"不与天争职"的同时，又提出了"制天命而用之"的主张；在提出"不求知天"之后，荀子紧接着提出了"知天"的主张。显然，荀子的天人相分绝不意味着天与人之间的关系成为完全对立的两极，他用"制天命而用之"来暗含其深层意蕴的天与人的联系——天人之合。实际上，明于天人之分和制天命而用之并不矛盾，以"分"为基础的"合"是荀子最终目标的体现。

天人之合的含义体现在：一方面，人是自然界的一部分，共处于同一个生态系统中。"君者，善群也，群道当，则万物皆得其宜，六畜皆得其长，群生皆得其命"[①]。圣贤君王的职责在于协调人与人、人与自然之间的关系，只有这两类关系协调得当，人与人、人与自然才能相互依存，共同发展。另一方面，人与自然之关系紧密相连。荀子在《致士》中说："川渊深而鱼鳖归之，山林茂而禽兽归之，刑政平而百姓归之……川渊者，龙鱼之居也；山林者，鸟兽之居也；国家者，士民之居也。川渊枯则龙鱼去之，山林险则鸟兽去之，国家失政则士民去之"。这里就充分揭示了山川河泽与龙鱼鸟兽之间互为依存的关系。人类与自然界之间亦如此。他在《致士》中又说："土之与人也，道之与法也者，国家之本作也；君子也者，道法之总要者，国家之本作也；君子也者，道法之总要也，不可少顷旷也。得之则治，失之则乱；得之则安，失之则危；得之则存，失之则亡"。可见，土地是人们生存的基础，拥有土地就能生存下去，否则将无以为生。同篇还说："无土则人不安居，无人则土不守"。这里一方面指出了人类对大自然的依赖关系，人们要爱护自然；另一方面又说明在自然界面前只有通过人的能动活动，才能保证人类自身的生存与发展，既不伤害自然又能使人类与自然和睦相处。荀子在《富国》篇中说："夫天地之生万物也，固有余，足以食人矣；麻葛、茧丝、鸟兽之羽毛齿革也，固有余，足以衣人矣"。人类只要能够善待自然，就能足衣足食，人与自然的关系是共存共生的关系。

[①] 《荀子·王制》。

二、实践操作:"斩伐养长不失其时"

荀子主张制天命而用之,把对大自然的爱护视为"圣王之制"。他认为,只要充分发挥人的主观能动性,就可以做到五谷丰登;各种果实可以硕果累累;荤菜、蔬菜以泽计量;六畜禽兽可以满车而载;各种鱼类按时生育,就可以绵延生息,繁殖成群;各种飞鸟昆虫数不胜数。总之,天地生长的万物养育人民绰绰有余。麻葛、茧丝、鸟兽之羽毛、牙齿和皮革取之不尽,用之不竭,足以供给人民穿着。但荀子又强调:虽然天地生养万物"足以食人""足以衣人",但也不能对自然界进行掠夺性开发。相反"必谨养其和,节其流、开其源,而时斟酌焉"①。也就是说,必须谨慎的适应季节变化,节约开支,发展生产,增加收入。只有这样,才能使财货充裕,百姓富足。

具体来说,人们在"制天命而用之"的过程中,必须遵循客观事物发展的规律,做到"斩伐养长不失其时"。荀子同时主张"山林泽梁,以时禁发而不税"②。其意是:山里的树木湖中的鱼,按照季节停止或开放使用,却不征收税收,以便用这些东西来养育百姓。而要真正做到"斩伐养长不失其时",必须进行分工管理。司空、司田、虞师、乡师、工程师各司其职,才能使万物各得其宜,天下太平。荀子还提出要设专职官员负责生态保护事宜,规定"虞师"之职责为"修火宪,养山林薮(sǒu)泽草木鱼鳖百索,以时禁发,使国家足用而财务不屈,虞师之事也"③。其意是:修订防火条例,保护山林、湖泊、草木、鱼鳖、各种蔬菜,山林按时关闭和开放,使得国家有足够的财物使用而不致匮乏,这是主管山林湖泊的长官虞师的事。这样便保护了生态和自然资源,实现可持续发展。

荀子在《王制》中说:"群道当,则万物皆得其宜,六畜皆得其长,群生皆得其命。故养长时,则六畜育;杀生时,则草木殖。"即说处理群的关系得当,万物便能得到适当的安排,六畜便能得到生长,有生命的东西都能生存。所以,养育生长适时,六畜就繁育;砍伐种植适时,草木就繁殖茂盛。只有按照生物的"时"即生长规律而进行有节制的索取,才能使生物的种类和数量相对稳定,从而增强生态系统对环境变动的抵御能力,取得较好的生态效益,实现人类与自然界的和谐相处。对于处在生长季节的树木和孕育期间的鸟兽鱼虫,不能任意砍伐和

---

① 《荀子·富国》。
② 《荀子·王制》。
③ 《荀子·王制》。

捕杀，更不能只顾眼前利益而对生物采取杀鸡取卵、一网打尽的办法。只有"禁"和"伐"以时，"伐"和"养"依律，才能保证百姓有余粮、有余用、有余材，才能保证自然资源的丰富供给而不枯竭，实现自然资源的可持续利用，并最终实现"圣王之制"。

可持续发展最本质的含义在于通过阐明人与自然关系的重要性，使人类的经济活动合乎理性，形成人类社会与生态环境之间的良性循环，其突出标志是资源的永续利用和良好的生态环境。然而近现代历史证明，经济发展往往要付出沉重代价，即造成生态环境的破坏。各种惨痛的教训使人们不得不重新审视自己走过的路。荀子的思想为我们正确认识和处理人与自然的关系，解决当前人类面临的生态环境严重破坏的问题，实现可持续发展，具有重大的启迪意义。

总之，人与自然是相互依存统一的整体，是部分与整体的关系。人类为了自身的生存和发展向自然索取生产和生活资料是不可避免的，但人类向自然索取的"度"是很难把握的。珍惜自然资源，保持人与自然之间的生态平衡是可持续发展的基本观点。荀子在两千多年前就提出了可持续发展的理念，认为自然资源是有限的，并非取之不尽、用之不竭的，要人们"禁""发"以时，"伐""养"依律，取予有度，消费有节，以保证自然资源的丰富供给而不枯竭，实现自然资源的可持续利用。

第四节 荀子的教育治国思想[①]

一个国家的兴衰因素虽多，但关键还在于执掌政权者的治国思想正确与否，治国思想其中的一条便是为国家培养人才的教育。我国先秦时期的教育中心共有三个：第一个教育中心当是春秋末儒家创始人孔子在鲁国创办的儒学，培养的"三千"弟子，皆为儒家之徒。第二个便是春秋末战国初孔子的"文学高足"、晋人卜子夏返晋之后，在魏氏根据地（今晋南运城地区）创办的"西河书院"。不过，子夏这位本不是纯儒的弟子在晋国法治思想的氛围之中，将儒法两家学说融通，形成了他的儒法兼容并蓄思想，所以他的"三百"弟子中各家学派皆有，其中全面继承了他思想的弟子是魏文侯，魏文侯儒法并用，"重法尊儒"。第三个教

[①] 李尚师：《先秦三晋两个辉煌时期暨治国思想》，中国文联出版社，2008年4月，第529-542页。

育中心是战国中后期的齐国稷下学宫,稷下学宫与前二者不同之处在于,在此讲学的是已经正式形成思想学派的诸子百家学者。但其中影响最大要数"最为老师"又"三为祭酒"的"三晋"赵人"五十始来游(讲)学"的荀卿。荀卿本是儒法兼容思想的卜子夏第五代门人,离赵前已继承了三晋固有的皋陶"德主刑辅"、卜子夏儒法兼容治国思想,到齐国稷下学宫又吸收了其他诸子学派所长,摒弃其短,决心改造他们的学说,形成了他自己的"荀学"。从而"推儒、墨、道德之行事兴坏,序列著数万言而卒"。其实他的法家思想也占有重要成分,于是,形成了他"隆礼尊贤""重法爱民"的教育治国思想。

一、强调学习重要性的论述

荀子为了说明学习的重要性,便在《劝学》篇中说:

> 学不可以已。青取之于蓝,而青于蓝;冰,水为之,而寒于水。木直中绳,𫐓以为轮,其曲中规,虽有槁暴不复挺者,𫐓使之然也。故木受绳则直,金就砺则利。

其意是说,学习不能够停止。染料靛青是从蓼蓝草中提炼出来的,但比蓼蓝草还青;冰,是由水凝固成的,但比水还冷。木材挺直,符合木工的墨线,用火烘烤弯曲,做成车轮,它的曲度和圆规画的曲线相合,虽再经日晒、火烤,再也不能挺直了,这是因为经火烤变曲之后才是这样的。所以,木材经过墨斗画线加工后便直了,金属刀剑经过磨刀石磨过后就锋利了。

为了进一步阐明继续学习的重要性,荀子接着说:

> 不登高山,不知天之高也;不临深溪,不知地之厚也;不闻先王之遗言,不知学问之大也。干越、夷貉之子,生而同声,长而异俗,教使之然也。

其意是说,只有登上高山,才知道天之高远,下到深溪才知道大地之厚深,从而说明学习"先王""遗言"的重要性。又通过干越和夷貉两地的婴儿生下来哭声相同,而长大之后的生活习俗却不相同的道理,来说明其原因在于后天所受的教育不同。

人只有通过学习,知识增长了,才能正确地认识社会的发展规律,用掌握的知识提高治国本领，所以人必须注重学习，于是荀子的《劝学》又说：

> 跂而望矣，不如登高之博见也。登高而招，臂非加长也，而见者远；顺风而呼，声非加疾也，而闻者彰。假舆马者，非利足也，而致千里；假舟楫者，非能水也，而绝江河；君子生非异也，善假于物也。

其意是，踮着脚跟远望，但比不上登上高山见到的广阔。登上高地伸手招呼，手臂并没有加长，但能被远方的人看见；顺着风呼喊，并非声音提高了，但听的人却很清楚。借助马车外出的人，并非双脚善走，但能一日千里；借助舟楫出游的人，并非由于会泅水，但能横渡江河。荀子用以上的例子为比喻，说明了"君子"并没有与别人不同之处，他所以能超越常人，是因为他"善于假物也"。也就是只有具有知识，用掌握的知识，才能将社会治理好①。

二、对儒家教育思想的改造

荀子生活在战国的中后期，当时的诸子百家皆已形成，当时的社会现实是，战争不断，民生凋敝。孟子所谓的"争城以战，杀人盈城；争地以战，杀人盈野"。新兴的地主阶级正在走向历史舞台的中心。荀子晚年曾长期生活在齐国的稷下学宫，亲眼看到一些趋炎附势之徒，利用历史的变革，巧舌如簧，谋取个人私利。《史记·孟子荀卿列传》说："荀卿嫉浊世之政，亡国乱君相属，不遂大道而营于巫祝，信机祥，鄙儒小拘，如庄周等又猾稽乱俗。于是推儒、墨、道德之行事兴坏，序列著数万言而卒。"这正在发生的历史变革，激励着荀子，所以决心改造儒家。《劝学》篇便是荀子振兴学术的宣言。"学不可以已"，既可以对一般人理解为"学习不能够以任何借口半途而废"，但从另一角度看，也可以理解为：学术思想的发展是任何力量也阻止不了的。

荀子改造儒家思想的主要方法，就是重新解释儒家经典，再赋予新的内容。例如，《劝学》引用《诗·小雅·小明》："嗟尔君子，无恒安息，靖共尔位，好是正值。神之所之，介尔景福。"之后，得出的结论是"神莫大于化道"。荀子这里的"神"，并非指神明上帝，他是位无神论者。"化道"是精神修养的最高境界，

---

① 孙安邦：《荀子思想与生态文明》，引自高剑峰《荀子故里话荀子》，第二辑，山西古籍出版社，2006年6月。

成为人气质的一部分。其意是：慨叹你们这些有修养的人们，不要长久地过安逸的日子。要郑重谨慎的做好本职工作，并把这种正直的行为变成自己习惯爱好，使之成为精神修养和自然的行为，那样可以带给你很大的福分。

再如，儒家所倡导的"礼"，是儒家思想的重要内容。儒家的"礼"原指的就是"君君、臣臣、父父、子子"，为贵族社会固定下来不变的秩序。荀子对"礼"进行了重新阐释，《劝学》说："礼者，法之大分，类之纲纪也"。即"礼"是礼法的总纲，也是各种条例的纲要。旧注："礼所以为典法之大分，统类之纲纪，类谓礼法所无，触类而长者，为律条之比附"①。从中可以看出荀子对"礼"的解释已突破了儒家旧说的框架。为荀子"隆礼""重法"的主张纲目。赋予了"礼"以法的内容，这便根据治国之需要来制订律条了。

其三，《劝学》中"善假于物"是一个创新的思想。"物"在我国古代哲学中是与"我"相对的，"我"代表主观世界，"物"代表客观世界。儒家强调"诚意……内省"。荀子则把它改造成"假于物"，即重视对客观世界的研究。荀子指出，人的口、耳、目、鼻和形体等感觉器官，都可以帮助人得到许多知识，即感性知识。"然而征知将待天官之当簿其类，然后可也"。旧注："五官，耳、目、口、鼻、体也。所以不数心者，征知即心也"。下文云，五官簿之而不知心征知而无说，即承此文而言。可知天官为五官之伪。②可见，五官感知的知识必须经过"心"，"心者，思之官也"，经过思考才能成为"征知"。这种观点十分接近于由感性认识到理性认识的唯物主义认识论。他本着这样的认识论，强调"君子生非异也，善假于物也"。表明他要向客观实际学习，向社会学习。③

其四，对"居必择乡，游必就士"儒家思想的改造。荀子在齐国稷下学宫讲学时间较长，看到齐君如其他国家君主一样，不识贤才能士，像盲人一样，找不到辅佐之贤良之士，便"不遂大道，营于巫祝，信机祥"。为了迎合君主的意志，一些所谓的"高人"们，"以承意观色为务"，故弄玄虚，来谋取"安车驾驷，束帛加璧，黄金百镒。"有的还被君主"为开第康庄之衢，高门大厦，尊宠之"④。

---

① 见《诸子集成·荀子集解·劝学》注，中华书局，2006年。
② 见《诸子集成·荀子集解·劝学》注，中华书局，2006年。
③ 参见傅毓铃：《重读〈劝学〉》，引自高剑峰《荀子故里话荀子》第二辑，山西古籍出版社，2006年6月，第162页。
④ 《史记·孟子荀卿列传》。

荀子深恶这种社会状况，感叹道："人主无贤，如瞽（gǔ）无相，何伥伥"。①

一个具有治世为天下之士，如果看到这种政治昏庸，邪秽横行状况，却按儒家"诚意""慎独"的观念，而不闻不问，则不是位有改革进取的志士。所以，荀子便对上述儒家观念进行了改造，他说："不闻不若闻之，闻之不若见之，见之不若知之，知之不若行之。学至于行之而止矣"②。

闻、见、知、行是我们面对现实所应采取的态度，是学者为完成自己的社会责任而使自己的学说更纯正的手段。发挥自己学说的社会实用价值是"学"的唯一目的。所谓"居必择乡，游必择士"是了解社会、勇于实践、"防邪僻而近中正"的手段。

荀子批判了一些儒家学者和社会上杂学之士的错误观点，目的在于为在新的社会条件下改造儒家的思想。他在为"居必择乡，游必择士"的儒论提供了重视实践的全新内容。③

其五，对"君子结于一也"儒家思想的改造。荀子处于战国的中后期，而孔子的儒家和老子的道家创始于春秋末期，这时，战国其他学派也创立起来，出现百家争鸣，这时的儒家思想已从"显学"走向了衰落。但是，以孔子为代表的儒家学说毕竟全面地总结出了贵族制社会有代表性的学术思想，其中有政治的、经济的、思想、文化的和社会道德等多个方面。因为当时新兴地主阶级对儒学已不感兴趣，儒学被人冷落，因而孔子感到凄凉。所以《论语》把孔子关于学习的慨叹列为开宗明义的第一章，即"学而时习之，不亦乐乎！有朋自远方来，不亦乐乎！人不知而不愠，不亦君子乎！"④这是孔子周游列国中，不被各国统治者重视之后发出的牢骚。其意是说，学到了一种思想而只能按时复习它，这也不很愉快吗！还有学生从远方来向我学习，这不也很快乐吗？所以掌权的人不了解我，我也不生气，这不也很像个有修养的人吗？从这里表现出了孔子"知其不可为而为之"的不屈不挠政治品质。荀子看到儒家思想的丰富深厚的内涵和它不切实用之处，便决心来对它进行改造。于是，他不仅深入研究儒家的经典，而且还从道家、

---

① 《荀子·成相》。
② 《荀子·儒效》。
③ 参见傅毓铃：《重读〈劝学〉》，引自高剑峰《荀子故里话荀子》第二辑，山西古籍出版社，2006年6月，第162页。
④ 《论语·学而》。

墨家以及其他诸子百家汲取营养，把畏天命改为"制天命而用之"①。又把"食、色性也"阐发为"性恶"说。恩格斯的《反杜林论》说过，如果说性善与性恶都是唯心，那么性恶更接近于唯物。②

三、治国思想主线的总结

在漫长的历史进程中，中华民族创造了独树一帜的灿烂文化，积累了丰富的治国理政经验。

尧舜时代的后期，舜帝在认命契为司徒教民五教的同时，又任命了皋陶为理官，来对付"寇贼奸宄"。皋陶作为理官，并非严刑峻法，而是"明刑弼教（明于五刑，以弼五教）"，继承了舜帝的"礼"和"法"两手并用的治国思想。从而形成了我国"礼法合治"的滥觞。

契教民五教，西周初周公姬旦实行森严的宗法制，成为儒家思想的先驱，到了春秋的孔子，在总结周公宗法制的基础上，创立了以"礼"为核心的儒家学说，孟子再从"仁"学上对孔子的学说进行补充，于是儒家学说更加完善而成熟。

舜帝任命皋陶为理官，惩治"寇贼奸宄"，为法家的孕育时期。到了夏、商、（西）周三代时期，经历了国家政治分封的王国政治，他们为了使自己统治的长久，王国也积累了霸道和王道相结合的初步的治国经验。再到了春秋时期，晋国曲沃小宗取代大宗翼的政权，接着晋献公又灭公族，骊姬之乱后，晋国则多是庶子继承君权，从而彻底打破了西周的嫡长继承的宗法制，并且公布了范宣子刑书，晋国逐步成为中国古代法治文化的摇篮，战国法家学派的母体。由晋国分裂出来的魏、赵、韩三国，又在魏国出现了法家李悝，他编撰了我国古代第一部比较完整系统的封建法典——《法经》，李悝便是中国公认的法家鼻祖。魏国相国公叔痤的门客商鞅再带着李悝的《法经》到了秦国，实行变法。李悝、商鞅是"法"治的代表；韩国申不害是"术"治的代表，赵人慎到为"势"治的代表。到了后来，韩非子又将前人的法、术、势融为一体，写成了《韩非子》一书，成为新型的法家学说。

自荀子提出"隆礼重法"两手治国理论后，从西汉起，就确立了"礼法合治"

---

① 《荀子·天论》。
② 参见傅毓铃：《重读〈劝学〉》，引自高剑峰《荀子故里话荀子》第二辑，山西古籍出版社，2006年6月，第164页。

与"德主刑辅"的治国理论,并取得了实践经验。从此,中国历代为政者,都非常注重把人们道德教化约束和法律惩罚结合起来,这就形成了"礼法合治"与"德主刑辅"两个概念。《唐律疏义·名例》说:"德礼为政教之本,刑罚为政教之用,犹昏晓阳秋相须而成者也",主张以德治为主本,并不意味着放弃法治。对于治理国家来说,法治虽是辅助手段,可也是不能缺少的必要手段。前面说过,法家为"阳",具有阳刚之霸气;儒家为"阴"、为"母"、为"大地"。具有滋润、包容之美德,教化、养育、调和之功能。

习近平总书记在中共中央政治局第三十七次集体学习时提出了"法安天下,德润人心"的理论总结。他说:"法律是准绳,任何时候都必须遵守;道德是基石,任何时候都不可忽略……必须坚持依法治国和以德治国相结合,使法治和德治在国家治理中相互补充、相互促进、相得益彰,推进国家治理体系和治理能力现代化。"接着,他又进一步总结礼和法之间的内涵关系说道:"法律是成文的道德,道德是内心的法律。法律和道德都具有规范社会行为、调节社会关系、维护社会秩序的作用,在国家治理中都有其地位和功能……法律有效实施有赖于道德支持,道德践行也离不开法律约束。法治和德治不可分离、不可偏废,国家治理需要法律和道德协同发力。"

中共中央的"礼法合治""德主刑辅"的治国方略,正是在总结了中国五千年来的历史经验教训之后而得出的,这一治国思想主线已为中国五千年的实践检验所证明,"礼法合治""德主刑辅"治国方略是有益于国家和民族的,是符合中国国情的,也是世界各国为政者的治理国家和社会的一条行之有效的为政手段和理论。只要不偏离这条治国主线,国家就会稳定、繁荣、昌盛,民族就会强大、尊荣,人民就会富裕安康。

第三篇
治国史鉴

概 述

中国独树一帜的治国理论主线滥觞于中华文明初始的尧舜时期，皋陶思想是"德主刑辅"、"明刑弼教"。春秋战国时期，是中国古代治国思想形成的最主要时期。其标志是：卜子夏的"儒法兼容"和荀子的"隆礼重法"治国思想主线正式形成。

到了秦汉时期，是把春秋战国形成的卜、荀治国思想主线理论和实践结合的奠定时期。这期间，确定了整个封建社会治国的模式和架构。从理论和实践的结合上解决了治国理想和现实里表的关系。"礼法合治""德主刑辅"治国主线表现出来的"大一统"、"霸王道而杂之"等思想的出现，是这一时期的一个重要特点。再一个特点是，通过国家机器的权威力量，将这种思想落实到各个层面，并得到各阶层的心理认同。包括车同轨、书同文、人同伦，统一度量衡，实行郡县制等都是这一时期形成的。

到了隋唐五代，宋辽金元，迄至明清时期，这是中国古代治国思想持续丰富、不断充实的阶段。这一时期虽然很长，但没有提出具有全局性的新的治国思想来，而是对原有思想的不断强化和固化，只是丰富和充实了中国古代治国思想的内涵。到了清朝的康、雍、乾诸帝的辉煌时期，将君主专制发展到了极端程度。

第十七章　秦国(朝)的治国思想及治国方略概况

第一节　秦国法治思想的移植与传承

一、秦献公以前的秦国概况

秦人是夏族的一支,《史记·秦本纪》说:"秦之先,帝颛顼(zhuān xū)之苗裔孙曰女修,女修织……生子大业。大业娶少典之子,曰女华。女华生大费……乃妻之姚姓之玉女。大费拜受,佐舜调训鸟兽……是为伯益。舜赐姓嬴氏"。其后代曾辅佐商汤"以败(夏)桀于鸣条"。有功于殷商,后中衰。传说周武王时,因秦之祖先养马而将它封到当时偏僻的西陲,居住于秦亭(今甘肃省张家川),为周初的附庸小国,当时属于中国的边缘部分。

西周末年,周王室衰败,周幽王荒淫无道,废掉太子宜臼,欲立庶子伯服,宜臼逃奔到申。申侯联合鄫(zēng)、犬戎等攻下镐京,杀死幽王和伯服,拥立太子宜臼为周平王。此时犬戎进据泾渭,侵扰京师;王党虢(guó)石父又拥立幽王另一庶子余臣于携,史称为携王。战火后的镐京破残不堪,周王室难以再在关中立国,决定东徙成周。于是前770年,秦襄公与晋文侯、郑武公合力秦王,稳定了东周的局面,平王便封"(秦)襄公为诸侯,赐之岐(山)以西之地。"①为伯爵,秦开始建国。十年后,晋文侯率晋师杀了"携王",一统王室。原周王室直辖岐山以西的土地全部成了秦国的领地。十二年后,秦襄公伐戎,死于战场,葬于西垂。

襄公卒,子文公立,居西垂宫。文公卒,葬西山,其孙宁公立,徙居平阳(今陕西岐山县西46里)。宁公卒,少子出子立,在位六年被杀,宁公长子即位,是为武公,武公杀掉害死出子的乱臣贼子,东伐彭戏氏,至于华山下。武公卒,立其二弟德公,初居雍城(今陕西扶风县)。德公卒,长子宣公立,在位十二年而

---

① 《史记·秦本纪》卷五。

卒，其二弟成公立。成公立四年而卒，其三弟立，是为秦穆公。

秦穆公是位有作为的君主，前659年，穆公继位当年就讨伐茅戎，开疆拓土。不久娶晋献公的长女穆姬为夫人。穆公五年（前655）晋献公灭虞，俘虏了虞公及其大夫百里奚，就将百里奚作为穆姬的媵（yìng）者送秦，百里奚途中逃奔于楚，几经周折，终于被穆公用计从楚国买回，后成为秦国一代名相。

百里奚，人称"五羖大夫"，他是春秋时期虞国（今山西平陆县）人，现在平陆县南村乡槐下村有百里奚墓。关于百里奚的生平事迹，不少史书如《史记·商君列传》《吕氏春秋·慎人篇》等都有记载。秦穆公得了百里奚，接着了又得了蹇叔，随后又得了由余、孟明视、西乞术、白乙丙等，可谓是英杰荟萃，人才济济。于是，秦穆公便开发资源，奖励生产，加强军备，励精图治，终于成为西陲一霸。

秦国要发展，首当其冲的是东邻晋国。晋献公晚年发生骊姬之乱，公子重耳和夷吾出逃，秦穆公先以夷吾割让"河外列城五"为条件，①支持夷吾返国即位，是为晋惠公，前647年晋国遭灾，秦输粟给晋，史称"泛舟之役"，②然不久秦国遭灾晋却不救，于是秦晋战于韩原，秦胜，晋兑现割地给秦。晋惠公死后，穆公再嫁女给晋公子重耳并支持他入晋，是为晋文公。前628年，晋文公卒，秦穆公趁机派兵偷过晋境攻郑，结果于次年回师过崤山，兵败于崤山，三军丧尽，与晋结下深仇，从此秦国三百年不能东进中原，只得改向西部发展。

当时，在今陕、甘、宁一带生活的许多戎狄部落和小国，如陇山以西的昆戎、绵诸、翟，泾北的义渠、乌氏、朐（qú）衍之戎，洛川的大荔之戎，渭南的陆浑之戎。他们常常突袭秦国边地，给秦人带来很大苦难，秦穆公便逐次征服了诸部二十几个戎狄小国，史称"秦穆公霸西戎"，③因为秦穆公不能入主中原，何谈中原"霸主"，仅主西北一隅之地，但他毕竟为秦国的发展起了极为重要的作用。

秦穆公在位三十九年而卒，葬于雍都，太子罃（yīng）立，是为秦康公。秦康公时与晋有令狐之役，秦师败，后又与晋多次交战。康公在位十二年卒，其子共公即位。共公在位仅五年卒，其子桓公立，秦桓公时，与晋厉公有"夹河之盟"，后又违约与狄合力攻晋，前578年，晋率诸侯之师伐秦，战于麻隧（今陕西省泾阳县北），秦师大败。

---

① 《左传·僖公十五年》。
② 李孟存、李尚师：《晋国史》，山西古籍出版社，1999年，第65页。
③ 《史记·秦本纪》卷五。

秦桓公即位二十七年卒，子景公立，景公二十七年入晋，与晋盟。景公在位四十年卒，其子哀公立，秦哀公三十一年（前506），吴王阖闾（hé lǘ）与伍子胥伐楚，楚昭王逃奔随国，吴军攻入楚都郢，楚大夫申包胥入秦告急，"七日不食，日夜哭泣"。于是，秦发兵救楚，击败吴军。哀公在位三十六年卒，太子早死，其孙惠公立。惠公在位十年卒，其子悼公立。悼公在位十四年卒，其子厉共公立。秦厉共公时，向外扩张，为秦国的富国强兵做了一定准备。厉共公在位三十四年卒，其子躁公立。躁公在位十四年卒，其弟从晋归来即位，是为怀公，秦庶长晁等包围怀公，怀公自杀，其孙灵公立，灵公在位十年卒，其子献公不得立，立灵公季父悼子，是为简公，乃怀公之子。简公在位十六年卒，其子惠公立。惠公在位十三年卒，其子出子立。出子在位仅二年，庶长（相）改迎灵公之子献公于河西而立之，杀出子及其母。公子连即位，是为秦献公。

二、秦献公至秦庄襄王时期的秦国概况

（一）秦献公与秦孝公实行变法——法家思想初入秦国

秦灵公死后，公子连第一次没有即位，君位被他的叔父秦简公抢去。于是公子连逃到魏国，开始了长达二十九年的流亡生涯。魏国当时是中原诸侯国中的超级强国，魏文侯重用李悝、吴起、西门豹等人，推行中央集权，以法治国，国力强盛，奠定了此后魏国长达百年的霸业。而此时的秦国国力疲弱，政权不稳，秦国的困顿低落与魏国的蓬勃发展形成了鲜明的对比，这极大地刺激了在魏国流亡的公子连。想到秦国的衰败和自己的遭遇，公子连产生了夺回君位实行新政、变法图强的强烈愿望。公子连带着魏国的强国经验回到了秦国，下令废除用人殉葬的恶习，决心改革，下令招贤，迁都栎阳。经过秦献公的大力改革，秦国终于有了起色，并为其子孝公改革奠定了重要基础。献公在位二十四年卒，其子孝公立。

孝公嬴姓，名渠梁，是战国时期秦国很有作为的一位国君，他一生中做过两件大事，其一是迁都咸阳，其二是大胆任用商鞅进行变法。他初立时对秦穆公以后秦国的落后状况痛心疾首，他能顺应潮流，知人善任，大胆改革，使秦国一跃成为战国七雄之首。

前361年，年仅21岁的秦孝公正式登基，这时秦不为各国诸侯所重视，就连已被架空的周天子都看不起秦国。于是，他愤然喊出："诸侯卑秦，丑莫大焉"。在这一年，秦孝公颁布了"求贤令"。当时卫国人卫鞅住在魏国，为魏惠王的相国公孙痤子门客，因得不到重用，就是在这种背景下从魏国带着李悝的《法经》来到了秦国，并很快受到重视。经过卫鞅两次有力的改革举措，使秦国走上了富国强兵之路，这是先秦最为彻底的一场变革（商鞅变法具体内容见第十章）。因卫鞅变法功大"封卫鞅为列侯"于商（今陕西商洛市东南商镇一带），故称之为商君或商鞅。

秦孝公是大秦帝国的基石君主，他坚定废除了贵族的世袭特权，采用军功爵制度，极大地激发了国民的征战热情，较为彻底地根除了秦国的政治毒瘤，促进了经济发展，加强了新兴地主阶级的中央集权，使秦国国势蒸蒸日上，为其后代秦始皇统一中国奠定了基础，也推动了华夏文明的进步。

商鞅从魏国带着李悝的《法经》来到了秦国，第一次把魏国的法家思想带进了秦国，从此法治思想在秦国迅速普及（详见后第二节）。

经过商鞅彻底的变法，大大推动了社会进步和历史发展。通过改革，秦国废除了旧的制度，创立了适应秦国社会经济发展的新制度。改革推动了秦国的社会进步，促进了经济发展，壮大了国力，实现了富国强民，为以后秦统一全国奠定了基础。前338年，秦孝公卒，其子嬴驷即位，是为秦惠文王。

（二）秦惠文王坚持商鞅之法

秦惠文王在位27年（前357—前311），又称秦惠王或秦惠文君，名嬴驷，孝公之子。前338年，孝公死，嬴驷即位。他为太子时犯法，商鞅掌刑法，曾黥（qíng在面上刺字）其师以辱之。故孝公死后，惠文王即位就将商鞅车裂，但他并未废除商鞅之法。

前330年，惠王命大良造魏人公孙衍打败魏军，不久魏尽献河西地于秦。惠文君自称为王。前318年，韩、赵、魏、燕、楚五国"合纵"攻秦被秦打败。张仪又游说拆散齐、楚联盟，秦乘机打败楚军，占领汉中。前316年秦又出兵灭蜀，后又灭掉苴（今四川昭化东南）和巴（今重庆市嘉陵江北），使秦"擅巴蜀之饶，"为以后发展准备了雄厚的物质基础。

义渠是匈奴的一个分支，是当时秦西北最大的少数民族，占有今陕西北部、甘肃中北部和宁夏等地，义渠凭借骑兵特有的机动性对秦造成巨大危害和破坏，秦便停止攻魏转为攻义渠，秦用烧荒削弱了义渠的力量，后又趁其内乱而平息了义渠内乱，并占有其大片优良牧场，后又开始设立相邦。

张仪以前，秦未设过单独的相，只有将相和一个大良造。大良造主管军、政、民，权力很大，是对君权一个巨大威胁。惠王即位后，便对大良造进行分权。张仪为秦第一任相邦，就把大良造原来的相权剥离出来，使大良造成为最高军职。

因惠王勤于政事，亲自主持秦国大局，剥夺了许多宰相权力，使相邦实际只相当于外相。由于秦惠王坚持商鞅之法，使孝公时期的变法成果能够保持，并且使商鞅的法治思想在秦国得到更好的传承、普及和发扬，所以秦国国力更为强盛。

前 311 年，惠王在位 27 年而卒，葬于今陕西咸阳市秦都区。

(三) 秦武王

秦武王（前 329—前 307），在位仅四年（前 310—前 307），嬴姓，赵氏，名荡。惠文王之子。惠文王卒时他十八岁，虽不到王冠年龄，但他是大力士且好武力，在宗室中威信很高。他为政后，在朝内分置了左右丞相，驱逐了客卿张仪和魏章，任用了叔叔樗里子为右丞相，甘茂为左丞相，这样他十九岁便大权在握。

他内修武备之后便统兵东征韩国，并取得一定胜利，然后带百乘来到洛阳周室太庙，往观象征天子的九鼎，得意忘形，亲自举鼎，却因力道不足被鼎砸伤，流血过多而亡。

秦武王因早死没有留下后代，围绕接班人问题，秦王室进行了一场血雨腥风的仇杀。

(四) 秦昭襄王

秦昭襄王（前 325—前 251），又称秦昭王，嬴姓，名则，一名稷。他是秦惠文王之子，秦武王的异母弟。在位 56 年（前 306—前 251），为中国历史上在位时间最长的国君之一。

据《辞海》介绍，前 307 年，秦武王死后，诸弟争位。公子稷质于燕，国人迎而立之。当其时，昭王年少，所以初即位时其母宣太后当权，外戚魏冉为相。同年，秦将甘茂攻韩宜阳，五月而不下，昭王悉起兵佐甘茂；又涉河取遂（今山西垣曲东南），筑城。次年，秦武王弟庶长壮与诸公子作乱，魏冉发兵平叛。此后，魏冉与宣太后专国政。前 304 年，昭王依秦制举行加冕礼，亲掌朝政，仍执行结楚抗齐之策略。前 302 年，秦楚联盟破裂，秦齐结好，昭王不断出师攻楚。次年，秦蜀郡守反，他使司马错入蜀平乱。后来派李冰为蜀郡之守，在蜀地修兴水利，发展农业。前 300 年，使华阳君伐楚，取襄城（今河南襄城）。次年五月，秦攻楚，取其八城，他以约楚怀王会盟于武关，劫楚怀王到城阳，要求割地，怀王不答应，终老于秦国。此后，秦发兵攻楚，大败楚军，取楚析（今河南西峡）等十六城。后数十年，昭王时而联楚攻齐，时而联齐攻楚，并向魏、韩进攻，军事上取得了一系列的胜利。还连续从韩、魏夺得新城（今河南伊川西南）、垣（今山西垣曲东南）、宛（今河南南阳）、轵（今河南济源东南）等地。

前288年，昭王自称西帝，尊齐王为东帝。齐王听从谋士之策，自去帝号，并约诸侯合纵攻秦，他被迫也取消了帝号，次年，韩、赵、魏、燕、齐五国联合攻秦，无功而返。前284年，在秦的操纵和参与下，韩、赵、魏、燕、秦五国伐齐，攻入齐都临淄。后齐虽复国，却无力与秦抗衡。前279年，秦屡败赵师之后与赵结盟于渑池，而后大举攻楚。次年，秦将白起攻破楚都郢（今湖北江陵），楚迁都于陈。同年，秦初设置黔中郡。前271年，昭王诱杀义渠王于甘泉宫。次年，昭王在灭义渠后，置北地郡。至此，秦又取上郡、陇西、北地，并筑长城以拒戎狄。昭王所筑长城，西起今甘肃岷县之西南，北经皋兰，东越陇山入今陕北之富县境，北经延安、绥德，东达于黄河西岸而止。昭王灭义渠之后，听从范雎建议免掉魏冉相位，加强了中央集权。他在败楚之后，军事上指向当时最强大的赵国。前260年，秦军于长平之战大破赵军，坑杀了赵降卒四十万，因赵犹有余力，故秦军围邯郸，大败而归。前256年，昭王出兵灭了西周（东周小国尚在）。

昭王在位五十六年间，平蜀伐楚，击韩、赵、魏。他用范雎"远交近攻"之策，对关东六国步步进逼、蚕食。期间，他又灭了义渠，修筑长城，扩修咸阳，为秦统一中国奠定了基础。

（五）秦孝文王

秦孝文王仅在位三天（前250）而卒。他为秦昭襄王之子，十月己亥即位，三日辛丑日卒，葬芷阳，子秦庄襄王即位。

（六）秦庄襄王

秦庄襄王又称秦庄王，嬴姓，本名异人。他为安国君与夏姬所生，后被来自楚国的华阳夫人认作己子，故更名楚（《战国策·秦策五》：异人至，不韦使楚服而见。王后（华阳夫人）悦其状，高其知，曰："吾楚人也。"而自子之，乃更名曰"楚"。《史记》作子楚，在位四年而卒，秦始皇之父。

异人在年轻时曾作为人质居住于赵国都城邯郸，因为秦国屡次攻赵，他的处境很困难。这时有个卫国商人吕不韦知道了他的情况，认为他是"奇货可居"，决定进行一次政治赌博，于是设法结识了他，并成为密友。吕不韦用重金买通了安国君（秦孝文王）宠爱的华阳夫人，使她劝说太子安国君立异人为嫡嗣。为了博得出生于楚国的华阳夫人的欢心，异人在吕不韦的授意下，改名楚。公元前250年，秦孝文王即位三天后突然暴卒，于是子楚即位，是为秦庄襄王。

子楚即位后，尊嫡母华阳夫人为太后，尊其生母夏姬为夏太后；拜吕不韦为相邦，封之为文信侯，食今河南洛阳十万户，执掌朝政大权。当时同王朝境内的小封国西周公国已经于前256年被秦军所灭，周显王病死，西周公国被迁于狐聚（今河南省临汝县西北），小封国东周公国还存在。前249年，东周君联络诸侯谋伐秦。秦庄王获悉，立即派吕不韦统领十万大军，一举灭东周七邑，迁东周君于阳人聚（今河南省临汝县西）。周王朝的最后残余被铲除。接着，秦军继续蚕食三晋，又攻占了大片土地。

前247年，秦庄襄王卒，谥号庄襄王。后来秦王政灭六国称皇帝尊号后，追封他为太上皇。

第二节　秦朝的治国思想及治国方略概况

一、秦王政（始皇）的生平概况

秦始皇（前259—前210），名政，秦昭王四十八年（前259）正月生于邯郸，又名赵政，中国历史上第一个大一统王朝——秦王朝的开国皇帝，秦庄襄王之子。他十三岁即王位，三十九岁称帝，在位三十七年（前246—前210）。他是中国历史上第一个使用"皇帝"称号的君主，对中国和世界历史产生了深远的影响。他建立的皇帝制度，中央实施三公六卿制，地方废除分封制，设立郡县制，为建立专制主义中央集权制度开创了新局面，对以后历代封建王朝的政治制度有深远的影响。

据《史记·吕不韦列传》载，秦始皇的生母赵姬原是吕不韦的姬妾，吕不韦将赵姬献给作为人质居住在赵国的秦公子异人（即后来的秦庄襄王子楚），后来赵姬至大期生子名政；又据《秦始皇本纪》所载："秦始皇者，秦庄襄王子也。庄襄王为秦质子于赵，见吕不韦姬，悦而娶之，生始皇"。作为一个并不受宠爱的质子的儿子，赵政少年时期是在赵国都城邯郸度过的，此时异人经吕不韦从中斡旋已经回到秦国，并认华阳夫人为嫡母，经过多次政治斗争终于获得华阳夫人的信任，吕不韦又花费了大量精力与金钱将赵姬母子接回秦国，从此赵政开始了他在秦王宫里的生活。

前247年，秦庄襄王卒，赵政即位为秦王。即位时由于年少，故国政由相邦所把持，并尊吕不韦为仲父。吕不韦既把持朝政，又与太后（赵姬）偷情。后他见秦王日渐年长，怕被发现，想离开太后，又怕太后怨恨，所以献假宦官嫪毐（lào ǎi）给太后，嫪毐假施腐刑，只拔掉胡子就进宫了。秦始皇日渐长大，于是他们就骗秦王，说太后寝宫风水不好，应搬离其地。秦王信以为真，于是他们就搬到离秦王很远的旧都雍城，结果太后生下私生子，而假宦官嫪毐以秦王假父自居，在太后的帮助下封为长信侯，领有山阳、太原等地，他又自收党羽。嫪毐在雍城长年经营，建立了庞大势力，是继吕不韦后又一股强大的政治势力。

嫪毐难免小人得志，在一次醉酒后与一位大臣发生争执，便说："我是秦王的假父，你竟敢惹我"。这个大臣找了个机会告诉了秦王嫪毐的阴谋，嫪毐感觉害怕便谋划准备叛乱。

前238年，秦王政在雍城蕲（qí）年宫举行冠礼，嫪毐动用秦王御玺及太后玺发动叛乱，攻向蕲年宫。秦王早已在蕲年宫布置好三千精兵，打败叛军。嫪毐转打咸阳宫，秦王那里也早已布有军队，嫪毐一人落荒而逃，没多久便被逮捕。秦王将他车裂，曝尸示众；又把母亲赵姬关进雍城的贡阳宫；摔死嫪毐与太后所生的两个私生子。秦王随后又免除了吕不韦的相职，把吕不韦放逐到巴蜀。其后他又听信秦国贵族所言，下了《逐客令》，要逐出六国食客，但被李斯的《谏逐客令》所劝阻，其后他任用尉缭、李斯等人主政。

秦王亲政后，听取李斯进献灭六国的建议，开始着手规划统一六国的大业。他总的战略方针是远交近攻，集中力量，各个击破。先北取赵，中取魏，南取韩，然后再进取燕、楚、齐。他先攻克成皋，沿黄河向东推进，撕开赵、魏、韩、楚的联防，继而北上，切断韩魏联络，然后灭韩吞赵，伺机灭燕，再灭楚。

前230年至前221年，秦王采取远交近攻、分化离间及连横的策略，发动秦灭六国之战。先后在秦始皇十七年（前230）灭韩、十九年（前228）灭赵、二十二年（前225）灭魏、二十四年（前223）灭楚、二十五年（前222）灭燕、二十六年（前221）灭齐。在从未屠城的战争中，终于建立了中国历史上第一个大一统中央集权的专制主义国家——秦朝。

二、秦始皇的治国方略

春秋战国，各国诸侯都被称为"君"或者"王"。战国后期秦国和齐国曾一度称"帝"，不过很快便取消了。已经统一天下的秦王政，以为过去这些称号都不足以显示自己的尊崇，"今名号不更，无以称成功，传后世"。于是下令左右大臣们议称号。丞相王绾、御史大夫冯劫、廷尉李斯等人认为，秦王政"兴义兵，诛奸贼，平定天下"，功绩"自上古以来未尝有，五帝所不及"。他们援引传统的尊称，说"古有天皇，有地皇，有人皇，人皇最贵"，建议秦王采用"秦皇"头衔。然而，秦王并不满意。他只采用一个"皇"字，因为"三皇五帝"而在其下加一

"帝"字，创造出"皇帝"这个新头衔授予自己。从此以后，"皇帝"就成为中国国家最高统治者的称谓。

秦王政做了中国历史上第一个皇帝，自称"始皇帝"。他又规定：自己死后皇位传给子孙时，后世者沿称二世皇帝、三世皇帝，以至万世。秦始皇梦想皇位永远由他一家继承下去，"传之无穷"①。

为了使皇帝地位神圣化，秦始皇又采取了一系列"尊君"的措施：

1. 取消谥法。谥法起于周初，是在君王死后，依其生平事迹，给予带有评价性质的称号。秦始皇却认为，像这样"子议父，臣议君"，太不像话，他宣布废除谥法，不准后代臣子评价自己。

2. 规定只有天子才可以自称"朕"。

3. 皇帝的命令叫作"制"或"诏"。

4. 文字中不准提及皇帝的名字，要避讳。

5. 文件上逢"皇帝"、"始皇帝"等字句时，都要另起一行顶格书写。

6. 只限皇帝使用以玉质雕刻的大印才能称之为"玺"。

以上这些规定，目的在于突出天子的特殊地位，强调皇帝与众不同，强化皇权在人们心目中的神秘感。秦始皇幻想借助这些措施，使他的皇位千秋万代地在其子孙后代中传续下去。

建立中央集权制度。为了有效地管理国家，也为了替子孙奠定基业，秦始皇吸取了战国时期设置官职的具体经验，建立了一套相当完整的中央集权制度和政权机构。

中央机构的设置。中央设丞相、太尉、御史大夫。丞相有左右二员，是百官之首，掌政事。太尉掌军事，不常置。御史大夫是丞相的副手，掌图籍秘书，监察百官。丞相、太尉、御史大夫以下，是分掌具体政务的诸卿，其中有宫殿掖门户的郎中令，掌宫门卫屯的卫尉，掌京畿警卫的中尉，掌刑辟的廷尉，掌谷货的治粟内史，掌山海池泽之税和官府手工业制造以供应皇室的少府，掌治宫室的将佐少府，掌国内民族事务和外事的典客，掌宗庙礼仪的奉常，掌皇室属籍的宗正，掌舆马的太仆等。丞相、太尉、御史大夫与诸卿议论政务，最后由皇帝作裁决。

另外，秦朝还有以下比较重要的官职，比如博士："掌通古今"，即通古今史以备皇帝咨询，同时负责图书收藏；典属国：与典客一样主管少数民族事务，不

---

① 《史记·秦始皇本纪》卷六。

同的是典客掌管与秦友好的少数民族的交往，而典属国则负责已降秦的少数民族。

詹事：管理皇后和太子事务。

秦王朝建立的这套中央集权的政权机构，以后一直被历代王朝所仿效。其中汉代的"三公九卿"，基本上是沿袭秦制。

秦朝地方机构概况：

秦始皇灭六国后，采纳李斯建议，废除分封制，改行郡县制。地方行政机构分郡县两级，郡县主要官员由中央任免。

郡设守、尉、监（监御史）。郡守掌治其郡。郡尉辅佐郡守，并典兵事。郡监司监察。秦始皇把全国分为三十六郡，以后又陆续设至四十一郡。

县：万户以上者设令，万户以下者设长。县令、长领有丞、尉及其他属员。县令、长主要管政务，县尉掌握军事，县丞掌管司法。

县以下有乡，其主要职能有四：1. 摊派徭役；2. 征收田赋；3. 查证本乡被告案情；4. 参与对国家仓库粮食的保管工作。

乡设三老掌教化，啬夫掌诉讼和赋税，游徼掌治安。

乡下有里，是最基层的行政单位。里有里典，后代称里正、里魁，以"豪帅"即强有力者为之。里中设置严密的什伍户籍组织，以便支派差役，收纳赋税。并规定互相监督告讦，一人犯罪，邻里连坐。此外还有司治安、禁盗贼的专门机构，叫亭，亭有长。亭除了主要管理治安，还负责接待往来官吏，掌管为政府输送、采购、传递（文书）等事。两亭之间大约相距十里。

书同文：此前各国使用的文字不同，对国家的文化交流十分不便，秦始皇强制统一成一种文字，这套文字作为中国唯一规范的文字一直沿用两千多年，至今仍使用。中华民族自秦以后的2200多年中，统一时间为1600多年，但分裂时间也有500年。分裂后所以能重新统一，并沿续至今，秦朝统一文字起了很大作用。

统一度量衡。秦始皇以原秦国的度、量、衡为单位标准，淘汰与此不合的制度。秦廷在原商鞅颁布的标准器上再加刻诏书铭文，或另行制作相同的标准器刻上铭文，发布到全国。与标准器不同的度、量、衡一律禁止使用。

在旧制度上，秦王朝规定6尺（合今230厘米）为一步，240步为一亩。这一亩制以后沿用千年而不变。

改良货币制度。秦始皇采用了两种统一货币的主要途径：一是由国家统一铸币，严惩私人铸币，将货币的制造权掌握在国家手中。二是统一通行两种货币，即上币黄金和下币铜钱。改黄金以"镒"为单位，一镒为二十两。铜钱以"半两"

为单位,并明确金币铸明"半两"二字。铜钱铸造为圆形方孔,俗称"秦半两"。原来六国通行的珠玉、龟贝、银锡等不得再充当货币。

整治交通。秦统一全国后,开始大幅修筑以国都咸阳为中心,向四面八方延伸出去的驰道,并实行"车同轨",均宽五十步。

秦为了方便运送征讨岭南所需的军队和物资,便令开凿河渠以沟通长江水系的湘江和珠江水系的漓江,运河最终在前219年至前215年修成。灵渠是世界上最古老的运河之一,自贯通后的两千多年来就一直是岭南与中原地区之间的水路交通要道。

战国时期,各国车辆形制不一,秦统一全国后,规定车宽以六尺为制,一车便可通行全国。

行同伦。"行同伦"就是端正风俗,建立统一的伦理道德和行为规范。在这方面,秦王朝也给予相当的重视。比如秦始皇二十八年(前219),秦始皇来到秦山下,这里原是秦国故地,号称"礼仪之邦",他就令人在秦山刻石记下"男女礼顺,慎遵职事,昭隔内外,糜不清净,施于后嗣"(意为男女之间界限分明,以礼相待,女治内,男治外,各尽其责,从而给后代树立好的榜样),始皇三十七年(前210)在会稽刻石上留的铭文,则对当地盛行的淫泆(yì)之风,大加鞭挞,以杀奸夫无罪的条文来矫正吴越地区男女之大防不严的习俗。

制传国玺。"传国玉玺"取材于"和氏璧"。为秦以后历代帝王相传之印玺,乃奉秦始皇之命所镌。其方圆四寸,上纽交五龙,正面刻有李斯所书"受命于天,既寿永昌"八个篆字,作为"皇权神授、正统合法"之信物。嗣后,历代皇帝皆以得此玺为符应,奉若奇珍,国之重器也。

以上的统一性措施,加强了中央集权,有利于古代经济的进一步发展,对中国疆域的初步奠定、巩固发展和国家统一,以及形成以华夏族为主体的中华民族起到了重要作用。促进了我国历史上第一次民族大融合,第一次形成了真正意义上的中国。

开拓疆土

1. 南平百越

前221年,秦始皇完成统一六国大业之后,就着手制定北讨匈奴、南平百越的战略计划。前218年,他命大将屠睢和赵佗率50万大军,发动征服岭南越族的战争。其中攻占番禺的一支秦军进攻迅速,他们直达珠江三角洲地区,并占领了番禺。而进攻广西地区越族人的两路大军,因歧视越人,推行暴政而失败。为扭转兵力不足、粮食供应困难，前217年秦人开凿了灵渠，从而为完成岭南统一大业提供了可靠的物质保障。前214年终于取胜，使整个岭南地区从此划入秦朝的版图，使越族正式成为中华民族的一员，它对促进汉越民族融合及对岭南社会政治、经济和文化的发展都起着不可忽视的作用。

2. 北击匈奴

秦始皇三十三年至三十四年（前214—前213），他派遣将军蒙恬率军北击匈奴，解除匈奴对秦的威胁。始皇三十三年春，蒙恬统率主力北出长城攻其东，杨翁子率偏师攻其西，匈奴败逃，秦遂取其地，置44县，移民垦守。后又击败匈奴，迫使匈奴北迁，秦再置九原郡（今内蒙古包头市西北）。

3. 修筑长城

为了防止匈奴再次南下，秦始皇命修长城，是为了保护北方边境人民的生命财产安全。这不是首创，只是把原来秦国、赵国和燕国北边原有的长城连接起来。

总之，秦始皇南征南越，将今福建、浙江、广西纳入中国版图。北击匈奴，夺回河套地区，并使其地区永远成为中国版图的一部分。"东至海滨暨朝鲜，西至临洮、羌中，南至北向户（北回归线以南），北据为塞，并阴山至辽东"。[①]此外，秦始皇还修筑了通往西南的五尺道，大致自今四川宜宾至云南曲靖一线，控制了当地的部族国家，将政治势力深入至云贵高原。至此奠定了中国统一多民族的中央集权国家的基本格局。

焚书坑儒

1. 焚书：由于当时百家争鸣，严重地阻碍了秦始皇对被征服的原六国民众思想的统一，并威胁到了秦朝统治。于是，秦始皇为了统一原六国人民的思想，于前213年开始销毁除《秦记》以外的所有史书（他也曾下令将一些禁书收藏在咸阳国家图书馆），民间只允许留下关于医药、卜筮和种植的书。此行为一直延续到前206年秦朝灭亡，史称之为"焚书"。

2. 坑儒：前214年，咸阳的术士在背后议论秦始皇，指责他贪于权势，乐于刑杀为威。秦始皇知道后，派人追查，对于证据确凿的460人活埋处死，无罪者释放。

奢侈生活

1. 建秦陵：秦始皇即位不久，便开始派人设计建造位于陕西骊山的秦始皇陵。

[①]《史记·秦始皇本纪》卷六。

前后历时三十多年，每年动用七十万人修建，现存的墓周长 2000 米，高达 55 米。据记载内部装修极其奢华，以铜铸顶，以水银为河流湖海，并布满机关，建造陵墓的工匠在其建成之后被全部活埋。

2. 修建豪华宫殿：据《三辅旧事》载：秦国有"关中外殿观百四十五"。又据《史记·秦始皇本纪》载秦国有"关中计宫三省，关外四百余"，"咸阳之旁二百里内"还有"宫观二百七十"。秦统一六国前本有兴斥宫、梁山宫等，秦统一六国后又开始在渭河南岸修建世人皆知的阿房宫（亦名朝宫，阿房宫为其前殿之名，经考古证明阿房宫并未建成，仅完成地基而已。其前殿东西长 693 米，南北宽 116 米，台基高达 11.65 米，上面可坐万人）。

三、秦始皇之死及秦朝灭亡

关于秦始皇之死，《史记》中记述很多，分别见于《秦始皇本纪》《李斯列传》《蒙恬列传》等处。前 218 年，秦始皇东巡时遭人行刺，身后一辆副车被刺客用铁锤砸得粉碎。随后，又发现刻有"始皇帝死而地分"的陨石和出言"今年祖龙死"的"仙人"。他很迷信，为了消灾避难，找长生不老药，于前 210 年第五次巡游，然而由于一路劳顿，他到平原津（今山东平原附近）就病倒了。赵高奉命写遗书，给受命监军河套的秦始皇长子扶苏："与丧命咸阳而葬"。信还未发，他就死在沙丘行宫（今河北邢台广宗附近）。

秦始皇死后，赵高采取说服胡亥威胁李斯的手法，三人经过一番密谋，假造秦始皇诏书，由胡亥继承皇位。同时，还以秦始皇之名指责扶苏不孝、蒙恬不忠，迫使他们自杀。赵高一行回到咸阳，胡亥即位，是为秦二世。朝中实权落到赵高手中，后来又将李斯腰斩于咸阳。秦二世在位三年（前 209—前 207），最后亦被赵高所杀。赵高再立二世兄扶苏长子子婴为秦王。不久秦王朝在农民大起义中消亡。

第三节 法家思想在秦国的实践运用

韩非是法家思想的集大成者，其思想的最终目的都是借"术"的思想，配合着"法"与"势"的学说以促成君权绝对化与君主职位的终身制。

他的人性恶而好利的观点最真实、坦率地揭示了君臣之间的利益面纱，而其"御臣术"又把君主置于与其他一切人对立的境地。他将我国君主专政制推向了巅峰，为此后中国历代君主的"终极皇权"提供了充分的理论源泉。其中不少精粹思想值得继承，尤其是其历史观是很先进的，但同时缺乏德治的一面。

韩非写的《孤愤》《五蠹》《说难》等一系列文章，这些作品后来被编辑为《韩非子》一书。秦王嬴政读了韩非子的文章，极为赞赏。秦王得到韩非准备重用，可后来秦王听信谗言，将韩非投入狱中并毒死他。但韩非的法家治国学说却被秦王接纳，成为秦国的治国指导思想。

李斯是秦国后期法家路线实施的代表人物，入秦后秦始皇曾下《逐客令》驱逐非秦国的官员，他便上书《谏逐客令》，于是秦王废止了逐客令。李斯的"以秦之疆，大王之贤……足以灭诸侯，成帝业，为天下一统，此万世之一时也……"这一番论述使秦王将他纳入秦王的智囊集团，与秦王的统一大业紧密联系到了一起，官拜长史、廷尉。后在秦始皇统治期间，李斯以其杰出的政治远见和卓越的才能，被任命为丞相。秦统一之前，因为各诸侯国长期割据分裂，形成了语言异声，文字异形的局面，李斯擅长书法，于是奉命将大篆体删繁就简，整理出一套笔画简单、形体整齐的文字，叫秦篆，后世称小篆，通行全国。他为秦灭六国完成统一天下大业，建立并巩固秦朝的专制主义中央集权制的封建国家不遗余力。

秦始皇是秦庄襄王的儿子，秦庄襄王是秦昭王的孙子，秦孝文王的儿子。秦昭王还在位时，秦孝文王还是太子，被称为安国君。秦庄襄王名异人，其母并不受宠，他只是众多儿子中的平凡一位，所以被秦国派往赵国去做人质。秦赵时常交战，异人备受牵连，完全是一个流落异国的穷酸公子。其时赵政（后为秦始皇）出生于赵国，故名赵政。后秦兵包围赵都邯郸，赵人想杀掉异人，其妻为赵国富豪之女，得以隐匿而未被害，所以赵政的幼年境况肯定是在危难的逆境中度过的。

环境影响人的性格，恶劣的环境尤为突出，秦王嬴（赵）政后来入秦只能忍辱负重，在逆境中奋发图强，坎坷的遭遇与残酷的战争，使他少恩寡义，少年老成，多疑且工于心计。他的这种性格是与以武力消灭六国、统一天下的时代背景相吻合的；与他加强中央集权（集权于皇帝一身，万事皆决断于己，不信他人）也是一致的。

秦始皇之所以选择法家思想，除了其个人性格的主观因素在起作用外，还是他承袭秦国先祖余烈之制的客观结果。

追溯秦国的法治传统，就得重提前面说过的商鞅变法。秦国经过商鞅变法，通过迁都咸阳、废井田、开阡陌、重农桑、奖励军功、实行连坐、严格法律等措施，仅十年工夫，秦国百姓自足，国家粮仓丰裕，秦国一跃成为当时最富强的国家之一，实现了富国强兵。商鞅的新法十分严厉，用法施法又极其严格，当时的社会风气被荡涤的十分清明。但他因此被民埋怨，更被朝中权贵嫉恨，秦孝公死后，他便被车裂身亡。幸而"商鞅虽死，其法未卒"，凭借商鞅的改革成果，秦国蒸蒸日上，所以秦孝公时期，变法已经深入秦国社会，法家思想的传统已经奠定。约公元前264年，荀子应秦昭王之聘，西游入秦，称秦国"百姓朴"、"百吏肃然"，而近"治之至也。"荀子的政治思想继承了孔子"礼"的思想，但同时又强调法的思想，他认为应实行礼法并重的治国方略，不重礼则法令难行，不重法则礼无制约。后期法家思想的代表人物韩非子和李斯皆出于荀子门下，并非偶然。荀子的这种思想为当时的统治者提供了一整套可行的理论基础。秦昭王在位达五十六年之久，彻底削弱了楚国、赵国，打开了秦国统一天下的大门。

秦始皇就是在其余烈之根基上传承下去的，他在位期间重用李斯、韩非（后被逼死），这些法家集大成者，重视他们的学说和政见，唐人张守节在《史记正义》中说："秦法酷极。"李斯、韩非两人都为法家学说在秦国的实施做出了巨大贡献。嬴政在读过韩非之书后感慨万千，后发兵韩国索要韩非，以偿夙愿。韩非的思想核心之一是加强中央集权——"事在四方，要在中央，圣人执要，四方来效"，也就是维护中央的绝对权威。韩非思想核心之二是提出"法、势、术"的主张，韩非说国如车、势如马、术是驾驭马的技术。他强调依法治国，通过制定法律条款，以维护君主不可侵犯的绝对统治权威。为此，不仅要制法，还要严刑酷法，只有法律严厉了，才能令臣民生畏，不敢犯上，以维持封建等级和国家安定，他的有功必赏、有才即用，不分贵贱的用人制度值得称赞。这与建立在血缘关系上的任人唯亲的儒家主张相悖，也与嬴政早年经历所孕育出的用人观不谋而合，具有进步意义。虽然韩非最后下场悲惨，被为博取独宠的同窗李斯陷害致死，但只能说是他个人命运不幸，法家思想在当时还是发展得如火如荼。

法家学说在秦国逐步崛起并吞六国的过程中，起了决定性的指导思想作用，但是秦始皇统一六国后横征暴敛、执法严苛，并没有将东方六国的百姓作为自己的子民，而是将其作为贱民供应地，征了近百万人修筑阿房宫和陵墓。不停地出巡各地，彰显自己的功绩，劳民伤财，以一己之怒，收天下之兵器，断农民劳作之资，国家基础出现了巨大问题。

秦始皇集团独尊法家，太迷信政治权力，片面地以国家治理能力为政治目的，完全蔑视民意在国家治理体系中的根本地位，否定了道德文化的作用。史迹显然。秦统一不久，发生了儒生淳于越等与秦始皇、李斯在古今问题上的激烈争论，加上秦始皇后来访求神仙，受方士儒生的欺骗非议，并由此导致"焚书坑儒"、禁废私学的严重事件。秦始皇、李斯迷信法家思想，把君主的意志及其所掌握的权势夸大为具有决定一切的作用，陷入极端的唯心史观；坚持"以法为教，以吏为师，"忽视对新的上层建筑的营造和对前代文化思想遗产及统治经验的批判继承，陷入盲目的主观专断，秦王朝"以法为教"的统治思想，简单粗暴地黜道、坑儒，"偶语《诗》《书》者弃市，以古非今者族"。①

秦始皇死后，赵高勾结胡亥和李斯，伪造遗诏立胡亥为帝，并赐秦始皇长子扶苏死。前208年七月，李斯被宦官赵高陷害，腰斩于咸阳，临死时对儿子说："吾欲与若复牵黄犬俱出上蔡东门逐狡兔，岂可得乎！"父子相抱哭泣，后被夷灭三族。另外秦又役民过甚，如全国两千五百万人口中军人数目占了十分之一，力役更为三十倍于古，以及田赋二十倍于古。结果于秦二世元年（前209）七月，陈胜、吴广因可能被判"失期当斩"之罪，就铤而走险，领导戍卒兵变，声势浩大，各地纷纷响应，史称"陈胜吴广起义。"秦二世于三年（前207）九月被杀，子婴继位，次年（前206）十月，沛公刘邦率军至霸上，秦王子婴投降，秦朝统一天下后仅十五年便灭亡了。

秦始皇统一六国之后，废除了贵族社会的分封制，建立了封建的郡县制。确立了中央集权制，这样的管理结构一直沿用了两千多年，正如谭嗣同所说："二千年之政，秦政也"。②秦始皇是皇帝尊号的创立者，也是皇帝制度的创立者，第一次真正意义上统一了中国，他开拓边疆，基本奠定了多民族的中国版图。他统一了文字、货币和度量衡，又修筑了驰道和长城，为以后各朝谋求统一奠定了基础。

当然秦始皇在强权暴力下的专制高压政策和奢侈生活不可否认，所以一个如此强盛的秦朝，在统一后仅十五年便在农民起义的汹涌浪潮中迅速崩溃。

因为"以利为尚"，尚功尚战，所以秦国能迅速崛起并统一了中国，然而纯法不能治国，"以利为尚"，又极易导致人们去不择手段为"利"而去争夺、去厮杀，从而导致社会的不稳定，各派矛盾易于激化，反过来使君权不稳固，所以秦朝仅存在十五年，短命而亡。秦朝的历史证明了实行纯法治国可以使国家快速崛起，但在取得政权后因为缺少德治的另一重要方面，其社会制度必然迅速崩溃，

---

① 《史记·秦始皇本纪》卷六。
② 张岱年主编：《仁学——谭嗣同集》，辽宁人民出版社，1994年，第70页。

只有法治和德治两手并用，国家才能长治久安、繁荣昌盛。

第四节　后人对秦国（朝）法治思想的评判

秦朝在中国历史上，是一个非常重要的朝代，它建立了大一统的高度集权的专制主义统治。其政治体制的构成，对以后两千多年的中国历史有着重要影响。车同轨、书同文、统一度量衡、建立郡县制，确立了封建统治的基本格局。这一点所谓汉承秦制，不但汉朝没有改变，而且以后的历朝历代都没有根本改变。但秦王朝的教训也是深刻的，秦王朝经营管理的军事化体制，极端苛急的政策倾向，以及不合理的区域经济方针等方面的弊端，导致了秦王朝的急速灭亡，为后世提供了极为重要的历史教训。[①]

一、荀子对秦法家思想的评判

荀子在《非十二子》中对法家的法、术、势进行了批判，他认为他们"尚法而无法，下修而好作，上则取听于上，下则取从于俗，终日言成文典，反紃（同循）察之，则倜然无所归宿，不可以经国定分"。其意是：推崇法治但又毫无准则，轻视贤能的人，喜好另搞一套，对上则听取君主的旨意，对下则随从流俗，整天讲述法律条文，反复考察研究，却茫茫然不知归宿在哪里，不能治理国家、确定名分。同样对于用商鞅理论构建的秦国，他在《强国》中肯定了秦国"四世有胜"的盛况后，接着指出："兼是数具者而尽有之，然而县之以王者之功名，则倜倜然其不及远矣。是何也？则其殆无儒邪。故曰：粹而王，驳而霸，无一焉而亡。此亦秦之所短也"。

在当时法家理论的弊端尚未暴露的情况下，荀子竟有如此见解！他那敏锐的眼光确实是超时代的。在《解蔽》篇中荀子对"术"与"势"做出了一针见血的批评："慎子蔽于法而不知贤，申子蔽于势而不知知"。这些分析与批评对法家以后的变化有着极其重要的意义。

荀子在《议兵》篇中，学生"李斯问孙卿子曰：'秦四世有胜，兵强海内，威行诸侯，非以仁义为之也，以便从事而已。'孙卿子曰：'非汝所知也。女所谓便者，不便之便也；吾所谓仁义者，大便之便也……凡在于君，将率，末事也。

[①] 运新宇：《治国史鉴十讲》，国防大学出版社，2009年，第225页。

秦四世有胜，谍谍（xī）然常恐天下之一合而轧己也，此所谓末世之兵，未有本统也……今女不求之于本，而索之于末，此世之所以乱也。'"此时，秦国强盛海内皆知，诸子也多拿秦来论证或丰富自己的理论，但荀子既看到了秦国所强在何处，又洞悉了秦之所恐与秦的弊端。

荀子在《强国》篇中对秦国进行了更精彩的分析："力术止，义术行。曷谓也？曰：秦之谓也。威强乎汤、武，广大乎舜、禹，然而忧患不可胜校也，谍谍然常恐天下之一合而轧己也，此所谓力术止也"。其意是说：用强力的方法将遇到阻碍，用道义的方法才可以通行。这指什么说的呢？答道：说的是秦国。秦国的威力强过商汤王、周武王，土地比舜、禹拥有的还要广大，然而它的忧虑多得不可胜数，经常提心吊胆地害怕天下诸侯联合起来进攻自己，这叫作用武力的方法遇到阻碍。

荀子在上文分别解释何谓秦国"威强乎汤、武"，何谓"广大乎舜、禹"。在分析中他提到了秦之所未有的强大，但在其中都有一句"然而，谍谍然常恐天下之一合而轧己也"做结。李斯又深入地问道那怎么办呢？荀子曰："节威反文"。即节制威力回到礼义的轨道上来。在荀子眼中，秦的霸业已成，需要用礼来治国。

荀子是先秦思想的集大成者，他不仅把儒家思想提到了一个新的高度，更对法家思想进行了改造，形成了他的"隆礼尊贤而王，重法爱民而霸"的儒法并用思想。秦朝之所以能够经过商鞅变法而很快强大起来，又用韩非的"法、术、势"思想吞灭六国实现统一，其根本原因是重法，是用尚功、尚利、尚战的法家思想作为治国之策；又之所以在其统一六国后仅十五年而亡，根本原因是在其取得成功后，其治国思想没有改变，仍然坚持用法家的一套治国思想来治理国家，治国思想中缺少"隆礼、尊贤"和"爱民"的儒家思想，因此必然导致灭亡。

二、汉代思想家对秦法治思想的评判

秦王朝的成功与失败如此突然，不能不引起续秦而建立起来的西汉当政者和其思想家的探究。汉高祖时的政治家陆贾就此在《新语·无为》中指出：

> 秦非不欲为治也，然失之者，乃举措暴众，而用刑太极故也。

其意是说，秦朝不是不想把国家治理好，其亡国是因为"举措暴众"，"用刑太极"之故。

秦王朝的政治特色，以严酷苛暴最为鲜明。史书记载："不师文而决于武力"，"上乐以刑杀为威"，"用法益刻深"，①都体现了这一特征。

汉文帝时，著名思想家贾谊在其《过秦论》中认为，秦朝在统一天下的过程中，它的政策是相当成功的，在治理天下的过程中，其政策是非常失败的。根本原因在于，他们不懂得"攻守异势"的道理，用打江山的方法去治理天下，采取一系列的极端举措，从而导致了快速灭亡。②贾谊在总结秦亡国的历史教训中指出，秦朝"振长策而御宇内，吞二周而亡诸侯，履至尊而制六合，执敲扑以鞭笞天下，威震四海"，而陈胜、吴广最初不过"数百之众"，他们"斩木为兵，揭竿为旗，天下云集响应，赢粮而景从，山东豪俊遂并起而亡秦"，"身死人手，为天下笑"，其原因在于"仁义不施，而攻守之势异也"。其意是说秦亡国是因为它没有对百姓施得"仁义"，不懂得"攻"与"守"，即打江山与守江山所实行的治国理论是根本不同的。夺取天下而建立政权的"攻"，主要是靠武力攻取，靠刑罚强制；守江山，即治理天下，巩固政权，就不能像夺取政权时那样使用武力，只靠刑罚强制对待百姓，而是必须施"仁义"之政，薄赋敛，轻刑罚，"文武并用"，即儒法并用靠实行道德教化安定百姓，取得民心，方可长治久安。秦王朝不懂"攻守异势"，"文武并用"的道理，所以迅速地灭亡了。

贾谊认为，历史地位变了，处理的矛盾也应不同，进行兼并战争、夺取政权阶段，面对的是六国之君的旧统治势力，可以使用"诈力"；一旦取得天下，进入巩固政权阶段，面对的是"元元之民冀得安其性命"的问题，这就必须施行"轻赋少事，以佐百姓之急；约法省刑，以持其后，使天下之人皆得自新"等。他认为秦统治者没有实行这一政治战略的转变，"其道不易，其政不改"，这是秦亡的真正原因。

春秋战国是中华的"轴心时代"，形成了儒、法、道、墨等重要思想流派。道家疏离王权，墨家之说始终不为王权接受。唯儒、法两家方为中国的真正治国之道。当时，由民间士人组成的儒家，追求与现实君权合作，但当时正是诸侯争霸的竞智角力时代，依赖军事征讨、暴力征服获得权位的时代，不具备推行儒家王道的政治环境，只能是理想主义的政治学说。法家依附王权，强调君主的治理能力和国家治理效率，这一切恰逢其时，正好满足诸侯和后来的秦国（朝）对富国

---

① 《史记·秦始皇本纪》卷六。
② 运新宇：《治国史鉴十讲》，国防大学出版社，2009年，第225页。

强兵、军事权谋、争权夺利的需求。秦国经过一系列变法之后，空前强大起来，并快速统一了六国，证明了法家思想适合于夺取天下，但统一后十五年亡国，又证明了纯法不适用于取得政权后的治理天下。同时证明了只有实行儒家"隆礼"的"王道"，同时结合法家"重法"的"霸道"，二者互补，也就是"礼法合治"，"德主刑辅"，才是行之有效的治国思想。

第十八章　西汉的治国思想及治国方略概况

第一节　西汉初期各家思想概况

秦汉之际，被称为"黄老之学"的新道家以更加成熟、更加精炼的形态在民间流行，由秦博士和邹鲁地区的儒生们所保留的五经文献和儒家学说，也有新的发展。秦统治者选择的纯法治国思想、制定文化政策的失败教训，更引起汉初统治者的严重关注，促使他们在文化学术思想上采取了开放的方针。在汉初，就废除了秦朝的"挟书律"，多次派人"求亡书于天下"；礼聘秦博士和邹鲁儒生，请他们传授儒经，制定朝仪；对盖公、黄生、司马谈等治黄老之学的新道家学者也特别尊重。所以，在汉初，儒家、道家以服务于新统治者的姿态而重新活跃起来；作为新兴地主阶级夺权、统一思想旗帜的法家，虽然遭受政治挫折，却仍保持着一定的思想活力。

汉高祖刘邦初定天下，就与谋臣陆贾发生过一次著名的争论。《史记·郦生陆贾列传》云："陆生时时前说称《诗》《书》，高帝骂之曰：'乃公居马上而得之，安事《诗》《书》？'陆生曰：'居马上得之，宁可以马上治之乎？且汤武逆取而以顺守之，文武并用，长久之术也……向使秦已并天下，行仁义，法先圣，陛下安得而有之？'高帝不怿而有惭色。乃谓陆生曰：'试为我著秦所以失天下，吾所以得之者何，及古成败之国。'陆生乃粗述存亡之征，凡著十二篇。每奏一篇，高帝未尝不称善，左右呼万岁，号其书曰《新语》"。在这次争论开始时，刘邦颇有以法黜儒的气势；陆贾提出"法先圣"等也类似当初淳于越建议秦始皇"师法"。而争论的结局，是汉高祖由于警惕到秦始皇的教训，听取了陆贾的意见，承认了不能"以马上治之"。但陆贾《新语》所提供的不过是儒、道两家思想的粗浅认识，还未形成明确体系；汉高祖虽口头"称善"，也并未就此确定新的统治思想。

汉文帝时，贾谊主要以申（不害）、韩（非）法家思想为指导的、激进的改革主张，同文帝等实际奉行的黄老无为思想发生了矛盾。有李斯的学生吴公推荐年少英才的贾谊，得到"本好刑名之言"的汉文帝的信任，但当贾谊提出一系列激进的改革主张，却被周勃、灌婴等大臣斥为"年少初学，专欲擅权，纷乱诸事"，文帝也就"疏之，不用其议"，贾谊旋被贬谪（zhé）长沙。稍后，景帝时，晁错初被信用，也由于坚持激进的改革主张而被逸杀。尽管他们的一些主张，以其正确的分析，预见了当时的政治事变，而实际上被采纳施行，但他们的思想路线却被排斥。这表明汉初实际上选用了掺和着刑名法术的黄老无为思想作为政治指导方针，而对掺和了儒家思想的新法家也采取过排斥的态度。

正因如此，儒道互黜（主要是以道黜儒）的事件，在文、景、武时连续发生，而且相当尖锐。司马迁在《史记·老子韩非列传》中概括到："世之学老子者，则黜儒学，儒学亦黜老子，'道不同，不相为谋，'岂谓是邪？"窦太后是当时流行朝野的黄老之学的突出代表，由于她的影响，汉文帝、景帝及大批朝臣都"不得不读《黄帝》《老子》，尊其术"①。景帝时，曾发生了新道家代表黄生与儒林博士辕固生的一场尖锐争论。黄生按照他吸取刑、名法家的新道家思想，强调君臣上下之分不可颠倒，驳斥了辕固生的儒家旧义，而得到汉景帝的支持。由于这场争论以儒学被屈而告结束，从此"学者莫敢明受命放杀者"②，辕固生几乎丧命于野猪之口，说明其时儒学被压制的情况。汉武帝初即位时，道儒二家的矛盾更加激化，以至于对涉及政治体制的儒生倡议也采取镇压措施。迫使支持儒学的大臣赵绾、王藏自杀，儒家申培公"亦疾免以归，数年卒"。这一系列事件表明，当时的儒学虽然拥有一定势力，但由于"不达时务"而一再被黜。

汉朝吸取了秦亡的教训，开始探索儒法互补的治理方法，进而推动儒法互补的国家治理体系的建构，当然，汉朝的国家治理体系的建构是从政治实践中摸索出来的。所谓的儒家公孙弘、董仲舒则大不一样，他们吸取了前面旧儒的教训，抛弃了今文经学的一些旧义，广泛地吸取了刑名法术及阴阳家言，重新营造了一套以《春秋》公羊学为中心的新儒学，即将荀子的"隆礼尊贤、重法爱民"理论融入其中，并用阴阳家之言蒙蔽之，逐步适应了巩固封建大一统的现实政治需要。从而到汉武帝时取代新道家，一跃成为封建统治思想的正宗。正如《汉书·儒林传》所说："孝文本好刑名之言，及至孝景不任儒，窦太后又好黄老术，故诸博士具官待问，未有进者……及太后崩，武安君田蚡为丞相，黜黄老刑名百家之言，延

---

① 《史记·外戚世家》卷四九。
② 《史记·儒林列传》卷一百二十一。

文学儒者以百数。而公孙弘以治《春秋》为丞相、封侯。天下学士靡然乡（向）风矣。"

自秦以来，新兴地主阶级为巩固政权而营造新的上层建筑，经过了一个曲折的过程，最终才确定了自己的统治思想及其理论重心。秦朝"以法为教"，黜道又坑儒，最终失败；汉初统治者，吸取教训，适应现实政治需要，暂时采取了黄老之学的新道家思想作为"治国安民"的指导方针，取得了"文景之治"的实际效果。而在思想领域内则比较活跃，事实上在道法互黜、儒道互黜的各家，原则上各有中心，思想上互相吸取，学术路线上各有承继，逐步形成了三种具有新的时代特征的主要思潮，即新道家、新法家和新儒家，都属于秦汉之际的新兴地主阶级的理论创造。司马迁对汉初的政治建设和学术潮流曾做过总的概述：

> 周道废，秦拔去古文，焚灭诗书，故明堂石室金匮玉版图籍散乱。于是汉兴，萧何次律令，韩信申军法，张苍为章程，叔孙通定礼仪，则文学彬彬稍进，诗书往往间出矣。
>
> 自曹参荐盖公言黄老，而贾生、晁错明申、商，公孙弘以儒显，百年之间，天下遗文古事靡不毕集太史公。①

上文前一段主要说的是政治法律等上层建筑方面的营造，后一段是概述学术潮流的发展，简要明确地勾勒出汉初学术领域中的三种主要思潮及其代表。盖公所言的"黄老"，即黄老之学的新道家，在汉初一度居于显要地位。贾谊、晁错所说的"申、商"，实为总结了秦亡的教训，面对社会新矛盾而提出改革方案的新法家。至于儒家，由于长期处于被黜的地位，不少儒生反而作了大量的历史文献研究和理论准备工作，整理、传授和阐释了《易》《诗》《书》《礼》和《春秋》以及《孝经》等，并不断吸取各家优秀思想丰富自己，虽然"六艺经传以千万数"，"博而寡要"，但却提供了丰富的先行思想资料。通过"公孙弘以《春秋》白衣为天子三公"，在政治上使儒家显露头角；再到董仲舒以"专精一思"的努力，集秦汉之际儒学思潮的大成，在理论上使儒学（含有荀子思想，历代错把荀子归为儒家）形成新题型，当他的"天人三策"为汉武帝所接收，封建统治阶级终于找到了自己统治思想的理论重心。②

---

① 《史记·太史公自序》。
② 参见肖萐父、李锦全：《中国哲学史》，人民出版社，1990年，第289-291页。

综上所述，西汉初期的几种治国思想有：

一、西汉初期的黄老"无为"新道家的主流治国思想

西汉初期，由于长期攻伐，"民失作业而大饥馑"，广大人民渴求安定，统治者鉴于秦亡的教训，看到揭竿而起的农民暴动的威力，也力图安集百姓，恢复和发展生产，缓和各种矛盾，以巩固其统治，于是采取了与民休息的方针。黄老"无为"思想为这种方针提供了指导原则。其重要代表人物有陆贾、盖公和司马谈。

陆贾献给汉高祖刘邦的《新语》一书，虽较粗略的综合了一些先秦儒家和道家思想，但重点总结了秦亡的教训在于："蒙恬讨乱于外，李斯治法于内，事逾烦天下逾乱，法逾滋而天下逾炽，兵马益设而敌人逾多。秦非不欲治也，然失之者，乃举措太众，刑罚太极故也"。①因而，他较早地提出了"无为而治"的政治原则，他说：

> 道莫大于无为，行莫大于谨敬。何以言也？昔舜治天下也，弹五弦之琴，歌南风之诗，寂若无治国之意，漠若无忧天下之心，然而天下大治。
>
> 君子之为治也，块然若无事，寂然若无声，官府若无吏，亭落若无民。闾里不讼于巷，老幼不愁于庭。近者无所议，远者无所听。邮无夜行之卒，乡无夜召之征。犬不夜吠，鸡不夜鸣。耆老甘味于堂，丁男耕耘于野。②

陆贾所强调的"无为"，是指朝廷和官吏不要苛扰人民，以便安定社会生活，恢复已被破坏了的封建经济。同时，还要统一政令，"举一事而天下从，出一事而诸侯靡"（同书《怀虑》），巩固大一统的封建秩序。他认为这样的"无为"实际上是"有为"。

陆贾在中央的建议与盖公在齐地对曹参的指教不谋而合。《史记·曹相国世家》记曹参为齐相时："闻胶西有盖公，善治黄老言，使人厚币请之。既见盖公，盖公为言治道贵清净而民自定，推此类具言之。参于是避正堂，舍盖公焉。其治要用黄老术，故相齐九年，齐国安集，大称贤相"。盖公根据战国以来形成的黄老学派，向曹参提出了"清静无为"的为政方针和思想原则。萧何死后，曹参升为

---

① ②《新语校注》（新编诸子集成），中华书局，2012年。

汉之相国,继续实行"清静无为"的方针,司马迁赞其道:"参为汉相国,清净极言合道。然百姓离秦之酷后,参与休息无为,故天下称其美矣!"由于继曹参为丞相的陈平"本好黄老之术";参与文、景两朝之政的窦太后,也"好黄帝老子言",使这种历史作用持续了相当长一段时间,并在学术领域大大扩展了思想阵地,形成了新道家的特殊地位。

汉武帝初年,司马谈在其《论六家要旨》这一重要思想史论著中对其新道家思想特点总结如下:

> 其为术也,因阴阳之大顺,采儒墨之善,撮名法之要,与时迁移,应物变化,立俗施事,无所不宜,指约而易操,事少而功多。①

这是说,托名黄帝、渊源《老子》的新道家,对阴阳、儒、墨、名、法各家都已批判地吸取其精华,并顺应秦汉之际的时代变迁而有新的变化,所以在实际应用中能够行得通,并取得了"事半功倍"的好效果。②

二、西汉初期的新法家贾谊在稳定西汉政权中的治国思想

西汉初期的新法家代表是贾谊和晁错(这里以贾谊为例)。历代史学家都认为贾谊是汉代最有名的政治家和政论家之一,毛泽东有"贾谊才调世无伦"的评价,③认为贾谊是两汉一代最好的政论家思想家。贾谊二十岁就以"颇通诸子百家之书"(《史记·屈原贾生列传》),被推荐为汉文帝时的博士,参与朝议,颇得文帝信任,一年超迁为大中大夫,但由于提出一系列激进的改革主张,旋被贬谪,卒时仅三十二岁。

贾谊分析汉初政治的得失,提出内削诸侯王的势力,外抗匈奴侵扰,调整封建经济,强化中央集权等一系列改革主张,对汉初巩固封建统一、发展经济文化和建立新的法度都起了重要的促进作用。

是秦汉之际远继荀(子)、韩(非),取吸儒道而主要"案之当今之务"的新法家代表。司马迁的《史记·太史公自序》称"贾谊、晁错明申商",刘向称贾谊

---

① 《史记·太史公自序》卷一百三十。
② 参见肖萐父、李锦全:《中国哲学史》,人民出版社,1990年,第291—293页。
③ 运新宇:《治国史鉴十讲》,国防大学出版社,2009年,第130页。

"通达国体，虽古伊、管，未能远过"①。他的《过秦论》，是总结秦之兴亡的历史经验教训，主要是失败的教训；《治安策》则是针对西汉现实的矛盾和危机提出来的对策建议。此两篇论文之目的是相同的：皆是研究在夺取政权以后，如何保持国家的长治久安，它是体现一位政治家智慧的代表之作。其主要思想有以下四点：

1. 对时代发展进行了准确定位，强调"攻守异常"

他认为，西汉立国已经二十多年，形势发生了根本变化，绝不能用战争的手段来解决和平时期出现的问题，这是对"马上得天下，不能马上治天下"治国理论的进一步发挥，这就是"攻守异势"。他认为秦始皇在灭六国而统一天下之后，军事、政治的力量都十分强大，威震四海，本来是一个大好事，对国家的兴旺发达有着极为美好的前景。而且经过春秋战国长期的战乱，广大人民希望有一个安定的环境，"夫寒者利短褐，而饥者甘糟糠，天下之嗷嗷，新主之资也；此言劳民之易也"，所以这是一个千载难逢的好时机，只要治国理政有方，启用贤才，社会就会发展，人民就会支持。可是，秦国在统一之后的短短15年就被"氓隶之人，而迁徙之徒，才能不及中人"的陈胜、吴广，"率罢散之卒，将数百之众而转攻秦。斩木为兵，揭竿为旗，天下云集响应，赢粮而景从，山东豪俊遂并起而亡秦族矣"，这是亡秦教训总结的最深刻的文字。

贾谊还说：

> 然秦以区区之地致万乘之势，序八州而朝同列，百有余年矣。然后以六合为家，崤函为宫。一夫作难而七庙隳，身死人手，为天下笑者，何也？仁义不施而攻守之势异也。
>
> 秦王怀贪鄙之心，行自奋之智，不信功臣，不亲士民，废王道而立私爱，焚文书而酷刑法，先诈力而后仁义，以暴虐为天下始。夫兼并者高诈力，安危者贵顺权，此言取与守不同术也。秦离战国而王天下，其道不易，其政不改，是其所以取之守之者无异也。②

这里除了指斥秦统治者迷信诈力，单靠严刑峻法而不施仁义，不亲士民，所以

---

① 《汉书·贾谊列传》卷四八。
② 贾谊：《过秦论》。

失败的原因，还较深入地提出了"攻守异势"与"攻取异术"的问题。贾谊认为，历史地位变了，处理的矛盾也应不同，进行兼并战争、夺取政权阶段，面对的是六国之君的旧统治势力，可以使用"诈力"；一旦取得天下，进入巩固政权阶段，面对的是"元元之民冀得安其性命"的问题，这就必须施行"轻赋少事，以佐百姓之急；约法省刑，以持其后，使天下之人皆得自新"等。他认为秦统治者没有实行这一政治战略的转变，"其道不易，其政不改"，这是秦亡的真正原因。

2. 在强调法治的同时，还强调以礼治国

礼，就是封建的等级秩序和伦理道德。贾谊说："卑尊已著，上下已分，则人伦法矣。于是主之与臣，若日之与星"。① 他认为法家思想在取天下时发挥了重要作用，很管用，但把仁义道德丢了，会使人们成为势利小人，唯利是图，所以要保持天下长治久安，就要抓教育，"君使臣以礼，臣事君以忠"，君臣应当"见正事，闻正言，行正道"②。

3. 对决策原则有一个比较正确的科学把握，强调变化应时

"变化应时"是贾谊治国思想的一个重要治国原则。他说："是以君子为国，观之上古，验之当世，参之人事，察盛衰之理，审权势之宜，去就有序，变化因时，故旷日长久而社稷安矣"③ 其意就是说，一定要根据实际情况，确定大政方针，这是个根本原则。④

4. 对危机处治展示了事半功倍的超常智谋，提出削藩良策

"明鉴所以照形，往古所以知今"（《贾谊新书·胎教》），贾谊进而着重分析了汉初的形势。当时汉兴已三十年，正经过平定诸吕之乱，开始所谓"文景之治"，不少人歌颂"天下已安已治"。他一反这种粉饰太平的庸人观点，锐敏地观察到新兴封建政权所面临着的内外矛盾和孕育着的严重危机，他尖锐地指出：

> 臣窃惟事势，可为痛哭者一，可为流涕者二，可为长太息者六。若其它背理而伤道者，难遍以疏举。进言者皆曰："天下已安已治矣。"臣独以为未也。曰安且治者，非愚则谀，皆非事实知治乱之体者也。夫抱火厝之积薪之

---

① 《新书·服疑》，中华书局，2012年。
② 《汉书·贾谊传》卷四八。
③ 《新书·过秦论下》，中华书局，2012年。
④ 这里的1、2、3，参见运新宇：《治国史鉴十讲》，国防大学出版社，2009年，第130—135页。

下，而寝其上，火未及燃，因谓之安。方今之势，何以异此！本末舛逆，首尾衡决，国制抢攘，非甚有纪，胡可谓治？①

这里所谓"可为痛哭者一"的主要矛盾，即封建中央集权和诸侯王分裂割据的矛盾。贾谊具体分析汉初由于"高皇帝与诸公并起"，不得不封异姓王的历史原因；而以后"所爱化而为仇，所信反而为寇"②，"十年之中，反者九起"，便以为封同姓王可以利用血缘纽带来维护集权统一。而事实不然，"今或亲弟（淮南王刘长）谋为东帝，亲兄之子（济北王刘兴居）西乡而击，今吴（吴王刘濞）又见告矣"。通过具体分析和尖锐揭露，他便无情地撕破宗法血缘关系的面纱，指出问题的实质不在于疏或亲，也不在于诸侯王的个人秉性独异或仅是居功自傲，而是由于分封制及其所允许的种种特权，必然形成各诸侯封国与中央政权互相对峙的形势，所以"疏者必危，亲者必乱"，"负强而动"，"强者先反"，成为不可避免。他认为，如果"不易其所以然"，这种分封制所造成的"殃祸之变"，就很难根绝。

贾谊进一步提出矛盾激化的"积渐"观点。他形容当时"天下之势，方病大瘇（zhǒng），一胫之大几如腰，一指之大几如股"，"失今不治，必为痼疾"。消除危机的办法，可以从分散、削弱诸侯势力着手，"众建诸侯而少其力"，以创造最后铲除分封制的条件。他认为必须坚决实行"削藩定制"，通过斗争促进矛盾向有利于封建统一集权方面发展。他提出"操刀必割"，主张运用"权势法制"这一"人主之斤斧"，即充分发挥中央集权的威力，来大刀阔斧的削藩。他这一法家的"以刑去刑"思想为中心的改革主张，以后被晁错加以发挥，进而强调要掌握暴力削藩斗争的主动权。针对吴王刘濞等势力日益膨胀，势必谋反的情况，晁错提出："削之亦反，不削亦反。削之，其反亟（jí），祸小；不削，反迟，祸大。"贾谊、晁错对韩非的矛盾观有所丰富和发展。文、景、武时期，诸侯王的连续叛乱及其平定的历史进程，证实了贾谊、晁错关于当时社会主要矛盾的分析和论断是正确的。

贾谊提出的"可为流涕者二"的主要矛盾，其一是指当时豪商大地主兼并土地与小农经济急需巩固之间的尖锐矛盾。其二是当时匈奴对汉王朝"嫚侮侵掠"

---

① 贾谊：《治安策》。
② 《新书·制不定》，中华书局，2012年。

的严重问题。

在所谓"可为长太息"的一系列矛盾中，贾谊突出地论证了"礼"和"法"的矛盾关系。他说："夫礼者禁于将然之前，而法者禁于已然之后，是故法之所用易见，而礼之所为生难知也"。作为处理社会矛盾的总方针，他似乎意识到了有两类矛盾应采取两种方法。已经激化为对抗的矛盾，应当用"法"，"排击剥割"，"非斤则斧"，不能"释斤斧之用"；但他认为矛盾不一定都发展成为对抗，许多矛盾在"积渐"过程中，或处于萌芽状态。"凡人之智，能见已然，不能见将然"，如何把这些暂时的还"不能见"的矛盾消灭在萌芽状态，这就是"礼"的作用。但是，"刑罚积则民怨背，礼义积而民和亲。故世主欲民之善同，而所以使民善者或异，或道之以德教，或驱之以法令"。他认为，两种处理矛盾的方针，在已有秦亡的严重教训之后，应当审慎地加以取舍。"为人主者计，莫如先审取舍；取舍之极定于内，而安危之萌应于外矣"。这表明贾谊在一定程度上吸收了荀子的"隆礼"、"重法"的思想来正视矛盾，根据当时的现实的基础上，同时注意到吸取儒家的礼治和德教的思想，从而发展了朴素辩证法的两种社会的矛盾观。

历来多数人认为贾谊的朴素形态的辩证矛盾观，"是汉初既区别于儒家又区别于黄老道家的新法家"。[①]贾谊的治国思想里既然有法家的思想（主张"以刑去刑"，强调以暴力削藩），又有儒家的治国思想（指责秦王"仁义不施"，认为"礼义积而民亲和"），主张"礼"、"法"并用，所以说，贾谊的思想里具有一定的"隆礼、重法"的荀子治国遗风。[②]但贾谊的"礼""法"并用的治国思想仅一闪而过，并未得以贯彻。

贾谊的治国思想，不仅对汉代，而且对其后的整个封建社会的治国安邦都产生了重要影响。

第二节　汉高祖刘邦的治国思想及其治国方略概况

一、汉高祖刘邦生平概况

汉高祖刘邦（前256—前195），字季，战国时期魏国丰邑中阳里（今江苏丰县）人。秦朝时曾担任泗水亭长，秦二世元年（前209）九月，刘邦在沛县聚众

[①] 参见肖萐父、李锦全：《中国哲学史》，人民出版社，1990年，第312页。
[②] 参见肖萐父、李锦全：《中国哲学史》，人民出版社，1990年，第305-310页。

响应陈胜、吴广起义，称沛公，不久投奔项梁。公元前207年，刘邦首先入关推翻暴秦，秦王子婴投降，秦灭亡。刘邦废秦苛法，与关中父老"约法三章"："杀人者死，伤人及盗抵罪。"因此受到人民的欢迎。公元前206年十月刘邦进抵霸上，受封为汉王，建立汉国，汉朝由此肇基。后拜韩信为大将军，依韩信"明修栈道暗度陈仓"之计，平定三秦，占领关中。前203年，成皋之战以少胜多，击灭楚大司马曹咎和塞王司马欣。前202年楚汉战争的垓下之战中打败西楚霸王项羽，统一天下。公元前202年，刘邦于荥阳氾水之阳即皇帝位，成为汉朝（西汉）开国皇帝，定都长安，史称西汉。共在位12年（前202—前195）。刘邦取得天下是靠一批有实力的同盟将军，为了团结同盟者，便在与项羽的争夺中，不得不封韩信、彭越、英布、张耳等为异姓王，恢复了秦以前的分封制，当然这只是一时权宜之计。等他政权稳固后，便开始消灭异姓王，从楚王韩信开始，到梁王彭越、淮南王英布等，先后以各种理由消灭之，同时又广封同姓王。结果也给后代埋下"七国之乱"的种子。刘邦晚年宠爱戚姬及其子赵王如意，疏远吕后，几次想废黜吕后所生的太子刘盈（惠帝）而立如意。但因大臣反对，只好作罢。高祖十二年（前195），刘邦因讨伐英布叛乱，被流矢射中，其后病重不起而去世。终年62岁，葬于长陵，庙号为高祖。他对汉民族的统一、中国的统一强大、汉文化的保护发扬有决定性的贡献。

二、汉高祖刘邦的治国思想及治国方略概况

1. 轻徭薄赋，与民休息的治国方针

西汉王朝建立后，汉高祖刘邦将全国分为四十五个郡，沿袭秦朝的郡县制，十五个郡由中央直辖，其他分给诸侯国，形成了汉初的郡县与封国并存的行政体制。郡国政体的确立，使西汉进入了一个稳定的、由中央集权控制的大一统封建大国。

汉高祖刘邦建国后，看到久经战争煎熬的人民困苦不堪，民不聊生，遂采纳萧何"与民休息"的建议，采取一系列休养生息、恢复生产的政策与措施。他下令："轻田租，什伍而税一。量吏禄，度官用，以赋于民。而山川园池市肆租税之入，自天子以至封君汤沐邑，皆各为私奉养，不领于天子之经费。"将秦朝的重赋改为轻赋。并下令禁止大规模的修筑与用兵。动员士兵复员为民，罢兵归家。他颁布了一道"复员"令：所有将士，可按军功大小分配田宅、减免赋徭，这样使一部分有高爵位的军吏分布到了各地，受到封赐，使大批士卒返家归田，发展生产，这一措施既稳定了社会，又发展了经济。

为了防止商贾、富豪对农民的剥削以及对土地的兼并，保护农民的积极性，鼓励农业发展，下令禁止商贾穿戴丝绸，不准随身佩戴凶器，不准骑马乘车，不准富豪兼并农民的土地，这些措施都极大地鼓励了农民的生产积极性，使生产得到迅速恢复。

2. 无为而治、德主刑辅的治国思想

"无为而治"是黄老思想最根本的特点，"黄者，黄帝也，老者，老子也。黄老之操，身临其境恬淡，其治无为"（《论衡·自然篇》）。秦汉时期黄老思想或称黄老，或曰道家，其实为一。它源于老庄之学，以道为本，以"无为"为思想内核，无为而治构成其基本的政治主张。但是"其为术也，因阴阳大顺，采儒墨之善，撮名法之要，与时迁移，应物变化"①，经过战国、秦、汉三代的成长孕育，黄老思想的"无为而治"更为完善。

清静无为是黄老无为而治思想的核心，《新语·无为》则曰："道莫大于无为，漠若无忧天下之心，然而天下大治。"不干涉主义成为黄老思想最基本的治国和处事原则，最终目的是因势利导的无所不为。至西汉时期演变为成熟的道家思想，直接构建于德和法基础之上，并形成了一套相对完整的德、法理论。就法而言，黄老思想认为，"道生法。法者，引得失以绳，而明曲直者也。故执道者生法而弗敢犯也，法立而弗敢废也"，②法由道生，它的功能是明是非曲直。有了法，就可以立刑名，建声号。就德治而言，黄老思想肯定了道家"失道而后德，失德而后仁，失仁而后义，失义而后礼"③的基本主张。

以无为而治为核心的黄老思想虽脱胎于老庄，但又超越于老庄。它以道为本，但又儒法兼具。正是这种思想特质，使黄老思想契合了西汉初年社会、政治、经济以及统治者的个人需要，经过秦末农民战争和楚汉战争后建立的汉政权，人口锐减，土地荒芜，民生凋敝，"天子不能具醇驷，而将相或乘牛车"④，普通民众更是艰难，"民失作业，而大饥谨（馑）"。⑤面对此种"天下匈匈，劳苦数岁，成败未可知"的局面，统治者不敢妄为。"君臣俱欲休息无为"⑥亦属必然。另外，

---

① 《史记·太史公自序》卷一百二十。
② 陈鼓应：《黄帝四经今注今译》，商务印书馆，2007年。
③ 陈鼓应：《老子注译及评介》，中华书局，1984年。
④ 《汉书·食货志》卷二四。
⑤ 《汉书·食货志》卷二四。
⑥ 《史记·吕太后本纪》卷九。

秦朝以法治国的失败，使汉初统治者不得不对秦亡汉兴的原因进行认真反思，最后认为，"事逾烦而天下逾乱，法逾滋而奸逾炽，兵马益设而敌人愈多"，秦亡的原因在于"举措暴众而用刑太极故也"。因此，贯通道、儒、法，"指约而易操"的黄老思想更容易为汉高祖刘邦所接受。①所以在汉初的政务过程中，统治者以无为而治思想作为治理国家的大政方针，宽容待下，不大作兴革，不好大喜功，体恤民力，恢复社会生产力，推行轻徭薄赋政策，调动农民生产积极性，刺激了农业生产的发展。

汉高祖刘邦吸收各家思想，秉持"敬天治人"的治国理念，认为："王道以德服人，霸道以力服人，二者缺一不可"。要治理好国家，必须儒法兼用。僚臣陆贾也曾向汉高祖提出，可以用武力取得的政权，不能徒恃武力来维持。他说，古时商汤和周武王都是用武力来取得天下，但是"文武并用，长久之术也。"②历史上吴王夫差和晋卿智伯都是恃武好战而亡，秦朝专任刑法、不知变通而灭。上古时期圣贤皋陶设立刑狱惩罚犯罪，公布赏罚，以辨清是非，明确好恶，纠察奸邪，消灭佚乱。人们知道畏惧法律的惩罚，但仍然不知礼义，于是圣人设置学校以明教化，使尊卑上下、君臣父子遵守礼制，这样便会强不凌弱，众不暴寡，人们抛弃贪婪鄙俗的念头，端正合礼的行为得到弘扬。他积极倡导德礼与刑罚并用，提出圣人之治，都是重在宽平，"设刑者不厌轻，为德者不厌重；行罚者不患薄，布赏者不患厚"。③要求统治者积极吸取秦亡的教训，推行宽简从轻的政策。因此，汉高祖刘邦在入关、占领咸阳之后，就与秦人约法三章，即杀人者处死，伤人和盗物处以相应的刑罚，并废除了秦时的苛暴法律。这一措施起到了安抚秦人的作用，与项羽进入咸阳后滥事烧杀形成了鲜明对比，使刘邦赢得了很高的政治声誉。后来萧何在秦代法律的基础上加以增损，制定了汉的法律，是为《九章律》。在法律的执行过程中，汉初统治者务求宽容，不重严苛。经过汉高祖持续推行清静无为、与民休息的政策，以及采取一系列约法省刑的具体措施，使得西汉初年经历多年战乱、遭受严重摧残的社会生产得以复苏并取得了长足的发展。④

汉高祖刘邦为了使汉王朝能够江山稳固，代代相传，采用"无为而治"，"德

---

① 参见宁国良：《论黄老思想与刘邦的治国实践》，《西北大学学报》（哲学社会科学版），2005年第2期。

② 《史记·郦生陆贾列传》。

③ 《新语校注》（新编诸子集成），中华书局，2012年。

④ 参见李贵连：《中国法律思想史》，北京大学出版社，2005年4月，第107页。

主刑辅"德刑相济的治国思想,对维系封建统治,促进汉初经济的恢复与发展,起到了重要作用。在黄老"无为而治"思想的指导下,刘邦实行清静无为和与民休息的治国方针,在政治、经济和社会治理方面取得了显著成就,政治安定,经济繁荣,人民安居乐业。但是,任何事物都有两面性,黄老无为而治的思想在给汉初以和谐与稳定的同时,也带来了一系列深层次的危机。除了有限几次劝促农桑、轻徭薄赋外,并未采取什么实质性的政策来鼓励和推动经济发展。同时,在"无为而治"思想的指导下,诸侯坐大,逐渐形成尾大不掉之势,势力足以与中央相抗衡,这些诸侯势力因循黄老政治,毫无顾忌地发展,成为朝廷的一股离心力量。还有,在黄老"无为而治"思想的指导下,吏治日趋腐败,消极苟安、渎职怠工。另外黄老政治的推广及经济政策的放宽,虽然带动了经济发展,但是也为富商豪强的成长和横行提供了机会,司马迁曾一针见血地指出其弊病:"于是网疏而民富,役财骄溢;或致兼并豪党之徒以武断于乡曲;宗室有士,公卿大夫以下争于奢侈,室庐舆服僭于上,无限度。"最终导致社会贫富差距拉大,社会不稳定因素增加。汉高祖刘邦奉行黄老无为而治思想所引起的矛盾和消极后果,在其治国实践中已有所体现,①也为后来汉朝的衰亡埋下伏笔。但是汉高祖刘邦运用"德主刑辅""德刑相济"的治国思想为后面的"文景之治"奠定了坚实的基础。

第三节　汉代正宗神学的奠基者董仲舒的治国思想

董仲舒,今河北景县人,西汉最著名的思想政治家,景帝时治《公羊春秋》,曾作博士官;武帝即位后,以三次对贤良策被武帝赏识,曾任江都相等职;后家居著书,仍被尊重,"朝廷如有大议",常派人"就其家而问之"(《汉书·董仲舒传》),他"为人廉直"(《史记·儒林列传》),治学"专精一思"(《论衡·儒增》),成为汉代新儒家思潮的集大成者,两汉中央集权专制统治的理论基础的奠基人。

董仲舒生活的汉武帝时代,在政治上进一步剥夺了诸侯王的权力,巩固了封建中央集权;在经济上,实施了盐铁官营,平准、均输等政策,壮大了国家经济实力;在此基础上,取得了三次大规模反击匈奴侵扰和开拓西南疆域的胜利,促进了国家统一,使早期中国封建社会进入一个空前强盛的时期。此时,标榜"无

---

① 参见宁国良:《论黄老思想与刘邦的治国实践》,《西北大学学报》(哲学社会科学版),2005年第2期。

为而治"的黄老之学显然已不适合形势发展的需要了。董仲舒以儒家为中心，而又吸取了黄老之学，糅合阴阳、名、法各家所精心构成的新的封建思想体系，正是在这种社会条件下应运而生的。

汉武帝建元六年（前135），太皇太后窦氏驾崩，汉武帝乾纲独揽，他令郡国举孝廉，策贤良，在内外政策上进行一系列变古创制、更化鼎新。元光元年（前134）汉武帝在面见董仲舒时就天道、人世、治乱等三个方面的问题，进行了三次策问，董仲舒一一从容作答，史称《天人三策》（或《贤良对策》）。

《天人三策》中的主要建议如下：

1. 天人感应，君权神授。
2. 明推儒学（含有荀子思想），罢黜百家。
3. 天下大一统。
4. 建立太学，改革人才拔擢制度，反对任子訾（zī）选制。

天人关系说先秦时就有之，但董仲舒杂糅诸家，加以发展，吸收了阴阳五行学说和对自然现象的比附来详尽论证，将这个学说发展成为天人感应学说。他认为《春秋》一书记录了几百年的天象资料，所以后世灾异要以《春秋》为根据来解释。他通过援引阴阳五行学说解《春秋》并考察其中与天灾人事的联系，从而建立起"天人感应"学说。"天人感应，君权神授"是董仲舒天人关系的核心。

董仲舒认为有"天命"、"天志"、"天意"存在，认为"天者，万物之祖，万物非天不生"。"为人者天也，人之为人本于民，天亦人之曾祖父也"，"天者，百神之君也"，"唯天子受命于天，天下受命于天子"（《春秋繁露·为人者天》），天是宇宙间的最高主宰，天有着绝对权威，人为天所造，人应天数，天人合一，于是天命在论证君主权威的重要性得到了空前提高。把君权建筑在天恩眷顾基础上，君权乃天所授。人君受命于天，奉天承运，进行统治，代表天的意志治理人世，一切臣民都应绝对服从君主，"屈民而伸君，屈君而伸天"（《春秋繁露·玉杯》），从而使君主的权威绝对神圣化。这有利于维护皇权，构建大一统的局面。

天人感应说在肯定君权神授的同时，又以天象示警，异灾谴告来鞭策约束帝王的行为。他认为："国家将有失道之败，而天乃先出灾害以谴告之，不知自省，又出怪异以警惧之，尚不知变，而伤败乃至。"（《汉书·董仲舒传》）这就使得臣下有机会利用灾祥天变来规谏君主应法天之德行，实行仁政；君王应受上天约束，不能为所欲为，这在君主专制时期无疑具有制约皇权的作用，有利于政治制约和平衡。

"天人感应"说为历代王朝帝王所尊崇，影响深远。起着对皇帝的警策作用，据《汉书》《后汉书》记载，汉宣帝、汉元帝、汉成帝、东汉光武帝等几个皇帝，在出现日食、旱灾、蝗灾、洪灾、地震等灾异时，都下诏罪己。后世皇帝逢灾荒年实行免租减负、开仓赈灾等措施无不受天人感应的影响。

在治国方面，董仲舒言道："天道之大者在阴阳。阳为德，阴为刑；刑主杀而德主生。是故阳常居于大厦，而以生育养长为事；阴常居大冬，而积于空虚不用之处。以此见天之任德不任刑也。天道有阴阳，人间有德行。天以阳气为主，以生养为德；人亦应以德政为生以生成为意……今废先王德教之官，而独任执法之吏治民，毋乃任刑之意与！孔子曰'不教而诛谓之虐'。虐政用于下，而欲德教之被四海，故难成也"。（《汉书·董仲舒传》）从这里可以看出，他在为政方面继承了皋陶的"德主刑辅"、"明刑弼教"和荀子的"德（儒）刑（法）兼用"的治国思想。当然，因为当时为和平年代，便主张以德为主，辅之以刑（法）。另外，董仲舒提出"重民"思想，"天之生民非为王也，而天立王以为民也。"这是董仲舒重民思想的基础。先有民，后有王，王是为民而立的，所以董仲舒特别强调当权者要重视体察人民的疾苦。如董仲舒主张"限民名田……薄赋敛，省徭役，以宽民力"。

董仲舒的德主要是指人伦纲常。孔孟认为人间有五伦，即所谓君臣、父子、夫妻、兄弟和朋友。而董仲舒则择其要者改为"三纲"：君为臣纲、父为子纲、夫为妻纲。再将原先儒家主张的五种德性（仁、义、礼、智、信）合为"五常"。并认为三纲五常可求于天，不能改变。其实"三纲"观念亦存在于法家，《韩非子·忠孝》首次提出，"臣事君，子事父，妻事夫，三者顺，天下治；三者逆，天下乱。"

董仲舒从天人关系出发，根据"天尊地卑"思想，明辨了三纲五常，称"惟天子受命于天，天下受命于天子"，又循"阴阳五行说"，确立了"纲常"理论，曰："天数右阳而不右阴"，又说："君臣父子夫妻之义皆取诸阴阳之道，君为阳，臣为阴；父为阳，子为阴；夫为阳，妇为阴。"

三纲、五常既有儒家观念，也有法家观念。三纲、五常源于董仲舒的《春秋繁露》一书，相关思想基础可以上溯到春秋战国的孔子和韩非子。韩非子的思想前已述之，关于孔子，何晏在《论语·为政》："殷因于夏礼，所损益可知也"中《集解》："马融曰：'所因，谓三纲五常也。'"也就是说到了东汉马融才将"三纲"同"五常"相提并论，合称"三纲五常"，于是造成了人们对孔孟之道的误解。因为孔子从没有要求"君要臣死，臣不得不死；父要子亡，子不得不亡"，孔子有言"君待臣以礼，臣事上以忠"。孟子则更进一步阐述："君之视臣如手足，则臣视君如腹心；君之视臣如犬马，则臣视君如国人；君之视臣土芥，则臣视君如寇仇"。(《孟子·离娄下》第三章)总之，三纲源于法家韩非子，五常源于儒家孔子，综合于董仲舒，正式形成于东汉。

董仲舒所提倡的"罢黜百家，独尊儒术"的"儒术"既有儒家创始人孔子的思想，也有以"隆礼""重法"为核心的荀子思想，因为历史上多以荀子为"儒家"。其"罢黜百家，独尊儒术"也不是单纯的以尊儒为目的，而是树立一种国家唯一的统治思想，用思想上的统一来为政治的大一统服务。他比秦朝李斯高明之处在于：他既不"焚"也不"坑"，而是用文化统治文化。它并不是禁绝其他各家思想和著作，只是在选拔人才和统治思想上不取其他诸家。他向汉武帝建议要"明教化"、"正法度"，力主实行"德主刑辅仁政"，希望通过广设学校，来散布儒家道德礼仪，维护儒家地位和君主专制政权。"夫万民之从利也，如水之走下，不以教化堤防之，不能止也"。因此帝王君临天下，"莫不以教化为大务"。他建议汉武帝："立太学以教于国，设庠序以化于邑，渐民以仁，靡民以谊，节民以礼"。①董仲舒反对"郎选"、"任子"和"货选"等汉代官吏选拔制度。呼吁："毋以日月为功，实试贤能为上。量才而授官，录德而定位。提倡建立新的人才拔擢制度。认为设学校以广教化，这是巩固统治的关键堤防。武帝于是从其所议，"立太学，置明师，以养天下之士，数考问以尽其才……""选贤才，举孝廉，郡国岁献二人，著为功令……"班固曰："自武帝初立，魏其武安侯为相而隆矣。及董仲舒对策，推明孔氏，罢黜百家。立学校之官，州郡举茂才孝廉，皆自仲舒发之。"

董仲舒的学说，是从维护汉朝大一统出发的，他援引"春秋大一统"之精义："《春秋》大一统者，天地之常经，古今之通谊也"。把封建的大一统说成是天经地义不容更改之事。他认为应该损抑诸侯，一统天下，并使四海"来臣"。

董仲舒以儒学为主体，杂糅各家思想，以阴阳五行学说为哲学原理建立起来的具有神学色彩的新儒学体系(其治国思想核心为荀学的"隆礼""重法")，用"天人合一"、"天人感应"、"君权天授"、"三纲五常"和"春秋大一统"等观点，将君主统治影射到天道上，天不变道亦不变，为帝王的统治提供了理论根据。为中国两千多年的封建君主制度和封建社会秩序结构提供的初步模板而打下了牢固的基础。

---

① 《汉书·董仲舒传》卷五十六。

第四节　汉武帝的治国思想及治国方略概况

一、汉武帝之前的"文景之治"

西汉初年，经济萧条，到处都是一片荒凉的景象。汉高祖及其后的汉文帝、汉景帝等，吸取秦亡的教训，减轻农民的徭役和劳役等负担，注重发展农业生产。文景时期，提倡节俭，重视"以德化民"，社会比较安定，经济得到发展。

汉文帝刘恒（前180—前157），汉高祖刘邦中子，母为薄姬。高帝十一年（前196）受封为代王。公元前180年吕后死，诸吕作乱，丞相陈平，太尉周勃与朱虚侯刘章等宗室大臣共诛诸吕，迎立刘恒为帝，其在位二十三年。

汉文帝重视农业，他看到国家危机的根本是由于贫穷造成的，他认为只有解决好百姓吃饭问题，国家才算治理好，因此，他在朝廷劝百姓勤于耕种，并恢复了天子"籍田"制度，在每年春耕时，他亲自带头下田耕种，借民之力，天下之田，发展生产。这一号召果然奏效，官吏纷纷带头下田耕种，狠抓农业，粮食逐年增加，使西汉慢慢显示出兴旺景象。文帝为了鼓励农民积极性，保护农业的良好发展势头，实行轻徭薄赋的政策，文帝二年（前178）和十二年（前168）分别两次"除田租税之半"，即是租率最终减为三十税一；文帝十三年，还全免田租；同时，对周边敌对国家也不轻易出兵，维持和平，以免耗损国力。

其次文帝实行休养生息政策，文帝体恤百姓疾苦，自己十分节俭，要求官吏节俭，反对挥霍浪费，"躬修俭节，思安百姓"①是文帝遵循的一条法则。文帝以俭治国，民生为先的思想，使"吏安其乐，民乐其业"，②形成了良好的社会风气。文帝在位二十多年，宫室内车骑衣服没有增添，衣不曳地，帷帐不施文绣，宫室、园林没有什么增加，他更下诏禁止郡国贡献奇珍异物。因此，国家的开支有所节制，贵族官僚不敢奢侈无度，从而减轻了人民的负担。修建自己的陵墓，要求从简，不许用金银等装饰，只能用陶瓦。

另外，汉文帝实行"儒法兼用"的治国思想。他认为高祖刘邦时萧何制定的《九章律》过于严苛，不利于社会稳定，尤其是使用酷刑更会激起人民的反抗，所

---

① 《汉书·食货志》卷二四。
② 《汉书·刑法志》卷二三。

谓"惩恶亡秦之政,论议务在宽厚"。①因此要减轻刑罚,下令"尽除收帑(nú)相坐律令。"②废除连坐刑法。文帝倡导教化,减刑安民,实行儒法兼用治国策略。文帝不但重法而且守法,既严格执行法律而且做遵纪守法的表率。经过文帝身体力行的治理,国家兴旺,社会稳定,百姓安居乐业,西汉出现了繁荣昌盛的局面。

汉景帝刘启(前157—前141),文帝太子,母为窦皇后。公元前157年即位,在位十六年。首先,汉景帝继承文帝重农轻赋政策,"令田半租",③他希望克制自己的欲望,引导人民走向善良之道。其次景帝在法律上实行轻刑慎罚的政策,继续减轻刑罚,强调用法谨慎,增强司法过程中的公平性,并对特殊罪犯给予某些照顾。另外汉景帝一面弘扬文教礼仪,一面又打击豪强。为了保证上传下达,景帝果断地采取多项措施,效法汉高祖迁徙豪强以实关中的做法,把部分豪强迁至阳陵邑,使他们宗族亲党相互分离,削弱他们的势力,以达到强干弱枝的目的。他任用酷吏,严厉镇压那些横行郡国、作奸犯科者,收到了杀一儆百的功效,使那些不法豪强、官僚、外戚等人人股栗,个个惴恐,其不法行为大大收敛,这便局部地调整了阶级关系,有利于社会的发展。经过文景两朝的努力,西汉社会农业和经济有了根本好转,出现昌盛局面,所以"文景之治"得以实现。

文景时期,有许多可圈可点之处,其政治统治最为成功之处在于,它较好地实现了从战争到和平的转变,其根本的特点是:拨乱反正,无为而治。拨乱反正的核心是拨秦朝的苛急暴政,使政治由急峻转向宽和;无为而治的核心是简政省刑,与民休息,由无为达到无不为的目的。④在这一过程中,有两个人物发挥了极为重要的作用,一个是萧何,一个是曹参,史称"萧规曹随"。

汉初至汉武帝即位的七十年间,文、景二帝仁慈恭俭,笃信黄老,以清静不扰民为政策,严以治吏,宽以待民,海内富庶,国力强盛,出现了多年未有的稳定富裕的景象。史称:"京师之钱累百巨万,贯朽而不可校。太仓之粟陈陈相因,充溢露积于外,腐败不可食。"⑤使汉王朝的物质基础大大增强,这是中国皇权专制社会的第一个盛世。世称为"文景之治"。这为汉武帝的文治武功打下了坚实的基础,也为后来汉武帝征伐匈奴奠定了坚实的物质基础。

---

① 《汉书·刑法志》卷二三。
② 《汉书·文帝纪》卷四。
③ 《汉书·景帝纪》卷五。
④ 运新宇:《治国史鉴十讲》,国防大学出版社,2009年,第35页。
⑤ 《汉书·食货志》卷二四。

二、汉武帝生平概况

汉武帝刘彻（前157—前87），幼名刘彘，汉朝的第5位皇帝，刘彻是汉景帝刘启的第十子、汉文帝刘恒之孙、汉太祖刘邦之重孙。其母是皇后王娡。7岁被册立为皇太子，16岁登基，在位五十四年（前140—前87），中国古代伟大的政治家、战略家、诗人。汉武帝即位初，一方面政治形势比较稳定，国家经济状况也相当好，另一方面诸侯王国的分裂因素依然存在，潜在威胁还不小。所以，他在继续推行景帝时各项政策的同时，采取了一系列强化专制主义中央集权的措施。在思想方面，采纳董仲舒的建议，"罢黜百家，独尊儒术"，实际上是采用卜子夏的"儒法兼用"和荀子的"隆礼、重法"思想并加以灵活运用，对广大百姓宣扬儒道以示政府的怀柔，而对各级官吏施以严酷的刑法来约束。他使儒学成了中国社会的统治思想，对后世中国政治、社会、文化产生了深远的影响。在政治方面，首先颁行"推恩令"，使诸侯王多分封子弟，使王国封地被分割，以进一步削弱诸侯王国势力，潜移默化地消除了威胁；其次建立中朝削弱相权，巩固了皇权的神圣地位；再设置十三部刺史，加强了对地方的控制。在军事方面，主要是集中兵权，充实了中央的军事力量；在经济方面，整顿财政，颁布"算缗"、"告缗"令，征收商人资产税，打击富商大贾；又采取桑弘羊建议，将冶铁、煮盐收归官营，禁止郡国铸钱；设置平准官、均输官，由官府经营运输和贸易，大大增强了国家经济实力。同时兴修水利，移民西北屯田，实行"代田法"，有利于农业生产的发展。汉武帝也非常注重人才的开发，他确立了察举制度，是中国有系统选拔人才制度之滥觞，对后世影响很大。

汉武帝对外采取软硬兼施的手段，一方面自前133年马邑之战起，结束高祖以来对匈奴的和亲政策，开始对匈奴正式宣战，先后派李广、卫青、霍去病征伐，解除了匈奴威胁，扩张了西域版图，将匈奴列于被动称臣的局面，保障了北方经济文化的发展。汉武帝在发动对匈奴战争同时，他派张骞出使西域，打通了著名的丝绸之路，进一步加强了对西域的统治，并发展了中西经济文化的交流。在东北方，他派兵灭卫氏朝鲜（今朝鲜北部），置为乐浪、玄菟、临屯、真番四郡，汉帝国的版图至此基本成形。同时消灭了西南方的夜郎、南方的南越政权，在西南先后建立了七个郡，最南端超过今天越南胡志明市，这也使得今天的两广地区自秦朝后重归中国版图。

汉武帝晚期由于连年对匈奴和西域用兵，并由于举行封禅，祀神求仙，挥霍无度，加以徭役加重，捐税增高，致使农民大量破产流亡。天汉二年（前99），齐、楚、燕、赵和南阳等地均爆发了不同规模的农民起义。知天命的汉武帝亦感到自己晚年政治决策的失误带来的恶果，安抚流民的同时遂在轮台颁下《轮台罪己诏》"朕即位以来，所为狂悖，使天下愁苦，不可追悔。自今事有伤害百姓，靡费天下者，悉罢之！"①以表示承认自己的错误。天下也因此又逐渐归于和谐。为昭宣中兴的盛世奠定了基础。公元前87年刘彻崩于五柞宫，享年70岁，葬于茂陵，谥号"孝武"，庙号世宗。

三、汉武帝的治国思想②及治国方略概况

(一) 倡导儒学、加强法治

汉初黄老"无为而治"治国方针的实施固然促进了经济恢复和发展，但也为诸侯王、商贾和豪富地主等地方势力的膨胀提供了有利条件，致使中央和地方矛盾不断升级，在文、景两帝时期皇权经历了平定异姓王、翦除吕氏势力、消除七国之乱等曲折的历程之后，如何解决中央与地方的冲突，如何维护大一统，如何让大一统的思想扎根于人们心中并确保皇权的绝对巩固，这些问题都不约而同地摆在汉武帝面前。

如何解决这些问题？汉武帝即位后便开始诏令选拔贤良之士，试图找到一种行之有效的治国理论和方法，董仲舒就是通过举荐选拔为臣的，董仲舒极力主张武帝大量选贤，他建议武帝："实试贤能为上，量材而授官，录德而定位"。③武帝还破例录用了出身贫寒的主父偃和朱买臣，著名的"推恩令"就是主父偃谋划的。董仲舒向汉武帝推行他的《天人三策》，实行礼法合治，儒法并用治国策略，这套理论打动了武帝，特别是他在第三策中分析道："《春秋》大一统者，天地之常经，古今之通谊也。今师异道，人异论，百家殊方，指意不同，是以上亡以持一统；法制数变，下不知所守。臣愚以为诸不在六艺之科、孔子之术者，皆绝其道，勿使并进。邪辟之说灭息，然后统纪可一而法度可明，民知所从矣。"④这一思想得到汉武帝的赞许，于是他决定"罢黜百家，独尊儒术"，以儒学作为国家的治国思想，广施德治，安抚人民。"独尊儒术"实际上是采用了卜子夏的"儒法

---

① 《汉书·西域传》卷九十六下。
② 参见王惠英，张应二：《论汉武帝的治国方略》，《徐州教育学院学报》，2005年，第4期。
③ 《汉书·董仲舒传》卷五六。
④ 《汉书·董仲舒传》卷五六。

兼用"和荀子的"隆礼、重法"思想,只不过是董仲舒在荀子治国理论的基础上加了一套"天人合一"、"天人感应"、"君权天授"的神秘面纱,这更容易为汉武帝所接受。于是儒学取代黄老之学,成了国家的指导思想,统治者以儒家的伦理道德作为约束臣民的行为准则,把儒家经典当法典来用,太学中只设五经博士,其他博士均被罢除,并且不断从太学中选拔优秀博士弟子加入国家官僚集团,崇尚儒学的公孙弘就是由平民而被提拔做官,最后做到丞相并封侯,开先为相后封侯之先例①。由是天下学士竞相仿效,尊儒就成了风尚。

汉武帝在思想上大肆尊儒的同时,在治国的具体操作中却偏爱实用而又见效迅速的法家思想,即儒法兼用,以法为主。武帝即位之初,外事四夷,内事兴作,尤其是对匈奴的战争激化了各方面的矛盾。《汉书·刑法志》曰:"及至孝武即位,外事四夷之功,内盛耳目之好,征发烦数,百姓贫耗,穷民犯法,酷吏击断,奸宄不胜。"在这种情况下,元光五年(前130)七月,武帝任命张汤、赵禹定律令。这次所定的律令有两个特点:一是法令文深、严酷。《汉书·张汤传》言"张汤与赵禹共定律令,务在文深"。二是法令条文繁多、严密。《汉书·刑法志》记载武帝时法网渐密,"律令凡三百五十九章;大辟四百零九条,千八百八十二事;死罪决事比万三千四百七十二事。文书盈于几阁,典者不能遍睹。"武帝不仅强调以法治国,而且他带头秉公执法,不徇私情。隆虑公主之子昭平君,又是武帝女儿夷安公主的丈夫,犯法当死,隆虑公主临死前,以金千斤、钱千万为其赎罪。按汉朝的法律是可以以钱赎罪的,所以武帝批准了。隆虑公主死后,昭平君又犯法当死,因为是公主之子,廷尉不敢自做主张,请示武帝决处其罪。武帝"为之垂涕叹息,良久曰:'法令者,先帝所造也,因弟故而诬先帝之法,吾何面目入高庙乎!又下负万民。'乃可其奏,哀不能自止,左右尽悲。"②另如方士栾大,初经乐成侯丁义的推荐来到武帝身边,靠诈骗博得了武帝的信任,封其为五利将军、天道将军、乐通侯等官爵,骗得了六颗金印,武帝还把自己的长女嫁给了他。但后来武帝发现了他的诈骗活动后,立即将其处死,并对推荐他的乐成侯丁义也判处弃市。正因为武帝做到了不分亲疏贵贱、执法均平,以自身的行动为表率,才使得西汉各级官吏在执法中不敢贪赃枉法,只有这样,国家才能有法可依,有法必依,执法必严,违法必究。

---

① 《史记·儒林外传》卷一百二十一。
② 《汉书·东方朔传》卷六五。

武帝用儒家学说统一人们的思想,对百姓以德进行教化,以法家学说对官吏用严刑峻法来约束他们的不法行动,防止其贪赃枉法,祸害百姓,镇压诸侯王的叛乱和农民起义,打击地方豪强和不法商人,维护了社会的安定局面,保证了各项改革措施的顺利推行,德治与法治彼此促进、相辅相成,在文化和政治领域双双加强着中央集权的统治。

(二)重农抑商

武帝非常重视农业,他把"民以食为天"的思想奉为宗旨。为了使农民能把时间和精力尽可能地用到农业上,武帝采取了一系列的措施稳固小农经济,使农民的生活基本保持稳定。这些措施包括通过迁徙东方大族、打击豪强、没收商人土地、开发荒地等方式扩大国有土地,以及"假民公田"、屯田等保证农民拥有充足的土地。武帝还推行大亩制,增加农民的耕地使用面积。西汉初期,有的地区在亩制上使用周制,"六尺为步,步百为亩",①一百方步为一亩,折合等于今0.288市亩,有的地区用秦制,宽一步(六尺,长二百四十步为一亩,折合等于今0.691市亩②。武帝时推行大亩制。《盐铁论·未通篇》御史言:"古者制田百步为亩,民井田而耕,什而借一……先帝哀怜百姓之愁苦,衣食不足,制田二百四十步而一亩,率三十而税一。"推行大亩制后,耕种面积增加了约一点四倍,有利于稳定和发展农业经济,所以盐铁会议上御史把武帝时推行大亩制后耕地面积增加,而赋税还是三十税一而未增加,作为当时德政加以申述,而贤良文人也未提出反驳,可见这在当时确系公认的事实。再者武帝十分重视兴修水利,西汉时期全国兴修水利的高潮就是在武帝时期出现的。元封二年,武帝亲临黄河瓠子决口处,征发数万卒并令群臣自将军以下皆背负柴草填堵决口,柴薪少,武帝就命令砍伐皇家淇园的竹子竖插于河中而后填柴和土石筑堤,最后将决口堵住。此后,用事之臣争言水利,出现了兴修水利的高潮。武帝时期,在兴修水利方面,其数量之多、地域之广、规模之大都是空前的。此外汉武帝还多次下诏尊高年,免赋役,赐天下鳏寡孤独帛、米等。一系列仁政措施安抚了人民,使阶级矛盾、社会矛盾得到了缓和。武帝一直将大力发展农业作为行政的头等大事,因为没有发达的农业,社会成员的衣食之源就无法保障,衣食无法保证,而求政权巩固、国家强盛和社会安定,无异于缘木求鱼。

---

① 《汉书·食货志》卷二四。
② 梁方仲:《中国历代户口、田地、田赋统计》,上海人民出版社,1980年。

与对农民的德政相反，武帝对商人的政策却是刻薄寡恩。汉初实行黄老无为而治，不与民争利，铸币、煮盐、冶铁任由百姓自便，经济政策宽松，促进了商业的发展，盐铁私营致使大盐铁商纷争国家利益，严重影响了农业发展。有些大盐铁商富过王侯，卓氏之富"倾动滇蜀"，程郑久居临邛，"富埒卓氏"，南阳孔氏"家致富数千金"，①利之所在人们趋之若鹜，致使许多农民弃本逐末。武帝即位后，随着边境多事和灾荒的发生，财政日渐困难，尤其是从元朔年间到元狩四年几次出击匈奴，再加上移徙灾民，使国家财政空前困难，"而富商大贾或蹛财役贫，转毂百数，废居居邑，封君皆低首仰给，冶铸煮盐，财或累万金，而不佐国家之急，黎民重困"。②武帝感到盐铁私营不仅使国家减少了大量的财政收入，而且造成经济大权旁落，地方王侯疯狂聚敛钱财，在很大程度上操纵了西汉政府的经济命脉，这是武帝决不能容忍的。因此，武帝实行了一系列经济改革措施，对富商大贾进行严厉打击。一是盐铁官营，国家在产盐、铁的地区设置盐官、铁官，雇佣劳动力煮盐、冶铁，盐官、铁官直属中央调配，把盐、铁经营权收归朝廷。二是实行均输、平准，垄断商品的运输、买卖和价格。均输是由大农派出属官去各地郡国对上缴朝廷的货物沿途出卖，买回朝廷所需货物；平准是在京城设平准官，统一管理由各地运往朝廷的货物，根据市场行情卖出或买进，求得物价平稳。这样，朝廷就可以直接对物价与货物统一调控，防止富商大贾牟取暴利。三是币制改革，由国家统一铸造五铢钱，增加了国家财政收入。四是算缗、告缗，向富商大贾及高利贷者征收财产税，史载杨可告缗遍天下，中家以上大抵皆遇告，"得民财物以亿计，奴婢以千万数，田大县数百顷，小县百余顷，宅亦如之，于是商贾中家以上大氐破。"③从而使向商人征收财产税的算缗改革，变为一场剥夺商人财产的告缗运动。这些经济改革一方面抑制了豪强兼并势力的扩张，巩固了封建统治，另一方面确实大幅度增加了国家的财政收入，保证了武帝时期庞大的军费之需，解决了财政危机。据《史记·平准书》载：在大力推行盐铁官营与均输、平准之后的元封元年（前110），武帝"北至朔方，东到泰山（封禅），巡海上，并北边以归。所过赏赐，用帛百余匹，钱以巨万计，皆取足大农"。

武帝治农和治商采取了两种截然相反的态度，其根本目的还是为了维护他的

---

① 《史记·货殖列传》卷一百二十九。
② 《史记·平准书》卷三十。
③ 《汉书·食货志》卷二四。

大一统，农民的安定生活有利于他的稳固统治，他对农民就广施德政；商人专营盐铁，垄断经济，严重威胁了他在经济领域的统治，他就要用各种手段来打击商人。我们还可以看出正因为有了稳定的统治基础，武帝才能实行严厉的经济改革，虽然告缗令搞得人人自危，一些经济改革措施到后期也出现了许多弊端，不利于经济的发展，但是终武帝一朝，社会总的来讲还是比较稳定的，甚至于在武帝晚年巫蛊之祸后，传位幼子，仍然能保持政权平稳过渡，并出现"昭宣中兴"的良好局面。可见武帝以德治农、以法治商的做法还是深谙儒法奥妙的。

(三) 从严治吏，宽猛相济

作为一位尊儒重法的皇帝，武帝对官吏要求严厉，用法深刻。在中央和地方设立御史、丞相司直、司隶校尉和刺史等监察系统，加强对各级官吏的监督控制，要他们全身心地投入其事业，尤其是对贪赃枉法的官员大都严惩不贷，即使对位极人臣的丞相也是铁面无私，如在公孙弘之后出任丞相的李蔡、庄青翟、赵周、石庆、公孙贺等人，"唯庆以谨，复终相位，其余尽伏诛。"[①]为打破官僚集团官官相护的保护网，汉武帝还命人专门制定了见知故纵、监临部主之法，即见知人犯法不举告为故纵，而所监临部主有罪并连坐[②]。对于武帝的"性严急"，用法深刻，杀戮多的一面，汲黯谏曰："陛下求贤甚劳，未尽其用，辄已杀之。以有限之士恣无已之诛，臣恐天下贤才将尽，陛下谁与共为治乎？"黯言之甚怒，上笑而喻之曰："何世无才，患人不能识之耳。苟能识之，何患无人！夫所谓才者，犹有用之器也，有才而不肯尽用，与无才同，不杀何施！"[③]从这可看出武帝对官员的要求严、急、铁面无私。这种高标准、严要求虽有杀人过多的弊病，但保证了政令、军令畅通，雷厉风行，言必行，行必果，督促各级官员、军事将领振奋精神，去完成自己所肩负的任务，尤其是在与匈奴的作战中对保证各路兵马行动的协调、统一是很有必要的。

严要求的同时，武帝对官吏也有宽容的一面。在武帝时期为建武功，一批杰出的武将登上了历史舞台。为鼓励将士杀敌立功，武帝对武将多重赏轻罚，允许败军之将有立功赎罪的机会。元狩三年（前120）张骞与李广俱出右北平击匈奴，因博望侯张骞失期，后致使李广军几乎全军覆没。"汉法，博望侯后期，当死"，

---

① 《汉书·公孙弘传》卷五八。
② 《汉书·刑法志·颜师古注》卷二三。
③ 《资治通鉴·武帝元狩二年》，上海古籍出版社，1987年。

但是武帝许其赎为庶人。一次,李广"出雁门击匈奴",几乎全军覆没,而且自己也被匈奴生擒,后佯死,夺其马奔归,按汉律本当斩首,但武帝爱才,亦许其赎为庶人,①并且在以后任用时不拘文法。正因为武帝知人善任,使武帝时期军功强盛起来,汉王朝疆域空前广大,史载"南灭百粤,起七郡;北攘匈奴,降昆邪十万之众,置五属国,起朔方,以夺其肥饶之地;东伐朝鲜,起玄菟、乐浪,以断匈奴之左臂;西伐大宛,并三十六国,结乌孙,起敦煌、酒泉、张掖,以鬲女若羌,裂匈奴之右肩。单于孤特,远遁于幕北。四垂无事,斥地远境,起十余郡……中兴之功未有高焉者也。"

武帝始终把整肃吏治作为他建设西汉大帝国战略的重要组成部分,同时注重德法并用,宽猛相济,使其周围会聚了大批人才,"汉之得人,于兹为盛,儒雅则公孙弘、董仲舒、儿宽,笃行则石建、石庆,质直则汲黯、卜式,推贤则韩安国、郑当时,定令则赵禹、张汤,文章则司马迁、司马相如,滑稽则东方朔、枚皋,应对则严助、朱买臣,历数则唐都、洛下闳,协律则李延年,运筹则桑弘羊,奉使则张骞、苏武,将帅则卫青、霍去病,受遗则霍光、金日䃅,其余不可胜数。是以兴造功业,制度遗文,后世莫及。"②武帝时期人才之盛,由此可见一斑。这些文武百官成为他帝国的支柱,为他冲锋陷阵,帮助他建立盖世的文治武功。能重视人才并能驾驭人才可以说是武帝改革成功的重要因素。

(四)进一步削藩,彻底消除分封制

汉高祖刘邦与项羽争夺天下,将同盟的诸路将领分成许多异姓王,在他取得天下后,又以各种理由消灭了这些异姓王,但同时又将同姓子弟封到各地,于是形成了同姓王。

这些同姓王到汉文帝时已经显露出弊端,这就是尾大不掉,中央已掌控不了地方。贾谊就敏锐地观察到中央与地方关系的不正常,于是他在《治安策》中说:"天下之势方病大瘇。一胫之大几如腰,一指之大几如股"。尖锐地提出解决诸侯王坐大的问题,刻不容缓。因他在写此文章之前,已经发生了文帝之胞弟淮南王刘长称东帝,文帝侄儿济北王刘兴居举兵为乱的事件。文帝只是用怀柔手段,暂时缓解了剑拔弩张的局面。文帝同时也采纳了晁错的建议,一是加强备战,提拔具有军事才干的周亚夫为中尉,并在临终前嘱托太子,一旦有变,周亚夫足堪大

---

① 《汉书·李广苏建传》卷五四。
② 《汉书·公孙弘卜式儿宽传》卷五八。

任。二是发展农业解决钱粮备战。

景帝即位后,擢拔晁错为御史大夫,以各种罪名削减同姓诸王封地,于是激起了吴、楚等七国叛乱。景帝用周亚夫很快平息了这次叛乱,吴王刘濞自杀,其余楚王刘戊、赵王刘遂等六王,或被杀或自杀。景帝进一步加强中央权力,削弱诸侯王的势力。关键措施之一是采取稀释策略,扩充封国数量,缩小封国版图,实质是落实了贾谊在《治安策》中提出的削藩主张:"欲天下之治安,莫若众建诸侯而少其力。力少则易使以义,国小则亡邪心。"措施之二是削弱诸侯治国的行政权力,相国以下官员均由朝廷派遣,军政事务由朝廷派员主掌。诸侯王只能得到封国的赋税收入而已。

汉武帝时实行进一步削藩措施,第一是采纳主父偃建议,施行"推恩令",给稀释政策披上仁孝外衣(推恩),即在诸侯王嫡长子继嗣王位之外,其余兄弟亦当推恩,即嗣王需让出一半的疆土和人民,分给其余兄弟。这样王国就不断变小。另一措施是用酷吏严惩违法乱纪的诸侯王,治其罪而废其国。这样就使一些很小的国王,变成了衣食租税的贵族罢了。这样,秦始皇时代的海内皆郡县,经过一百年左右的沧桑巨变,在汉武帝时代就又重新巩固下来。

(五)降服匈奴,亦兵亦礼

儒家提倡"仁政"的思想,不仅对内要以德治国、以贤治国,对外也反对"以力服人"的霸道,而要实行"以德服人"的王道,孟子就主张对内用怀柔,对外行道义,以和平渐进的方式统一天下。而法家却强调实力,主张对内镇压,对外用兵,武力统一天下。荀子批判的吸收了各家优点,提出了"隆礼、重法"的思想,而武帝对匈奴的方针政策上也灵活采用了卜子夏"德法并用"和荀子的"隆礼、重法"思想。

西汉初期,周边的少数民族中以北方匈奴对西汉的威胁最大,匈奴善骑,行动迅速,破坏性极大。翦伯赞先生作了这样的描述:"当汉高祖削平天下,统一中原,击节高歌时,四周诸族已经把中原文化区域包围得水泄不通了。以后历惠帝、吕后下迄文、景三世,这种由四面八方而来的蛮族包围一天天地缩小。在这些蛮族中,最为中原威胁的是北方的匈奴。"[①]武帝之前的西汉统治大都采取和亲的方式安抚匈奴,但是匈奴在和亲政策下依旧对汉边疆地区不断进行骚扰,边疆

[①] 翦伯赞:《秦汉史》,北京大学出版社,1983年,第144页-145页。

人民深受其害。武帝为了他的大一统局面不受外族影响，对匈奴进行三次大规模的征伐，元光元年（前134）派卫青出兵反击匈奴，数年间，汉于北边的上谷、代郡、雁门、定襄、云中、五原、朔方等郡接连出击，收复了河南地区，解除了匈奴对长安的威胁；元狩二年（前121）武帝派霍去病出陇西，入匈奴境地千余里，大获全胜，得休屠王祭天金人。元狩四年（前119）大将军卫青、骠骑将军霍去病率领十万大军，分别从定襄、代郡深入匈奴境内，大败匈奴，基本消灭了匈奴的军事主力。

与战场上的穷追猛打相反，武帝对匈奴降众却是恩德有加，甚至提拔重用归降的少数民族人才。如元狩二年（前121）匈奴有数万人归降，武帝把他们安置在西北沿边五郡，称五属国。《史记·卫将军骠骑列传》载："(武帝）乃分徙降者边五郡故塞外，而皆在河南，因其故俗为属国。"注引《正义》曰："五郡谓陇西、北地、上郡、朔方、云中，并是故塞外。"又云："以降来之民徙置五郡，各依本国之俗而属汉，故言属国也。"属国地区各依其俗，由原来的民族首领王、酋长等继续管理本民族事务，汉设属国都尉保卫属国安全，协调其与周围居民的关系。这种处理方式尊重原少数民族的风俗习惯和社会制度，深得匈奴和其他少数民族的拥护，其作用不可低估。武帝还大量使用归降的少数民族将相，据《功臣表》所记，孝武封侯七十五人，其中大部分是少数民族，更让人惊讶的是匈奴归降的金日䃅竟被封为秺宅侯，嘱辅少主，托以顾命大臣之重任。

武帝对复杂的民族问题采取了灵活的政策和措施，把政治上的统一放在首位，对于其他如文化、习俗、社会组织、经济形态则采取"因其故俗"的办法进行管理、统治，使各民族乐于接受汉王朝的统治。从民族政策上也可看出他是非常善于把儒家思想和法家精神融会贯通的。武帝对匈奴的民族政策，为后世更好地处理复杂多变的民族问题积累了丰富的经验。

"儒法兼用"，"隆礼、重法"是维护国家存在的两个基本手段。法是刚性的一手，德是柔性的一手，法治与德治如鸟之双翼，人之双手，需要根据实际情况灵活运用。孟子说："徒善不足以为政，徒法不足以自行"。[①]统治者以德作为柔性的一手，为国家的存在提供合法性论证；以法作为刚性的一手，为国家的存在提供强大的保证手段，二者相互补充，缺一不可。历史也昭明了这一点，凡是只用柔性一手或刚性一手的王朝，都迅速地走向了衰落、灭亡。战国时期的鲁国单

---

① 《孟子·离娄章句上》。

纯用"德治",很快被吞并;秦朝开启了法治作为统一封建国家治国方略的先河,但其将法治推向极端,结果秦王朝虽迅速崛起,却又二世而亡。秦短命而亡也警示着后代统治者实行统治时要考虑法德二者之间的适度。卜子夏的"儒法兼用"和荀子的"隆礼、重法"治国思想,经董仲舒包装后,为武帝所用,并作为国家的基本治国方略。以儒家思想构成五帝三王式的理想蓝图,以道德的垂范作用使万民归服;以法家思想规定出君权中心论的严刻行为方式,用法治以强制力来巩固皇权。前者以仁义为本,安定社会,后者重在开拓进取,富国强兵。两相对立的矛盾特性刚好又为武帝解决当时社会问题提供了两种方式,一是礼乐教化,一是严刑峻法。儒法两家虽各有不同的价值取向,但在维护君权上则是一致的。武帝在实践中灵活运用荀子"隆礼、重法"治国思想的做法在今天也是很值得当政者借鉴的。

汉武帝是西汉时期很有作为的一位皇帝。他继位之后,"罢黜百家,独尊儒术",以儒家学说作为国家的统治思想,广施德治,安抚人民,同时又吸收法家思想的精华,创新改革,以法治国,恩威并施,积极寻找多渠道的治国良方,在他执政的54年中把西汉王朝推到鼎盛时期,国家在政治、经济、文化、军事各方面都得到空前的大发展。西汉所以会在武帝时达到鼎盛,与其灵活运用荀子"隆礼尊贤、重法爱民"治国思想的理论和实践是密不可分的。

第五节　西汉末期的治国思想

西汉王朝经过长期的和平环境和经济发展会滋生腐败,所以仅以"隆礼"治世是无法刹住其风,必须采用"法治"的另一手治理。于是汉宣帝继位后不久下诏:"盖闻有功不赏,有罪不诛,虽唐虞犹不能以化天下","吏不廉平则治衰"。[①]其意是说,治理天下不能没有法,要不然就是尧舜二帝在世也治理不好国家,官吏若不能廉洁奉公,国家也一定会衰败。汉宣帝在位积极推行依法治国,严格赏罚制度,整顿吏治,"信赏必罚,综核名实","吏称其职,民安其业"。[②]于是,西汉王朝中期再度兴旺发达起来。史家评论汉宣帝为"功光祖宗,业垂后嗣,可谓中兴"的孝先(宣)之治。[③]

---

① 《汉书·宣帝纪》卷八。
② 《汉书·宣帝纪》卷八。
③ 《汉书·宣帝纪》卷八。

汉宣帝时，其太子刘奭（继位后的汉元帝）"见宣帝所用多文法吏，以刑名绳下"，曾向宣帝进言曰："陛下持刑太深，宜用儒生"。①宣帝震怒，严肃教训太子，故而《汉书·元帝纪》写道：

> 宣帝作色曰：'汉家自有制度，本以霸王道杂之，奈何纯任德教，用周政乎！且俗儒不达时宜，好是古非今，使人眩于名实，不知所守，何足委任！乃叹曰："乱我家者，太子也！"

这就是说，西汉自建立至宣帝以来，治国方针一直是"霸道"与"王道"同时并用，只是根据当时客观情况，某个时期偏重哪一手而已。决不能单纯用"德教"，即纯儒家学说的"王道"，纯用周代的"礼制"是行不通的，那些"俗儒""不达时宜"，只能"使人眩于名实"，是治理不好国家的，不可任用那些"俗儒"治国。这里所谓的"霸道"，即法家的治国学说；"王道"即儒家治国学说。所谓的"霸王道杂之"，即法家的法治（霸道）与儒家的礼治（王道）交相使用，相辅相成，为汉朝统天下的治国两手，共同为西汉王朝的政权服务。其时与皋陶的"明刑弼教"、卜子夏的"儒法兼容"、与《荀子·强国》中所说的"隆礼尊贤而王，重法爱民而霸"的治国思想主线是一致的，"霸王道杂之"正是上述治国思想主线的体现。"霸王道杂之"与"隆礼、重法"所不同之处是汉宣帝为了整顿吏治，将法治放于首位，而荀子将礼治放于前面罢了。当时，礼治与法治，王道与霸道的前后位置，谁先谁后，那是要根据其时的具体情况灵活运用。

汉宣帝听了太子刘奭的进言之后，忧心忡忡地叹道："乱我家者，太子也！"一度欲以"明察好法"的淮阳王取而代之。②历史验证汉宣帝的预言是正确的。"柔而好儒"③的太子刘奭继位后，是为汉元帝，他"征用儒生，委之以政"临朝"牵制文义，优游不断"，完全废弃了"霸王道杂之"的路线，从而大大削弱了中央集权制，造成豪强割据势力四起，于是"孝宣之业衰焉"，④从而西汉王朝衰落下来。西汉末年，外戚进一步掌握了朝政。在汉元帝（前48—前33）后四十年

---

① 《汉书·元帝纪》卷八。
② 《汉书·元帝纪》卷九。
③ 《汉书·元帝纪》卷九。
④ 《汉书·元帝纪》卷九。

的公元九年，外戚王莽篡位成功，建立起"新朝"。西汉历经十二帝二百一十五年而亡。

总而言之，西汉的治国思想正如《汉书·宣帝纪》所说："汉家自有制度，本以霸王道杂之"，即西汉的治国思想是礼治与法治并用。陆贾、贾谊、董仲舒的思想，以及《礼记》的内容，皆在一定程度上受到了荀学的影响，尤其是成书于汉宣帝的《礼记》更是如此。正如冯友兰先生所说："《礼记》多数的著作都继承和发挥了荀子的思想"，"《礼记》各篇，除《中庸》一篇外，其余基本上都是荀子思想的继续和发展。有些篇章是直接从《荀子》抄下来的"。①《礼记·乐记》载："礼乐刑政，四达而不悖，则王道备矣"。其意是说：要实现王道之政，就要礼乐与刑政兼用，相辅相成。可见，荀子的治国思想在西汉政权已经全面确立，根深蒂固。但西汉末年，宣帝之后的元、成、哀、平数帝，因"征用儒生，委之以任"和王莽篡权而衰，直到亡国，可知"隆礼""重法"的荀学是西汉盛世的治国思想主流，纯儒（礼治）思想不能治国。

第六节　西汉的衰亡及灭亡原因

一、西汉的衰亡

汉武帝去世后，西汉进入昭、宣时期，整治官吏，镇压恶势力，减轻人民负担，安定社会，使社会风气好转，出现了"昭宣中兴"的新景象。昭宣之后，历经元、成、哀、平时期，各帝"争为奢侈，转转益甚，臣下亦相仿效"。②历任统治者都懦弱无能，政治腐败，社会矛盾逐渐激化，各地豪强地主仗势欺压百姓，兼并土地，大量的农民失去了土地，迫使百姓流离失所，尤其是在成帝时期，土地兼并严重，有的成为豪强地主家的奴婢，更多的则走向社会成为流民。百姓奋起反抗，纷纷杀官吏，抢粮仓。虽然哀帝时也想奋发图强，挽回颓势，"临朝类诛大臣，欲强主威，以则武、宣"，③但已无力回天。西汉王朝就像一个完全丧失免疫力功能的躯体，已病入膏肓。哀帝死后，九岁的平帝即位，王莽为大司马，掌握大权。平帝死后，王莽立两岁的子婴为帝，王莽独揽朝政大权，大肆排斥异

---

① 冯友兰：《中国哲学史新编》第二册，人民出版社，1964年，第34页。
② 《汉书·贡禹传》卷七十二。
③ 《汉书·哀帝纪》卷十一。

己，镇压政敌。公元八年，王莽"帅公侯卿士奉皇太后玺韨，上太皇太后，顺府命，去汉号焉"。①王莽改国号为"新"，从此西汉灭亡。②

二、西汉灭亡的原因

（一）汉元帝纯儒治国使西汉走向衰弱

在汉宣帝以前，基本上实行的是荀子"隆礼重法"，"霸王道杂之"的治国方针。因此西汉初期实现了由乱到治，国家逐渐稳定，后出现"文景之治"，到汉武帝时期达到盛世，再到后来的"昭宣中兴"，历代帝王基本都是沿用"儒法兼用"的治国思想。元帝即位后，摒弃了宣帝"霸王道杂之"的治国理念，单崇儒家，纯任德教，治国完全以经学为指导，选官用人完全用儒家标准。

元帝尊崇儒学，在他即位后，便开始有步骤地实施尊儒行动。首先尊奉孔子。孔子第十三世孙孔霸"上书求奉孔子祭祀"，元帝即下诏曰："其令师褒成君关内侯，霸以所食邑八百户祀孔子焉。"孔霸被封为关内侯，赐食邑800户，号褒成君，给事中，加赐黄金200两，府第一所。孔霸去世，元帝更是两次穿素服去吊祭，赐给东园秘器钱帛，赠以列侯礼安葬，谥号"烈君"。初元二年（前47），起用师傅萧望之，赐爵关内侯，食邑800户。夏侯胜卒后，"赐冢茔，葬平陵。太后赐钱二万万，为胜素服五日，以报师傅之恩，儒者以为荣"。尊崇帝师的社会效应，必然导致人心向儒，这自然大大提高了儒家的社会地位。

其次在选官标准方面实行以儒家为标准。元帝即位不久，大幅度增加太学博士弟子数量，使由宣帝时的200人增至千人。对这些博士弟子，每年按甲、乙、丙三科考试，考试合格者，即可授予相应的官职。因此，当时社会上流传着这样的话："遗子黄金满，不如一经。"儒学宗师夏侯胜也常常教导他的弟子说："士病不明经术，经术苟明，其取青紫（指高官）如俯拾地芥耳。"可见读儒经做官，已成为当时士人入仕的主要途径。

在元帝用儒方针的指引下，朝廷大臣以经学相矜持，儒生布满朝廷上下，他们或位至公卿，或为地方长官。郭沫若说："元、成以后……明经逐渐成为举足轻重的政治势力，出现了'州牧郡守，家世传业'的经术世家。"而大批儒生进入政界后，又必然会把儒家理念施之于政事。由于利禄的诱惑，传授、研习儒家经

---

① 《汉书·王莽传》卷九十九。
② 张国：《中国治国思想史》，新华出版社，2002年10月，第117页。

学成为社会的普遍现象。

汉元帝以儒治国方针留下了很大的负面影响,清初思想家王夫之评价元帝广用儒生之事说:"自是以后,汉无刚正之士,遂举社稷以奉人。"以经取士固然为汉王朝选送了大批人才,但由此也决定了许多人读经即为做官,因而在入仕以后,往往不是尽忠守职而只图保持禄位,尸位素餐而已。能治者不能为官,为官者不能为治,士与吏截然两途,这不能不影响到西汉后期各级政权的效能,给当时的社会带来了严重的消极影响。由于元帝纯儒治国,朝廷腐化堕落逐渐加重,豪强大地主兼并之风盛行,中央集权逐渐削弱,大量农民失去土地变成流民,社会危机日益加深。自此以后,成帝、哀帝、平帝更是懦弱无能,浑浑噩噩,致使外戚专权,政局动荡,使国家一直衰败下去。

(二)外戚专权是西汉灭亡的直接原因

西汉时期外戚发展的特点各不相同,因此他们对西汉政治的作用也就颇有差异。在前期与中期,外戚们为维护自己的既得利益广树党羽,铲除异己,任人唯亲。但就整个西汉历史发展而言,前期与中期外戚的所作所为在客观上对西汉发展起了积极的促进作用。吕后掌权期间,沿用汉高祖的休养生息政策,使经济有所发展,人民安居乐业,是从汉高祖到文、景之治的一个承上启下阶段,所以司马迁称赞她"孝惠皇帝、高后"。霍光辅政期间,独断专权,为让自己的权力更持久,就毒死了宣帝许后,让宣帝另立他的小女为后,但霍光在昭宣时期,政自己出,成就了"昭宣中兴",《汉书》称赞霍光是"受襁褓之托,任汉室之寄,当庙堂,拥幼君……因权制敌,以成其忠。处废置之际,临大节而不可夺,遂匡国家安社稷……虽周公、阿衡,何以如此!"可见从历史发展上说前中期外戚还是功大于过的。到了后期,即位的元、成、哀、平四帝一个比一个昏庸,王势衰微,汉朝正逐渐走向末路,政权已完全由外戚主宰,这时外戚所做只是争权夺利,消灭异己,没有丝毫的进步作用,只是加速了西汉的灭亡。元帝即位,权力落入皇后王政君手中,从元帝开始的四位皇帝或年幼或懦弱无能,根本无法处理政事,因此王政君先后凭借太后和太皇太后身份执掌政权近50年。成了掌握实权的人物,在她当政期间,大肆提拔自己亲戚,成帝即位后尊王皇后为太后,以王凤为"大司马大将军领尚书事,封五千户。王氏之兴自凤始",后来又封"舅谭为平阿侯,商成都侯,立红阳侯,根曲阳侯,逢时高平侯,五人同日封,故世谓五侯"。汉成帝即位后,沉迷女色,荒淫无道,不理朝政,使王氏的权力愈来愈大,王氏在朝廷的势力日渐巩固。最后"王氏集团"集汉朝的军政大权于一身,总理朝政,将汉朝的"外戚专权"势力推向了顶端。太后王政君的侄子王莽，年轻时为人谦恭的声名远播，甚得世人好评，受到太后的悉心栽培，凭借外戚关系位极人臣，先后封大司马、安汉公、宰衡、居摄。汉成帝死后，成帝皇后赵飞燕联同太子合力排挤王氏。太子即位是为汉哀帝。大司马王莽见大势已去，向太皇太后王氏建议暂时退让，结果王莽辞官回到新野新乡封国。汉哀帝不事政纲，汉王朝更加衰弱。汉哀帝死后，9岁平帝即位，年幼懦弱，王氏权力再起，被王莽所控制，"政自莽出"，公元5年，平帝14岁死，王莽"恶其（嗣皇位者）长大"，毒杀了汉平帝，立宣帝玄孙年仅两岁的刘婴为帝，实际由王莽行使皇帝实权。至公元8年，王莽发动宫廷政变，抢得皇帝宝座，建立新王朝，西汉亡。外戚专权，不但使西汉灭亡，也为东汉的外戚专权种下了祸根。①

到了汉武帝时期，接受董仲舒的建议，采取了"罢黜百家，独尊儒术"的治国文化政策，将儒家、法家的不同治国思想融为一体，，以法家的政治理念来制约臣民和保障王权，以儒家的道德理念来制约王权和体现民意，从而达成了相对平衡稳定的国家治理体系。所以，西汉在秦朝用法家学说建立起来的中央集权制国家政权架构基础上，融入了荀子"隆礼"部分，即儒家体现民意的以德化民和"中庸"理念，建构起多元一体的治理模式。

西汉逐渐形成的儒、法互补，王霸杂之的治国思想，汉帝国以此为依据，建构起相对稳定的政治原则和治理方法，这一国家治理模式一直延续下来，从而奠定了中国传统的国家治理模式。

---

① 参见冯佳：《西汉外戚与西汉政治》，《铜陵职业技术学院学报》，2007年第4期。

第十九章　王莽新朝的治国思想及败国概况

一、王莽生平

王莽（前45—23），字巨君，魏郡元城人（河北大名县东）。汉元帝皇后王政君之侄。新朝的建立者。公元8年——23年在位，历时仅十五年而亡。

王莽出身穷苦，幼年时父亲王曼去世，不久其兄亦死，王莽孝母尊嫂，生活俭朴，饱读诗书，结交贤士，声名远播。他对其身居大司马之位的伯父王凤极为恭顺，故王凤临死前嘱咐王政君照顾王莽。汉成帝时（前22），王莽初任黄门侍郎，后升为射声校尉。他礼贤下士，清廉俭朴，常把自己的俸禄分给门客和穷人，甚至卖掉马车接济穷人，深受众人爱戴。其叔王商上书愿把其封地的一部分让给王莽。永始元年（前16）王莽被封为新都侯，骑都尉，光禄大夫侍中。绥和元年（前8）他继其四位伯、叔之后出任大司马，时年38岁。翌年，汉成帝去世，汉哀帝继位后其祖母傅太后、母亲丁太后的外戚得势，王莽退位隐居新野。其间，他的儿子杀死家奴，王莽逼其儿子自杀，得到世人的好评。前2年王莽返京居住，前1年汉哀帝无子而薨。其姑母王政君掌传国玉玺，王莽再任大司马，兼管军事令及禁军。王莽身居高位，称职、敬业、爱民，从来不贪图钱财，不指使子弟搞特权，而且捐助穷人，接济天下读书人，给退休的官员保留三分之一的工资。他根据周礼实行"仁政"，下令对老人、儿童不加刑罚，女子非重罪不予逮捕，他做好事，又会作秀，所以深得民心。他立汉平帝，得到朝野的拥戴。公元元年，王莽在再三推辞后接受了"安汉公"的爵位，他又将俸禄转封给两万多人。公元三年，王莽的女儿成了皇后。元始四年（4）加号宰衡，位在诸侯王公之上。他便大力宣扬礼乐教化，得到儒生的拥戴，被加九锡。

公元5年，王莽毒死汉平帝，立年仅两岁的孺子子婴为皇太子，太皇太后王政君命王莽代天子行政，称"假皇帝"或"摄皇帝"。从居摄二年（7）翟义起兵反对王莽开始，不断有人借各种名目对王莽进行劝进。初始元年（8）王莽接受孺子婴禅让后称帝，改国号为新，改长安为常安。开中国历史上通过篡位做皇帝的先河。西汉后期社会危机深重，政治动荡，人心思变，整个社会流行所谓汉室当"更受命"之说。这种思潮为王莽代汉创造了一个舆论上的准备。西汉后期由于土地兼并，灾荒多发而经济凋敝，所以人心浮动，阶级矛盾尖锐，人民起义不断。王莽篡汉正是适应了当时整个社会的基本思潮——人心思变和社会思治这一实际状况产生的。

王莽建立新朝后，他仿照周朝的制度推行新政，屡次改变币制，更改官制与官名，削弱刘氏贵族的权力，引发豪强的不满。由于他看不起边疆藩属，削王为侯，不断挑起与匈奴和东北、西南各少数民族的战争。赋役繁重，刑政苛暴。公元11年，黄河改道，灾民遍野。天凤四年（17）各地农民纷起反抗，形成赤眉、绿林大起义。地皇四年（23）绿林军攻入长安，混乱中他被商人杜吴所杀，新朝灭亡。

二、王莽新朝的纯儒家治国思想及治国改革概况

王莽是唯一一个将儒家理论全盘运用到政治，运用到治理国家的皇帝。唯一一个用行动，用一切方法恢复西周礼制的皇帝。他一生信奉儒家思想，他认为天下要恢复到孔子所宣称的"礼崩乐坏"前的西周礼治时代，才能实现政通人和。因此王莽当上皇帝后，企图通过恢复西周时代的周礼制度来达到他治国安天下的理念，于是下令全部以《周礼》为根据，仿照西周的制度开始推行新政，史称王莽改制，后人说他是托古改制。

王莽称帝后，开始大力实施改革，但是他的错误，也是从改革开始的，如果没有那场改革，或许他的命运不会如此短暂而悲哀。

王莽改制的内容大致归纳为以下几条：

一是官制改革。王莽以"《周官》《王制》之文"①将西周制度拿来和汉朝的官制结合，构成了新朝的官制。中央设置四辅、四将、三公、九卿和六监；地方上则将全国分为九州，一百二十五郡。州设州牧，郡的长官按照爵位的不同分为卒正、连率和大尹，县则设县宰。把行政区划划分更细，并且在官职上名目繁多，政府机构庞大臃肿，官员众多，造成效率低下，政令不畅，这种体制极不利于统治。

二是土地改革。土地问题，是农民的根本，国家的根本。王莽号令全国实行

---

①《汉书·王莽传中》卷九九。

"王田制"。西汉以来，贾谊、董仲舒等人一致认为，土地私有是产生土地兼并、贫富悬殊和社会不安的根源。董仲舒以为秦国商鞅变法废除井田制，允许土地私有，秦之后，汉沿用了商鞅之法，所以有了这个结果，所以董仲舒提出一个"限民名田"——限制人民占田超过一定数量。王莽的改革不仅要"限田"，而且要恢复西周的井田制度。他郑重其事地以诏令的形式向全国宣布：把全国的所有私有土地收归国有，实行土地国有化，按照《周礼》记载的井田模式，实行土地改革，按人口平均分配，人均不得超过一百亩。男口不足八人而土地超过一井（九百亩）的人家，把多出的土地分给九族、邻里乡党，无田者按一夫百亩受田。由于这个政策直接触犯了豪强贵族的利益，政策还未在全国推行到位，这个田制改革就被废除了。

三是改革奴婢买卖制度。王莽在推行"井田制"的同时，下令宣布禁止买卖奴婢，提出反对把奴婢同牛马一样去买卖，认为这是"逆天心，悖人伦"。他下令称"奴婢曰'私属'"，"皆不得买卖"，更不许杀害奴婢。有违抗者，流放四夷。王莽的思想意识有着浓厚的"民本"意识，他怜悯老百姓疾苦，废除奴婢制，禁止买卖奴婢，就是为了阻止农民奴婢化的趋势继续发展下去。但是，王莽的奴婢政策由于没有考虑和出台解决问题的配套措施，所以已经沦为奴婢的人由于没有出路，而无法改变处境；大量即将沦为奴婢的人，却因为不让为奴，而断了生路，豪强富户却因损害了他们的剥削利益，不愿废除奴婢制度，所以最终造成了更大的社会混乱。"井田制"和"奴婢"政策的失败，使王莽整个变革计划都受到了严峻挑战，预示着变革的悲剧即将出现。[1]

四是商业和税收的改革。王莽下令实行"五均"、"六筦"。"五均"是在长安、洛阳、邯郸、临淄、宛及成都等大都市设立五均司市师，负责管理市场，评定物价，防止商人囤积居奇，为国家收税和赊贷等。"六筦"是由国家掌握盐、铁、酒、铸钱、五均赊贷五项事业，不许私人经营；同时控制名山大泽，而对在名山大泽中采取众物的人课税。新政策目的在于遏制对农民的过度盘剥，制止高利贷者的猖獗活动，并使封建国家获得经济利益。然而，他却无力控制推行"五均""六筦"的大商贾，这些人与郡县作弊，盘剥人民，损公肥私，中饱私囊，大发横财，与王莽的初衷背道而驰。"六筦"制，在某些具体做法上，如对造酒、征税和收售货物都注意计算成本利润，并把每季第二个月的商品价格定为"市

---

[1] 参见张国：《中国治国思想史》，新华出版社，2002年10月，第118页。

平"，作为政府收集市场余缺商品的标准等，比之旧制度更为详细。但对工、商、虞各业管理的经济思想上，并没有新发展。王莽在临灭亡前认识到"六筦"危害了国家和人民的利益，才下令废除"六筦"，可是历史已不容他再有改正失误的机会了。

  五是金融改革。王莽对货币的改革，也就是现在的金融改革。他完全停止使用汉朝的五铢钱，启用新钱。他的货币改革，从公元7年——公元14年，连续四次改变币制。他附会"周钱有子母相权"，大量发行不足值得"大钱"。他以"辅刘延期"的神秘理由发行"契刀"和"错刀"，又以"废刘兴王"的同样理由，废除"契刀"、"错刀"和汉五铢钱。最荒诞的是他以金、银、龟、贝、铜五种币材，发行了六种名称、二十八个品级的钱币，导致了社会经济生活的极大混乱，致使"农商失业，食货俱废，民涕泣于市道"（《汉书·食货志下》）。王莽改钱币，都是以小易大，废旧币而不予兑换，收缴黄金"而不与值"，利用王权任意发行钱币和规定币值，不取信于民，"百姓愦乱，其货不行"，①造成币制混乱，盗铸成风，触法犯禁者不可胜数的局面。在货币问题上集中暴露了王莽对经济问题的无知，不顾社会现实，利令智昏，一味恢复周制的专恣性格。

  六是军事改革。王莽为了加强国家专政统治，大力扩充军备。他提出军队要有一千三百万以上，还设立大司马、大将军、偏将军、裨将军、校尉、司马、侯、当、士吏等军衔，各级军官人数就有八十万之多。其改革严重脱离了实际，大量的人员服役，必然影响农业生产，还要增加大批军费开支。在征兵过程中，兵源达不到要求，军官也同样不够，王莽便下令将大量地方官吏改为军官，滥竽充数，这些官吏到军队后胡作非为。扩充军队后，王莽调兵三十万，在全国调集军需粮草，准备攻打匈奴，征兵、催饷搞得全国鸡犬不宁，而各级官吏借机恣意横行，坑害百姓。派出的先头部队到了边境如匈奴一样勒索百姓，无恶不作，边民纷纷逃离，战争还未开始，边境与内地便纷纷告急。为了治理这种混乱局面，王莽又派七公六卿、中郎将等各五十五人去边塞治理整顿。可是这些钦差大臣比边境的将士更腐败，大肆搜刮民脂民膏，相互倾轧抢夺，军队完全丧失战斗力。王莽的军事改革宣告失败。社会一片凋敝景象，饥殍遍野，白骨遍地，民族矛盾、阶级矛盾、社会矛盾全部爆发。于是"托古改制"的空想政治家王莽成了罪恶的渊薮和矛盾的焦点，最终被葬送在农民起义的燎原烈火之中。

---

  ①《汉书·食货志下》卷二四。

三、王莽改革失败的原因

从王莽篡汉称帝之前所作所为的表现看，说明他是一个纯正的儒家做派。王莽有着远大的政治抱负，他怜悯百姓，禁止买卖奴婢，改革田制，改革财税，改革军事。从这些举措可以看出其出发点是好的，但他是一个空想主义者。在实行改革时，脱离现实，他建立新朝后，实行"托古改制"，即按照儒家的治国理论全盘运用到政治改革、经济改革等方方面面，恢复了西周的政体官制，又废除了土地私有制，实行西周的井田制，然而这种纯用儒家理论治国的实践，和秦始皇纯用法家理论治国实践一样都仅存活了十五年便灭亡了。王莽改革的流产，有其深刻的历史原因和社会原因，但总归起来其失败原因主要有以下几点：

1. 思想保守，脱离实际。王莽受纯儒家思想影响较深，缺乏法家的积极进取性。不能勇于面对现实矛盾问题，提出可行的改革构想，而是从陈腐的上古典籍中去寻找方法，简单的摹仿古制，脱离当时所面临的社会现实，这就使自己的改革思路受到了很大的局限，并缺乏科学性，与社会实际形成了隔离状态，所出台的方案与社会也存在很大的距离。

2. 政令繁杂，朝令夕改。王莽制定了政治、经济、文化、军事等诸多方面的改革措施，可是由于缺乏统一布置、盲目实行，缺乏执行的人才，造成政令繁杂，措施琐碎，朝令夕改，给社会造成了很多人为障碍与混乱。

3. 官场腐败，豪强肆虐。王莽面对的是一个由刘氏苦心经营了一百多年封建统治的庞大家族，势力强大，痼弊冗积，并形成了历史惯性。王莽对这个问题有欠考虑，他只顾形式上、表面上消除刘氏的阴影，可渗透在人深处却丝毫没有触动。所以汉朝养成的官场腐败之风及权贵富豪为了个人利益抵制改革的心态，这都给王莽的改革形成了一道强大的障碍。

4. 独断专行，孤立无援。王莽篡权后，求变心切，急于求成，没有打好必要的基础，连起码的智囊团队和执行自己命令的人都没有，这就更谈不上改革和治理天下了，政出无行，更加有损威信。由于王莽是篡权得位，所以用人总加防备，连助他夺权的功臣也不信任，事事独断专行，由于猜忌提防而使自己孤立无援。①

5. 托古改制，"纯儒治国"。王莽受孔子儒家思想影响颇深，这种儒家思想实际上就是讲究君君臣臣、父父子子的周礼，而周礼又是权贵社会的产物，强调的是贵族内部的礼法。而王莽接手的西汉王朝已是封建社会稳固的时期，用落后过

---

① 参见张国：《中国治国思想史》，新华出版社，2002年10月，第121页。

时的贵族社会治国措施来治理新兴的封建社会，其改革的后果自是不言自明。王莽饱读儒学诗书，孝母尊嫂，生活俭朴，个人素养有口皆碑，但是他思想保守僵化，面对官吏腐败、豪强横行，经济衰敝、饥民遍野、危机四伏的局面，他却妄图依托纯儒思想托古改制，采用不切实际的措施，逆时代潮流而行，最终淹没在滚滚历史长河之中，为天下笑。

　　西汉初、中期，高祖、文、景、武帝都是灵活运用卜子夏的"儒法兼用"和荀子的"隆礼、重法"思想，高祖实现国家大治，文、景出现了"文景之治"，武帝达到了汉朝盛世，社会稳定，国富民强。王莽篡权，面对乱世，实行新政，表面看似采用纯儒治国，实际上纵观以上论述，王莽却是"乱政"，改革毫无章法。实践是检验真理的唯一标准，历史证明了秦朝用纯法家学说不能治国，王莽的新朝"纯用儒家学说"亦不能治国。

第二十章　东汉的治国思想及治国方略概况

西汉所潜伏的社会危机，在王莽新朝时全面地暴露出来了。可是新朝并未解决社会问题，反而加深了社会危机，这个矛盾又转移到了东汉的开国皇帝刘秀身上。

第一节　刘秀的乱世治国思想及治国方略概况

一、光武帝刘秀生平概况

光武帝刘秀（前5—57），字文叔，南阳郡蔡阳县人（今湖北省枣阳市吴店镇白水村人），西汉高祖九世孙，出身于南阳郡的地方豪族。父刘钦曾任济阳、南顿县令，母樊娴都。东汉王朝开国皇帝，在位三十三年，庙号世祖，谥号光武皇帝。中国历史上著名的政治家、军事家。

王莽篡位，西汉灭亡，王莽用纯儒治国，"托古改制"，因改制无方，造成社会动荡，民不聊生，海内分崩，天下大乱。新朝末年各地寇盗蜂起，农民大起义爆发。地皇三年（22），刘秀与哥哥刘縯寅在南阳郡的舂陵乡（今湖北枣阳）乘机起兵，故史称刘秀兄弟的兵马为舂陵军，后加入绿林军。刘秀打出光复汉室旗帜，以恢复汉家制度为号召，取得了各级官僚、地主阶层的支持。地皇四年（23），刘秀率绿林军1万以少胜多，于昆阳大败王莽军42万，杀其主帅王寻，取得昆阳大捷。这是推翻王莽政权关键性的一战。刘秀从此声威大震。后又镇压并收编了铜马等农民起义军，力量迅速壮大。更始三年（25），刘秀于鄗城登基称帝，改元建武，国号仍为汉，史称东汉。刘秀当上了皇帝，但国家仍处在动乱之中。他废除王莽的苛政，让人民休养生息。他又调集军队，镇压了赤眉起义军，将李宪、隗嚣、公孙述等地方豪强消灭，又对青、徐、幽、冀四州的动乱进行平定，对交趾、武陵蛮、匈奴、羌的叛乱与寇边行为进行了长期的征战。并先后平灭了关东、陇右、西蜀等地的割据政权，结束了自新莽末年以来长达近二十年的军阀混战与割据局面，全国复归统一。光武帝刘秀建立东汉王朝以后，鉴于西汉后期权臣当政、外戚弄权以致出现王莽改朝换代的历史教训,决定效法武帝刘彻,加强中央集权,并以"儒法兼用"思想治国。

光武帝刘秀在位三十二年间,他运筹帷幄,指挥千军万马统一了全国,并以政治家的雄才大略治理天下,重建稳定的社会秩序,奠定东汉200多年江山的根基,是一位功业罕有其比的开国皇帝。光武帝比较关心民间疾苦,他先后9次发布命令释放奴婢,禁止残害奴婢,并多次下诏书,免罪徒为庶民。他减轻租税徭役,发放赈济,兴修水利。他裁并了400多个县,精简官吏。在统一天下后,他就基本上不再对外用兵,对于边疆地区的少数民族,也以安抚为主,主张化干戈为玉帛。这些措施都是深得人心的,保证了社会秩序的安定,经济的恢复与发展,社会逐渐从新朝末年的动荡中恢复,故称"光武中兴"。建武中元二年(57),光武帝刘秀在洛阳去世。

二、刘秀的治国思想及治国方略概况

刘秀深知,要治理乱世,必须收揽民心,因此,他采取了一系列深受民众拥护的措施。

(一)注重民生,鼓励归田

西汉末年,农民沦为奴婢、刑徒者日益增多,成为西汉末年阶级矛盾日益尖锐化中的一个重要问题。王莽新朝灭亡期间,由于连年战争、灾害和饥饿,造成人口锐减,死亡、流亡人数占总人口的三分之二。不少的奴婢、刑徒参加起义,同时在一些割据势力的军队中也有不少的奴婢、刑徒。光武帝刘秀在重建封建政权中,为了瓦解敌军,壮大自己的力量,也为了安定社会秩序,缓和阶级矛盾,曾多次下诏释放奴婢,并规定凡虐待杀伤奴婢者皆处罪。为了迅速改变混乱的局面,稳定社会,光武帝刘秀采取了重人安民的政策,具体措施是:"民有嫁妻卖子欲归父母者,恣听之。敢拘执,论如律"。[1]又诏:"男子八十以上,十岁以下,及妇人从坐者,自非不道、诏所名捕,皆不得系。当验问者即就验,女徒雇山归家"。[2]刘秀放其被迫买卖的妻、子归家;不拘捕老、弱、妇人等人,还规定不许任意杀伤奴婢以及废除"奴婢射伤人弃市律",说明奴婢的身份地位较之过去有所提高。同时,在省减刑罚的诏令中,还多次宣布释放刑徒,即"见徒免为庶民"。

---

[1]《后汉书·光武帝纪》卷一。
[2]《后汉书·光武帝纪》卷一。

这显然是重"人"的思想。

刘秀还将大批犯人与奴婢释放，还其自由。他认为："天地之性人为贵"。①规定：杀奴婢不能减罪，并颁布了《卖人法》和《略人法》等诏令，禁止虐待奴婢。这体现了刘秀同情弱者，体恤民苦的思想。用法律的形式来保护人民的权益，深得民心。

由于战争频繁，全国到处存在着饥饿的流民。刘秀为了劝民归农，采取了赈济和赐爵等措施，既解决流民的实际问题，又通过提高农民的社会地位来稳定农民，而且鼓励解决流民的实际问题，鼓励流民重新申报户口，凡自愿向政府登记户口的，赐一级爵位，这一措施，安抚了大量流民，使流亡现象大为减少，农业生产得到恢复，社会秩序明显好转。

(二) 儒法兼用，刚柔相济

从维持社会长期稳定的需要来看，"儒法兼用"、"刚柔相济"比单用柔道或法治更有效。东汉后期思想家王充说："治国之道，所养有二：一曰养德；二曰养力；养德者，养名高之人，以示能敬贤；养力者，养气力之士，以明能用兵。此所谓文武张设、德力具足者也。事或可以德怀，或可以力摧。外以德自立，内以力自备，慕德者不战而服，犯德者畏兵而却……夫德不可独任以治国，力不可直任以御敌也。"②这是王充对历史上治国之道的经验总结，其中也当包括东汉开创者刘秀的治国之道在内。刘秀以刚柔相济为致治之术，显示出他具有战略家的眼光。刘秀自幼"不款曲，唯直柔"，形成了外圆内方的性格。加之他气度恢宏，温文儒雅，虽然奉行刚柔相济的策略，却不到关键时刻不轻易采用威猛的手段，而较多地使用怀柔之术，以平和的方式解决棘手的问题。这大概就是后世史家认为刘秀"以柔道治天下"的缘故吧！

"以柔道治天下"是刘秀治理国家的基本策略，史有明文。建武十七年十月，刘秀在其家乡章陵设宴，其时宗室诸母因畅饮而情绪振奋，相与语曰："文叔少时谨信，与人不款曲，唯直柔耳。今乃能如此！"刘秀闻其言，大笑曰："吾理天下，亦欲以柔道行之。"③不过，如欲真正认识他治国的谋略，不仅要听其言，而且要观其行。

---

① 《后汉书·光武帝纪》卷一。
② 黄晖：《论衡校释》（新编诸子集成），中华书局，1990年。
③ 《后汉书·光武帝纪》卷一。

光武帝处理各项事务的方式，大多数是较为平和的。建武十年前后，大司农江冯上言宜令司隶校尉督察三公，事下三府。司空掾陈元从经史中寻找理论根据，主张"宜修文武之圣典，袭祖宗之遗德，劳心下士，屈节待贤，诚不宜使有司察公卿之名"①。刘秀从之，宣下其议。建武十四年，太中大夫梁统认为"宪律轻薄，故奸轨不胜，宜增科禁，以防其源"。诏下公卿，光禄卿杜林奏称："夫人情挫辱，则义节之风损；法防繁多，则苟免之行兴。"②主张法简网疏。刘秀权衡利弊，听从了杜林的建议。建武二十七年，臧宫、马武欲出击匈奴，他引《黄石公记》中"柔能制刚，弱能制强"之语，说明"柔者德也，刚者贼也，弱者仁之助也，强者怨之归也"③。然后否定了他们的建议。这也反映出他是善于以柔道治国的。

光武帝治国安邦，并非仅用柔道，有时也采用严猛的手段。实行"度田"时，他考实二千石长吏阿枉不平者，一下就杀了河南尹张伋等守、相十余人，并对功大罪轻的南郡太守刘隆等人予以严厉处罚。执行阿附诸侯王法时，王侯宾客坐死者竟达数千人。这就不仅不能说是柔道，而简直可说是过于严苛了。严苛的行为，并非仅此几例。当地方上发生反抗朝廷的暴动时，他采用的总是武力手段。事实说明，刘秀治理天下之道，是有柔有刚，有宽有猛的，他奉行的是文武交用、刚柔相济之道。史称他"听朝至于日昃，讲经至于夜分或与君臣论政事，或说古今言行，乡党旧故，及忠臣孝子义夫节妇，侍对之臣，莫不凄怆激扬，欣然自得。虽非大政，进止之宜，必遣问焉，所以劝群能也"。皇太子对他说："陛下有禹汤之明，而失黄老养性之道，今天下自安，愿省思虑，养精神，优游以自宽。"他却回答："吾自以为乐矣。"④对于勤于政事的君主来说，具有进取精神的儒家学说才是最适合他的。孔子说过："政宽则民慢，慢则纠之以猛；猛则民残，残则施之以宽。宽以济猛，猛以济宽，政是以和。"（《左传·昭公十二年》）意思是刚而能柔，柔而能刚，宽猛相济，才能成治立功。荀子说："隆礼尊贤而王，重法爱民而霸。""刚柔相济"，"隆礼、重法"才是刘秀治国之道的思想渊源。

---

① 《后汉书·陈元传》卷三六。
② 《后汉书·杜林传》卷二七。
③ 《后汉书·臧宫传》卷一八。
④ 《后汉纪》卷八。

(三）核查土地，抑制豪强

东汉政权本是在豪强势力支持下建立起来的。但豪强势力的发展，使土地兼并逐渐严重，少数地主豪强却拥有大量良田，大量农民无田可耕，流离失所，造成贫富悬殊的趋势加快，既威胁皇权，也影响百姓生活。为了加强朝廷对全国垦田和劳动人手的控制，平均赋税徭役负担，光武帝于建武十五年（公元39）下诏：各州郡"检核垦田顷亩及户口年纪，又考察二千石长吏阿枉不平者"。①也就是令各郡县丈量土地，核实户口，作为纠正垦田、人口和赋税的根据。诏下之后，遇到豪强势力的抵制，地方豪族大量隐瞒土地，逃避征赋，度田不实，隐匿户口，地方官吏"多为诈巧，不务实核"，②而对农民却以度田为名，连"庐屋里落"③也算修田亩，这种情况激起农民的强烈反抗。"百姓嗟怨，遮道号呼"。④刘秀为改变这种不利状况，采取了严惩贪污违法、度田不实的地方官吏。刘秀派员稽查，处死了河南尹张伋及郡守十多人。这些"郡国大姓"，因损害他们的切身利益而相继反叛。"青、徐、幽、冀四州尤甚"。光武只得不了了之，于是，度田以失败告终。光武帝采取各种手段才将这场风暴平息下来。从此，豪强兼并土地更加肆无忌惮，纷纷建立田庄，而地方豪强的武装势力也迅速壮大，为东汉王朝埋下了祸根。

因各项政策措施，都不同程度地实行，为恢复发展社会生产创造了有利的条件，使得垦田数、人口都有大幅度的增加，从而奠定了东汉前八十年间国家强盛的物质基础。刘秀把度田这一政策确立下来，农业、人口都有了相对稳定的增长。为以后的明帝、章帝进行"平均土地"打下了基础，并开创了东汉的"明章之治"。

（四）屯田实边，减轻赋役

光武帝为了既保证国家财政来源，又不给人民增加负担，采取了屯田的措施。一是军队因边塞屯田，自给自足，减轻国家负担。先后在晋阳、广武、行唐、曲阳、常山、中山等地派大批军队屯田耕种，发展生产。二是迁徙罪徒戍守屯田。刘秀下令在边郡"建立三营，屯田殖谷，弛刑谪徒以充实之"，⑤后来又规定：罪

---

① 《后汉书·光武帝纪》卷一。
② 《后汉书·光武帝纪》卷一注引《东观汉记》。
③ 《后汉书·刘隆传》卷二二。
④ 《后汉书·刘隆传》卷二二。
⑤ 《后汉书·郡国志五》注引应劭《汉宫》。

犯的妻子及家人都可随边。三是遣返流亡边民。建武二十六年，将流入内地人妻者①，连家属一起遣返。四是裁掉了地方武装，遣散回边郡务农。"令还复民伍"。②这一措施，消除了地方武装的隐患，减轻了军费开支。由于实行屯田实边政策，不仅巩固了边防，也使税率大大降低，扭转了国家财力紧张的被动状况，使政府有能力减轻人民负担。建武六年，刘秀恢复西汉税制，曾下令：改什一之税为三十税一，减轻赋税的征收。并于建武十三年将徭役减至了十有其一的程度。刘秀通过屯田实边，减轻赋役，达到了"治乱"的目的。此后，又宣布恢复老百姓过去习惯使用的五铢钱，治理因王莽改制而造成的货币混乱局面。

（五）实行薄葬，提倡勤俭

先秦以来，盛行厚葬。由于汉朝尊儒，到了光武帝刘秀更是开明清廉。他提倡全社会实行薄葬，躬行节俭，他说："世以厚葬为德，薄终为鄙，至于富者奢僭（jiàn），贫者单财"。③"令知忠臣孝子慈兄悌弟薄葬送终之义"。④他规定自己的陵墓不能超过三顷，显然这是受儒家思想的影响。而任何一个朝代，统治者生活的奢侈与勤俭都是这个政权腐败与廉明的标志。刘秀由于深知王朝灭亡的根源是腐败，他严格要求自己，从不铺张浪费，他"身衣大练，色无重彩，耳不听郑、卫之音，手不持珠玉之玩"。⑤恐怕中国历史上没有几个穿粗帛大布的皇帝。可见，刘秀之所以能治理乱世，与他清廉自洁，倡导勤俭，严于律己不无关系。因而经过整顿之后，官场风气为之一变。故《后汉书·循吏列传》有"内外匪懈，百姓宽息"之誉。

（六）整饬吏治，精简机构

光武鉴于西汉后期吏治败坏、官僚奢侈腐化的积弊，即位以后，注意整顿吏治，奖励廉洁，选拔贤能以为地方官吏，并对地方官吏严格要求，赏罚从严。由于王莽仿古改制，大量增加官职和机构，导致国家财政负担过重。光武帝为减少财政开支，提高办事效率，减轻人民负担，下诏："今百姓遭难，户口耗少，而县吏官职所置尚繁。其令司隶州牧，各实所部，省减吏员，县国不足置长吏可合

---

① 《后汉书·明帝纪》卷二。
② 《后汉书·光武帝纪》卷一。
③ 《后汉书·光武帝纪》卷一。
④ 《后汉书·光武帝纪》卷一。
⑤ 《后汉书·循吏列传》卷七六。

并者,上大司徒、大司空二府"。①在国家人口锐减、民不聊生的情况下,国家还养着一个庞大的官僚机构是不明智的,因此,刘秀下令大量裁剪官吏和机构,"并省四百余县,吏职减员,十置其一"。②全国各地的机构裁并了四分之一,而官吏却裁去了十分之九,废除西汉时的地方兵制,撤销内地各郡的地方兵,裁撤郡都尉之职,也取消了郡内每年征兵训练时的都试,地方防务改由招募而来的职业军队担任。这是十分艰难的事情,说明了刘秀改革治国的决心。这个措施既压缩了行政经费开支,又提高了行政管理效率,也大大减少了苛捐杂税和贪官污吏,"时内外群官,多帝自选举,加以法理严密",③官场从此清明了许多。

(七) 防止功臣干政,外戚专权,强化皇权

光武帝在统一全国的战争中,各地豪强都全力支援刘秀。但是刘秀当皇帝后,却没有让这些支持者参政,而是分封了许多土地和财物给他们,却坚决不让他们干政,把功勋和政治分开,这样有利于加强政权管理。刘秀还吸取西汉王莽外戚专权、导致西汉灭亡的深刻教训,不准外戚封侯参政。后来明、章等帝也继承了光武帝的传统。为了强化政权,刘秀不任"三公",而设置尚书台,自己直接控制政务,防止了臣权扩张,威胁皇权的现象。

由于刘秀实施了一系列有效的治国举措,使东汉社会由乱到治,政权得到了巩固,经济得到了发展,社会出现了繁荣的景象。刘庄继位,继承父志,光大父业,"遵奉建武制度,无敢违者"。④到永平时期,就出现了"天下安平,人无徭役,岁比登稔,百姓殷富,粟斛(hú)三千,牛羊被野"⑤的昌盛景象。永平十六年,刘庄派司马班超出使西域,使中断了半个世纪的西域与中原的关系重归于好。刘秀与刘庄父子两朝"政在抑强扶弱,朝无威福之臣,邑无豪杰之侠",⑥这是励精图治,奋发图强,顺乎民意,深得民心的结果。⑦

凡属于盛世出现的朝代,必然有一种适应其历史发展的正确治国指导思想。前面的西汉治国思想一章,已经点明了东汉的治国思想沿袭了西汉的治国思想主

---

① 《后汉书·光武帝纪》卷一。
② 《后汉书·光武帝纪》卷一。
③ 《后汉书·申屠刚传》卷二九。
④ 《后汉书·明帝纪》卷二。
⑤ 《后汉书·明帝纪》卷二。
⑥ 《后汉书·刑法志》。
⑦ 张国:《中国治国思想史》,新华出版社,2002年10月,第126页。

体，即东汉的治国思想依然是包装着阴阳五行、天人感应为外壳的。然其核心为礼法并用的董仲舒学说，也就是西汉宣帝所说的"霸王道杂之"（《汉书·元帝纪》）。亦为皋陶、卜子夏、荀子礼法并用思想的延续。

第二节 东汉的灭亡及其原因

一、东汉的灭亡

东汉王朝自光武帝推翻新朝，定都洛阳，采用儒法并用，刚柔相济思想治国后，精简机构，整饬吏治，倡导节俭，减轻赋役，抑制豪强，注重民生，使东汉王朝政治清明，社会安定，国富民强，为后人称颂。明帝即位后，一切遵奉光武帝原来的制度，热心提倡儒学，注重刑名文法，为政苛察，总揽权柄，权不借下，打击宗室，限制豪强，勤政爱民，国家繁荣昌盛，使大汉政权更加稳固。章帝刘炟即位后，提倡儒术，行宽厚之政，禁用酷刑，同时打击豪强，募民垦荒，轻徭薄赋。因为明、章两代大体承继了光武之施政方针，励精图治，使文治、武功都有很大的成就，故史称"明章之治"。但由于治国思想过于偏儒，致使官吏务虚之风蔓延，腐败滋生。另外章帝过于放纵外戚，导致汉和帝时期外戚专权，种下了日后外戚专权和宦官专政的种子。和帝即位，因尚年幼，窦太后临朝处理政务，于是外戚当政专权，和帝长大后，依靠宦官诛锄异己，收回王权。他选官用贤，体恤百姓，勤政爱民，注重德教，宽缓为政，社会稳定，大汉王朝基本稳固。但是由于重用宦官，"宦官用权自此始矣"。为以后宦官专权埋下了隐患。殇帝刘隆夭亡，安帝刘祜即位，朝中外戚和宦官专权，矛盾日益尖锐，外戚生活奢侈，贪污受贿，宦官飞扬跋扈，加上安帝不理朝政，沉湎于酒色，导致当时汉朝朝政腐败，社会黑暗，奸佞当道，社会矛盾日益尖锐，边患也十分严重。当时全国多发地震，水旱蝗灾频繁不断，外有羌族等少数民族入侵边境，内有杜琦等领导的10多年的农民起义，社会危机日益加深。婴帝刘懿即位二百多天后就因病去世。安帝的儿子顺帝刘保即位，由于顺帝是由宦官扶持上台的，朝政为宦官把持，因此政治日益腐败。他下令宦官可以养义子，并且可以世袭封爵。后来宦官与外戚相互勾结，政治更加腐败，东汉王朝更进一步衰落。顺帝立梁统的玄孙女为皇后，梁后之父梁商开始以外戚临朝干政。到梁后之兄梁冀时，独揽朝政，强霸土地。至梁家被灭时，其财产达三十亿之巨，约占全国租税的一半。

自灭梁氏后，至灵帝末的几十年间，东汉政权一直控制在宦官手中，宦官专权比外戚更腐败，整个"宗族宾客虐遍天下，民不堪命"。①东汉末年外戚拥立幼主专权，幼主成人后，联合宦官推翻外戚，又进入宦官专权的恶性循环之中。

由于东汉末年统治集团的腐朽残暴，从而使广大民众因无法承受巨大压力而破产，又造成了大流亡的社会危机，各地农民纷纷起义，汉朝从此名存实亡，历史进入了三国时期。②东汉共立14个帝王，历196年。两汉共29帝，立国411年。

二、东汉灭亡的原因

外戚、宦官乱政，皇室衰弱，地方割据，政治混乱等是东汉灭亡的主要和直接原因。东汉初期，光武帝、明帝、章帝为政时，政治较为清明，对外戚与宦官有所抑制。章帝之后，和帝即位时年仅十岁，安帝即位时年十三岁，顺帝即位时十一岁。顺帝死后冲帝即位时只有两岁，到三岁时亡，继位的质帝只有八岁，到九岁亡，继位的桓帝也只有十五岁。桓帝之后的灵帝，即位时年十二岁，仍是个娃娃。因此皇帝年幼，必然是太后临朝，外戚掌权，作威作福。皇帝长大后，反过来要摆脱外戚控制，于是求助于宦官，通过宦官势力来消灭外戚势力。下一届小皇帝登基，外戚又得势，反过来又要消灭宦官势力。这样循环往复，最终宦官、外戚两大势力，在汉灵帝死后的火拼中同归于尽，东汉王朝也宣告灭亡。

外戚、宦官势力膨胀，各自结成利益集团，互相争斗，攫取权力与财富，致使政治日益黑暗。而这种黑暗政治，同封建王朝家天下的一些固有弊端是分不开的。光武帝刘秀加强皇权的措施，在东汉初年确实起到了明显的作用，然而，到了东汉中期，却发生了一种微妙的权力转移。尚书台职微权重，既拥有实际权力，又便于皇帝控制。而尚书台既然便利于皇帝自己控制，自然也就便利于外戚、宦官的控制。不论是外戚，还是宦官，只要加有"平尚书事"、"录尚书事"的头衔，就能指挥、控制尚书台，而一旦控制了尚书台，就等于把国家政权掌握在了自己手中。所以说，中央职能部门职微权重的这种安排，给外戚与宦官轮流专权，提供了制度方面的便利。

另外，东汉时期豪强地主势力的发展，是外戚宦官专权的阶级基础。豪强地主的势力到东汉中期更为发展。他们在经济上抢占土地，争夺人口，就必然在政

---

① 《后汉书·单超传》卷七八。
② 张国：《中国治国思想史》新华出版社，2002年。第121—126页。

治上争夺权力。东汉的外戚，一般都是功臣宿将，名门大族，他们是豪强地主上层的代表。东汉的外戚，主要有"马、窦、邓、梁"四大家族。东汉明帝的马皇后，是大功臣马援的女儿；章帝的窦皇后，是大功臣窦融的曾孙女；和帝的邓皇后，是功臣邓禹的孙女；顺帝的梁皇后，是功臣梁统的后代。这四大家族，集功臣与外戚于一身，势力非常强大。除了马皇后一门，能够自我谦抑之外，其余的几家，都是专横跋扈，显赫一时。

宦官一般出身低微，目不识丁，为一般人所不齿。然而一旦掌权之后，宦官也开始兼并土地，上升为地主阶级。宦官一旦掌权，必定带来政治黑暗。因为首先宦官身受腐刑，性情上变态，对社会、对正常人存在着仇视心理；其次，宦官没有后代，因此也就不受传统道德观念的丝毫约束；另外，宦官出身低微，目不识丁，没有文化素养，宦官只懂得送往迎来，阿谀奉承，而没有任何政治经验。

东汉时期，宦官在政治上与外戚争夺，在经济上也疯狂地扩张，他们霸占土地，强取民财，掠取民女，胡作非为，民愤极大。宦官上升为豪强地主，但不为上层豪门及清流所看重，乃是豪强地主下层的政治代表。因此，外戚、宦官专权后互相争斗，是东汉灭亡的一个重要原因。

第二十一章　隋朝的治国思想及治国方略概况

东汉末年，宦官专权，朝政腐败，大批贪官污吏乘机升迁，疯狂搜刮民财，人民无法生存，纷纷起来造反。安帝至灵帝年间，全国农民起义就有六十多次，公元184年爆发"黄巾起义"，起义军万众一心，势不可当，曾大败官军。但起义军后遭官军突袭，惨遭失败。此后混战连绵不断，形成魏、蜀、吴三足鼎立局面。魏又灭蜀，西晋灭魏、吴，国家又恢复统一。但是西晋是以维护世家豪族特权与利益而建立的封建王朝，因此，一旦社会稳定，就开始暴露他们贪婪爱财、骄奢淫逸的本性，巧取豪夺，腐化堕落，最终导致内乱而亡。西晋遗老为求生存，大批南迁，北方处在一片混乱之中。镇守在琅琊的司马睿在江南重建晋朝，是为东晋。东晋王朝由于仍然是以世家豪族为核心重建，因此与西晋一样，朝廷腐败，外戚专权，搜刮民脂民膏，掠夺民财，最后东晋灭亡。

西晋灭亡后，中国北方一直由少数民族统治。所谓"五胡"是指匈奴、鲜卑、羯、氐、羌。"十六国"为五凉、四燕、三秦、二赵、夏及蜀等。诸国兴起年代不一。此后，从东晋灭亡到隋朝统一全国，又经历了宋、齐、梁、陈四个朝代，进入南北朝时期。期间起起落落，最后还是因统治者荒淫残暴，穷奢极欲，生活糜烂，最后杨坚入朝总揽朝政，消灭反抗势力，逼迫静帝禅位，取代北周，隋朝建立。

隋朝时期，是我国封建制由前期向后期过渡，也是封建社会逐渐转入盛世的时代，统治阶级内部的结构处于再编制的过程中。自魏晋南北朝以来的门阀士族集团，经过农民起义战争的打击，在经济力量和政治地位上日趋没落。

隋朝的统治者，看到了国家或是四分五裂内战，或是农民大起义战争都是残酷的。认识到要巩固自己的统治地位，就必须尽可能地团结各个阶层的贤才，施惠于民，笼络百姓，所以就要运用儒家的思想教育所有臣民，从而化解诸多社会矛盾，把广大臣民凝聚到一起，这就是中国历代传承下来的"德治"。统治天下总是两手并行，除了"德治"外，统治者同样实行着"法治"。例如隋文帝开国便继承了魏晋以来优秀的法律文化和先进的立法经验，制定了《开皇律》；总之，隋朝的治国思想，前中期仍然是沿用荀子的"隆礼、重法"思想。

第一节 隋文帝的治国思想及治国方略概况

一、隋文帝的生平

隋文帝（541—604）名杨坚，汉族，隋朝的开国皇帝。他统一全国，结束了自西晋末年以来长达三百年之久的分裂割据局面。

杨氏是从汉朝以来，直到魏晋、南北朝时期的名门望族。西魏时，杨坚之父杨忠便和独孤信一起投靠了权臣宇文泰，此后，杨忠屡建功勋，又帮宇文泰建立了北周政权，所以官至柱国，封为随国公（随字后来才改成了隋）。杨坚因为父亲的关系，十四岁便开始为官，北周建立时，他因父功卓著而升为骠骑大将军，再后封为柱国，大将独孤信又把女儿嫁给他。公元578年，周武帝病死，宣帝即位，杨坚长女做了皇后，杨坚升为上柱国、大司马，掌握朝政大权。宣帝少年昏庸，公元580年，周宣帝病重，杨坚便发假诏书总管朝政，辅佐年仅八岁的周静帝宇文阐。公元581年，杨坚地位巩固后迫使周静帝于农历二月甲子日下诏书宣布禅让，杨坚于是登基称帝，定国号为大隋，改元开皇，宣布大赦天下。

杨坚称帝后，于开皇七年（公元587年）灭了后梁；开皇九年（589）灭陈，统一了中国，结束了西晋末年以来近三百年的分裂局面。同年，琉球群岛归降隋朝。隋朝建立后，在他精心治理下，国家迅速强大繁荣起来，政权稳固，社会安定，人口锐长，田亩速增，积蓄充盈，文化发展，甲兵精锐，成为威动殊俗的强盛国家。他在政治、经济等制度方面进行了一系列的改革。在中央实行三省六部制，又将地方的州、郡、县三级改为州、县两级，地方官员一概由中央任免，由此巩固了中央集权制。他还下令修建西京大兴城（即后来的长安城所仿照的原型）和东京洛阳城，大兴城的设计和布局思想，对后世都市建设及日本、朝鲜的城市建设都有深刻影响。他于公元584年命宇文恺率众开漕渠，自大兴城西北引渭水，略循汉代漕渠故道而东至潼关入黄河，长150多公里，名广通渠。这是修建大运河的开始。另外，他在位24年，外御强敌突厥，内令人民安宁生息，功业之伟大，后世只有盛唐达到隋朝疆域的面积。史称其统治的盛世为"开皇盛世。"

二、隋文帝的治国方略及历史贡献

1. 确立三省六部制

杨坚废除了不合时宜的北周六官（天、地、春、秋、冬、夏）制，北周的官僚体制基本上是效仿西周的《周官》即《周礼》的形式，它很原始而且极其混乱。六官制称谓复杂，执掌不明，办事效率低下。杨坚恢复了汉魏时期的体制，基本上确立了三省六部制度。他在中央设立三师、三公、五省。三师只是一种荣誉虚衔，没有实权。三公虽然也有僚属，也参加国家政务，但仅仅是顾问性的机构，没有实权也不常设。执掌国家政务实权的是五省。即内侍省、秘书省、门下省、内史省和尚书省。内侍省是宫廷的宦官机构，管理宫中事务。秘书省掌管书籍历法，事务较少。真正起作用的是三省，即内史省、门下省、尚书省，他们都是最高政务机构，这就是后来唐朝继承的三省制。门下省和内史省都是辅佐皇帝的机构，内史省是起草皇帝诏书的决策机构，长官曰内史令；门下省是负责封驳，即审查机构，长官曰纳言。最后执行诏书的机构是尚书省，其长官曰尚书令，副官为左右仆射各一人作为助手。下面的办事机构是六部：吏部，掌管全国官吏的任免、考核、升降和调动；度友，后来改为民部，掌管全国土地、户籍以及赋税、财政收支；礼部，掌管祭祀、礼义和对外交往；兵部，掌管全国武官的选拔、兵籍和军械等；都官，后来改为刑部，掌管全国的刑律、断狱；工部，掌管全国各种工程、工匠、水利、交通等。开始时，六部叫作六曹，即六个办事机构。六部的长官为尚书。

除了三省六部外，中央还有御史台、都水台，十一寺和十二府。这些后来基本上成为日本大化改新时参考的内容，如日本的八省制即是把五省和其他机构融合而成的。到现在为止，日本的行政机构的名称还保留了隋唐时期的名字：中央的省相当于我国的部，但地方的机构是县，县的长官为知事，是标准的中国古代名称，级别相当我国的省长。其他如北海道、东京都、大阪府，都是从中国学来的名称。包括日本的和服，日本的仕女装束等，都是和隋唐时期的中国文化极其相似的，这是日本学习中国文化的结果。

隋文帝不仅加强了中央集权，而且开创了中国封建社会政治体制的新阶段，对唐朝及以后历代王朝的影响都十分巨大。他建立的这一整套规模庞大、组织完备的官僚机构，表明了封建制度已发展到成熟阶段。自隋定制，一直沿袭到清朝。

2. 简化地方官制

对于地方行政机构，杨坚也进行了改革。南北朝以来，由于机构过于繁多，形成了"民少官多，十羊九牧"的局面，他将原来比较混乱的地方官制从州、郡、县精简为州、县两级。同时精简了大量官员，州设刺史，县设县令。公元590年，他下诏府兵入州县户籍，兵农合一始于此。这样，大大节省了政府开支，提高了行政效率，减轻了人民负担。为控制地方行政权力，又下令九品以上官员一律由中央任免。官吏的任用权一概由吏部掌管，禁止地方官就地录用僚佐。而且每年都要让吏部进行考核，然后决定奖惩、升降。后又实行三年任期制。他还简化了地方行政机构，废九品官人法，初创科举制。隋文帝命令各州每年推选三个文章水平高、有才能的人，到中央授官，他初创建立的科举制度，在中国历史上留存了1300多年，直到清末才被废除，但这项制度令美、英等国称奇，他们借鉴了这种选拔制度作为政府文员的聘用方法。

3. 修订《开皇律》

北周的法律既残酷又混乱，杨坚执掌北周政权时曾亲手删定《刑书要制》，但不彻底。隋朝建立后，他下令参考魏晋旧律，制订了《开皇律》。其律删除了原来的宫刑、车裂、枭首等酷刑，规定一概不用灭族刑。减去死罪八十一条，流罪一百五十四条，徒、杖等罪千余条，保留了律令五百条。刑罚分为死、流、徒、杖、笞五种，基本上完成了自汉文帝刑制改革以来的刑罚制度改革历程，即封建五刑制。他还下诏凡判处死刑案件，须经"三奏"才能处决死刑，有效地防止了冤案的发生。《开皇律》对后世律法的影响深远，后为唐朝基本上继承了，它在中国法制史上具有划时代的意义。

4. 领均田令

实行均田制，其规定：丁男、中男受露田（种植五谷）80亩，永业田20亩，妇女受露田40亩。奴婢5口一亩。永业田不归还，露田在受田者死后归还。对一般农民，采用轻徭薄赋鼓励农桑的政策，对于豪强贵族兼并土地的行为给以打击，以保证农民的正常生产。

整顿户籍。实行"大索貌阅"，要求官吏经常检查人口，根据相貌来检查户口，使编户大增。实行"输籍定样"在第一个的基础上确定户口数，编制"定簿"，以此为依据来收取赋税。于是清理出阴漏丁男44.3万人，共计164.15万口。这些举措是为防止地方豪强和官僚勾结，营私舞弊，增加了国家劳动人口，调动了贫苦农民的生产积极性，使国家掌握的纳税人丁数量大增。

5. 设置粮仓

隋朝政府在各地都修建了许多粮仓，其中著名的有兴洛仓、回洛仓、常平仓、黎阳仓、广通仓等，其存粮皆在百万石以上。

文帝所设粮仓，可分为官仓和义仓两种。官仓储粮，用以供养军公人员。目的是增加关东漕运效率，利用黄河及广通渠运到京师。义仓又称社仓，设置于乡间，其储粮由人民损纳，以备饥荒时赈济灾民。这对人民生活来说，自是一项有力的保障。

6. 改革币制

文帝废除以前各地比较混乱的古币以及私人铸造的钱币，改铸为标准的"五铢钱"。使得度量衡在隋朝重新统一。此外，文帝还颁布"人年五十，免役收庸"，"战亡之家，给复一年"等仁政措施。

7. 文化、建筑贡献

汉朝灭亡后，中国经历了漫长而混乱的四分五裂时期，汉民族陷入了长达三个半世纪的厮杀战乱之中，故而春秋、战国、汉朝的文化典籍因长期战乱焚毁而遗失大半，公元583年隋文帝下诏求书，献书一卷赏绢一匹。"民间异书，往往间出"，"一二年间，篇籍稍备"。隋炀帝时的藏书是中国历代最多的，多达37万卷，77000多类的图书。另外，他还在各州县皆设置博士传习礼仪、教化民众。总之，他对汉文明的复兴起到了巨大的作用。著名天文学家刘焯制订的《皇极历》，所计算的岁差与现代计算出的准确值相差无几。在建筑方面，大兴城的修建不仅是中国古代城市建设规划高超的标志，也是当时的"世界第一城"，它的设计和布局思想，对后世都市建设及日本、朝鲜都市建设都有深刻的影响。最为突出的成绩莫过于保留到现在的河北赵县安济桥（又名赵州桥），它被公认为世界上最早的"敞肩石拱桥"。隋朝的绘画、音乐、舞蹈等方面也涌现出一大批杰出的代表，如画家展子虔和他的《游春图》等。

8. 军事方面

结束自西晋之后近三百年来的分裂局面，隋文帝再一次统一了中国。鉴于南北朝晚期，北方突厥强大的军事力量，不时侵扰北周、北齐。故隋朝立国后，文帝便派军攻打突厥，后来更采用离间分化策略，使其分裂为东西两部，彼此交战不已，从而解除北方突厥及契丹对边疆的侵扰。

三、隋文帝"儒法兼容"的治国思想

(一)隋文帝的"轻徭薄赋"思想①

隋文帝杨坚在我国历史上是以节俭著称的封建皇帝。他总结了历代皇帝"未有好奢侈而能长久者"的经验教训,所以力倡节俭,反对奢靡,主张轻徭薄赋,据《隋书·高帝纪》载,他曾谴责陈后主贪残暴虐,赋敛无度的罪恶。《资治通鉴》说:

> 叔宝……劫夺闾阎,资产俱竭,驱蹙内外,劳役弗已。征责女子,擅造宫室,日增月益,止足无期,帷薄嫔嫱,有逾万数。宝衣玉食,穷奢极侈,淫声乐饮,俾昼作夜……介士武夫,饥寒力役,筋髓磬于土木,性命俟于沟渠。君子潜逃,小人得志,家家隐杀戮,各各任聚敛。

这样苛征暴敛的结果,陈后主只落得身亡国破的下场。隋文帝引以为戒,主张减轻剥削,积极倡导节俭,而且身体力行。据《资治通鉴》载:

> 高祖……爱养百姓,劝课农桑,轻徭薄赋。其自奉养,务为俭素,乘舆御物,故弊者随宜补用;自非享宴,所食不过一肉,后宫皆服澣濯(huàn zhuó)之衣。②

上行下效,"天下化之"。当时的普通士人"率衣绢布,不服绫绮,装带不过铜铁骨角,无金玉之饰",节俭已成为一种社会风气。这便对社会财富的积累带来良好的影响。

关于隋初的经济政策和主张,隋文帝虽轻而易举地从北周静帝手中夺得了政权,但北周王朝留下的却是个烂摊子。据《隋书·食货志》记载:当时府库空虚,京城的龙首仓、台城仓等众多官仓所储粮食"总不过五十余万",人民生计十分艰难。为了改变经济凋敝状况,他采取了一系列措施。他颁布新令,继续推行北魏以来的均田制(见前《隋文帝的历史贡献之4、领均田令》),这种办法虽然是在保障地主阶级利益前提下进行的,"固非尽夺富者之田以予贫人",只是把一部分无

---

①参见杨鹤皋:《魏晋隋唐法律思想研究》,北京大学出版社,1995年1月,第182-184页。
②《资治通鉴》卷一八〇。

主荒地和国家共有土地分配给无地和少地农民，但毕竟使一部分农民得到土地，并有利于遏制土地兼并的恶性发展。

与均田制相联系是赋税徭役的调整，这是改善与农民关系的一个重要方面。隋文帝接受民部尚书苏成"奏减赋役，务从轻典"①的建议，推行"轻徭薄赋"的政策，开始用北朝时赋役最轻的北齐法，以后又几次下令减免赋税。开皇三年（583）正月，他下令缩短服徭年龄，成丁年龄由十八岁改为二十一岁（"初令军人以二十一成丁"）；减少服役天数，由原定岁役30天减为二十天（"减十二番每岁为二十日役"）；并"减调绢"，由原来的四丈减为二丈。②开皇十年（590），又"以宇内无事，益宽徭赋"，年五十便可免徭役，安心从事生产。开皇十二年（592），"河北、河东今年田租三分减一，兵减半，功调全免"。开皇十七年，(597)，"高祖遂停止年正赋，以赐黎元"。由此可见，其在位期间，赋役有所减轻，故农民生活较安定，从而促进了农业生产发展，国家积累了大量物质财富，使"资储遍于天下"。到隋文帝末年，"计天下储积，得供五六十年"，③库藏前所未有，"古今称国计之富者，莫如隋"。

总之，隋文帝从地主阶级长远利益出发，相继颁布了"轻徭薄赋"法令，推行改定赋役的措施，农业生产得到较快发展，从而加强了中央政权的经济力量。虽然农民所受的剥削仍然较重，但比前朝要轻一些，这在客观上有利于缓和社会矛盾。

（二）隋文帝的重法轻儒、儒法并用思想

西汉武帝采纳董仲舒"罢黜百家，独尊儒术"的建议后，儒家思想长期居于统治地位。但历代封建统治者并非绝对排斥法家思想，实际上，包括汉武帝在内皆是"外儒内法"，亦儒亦法，儒法并用。不过，由于儒家思想占据统治地位，所以法家思想就隐而不显，确实不存在纯粹的法家了。明人赵应贤在《韩非子·书序》中说："三代而后，申、商之说常胜，世之言治者操其术而恒讳其迹。"这种说法颇有道理。然而在长期分裂割据、斗争激烈的时期，统治者为了适应时势的需要，常常侧重用法，法家思想容易在一定程度上由稳而显。汉末三国之际就是这样的历史阶段，故当时之人认为："今之学者师商、韩而上（尚）法术，竟以

---

① 《隋书·苏威传》。
② 《隋书·食货志》。
③ 《贞观政要·论贡赋》。

儒家为迂阔，不周世用。"①事实上，在三国两晋南北朝时期，就出现过一批法家色彩较浓的政治家。

如前所述，隋文帝之父杨忠是建立北周宇文泰政权的重要辅佐者。宇文泰是一个"有霸王之略"的人物，曾"革易时政，务弘庆国富民之道"，对法家思想颇为重视。隋文帝在宇文氏统治时期逐渐成长起来，耳濡目染，不免受"申、韩之要"的影响，再加上北周末年法治混乱，所以急待加强法治。隋朝建立后，他便更多的依靠法家的治国之道。据史书所载：

> 高祖膺运抚图，除凶静乱，日旰忘食，思迈前王。然不敦诗书，不尚道德，专任法令，严察临下。吏存苟免，罕闻宽惠，乘时射利者，多以一切求名。②

明清之际的王夫之也看到了隋文帝重法轻儒的色彩，他在其《读通鉴论》中指出："隋无德而有政，故不能守天下而可一天下。"这正如西汉贾谊批评秦始皇一样。然而，隋文帝和秦始皇是有所不同的：秦始皇自始至终以法家理论作为统一天下和治理国家的指导思想，"焚书坑儒"，极力反对儒书儒术；而隋文帝是重法轻儒，儒法并用。他懂得，儒家思想是统治人民的有力工具，还要加以利用。据《隋书·儒林传序》载：

> 高祖……平一寰宇，顿天网以掩之，贲旌帛以礼之，设好爵以縻之，于是四海九州强学待问之士靡不毕集焉……于是超擢奇隽，厚赏诸儒，京邑达乎四方，皆启黉（hóng）校……中州儒雅之盛，自汉、魏以来，一时而已。

但后来他又借口学校生徒多而不精，"徒有名录，空度岁时"，不能培养出他所需要的封建统治人才，于是下令废除京师和地方的大小学校，只保留京师国子学（不久，改成为之太学）一处，学生名额限七十人，这样因噎废食，自然不是办法。因此，儒家攻击他"不悦诗书，废除学校"，③ "不悦儒术，专尚刑名"。④

---

① 《三国志·魏书·杜畿传附子恕传》。
② 《隋书·循吏列传》。
③ 《隋书·高祖纪》。
④ 《隋书·儒林传序》。

就在隋文帝下令废除学校的当天，他"颁舍利于诸州，"前后营造寺塔五千余所，公开助佛反儒。《隋书·刑法志》说："帝以年龄晚暮，尤崇尚佛道，又素信鬼神。二十年，诏沙门道士坏佛像天尊，百姓坏岳渎神像，皆以恶逆论"。

总的来看，隋王朝后期和儒生关系相当紧张。隋末不少儒生参加农民起义军，足以说明这是一个教训。

（三）隋文帝的"隆礼尊贤"治国思想

北齐和北周时期的上层贵族，曾一度热衷于鲜卑化与西胡化。虽然北周武帝执政后倡导汉化，但他英年早逝，而汉化进程一度搁浅。杨坚上台后，立即力行汉化，杨坚对反叛旧臣、豪强大吏、上层贵族，诛夷罪退，毫不手软，他罢黜了一些没有才干的大臣，包括对自己夺取帝位有功的人，将有才干的人提拔上来，辅佐他管理国家政务。他对百姓实行宽仁政策，等政权稳固后，便开始一系列改革，内修制度，外抚四夷，崇尚节俭，勤理政务。他南灭梁、陈统一全国而结束了中国上百年的分裂局面，也结束了中国三四百年的战乱年代。再后，隋军又大破突厥，夺回河套地区，边境扩展到阴山以北，隋朝的统一标志着胡汉文化嫁接的完成。

隋文帝拯救了汉文化，因为春秋战国、汉代文化典籍经过几百年的混战而焚烧、遗失大半。公元583年他下诏求书，"一二年间，篇籍稍备"。隋朝的藏书是中国历史最多的，多达37万卷。

隋文帝登基后下过这样的诏书："建国重道，莫先于学，尊主庇民，莫先于礼。自魏氏不竟，周、齐抗衡……多历年所。务权诈而薄儒雅，重干戈而轻俎豆，民不见德，唯争是闻。朝野以机巧为师，文吏用深刻为法，风浇俗弊，化之然也……王者承天，休咎随化，有化则祥瑞必降，无礼则妖孽兴起。人禀五常，性灵不一，有礼则阴阳合德，无礼则禽兽其心。治国立身，非礼不可……古人之学，且耕且羊。今者民丁非役之日，农亩时候之余，若敦以学业，劝以经礼，自可家慕大道，人希至德。岂止知礼节，识廉耻，父慈子孝，兄恭弟顺者乎？始自京师，爰及州郡，宜祗朕意，劝学行礼。"《北史》这样赞道："自是天下州县皆置博士习礼焉。"由此可见他对汉文明的复兴起到的巨大作用，亦能见其隆礼尊贤的一个侧面。

（四）隋文帝"以轻代重"的思想主张

隋文帝在称帝前，以丞相身份总揽北周朝政时，为了收揽人心，曾"革宣帝苛酷之政，更为宽大，删略旧律，作《刑书要制》，奏而行之"，因而获得"大崇惠政，法令精简"的美名。这可说是他的法律改革的前奏。称帝后，他聚集人才，修订了新律——《开皇律》。从而贯彻了"以轻代重"的立法主张。

他即位的第一年，就正式颁布诏令，命令高颎（jiǒng）等更定新律，《隋书·刑法志》载：

> 高祖既受周禅，开皇元年，乃诏尚书左仆射、勃海公高颎，上柱国、沛公郑译，上柱国、清河郡公杨素，大理前少卿、平原县公常明，刑部侍郎、保城县公韩濬……等，更定新律，奏上之。

关于更定的人员，另据史籍记载，总共十四人。新律更订后，他颁布诏令说：

> 帝王作法，沿革不同，取适于时，故有损益。①

隋文帝很重视这种随时立法的办法，他临死前，还慨叹"教化政刑，犹未尽善"，嘱咐继位者和大臣要"沿革随时，律令格式，或有不便于事者，宜依前敕修改，务当政要。"

开皇三年（583），他又命苏威、牛弘等更定新律。这两次更定新律，就是著称于世的《开皇律》。《开皇律》在一定程度上克服了前代刑罚的野蛮性，较集中体现了隋文帝"以轻代重"的立法思想。

从基本方面来说，隋文帝在立法、司法方面的思想主张，特别是在制订《开皇律》方面的功绩，是应该肯定的。隋初政治比较清明，出现了所谓"君子咸示其生，小人各安其业"、"人物阴阜，朝野欢娱"的局面，这同隋文帝实施较开明的法制是分不开的。

（五）隋文帝由"以轻代重"到"用法益峻"的发展

隋文帝在代周和平陈之前虚心纳谏，改革弊政，积极进取，出现了"开皇之治"。但好景不长，自开皇中叶以后，法制逐渐受到破坏，执行时常常不依法律，生杀任情。从隋文帝本人开始就"喜怒不恒，不复依准科律"，②下面官吏徇私枉法，破坏法制的现象就更普遍了。

---

① 《隋书·刑法志》。
② 《资治通鉴》卷一七八。

隋文帝秉性猜忌，唯恐臣僚谋反，所以他不惜以特务手段监视臣僚，以重法惩治小过。《隋书·刑法志》说：

> （文帝）因以文法自矜，明察临下。恒令左右觇视内外，有小过失，则加以重罪。又患令史赃污，因私使人以钱帛遗之，得犯立斩。每于殿廷打人，一日之中，或至数四。尝怒问事挥楚不甚，即命斩之。

对于隋文帝在殿上打人和随意杀人之事，《资治通鉴》卷一七八载：

> 帝晚节用法益峻，御史于元日不劾武官衣剑之不齐者，帝曰："尔为御吏，纵舍自由。"命杀之；谏议大夫毛思祖谏，又杀之。将作寺臣以麦迟晚，武库令以署庭荒芜，左右出使，或受牧宰马鞭、鹦鹉，帝察之，并亲临斩之。

他甚至公然下令，允许官吏以"律轻情（罪情）重"为由，任意杖责属下："诸司论属官罪，有律轻情重者，听于律外斟酌决杖。"于是，"上下相驱，迭相棰楚，以残暴为干能，以守法为懦弱"。①开皇后期，"盗贼繁多"，他所规定的惩治"盗贼"的刑罚十分严酷："盗一宿，天下懔懔"。②这些做派，自然地使阶级矛盾更加尖锐了。

隋文帝"欺孤儿寡母"，用篡夺之法取得政权，因此，他"恒恐群臣内怀不服，不肯信任百司，每事皆自决断，虽则劳神苦形，未能尽于合理"。③他十分害怕其大臣用同样方法夺取自己的帝位。为此，他不惜罗织各种罪名对他们大加黜免和杀戮。他先后诛杀了王世积、虞庆则、史万岁，黜免了贺若弼、李德林、苏威等文臣武将。特别是功勋卓著的高颎，他"当朝执政二十年，朝野推服，物无异议"，竟在皇后独孤氏的诋毁下，被革职为民，后来又被隋炀帝杨广下诏诛杀了。"狡兔死，走狗烹"，当年支持杨坚上台的沙场老将和开国元勋，几乎被他诛杀得一干二净，"其草创元勋及有功诸将，诛夷罪退，罕有存者"。一个最高统治者最后走到诛杀有功于己的文臣武将，那么他的末日也将来临了。最后，他终于

---

① 《资治通鉴》卷一七八。
② 《贞观政要·政体》。
③ 《隋书·高颎传》。

死在奸臣逆子之手，不久，隋王朝也被揭竿而起的农民起义推翻。

综上所述，隋文帝结束了自晋末以来三百多年分裂割据的局面，重建和巩固了多民族的封建国家，这是他的主要历史功绩。在他主持下制订了《开皇律》，进行了法律改革，尽管这种改革未能善始善终，但它具有划时代的意义。明清之际启蒙思想家在论及隋朝时曾经指出：

> 隋无德而有政，故不能守天下而固可一天下。以立法而施及唐宋，盖隋亡而法不忘也。①

隋朝"一天下"的"政"，系指隋朝的各种制度，也包括对法律的改革。如前所述，隋朝的法律改革后，法令精简，废除苛严之法，是较大进步。隋朝仅存三十七年，但"隋亡法不亡"，其《开皇律》对后代封建王朝立法的影响十分深远。史言唐初修律时，一则曰"因开皇律令而损益之，尽削大业所由凡峻之法"，二则曰"大略以开皇律为准"，"惟正五十三条格，入于新律，余无所改"。②足见《隋律》是《唐律》的样本。以后宋元明清各代立法，皆以《唐律》为本，可见《隋律》对后代封建律法影响巨大。当然，隋文帝晚年"用法益峻"，加剧了阶级矛盾和统治阶级内部矛盾，这是导致隋王朝后期政治危机的一个重要原因。正如《太平御览》卷一〇六《皇王部》引《隋高祖文皇帝》载："迹其（隋王朝）衰怠之源，稽其乱亡之非，起自高祖（隋文帝），成于炀帝，所由来远矣，非一朝一夕"。这是符合历史事实的。

第二节 隋炀帝杨广的暴政与隋朝的灭亡③

隋炀帝杨广（569年—618年4月11日），华阴人（今阴西华阴），生于长安，隋文帝之次子。开皇元年（581）立为晋王，开皇八年（588）统军灭了南朝陈，班师后，晋封为太尉。开皇十年（590），任扬州总管，平定江南高智慧的叛乱，开皇二十年（600）率军北上击破突厥。同年十一月立为太子，仁寿四年（604）

---

① 《读通鉴论》卷一九《隋文帝》。
② 《旧唐书·刑法志》。
③ 参见张国：《中国治国思想史》，新华出版社，2002年10月，第205-208页。

七月继位。他在位期间，于大业元年（605）始建东都洛阳，并常住之，将其作为东方的政治、军事、经济中心。同时下令开凿大运河（开通永济渠，通济渠，加修邗沟、江南运河）。在教育制度上，他发展了科举制度，增置进士科，使国务的操持由世族门阀政治而逐渐改向科举取士。科举制度一直延续到清光绪三十一年（1905）才被终止，对古代中国的育才政策有很大贡献。在政治上，他为了打破关陇集团垄断仕途的局面，重用了虞世基、裴蕴等南方集团官员，假造隋文帝遗诏，缢杀兄长废太子杨勇。其弟汉王杨谅以讨杨素为名，在并州起兵，炀帝派杨素镇压，杨谅降后被幽禁至死。此后不久，他毒死杨勇诸子，剪除了对帝位的威胁后，又处死了隋朝功臣贺若弼、高颎等人。在军事上，他即位后亲政平定吐谷浑，设置西海、河源、鄯善、且木四郡。进一步促成了甘肃、青海、新疆等大西北成为中国不可分割的一部分。另外，隋朝大军还向西南进行了一系列开疆拓土的战争，从而使隋朝的领土疆域扩大到印度支那的安南、占婆（今越南地区）及台湾等地。在海南岛上分置儋耳、珠崖、临振三郡。北边有五原郡（今内蒙古后套一带）。他还征天下兵进攻高句丽，然败于辽东城（今辽宁之辽阳）及平壤（今朝鲜），次年再次发兵，但其因杨玄感反隋而被迫退兵，十年后第三次出兵进攻高句丽，又因农民起义已遍及全国，只好收兵。在法律制度上，他于大业二年（606），命在隋文帝《开皇律》的基础上，除去"十恶"之条，适当放宽，进行修订。次年，颁布了新律《大业律》，共18篇，500条，较《开皇律》有所减轻。虽然随着社会矛盾加剧，并未落实，但在法律发展史上，具有不可忽视地位。后来，由于隋炀帝滥施暴政，赋敛无度，逼迫人民起来反抗，于是他又大施酷刑，进行镇压。据《隋书·刑法志》载：

> （隋炀）帝乃更立严刑，勒天下窃盗已（以）上，罪无轻重，不待闻奏，皆斩。百姓转相群聚，攻剽城邑，诛罚不能禁。帝以盗贼不息，乃益肆淫行。九年，又诏为盗者籍没其家。自是群贼大起，郡县官人，又各专威福，生杀任情矣。及杨玄感反，帝诛之，罪及九族。其尤重者，行辕裂枭首之刑。或磔（zhé）而射之，命公卿以下，脔（luán）啖其肉。

他把文帝时废除的酷刑，都再拿来施行。妄图以滥施酷刑来挽救其垂死的命运，结果适得其反，"百姓怨嗟，天下大溃"，隋王朝在农民大起义的打击下迅速崩溃。

隋炀帝年年出巡，曾三次游扬州，两巡塞北，一游河右，三至涿郡，还在长安、洛阳间频繁往来。每次出游都大造离宫，他十余年间为营建洛阳、开发各段运河、修筑长城共征调农民约一千余万人次，平均每户就有役者一人以上，造成"天下死于役"的惨象，民心惶惶。由于隋炀帝穷奢极欲，挥金如土，文帝时积累的雄厚国力被他挥霍殆尽。为应付大批开支，又给百姓加以烦苛重赋，人民不堪忍受繁重赋役，因而群起为"盗"，天下大乱。农民起义此起彼伏，一浪高过一浪，仅全国提出国号并拥有相当实力的起义军就有近三十个，隋王朝的瓦解已成定局。隋炀帝于大业十四年（618）三月被宇文化及等所弑，隋朝宣告灭亡。而隋朝崩溃的原因正如后来唐李世民在平洛阳后所说："炀帝无道，殚人力以事夸侈。"①

第三节　隋朝的治国思想和治国方略概况综述

隋文帝杨坚是中国封建社会中为数极少的非常有作为的帝王，有学者把他的治国思想归纳概括为：

1. 注重系统治理，改革配套。隋朝的建立，百业待举，如果不进行系统治理，推出配套改革措施，那就难以治理乱世。

2. 措施可行，坚持不懈。在一片混乱之中，推出的各项改革措施，如不符合实际情况，那就很难改革成功，所以，政策措施可行是隋文帝治国成功的保障，然而，一项好的改革措施，还要靠坚持不懈地贯彻执行，才能产生良好的社会效果，如果政策变形走样，就不会产生理想效果。

3. 严明治国，躬身力行。治国要严，治乱世更要严。隋文帝从己出发做起，身体力行。

他严格要求子女，不徇私情，生活节俭，扭转世风，勤于政事，使之上行下效，出现了盛世。其实，这只是表面现象，实质是其治国的方针、政策、措施都很好落实而已。然而，其治国思想，从隋文帝恢复汉魏时期的政治体制并系统地实行，对中央和地方统治机构的改革、开创科举制度、招纳贤才，收藏书的数量为历代最多，再从其登基后下的诏书所云："建国重道，莫先于学，尊主庇民，莫先于礼……有礼则阴阳合德，无礼则禽兽其心。治国立身，非礼不可"来看，这正是荀子所云的"隆礼尊贤而王"的具体表现。再从本节前文"隋文帝的重法

---

① 《容斋随笔·秦隋之恶》。

轻儒……思想"和他的治罪不避亲贵，免掉违律儿子杨俊并州总管之职及严惩朝廷违法重臣、建立过功勋的武将来看，这也正是法家的作风。以及他施行的"均田制"、推行"轻徭薄赋"，几次下令减免农民赋税、设置粮仓等措施来看，也正是符合了荀子的"重法爱民而霸"的思想。所以说，隋文帝的治国思想，应是受到卜子夏儒法兼容、荀子"隆礼尊贤而王，重法爱民而霸"治国思想主线影响的结果，并得以较好的实施。

　　到了隋炀帝，他为扩疆拓土，大修宫殿、大运河、长城等巨大工程而不顾人民死活，大大加重了人民负担，偏听奸臣宇文化及谗言及残害忠良，滥施暴政，赋敛无度，逼使人民起来反抗，于是又大施酷刑镇压，来挽救其垂死命运，结果适得其反，在农民大起义中迅速崩溃。他既不"隆礼尊贤"，又不"重法爱民"，所以丧身亡国。这又从反面证明了荀子治国思想的正确性。

第二十二章　唐朝的治国思想及治国方略概况

伴随着此起彼伏的农民起义浪潮，经隋文、炀两帝创建的帝国大厦在顷刻间垮塌，隋朝宣告灭亡。亲身经历这场朝代更替的唐太宗清楚地意识到，要巩固自己的统治地位，就必须尽可能的团结各个阶层的贤才，施惠于民，把广大臣民凝聚到一起。而且要达到国富民强就必须实行儒法兼容的治国方针，所以唐太宗在大力实行"德治"的同时，又在《开皇律》的基础上制定了《唐律疏议》，总之，隋唐两朝盛世的治国思想，仍然是沿用荀子的"隆礼、重法"思想。当然，他们根据各自的实际情况，不断地完善和丰富着其内涵。所以在唐朝就出现了"贞观之治"和"开元盛世"（另一种说法是从贞观年间唐太宗开始，经唐高宗、武则天到唐明皇一百几十年间的我国第二大盛世。）

第一节　唐太宗的治国思想及治国方略概况

一、唐太宗李世民的生平概况

唐太宗李世民（599—649），唐朝第二位皇帝，在位23年（627—649），年号贞观。是唐朝杰出的政治家、军事家，还是书法家和诗人。早年随父亲李渊进军长安，于618年建立唐朝，他率部征战天下，为大唐统一立下汗马功劳，李渊封他为秦王、天策上将。在626年时玄武门之变杀死兄长太子李建成、四弟齐王李元吉二人及二人诸子，后被立为太子，唐高祖李渊不久被迫退位，李世民即位。他夺位登基后，吸取经验教训，继承前人思想，积极听取群臣的意见，以文治天下。他虚心纳谏，厉行俭约，轻徭薄赋，使百姓休养生息，各民族融洽相处，国泰民安，对外开疆拓土，攻灭东突厥与薛延陀，重创高句丽，设立安西四镇，被各族人民尊称为"天可汗"，使社会出现了国泰民安的局面，开创了中国历史上著名的"贞观之治"。并为后来唐朝全盛时期的"开元盛世"奠定了重要基础。649年逝世，初谥文皇帝，庙号太宗，葬于昭陵。

隋末爆发农民大起义，隋朝政权土崩瓦解，各地军阀乘机扩大地方武装，其中李渊集团便是其中一支主要队伍。李渊出身显赫之门，大业十三年（617）五月，身为唐国公留守太原的李渊在晋阳起兵尊隋，每战皆克，十一月占领长安，拥立隋炀帝孙子杨侑（yòu）为帝，改元义宁，即隋恭帝。李渊自任丞相，晋封唐王，总揽朝政大权。次年，隋炀帝在江都被弑，他迫使隋恭帝禅位于自己，李渊称帝，改国号唐，建年号为武德，定都长安，唐朝建立。降杨侑为鄘国公，次年死去。李渊就是唐高祖，封长子建成太子，次子李世民为秦王，三子李元霸早夭，四子李元吉为齐王。

唐朝建立后，李渊派李世民征讨四方，陆续削平了薛仁果、李轨、刘武周、宋金刚、王世充等地方割据势力，又大败窦建德、刘黑闼（tà）等农民起义势力，再消灭了北方梁师都最终实现全国统一。李渊在政治上以严明著称，废隋苛政，在经济上实行休养生息之策，故生产经济迅速恢复、发展，为贞观盛世创造了条件。武德九年六月初四，发生"玄武门之变"，李世民在此置伏兵杀死了李建成和李元吉，李渊被迫退位，尊为太上皇。李世民即位，是为唐太宗，次年改元贞观（627—649）。

二、唐太宗的治国方略概况[①]

唐太宗是中国历史上最有影响的皇帝之一。他既是唐王朝的开创者和巩固者，又是唐朝的治理者。由于他治国理政清正廉明，所以在其执政时期，再一次创造了帝制时代的盛世，使唐朝出现了我国古代的鼎盛时期"贞观之治"。其时间是从李世民即位的贞观元年（627），到他去世的贞观二十三年（649），共23年。他的治国措施主要有以下内容：

1. 建立高效行政管理体制

唐太宗即位后的第一件事，便是改革和建立一个完备的国家机器体系。首先是重建三省六部。同时，他还有意安排职务低的官员与三省长官（宰相）共商国是，如杜淹以吏部尚书参议朝政，魏徵以秘书监参与朝政。这个措施实际是让众人行宰相之权，发挥群体智慧，共同执掌朝政，防止宰相专权。除三省六部外，还设有五监九寺，这样就使中央建立了一个比较完备的行政管理体制。其次

[①] 参见张国：《中国治国思想史》，新华出版社，2002年10月，第208页。

是设立地方十道，道虽不是正规行政级别，但负责行使朝廷对这一地区的监察，负有统治使命。他的宗旨是要建立一支精干、高效的官吏队伍，他认为："官在得人，不在员多"，可见其治吏思想核心是不讲形式，追求实效。

2. 整顿府兵制

唐朝沿袭了隋的府兵制，期间唐太宗治军的特点如下：其一、重视军队建设。他改革旧军制，自己掌握军权，并关心军队的培养，积极练武，亲自阅兵。其二、寓兵于农，兵农合一。其三、全军由十二卫统管，将领无兵权，所有兵符，在出师时，临时由中央任命将领统帅，避免了将领握有重兵，与中央对抗。其四、为了预防地方势力威胁中央而发生叛乱，将全军三分之一兵力集中在关中地区，加强中央力量，达到举中央之众以临四方，内重外轻，居重驭轻之目的。

3. 推行科举制

唐太宗继承了隋的科举制，限制了士族门阀势力的发展，科举制的实施使不少朝廷大臣都出自科举，从而使庶族地主阶层的人才得到入仕的机会。

4. 重视用贤

唐太宗极为主张贤人政治，治国必得人。他说："为政之要，唯在得人，用非其才，必难致政。"①"致安之本，唯在得人。"②在他的周围集结了一批治国贤才。如李勣（jì）是农民起义军将领，魏徵是其政敌李建成的同党，张亮素出身寒微，戴胄出身录事，侯君集出身行伍……贞观的二十三年中，担任过宰相的二十九人中，出身庶族的就有九人。参与朝政大臣中，有社会各阶层人物，如关陇贵族有长孙无忌、宇文士及、于志宁、李靖、杜如晦；江东世族有萧瑀、陈叔达、褚遂良等；山东旧族有高士廉、房玄龄等；山东庶族有程知节、马周等。各路人才，云集一堂，共同为唐王朝的统治献计献策。

唐太宗的人才思想，坚持各取所长，不求全责备的原则，他说："人之行能，不能兼备，朕常弃其所短，用其所长。"③他对各个大臣所长了如指掌。他说："长孙无忌善避嫌疑，应物敏速，决断事理，古人不过；而总兵攻战，非其所长。高士廉涉猎古今，心术明达，临难不改节，当官无朋党；所乏者骨鲠规劝耳……

---

① 《贞观政要·崇儒学》。
② 《贞观政要·择官》。
③ 《资治通鉴·唐太宗贞观二十一年》。

褚遂良学问稍长，性亦坚正，每写忠诚，亲附于朕，譬如飞鸟依人，人自怜之。"①他知人善任、量才授职，做到人尽其才。他认为："择善任能，救民之要术；推贤进士，奉上之良规……设官分职，唯才是与。"又说："不以卑而不用，不以辱而不尊。"这是唐太宗对封建陈腐人才观的挑战。他要求"择天下贤才，置之百官……有功则赏，有罪则刑，谁敢不竭力，以修职业，何忧天下之不治乎！"②可见他对人才的管理也是独树一帜的。

5. 虚心纳谏

唐太宗是有名的明君。他的治国思想中的一个突出特征，就是集思广益，广纳群言，其治国措施之一是集体智慧的结晶。他曾问魏徵道："人主何为而明，何为而暗？"魏徵说："兼听则明，偏言则暗"，如果"人主能兼听广纳，则贵臣不得拥蔽，而下情得以通也。"③他要求大臣极力进谏，也要求他们接受别人的劝谏，不能以自己的意志要求别人。唐太宗对大臣说："治国如治病，病虽愈，犹宜将护，傥遽（tǎng jù）自放纵，病复作，则不可救矣。今中国幸安，四夷俱服，诚自古所希，然朕日慎一日，惟惧不终，故欲数闻卿辈谏争也。"魏徵说："内外治安，臣不以为喜，唯喜陛下居安思危耳。"④

由于唐太宗励精图治，所以他对进谏者给予奖赏。如孙伏伽批评唐太宗将元律师判处死刑过重，有判刑过严，滥加酷刑之嫌。唐太宗思过后觉得有理，便将兰陵公主园赏赐给了孙伏伽。从此，大臣敢于批评朝政，积极进谏。又如唐太宗下诏修建洛阳宫乾元殿，而因当时国家刚安宁，财力匮乏，大臣进谏后，他便下令停建。

唐太宗为了使纳谏能坚持下去，他特建立了包括谏官史官在内的政事堂会议制度，谏官能了解朝政，宰相又不敢谎报政绩。国家大事有误，谏官可指出，立即纠正，对朝政起了监督作用。魏徵曾给唐太宗上《十思疏》，提醒他"载舟覆舟"的道理。他说："君人者，诚能见可欲则思，知足以自戒，将有作则思知止以安人，念高危则思廉冲而自牧，惧满溢则思江海下百川，乐盘游则思三驱以为度，忧懈怠则思慎始而敬终，虑壅蔽则思虚心以纳下，惧谗邪则思正身以黜恶，

---

① 《资治通鉴·唐太宗贞观十八年》。
② 《资治通鉴·唐太宗贞观四年》。
③ 《资治通鉴·唐太宗贞观二年》。
④ 《资治通鉴·唐太宗贞观五年》。

恩所加则思无因喜以谬赏，罚所及则思无因怒而滥刑。"①唐太宗一直以此告诫自己，使自己处于头脑清醒状态。

6. 修定唐律及其法治思想

法律是稳固政权的手段之一。唐太宗采取了"宽刑"政策，以宽仁治天下，安抚百姓，收到了良好的效果。他认为："死后不可再生，用法务在宽简。"②太宗对死刑极为慎重，他要求全国所判处死刑者，必须申报中书、门下、尚书三省复核，并规定"二月中五复奏，下诸州三复奏，在京诸司五复奏。"③他的宽仁政策，减轻了对人民的迫害，缓和了阶级矛盾。

唐太宗以宽仁治天下的主张，是有思想根源的，他认为："民之所以（盗）者，由赋役繁重，官吏贪求，饥寒切身……耳。朕当去奢省费，轻徭薄赋，选用廉吏，使民衣食有余，则自不为（盗），安用重法邪。"④此话就是他宽仁治天下的思想基础。正是在这种思想指导下，所以能够在立国后正确处理，如何对待开国功臣的问题，不像许多开国帝王，一旦政权稳固之后，总怕与他一起打江山的将领们觊觎自己的帝位，所以寻找一些借口将其逐个杀掉。

7. 与民休息，轻徭薄赋

隋末人口锐减，田野荒芜。对此，唐太宗认为："凡事皆须务本。国以人为本，人以衣食为本，凡营衣食，以不失时为本。"⑤国家要稳定，前提是人人有饭吃，家家有田耕，故而他积极推行了一系列重视农业的政策，推行轻徭薄赋。唐太宗于是继续推行均田制，因为均田制的顺利实施，并取得了良好的社会效果，这样，大量的荒地得到开发，扩大了耕地面积，豪强多占的土地也按均田制度分给了平民。对永业田放宽了政策，可以自由买卖。均田制实施的结果，在唐朝起到了增加粮食和人口，以及稳定社会的重要作用。《通典》卷七载："自贞观以后，太宗励精图治，至八年九年，频至丰稔，米斗四五钱，马牛布野，外户动则数月不闭。至十五年，米每斗值两钱"，足见均田制的作用。唐太宗为了确保国家财政收入的落实，又推行了租庸调法。规定凡授田者，均应向政府交纳赋税和服

---

① 《贞观政要·君道》。
② 《贞观政要·刑法》。
③ 《旧唐书·太宗纪》。
④ 《资治通鉴·唐武德九年》。
⑤ 《贞观政要·务农》。

役。并明确规定了租、庸、调的数额和方式，但如遇到自然灾害，则进行减免。均田制和租庸调法的实行，限制了世族和豪强对土地的垄断和霸占，这些措施顺乎民意，深受欢迎。

8. 在民族关系上采取"华夷一体"等较为平等的民族政策

汉族和边疆少数民族关系，一直都是历代统治者十分重视的。唐太宗通过比较开明的民族政策处理民族矛盾，改善民族关系。对于那些被征服的以及主张归附的少数民族部落，注意不强行改变他们的生活方式和风俗习惯，并且任命他们原来的首领担任各级官职，管理本地区或本部落的人民。同时，送给他们农具、耕牛等物品，帮助他们发展农业生产。此外，他还十分注意用"和亲"的方式来加强与少数民族间的联系和团结。他多次把宗室女儿嫁给少数民族的首领，其中影响最深远的是唐太宗将文成公主嫁给吐蕃松赞干布。朝廷战与和两手的成功运用，实现了边境地区的统一、巩固和安定，民族间交往的密切，唐太宗则被四方诸国尊为"天可汗。"

唐太宗执政的贞观年间（627—649），在君臣的共同努力下，出现了一个政治清明、经济发展、社会安定、武功兴盛的治世局面，史称"贞观之治"。这是唐朝第一个治世，同时为后来的"开元盛世"奠定了厚实的基础。

唐太宗晚年，因太子问题而烦恼，太子李承乾与魏王李泰内斗，结果太宗废掉了他们二人，最后立第九子晋王李治为太子。太宗死后，李治即位，是为唐高宗，高宗在位三十四年（650—683）。高宗在即位之初，在李世勣、长孙无忌、褚遂良共同辅佐下，继续执行太宗制订的各项政治、经济制度，他们君臣牢记太宗的遗训，奉行不渝太宗的训令纳谏、爱民。

9. 执法不避亲贵，严防功臣子弟犯罪

唐代法律同其他朝代法律一样，在尊卑、贵贱、上下之间是有等级差的，如《唐律》有"八议"规定，使官僚贵戚勋臣享有减刑、抵罪、赎罪等特权，一般官吏犯法，也可以官品抵罪。但是，唐太宗君臣深知在国家制订的法律范围内，仍然存在权贵违法的问题，所以他们强调秉公执法，不避权贵。不论皇亲国戚，或是重臣贵爵，触犯国法者，就依法裁处。如唐太宗儿子吴王恪，因"数出数猎，颇损居人（民）"，侍御史柳范就敢于"奏弹之"，结果吴王恪被免官，削户三百。在贞观年代，确实涌现了一批忠于职守、刚正不阿、不畏权贵、唯法是从的官吏，如魏徵、戴胄、薛仁芳等，即是其中的佼佼者。

唐太宗对功臣子弟的认识颇为深刻。他认为，自古草创之主，传至其子孙则

"多乱"。认为"功臣子弟,则多无才行,藉祖父资荫遂处大官,德义不修,奢纵是好。"①这样无才无德又骄奢放纵的功臣子弟,随时都可能触犯法网,危害国家。唐太宗谆谆嘱咐大臣们,要严防自己子弟犯罪,"戒勖(xù)子弟,使无愆过。"这样于家于国都有利。②

10. 皇帝带头守法

国家立法,官吏秉公执法固然重要,而皇帝带头守法更有特殊意义。隋朝也有《开皇律》《大业律》,但在执行时,皇帝却往往有法不依,生杀任凭其喜怒,违法者逍遥法外,无辜者冤死狱中,最终导致天下大乱,国灭家亡。唐太宗接受了这方面的教训,注意以身作则,带头守法。他曾说:"君不约己而禁人为非,是犹恶火之燃,添薪望其止焰;忿池之浊,挠浪欲止其流,不可得也。"可见他懂得"上梁不正下梁歪"的道理,如果皇帝依法守法,臣僚就会争相效法,有利于维护封建统治。如广州都督党仁弘"为人所讼,赃百余万",依法当死。太宗念他曾屡建战功,曲法免死。后来,太宗觉得这样做破坏了法治,于是承认自己"以私乱法",并将党仁弘黜为庶人,徙钦州。他以万乘之尊,注意带头守法,不把法律仅仅看作是治理平民百姓的,也算是难能可贵的。

11. 从严治吏

自古以来,治国首先在于治吏。唐太宗十分重视官吏的作风建设,集中体现在他的廉政观上。首先,太宗指出贪污的危害性。他说:"为主贪,必丧其国;为臣贪,必亡其身。"③认为一国之主,若横征暴敛,必然引起民众的反抗,失掉国家;大小百官,若贪污腐化,必然受到法律的制裁,丢掉性命。其次,太宗指出臣子贪污的原因,是由于经不起物欲的诱惑。他类比道:飞鸟住于林里,还担心树木不够高大,于是把巢搭在树顶;游鱼藏于水中,犹害怕水不够深,又把洞打于水底。但因为经不起食欲的引诱,都被人所捕获。而为人臣,"陷其身者,皆为贪冒财利。"④太宗多次告诫百官,要"以此语为鉴戒",不要做鱼鸟式的人物,以至身陷囹圄。再次,唐太宗为百官指明了正确的为官途径。告诫百官,备尽忠直,益国利民,则官爵立至。而有了官爵,"禄秩优厚,一年所得,其数

---

① 骈宇骞,骈骅:《贞观政要·君臣鉴戒》,中华书局,2009年。
② 参见杨鹤皋:《魏晋隋唐法律思想研究》,北京大学出版社,1995年1月,第226-228页。
③ 吴兢:《贞观政要·论贪鄙》,贵州人民出版社,1991年,第381页。
④ 吴兢:《贞观政要·论贪鄙》,贵州人民出版社,1991年,第392页。

自多。"①

太宗深知榜样的力量,他自己身体力行,率先垂范。作为一位励精图治之主,太宗十分重视法制建设。他指出:"禁暴惩奸,弘风阐化,安民立政,莫此为先。"②在太宗主持制定的《贞观律》及后来的《唐律疏议》中,对官吏的贪赃枉法、以权谋私等腐败行径的惩处都有明文规定。对于廉洁奉公的官吏,太宗进行奖励。对贪污腐败的官员进行严厉处罚,不徇私情。

唐太宗十分注重精简官吏,"致治之本,惟在于审。量才授官,务省官员。"③认为治理天下的根本在于精简机构,按能力的大小授予相应的职务。在太宗看来,治理国家需要的是高素质的官吏,低素质的官吏即使再多也没有用处,反会成为动乱的致因。太宗认为官员太多,就会职责不明,人浮于事,只有精简人员,才能提高办事绩效。于是要求房玄龄"并省官员,各当所任",④结果中央官员仅剩六百四十员。不但提高了办事效率,而且节省了政府开支,减轻了百姓负担。对医治战争创伤,恢复和发展经济具有重要意义。⑤

此外,唐太宗君臣还强调理狱断案必须"求实"而不"饰实",一定要以事实为根据,不搞逼供,不捕风捉影,不罗织罪名,不搞株连;要求君臣上下,"各尽至公,共同切磋",进谏纳谏,蔚然成风,形成较为"民主"的政治局面。这对促进"贞观之治"的出现也起到了积极作用,至今仍有借鉴意义。

但也必须指出,由于历史时代和阶级地位决定,唐太宗统治集团的法律和法治思想,仍是一种等级特权制和家天下的思想,一切都是为了维护李唐王朝的"长治久安"的,所以贞观法制的推行也不可能彻底和贯彻始终。自贞观中期以后,唐太宗的骄傲思想日益滋长,兼听纳谏的作风亦不如以前,已形成的"法治"局面逐渐受到破坏。正如魏徵所指出的那样:"取舍枉于爱憎,轻重由于喜怒,法无定科,任情以轻重。"尽管如此,重温当时的历史,全面评价唐太宗的法律、法治思想及其实践,仍应充分肯定它在历史上所起的积极作用和它对后世的启迪作用。

---

① 吴兢:《贞观政要·论贪鄙》,贵州人民出版社,1991年,第381页。
②《旧唐书·刑法志》,中华书局,1975年。
③ 吴兢:《贞观政要·论择官》,贵州人民出版社,1991年,第164页。
④ 吴兢:《贞观政要·论择官》,贵州人民出版社,1991年,第164页。
⑤ 参见杨圣琼硕士论文:《论唐太宗的治国思想——以〈贞观政要〉为视角》,2004年湘潭大学硕士论文,第18页。

三、魏徵在佐成"贞观之治"中体现的政治智慧

魏徵是唐代最著名的政治家，是佐成"贞观之治"的大唐名相。魏徵是以犯颜直谏而闻名史册的，我们平日说的"兼听则明，偏听则暗"就是魏徵的名言。他和唐太宗的关系，被史学界认为是封建社会历史上最好的君臣关系之一，可谓是"主明臣直"。魏徵死时唐太宗大哭说："以铜为镜可以正衣冠，以古为鉴可以知兴替，以人为鉴可以明得失"，这"三面镜子"的典故就来源于此。魏徵的治国理念大多体现在《贞观政要》之中。所谓政要，就是治理国家的主要政治思想。

魏徵的治国思想可以概括为："一个核心，五个要点"。

一个核心，就是怎样保持国家的长治久安，这是魏徵治国思想的中心议题，即治国理政的核心目标。唐太宗是通过战争和政变取得天下的，对于如何治理好天下是缺乏理论和实践上的准备。所以如何治理好国家，确保政权不至于得而复失，不重蹈隋朝灭亡的历史覆辙，一直是唐太宗的头等大事。他经常和群臣探讨怎样治理好国家，即如何守业问题，在创业和守业关系上强调的是守业，唐太宗说："今草创之难，既已往矣，守成之难者，当思与公等慎之"。这其中的谋臣主要就是魏徵。

魏徵的长治久安思想，主要有五个方面：

1. 根据当时唐朝初建，天下大乱，提出"以德治国"的方略

唐朝初建，用什么指导思想治理国家存在严重分歧。以封德彝为代表的一派，认为天下大乱，必须采取镇压政策，结果越镇压越混乱，唐太宗在镇压窦建德起义中险些遭到覆灭。魏徵坚决主张教化，实行德治，以为"大乱之后人心思定"，"凡人在危困，则忧死亡；忧死亡，则思化；思化，则易教。然则，乱后易教，犹饥人易食也"[①]其意是说，人们在危难之时，你告诉他如何做，它是很容易听的，这就是"乱后易教，犹饥人易食也"的道理。结果，唐太宗听了他的建议，确定了实行教化、轻徭薄赋、与民休息的治国方针，便在短短几年内，很快实现了海内康平的大好局面。唐太宗因此感慨地说："贞观初，人皆异论，云当今必不可行帝道、王道，惟魏徵劝我。即从其言，不过数载，遂得华夏安宁，远戎宾服。……使我遂至于此，皆魏徵之力也。"[②]由此可见，隋末唐初人心思治。魏徵在对当时国家大形势进行判断之后，采用了顺应民心民意的政策，提出的以德治国方

[①]《贞观政要·论政体》，贵州人民出版社，1991年。
[②]《贞观政要·论政体》，贵州人民出版社，1991年。

针是正确的,"以教化为先",创造了和谐稳定的局面,取得了非凡的成功。

2. 成功地提出"兼听则明,偏听则暗"的国家最高统治者决策原则

《贞观政要·君道》载:贞观二年(628)太宗问魏徵曰:"何谓明君暗君?"答曰:"君之所以明者,兼听也;其所以暗者,偏信也。"然后他列举了中国历史上由于偏听偏信而导致家破国亡的三个典型事例,于是得出的结论:"是故人君兼听纳下,则贵臣不得壅蔽,而下情必得上通也。"

3. 强调守天下比打天下难的政治规律

据《贞观政要》所载,魏徵在回答唐太宗时,他认为守天下比打天下更难,这其中有很强的辩证思想,与时俱进,抓住了当时的重点即守成。他认为打天下还存在着"天授人与"的机遇,只要符合最广大人民的要求,就一定能取得胜利;而治理天下就必须始终保持谨慎的头脑,不能对个人的欲望有丝毫的放松,这才是最难的。

4. 提出居安思危,善始慎终的重要思想

贞观十一年(637)魏徵写下了著名的《谏太宗十思疏》指出唐太宗"夫在殷忧,必竭诚以待;既得志,则纵情以傲物"的思想苗头。政权巩固后,特别是在社会经济发展以后,唐太宗的封建帝王思想毛病逐渐表现出来。贞观十三年(639),魏徵又上了著名的《谏太宗十渐不克终疏》,指出唐太宗在私德方面有可能导致不能善终的十个变化。贞观十五年(641),他在与唐太宗讨论守天下难易时,对"善始慎终"的思想,又做了进一步的发挥,他说:"观自古帝王,在于忧危之间,则任贤受谏。及于安乐,必怀宽怠,言事者惟令兢惧,日陵月替,以至危亡。圣人所以居安思危,正为此也。安而能惧,岂不为难?"这对贞观之治能够持续较长时间,发挥了重要作用。

5. 把君主的个人修养提升到保持长治久安的高度

《贞观政要》第一篇就是"为君之道"。魏徵告诉唐太宗,"未闻身治而国乱者"。可见国君的个人修养是件大事。他对于国君既敢于规劝,又善于规劝,这一点创造了历史之最,上面的两个十条谏规可以证明,他的规劝中包含许多智慧。魏徵的治国安邦的政治智慧很值得我们后人学习。[①]

总之,从唐太宗及其统治集团的讲话内容,以及他在位时所推行的治国措施综合而论,他的治国思想仍然是荀子的"隆礼尊贤而王,重法爱民而霸",而且再

[①] 参见:运新宇:《治国方略十讲》,国防大学出版社,2009年,第146页。

次验证了这样的治国思想是行之有效的。

第二节　唐玄宗的治国思想及治国方略概况

一、唐玄宗生平概况

唐玄宗李隆基（685—762），唐睿宗李旦第三子，出生在东都洛阳（今河南洛阳）。少年时就有主见，英明果断。唐隆元年（710）六月庚子日申时，李隆基与太平公主联手发动"唐隆政变"诛杀韦后。712年李旦禅位于李隆基，后赐死太平公主，在位45年（712—756），上元二年（761），玄宗崩殂于神龙殿，享年78岁，庙号为"玄宗"。唐玄宗在位前期注意拨乱反正，任用姚崇、宋璟等贤相，励精图治，他的这段执政时期是唐朝的极盛之世，史称"开元盛世"。但他在位后期宠爱杨贵妃，怠慢朝政，宠信奸臣李林甫、杨国忠等，加上政策失误和重用安禄山等佞臣，导致了后来长达八年的"安史之乱"，使得唐朝国势逐渐走向衰落，为唐朝中衰埋下伏笔。

唐朝继唐太宗之后，唐玄宗李隆基也是一个颇有作为的皇帝。在武则天之后，唐朝宗室发生了一场皇位争夺战。在武则天病重期间，宰相张柬之等发动兵变，带兵进入皇宫，杀掉张昌宗、张易之，拥立中宗复位，废武周国号，恢复了唐王朝。中宗无能，韦皇后专权，武三思、安乐公主、太平公主等都参与乱政，武氏家族势力抬头。皇太子李重俊与羽林大将李多祚等，改诏杀武氏集团，而安乐公主又伙同韦后于景云元年将中宗杀害。正在韦氏集团准备毒死李旦，拥立韦后登基时，李隆基联合刘幽求、钟绍京、薛崇简等发动宫廷政变，率羽林军及皇宫总监丁夫，突入玄武门，直冲太极殿，杀掉韦后、安乐公主与其丈夫武延秀等，李隆基被立为皇太子。先天二年（713）太平公主策划叛乱，玄宗先发制人，将其党羽斩杀于朝，太平公主也被赐死。同年玄宗即位。在经过了九年的政治斗争之后，唐玄宗终于掌握了唐王朝的政权。

开元是唐玄宗李隆基的年号，开元时代，政局稳定，经济繁荣，文化昌盛，国力富强，是唐朝最强盛的时期，也是中国历史上最兴盛的时期，史称之为"开元盛世"。人们说盛唐，主要说的是这一时期，这一时期的文化也达到了空前繁荣，尤其是唐诗，形成了空前绝后的兴盛局面，人们说唐诗，主要是指这个时期，著名诗人高适、岑参，王维，特别是诗仙李白、诗圣杜甫都曾生活在这个时代。

成就"开元盛世"有诸多因素，包括了唐太宗时期、唐玄宗时期和武则天时期经济的持续发展。但武则天的晚期,特别是武则天去世之后,唐朝的政治局势相当的混乱。所以唐玄宗执政后,革弊惩恶,锐意整治,使形势转危为安,是这一时期政治上的主要特点,也是成就开元盛世的一个极为重要的原因。①

二、唐玄宗的治国思想及治国方略概况

(一) 虚心纳谏

唐玄宗即位后的首要任务是治国安民,使唐王朝长治久安。唐玄宗励精图治,革除弊政。他接受姚崇十项建言进行改革。其建言内容如下:

1. 自武则天太后垂拱年间以来,朝廷累以严刑峻法治理天下,请改为除以刑法治天下之外,更要以仁义理天下。

2. 朝廷在青海被吐蕃打败以来,尚无悔悟之意,请不要再轻易对外用兵。

3. 过去奸狡违法,因受皇上宠信而不受到制裁,请今后执法从身边的人做起。

4. 武后临朝后,宦官当权,以后请不要让宦官参与朝政。

5. 豪门大族凭亲戚、邻里关系,向上送礼行贿,公卿、方镇争相效仿,请求除租庸调外,一切纳贿、摊派概予杜绝。

6. 外戚、公主更相用事,吏治混乱腐败,请求今后外戚、皇亲不得占据要职,朝廷不得设立名目任命官吏。

7. 前朝皇帝猥亵大臣,有损君臣之礼,愿陛下对臣属待之以礼。

8. 以往大臣直言进谏者常被治罪,有的甚至丢掉性命,忠臣感到灰心,请求以后做臣子的可以犯颜直谏,无所忌讳。

9. 武太后修福先寺,睿宗造金仙、玉真二观,耗资百万,请今后禁止营造道佛寺观。

10. 汉朝以外戚吕禄、王莽等乱天下,我朝更加厉害,愿以此为鉴戒,铭之史册,成为万世不可重犯之法。

姚崇的建言,一针见血,这是他第三次出任宰相后的除旧布新、刷新朝政的施政纲领。

唐玄宗的高明之处,主要是能广开言路,虚怀纳谏,知错即改。尤其是其对有统治经验老臣的意见,更是言听计从。对于正确的意见,玄宗一一采纳。由于唐玄宗虚心纳谏,并知错即改,各级官吏纷纷直言谏诤,使进谏纳谏成了当时的

---

① 运新宇:《治国史鉴十讲》,国防大学出版社,2009年,第49页。

良好风尚。唐玄宗为了使纳谏能坚持下去，又恢复了唐太宗时期的谏官参加皇帝与宰臣议政制度，凡朝中三品官以上向皇帝奏事，谏官参与，有失，谏官当即匡正，避免了欺骗皇上、陷害忠臣，使这一制度起到了监督朝政徇私舞弊的作用。由于谏路畅通，进谏如流，使唐玄宗时期政治清明，国势昌盛。但是，唐玄宗晚年却因重用奸臣，使进谏纳谏制度遭到了破坏，言路堵塞，导致朝廷结党营私，妒贤嫉能，陷害忠良，使唐朝由盛转衰。

唐玄宗由于能听取贤臣意见，在位期间，表现出了卓越的政治才能，使唐朝得到良好的治理，史称"开元之治"。

(二) 选贤任能

唐玄宗深知，要治理国家，首要是人才。他认为："立政之本，唯贤是切。"①开元时期，启用了德才兼备的贤相，如姚崇、宋璟、张嘉贞、张九龄等，这些贤相都是年富力强、才干卓著的人。如姚崇文武双全，才华过人，能知人善任，启用贤能，"择百官各当其才"，②他辅佐唐玄宗治理乱世、重振朝纲。宋璟为相，把选官任贤放在首位，提拔了大批官吏，而他从不以权谋私，他还狠抓徇私舞弊，在原则问题上守法持正，执法如山。因此，《资治通鉴》评价姚、宋二相说：

> 姚宋相继为相，崇善应变成务，璟善守法持正，二人志操不同，然协心辅佐，使赋役宽平，刑罚清省，百姓富庶。唐世贤相，前称房杜，后称姚宋，他人莫得比焉。③

各有所长，用其所长，是唐玄宗用人的成功之道。诗人李白评价唐玄宗用人之道时说："天后任人，如小儿市瓜，不择香味，唯取其肥大者。陛下任人，如淘沙取金，剖石采玉，皆得其精粹。"④

(三) 整饬吏治

为了建立一支精明能干、廉洁自律的官僚队伍，唐玄宗很重视整顿吏治，他颁布了《整饬吏治诏》，每年派各道按察使根据各地方官吏的政绩，分成五等上报

---

① [宋] 宋敏求：《唐大诏令集》卷一〇二，中华书局，2008年。
② 《新唐书·姚崇传》，中华书局，1975年。
③ 《资治通鉴·唐玄宗开元四年》。
④ [宋] 王谠：《唐语林·校证赏誉》，中华书局，1987年。

中央，由吏部存备，作为各级官吏黜陟、升降的依据。唐玄宗对朝廷官员多而滥的局面进行了整顿、清理，对大量超编冗员进行裁汰。数千"斜封官"（非正式任命）、"试官"（非正职）被罢废，精简了大批司、监、署等机构。并规定："官不滥升，才不虚授，惟名与器，不可假人，左贤右戚，岂可于谬赏。"在选拔官员上，唐玄宗下令：京官五品以上，外官刺史、京兆等四府长史、司马各推荐县令一人，还视县令的政绩来奖惩推荐者。这项措施大大激发了各级官吏的积极性，依政绩提拔，而不是靠关系。开元十八年后，又规定五品以上的官，可推荐能担任刺史和边官的人。为了避免只重京官，轻视地方官员的风气，唐玄宗还建立了京官和地方官的轮换制度，打破了京官长期由权贵把持的局面。而且规定：凡没有在州县锻炼、不具备全面管理经验的官员，不能调中央台省任职。这一规定，也使许多官员纷纷要求去外地任职。对于不服从调配的官吏，则予以降职使用。唐玄宗在开元年间，多次亲自面试县官刺史，考试成绩不好的罢免。唐玄宗不仅选官严格，而且对官吏的管理采取赏罚严明的措施。他主张："有善必赏，所以功能；有罪必诛，所以惩恶。"唐玄宗曾颁发《褒姜师度诏》，奖励同州刺史姜师度重视农业，引水灌田，增产大量粮食，为国家做出重大贡献。而贪赃枉法则予以惩治。刺史裴景先由于私自聚敛五匹绢，玄宗亲自下诏将他处死。唐玄宗幼弟薛王李业的舅父王仙童，因强占民田，侵夺民财，受到了惩处。唐玄宗还处决了皇后的妹夫孙昕等皇亲国戚。从此"贵戚束手"，不敢仗势欺人。

（四）重农抑豪

农业的重要性，几乎所有的统治者都明白。中国农民，只要有了粮食，自然就安居乐业了，唐玄宗重视农业，主要采取抑制豪强世族势力，推行均田制度以及兴修水利等措施。唐玄宗为挽救国家的财政危机。必须从地方豪强和大家世族中夺回土地来荫庇农户。李元纮（hóng）任京兆尹时，"诸王公权要之家，皆缘渠立硙，以害水田。"李元纮即"令吏人一切毁之，百姓大获其利。"[①]由于唐玄宗在开元初对豪强世族的打击不彻底，大量的黑地和劳动力仍在豪强世族的控制之下，使唐政府财政收入受到严重影响。为了改变这种局面，唐玄宗决定用四年时间，在全国进行"检田括户"，由宇文融任全国覆田劝农使，还下设十道劝农使及劝农判官，分赴全国督查。查出"籍外"的黑地，交给政府，再按均田制分配给无地农户；查出"帐外"的人口，即在当地注册入籍，并免六年租庸调，仅纳户税。

---

① 《旧唐书·李元纮传》，中华书局，1975年。

这项运动使政府"得户八十余万，得钱数万贯"，限制了豪强世族势力的膨胀，增加了财政收入，维护了均田制度。

唐玄宗开元时期的各项治国措施，使社会经济得以高速发展，出现了文化繁荣、社会安定、国力强大、百姓安居乐业的局面。

三、唐玄宗后期的衰弱

唐玄宗的一生，经历了唐朝由盛转衰的过程。经过他几十年呕心沥血的治国，终于创造了唐王朝的鼎盛时期。但是，唐玄宗晚年，也犯了不少错误，主要有：府兵制、均田制被破坏，逼交租庸调户税。"府库虽丰，闾阎困矣。"也就是杜甫所描写的"朱门酒肉臭，路有冻死骨"的景象。流民增多，社会矛盾加剧。天宝之后，折冲兵已无兵可交，加上唐玄宗晚年自恃强大，欲吞四夷，穷兵黩武，战争不断，其结果导致军费大增。加上军队所募兵员多属无赖子弟，素质极差，容易被人利用。唐玄宗又设节度使，领州多至十余，统管地方军事、财政、民政等，位尊权大，为割据提供了条件。

唐玄宗晚年，怕人夺权，禁闭诸王，迷恋女色，信好神鬼，求慕长生不老，大肆挥霍，宠信宦官。宦官高力士握有大权，操纵朝政。宦官、贪官大肆贪污贿赂，搜刮民脂民膏，世风日下。终于爆发了"安史之乱"。"安史之乱"历时七年多才被平息。这次叛乱，标志着唐王朝由强大转向衰弱。

第三节　唐朝礼法结合的治国思想

唐朝"礼法结合"的具体特点是沿用了西汉"礼法结合"的成功范例。《旧唐书·刑法志》所云："古之圣人，为人父母，莫不制礼以崇敬，立刑以明威。"《新唐书·刑法志》有载曰："太宗即位之初，有劝以威刑肃天下者，魏徵以为不可，因为上言王政本于仁恩，所以爱民厚俗之意。太宗欣然纳之，遂以宽仁治天下，而于刑法尤慎。"对于不同进言，统治者经过深入分析，得出历史上各朝代凡是以仁义治理天下的可以达到国运昌盛，以苛刑重法治理天下的很快就会导致国破家亡的经验，这就是所谓的"以仁义为治者，国祚延长；任法御人者，虽救一时之弊，败亡亦促。"特别是唐朝是在隋末农民起义中建立起政权的，隋朝后期，隋炀帝时，随意毁法，不依法审判、任意定罪、滥施酷刑，激起民愤，最终导致灭亡的教训还历历在目，有前朝的历史经验教训的借鉴，促使唐朝走向了"礼法结合"之路。从而，统治阶级上下达成共识，认为"德礼为政教之本，刑罚为政教之用，犹昏晓阳秋相须而成者也"，强调德礼为本、刑罚为用，把礼治和法治有机结合起来，运用礼和刑两手来进行统治，使礼法结合在唐朝达到了顶峰。

一、唐朝礼法结合的特点

（一）主张依法治国

唐朝统治阶级十分重视法律对封建统治的作用，主张依法治国。他们认为法律是"国之权衡，时之准绳"，强调法律在国家政治生活和社会生活中的重要作用，称法律"所以禁暴止奸，弘风阐化，安民立政，莫此为先"。这主要表现在以下几个方面：

在立法方面加强立法，以法律手段来调整社会关系。唐王朝在吸收前朝法制经验的基础上，结合当时政治、经济、社会发展的新情况，逐渐建立和完善各项法律制度。唐高祖李渊立国以后，就制定了《武德律》十二篇。唐太宗即位后，组织大臣对《武德律》进行讨论、修改，制成《贞观律》。唐高宗李治登基后，以《武德律》《贞观律》为蓝本，编纂《永徽律》十二篇。为了阐明《永徽律》的精神实质，并对律文进行统一解释，又命人对《永徽律》逐字逐句做出注释，形成了《唐律疏议》。唐玄宗开元年间，以《永徽律》为基础，又制定了《开元律》。唐王朝在行政、经济、军事、家庭、外交、宗教、环境保护等诸方面皆有法可依。在行政方面，在开元年间制定的《唐六典》是中国现存最早的一部行政法典，它是汇集了盛唐时期法规政令的行政法规大全，对各级行政机构的名称、职能、秩序、员额、办事程序、工作时限、考核办法、奖惩原则等，均作了详细的规范。如《唐六典·尚书吏部》中有规定官吏的考课。《唐六典·尚书省》记各衙门间公事往来，须以公文上印上其接受及发出日期。在经济方面，法律对动产和不动产的买卖、借贷、赋役、农业和手工业等亦有规定。在商业方面，亦有详尽规定，如为了控制矿业和手工业，《唐六律·少府监》规定："凡天下诸州，出铜铁之所，听人私采，官收其税。"在军事方面，《唐六律·兵部》中有不少关于边境及内部烽火台的设置、军事地图的绘制，还有武官的选拔规定等等。

（二）重视法律的实施，严格法律的执行。

唐初，接受隋朝隋炀帝时法纪大乱，从而亡国的教训。唐太宗曾对房玄龄等大臣说过："自古帝王多任情喜怒，喜则滥赏无功，怒则滥杀无罪。是以天下丧乱，莫不由此。"可见唐统治者能注意以身作则，带头守法，并要求官吏严格执法，依法量刑，不畏权贵，一断于法，"诸断罪，皆须具引律、令、格、式正文，"做到对无罪的人不使其受追究，对有罪的人一定予以惩罚。

（三）加强对法律的监督

为了监督官吏们奉公守法，唐朝在中央和地方都设置了监察机构来监督法律的贯彻执行。在具体案件的处理过程中，官吏必须遵守法定的审判程序，并且以已生效的法律条款作为定罪量刑的依据，严惩违法断狱的行为。对不依法断案的官员，《唐律疏议·断狱》规定："若入全罪，以全罪论；从轻入重，以所剩论。出其全罪者，以全罪科断；从重入轻者，以所减之罪科断。"唐朝统治阶级把建立和维护封建法制放在重要地位，依靠法律来治理国家，这在一定时期内和一定程度上缓和了阶级矛盾，稳定了社会秩序，促进了社会经济、政治和文化的繁荣发展。

1. 礼法兼用，重礼重法

唐朝统治者强调礼的作用，主张对人民进行思想道德教育，唐朝在重视法的同时，也没有忽视礼的作用，他们洞悉隋炀帝滥杀之弊，从而主张要以法治世，依法办事，同时也要对人民进行礼义教化，做思想工作，有时他们甚至认为后者更不可忽视。

首先因为礼所包含的内容更为广泛，对社会的调整作用更为深入，对百姓的精神约束也更为严格，"夫导之以德，齐之以礼，而可使民迁善远罪"，并且礼所具有的礼义教化的外貌，与重家法伦理的封建社会的国情相合。唐朝先后修订了《贞观礼》《显庆礼》和《开元礼》。

其次形成较为系统的道德理论，旨在向全社会灌输封建道德观念和礼教规范。贞观年间，唐太宗还命人修撰了《氏族志》，重新规定了等级名分，调整了统治阶级的内部等级关系。此外，由于家庭是封建社会的基础，如果这个基础不牢固，整个社会就无法支撑，会像一盘散沙，这便不利于政治巩固。因此，统治者极为肯定"父为子纲"、"夫为妻纲"这些礼教纲常制度，以维护封建社会的秩序。统治者深知德礼教化可以移风易俗，可以防止叛乱，甚至可以免灾除祸，所谓"道之以礼，务厚其性而明其情。民相爱，则无伤害之意；动思义，则无畜奸邪之心。若此，非律令之所理也，此乃教化之所至也。"所以唐高祖李渊时设立了国子学、太学等，并设立了周公、孔子庙，用于四时祭祀。这是统治者想通过儒家的"纲常教义"来潜移默化的劝勉吏民。

第三，对于孝子贤孙、节义夫妇进行嘉奖，树立光荣榜样，使人敬慕，进而纷纷效仿，从而使社会风气得到深入改善。由此可以看出，唐朝统治者非常注重儒家思想教育。

2. 礼法合治，共同维护国家稳定和长治久安

礼和法在唐朝都作为社会规则而存在，但法主要依靠的是国家的强制力，而礼更多的是依靠社会舆论的力量。依法而治的方法过于残酷和直接，可能导致"虽量之以严刑，震之以威怒，终苟免而不怀仁，貌恭而心不服"的情形出现，而仅仅依靠礼来治理又可能导致社会混乱和统治者地位的动摇。所以唐朝将礼德理论引入法中，使礼德内容在法中得到体现，用法来维护礼的尊严，让礼可以依靠国家的强制力来实施，用刑罚来严厉制裁违礼的行为，同时也让法带上了温情的色彩。礼法合治达到的最直接的效果，便是礼通过法的外壳取得统治阶级的认可，国家的统治权力又能依靠礼这一有着悠久传统，和在民间有着重要影响的思想更好地发挥统治作用，从而维护了礼的尊严，又发挥了法在维护礼中的作用，此即所谓的"设礼以待之，执法以御之，为善者蒙赏，为恶者受罚，安敢不企及乎？安敢不尽力乎？"

二、唐朝礼法结合思想的实际运用状况

引礼入法，使道德法律化，法律道德化。唐朝礼法结合思想在实际运作过程中最为明显的表现就是将礼教纲常作为法律的指导思想，使道德法律化，法律道德化，从而使法律制度与纲常伦理水乳交融般地合而为一。《唐律》就是礼法结合的产物，它将礼与法有机地结合在一起，相辅相成。礼是法的依据，《唐律》把封建纲常法律化，把维护君权、父权、夫权作为法律的根本任务。《唐律疏议·名例》中的"谋反"条的"疏"认为："王者，居宸极之至尊，奉上天之宝命，同二仪之覆载，扦作兆民之父母，"从这些可以看出"君为臣纲"、"父为子纲"、"夫为妻纲"是作为立法的指导思想编入律条的。从而使礼法有机结合起来。法又是礼的武器，《唐律》以国家意志的形式确定礼的法律地位，规定了"恶逆"、"不孝"、"不义"、"内乱"等罪，使礼成为一种人人必须遵守的行为准则，并用刑罚手段严惩违礼行为，所谓"失礼之禁，著在刑书"，违礼一定要受到刑罚处罚。

三、唐朝三个时期礼法结合思想的实际运用情况

唐朝历时近三百年，跨越了初唐、中唐、晚唐三个阶段。

唐初尤其是贞观年间严格贯彻守法与执法的原则，使得内外官吏"多自清谨"，守法、执法情况较好，上下守法蔚然成风，保证了封建国家机器的正常运转。

从武则天时开始到中唐激烈的政治斗争，使法律成了胜者置败者于死地的工具，直到唐玄宗取得政权，被肆无忌惮践踏的法律才总算得到一个恢复时期。在开元年间，进行了三次大规模的立法活动，巩固了唐初的立法成果，使得贞观时的法治局面几乎再现于开元盛世。据相关史料记载，由于加强了礼治，人民知耻，社会犯罪人员骤减。贞观四年出现"是岁，天下断狱，死罪者二十九人，号称太平"，①开元二十五年断死者五十八人。所以，唐朝前期和开元年间，礼法结合是贯彻比较好的。

唐后期，自玄宗"安史之乱"始，到唐哀帝亡国时为止的百余年间，统治者安于享乐，贪图财富，在政治上难有建树。唐朝的法律形式本来有律、令、格、式四种，但到了唐后期，修律活动几乎停止，只是修订格或格后敕。格或格后敕是统治者意志的法律化，毫无威严可言，加上律又逐渐在实际中失去效用，这就标志着法制自此走向衰败。另外在执法上，唐中后期，逐渐改变唐初的守文定罪，很多时候是临时处断，法外之仁与法外之刑交替并存，民众无所适从，手足无措。

总之，从唐朝的总体来看，其治国思想仍然是继承了自西汉以来的既制礼，又立刑，礼刑兼用，礼法结合的传统治国思想，也是荀子的"隆礼尊贤而王，重法爱民而霸"的治国思想具体化。例如，在唐太宗的"贞观之治"和唐玄宗时的"开元之治"时期，其"隆礼"自不必说，"尊贤"、使能也做得很好。太宗、玄宗时，对于广大人民皆采取了许多惠民政策，减轻人民的各项负担。关于"重法"，唐朝有高祖的《武德律》、太宗的《贞观律》和高宗的《永徽律》《唐律疏议》，玄宗的《开元律》《唐六典》等。唐朝正是因为能够较好的按照荀子的治国思想理论行事，所以才使唐朝成为我国历史上最为辉煌的朝代之一。

第四节　唐朝的衰亡与灭亡原因

一、唐朝的衰亡

唐朝（618—907），是世界公认的中国最强盛的时代之一，唐玄宗开元年间国力达到极盛，安史之乱后日渐衰落，至天祐四年（907）灭亡。唐共历经 21 位皇

---

① 《新唐书·食货志》，中华书局，1975 年。

帝（含武则天），共289年。

唐太宗李世民在位23年，使唐朝经济发展，社会安定，政治清明，人民富裕安康，出现了空前的繁荣。由于他在位时年号为贞观，所以人们把他统治的这一段时期称为"贞观之治"。

唐太宗晚年，因为太子的问题而烦恼，太子李承乾与魏王李泰内斗，结果太宗废掉他们二人，最后立虽仁德但无能的第九子晋王李治为太子。唐太宗死后，李治即位，是为唐高宗。唐高宗在太宗晚年，与唐太宗的才人武氏有私情，他不顾大臣反对，立武氏为皇后。高宗健康状况不好，许多政事都交给皇后武氏来处理。高宗死后不久，武皇后立太子李显为帝，是为唐中宗。不久又废中宗为庐陵王，改立另一个儿子李旦为帝，是为唐睿宗。690年，67岁的武则天改国号"唐"为"周"，定都洛阳，史称武周。武则天执政后，诛杀异己，翦除唐宗室，但治国有方，任用贤能，严以治吏，以道德化天下，劝农桑，薄赋徭，社会稳定，国家繁荣昌盛。但也有弊政，重用武氏亲族，鱼肉人民，广泛招官，造成大量冗员，机构大滥；重用酷吏，制造不少冤案；还出现百姓逃兵役逃赋税等现象，"天下户口，亡逃过半"。①705年，宰相张柬之等人发动兵变，要求武氏退位，于是唐中宗李显恢复大唐国号，还都长安，李旦被立为相王。但唐中宗却受到韦皇后、女儿安乐公主和武后旧党等人的影响，把张柬之和敬晖等人全部流放或诛杀。景龙四年（710）韦皇后和安乐公主合谋毒杀中宗，韦皇后立温王李重茂为帝，是为少帝，并欲加害相王李旦。李旦的儿子，当时是临淄王的李隆基在姑母太平公主的协助下发动政变，诛杀韦皇后、安乐公主及武氏残余势力，拥立李旦复位。后来睿宗妹太平公主与李隆基发生权力之争。延和元年（712），睿宗让位于太子李隆基，李隆基即位是为唐玄宗，又称唐明皇。

唐玄宗在位前期是个明君，开创了"开元盛世"。但是，玄宗在取得了这些成就以后，自以为天下太平，进取心也逐渐消失，变得骄傲怠惰，追求起享乐生活，听不进大臣的忠谏，沉溺于享乐之中。丧失了励精图治的精神，也缺少了节俭之风。唐玄宗宠爱杨贵妃，沉湎酒色，荒淫无度，奢侈之风越来越盛，重用杨国忠，杨氏专权，为非作歹，朝政混乱，政治腐败，社会黑暗，终于爆发了"安史之乱"，经过8年时间这场叛乱才被平定。唐朝元气大伤，由此转衰。此时均田制已经逐步瓦解，土地兼并现象日趋严重，租庸调制也无法实行，藩镇割据的形势已

---

① 《旧唐书·韦嗣立传》，卷三十八，中华书局，1975年。

经形成。唐玄宗以后的共十四位皇帝又延续了一百多年。

唐代宗时,任用刘晏改革盐法,改善了国家的财政状况,唐德宗任用杨炎为宰相,实行两税法,还力图平藩,但是引起朱滔、李希烈、朱泚叛乱,结果发生奉天之难。从此藩镇割据局面进一步深化。唐德宗死后,经过了顺宗的过渡阶段,然后由永贞内禅而受宦官支持的唐宪宗登基,他依靠禁军的兵力令全国所有的藩镇至少名义上全部归服唐朝,史称"元和中兴"。

宪宗末年,朋党之争亦越演越烈,宦官更加得势。唐文宗、武宗时期,政治日趋腐朽、帝王荒淫无度、朝纲不振、人民生活贫困,在中晚期呈现出一片衰败景象。唐宣宗在宦官的协助之下继位,即位以后励精图治,使久衰的唐王朝稍有起色。宣宗之后,唐懿宗与唐僖宗是著名的无能昏君,使唐朝的国势日下。唐朝后期,战争不断,经济、政治衰退,公元859年爆发黄巢农民起义,经过黄巢起义的打击,唐朝统治名存实亡。黄巢起义后,唐僖宗在唐末的动乱中死去,由弟弟李晔即唐昭宗继位。唐昭宗时,朱温杀掉满朝宦官,谋杀昭宗,唐昭宗被朱温毒死,立哀帝。天祐四年(907),朱温逼唐哀帝李柷禅位,改国号梁,是为梁太祖,改元开平,定都于开封。唐朝灭亡。

二、唐朝灭亡的原因

(一)宦官专权是其灭亡的重要原因

中国历代的封建王朝中,东汉、唐朝、明朝,是宦官专权最严重的三个朝代。东汉和明朝虽然有宦官专权,但宦官是狐假虎威,而唐朝的宦官,却操纵着皇帝、宰相官员的任免,甚至国策的设置都取决于宦官,唐朝宦官专权的程度是三个朝代之中最严重的。

唐初,唐太宗李世民为了限制宦官的权力,对于宦官的管理十分严格,并且规定宦官只能担任四品内官。到了唐玄宗天宝年间,宦官的权力逐渐扩大,尤其唐玄宗后期渐趋荒淫腐朽,此制被打破,宦官逐步参政。如宦官高力士官高位显,权力很大,诸王和公主称其为"阿翁",驸马称其为"爷"。李辅国曾经拥立唐代宗即位,因此专横跋扈,他曾经对代宗说:"大家但在内里坐着,外事皆听老奴处分",唐代宗听了龙颜大怒,但是因其大权在握,也无可奈何。唐肃宗时,又因拥立肃宗有功,遂参与机要,统领禁军,任免宰相,权倾朝野,权力非常大。再后来,宦官的权力愈来愈大,甚至国策的制定、朝臣、节度使的任免,皇帝的废立,几乎都由他们把持。唐宪宗,由于宦官俱文珍的拥立而即位。宦官仇士良曾经当着皇帝的面,历数其过失。唐文宗,称自己连汉献帝和周赧王都不如。唐后期共有八个皇帝由宦官拥立,两个皇帝(宪宗和敬宗)被宦官害死。中央政权实际上操纵在宦官的手里,皇帝成了宦官的傀儡。唐朝的宦官专权为中国历史上之最,远甚于东汉与明。

  唐朝的宦官之所以可以这样嚣张,大部分责任在于皇帝。唐代的皇帝,对大将不信任,所以把禁军的指挥权交给了宦官。从唐德宗时开始,宦官掌握禁军,成为惯例。为了反对宦官专权,唐代的皇帝曾经多次联结朝臣共同对付宦官。其中比较著名的,是唐顺宗时期的"二王八司马"事件和唐文宗时期的"甘露之变",但是这些斗争都以失败而告终。宦官的权力不但未能削弱,反而更加加强。这样的局面一直持续到唐朝灭亡。宦官专权加重百姓负担,压制开明士大夫参与政事,造成严重政治腐败。宦官与皇帝、朝臣持续不断的斗争削弱了唐中央统治阶级的力量。宦官对军权的把持大大削弱了唐中央的军事力量,最终导致唐朝灭亡。

  (二) 藩镇割据是唐朝灭亡又一重要原因

  为了保卫边疆地区,唐朝在景云年间设置了节度使。刚开始,这一设置只存在于边疆地区。安史之乱后,唐朝廷为安抚叛将,奖赏平叛功臣,增设了大批节度使,如有"河北三镇"之称的卢龙节度使李怀仙、魏博节度使田承嗣、成德节度使李宝臣。以后在山东、河南、江淮甚至关中长安附近等地都设有节度使,"大者连州十数,小者犹兼三四",形成藩镇林立的局面。这些节度使名义上是唐朝藩镇,实际上拥兵自重,政治上有自主权,自行任免官吏,节度使职位传子或部将;经济上有财权,不向中央交赋税;军事上有兵权,拥有强悍武装,军队不听中央调动;"虽为藩臣,实非王臣也"。节度使权重,掌握地方行政大权和兵权,成了割据一方的割据势力。节度使一职传子或者部将,中央到时只能加以承认,而且他们还垄断了地方的税收。藩镇割据局面自安史之乱后持续一百多年,一直至唐朝灭亡,藩镇之间,以及藩镇与中央之间,为了争夺人口和土地,不断发动战争,长年战乱严重地削弱了唐朝的统治力量,阻碍了各地经济、文化的交流,生产遭受严重破坏,给人民带来无穷的灾难。在镇压农民起义的过程中,又新兴起一批节度使,于是新旧割据势力趁唐朝中央被农民起义打垮之际,纷起扩张势力,相互间展开了剧烈的兼并战争。

  唐宪宗即位以后,曾经试图改变这种状况,对藩镇用兵,平定了吴元济的叛乱,而且还歼灭了其他不服从中央的藩镇,这时一向骄横的河北三镇,也不得不服从中央，国家表面上恢复了统一的局面。但是这样的局面并没有持续多久。唐宪宗元和末年，唐朝的统治区域内除了都城以外，共有藩镇46处。这些藩镇大都处于独立或半独立状态。但是某些事关唐朝国土安全的一些重要藩镇，则都是由中央控制，这保证了唐朝的存在。由于各个藩镇拥兵自重，割据一方，在很大程度上削弱了中央对地方的控制，严重威胁着大唐的统一。最后，唐朝被朱温所灭。

（三）朋党之争是唐朝灭亡的另一个重要原因

朋党之争是唐朝后期中央政权内部派系相互倾轧的结果，唐朝的中央官员，主要由两部分人组成：一是门荫入仕的官宦贵族子弟，二是科举出身的官员，他们大多来自庶族地主，倾向与门阀士族斗争。科举出身的官员，由于政治地位相近，情趣相合，极易结成党派。士族地主，虽已衰落，而且地位每况愈下，但是，他们仍然以门阀自矜，看不起庶族地主。党派中的成员之间多是亲属、师生、朋友的关系。这两派官员，不断进行明争暗斗，双方都是一味地否定对方，肯定己方，不辨是非，不讲原则。唐代最著名的朋党之争就是"牛李党争"，代表士族利益的李德裕和以进士门第出身的牛僧孺为代表的两大统治集团的相互斗争，两党的斗争，主要是在对科举取士、藩镇、佛教政策、裁减冗吏的态度方面，在对回纥等周边民族的关系上，财政问题上，以及对宦官的态度上，两党都有分歧。而且历时最久，斗争最为激烈。

当时朝廷宦官擅权，两党争相攀附权阉，以为援助，两党交替执政，相互攻伐，使腐败的朝廷更加混乱。这场党争持续了半个世纪之久，使本已不和谐的政治局面，更平添了几分混乱。旷日持久的朋党之争，朝野震惊，破坏了正常的议政、施政程序，扰乱了皇帝大政方针的制定。另外，各党为了自己的利益，内连阉宦，外结藩镇，使三股势力都深入唐朝的政治生活中，大臣们只知互相倾轧，置国家的前途于不顾。朋党之争，是唐后期统治阶级内部争权夺利的斗争，没有更多的积极意义，反而起了削弱唐朝统治力量的作用。

（四）偏离"儒法兼用"治国思想主线是其灭亡的根本原因

唐太宗建立唐朝以后，采取"儒法兼用"治国思想，以法治世，依法办事，宽仁治国，虚心纳谏，厉行俭约，轻徭薄赋，平政爱民、隆礼敬士、尚贤使能、执法不避亲贵，严防功臣子弟犯罪，遵循荀子的"隆礼尊贤"，"重法爱民"治国思想，从而实现了"贞观之治"。后来武则天夺权废唐，设立武周，为了维护专权统治，其治国思想主要实行"人治"，排除异己，打击反对派，制造很多冤案。唐玄宗夺位后，继承了唐太宗的治国理念，继续实行"隆礼重法"治国策略，重贤使能，虚心纳谏，严以治吏，减轻赋役，从而成就了"开元盛世"。从唐玄宗后期，宠爱杨贵妃，怠慢朝政，致使朝政腐败，以至以后的继任者者，大都偏离了"隆礼重法"的治国思想，造成宦官专权，藩镇割据，朋党互争的局面。因此我们可以看出，但凡君王治国采用"隆礼尊贤"、"重法爱民"治国思想，朝廷就会政治清明，官吏保持清正廉洁，社会就会安宁稳定，国家就会国富民强。一旦偏离了这条治国思想主线，就会造成朝廷腐朽，官吏腐败，社会动乱，民不聊生，最终走向衰亡。

第二十三章 北宋王朝的治国思想及治国方略概况

唐朝灭亡后，出现了统治黄河流域的五个逐代更替的王朝——五代。五代依次经历了后梁、后唐、后晋、后汉、后周的更替，在五代更替的同时，还有南方十国分立。主要分布在长江流域与江南地区，依次是吴、南唐、吴越、闽、南汉、楚、荆南、前蜀、后蜀和北汉，历经七十二年。中国历史是合久必分，分久必合。经历了风风雨雨动荡之后，人心思定。反对分裂和战争，支持统一已经成为一种不可抗拒的历史潮流。在这种趋向统一的历史大趋势下，以后周政权为主导力量的统一战线，就承担起了这个历史重任。但宋朝的总体治国思想却过于偏向儒家，缺少法家的辅佐，儒家和法家不可分离、不可偏向任何一方，不用两手治理国家的"隆礼重法"指导思想，结果使得北宋只能与辽、西夏三家并存，不但终究不能完成统一大业，而且大多数是战无不败，割地赔款，甚至胜也赔款。只能是一次次用金钱买来短暂的苟安，却在此苟安中产生出经济、文化和科技的繁荣，尤其在文学史上绽放出六朵艳花①。

第一节 宋太祖赵匡胤的治国思想及治国方略

一、宋太祖赵匡胤的生平概况

宋太祖赵匡胤（927—976），出生于洛阳夹马营，祖籍河北涿州，出身军人家庭，高祖赵朓，祖父赵敬，父赵弘殷，北宋王朝的建立者、开国皇帝、军事家。948年，赵匡胤投后汉枢密使郭威幕下，因喜爱武艺，得到了郭威的赏识。他屡立

---

① 这里指的是文学史上的唐宋八大家中的宋朝里的六人：苏轼、苏洵、苏辙、欧阳修、王安石、曾巩。

战功，后又参预拥立郭威为后周皇帝，951年，郭威称帝，建立后周，赵匡胤被重用为典掌禁军。后周世宗柴荣时，他又因战功而升任殿前都点检，掌握了后周的兵权，兼任宋州（今河南省商丘市南）归德军节度使，负责防守汴京。周世宗死后，7岁柴宗训继位。后赵匡胤和弟赵匡义、幕僚赵普密谋篡夺皇位。公元960年正月，镇州（今河北省正定县）和定州（今河北省定州市）有人来汴京报告说，北汉和辽国的军队联合南下攻击后周，后周符太后和宰相范质、王溥等不辨真假，慌忙派赵匡胤统领大军北上御敌。甲辰日，行至陈桥驿（今河南省开封市东北40里处）驻军；第二天黎明，陈桥驿四周突然呼声大起，赵匡胤酒醉方醒，走出卧室，只见众将个个手执武器，列队站在庭前，以赵匡义和赵普为首齐声说道："诸将无主，愿请点检做天子。"众将又不等赵匡胤回答，把准备好的黄袍披在他身上，然后一齐下拜，高呼"万岁"。这一件事，历史上称为"陈桥兵变"。于是赵匡胤代后周称帝，建国号为宋，定都汴京，史称北宋，建年号为"建隆"。宋太祖在位16年，在位期间，加强中央集权，提倡文人政治，开创了中国的文治盛世。

宋太祖赵匡胤一生最大的贡献和成就在于结束了"安史之乱"以来长达200多年的诸侯割据和军阀战乱局面，重新恢复了中国中原地区的局部统一，使饱经战火之苦的中原百姓有了一个安稳的生活环境，为社会的进步、经济的发展、文化的繁荣创造了良好的条件。作为五代十国分裂局面的终结者和宋王朝的开拓者，赵匡胤是我国历史上一位承前启后的重要人物。宋太祖文以治国，武以安邦，实行"重文抑武"的基本国策，尊孔崇儒，完善科举，创设殿试，知人善任，厚禄养廉等一系列重大举措，成为我国历史上最受推崇的一代文治之君，彻底扭转了唐末以来武夫专权的黑暗局面，使宋代的文化得以空前繁盛。

赵匡胤出于巩固其君权的需要，欣然接受了赵普提出的"收其精兵，削夺其权，制其钱谷"的十二字治国方针。赵匡胤就把这十二字方针化成为一整套加强君主集权，牵制和削弱各方权利的政策与策略。通过采取这十二字方针的三大纲领，首要的任务是解决拥兵自重的将领问题。于是巧妙地"杯酒释兵权"，使之得以解决。剩下摆在它面前的当务之急是把赵普的十二字精神，渗透到朝廷和地方的职官建置中去，改变权力结构中的独立性，使之必须依附君权而运转。在赵普的参与下，这套互相制约的职权体系终于制订出来了，分宰相之权，收牵制之效。乾德元年（963），又用赵普之谋，罢王彦超等地方节度使和削掉数十个功臣之权，安排为闲职。另以文职代替武职，于是武职方镇便失去弄权的基础。另一方面，收厢兵之骁勇和荒年募精壮之丁为禁军，如此天下精兵皆归枢密院指挥。地方厢兵合则仍可制约禁军。这就形成了干强支弱，内外上下相互制约之制。从而完成第二步"削夺其权"。第三部的"制其钱谷"，是指限制地方官员的财政权限的一种办法，规定将地方钱粮大部分运送到中央。从而通过上述"削弱相权"、"罢黜支郡"、"强干弱枝"等措施，将军权、行政权、司法权、财政权牢牢控制。一举铲平了藩镇割据武夫乱政的历史状况。使宋朝300年的历史中不曾发生大的内乱和地方割据。

同时，宋朝君臣上下集体发奋图强，励精图治，使宋初的社会经济迅速呈现蒸蒸日上的喜人局面。宋太祖采取减轻徭役，赋税专收，兴修水利，发展生产，澄清吏治，劝奖农桑，移风易俗等一系列决策，不仅尽快医治了200年的战争创伤，而且迅速把宋朝所在的中原地区推向空前繁荣的局面，出现了历史上所谓的"建隆之治"。

另外宋太祖宽仁大度，虚怀若谷，好学不倦，勤政爱民，崇尚节俭，以身作则等等，不仅对改变五代以来奢靡风气，具有极大的示范效应，而且深为后世史学家所津津乐道，并对后世历代产生深远影响。但是，凡事不能只看一时，更要看其身后形成的业绩，看他的治国方略所造成的整个宋朝成败得失的业绩。从赵匡胤治国理政造成的结果来看，与宋朝并存的国家还有北方的辽国和西方的西夏，从历史事实上说，宋朝终究没有统一中国，最多只能算是统一了中原。

二、宋太祖赵匡胤的治国思想及治国方略[①]

（一）剥夺功臣的典禁军之权

宋太祖夺取政权后，因害怕军队再次发生兵变而失去权位，便开始着手分割禁军将领的权力，进而夺取兵权。北宋的军队有禁兵、厢兵、乡兵和藩兵。在这四类兵种之中，禁兵是主力军，是北宋最精锐的部队，所谓"禁兵者，天子之卫兵也"。[②]在建隆二年七月的一个晚上，宋太祖召集掌握禁军权力的功臣将领石守信、王审琦、高怀德等人参加宴会，酒过三巡，太祖佯醉，说担心"黄袍加身"事件重演，并劝忠臣"释去兵权，出守大藩，择便好田宅市之，为子孙立永远不可动之业；多置歌儿舞女，日饮酒相欢以终其天年"。[③]守信等臣次日均称疾请罢

[①] 参见张国：《中国治国思想史》，新华出版社，2002年10月，第266-270页。

[②] 《宋史·兵志一》。

[③] [宋] 李焘：《续资治通鉴长编》卷二，中华书局，2004年。

兵权，史称"杯酒释兵权"。在夺得兵权后，他把禁军中的"二司"分为"三司"，使禁军统帅机制变成了三足鼎立，形成相互制约、相互监督的机制。

(二) 消除藩镇

夺取禁军兵权后，宋太祖觉得全国分布的精兵强将仍然能对中央政权造成威胁，为了解决这个问题，"太祖鉴前代之失，萃精锐于京师"。①为了组织一支强有力的军事力量，宋太祖在全国由下至上，严格选拔。"令诸州招募军士，部送阙下。至，则军头司覆验等第，引对便坐，而分隶诸军焉。其自厢军而升禁兵，禁兵而升上军，上军而升班直者，皆临轩亲阅。非才勇绝伦，不以应募。余皆自下选补。"②可见，所选拔的都是"才勇绝伦"之士，从而达到强干弱枝的目的。

宋太祖在解决了对中央军队的治理整顿之后，还对地方军队进行了整顿，这主要是为了防止地方割据势力与中央对抗。主要措施就是剥夺武将的军权。"宋初，革五季之患，召诸镇节度会于京师，赐第以留之。分命朝臣出守列郡，号权知军州事。军，谓兵；州，谓民政焉。"③为了控制武人在地方专权，宋太祖将军权改由文官掌管。"外官则惩五代藩镇专恣，颇用文臣知州，复设通判以贰之"。④"又以武臣作郡，往往不晓民事，且多恣横；诏新复州郡，只差文臣"。⑤此举，确实解除了地方对中央形成威胁的后顾之忧。

(三) 实行更戍法，兵将分离

宋太祖为了防止兵帅共同谋反，威胁皇权，特立更戍法。规定驻京师的军队每三年轮换到边城戍边一次，只换兵，不换将。"太祖惩藩镇之弊，分遣禁旅，戍守边城。立更戍法：使往来道路，以习勤苦，均劳逸。故将不得专其兵，兵不至于骄惰。"⑥这样就形成了"兵无常帅，帅无常师。内外相维，上下相制，等级相轧。虽有暴戾恣睢，无所厝于其间"。⑦更戍法实行之后，兵不知将，将不知兵，达到了兵将分离的目的。

---

① 《宋史·兵志一》。
② 《宋史·兵志八》。
③ 《宋史·职官七》。
④ 《宋史·职官一》。
⑤ 《宋史·职官七》。
⑥ 《宋史·兵志二》。
⑦ [宋] 马端临：《文献通考·兵考四》，中华书局，2011年。

(四) 严惩贪官, 禁止官吏经商

由于五代十国时期王朝更替频繁, 战争连年不断, 社会极度混乱。因此, 各级官吏趁乱贪污受贿, 不择手段地搜刮民财。宋太祖在贪赃枉法成风的严峻形势下进行了严厉整治, 对侵吞国家财产, 盘剥百姓钱财的各级官吏, 给予惩处, 如商河县令李瑶犯贪赃罪, 宋太祖责令杖死; 史称 "赵匡胤深恶赃吏"。对于犯有贪赃罪的内外官吏, 或杖死, 或弃市。各级官吏的作风得到了良好整治, 官场风气日正。

宋太祖深知, 官吏经商既分散精力, 又影响政务, 更谈不上体恤民情, 为民办事了。官商只顾牟利, 倚仗权势垄断市场, 争夺民利。有一个利欲熏心的官吏队伍, 政治必然腐败黑暗。所以宋太祖特诏令各地官吏, 严禁经商, 违者严惩。澧州刺史白全诏与人合作经商, 被太祖削职为民, 就连宰相赵普因庇护受贿贪官及参与经商, 也被太祖交给御史府问罪。

(五) 分割宰相权力

宋初的中枢机构是二府三司体制, 这是治国理事的最高权力机关。实际是分割了三省六部二十四司的事权, 使中央权力更集中到皇帝手中。因为, 宋初宰相权倾天下。"宰相之职佐天子总百官, 平庶政, 事无不统。"①宰相权重, 赵普独揽, 史称 "独相"。宋太祖有所觉察, 为了加强皇权, 控制相权, 首先设了 "参知政事", 为宰相副贰, 以制约相权。其次是设枢密院, 由枢密使掌管军权, 从此, 分割了宰相的军权。另外, 又设置了盐铁、度支、户部总管国家财政, 合为三司, 号称 "计省", 实际又分割了宰相的财权。三司 "掌邦国财之大计, 总盐铁、度支、户部之事, 以经天下财赋, 而均其出入焉"。②从此, "中书主民, 枢密院主兵, 三司主财, 各不相知"。③三方都直接由皇帝统管。

(六) 削弱地方官吏权利

宋太祖为削弱地方官吏的权势, 防止地方势力与中央对抗, 采取了名实相异的任官制。官与职都是有名无实的虚衔, 只是为了定级别、俸禄的, 而只有差遣才是有实权的职务。并且朝廷的二府三司的长官, 地方的知州、知县等, 三年一任, 不得连任。这种任官制的目的是为了分割地方官吏的权力。"初, 置诸州通

---

① 《宋史·职官志上》。
② 《宋史·职官二》。
③ 《宋史·范镇传》。

判。帝惩五季藩镇之专，颇用文臣知州，以分刺史之权。赵普请设通判于诸州，凡军民之政，皆统治之。事得专达，与长史均礼。又令节镇所领支郡，皆直隶京师，得自奏事，不属诸藩。于是节度使之权使轻矣！"①从此，文臣做知州，掌握实权，节度使成了虚设之职。宋太祖还在全国设置了十五路转运使，专门管财税，监督地方官吏，负责将地方财税全部直接送中央，削掉了地方官吏的财权，既保证了中央财政的收入，又防止了地方势力的割据。

（七）强化监察职能

宋太祖在削弱地方官吏权利的同时，还加强了对地方官吏的监察，由通判和监司负责这项职能。通判，又称监州，是与知州有同等权力并负责监督知州的特殊职务，由皇帝直接差遣的朝官担任通判，可直接向皇帝通报情况，实际上起着制约知州权力、防止地方割据的作用。监司是州县地方监察机构，实际就是路的官署。监司负责对地方的军、政、刑、财进行监督。"朝廷外置诸路监司，以为耳目之官，提振纲纪。天下官吏有贪墨而不廉者，有违越而无操者，有残毒而害民者，有偷惰而弛职者，一切使之检察其实以闻，朝廷所赖以广聪明于天下而行废黜。"②可见，监司掌纠察之职，是地方的最高检察机关，而通判则是朝廷派来的钦差大臣，两者加在一起，形成了一个严密的监察体系。宋太祖强化监察职能，在政权刚刚稳定之初，还是起到了很重要的作用。"宋初，惩五代藩镇之弊；乾德初，下湖南，始置诸州通判。命刑部郎中贾玭等充。建隆四年，诏知府公事并须长吏、通判签议连书，方许行下。时大郡置二员，余置一员，州不及万户不置；武臣知州，小郡亦特置焉。其广南小州，有试秩通判兼知州者，职掌倅贰郡政。凡兵民、钱谷、户口、赋役、狱讼听断之事，可否裁决，与守臣通鉴书施行。所部官有善否，及职事修废，得刺举以闻。"③

（八）重视科举、兴办学校

宋太祖为了巩固统治基础，招揽人才，恢复了科举制度。科举制度在宋朝有了更大的发展，所立科目增加了不少。宋初，"礼部放举，设进士、九经、五经、开元礼、三史、三礼、三传、学究、明经和明法等科。皆欲取解，冬集礼部，春

---

① [明] 李贽：《史纲评要·宋纪》，中华书局，2008年。
② [宋] 李焘：《续资治通鉴长编》卷四一〇，中华书局，2004年。
③ 《宋史·职官七》。

考试。合格及第者，列名放榜于尚书省"。①宋重视进士，"宋之科目，有进士，有诸科"，"而进士得人为盛"。②在取士制度上，宋朝改变了唐朝由礼部侍郎主持科举考试的制度，因为这种制度造成了"恩出私门"、"徇私舞弊"的严重后果。宋太祖对科举取士制度作了重要改革，废除了礼部侍郎主考制度，建立了由皇帝亲自殿试的制度，使录取权由皇帝掌握，并把这种制度规范化。"诸州判官，试进士，录事参军，试诸科。不通经义，则别选官考校，而判官监之。试纸，长官印署，面给之。试中格者，第其甲乙，具所试经义朱书通否，监官试官署名其下；进士文卷，诸科义卷，贴由；并随解牒，上之礼部……凡诸州长吏举送，必先稽其版籍，察其行为；乡里所推，每十人相保；内有缺行，则连坐不得举。"③可见，从乡里推举到送中央礼部，何等严格。宋初的学校，也分官学与私学两类。官学有国子学、太学、四门学、宗学等。国子学和太学完全是培养统治人才的。国子学只是招收七品官以上子弟的最高学府。八品以下官员的子弟及庶人之俊者上太学，由国子监主持。四门学和宗学都是为八品以下及贵族而设的，各州、县地方学校有专设的学官管理。私学是宋代很发达、很有特点的学校，最著名的四大书院，即白鹿洞书院、嵩阳书院、应天书院和岳麓书院。这四大书院都是私办并经政府承认的。

（九）重文抑武④

唐宋之际，武夫称雄、藩镇割据、秩序混乱、皇权沦落，致使战乱不断，民不聊生，中国社会发生了深刻的变化。传统的政治秩序遭到巨大的破坏。宋朝立国后，面对五代遗留的武夫称雄、藩镇割据的局面，宋太祖一方面急迫地实行一系列收兵权与削藩镇的措施，另一方面也开始全面思考政权的长治久安问题，寻求自己的治国思想、统治方略。宋太祖结合自身的政变经历和以往的历史教训，充分意识到政权面临的最大威胁是拥兵自重的武将势力，社会动乱的根源也在于武力超强干预政治的结果。于是在确定治国思想与方略时，逐渐形成"重文抑武"的核心内容，即抑制武力因素对国家政治及社会生活的干预，强调以意识形态化的儒家道德规范、纲常伦理来控制社会，最终达到维护专制皇权至高无上地位与

---

① 《宋史·选举志一》。
② 《宋史·选举志一》。
③ 《宋史·选举志一》。
④ 参见陈峰：《政治选择与宋代文官士大夫的政治角色》，《河南大学学报》，2007年第1期。

王朝稳定发展的目的。因此，宋太祖之初抛弃了以往依靠和培植军功阶层作为统治柱石的传统，转而寻求能够贯彻执行"重文抑武"治国方略的集团力量，以服务于国家统治的需要。他清醒地意识到"可以马上打天下，不可以马上治天下"的历史经验。即抑制武力因素对国家政治及社会生活的干预，强调以意识形态化的儒家政治思想、纲常伦理来控制社会。唯其如此，方能消弭武将犯上作乱的恶习，恢复并强化君臣尊卑关系，维系世道人心，最终达到维护专制皇权至高无上地位与王朝稳定发展的目的，这正是物极必反下时代发展的逻辑结果。[①]宋代"重文抑武"的文官制度贯彻实施，在宋代培养起一种轻蔑武人的观念，

（十）以儒立国

宋太祖特别注意保护文臣，使其免遭武将的伤害。据说，宋太祖在宫廷之中立碑，告诫后世子孙勿杀文臣士大夫。与此同时，宋太祖还通过许多崇儒的行动，进一步从意识和精神上整顿官僚队伍。如赵匡胤登基不久就下令扩修儒家先圣寺庙，亲自为孔子作赞文，并率群臣拜谒孔庙。以后又下诏对文宣王庙行使一品礼仪，在庙门两侧竖起16枝戟。这些举动鲜明地向天下传递了尊儒重文的信息。分析宋太祖的上述举动，不难发现其目的是要确立统治秩序，要求文武官僚都要遵守朝廷法度，倡导以儒家意识形态为核心的治国理念，竭力强化君臣意识。确立了"以儒立国"、"重文抑武"的国策，北宋朝重用文臣、崇儒礼士的一个基本措施就是继续和完善隋唐以来的科举制度，这也是使宋代政坛没有形成一个军功特权阶层的原因所在。宋太祖确定"以儒立国"、"重文抑武"作为基本国策，这为后来宋朝儒家思想的繁荣兴盛提供了良好的土壤，促使了儒学复兴。儒学复兴运动经过太祖、太宗、真宗三朝，至仁宗朝已硕果累累，出现了一批以儒家名节自励，忧国忧民，主张改革的年轻士人，他们向保守、落后的旧官僚发起进攻，以施展自己修身、齐家、治国、平天下的政治抱负，但大部分儒官们故步自封，迂腐无知，他们的抱负根本无法撼动腐儒旧官僚的腐朽思想，旧官僚们对内进行残酷镇压，对外一味地委曲求全，割让土地，导致民不聊生，国家衰亡，这可能是宋太祖所没有预料到的。这也从反面更说明了没有法的保障，单靠德礼来治理国家是行不通的。

（十一）统一中原地区，平定江南

宋太祖建宋后，全国还有辽国、北汉、后蜀、吴越、南唐、荆南、湖南、南汉

---

① [宋]李焘：《续资治通鉴长编》，中华书局，2004年。

等八个割据政权。宋太祖经与赵普等商量，制定了"先南后北"的统一战略。从乾德元年开始，趁湖南内乱之机，出兵征伐湖南，路经荆南，兵不血刃，占领了荆南。宋军进入湖南，先取潭州，将衡州刺史张文表斩首。大将李处耘先取江陵，又取朗州。湖南主帅周保权被生俘，湖南平定，得十四州，六十六县。乾德二年（964），宋军征伐后蜀，次年后蜀主孟昶向宋军投降，平定岭南，得四十六州，二百四十县。开宝三年，遣兵攻伐南汉，次年，南汉主刘鋹投降，平定岭南，得六十州，二百一十四县。开宝七年，宋军与吴越同伐南唐。次年，南唐被攻破，南唐后主李煜降，得十九州，一百零八县。可惜宋太祖在统一战争尚未完成之际，突然死于万岁殿，时年仅五十岁，史称"烛影斧声"。宋太祖之死，到底是谁所害，成了一桩历史悬案。不过，宋太祖建立宋朝，南征北战，荡平群雄，基本统一中原。

总之，从赵匡胤创立的宋朝初期，他听从赵普提出的"削夺其权、制其钱谷、收其精兵"十二字方针的这套方略看，确实在宋朝初期起到了加强中央君主集权制及其军、政、财、文分立，防止方镇跋扈与地方各自为政的重要作用。改变了五代十国时期武臣专权，政变频发的局面。但赵匡胤这套治国方针，只是权宜之计，非长远治国的根本良策。其策略反过来又成了宋朝长期存在养无用之冗兵、冗官，导致冗费负担沉重，自我削弱各种权利结构的有效职能，带来的负面作用实在不小：1. 宋太祖在治国措施上，只注重当前所需却不能从长计议。即是说其实行的方略对当时是成功的，但对整个宋朝来说却是大有弊端的，由于实行官、职、权分离，造成官场人满为患。2. 官吏的轮换制度，又造成了人在其位，还未来得及谋其政，又被调走了。3. 分割武将的军权，又造成兵不认帅，指挥失灵，使宋军在后来的战斗中屡遭挫折。从而走向内部强横，对外却软弱被欺。因为宋太祖执行的赵普方针，只是从预防兵变、防方镇跋扈、防损害君权为出发点，不是从提高国力、军力为出发点的。这就是为什么北宋空有一百二十万军队，官员两万多，国库钱财成堆，而对外却一直屈服于辽、西夏和金之政权的一个重要原因。他的治国思想是过于重用儒家，也就是说做到了"隆礼"而没有"重法"，所以导致宋朝不能统一中国，只能多次以金钱换来短暂的苟安。

第二节　王安石变法

发生在北宋中后期的王安石变法，是中国历史上影响最为深远的改革变法运动之一。与其他变法相比，王安石的变法最大特点，是其面临的社会危机极为深重，内忧外患相侵逼，而且来自意识形态的改革阻力无比强大，以王安石为首的改革派设计的改革方案也是全面出击，涉及政治、军事、经济、社会、思想、文化、教育等方面。也就是说，这次变法的背景是深刻的，斗争很激烈，内容很宽泛，但其结局并不好。改革不但没有达到富国强兵的预想，没有挽救北宋王朝的衰败命运，甚至连改革者本身也遭到猛烈的攻击。出现了"人存政举，人亡政息"的后果。

一、变法的历史背景

在宋太宗时代，特别是两次北伐失败后，宋太宗失去用兵信心，由于急于建立不世之功转为消极防御，遂将主要注意力转向内部，厉行深化"重文抑武"治国方略，以加强对国内的统治。于是在强调文治的同时，进一步重用文臣成为当政者的共识。清人王夫之针对当时朝政特点而指出："宋所忌者，宣力之武臣耳，非偷生邀宠之文士也。"①如宋太宗曾亲自操持一次科考，不仅录取五百多人，大大超过以往的规模，又打破常规予以超等任官，"宠章殊异，历代所未有也"。甚至连执政大臣都觉得过分，但"上意方欲兴文教，抑武事，弗听"。②到宋太宗朝后期，已经明显地出现了文臣压倒武官的局面，如端拱二年（989），文坛俊杰王禹偁在上奏中指出："自陛下统御，力崇儒术，亲主文闱，志在得人，未尝求备。大则数年便居富贵，小则数月亟预常官"。因此，王禹偁甚至提出"抑儒臣而激武臣"的激进主张③，由此可见，文官士大夫的地位进一步获得提升。

到宋真宗以下诸朝，"重文抑武"方略作为祖宗之制不仅被继承，而且不断得到放大，从而出现前所未有的文武关系失衡的状态，形成文尊武卑的格局。因此，士大夫群体已渐成政治主体，甚至对皇权也产生相当大的制约作用。于是，宋神宗公开对大臣文彦博说"与士大夫共天下"的话语。汉唐时期的"出将入相"现象，反映了功臣勋贵执掌朝政的事实。而宋代宰相以进士出身者占据绝大多数，如北宋宰相71人，其中64人出身进士。北宋中叶以后，政坛也几乎为文官士大夫控制，所谓"今世用人，大率以文词进。大臣文士也，近侍之臣文士也，钱谷之司文士也，边防大帅文士也，天下转运使文士也，知州郡文士也，虽有武臣，

---

① [清] 王夫之：《宋论》卷二，中华书局，1964年。
② [北宋] 李焘：《续资治通鉴长编》卷十八，中华书局，2004年。
③ [北宋] 李焘：《续资治通鉴长编》卷三十，中华书局，2004年。

盖仅有也。故于文士，观其所长，随其才而任之，使其所能，则不能者止其术。"① 故宋人诗云："满朝朱紫贵，尽是读书人。"②

自宋太祖制定"以儒立国"、"重文抑武"国策后，历经几代，由于没有法治的保障，致使官吏贪赃枉法，豪强辈出，欺压百姓，民不聊生。到了宋神宗时，社会危机加剧，内忧外患日趋严重，辽、夏看到北宋虚弱，便加紧进行侵扰。"宋真宗与辽圣宗进行澶渊之盟，定岁币之数，银十万两，绢二十万匹。仁宗时，辽兴宗以求地为兵端，再次定盟，加岁币银绢各十万两匹。西夏主元昊既纳款，赐岁币银绢茶彩共二十五万五千两。"这是每年向辽、夏送的钱物。而国家还要肩负冗官、冗兵、冗费的沉重包袱。这些负担全部转嫁到百姓身上。面对如此积贫积弱现状，宋神宗也感到国家危机四伏，所以立志革除积弊，振兴宋朝。而王安石以其政治主张和品行深孚众望，神宗与其讨论国事后，极为赏识，遂委以变法重任。

二、王安石的生平

王安石（1021—1086），字介甫，号半山，临川（今江西抚州市临川区）人，北宋著名的思想家、政治家、文学家、改革家。王安石出身于一个"仕则有赏禄，而无常户"的小地主家庭。父亲王益曾做过几任地方州县官吏。庆历三年（1043），二十二岁的王安石考中进士。此后十八年都在地方做官，历任扬州监判、鄞县知县、舒州通判、提点江东刑狱等职务。所到之处，兴修水利，办理借贷，兴办学校。嘉祐三年（1058）入京为度支判官，曾上万言书，（即《上仁宗皇帝言事书》，简称《言事书》），主张变法革新，后来又给仁宗上了《上时政疏》，明白指出，当务之急在于"大明法度"、众建贤才，绝不能再因循苟安，对时局抱侥幸心理。警告仁宗皇帝，过了今日，恐怕悔之晚矣。王安石有这样卓越的见识，清醒的头脑，敢于犯颜直谏，当面批评皇帝的胆略和勇气，确实是一位忧国忧民的政治家。然而由于仁宗老矣且生性懦弱，受制于习惯势力之臣的包围，所以未被采纳。熙宁初，王安石以翰林学士侍从之臣的身份，同年轻的宋神宗议论治国之道，深得宋神宗赏识。熙宁二年（1069），宋神宗任他为参知政事（副宰相）。次年升为宰相，主持变法。然而变法触犯了保守派的利益，遭到保守派的反对，

---

① ［北宋］蔡襄：《蔡忠惠公文集》卷十，四库全书本。
② ［南宋］张端义：《贵耳集》，中华书局，丛书集成初编本，1992年。

因此，王安石在熙宁七年（1074）第一次罢相。特别是由于变法的设计者王安石与变法的最高主持者宋神宗在如何变法的问题上产生分歧，王安石复相后得不到更多支持。加上变法派内部分裂，其子王雱的病故，王安石于熙宁九年（1076）第二次辞去宰相职务，从此闲居江宁府，封荆国公。宋哲宗元祐元年（1086），保守派得势，由于司马光等保守派的激烈反对，虽然新法推行八年，最后仍归于失败。此前的新法都被废除，政局的逆转，使王安石深感不安，当他听到免役法也被废除时，不禁悲愤地说："亦罢至此乎！"不久便郁然病逝。

三、王安石的变法思想①

王安石生活的北宋，始终处于"积贫积弱"的局面，阶级矛盾和民族矛盾十分严重。嘉祐四年（1059），王安石在《上仁宗皇帝言事书》中明确指出：

> 内则不能无以社稷为忧，外则不能无惧于夷狄，天下之财力日以困穷，而风俗日以衰坏，四方有志之士，諰諰（xǐ）然常恐天下之久不安。

这里，王安石从四个方面阐述了赵宋王朝不稳定、不稳固的实际状况，即国家内部动荡不安，潜伏着农民反抗和暴动的危险。外族入侵，国家财政经济的枯竭，社会风气的败坏，这种严重情况的出现，不能不引起一些有见识的地主阶级知识分子的担忧，王安石的变法改革思想就是在这样的时代背景下产生的。

当王安石担任参知政事和宰相时，他在宋神宗的支持下，利用自己的宰辅地位，大力推行新法。变法的目的在于富国强兵，以解脱宋王朝"积贫积弱"的统治危机。据《续资治通鉴长编》卷二一三，熙宁三年七月丙辰载：

> 王安石……因为上言："国之大政在兵农。"上曰："先措置得兵，乃及农。缘治农须财，兵不省，财无由足。"安石曰："农亦不可以为在兵事之后。前代兴王知不废农事，乃能并天下。兴农事自不费国财，但因民所利而利之，财亦因民财力而用也。"

由此可见，在富国、强兵问题上，王安石认为二者都重要，但富国更应为先，

---

① 参见杨鹤皋：《宋元明清法律思想研究》，北京大学出版社，2001年3月，第42—52页。

要富国就必须善于"理财","理财为方今之先急"。①

他在《上仁宗皇帝言事书》中进一步提出"因天下之力以生天下之财,取天下之财以供天下之费"的主张:

> 臣于财利固未尝学,然窃观前世治财之大略矣。盖因天下之力以生天下之财,取天下之财以供天下之费。自古治世未尝以不足为天下之公患也,患在治财无其道耳。

在变法革新之初,王安石还和保守派就变法问题进行了激烈的辩论和斗争。辩论是围绕"三畏"和"三不足"而进行的。保守派以孔子的"畏天命,畏大人,畏圣人之言"的三畏思想,来反对王安石变法,并利用当时的旱灾、出现的彗星、华山坍塌等自然现象,说这是对王安石变法的报应,以此攻击变法。司马光还把王安石的变法思想概括为"天命不足畏,祖宗不足法,流俗不足恤",并要罢免王安石。

王安石和保守派进行了针锋相对的斗争,驳斥了他们的"三畏"思想。

(一)"天变不足畏"

王安石认为,天是自然,自然界出现灾异现象,在所难免,不值得害怕。他向神宗说:

> 水旱常数,尧、汤所不免。陛下即位以来,累年丰稔;今旱暵虽逢,但当益修人事以应天灾,不足贻圣虑耳。②

王安石还认为:"天地与人,了不相关,薄蚀、震摇,皆有常数,不足畏忌。"③针对保守派借彗星出现攻击新法,王安石指出:

> 盖天道远,人道迩,人事之变无已,上下傅会,或远或近,岂无偶合?此其所以不足信也。④

---

① 《临川集·与马运判书》。
② [宋]李焘:《续资治通鉴长编》卷二五〇,中华书局,2004年。
③ [宋]李焘:《续资治通鉴长编》卷五九,中华书局,2004年。
④ [宋]李焘:《续资治通鉴长编》卷二六九。

这样，王安石就又一次把保守派的恶意叫嚣压制下去。

(二) "祖宗不足法"

北宋中叶，官僚士大夫中的那些保守派都把"法祖""守成"作为反对变法革新的一个主要盾牌。如司马光借向神宗讲述史事机会提出"祖宗之法不可变"的谬论，同时又写信给王安石，指责他"尽变更祖宗旧法"。枢密史文彦博也借议政时机向神宗说："祖宗以来，法制未必皆可不行"，"祖宗法制俱在，不须更张，以失人心"。王安石则认为，祖宗的立法，不适应时代的需要，理应改变；必须"视时势之可否，因人情之患苦，变更天下之蔽法"，①使之能适合于"所遭之变"和"所遇之势"。而宋朝之所以"积贫积弱"，其原因就在于"累世因循祖宗成法"，只有"变风俗，立法度"，才能改变这种局面。所以，他说：

> 祖宗之法，不必尽善，可革则革，不足循守。

(三) "人言不足恤"

王安石变法，"所宽优者皆村乡朴蠢不能自达之穷氓，所裁去者乃仕官、并兼、能致人言之豪右。"②所以当每一种新法触犯到"豪右"的利益时，作为他们这一阶层代言人的豪绅士大夫们，必然要百般阻挠，攻击新法。而王安石认为，社会上流俗之见不用顾虑，只要新法可行，"当乎义理，何恤乎人言"？他向神宗说：

> 流俗之人，罕能学问，故多不识厉害之情，而于君子立法之意有所不思，而好为异论。若人主无道以揆之，则必为异论众多所夺，虽有善法，何由而立哉？③
>
> 如今要做事，何能免人纷纭？……文日侵阮徂共，以致伐崇，乃能成王业。用凶器，行危事，尚不得已，何况流俗议论？④

王安石对自己主持的变法充满信心，他要像盘庚迁殷时那样，不论怨谤何其多，也要坚持下去。

---

① [宋] 王安石：《王文公文集·上皇帝万言书》，上海人民出版社，1974年。
② [宋] 李焘：《续资治通鉴长编》卷二二七，中华书局，2004年。
③ [宋] 李焘：《续资治通鉴长编》卷二二三，中华书局，2004年。
④ 《熙宁奏对目录》，转引自《杨龟山文集》卷六。

显然，王安石这种不怕"天"、不怕祖宗、不怕守旧势力的反对，坚决主张变法改革的精神是难能可贵的。

四、王安石的"立善法"和选良吏的主张

王安石提出了两条变法改革的指导原则：一是"大明法度"，"立善法"，即制定出正确的政策，颁行有利于天下的法令；二是"众建贤才"，选任良吏，用于变法。"盖夫天下，至大器也，非大明法度，不足以维持；非众建贤才，不足以保守。"他并规劝皇帝，如果朝廷仍然"贤才不用，法度不修，偷假岁月，则幸或可以无他，旷日持久，则未尝不终于大乱"。①

1. 权时变，"立善法"

王安石认为，历史是向前发展的，"夫天下之事，其为变岂一乎哉？"②社会上的事情不可能是一成不变的，并提出了"权时之变"，"立善法于天下"的主张。

王安石认为，尧、舜、禹、汤、文、武这些"圣人"，都有足够的才智和能力为天下制定完备的法令，而为什么一定要到孔子的时代才制定呢？原因就在于原来天下之变未备，到孔子时代才完成了这种变化，从而才能够制定出完备的法令。"盖圣人之心不求有为于天下，待天下之变至焉，然后吾因其变而制之法耳。至孔子之时，天下之变备矣，故圣人之法亦自是而后备也。"③

因此，王安石强调统治者礼法"贵乎权时之变者也"④，应该因时立法，不要拘泥于祖宗之成法，墨守先王之旧政。

然而，王安石从"庆历新政"和长期的探索中，认识到法度的变更同掌握国家大权的皇帝有密切的关系。所以，他把皇帝推到能够"创法立制"、移风易俗的"圣者"地位。在这种思想支配下，他赞美颂扬了像周公等历史上的"圣君"、"贤相"，称道这些"圣人为政于天下也，初若无为于天下，而天下卒于无所不治者，其法诚修也"。⑤他认为，这些"圣君"、"贤相"之所以成为"圣君"、"贤相"，最大的业绩就在于"立善法于天下"、"立善法于国家"，使天下、国家都享

---

① [宋] 王安石：《王文公文集·上时政疏》，上海人民出版社，1974年。
② [宋] 王安石：《王文公文集·非礼之礼》，上海人民出版社，1974年。
③ [宋] 王安石：《王文公文集·夫子贤于尧舜》，上海人民出版社，1974年。
④ [宋] 王安石：《王文公文集·非礼之礼》，上海人民出版社，1974年。
⑤ [宋] 王安石：《王文公文集·周公》，上海人民出版社，1974年。

受其利。他说:"盖君子之为政,立善法于天下,则天下治,立善法于一国,则一国治,如其不能立法,而欲人人悦之,则日亦不足矣"。①

王安石通过总结前代的统治经验,认识到自古以来,凡是治国有成效的,都是由于制定和推行了"善法"。针对善法的内容,就是王安石所推行的以理财为中心的新法。他说:

> 富其家者资之国,富其国者资之天下,欲富天下则资之天地。②

这就是说,当天下百姓从自然界取得了丰富的生活资料,天下才能富足;天下富足之后,赋税来源才能充裕,国家才能富足。王安石把国家财政同社会生产紧密联系起来加以考察,而以发展社会生产作为改善国家财政的前提,是很有见地的。

2. 选贤才,任良吏

儒家主张礼义德教,所以重人治,轻"法治";法家主张刑名法术,所以重"法治",轻人治。而王安石论证,则强调"制而用之存乎法,推而行之存乎人",③要求"善吾法而择吏以守之",明显地反映出兼重人治和"法治"的思想。在王安石看来,单有好的法条仍不足以治理好国家,必须有好的官吏来加以贯彻执行。"古人有言,徒善不足以为政,徒法不足以自行",①推行新法,就得有一支良好的执法官吏队伍。他在论述理财、法律、官吏三者的关系时说:

> 夫合天下之众者财,理天下之财者法,守天下之法者吏也。吏不良,则有法而莫守;法不善,则有财而莫理……然则善吾法而择吏以守之,以理天下之财,虽上古尧、舜,犹不能毋以此为先急,而况于后世之纷纷乎!②

然而,值得注意的是,在理财、法律、官吏三者的关系问题上,王安石尤其强调官吏的重要性,并把任用人才作为当时的"急务"。他说:

---

① [宋]王安石:《王文公文集·周公》,上海人民出版社,1974年。
② [宋]王安石:《王文公文集·与马运判书》,上海人民出版社,1974年。
③ [宋]王安石:《王文公文集·周礼义序》,上海人民出版社,1974年。

> 然则方今之急，在于人才而已。诚能使天下之才众多，然后在位之才可以择其人而取足焉。在位者得其才矣，然后稍视时势之可否，而因人情之患苦，变更天下之弊法，以趋先王之意甚易也。③

培养这些能够"改易更革天下之事"的人才办法，就是王安石所强调的"教之、养之、取之、任之"之道。

后来，王安石实行变法时，便将其选任贤才的主张付诸实践，不拘一格擢拔人才，选拔一批官吏去推行新法，并贬谪了一批阻挠和反对变法的官吏。如御史蔡承禧于熙宁九年（1076）十月末上疏王安石所主持的变法运动：

> "作兴人才，绳督吏职，无论于旧，不问于新。取材则小臣皆得以面陈，去害则大臣不可以幸贷。有善不嫌于亟进，有恶不吝于速降。故理财治农之方，求之近古而未有；养士练兵之法，蠹于百年而一新"。

历史事实说明，王安石变法之所以能够坚持十六年之久，与他在人才的选拔和任用方面有着比较进步的理论和正确的实践是分不开的。

五、王安石的德礼政刑兼用说

王安石批判了老子哲学中悲观消极、清静无为的观点。他认为，老子哲学片面强调"无为"的作用，反对有为，因此而摒弃礼、乐、刑、政在内的一切人为活动，是一种"不察于理而务高"的主张是错误的。④

在王安石看来，礼、乐、刑、政是治国之道，应当"亦兼用之"⑤不能有所偏废。他在《礼乐论》中指出：

> 礼者，天下之中经；乐者，天下之中和。礼乐也，先王所以养人之神，

---

① ［宋］王安石：《王文公文集·材论》，上海人民出版社，1974年。
② ［宋］王安石：《王文公文集·度支副使厅壁题名记》，上海人民出版社，1974年。
③ ［宋］王安石：《王文公文集·上皇帝万言书》，上海人民出版社，1974年。
④ ［宋］王安石：《王文公文集·老子》，上海人民出版社，1974年。
⑤ ［宋］王安石：《王安石集》卷六十七。

正人气而归正性也。是故大礼之极,简而无文;大乐之极,易而希声。

真正的礼乐是简易的、合乎民情的。很明显,王安石因袭了儒家重礼乐德教的思想。

然而,治国不能单靠礼乐,还要用刑政手段及兴农理财。王安石提出,为政任德、任察、任刑,兴农事都是治国的方法,但不能单独使用,必须互相配合,兼而用之。他的这种变法思想是基本上继承了卜子夏的"儒法兼容、见小利"和荀子的"隆礼尊贤"、"重法爱民"思想的体现。他说:

> 任德则有不可化者,任察则有不可周者,任刑则有不可服者……盖圣人之政,仁足以使民不忍欺,智足以使民不能欺,政足以使民不敢欺,然后天下无或欺之者矣。①

自然,这只是王安石的理想,在君主专制统治下是不可能办到的。

其实,王安石的学术思想在许多方面突破了儒家的传统,表现出独创性。南宋的张九成在为刘安世的《尽言集》所作序文中说,王安石所学的是申、商刑名之术,而文之以《六经》。这一评价,我们可以从王安石贬《春秋》、尚"法治"的主张中得到证实。

熙宁三年(1070),王安石改革科举考试,罢诗赋而改试"经义",把《诗》《书》《易》《礼》《礼记》列为应试的经典,却不把《春秋》列入其内。儒家的传统是把《春秋》的地位抬得很高,而王安石却把它排斥在"大经大法"之外。

王安石变法时,设置了一个"明法"新科。凡是参加进士和诸科考试被录用的人,都要参加一次"律令大义或断案"的考试,足见他重视"法治"的程度。

王安石对先秦法家的变法也推崇备至。他曾高度赞扬商鞅实行"法治"的功绩:"陛下(指宋神宗)看商鞅所以精耕战之法,只司马迁所记数行具足。若法令简而要,则在下易遵行;烦而不要,则在下既难遵行,在上亦难考察。"②他还强调说:"今人未可非商鞅,商鞅能令政必行。"

总的来看,王安石的新法,是从封建地主阶级的长远利益出发,但更偏重反

---

① [宋] 王安石:《王安石集》卷六十七。
② [宋] 李焘:《续资治通鉴长编》卷二五〇,中华书局,2004年。

映中小地主阶级的利益，在一定程度上限制了大官僚、大地主、大商人对人民的掠夺，在地主阶级内部进行财产和权利的调整，"损有余以补不足"，力求"民不加赋而国足用"。这在客观上也有利于农民和其他小生产者，在一定程度上缓和了阶级矛盾。他的变法思想仍然沿用了卜子夏"儒法兼容、见小利"和荀子"隆礼、重法、爱民"的思想主张。

六、王安石变法的主要内容

王安石改革的力度很大，可谓是大刀阔斧，全面深刻，凌厉强劲。

（一）王安石的变法设想

《言事书》（《万言书》）的主要内容包括：

1. 朝廷面临内忧外患，财力穷困、风气日坏、法度不合先前三代之政，说明变法是时势要求；

2. 庆历年间范仲淹主持的改革之所以失败，在于人才不足，而真正取得皇帝信赖的几乎没有；

3. 当务之急在于培养有用的人才，这就要选择对象，而且要有一整套的教养之道，养廉之法，纪律约束，法律制裁，考察、赏罚的办法；

4. 当今不能泛泛而学，需要根据国家的要求来培养文武兼能、德才兼备的专业人才；

5. 善于治理财政的，从未以开支不足为问题，主要应通其变，理财要有正确方法；

6. 当前朝政的严重问题是从中枢到地方都是奸吏充斥、狼狈为奸、官官相护、贤者受法律束缚而不肖者逍遥法外的情形必须改变，关键在于得到优秀人才并放手使用。

（二）王安石变法的措施

1. 富国之法

（1）青苗法：宋仁宗时，陕西地方百姓缺少粮、钱，转运使李参让他们自己估计当年谷、麦产量，先向官府借钱，谷熟后还，官称"青苗钱"。王安石、吕惠卿等据此经验，制定青苗法。规定把以往为备荒而设的常平仓、广惠仓的钱谷作为本钱。每年分两期，即在需要播种和夏秋未熟的正月和五月，由农民向政府借贷钱物，收成后加息，随夏秋两税纳官。实行青苗法的目的，在于使农民在青黄不接时免受兼并势力的高利贷盘剥，并使官府获得一大笔"青苗息钱"的收入。

(2) 农田水利法：熙宁二年十一月颁布农田水利法，奖励各地开垦荒田兴修水利，建立堤防，修筑圩埠，由受益人户按户等高下出资兴修。如果工程浩大，受利农户财力不足，可向官府借贷"青苗钱"，按借青苗钱的办法分两次或三次纳官，同时对修水利有成绩的官吏，按功绩大小给予升官奖励。凡能提出有益于水利建设的人，不论社会地位高低，均按功利大小酬奖。此法是王安石主张"治水土"以发展农业，增加社会财富的重要措施。

(3) 募役法（免役法）：规定，废除原来按户等轮流充当衙前等州、县差役的办法，改由州县官府出钱雇人应役，各州县预计每年雇役所需经费，由民户按户等高下分摊。上三等户分八等交纳役钱，随夏秋两税交纳，称免役钱。原不负担差役的官户、女户、寺观，要按同等户的半数交纳钱，称助役钱。此法的用意是要使原来轮充职役的农村居民回乡务农，原来享有免役特权的人户不得不交纳役钱，官府也因此增加了一宗收入。

(4) 市易法：在东京设置市易务，出钱收购滞销货物，市场短缺时再卖出。这就限制了大商人对市场的控制，有利于稳定物价和商品交流，也增加了政府的财政收入。

(5) 方田均税法：熙宁五年八月司农寺制定《方田均税条约》。此法分"方田"与"均税"两个部分。"方田"就是每年九月由县令负责丈量土地，按肥瘠定为五等，登记在账籍中。"均税"就是以"方田"的结果为依据均定税数。凡有诡名挟田，隐漏田税者，都要改正。这个法令是针对豪强隐漏田税、为增加政府的田赋收入而发布的。

(6) 均输法：主要内容有：要求发运使必须清楚东南六路的生产情况和北宋宫廷的需求情况，依照"徙贵就贱，用近易远"的原则，必须在路程较近的生产地采购，节省货款和转运费。另外，还赋予发运使一定的权力，使他们能够斟酌某时某地的具体情况适当地采取一些权宜措施。这就减轻了纳税户的额外负担，限制了富商大贾对市场的操纵和对民众的盘剥，便利了市民生活。

2. 强兵之法

(1) 保甲法：熙宁三年司农寺制定《畿县保甲条例颁行》。其主要内容是乡村住户，不论主客户，每十家（后改为五家）组成一保，五保为一大保，十大保为一都保。凡家有两丁以上的出一人为保丁，以住户中最有财力和才能的人担任保长、大保长和都保长，同保人户互相监察。农闲时集中训练武艺，夜间轮差巡查维持治安。王安石推行保甲法的目的主要是为了防范和镇压农民的反抗以及节省军费。

(2) 保马法：规定百姓可自愿申请养马，每户一匹，富户两匹，由政府拨给官马或给钱自购。养马户可减免部分赋税，马病死则要赔偿。

(3) 将兵法：作为强兵的措施，王安石一方面精简军队、裁汰老弱，合并军营。另一方面实行将兵法。自熙宁七年（1074）始，在北方各路陆续分设100多将，每将置正副将各1人，选派有武艺又有战斗经验的军官担任，专门负责本单位军队的训练，凡实行将兵法的地方，州县不得干预军政。将兵法的实行，使兵知其将，将练其兵，提高了军队的战斗力。

(4) 设军器监：政府下令设置军器监，监督制造兵器，严格管理，提高武器质量。

3. 取士之法

(1) 改革科举制度：废明经诸科，进士科专考经义和时务策，设明法科。

王安石认为"欲一道德则修学校，欲修学校则贡举法不可不变"。改革贡举法，废明经、存进士，熙宁三年（1070）三月，进士殿试罢诗、赋、论三题而改试时务策。熙宁四年（1071），颁布改革科举制度，废除以空洞的诗赋词章取士的旧制，恢复以《春秋》三传明经取士。即要求考生联系当前实际采取参加经义策论的考试。另设"明法科"。这就把科举的立足点放在选拔具有经纶济世之志和真才实学的天平上，从而扩大了考选名额，使一大批新进之士取代反对改革的旧官。

(2) 整顿太学，设专门学校培养人才

实行"太学三舍法"，希望以学校的平日考核来取代科举考试，选拔真正的人才。"三舍法"，即把太学分为外舍、内舍、上舍三等，"上等以官，中等免礼部试，下等免解"，后来地方官学也推行此法，反映了班级教学的特色。还设置武学、医学、律学等专门学校，培养人才。

(3) 唯才用人。重用有志于改革的官员，打破按资升迁的成规。

王安石的用人观：对于如何提拔人才、选取人才，王安石颇有见地，他发了不少高论来阐述自己"教之、养之、取之、任之"的系统人才观。

"教之"，即通过学校教育来培养人才。为此王安石力主兴办太学、州县学等各级学校，同时，王安石还设置武学、律学与医学，培养国家急需的专门人才。

"养之"，即优待和栽培人才。王安石认为对人才应当利、礼、法共用，"饶之以财，约之以礼，裁之以法"，"饶之以财"就是"高薪养廉"，给官吏们优厚的工资待遇，使他们衣食无忧，从而远离腐败贪污。"约之以礼"就是用"礼"

加强官员的思想道德教育，提高官员廉洁自律的能力，从内部做到拒腐防变。"裁之以法"就是对于那些贪赃枉法的官吏则应严厉惩治。

"取之"，即发现、选拔人才。王安石坚决反对北宋旧有恩荫制度和科举制度，而是极力推崇古代的荐举制度。在荐举人才时，并不是一两个人说了算，而是要征求众人意见，并且，还要用实践效果来检验人才是否能当大任。

"任之"，即任用人才。任用之道，关键是任人唯贤、任人唯才、任人唯德，以人之才德为唯一标准。并且，王安石强调用人要"久于其职"，忌讳频繁的迁调。

综上所述，王安石的改革是全面的、深刻的，是有力度的，而且在当时也收到了一定的效果，在一定程度上解决了北宋政权积贫积弱的困难，一度出现了"中外府库无不充衍（满）"的情况，军队的战斗力也有一定的提高，还在对西夏的战斗中取得了少有的胜利，例如：启用贤才王韶，平定了西部甘、青五州，收复了遑州地区。

七、王安石变法失败的原因

改革本质，就是利益格局的大调整，所以每次改革必然伴随着一场斗争，这是不言而喻的。而宋朝又有其特殊情况。

（一）阻力过大

由于改革必然要触及豪强权贵的利益。这些人反对变法的根本原因是新法取消了一些既得利益集团的特权，触犯了豪强兼并者和品官世家的利益，但他们的口号却是以维护祖宗之法来反对的。在变法中掀起过五次交锋（见李伯钦《细说历代名臣》），可见其变法斗争的激烈。反对变法的代表人物是司马光，他对皇帝说："臣与王安石，犹冰炭之不可共器，若寒暑之不可同时"。从史实上看，当时几乎每一项新法的颁布和实行都要引起一场激烈的争论和顽固的阻挠。正如王安石所说，"与战无异"①这些阻挠是全方位的，可最重要的集中在三个方面：1. 围绕天变的斗争。1702年，华州山崩，文彦博借机攻击市易法施行不当；1074年全国大旱，保守派有指责变法触动了天怒，三司使曾布联合魏继等大肆攻击变法。2. 流言的斗争。御史中丞吕海攻击王安石有十大罪过；旧相韩琦罗列青苗法四条罪状。这些反对变法的人不仅包括一批元老重臣、宦官、外戚，还得到几个太后的支持，使得神宗动摇。3. "祖宗之法"是反对派的护身符。

---

① [宋] 李焘：《续资治通鉴长编纪事本末》卷六八《青苗法上》，中华书局，2004年。

宋太祖确定"以儒立国"、"重文抑武"思想作为基本治国方针，这为后来宋朝儒家思想的繁荣兴盛提供了肥沃的土壤，促使了儒学复兴。宋朝主要以科举制度培养官僚队伍，而科举又是主要选拔文官的制度，因而由地主阶层中代表人物组成的文官集团，自然成为宋朝统治的主要柱石。儒学复兴运动经过太祖、太宗、真宗三朝，至仁宗朝已经占了绝对的主导地位。儒家治国思想其实就推行"人治"，否定"法治"，"人治"的结果必然导致徇私舞弊、贪赃枉法、腐败横行，所以他们便坚决反对变法。

（二）王安石变法的本身，也存在着一定的局限性。

变革没有把重点放在发展生产、发展经济上，而是放在赋敛的管理上。再如他制定的"均输法"，本意是为了"徙贵就贱"、"避远就近"，以减少劳费支出。但在实行过程中却出现了许多弊病：一是奸吏借"徙贵就贱"而变成了贱买贵卖，运至高价之地从中营私舞弊；二是在打击大商人的名义下，巨贾勾结奸吏，从事囤积居奇，哄抬物价，操控流通渠道，中小商贩最受伤害；三是东南六路百姓最受均输统购之害。王安石一次就令六路六百万石贡粮中的一半改纳现钱，农民被迫出二石之米另交一石之货币钱粮给国家，使得民怨沸腾；四是具体负责此项的官员薛向派耳目刺探州官隐私，然后勒索钱物，使得人人自危；五是在国家垄断商品流通渠道的情况下，农产品、手工业产品、矿产品得不到正常流通，严重地阻碍了商品、货币经济的发展。遇到自然灾害，供应短缺，社会出现动荡。由此变革在朝野反对声中告终。这就对变法向深度发展带来不利影响，也给保守派以反击的口实。原来变法的"良图"，结果变成了奸商贪吏侵吞民财的渊薮，百姓则深受其害，这是王安石所没有想到的。

（三）用人也有不当

王安石理想中的人才是德才兼备，为了变法的顺利进行，王安石向神宗皇帝举荐了不少人才，让他们加入到变法大军中来，其中确实不乏年轻有为者。尽管王安石再三强调选用人才要德才兼备，切忌让那些"巧言令色"之徒得势，可是他的队伍里还是掺进了不少投机钻营、道德败坏之徒，这些人或者有才无德或者无才无德，他们只不过凭借极力吹捧新法以取得王安石的赏识从而进入到变法大军中来，结果使得王安石两次罢相，导致变法失败。

（四）宋神宗的动摇

王安石变法失败的主要原因是在变法过程中，新政的某些缺点暴露后没有及时修正，加上司马光等保守派不断制造舆论攻击新政，使宋神宗变革思想出现动摇。王安石时代，北宋实行了高度中央集权和君主专制，改革仅为挽救时弊、富国强兵，其迫切性大大不如商鞅变法时的秦国，况且全国吏治败坏、积重难返，保守势力又过于顽强。与商鞅变法不同之处是，商鞅变法时，秦孝公对商鞅的支持是自始至终不变的，而宋神宗对王安石的变法，虽然总体上是支持的，但常常是处于动摇和坚定之间，所以其变法就像拉锯一样，持续时间很长，还很曲折很反复。常常因为宋神宗的态度变化，使得王安石处于被动，期间还不得不两次被罢相，最终使得王安石心灰意冷，失去了锐气。保守派势盛，变法派削弱，神宗更加动摇，王安石无力扭转政局，1076年罢相，出判江宁府，昭示新法失败。

（五）改革失败后的反弹大

宋神宗死后，其母高太后摄政，反对派卷土重来，新法被全盘否定而被废弃，落了个"人存政举，人亡政息"的结果。这一点和商鞅变法是不一样的，商鞅虽人遭车裂，"法未败也"；和北魏孝文帝的变法更不一样，北魏孝文帝的变法是基本全面被继承了；甚至于和唐朝的刘晏、杨炎改革、明朝的张居正的改革都不一样，他们本人的结果也不好，但其"法"还是存在下来了。反对派司马光对王安石的变法的否定是极为彻底的，凡是王安石的"法"，不论好坏，全部废除。甚至对行之有效的、证明有利于缓和社会矛盾的"募役法"也被罢废了。这一点连曾经反对变法的苏轼也看不过去。

第三节　司马光的治国思想

一、司马光生平概况

司马光（1019—1086），字君实，夏县（今山西夏县）人。北宋政治家、历史学家。其父司马池以进士起家，官至三司副使、天章阁待制。司马光就出生在这样的官僚地主家庭。他自幼受过良好的教育，而且聪明机智。

宋仁宗宝元元年（1038），司马光二十岁，中进士第，以奉礼郎为华州判官，次年改任苏州判官。庆历五年（1045），任武成军判官，后入为大理评事，累迁殿中丞、史馆检讨，编修日历。应庞籍征聘，出为郓州学官、并州通判，再入为太常博士、直秘阁。嘉祐六年（1061）迁起居舍人、闻知谏院，改天章阁待制兼侍读、知谏院。英宗时，进龙图阁直学士，开始编写《资治通鉴》。神宗即位，迁翰林学士兼侍读学士、御史中丞。

当时，北宋王朝内忧外患交织，神宗力图刷新政治，任王安石为参知政事

（副宰相），让他出来主政。王安石执政后，立即设置三司条例司，制定和颁布了一系列新法，并付诸实施。而司马光立即上《论风俗札子》攻击王安石。同年八月，又上《体要疏》，公开对王安石新设立的变法总枢纽"制置三司条例司"进行攻击，认为"所更改者未必胜于其旧，而徒纷乱祖宗成法，考古则不合，适今则非宜，吏缘为奸，农商失业。数年之后，府库耗竭于上，百姓愁困于下，众心离骇，将不复振矣。"司马光一方面死守祖宗成法；另一方面反对王安石新法，尤其是对青苗法和免役法攻击最为激烈。苏轼曾说："新法，公（司马光）首言其害，以身争之，当时士大夫不附安石，言新法不便者，皆倚公为重。"可见司马光确实是变法反对派的首领。

司马光反对变法的意见没有被采纳，旋即移居洛阳，但他并未停止反对变法的活动，而是同富弼、文彦博、范缜、苏轼等人组成了"洛阳耆英会"。表面上是联络感情，实际上是暗中聚集力量，搜集材料，制造舆论，不断攻击新政。由于变法反对派力量的影响，加上新政某些缺点不断暴露，最后宋神宗也发生动摇。特别是神宗病逝后，哲宗即位，高太后听政，启用保守派代表人物司马光为宰相，司马光上任后立即废黜新法，恢复旧制，史称"元祐更化"。将刚刚出现转机的北宋王朝又拖回到了更深的危机之中。他这种不辨利害得失，不分青红皂白一概废除的做法，同党之人苏轼也不赞同，在《辨试馆职策问札子》中曾指出，司马光"专欲变熙宁之法，不复较量利害，参用所长"的做法，是极端错误的。然而司马光这时大权在握，一意孤行，对于这些话全都置若罔闻。[①]

在对外政策上，司马光也彻底改变了王安石积极抵抗的对外主张。西夏这时便趁机向北宋王朝勒索土地，宋朝将大片土地奉送给了西夏。

司马光是一个不成功的政治家，却是一个杰出的史学家，也是一个思想家。他主持编撰的《资治通鉴》是为了帮助宋朝统治者吸取历史教训，以巩固封建统治。

二、司马光的治国思想

（一）司马光"礼为纪纲"的儒家思想

作为一名深受儒家思想熏陶的政治家，司马光高度重视"礼"在治国之道中的作用。《资治通鉴》的开篇叙事极为简单，仅一句"初命晋大夫魏斯、赵籍、韩虔为诸侯"。而紧随其后的则是一篇长达1260余字的关于"礼"论述，而这一

[①] 参见杨鹤皋：《宋元明清法律思想研究》，北京大学出版社，2001年3月，第54页。

篇章安排无疑暗示了"礼"在司马光的治国思想中的地位。他在《资治通鉴》的开篇就提出"礼为纪纲"的问题,把"以礼治国"的思想放在首要位置。司马光继承和发展了儒家的礼治论,把礼作为整个封建国家的最高准则。司马光在这篇关于"礼"的论述中说:

> 臣闻天子之职莫大于礼,礼莫大于分,分莫大于名。何谓礼?纪纲是也;何谓分?君臣是也;何谓名?公、侯、卿、大夫是也……天子之职莫大于礼也。①
>
> 夫以四海之广,兆民之众,受制于一人,虽有绝伦之力,高世之智,莫不奔走而服役者,岂非以礼为之纪纲哉!是故天子统三公,三公率诸侯,诸侯制卿大夫,卿大夫治士庶人。贵以临贱,贱以承贵。上之使下犹心腹之运手足,根本之制枝叶,下之事上犹手足之卫心腹,枝叶之庇本根,然后能上下相保而国家治安。故曰天子之职莫大于礼也。

这是说君王进行的统治,礼是最重要的,礼是治国的纲纪。在司马光看来,这种区分上下尊卑、贵贱亲疏的等级制度,都是天经地义的,合理合法的,不能超越,不许破坏。他说:

> 夫礼,辨贵贱,序亲疏,裁群物,制庶事,非名不著,非器不形;名以命之,器以别之,然后上下粲然有伦,此礼之大经也。

司马光的礼治论,是其治国思想的核心。他极力鼓吹礼的作用。他说:

> 国家之治乱本于礼,礼之为物大矣!用之于身,则动静有法而百行备焉,用之于家,则内外有别而九族睦焉,用之于乡,则长幼有伦而俗化美焉,用之于国,则君臣有叙而政治成焉,用之于天下,则诸侯顺服而纪纲正焉。

在司马光看来,从修身、齐家、治国、平天下都离不开礼,他甚至把礼描述为决定生死的重要原则:"人之所以履者何?礼之谓也。人有礼则生,无礼则

---

① 《资治通鉴》卷一。

死。"他认为从君主到百姓，都应该严格遵守礼制。

（二）司马光"信赏"、"必罚"的思想

"信赏、必罚"是法家思想，司马光同样将赏罚视为执政之本。他说：

> 政之大本，在于刑赏，刑赏不明，政何以成！①
> 有功不赏，有罪不诛，虽尧、舜不能为治，况他人乎！②

他还在奏章中多次提到"官人""信赏""必罚"的三大"治国之要"。司马光认为掌握最高统治权的帝王，在履行其天职时应该修心治国：

人君之德三：曰仁，曰明，曰武；致治之道三：曰任官，曰信赏，曰必罚……夫治乱安危，存亡之本，源皆在人君之心，仁明武，所出于内者也；用人、赏功，罚罪，所施于外者也。

他认为国家推行政令是否得当，取决于君主内心是否仁德，把国家的治乱安危，归因于"人君之心"，显然是唯心主义的。

他在《资治通鉴》中写商鞅变法的措施，着墨不多，倒是花很大的笔力去写卫鞅的徙木之赏。司马光写论述，不写措施本身，却是对徙木之赏很有感触，他认为卫鞅在"天下趋于诈力"的攻战之际，"犹且不敢忘信以畜其民"，这个态度很值得肯定。

"臣光曰"首一句就是："夫信者，人君之大宝。国保于民，民保于信。非信无以使民，非民无以守国。"这个观点见于《论语·颜渊》。子贡问夫子如何治理国家，孔子说，"足食（使粮食充足），足兵（使军备完善），民信之矣（使老百姓信任政府）。"子贡好像有意刁难夫子，又问："逼不得已要三去一，先去掉哪一项？"孔子说："去兵。"二去一呢？孔子说："去食。自古皆有死，民无信不立。"司马光完全绍承了夫子这个思想，认为如果"上不信下，下不信上，上下离心，"则这个国家非灭亡不可。

韩非子所说的"法"虽有今天的成文法之义，如说"法者，编著之图籍，设之于官府，而布之于百姓者也"（《韩非子·难三》）；但是更多的是指是一种以赏

---

① 《资治通鉴》卷七九。
② 《资治通鉴》卷一〇四。

罚为根本手段的御臣之术。司马光的赏罚之法同样也是指御臣之术而不是指律例法令，他甚至明确反对繁章冗法，认为法制简约是治世的特征。他说：

> 叔向有言："国将亡，必多制。"明王之政，谨择忠贤而任之，凡中外之臣，有功则赏，有罪则诛，无所阿私，法制不烦而天下大治。所以然者何哉？执其本故也。及其衰也，百官之任不能择人，而禁令益多，防闲益密，有功者以阙文不赏，为奸者以巧法免诛，上下劳扰而天下大乱。所以然者何哉？逐其末故也。①

由此可见，司马光注重信赏、处罚，这是从维护封建统治者的长远利益出发的。有功必赏，而不以喜；有罪则罚，而不以怒。这是司马光所谓至明至公的赏罚之道。

由以上可以看出，司马光的治国思想也有点儒法兼容，礼法合治的味道，但法家主张与时俱进，实行改革，他却极力反对王安石的改革。王安石变法是站在中小地主阶级以及下层绝大多数人利益出发，变法目的是富国、强兵、兴农，所以在变法过程中必然要触及大地主、大官僚以及豪强权贵的利益，因此他的治国思想中的"法治"很多是针对上层权贵们的，治国思想中的"礼治"主要是针对中下层百姓的。而司马光的治国思想主要是代表大官僚、大地主和豪强权贵们的，是用来维护他们的利益不受损失，他的治国思想中的"礼教"思想是针对帝王和全体官僚及百姓的。另外更缺乏裕民以利的思想，司马光尤其反对王安石的青苗法和免役法，他给王安石写信说："孔子曰：'君子喻于义，小人喻于利'……使彼诚君子邪？则固不能言利；彼诚小人邪？……"② 因此他们虽然也主张儒法并用，但"法治"的对象却是不一样的，而且儒家思想更是主要的，具有保守一面，司马光还禁新学，立九经，废除王安石的经义学说。启用程颢，程颢死，又破格启用程颐，程颐从根本上清除了王安石的新学。③反对改革，在对外政策上，他彻底改变了王安石积极抵抗主张。西夏这时趁机向北宋王朝勒索地盘，司马光将大片土地奉送给了西夏。④司马光应是一个儒家人物，这也是北宋亡国的一个重要原

---

① 《资治通鉴》卷五七。
② 《司马温公集·马王介甫书》。
③④ 参见张国：《中国治国思想史·宋辽两夏金元时期的治国思想》，新华出版社，2002年，第297页。

因。现在人们只看到他著有《资治通鉴》这光辉的一面，这是他的一大功绩，却忘记了他阻碍必要改革的落后之过。当然其功大于过，这里是就治国而论，当然要指出其阻遏改革一面的，应是一位闪光的有瑕之玉。

第四节　北宋王朝的衰亡及灭亡原因

一、北宋王朝的衰亡

自宋太祖赵匡胤建国开始，出于巩固君权的需要，便推行用儒家思想作为治国方略。重视科举制度，任用文官治国，虽然这种制度在建国初期对国家的稳定和安宁起到很好的治理作用，但是，科举制度培养了大批的文人儒士，他们熟悉文辞与儒经，以掌握知识和承载儒家理念的士大夫肩负起执政的重任，虽有"致君尧舜"和"内圣外王"的政治理想，但在施政时，却深陷儒家政治理想与现实复杂性的冲突之中。同时，随着时间的推移，大批的文人儒士成为上层统治阶级的一部分，于是，儒家文人的通病就暴露出来。即批评时政者多，讲求实效者少。难怪儒学大师朱熹针对本朝时弊时批评到："秀才好立虚论事。"又如宋人吕中《宋大事记讲义》卷一《绪论》中所总结："论安言计动引圣人，群疑满腹，众难塞胸，此古今儒者之所同病，而以文墨为法，以议论为政，又本朝规模所独病。"宋太宗前期加强中央集权，扩大科举取士制度，注重兴修水利，开垦荒地，积极进取，建立不少功绩。但在两次对辽征战失败后，采取消极防守的方针。统治晚期更是循规蹈矩，加重剥削百姓，使宋朝渐渐形成了"积贫积弱"的局面，激起王小波、李顺起义。宋真宗赵恒即位后，在其统治前期的咸平、景德年间勤于政事，经济发展，号称盛世。景德元年（1004）辽国进犯澶州，真宗亲征，打败辽国，但却订下了澶渊之盟，开创纳岁币求和苟安的先例，以物质换取和平，加重了人民的负担。后期大兴祥瑞，东封泰山，西祀汾阳，又广建佛寺道观，劳民伤财，导致社会矛盾激化。宋仁宗赵祯即位时只有十三岁，由章献太后垂帘听政，十余年后亲政，他统治开始时较为节俭，但由于儒家思想颇重，缺乏法家的那种尚功尚战的霸气，对西夏战争屡败，被迫以"岁赐"银、绢、茶妥协，对辽也以增纳岁币求和。土地兼并及冗官、冗兵、冗费现象日益严重，虽起用范仲淹等进行改革，但结果失败。宋英宗赵曙即位后，任用旧臣韩琦等人，故步自封，因循守旧，不思改革进取，但没有与辽国和西夏发生战争。宋神宗赵顼即位后对北宋积贫积弱的现状深感忧心，对疲弱的政治深感不满，任命王安石推行变法，以期振兴北宋王朝，但由于改革操之过急，不得其法，最终以失败收场，他虽有抱负，励精图治，曾一度想灭西夏，然惜壮志未酬。宋哲宗即位之时，年仅九岁，由高太后执政，公元1093年亲政后，任用主张变法的大臣，对守旧派、中间派进行打击，追贬司马光，并将苏辙等人流放到岭南。恢复免役法、保甲法、青苗法等。终止与西夏的谈判，加强边境防御，屡败西夏，迫使其求和。但是，由于在新党与旧党之间的党争没有得到解决，反而在宋哲宗当政期间进一步激化，埋下了北宋灭亡的祸患。宋徽宗赵佶统治期间重用蔡京、童贯等奸臣权阉，贪污横暴，掠夺民财，又尊奉道教，自称教主道君皇帝。大兴木土、广建宫观庭院，设局搜寻奇花异石，称"花石纲"。这一行为劳民伤财，导致农民揭竿起义。宣和七年（1125），金国大军南下，徽宗因害怕而传位给钦宗赵桓，自称太上皇。宋钦宗赵桓为人优柔寡断，反复无常，对政治问题缺乏判断力。公元1127年，金军将徽、钦二帝，连同后妃、宗室，百官数千人，以及教坊乐工、技艺工匠、法驾、仪仗、冠服、礼器、天文仪器、珍宝玩物、皇家藏书、天下州府地图等押运至北方，汴京公私积蓄被掳掠一空，因此事发生在靖康年间，史称"靖康之变"，北宋灭亡。可以看到北宋王朝的历史，是一部以儒治国的历史，是一部对外一再屈辱忍让，以从人民身上搜刮来的金钱奴颜婢膝地供奉给敌人换来苟安的耻辱历史时期。

二、北宋灭亡的原因

宋代始终强调文治，以儒立国，宋代的开国皇帝赵匡胤是武将出身，深鉴五代时期武人专权跋扈之弊，所以十分注重任用科举出身的文臣。他曾说，任命文臣为地方官，即使都去贪污，也比任用武将的危害小。因此他"尽削方镇兵权，只用文吏守土"，"不以武人为大帅，专制一道必以文臣为经略，以总制之。"[①]宋朝立国，"专务矫失为得"。设法立制，多是为了克服以往弊政。其所立之制，不乏可供后世借鉴之处。叶适曾说："本朝之所以立国定制，维持人心，期于永存而不可动者，皆以惩创五季而矫唐末之失策为言，细者愈细，密者愈密，摇手举足，辄有法禁。"矫失防弊的目的是为了巩固专制主义中央集权。如科举考试中的殿试制度，是为了攻克以往科举考试受权臣干预、录取不公之弊；扩大录取名额则是为了扩大统治基础，杜绝唐末落第人参加农民起义之弊。在整个宋朝，每年由科举入仕的平均人数是361人，约为唐朝的5倍，元代的30倍，明代的4倍，

---

① 黄淮、杨士奇《历代名臣奏议》（四库全书本），上海古籍出版社，1987年。

清代的 3.4 倍。可以说，宋代科举取士之多，在中国封建社会的历史上"是空前绝后的"。①在任官制度中，限制地方长官自辟属官，由吏部依照条法统一任命全国基层官员，实行地区回避法，定期轮任制等等，皆是为了矫唐末五代藩镇权重，内轻外重，地方吏治败坏之失。此外，制定严密的亲属回避法，为了避免汉、唐王朝由外戚、宦官祸国而衰亡之类悲剧的重演。矫政之失，使宋代统治阶级在官僚制度的改革，修订过程中费尽心机。这一制度照顾了方方面面的利益，较好地调整了统治集团的内部矛盾，使宋朝统治的 300 余年间较少有大的政治风波，从而保证了其社会经济、科技文化的大发展。维系、支撑宋王朝的主要政治力量就是以宰相为代表的士大夫势力。在两宋近 320 年的漫长历史过程中，曾有过三次类似于"宫廷政变"的篡权，一次失败，两次成功，这三次宫廷政变都发生在南宋兵荒马乱的年月，士大夫在其间所起的正是稳固赵宋王室的作用。

北宋灭亡的原因主要有以下几点：

其一，"重文抑武"，以儒立国的国策导致北宋灭亡。赵匡胤发动"陈桥兵变"夺取政权，他鉴于唐末五代的藩镇割据，害怕武将拥兵自立，对中央皇权构成威胁，因此对武将总是心存提防。为了消除各地武装，他制定了一整套以文制武、兵权分立的措施，派文臣监督军队，这种措施不但大大降低了军队的战斗力，而且严重削弱了抵御外来侵略的国防力量。导致军队内部互相牵制、动辄掣肘，弊病丛生。

宋太宗时期，继承了宋太祖的"重文抑武"，以儒立国的思想，为了掣肘武将，他订制了"将从中御"政策，这违背了"将在外，军令有所不受"的原则。每次战争都是由幽居深宫、远离前线的皇帝和几个大臣，依据主观臆测，制定作战方针，错误地钳制和剥夺前方将帅的机动指挥权，极大地扼杀了主将在战场上临机应变的主观能动性。他把国家的外忧比作边事，将内息比作心腹之疾，想尽办法抑制内部的叛变和镇压人民的反抗，对外则妥协退让、屈辱求和。这种军事上的骄惰无能和外交上的妥协退让，在北宋初期就已经助长了辽和西夏的气焰。而这种做法为后面的历朝皇帝所继承，使北宋兵多而无用，连吃败仗是必然的。而且以后历代几乎全面继承了这一主导治国思想，虽有几次变法，但是都因儒士守旧势力的强大而被废止，而且朝廷荒淫糜烂极度腐败，贪官污吏横行朝野，以至于国家积贫积弱，内忧外患，对内残酷镇压，对外妥协投降，最终被飓风狂涛

---

① 张希清：《论宋代科举取士之多与冗官问题》，载《北京大学学报》，1987 年第 5 期。

所覆没。

其二是官僚腐败导致亡国。宋太祖制定"重文抑武"国策,大量重用儒生,在加强中央集权的过程中形成了庞大的官僚机构和军事机构,官俸和军费开支与日俱增,国家财政不堪重负,同时还滋生了大量的官僚腐败。北宋初期大官僚、大地主占有广大的土地,并且可以减免赋税,地主通过各种手段隐瞒土地数额少纳税,致使国家的财政收入发生严重困难。土地的集中造成国内矛盾激化,官僚机构臃肿导致腐败盛行,北宋彻底腐朽,军无斗志,战斗力极弱,不堪一击。

其三是禁军制度导致北宋灭亡。禁军制度造成兵不知将,将不知兵,战斗力低下,后世君主把太宗的国策当作祖宗之法的一部分,历代相沿,不肯更改,为北宋灭亡埋下了隐患。

其四,澶渊之盟和庆历和议也是导致宋朝灭亡的一个原因。从整个中华民族的发展史来看,澶渊之盟的订立有其积极的意义,它结束了辽宋之间几十年的战争,使辽宋之间保持长期和平稳定的局面。双方展开频繁的经济文化交流,有利于边境地区的生产发展,从长远来看有利于我国多民族国家的发展和统一。但是对于北宋来说,他们打退辽军,辽国败退撤兵,宋朝却送给辽"岁币",宋庆历二年(1042),西夏连续三次对北宋大规模用兵,结果宋与西夏签订了"庆历和议"。西夏元昊向北宋称臣,北宋每年给西夏"岁币"绢15万匹、7万两白银和3万斤茶叶。白银三十万两,绢二十万匹的"岁币"成为北宋人民沉重的负担,削弱了国防力量,刺激了敌方的贪欲,从这个意义上说,"澶渊之盟"和"庆历和议"是两个屈辱的和约,宋如此屈辱忍让,反映了朝廷上下缺乏抗敌信心。"澶渊之盟"和"庆历和议"是宋对辽和西夏屈辱外交的开端,虽换来了百年的和平,但却后患无穷。随着宋朝对盟约的疑虑渐释,君臣边将戒心日弛,防务荒废,为日后的"靖康之耻"埋下了祸根。

其五,"靖康之耻"使宋朝彻底灭亡。宋、金往来初期,金朝对宋的情况并不十分了解,他们觉得宋朝十分强大。金本是半开化的封建小国,立国之初就和辽的战争不断,并长期受辽国的压迫,如果不联合宋一起对付辽,金国单靠自己的力量消灭辽国几乎是不可能的。因此,金与宋结盟之初并不敢有过高的奢望,只是希望能借助宋朝的武力迅速战胜辽军而偏安东北。但随着战争的推进,宋朝的腐败越来越明显,宋朝单方停止和约,扣押金朝使臣,并且两次围攻燕京失败,逐渐失去了在金人眼中的强大地位。特别是金军独自攻下中京、西京以后,金朝开始重新审度自身的力量,更增加了必胜的信心和勇气。他们对宋朝的态度也由

"未可轻之"变得不屑一顾。可是宋对当时的形势判断错误,对辽和金的实力更是一无所知,只看到辽的强大,看不到金的威胁,而联金抗辽,反而失去了辽国的安全屏障。在联金抗辽的过程中,金看到了宋的软弱,宋却没有重视金的强大。那么辽国灭亡之日,也就是宋的灭亡之时。同时宋徽宗和蔡京等人骄奢淫逸,非常无能,盘剥百姓,失去民心,仅一年时间,金人陷城六十余座,整个北方大部陷入金人之手,宋徽宗见势危急,乃禅位于太子赵桓,是为宋钦宗。靖康二年四月金军攻破东京(今河南开封),烧杀抢掠,俘虏了宋徽宗、宋钦宗父子,以及大量赵氏皇族、后宫妃嫔与贵卿、朝臣等共三千余人北上金国,东京城中公私积蓄为之一空,这就是"靖康之耻"。北宋遂亡。蔡东藩说:"北宋之亡,非金人亡之,自亡之也。"

其六,罗大经《鹤林玉露》卷七载:宋初宰相赵普,人言所读仅《论语》而已。太宗赵匡义(又名赵光义、赵炅)因此问他。他说:"臣平生所知,诚不出此,昔以其半辅太祖定天下,今以其半辅陛下致太平。"由此可以了解宋太祖赵匡胤及宋太宗赵匡义时期的治国思想都是以纯儒家思想来治理国家的。赵普提出这套方略,在宋初确实起到了加强中央君主集权制及其军、政、文权力的分立,防止方镇跋扈与地方各自为政的重要作用。改变了五代十国时期武臣专权,政变频发的局面。但也使得宋朝长期存在冗兵、冗官,导致冗费负担沉重,自我削弱各种权力结构的有效职能,从而走向"积贫"、"积弱"的重要原因。这就是为什么北宋空有一百二十万军队,官员二万多,府库钱财成堆,而对外却一直屈服于辽、金政权的一个重要原因。

"以儒立国"的国策是导致宋朝缺乏霸气而不能统一中国,且对外软弱被欺,乃是灭亡的根本原因。满朝皆儒生,势必过于造成偏重以儒学来治国,儒学治国的思想主要是以德教化,强调自身的主观性,即修身、治国、平天下。缺乏法家的尚功、尚战、尚利思想,一味地保持清高,这对于社会的进步和发展造成很大的障碍,使广大百姓缺乏追求上进的积极性。同时,由于儒家思想在宋代占绝对主导地位,对外一味地忍让,委曲求全,割地赔款,对内则朝廷腐化堕落,荒淫无度,导致官吏贪污腐败,豪强恣意掠夺,民不聊生,最终导致衰败灭亡。

就宋朝治国主导思想而言,儒家思想太过柔软了,缺乏的是法家阳刚之气。荀子"隆礼尊贤而王,重法爱民而霸"的治国思想,是倡导"儒法兼用",即治理国家既要"隆礼尊贤",更要"重法爱民","隆礼、尊贤"是基础,"重法、爱民"是保障,缺一不可。"儒"和"法"如同鸟之双翼一样,鸟仅靠一只翅膀来飞是注定要掉下来的。对于一个国家来说，无论是对内还是对外，荀子的治国思想都是适用的、必须执行的。习近平总书记在中共中央政治局第三十七次集体学习时说："法安天下，德润人心"。"法治和德治不可分离、不可偏废，国家治理需要法律和道德协同发力。"儒与法同样重要，缺一不可，只是根据不同时间，不同事件需要柄国者根据实际情况来灵活运用。

第二十四章　元朝的治国思想及治国概况

蒙古族是我国北方一个古老的民族，长期生活在蒙古草原一带，是一支具有悠久历史的游牧民族。唐时称为蒙兀，居住在黑龙江额尔古纳河一带，以后逐渐向西发展到鄂嫩、克鲁伦、图拉三河上游肯特山东部地区（今蒙古人民共和国境内），游牧在蒙古草原上。先后臣服于唐、辽、金等朝。

蒙古族迁到草原以后，接触到汉族先进文明，接受了铁器，逐渐改变了生产方式和生活资料。使生产力水平有了显著提高，促进了私有制经济的发展。公元1206年，铁木真统一蒙古各部，称成吉思汗，从而建立了各部落统一的奴隶制国家。公元1234年，蒙古军灭金后，和南宋王朝对峙。公元1260年，成吉思汗孙忽必烈登上汗位，他于1271年迁都燕京（后改称大都，今北京），建国号为"元"。他在位期间，在汉族地主协助下，采用"汉法"（即汉族封建制度），考求前代典章，建立有元一代之行政、军事、法律、赋税等制度，其中，行省制度影响深远。元朝是中国历史上一个重要的发展时期，虽然蒙古统治者对全国的统治不足百年，但他所建立的政权无论是疆域之广，进行中西贸易，还有在文化方面都是过去历史上所没有的。元朝的建立，标志着蒙、汉各族地主阶级的进一步联合，汉族封建统治制度在新王朝中被延续下来。元朝自成吉思汗至灭亡，共历十五帝，一百六十三年；自元世祖忽必烈定国号起，凡十一帝，九十八年。

第一节　耶律楚材的治国思想及治国概况

一、耶律楚材的生平概况

耶律楚材（公元1190—1244），字晋卿，号玉泉老人，法号湛然居士，金末元初人，仕蒙古三十年，元太宗时期官至中书令（相当于宰相），元朝政治家、思想家。他出身于契丹贵族家庭，世居金中都（今北京），是辽太祖耶律阿保机的九世孙，辽朝东丹王耶律突欲的八世孙，金世宗时尚书右丞相耶律履之子。耶律楚材三岁丧父，由其母杨氏抚养长大。他年轻时博览群书，通晓天文、地理、律历、术数及佛老医卜之说，金章宗泰和六年（1207）试进士科，所对尤优，"遂辟为掾，后仕为开州同知"①。1214年，蒙古军攻中都金迁都汴梁，设立燕京行尚书省楚材被任命为左右司员外郎，留守燕京，次年五月，中都陷落，1218年，耶律楚材被召用。后蒙古大军南下，围攻燕京，楚材留守燕京，为左右司员外郎。耶律楚材是推动蒙古政权向封建化进化的关键人物，他由于长期受中原文化的影响，具有深厚的中国传统文化功底。在成吉思汗谋求治国之才时，他就以一位出色的"以儒治国"之才，加入了蒙古政权，并受到重用。成吉思汗晚年对其后继者窝阔台汗（元太宗）说："此人天生我家，尔后军国庶政，当悉委之。"②窝阔台汗即位后，任命耶律楚材为中书令，成了典颁百官、会决庶务、握有重权的宰相之职。从此耶律楚材开始治理国政。他在元太祖、太宗时期任职近三十年，参与制定了各项法律、制度，为元朝的统治奠定了基础。因此，后人评论道："耶律楚材为相，定税赋、榷商课、分郡县、籍户口、理狱讼、别军民、设科举、推恩肆赦，方有志于天下"。耶律楚材刚直不阿，执法不畏权贵，为史家所称道。他比较开明，具有远见卓识，他的治国思想深深地影响了蒙古统治阶级，加速了他们的汉化过程。1244年因病去世，享年五十五岁。耶律楚材去世后，有人诋毁他："天下贡赋，半入其家。"皇后乃马贞氏派人检查，其家只有古琴、古画、金石和遗文数千卷而已。为相三十年，竟然如此清贫，这在封建社会里的确难能可贵。他在我国各民族融合和经济文化交流中，是一位颇有贡献的杰出人物。

二、耶律楚材的"儒法兼用"治国思想及治国概况

（一）耶律楚材的以儒治国论

元太祖时，蒙古社会尚处于奴隶制阶段。蒙古贵族统治者进入中原地区以后，如何统治文化深厚的汉民族，遂成为他们面临的最大问题。耶律楚材不顾蒙古贵族们的反对，要求用儒家（实为荀学）的一套政治主张来治理国家，提出了实行汉法的施政方针，主张建立中央集权制，他向太宗上奏《陈时务十策》：

> 一曰信赏罚，二曰正名分，三曰给俸禄，四曰封功臣，五曰考殿最，六

---

① 《元史·耶律楚材传》。
② 《元史·耶律楚材传》。

曰定物力，七曰汰工匠，八曰务农桑，九曰定土贡，十曰置水运。①

耶律楚材的家庭接受汉文化较早，受儒家思想影响颇深。他受到家庭中儒学的熏陶，崇尚儒学，主张以儒治国，进用汉族儒生，建立封建法制。在成吉思汗统治时，有人以国家正用武之时，扬言像耶律楚材这样的儒者又有何用。耶律楚材据理反驳，阐述以儒治国的重要意义。

  夏人常八斤，以善造弓，见知于帝，因每自矜曰："国家方用武，耶律儒者何用。"楚材曰："治弓尚须用工匠，为天下者岂可不用治天下匠耶。"帝闻之甚喜，日见亲用。②

太宗即位后，耶律楚材经常"进说周孔之教"，并向太宗说："天下虽得之马上，而不可以马上治。"大力提倡儒家学说，进用汉族儒生，反对大规模的屠杀政策，建立封建法制；严明赏罚，执法不畏权贵。在他的建议下，元朝开始任用汉儒和金朝官员，逐渐形成任用文臣的常制："国朝之用文臣盖自公发之"，③当时"极天下之选，参佐皆用省部旧人"。④并选拔了陈时可、赵昉、刘中等二十余人为课税使和副使，专门办理税政，卓有成效。后因太原课税使吕振和副使刘子振贪赃枉法，使太宗怀疑儒学是否可行。《元史·耶律楚材传》载："太原路转运使吕振、副使刘子振，以赃抵罪。帝责楚材曰：'卿言孔子之教可行，儒者为好人，何故乃有此辈？'对曰：'君父教臣子，亦不欲令陷不义。三纲五常，圣人之名教，有国家者莫不由之，如天之有日月也。岂得缘一夫之失，使万世常行之道独见废于我朝乎！'帝意乃解。"这里，耶律楚材不但说明不能由于广大儒者中出现一两个败类而怀疑儒者，而且进一步阐述了必须接受中原固有文化，才能巩固元朝的统治。

公元 1232 年，耶律楚材奏封孔子第五十一代孙孔元措为衍圣公。以后，又召名梁陟、赵万庆等人"直译九经，进讲东宫"，亲自率领大臣子孙执经解义，"俾

---

  ① 《国朝文类·中书令耶律公神道碑》。
  ② 《元史·耶律楚材传》。
  ③ ［元］苏天爵：《元朝名臣事略·中书耶律文正王》，卷第五，中华书局，1996 年。
  ④ 《元史·耶律楚材传》。

知圣人之道"；置编修所于燕京，经籍所于平阳，专门编辑经史。①在蒙古统治阶级中开始兴起了文治之风。耶律楚材认为："制器者必用良工，守成者必用儒臣。儒臣之事业，非积数十年，殆未易成也。"于是按照汉族传统，大力普及周、孔之教。

公元1237年，耶律楚材进一步以"守成必用儒臣"为由，力图恢复唐宋以来的科举制度。他开科取士，为以儒治国提供了重要的人才条件，特别是明令规定战争期间沦为家奴的儒生也可以参加科举考试，结果，在四千多被录取的考生中，有一千多是被释放的奴隶。他们进入各级官府机构，成为治国理政的有生力量。②其进步意义不言而喻。

(二) 耶律楚材重视法律、严明赏罚的治国思想

耶律楚材在主张以儒治国的同时，还坚持以法治国，实行"儒法兼用"。由于蒙古族是游牧民族，是从原始游牧民族向封建制进化的民族，因此，法律的制定与完善，是封建化水平的标志。耶律楚材积极推动了蒙古民族的法制化进程。1234年在忽里台颁行法令——札撒，并宣布了以下条令：

> 凡当会不赴而私宴者，斩；诸出入宫禁，各有从者，男女止以十人为朋，出入毋得相杂……诸千户越万户前行者，随以木镞射之。百户、甲长、诸军有犯，其罪同。不遵此法者，斥罢……

从建立礼仪到颁行法令，"始立朝仪，皇族尊属皆拜，颁大扎撒"，③完成了元朝从游牧到封建集权转变的一项艰巨任务。

为了统一全国的政事，耶律楚材还起草了《便宜一十八事》，经朝廷批准，以成文法的形式"颁行天下"，成了当时的临时法典。《便宜一十八事》内容十分广泛，涉及政体、吏治、赋税、刑法、诉讼程序等等。原文散佚，《元史》仅记其略："郡宜置长吏牧民，设万户总军，使势均力敌，以遏骄横。中原之地，财用所出，宜存恤其民，州县非奉上命，敢擅行科差者罪之。贸易借贷官物者罪之。

---

① 《元史·耶律楚材传》。
② 参见张国：《中国治国思想史》，新华出版社，2002年10月，第320页。
③ 《元史·太宗纪》。

蒙古、回纥、河西诸人，种地不纳税者死。监主自盗官物者死。应犯死罪者，具由申奏待报，然后行刑。贡献礼物，为害非轻，深宜禁断"。①

耶律楚材制定法令后，还一再强调"信赏罚"。《元史》载："有二道士争长，互立党与，其一诬其仇之党二人为逃军，结中贵及通事杨维忠，执而虐杀之。楚材按收杨维忠。中贵复诉楚材违制，帝怒，系楚材，既而自悔，命释之，楚材不肯解缚。进曰：'臣备立公辅，国政所属。陛下初令系臣，以有罪也，当明示百官，罪在不赦。今释臣，是无罪也，岂宜轻易反复，如戏小儿。国有大事，何以行焉！'众皆失色。帝曰：'朕虽为帝，宁无过举耶？'乃温言以慰之。"②

耶律楚材刚直不阿，执法不畏权贵。当时燕京多盗贼，朝廷派中使与耶律楚材一同查处。经调查，盗贼"皆留后亲属及势家子"，耶律楚材将他们一一逮捕入狱，罪犯家属贿赂中使，中使想宽纵罪犯，但耶律楚材坚决把这些人审判定罪。《元史》载："燕多剧贼，未夕，辄曳牛车指富家，取其财物，不与则杀之。时睿宗以皇子监国，事闻，遣中使偕楚材往穷治之。楚材询察得其姓名，皆留后亲属及势家子，尽捕下狱。其家赂中使，将缓之，楚材示以祸福，中使惧，从其言，狱具，戮十六人于市，燕民始安。"③他为维护封建朝纲而不畏权贵的精神是很可贵的。

（三）禁止滥杀

耶律楚材是以儒家思想为主体，按照"儒法兼用"治国思想来治理国家，他在创建整个治国方略框架时，儒家的"仁政"思想起了主导作用。面对蒙古大军野蛮残酷的屠杀，耶律楚材提出了禁止屠杀、保护人口、休养生息、发展经济的主张。由于当时生杀大权由各军事首领掌握，"皆是自专生杀"，"稍有忤意，则刀锯随之。至有全室被戮，襁褓不遗者"④（《元朝名臣事略》卷五《中书耶律文正王》）。为了改变这种状况，耶律楚材请求下令："囚当大辟者必待服，违者罪死。于是，贪暴之风稍戢"；⑤在他看来，"九州成一统，刑赏归朝权"。因此，他"议请肆宥"，始定赦宥之制。"⑥他劝太宗说："民皆陛下赤子，走复何之？奈何因一俘囚而连死数十百人乎？"结果太宗"诏停其禁"。根据蒙古族习惯法，在战

---

① 《元史·耶律楚材传》。
② 《元史·耶律楚材传》。
③ 《元史·耶律楚材传》。
④ ［元］苏天爵：《元朝名臣事略·中书耶律文正王》，卷第五，中华书局，1996年。
⑤ 《元史·耶律楚材传》。
⑥ 《元史·耶律楚材传》。

争中"凡敌人拒命,矢石一发则杀无赦"。经过耶律楚材劝说,在攻下汴京时,"诏除完颜氏一族外余皆原免",(《元朝名臣事略》卷五《中书耶律文正王》)使聚集城中的一百四十万难民得以存活,首次打破了传统的"屠城"旧制。

耶律楚材受儒家思想的影响颇深,主张"恤刑慎杀"。他在随元太祖西征时,侍卫见到一只"鹿形马尾,绿色而独角"的异兽。耶律楚材据此对太祖说,这是"恶杀之象","上天遣此以告陛下,愿承天恩以宥此数国人命"。结果"即日下诏班师"。太宗病重,耶律楚材"引宋景公荧惑退舍之事以为证",认为"天变屡见,宜赦天下"。但他的思想基础还不同于儒家的"民惟邦本"的说法。他认为得到土地、人民是将士浴血奋战的目标,只得到土地而杀掉人民,等于没有得到天下,"得地无民,将焉用之?"这种把土地与人民同视为治理国家的基本条件的意识,已经大大超越了奴隶主阶级的思想。同时,他还认识到"严设法禁,阴夺民利,民穷为盗,非国之福"①。他认为要达到社会安定,不能靠一味滥杀,要注意创造人民安居乐业的物质条件,这些思想在当时有利于社会的安定和生产的恢复和发展。②

耶律楚材的治国思想,实际上还是采用"儒法兼用",这样既有利于社会的和平安定,更有利于加强封建王朝的统治。

第二节 忽必烈的治国思想及治国概况

一、忽必烈的生平概况

元世祖孛儿只斤·忽必烈(1215—1294),元朝的创建者,在位三十四年(1260—1294),蒙古民族光辉历史的缔造者,蒙古族卓越的政治家、军事家。拖雷第四子,母唆鲁禾帖尼。1260年在部分宗王和大臣的拥立下,登基成为大蒙古国皇帝(蒙古帝国大汗),1271年将国号由"大蒙古国"改为"大元",从大蒙古国皇帝变为大元皇帝。1276年元军攻入临安,宋恭帝奉上传国玉玺和降表,南宋灭亡。1279年元朝统一全国。

元世祖忽必烈青年时代,便"思大有为于天下"。他一生征战,一统天下,建立了幅员辽阔的统一多民族国家——元。他在位期间,建立行省制,加强中央集

---

① [元] 苏天爵:《元朝名臣事略·中书耶律文正王》,卷第五,中华书局,1996年。
② 杨鹤皋:《宋元明清法律思想研究》,北京大学出版社,2001年3月,中华书局,1996年。

权，使得社会经济逐渐恢复和发展。他也曾多次派兵侵略邻国，但多遭失败。忽必烈灭了南宋政权后，结束了宋、辽、金、西夏等几个民族政权长期的分裂局面，统一了中国。成吉思汗的功绩是统一蒙古诸部，征服欧亚大陆和缔造了蒙古帝国，忽必烈的功绩可以与其祖父成吉思汗的功绩相媲美，他是少数民族统一且较有效治理中国的第一人，也是第一位成功完成了从草原游牧到定居社会过渡的蒙古大汗，对蒙古族历史和中国历史以及世界历史都有很大的影响。1294年正月，忽必烈在元大都病逝，追谥圣德神功文武皇帝，庙号世祖。

二、忽必烈的治国思想及治国概况

（一）以儒治国，以佛治心的治国理念

儒家思想是中国传统文化的主流，是中国人安身立命的基石。儒家思想强调仁爱思想，形成了具有亲和力和凝聚力的中华民族精神，忠孝、节制、责任感都是儒家传统文化的主流。儒家思想倡导和谐，使人们有礼义、有素质、有教养，促进社会稳定、和谐、健康、有序发展。忽必烈汗深受儒家思想影响，深谙儒家思想的精髓。

元朝是一个幅员广阔，民族众多的统一封建制王朝，史载"北逾阴山，西极流沙、东尽辽左、南越海表"。在元朝的开创者忽必烈汗统治的34年里，政治稳定，经济发展，贸易畅通，史称"至元、大德之治"。[①]1260年忽必烈即位后出现了各种矛盾斗争，首先是长期战乱造成社会的混乱，经济停滞，人民不能正常生活；其次是蒙古统治者和汉族大地主大量兼并土地，加深了阶级矛盾。还有各民族各地区在政治、经济、文化上的巨大差异。针对这些矛盾，忽必烈吸纳儒家思想，采取兼容并蓄，因地制宜，实行"以儒治国，以佛治心"政教并行的制度。以蒙古族传统文化为基础，融合儒学的因素，纳民族精神于国家的治理中，并依法治国，实现国家法制；发展农业、畜牧业和商业经济，实现国家富强；强化汗权信仰以及在萨满教、藏传佛教信的仰引导中，实现了中央集权中的信仰一致。

忽必烈从小在母亲指导下接触了汉文化，后来又广泛接触文人学士，主要有老臣耶律楚材，还有刘秉忠、赵璧等，使他谙熟中国传统的治国安民之道，也使他接受了中国传统的伦理思想，为他日后成为一代明君奠定了基础。忽必烈即位后，采用"以儒治国，以佛治心"的治国理念，他颁行的即位诏书（1260）、建中

[①]《元史·食货志》。

统号诏书（1260）、南喻诏书（1260）、建至元号诏书（1264）等都是他治国思想的政治宣言。特别在即位诏书和南谕诏书中，一方面强调"朕惟祖宗肇造区宇，奄有四方，武功迭兴，文治多缺，五十余年与此矣"以及"祖宗以武功创业，文化未修。朕缵承丕续，鼎新革故，务一万方"的治国理念；另一方面在行动上"思大有为于天下，延藩府旧臣及四方文学之士，问以治道"，[①]并搜罗了大量的文人儒士，如刘秉忠、元好问、张德辉、姚枢、窦默、许衡等，在长期的战争和中原道学以及这些人的影响下，接受了"人道之端，孰大于此。失此，则无以立于世矣"[②]的儒学精神，并从道学出发，确立了"济世安民无如孔教"的治世思想。在心性问题上，主张"存仁爱之念"，强调经过人心的努力，仁爱存乎人心。坚持性本善的人性论，注重争取人心。忽必烈因地制宜，用儒家思想治理汉地，并且取得了显著成效。

忽必烈通过研究历朝历代的统治经验，懂得了人才对治理国家的重要性。所以他千方百计不分民族地域，招收大批知识分子和有统治经验的贤人志士，做到求贤使能，任人唯贤。忽必烈在改元诏书中提出了"应天者惟以至诚，拯民者莫如实惠"的理论思想，这不仅是儒学思想，也是蒙古族传统思想；这是指导忽必烈政治思想、经济思想等各种思想的认识基础。他收罗人才的范围广泛，有窝阔台时期起用过的儒臣，有汉地的张柔、史天泽等，也有金国遗臣，还有南宋朝廷的有识之士。这些人满腹经纶，善于治国安民，对忽必烈忠贞不渝，抱有期望。这样，忽必烈在他们的影响下，对自己治国安民之道有了满意的收获，更对中国传统文化"修身、齐家、治国、平天下"为核心的儒家思想吸收颇深，并达到了相当高的境界。

忽必烈实行"政教并行"制度，这顺应了历史发展趋势，也是历史发展的产物。他以政理世、以教治心的思想，是融会贯通并继承各民族统治思想的产物。他同耶律楚材有密切的来往，受其影响很深，耶律楚材学识渊博、治国经验丰富，深谙"以儒治国，以佛治心"的治国安邦之道，这对忽必烈影响很深。在儒学解决了入世的伦理规范后，出世的信仰规范便成为蒙古帝国的选择。同时，藏传佛教宣称那些皈依佛门、弘扬佛法的帝王是菩萨转世的转轮皇帝，以及它对世俗社

---

① 《元史·世祖纪》。
② 《元史·窦默传》。

会与天国之间的论证,恰好适合了元初的政治需要。①

(二)"尽收诸国,各依风俗"的法制思想

元朝没有制定完备的法典,是因为在长期的草原畜牧业经济发展的基础上,形成了以游牧文化为代表的习惯法和判例法为特征的蒙古法制。忽必烈入主中原后,特别在农业经济为特征的、德主刑辅的中原法制文化环境中,如何实现元初的法制建国,是摆在忽必烈面前的一道难题。

"元初未有法守,百司断理狱讼,循用《金律》,颇伤严刻。右丞何荣祖,世业吏,而荣祖万所通习,始以公规、治民、御盗、理财等十事,辑为一书,名曰《至元新格》"。②《至元新格》只是"大致取一时所行事例,编为条格而已"。③忽必烈为了制约贵族官僚,特制定"定品官子孙荫叙格"④和"官吏赃罪法"。⑤这两部法令,严格约束贵族及官吏的行为,既不准擅取官物,也不准贪赃枉法,凡贪污百贯以上者处以死罪。在传统的蒙古法制中,《大扎撒》是其法制建设的核心,也是以成吉思汗为代表的蒙古贵族在长期战争中形成的蒙古族习惯法。入主中原后,面对以德治为主,成文法为特征的唐宋法制,如何实现法制的融合是元初国家政体法制建设中的核心。在以儒家文化为特征的中原腹地,忽必烈提出了基本的立法思路,即"遵用汉法""附会汉法",并"援唐宋之故典",参"辽金遗制",并"稽列圣之洪规,讲前代之定制",在保留某些蒙古族固有体制与传统习惯法的基础上,形成了元代的法制。特别在蒙古族习惯法与帝国新形势相冲突的情况下,遵循了"古今异宜,不必相沿,但取宜于今者"⑥的原则,突破陈旧法律的限制。

在蒙、汉、回、藏等多民族国家中,忽必烈在保持中央集权的情况下,在民族间法制上采取了"尽收诸国,各依风俗"⑦的民族区域自治法。在中原他采取"用汉法治汉民是草原牧民统治中原的必行之路";⑧在吐蕃施行了"因其俗而柔其

---

① 参见王福革:《忽必烈汗治国思想研究》,《西北民族大学学报》,2011年第2期。
② 《资治通鉴》卷一九〇。
③ 《元史·刑法志》。
④ 《元史·世祖纪》卷三。
⑤ 《续资治通鉴》卷一八六。
⑥ 《元史·成宗本纪》。
⑦ 陈高华:《元典章·刑部十九·禁宰杀》,天津古籍出版社,2011年。
⑧ 韩儒林:《元朝史》上册,人民出版社,1986年,第8页。

人"①的政策，封八思巴为国师，令其统领西藏；在蒙古地区仍施行"祖先的约束"，即成吉思汗的《大扎撒》。在"南北异制""同类自相犯者，各从本俗法"②的法制精神指导下，很好地解决了不同民族间法制冲突的问题。

蒙古族在长期的游牧文化为基础的战争中，遵循着"比辖而屠""奴其所余"的战争法则，奉行的是一部奴隶制的不成文习惯法。在入主以农业文明为基础的中原后，以忽必烈、耶律楚材为代表的蒙古贵族迅速认识到屠杀政策的危害，并逐渐从游牧思维中走出来，开始制定帝国法律，纳战争冲突于法律的框架中，集中体现在以《大元通制》为代表的法制思维的形成。

在诸民族关系上，元朝统治者有强烈的民族优越感和狭隘的民族偏见，认为民族不平等是天经地义的原则，他们把社会分成四等人，"蒙古人、色目人殴打汉人、南人，南人和汉人不能还手。蒙古人因争执或者醉杀汉人，不需偿命，只判出征，征烧埋银。另外，禁止汉人、南人私藏兵器，禁止聚众围猎，甚至集场买卖。因而在对中原地区的法制中，带有明显的民族压迫色彩"。③法律规定上的不平等体现了一种蒙古帝国"民族特权"的思想。在不同族人的法律适用上，实行同罪异罚，体现立法的思想为：法是为蒙古人之外的其他三种人制定的，这种法外特权更加剧了民族心理上不平等原则，如多桑著《蒙古史》中曾引元太宗言："成吉思汗法令，杀一回教者，罚黄金四十巴里失。而杀一汉人者，其偿价仅与一驴相等。"在刑罚思想上，蒙古人犯罪一律不准拷掠，除死罪外，概不监禁，也不执拘，汉人犯窃盗罪，初犯刺左臂，再犯刺右臂，三犯刺项，犯强盗罪，初犯即刺项。而蒙古人犯窃盗、强盗罪，不在刺字之条。在官员使用上，中央或地方政府的长官，照例由蒙古贵族担任，如中书各部正职须选用蒙古人，副职则尽先任用色目人，汉人只能当中下级官吏或属吏。民族不平等极端的表现为民族歧视，在《元典章》中明确规定买卖佃户与"买卖驱口无异"。在九十八年的时间里，诸民族在法律上的不平等，是其民族间法制建设上的最大失败，也最终导致了元朝的灭亡。④

---

① 韩儒林：《元朝史》下册，人民出版社，1986年，第255页。
②《元史·刑法志》。
③ 奇格：《古代蒙古法制史》，辽宁民族出版社，2005年。
④ 参见王福革：《忽必烈汗治国思想研究》，《西北民族大学学报》，2011年第2期。

（三）重农兴农，发展经济

重视农业是世界古代各文明民族极为普遍的认识。忽必烈在接触中原地区的过程中认识到"国以民为本，民以衣食为本，衣食以农桑为本"①的道理。在农业经济与游牧经济并存的环境中，如何解决蒙古族的游牧经济与农业经济的相互冲突，以及增加国家财政等问题，是忽必烈治国经济思想的核心问题。

为了发展农业生产，使人民过上温饱生活，他采取了重视农业，宽裕赋税的政策，建立劝农司，"劝课农桑"，"教民耕植"，使其他经济也随着农业的发展得到恢复和繁荣。习惯于游牧经济的蒙古大军入主中原后，大肆圈占农田，"今王公大人之家，或占民田近于千顷，不耕不稼，谓之草场，专放孳畜"，极大地削弱了农业生产能力。据《元史·食货志》记载："农桑，王政之本也。太祖起朔方，其俗不待蚕而衣，不待耕而食，初无所事焉。"忽必烈即位后，"世祖即位之初，首诏天下，国以民为本，民以衣食为本，衣食以农桑为本"。严禁农田变牧场，通令"诸军马营寨及达鲁花赤，管民官一切权毫势要人等，不得恣纵头匹损坏桑枣，践踏田禾，骚扰百姓"。②面对北方"只知河朔生灵尽，破屋疏烟却数家"③的状况，"劝诱百姓，开垦田土，种植桑枣"，并采取了村疃制，支持和奖励农耕，极大地刺激了农民的生产积极性，自元实行劝课农桑，"行之五六年，功效大著，民间垦辟种艺之业增前数倍"。④南方的农业生产也"升平无事，民安地着，蒲逃者还业，五谷增价"，⑤后人评为"亲行田里，谕以安辑，教之树艺……而天下之治自此成矣"。⑥从当时的记载来看，蒙古贵族在中原经济的治理上，很快就从游牧的思想中走出来，并融入农业文明的管理方式中，很好地解决两者冲突。

儒学在很大程度上是服务于君主统治的道德说教，属于道德范畴，忽必烈汲取了汉族文化思想的精华，结合游牧民族文化，采用"儒、法、佛并用"思想，更以文治著称于天下，为元朝统治多民族、多宗教并存的百年江山奠定了基础。他既是儒家思想体系的拥护者，也是热忱的佛教徒，他很好地吸收了儒家文化的精髓，形成了以儒治国的思想，在多种文化之间维持了平衡，并取得了成功。细

---

① 《元史·食货志》。
② 《通制条格·农桑》卷十六，
③ 《元史·世祖纪》卷二。
④ 《元史·宪宗本纪》。
⑤ 《元史·宪宗本纪》。
⑥ [明]王圻：《续文献通考》，现代出版社，1986年。

究他的治国思想，其时还是应用卜子夏"儒法兼用"和荀子的"隆礼、重法"治国思想，同时以佛治心，最终成就了一番伟业。①

第三节 元朝的衰败灭亡及其原因

一、元朝的衰败灭亡

元朝的鼎盛时期是忽必烈的统治时期，忽必烈去世后，从铁穆耳至妥懽帖睦尔的半个世纪里，元朝处在维持与衰退之中。成宗铁穆耳善于守成，基本保持了元朝的强大。他善于平衡汉族各派势力与其他各族官僚势力之间的矛盾，在位期间政局平稳、经济持续发展，但是，各种官僚势力与朝廷矛盾日益加深，另外，官场腐败日趋严重，内部日渐糜烂。成宗认识到官场腐败的严重性，对贪官污吏开始采取强硬措施，坚决予以打击。成宗去世后，朝廷围绕继位问题发生残酷斗争，武宗继位后将成宗时期的主要骨干全部处死。但仍继承了成宗大行赏赐之风，导致国家财力匮乏，国库极度空虚，然而这些严重情况并未引起武宗重视，造成财政入不敷出，更加枯竭，同时官场贪腐更为严重。武宗之后的仁宗力求有所治理，对朝廷的弊政进行整肃，罢免尚书省，处死尚书省诸宰执脱虚脱、三宝奴、乐实、保八等，停止大型工程建设。为了扭转财政紧缺问题，仁宗派使臣赴各地自实田土，经理田籍。但是，由于对治官措施不严，官吏"辄以经理为名，惟欲扰害其众，名曰自实田粮，实是强行科敛"。（《滋溪文稿》卷二十六《灾异建白十事》）由于官场腐败严重，贪赃枉法横行，致使仁宗的治理之策被扭曲走样，造成"有司绳以峻法，民多虚报以塞命。其后差税无所于征，民多逃窜流移者"，横征暴敛，搜刮民财，必然导致官逼民反。

仁宗早夭，英宗继位。英宗任用儒臣，实行新政，推行助役法，轻徭薄赋，削减赏赐，废除特权，抑制豪强。英宗的新政限制了旧贵族的利益，终被铁失谋害。英宗在位仅三年，就被铁失等发动兵变杀害，贤臣拜住等一同赴难。后立也孙铁木耳为帝，是为泰定帝。以泰定帝为首的统治集团是一个以旧贵族为核心的守旧集团，不但没有作为，反而滥赐泛封、挥霍无度，而且僧佛泛滥、卖官鬻爵盛行，所谓"募富民入粟拜官，二千石从七品，千石正八品，五百石从八品，三

---

① 参见秀凤：《儒学与忽必烈的治国方略》，内蒙古民族大学硕士学位论文，2012年4月。

百石正九品。不愿仕者旌其门",①这是对泰定帝卖官的真实记载,也预示着元朝走到了穷途末日。

泰定帝死后,明宗被人放毒而暴死,文宗复位后在位仅四年。国家处于内忧外患之中,朝野怨愤极大,诸王频频叛乱,奸臣专权,又开始恢复蒙古贵族的凶狠残暴而只靠抢掠为生的生活,饥民遍野,社会混乱,国家濒临崩溃边缘。

从元武宗海山到在位仅一个月的宁宗懿璘质班,在短短二十五年时间里就换了九个皇帝,可见,元王朝政局已经动荡不稳,无法挽回衰败亡国的命运。

元顺帝即位后,朝廷发生派系斗争,反对派密谋政变,因走漏风声而失败,后来更陷入恶性循环的争斗之中,逐渐耗尽元气。内耗是元末统治集团衰败的根源。元末统治阶级激烈的内部倾轧导致了统治肌体的溃烂,削弱了统治集团赖以生存的社会基础。

由于元朝统治者推行蒙古人统治汉人的顽固政策,而他们的子弟又一代比一代荒淫,统治阶层已经极度腐烂。顺帝整天沉迷于酒色,骄奢昏庸,醉生梦死。由于有限的财政收入难以应付庞大寄生官僚队伍的奢侈消费与永无止境的贪婪,以及无休止的赏赐、佛事、大兴土木,这些冗费滥耗只得靠加重人民的赋税和加印货币来维持,一些官吏和军队趁机发国难财,"劫民财,掠牛马,民强壮者令充军,弱者杀而食之"。"人相食",注定了灭亡的命运。

顺帝时期朝廷极度腐败,政治极度黑暗,施虐百姓,最终导致了社会危机的总爆发,农民反元起义风起云涌,尽管元朝统治者尽力镇压,但最终还是逃脱不了覆灭的命运。②

二、元朝灭亡的原因

蒙元王朝用短短73年时间将疆域扩大到东达太平洋西海岸西包欧洲大陆大部分,成为当时世界上武力强大、领土广阔的国家,但差不多97年蒙元王朝就由盛转衰被打回了蒙古老家。蒙元王朝出现"其兴也勃,其亡也忽"的现象,其主要原因有以下几点:

其一、货币的恶性通胀是元朝灭亡的原因之一。

元初,元朝的统治者看到南宋、金末恶性通胀的教训,比较谨慎,中统元年

---

① 《元史·泰定帝》。
② 参见张国:《中国治国思想史》,新华出版社,2002年10月,第337-338页。

（1260）发行中统钞，严格遵守银本位，有十足准备银，且准许兑现，因此通胀控制较好。但自从1276年后阿合马等权臣掌权，开始滥发纸币并作为聚敛钱财、搜刮财富的重要手段，且禁用铜钱，对民众竭泽而渔，每年纸钞的印发量由数十万飙升到一百九十万。中统钞贬值五倍以上，造成"物重钞轻、公私俱弊"的严重后果。还将各种发行准备库中的金银集于大都，引起各地物价飞涨。此后1287年发行至元宝钞，五倍于中统钞，1309年发行至大钞，又五倍于至元钞，至此官方发行钞票贬值为原来的25分之一，实际远不止此数。到元末的顺帝至正十年（1350）又发行至正交钞来收拾残局，无任何金银准备。通胀至此犹如脱缰野马，再也无法遮拦。元末米价比中统初年上涨六七万倍。民间交易，纸币用车载，差不多一车纸币也就买一车手纸。纸币基本失去流通功能，百姓多进入实物交易经济状态，酒肆商铺也多自制代用货币，一下子就回到"两只斧子换一只羊"的原始社会阶段。有首民谣充分反映了恶性通胀下百姓的愤怒："堂堂大元，奸佞专权。开河变钞祸根源，惹红巾万千。官法滥，刑法重，黎民怨。人吃人，钞买钞，何曾见？贼做官，官做贼，混贤愚。哀哉可怜！"

造成恶性通胀的原因首先是因为财政赤字，为弥补庞大赤字，政府只好滥发钞票。财政赤字的首要因素是军费。元代年年对外用兵，到中期平定南方及西南地区各少数民族叛乱，再到末年的群雄并起，顾此失彼。庞大的军费开支，加上权贵集团的奢侈无耻，腐坏的吏治、低下的公共赋税能力，使得元代的国家财政赤字十分严重，且几成常态。

其次是政府盲目大上公共工程引发恶性通胀，前引民谣中的"开河"即是一例。顺帝至正十一年（1351），命贾鲁为总治河防使，发十三路民工15万、军兵2万治河，时紧工迫，费用不足，便加印钞票。雕版印刷术这时早已成熟，印刷的钞票精美绝伦，可惜钞票不是艺术品，没有购买力的钞票再美也不过是一张废纸，当时民间唤的观音钞即是绝妙讽刺："观音钞者，描不成，画不就，如观音美貌也。"

再次是吏治腐败。政府信用既已接近破产，吏治之污秽只有变本加厉。就钞法而言，本来官方明文规定民间可持昏钞（旧钞或有部分磨损之钞）去回易库按原值调换，但官吏结党营私，上下其手，往往只给5折乃至更低的兑换比率，甚至百姓等候多日还兑换不到，而通胀一日比一日猛，多等一天，就多贬值一分！在市场上购物或缴纳税收时，昏钞又不能使用，几同废纸！此外，昏钞一般收到库中，即行销毁，又有监烧官吏，将应烧的昏钞指为伪钞，以显才干或逼收钞者行贿，这就使管库官吏更加不愿回收昏钞。于是一切钞法，名曰便民，最终都成害民。元朝的崩溃最后很大程度上也源自这小小的纸钞币，财政崩溃后，元朝统治者再想维持自己的统治，真可谓难于上青天了

其二，苛捐杂税是导致元朝灭亡的另一个原因。

宋元之际诗人汪元量在《利州》中曾写道："云栈遥遥马不前，风吹红树带青烟。城因兵破悭歌舞，民为官差失井田。岩谷搜罗追猎户，江湖刻剥及渔船。酒边父老犹能说，五十年前好四川。"五十年前宋朝统治下的四川称得上是天府之国，而五十年之后在元朝的统治下，四川却成了贫瘠的地方了。元朝虽然统一了中国，但是由于南北社会、经济发展的水平差异很大，因此，元朝国内实际上被分成了很多独立的经济区域。漠北的蒙古草原经济落后，人口稀少，不是赋税的主要来源，所以元朝的赋税南北不同。忽必烈在蒙古草原境内，征收很低的赋税。仅上交点牛羊，且不用服劳役。在中原地带，实行丁税和地税两种制度。丁税即按人头纳税，地税即按土地纳税。两种纳税方法使得偷税、漏税十分严重。元朝人评价元朝的税收政策时曾说："割剥民饥，未见如此之甚。"元朝后期，"酒课、盐课、税课，比之国初，增之十倍，征需之际，民间破家荡产，不安其生。"苛捐杂税多如牛毛。

在北方，金朝末年黄河改道，使大批的人口背井离乡，流亡在外，蒙古入侵，又使北方经历了长期战乱，更为严重的是，蒙古的奴隶制使得蒙古贵族在战争的过程中掠夺了大量的自由民为奴。这些都使元朝政府控制下的实际纳税人口大为减少。

而在南方，不仅实行丁税和地税两种制度，甚至还收夏、秋两税。两税之中，以秋税为主，所征为粮食，也有一部分折钞征收。可是蒙古在灭宋时，并没有像过去的农民战争一样大批消灭地主阶层，而是将这些大地产基本保留下来，一些还继续扩大。这些地产，有的完整地过继给蒙古贵族，有的则还是原先的汉人地主占有，这些人通常是享有免税或少缴税的特权。根据记载，元朝初期占田万顷的地主比比皆是，而在北宋太宗时期，拥有几十顷的地主十分稀少，自耕农数量的差距可想而知。当时诸王贵族、官僚、寺院、地主占有全国绝大部分的耕地。贵族、官僚、僧俗地主们凭借着政治上的力量，利用经济的和超经济的剥削，对生产资料和劳动力进行着公开的或隐蔽的搜刮和掠夺，将大部分土地据为己有，自耕农丧失土地后沦为佃户的现象比较普遍。元朝佃农要承受沉重的剥削，佃农要向地主缴纳五成、六成以致八成以上的高额地租，除地租外，还要收水脚、稻

藁等额外钱赋。正如元人小令《正宫·醉太平》所讽刺的那样"夺泥燕口，削铁针头，刮金佛面细搜求，无中觅有。鹌鹑嗉里寻豌豆，鹭鸶腿上劈精肉，蚊子腹内刳脂油，亏老先生下手。"元政府这种混乱不一的税收政策，不但使得政府的税收收入远少于以前的朝代，而且使得南方百姓饱受压迫，特别是江淮一带，这也是为何江淮地区是反元的高发地区的原因。

其三，土地政策是元朝灭亡又一原因。

元朝是游牧民族建立的国家，蒙古族在当时是一个社会经济文化比较落后的民族，它还过着原始的游牧生活。面对广袤的土地却没有行之有效的经营方法，因此它几乎把被征服之地都变为牧场。元朝还没统一中国之前，蒙古贵族宠臣别迭就进言："汉人无补于国，可悉空其人以为牧地。"幸好耶律楚材积极进言阻止了这种局面的发生，耶律楚材进言窝阔台用汉法制汉人，"采用封建剥削的方式来统治农耕地区"。在初次的尝试中元朝统治者尝到了这种方式的甜头，于是他们通过土地占有对广大劳动人民进行经济的和超经济的剥削，因此元朝土地兼并现象非常严重。

元朝的土地占有形式主要分为官田和民田。官田是以封建皇帝为代表的封建政府直接占有的土地，包括屯田、职田、学田、草场、牧地以及封建皇帝给予贵族、官僚、寺院的大批赐田；民田是指官僚地主、一般富户地主、寺院以及自耕农民占有的民间土地。元朝的官田主要用于政府公用和军事开支，其来源一是在军事过程中强占，二是直接掠夺自耕农的私田。元朝蒙古统治者进入汉地农耕区后，尽管认识到百姓安业事农对他们统治的好处，但是游牧民族的生活习惯，到统一全国后仍不能完全摆脱，加之为了防止和镇压各族人民的反抗，需要大批战马，所以牧场和草场遍于全国。如元朝统一江南后带兵的军官"皆世守不易故多与富民树党，因夺民田宅、居室。"福建"那里的官人、富户有势的人，将百姓田地占着，教百姓佃户不教当杂泛差役"。弄得中国境内到处是养马场：山东沿海一带，成了"广袤千里"的牧场，甚至两淮都有养马场。"今王公大人之家或占民田近于千顷，不耕不稼谓之草场，专放孳畜。"元朝的民田是广大人民生活的主要来源，但这基本的保障却还经常被权势之家所"惦记"，元朝土地的兼并主要集中在民田。元朝的民田主要向贵族官僚、地主富豪、寺院道观集中。如"文宗赐燕帖木儿平江官田五百顷，以故平章黑驴平江田三百顷及嘉兴芦地赐西安王阿剌忒纳失里"，"亡宋各项系官田土，归附以来多被权豪势要之家隐占以为己业"。元朝统治者把宗教作为其统治的一个重要手段，佛教和道教在元朝发展最为兴盛，统治者对其也是大肆封赏，一些宗教首领依仗其特殊的政治待遇经营着广阔的田地，如元世祖赐大圣万安寺"京畿良田亩万五千，耕夫指千，牛百，什器备"所以土地掠夺和兼并在元朝建立过程中和元朝建立后始终在进行中。土地高度集中，盘剥几近极端，使大批农民走投无路不得不揭竿而起，催化了元朝走向灭亡。①

其四，腐化堕落是元朝灭亡的主要原因。

元朝属于游牧民族，自然环境恶劣，资源缺乏，因此有一种天然的野性和紧迫感，立国之初方能够很好地保持其原有的本性，但是统治中原以后，占尽天下财宝、美女，逐步定居下来后，皇族贵胄享受着安逸奢侈的生活，而且荒淫无度，奢靡之风盛行，自然丧失了斗志，最后发展成为变本加厉地祸害百姓，腐朽至极。1337年，元朝最后一位皇帝妥懽贴睦尔即位。这个时候，各种社会矛盾积聚，昔日强大的帝国摇摇欲坠。妥懽贴睦尔却日益怠于政事，荒于游宴。他自制宫漏，又设计龙舟；广取妇女，终日以淫戏为乐，与亲信大臣相与亵狎，甚至男女裸处。而且为了皇储之事，罢免脱脱，脱脱解职后，中央集权的元朝统治也就不复存在了，元朝处于风雨飘摇、岌岌可危之中。官吏乘机对百姓敲诈勒索；社会矛盾更加激化，终于爆发了元末农民大起义。

其五、落后的文化是其灭亡的主要原因。

元朝建立以前，耶律楚材学习儒家思想，以儒治国，对元朝统治者有很大的影响。忽必烈受家庭影响，接受儒家思想并受之影响较深。所以，元朝建立初期，一定程度上能够儒法兼用治国，这对于缓和民族矛盾和阶级矛盾起到积极的作用。但是蒙古族是游牧民族，大部分的元朝统治者都不能被很好的汉化，而且忽必烈以后的历代蒙古帝王，大多短命且无建树，因此未能彻底地采用中原儒家思想来安抚百姓，以德治国，以法治吏，而是仍然沿用其落后的文化理念来实施统治，这些是他们不能进行自我调整或者净化的原因。如科举制度实施的不彻底，使元朝中后期缺少能够延续王朝寿命或者改革的人物。成吉思汗在灭金、西夏的时候，就经常性的屠城，使这些民族家破人亡，妻离子散；待到忽必烈建立元朝统一中国之后，凭借着不平等的民族等级制度，蒙古族贵族不断侵害汉族农民的种种行为，给被压迫民族带来无尽的仇恨，也为元王朝的灭亡埋下了复仇的种子。所以当红巾军开始起义时，各地百姓积极响应，元朝很快灭亡。没有能够完全采用

---

① 参见吴文明：《浅析元朝的统治政策与灭亡》，内江师范学院本科毕业论文，2007年。

"儒法兼用"治国思想来治理国家，意味着元朝统治者永远无法去调整其统治中存在的各种社会问题，去化解民族间存在的矛盾和仇恨。

水可载舟，亦可覆舟。不管元朝究竟为何灭亡，有一点是毫无疑问的，就是元帝国后期的统治者都不是明君，不施仁政，不得人心。明君不是万能的，仁政也不能解决所有问题，但没有明君，没有仁政，没有先进的治国文化理念，要想治理好国家，那是绝不可能的。

总之，就总体而言，作为少数民族没有脱离游牧历史习惯思维的元代蒙古政府，入主中原以后，不懂得治国方略大道和历史发展规律，只从其主观感受出发，任性蛮干，否定了中国文化的历史传承、思想道统，取消了选拔精英人才的科举制度，重划职业等级、抛弃了儒学教化，不懂得"民为邦本，本固邦宁"的基本理论，不能融入中华民族之中，导致丧失了民心，所以不能久存，在农民大起义中轰然崩溃。

第二十五章　明朝的治国思想及治国方略概况

元朝末年，统治阶级极度腐败，政治极度黑暗，豪强横行，官吏贪赃，阶级矛盾和民族矛盾日益尖锐。广大人民群众不堪忍受蒙古贵族和汉族官僚大地主的剥削和压迫，纷纷起来反抗，农民起义的烽火遍及全国。经过多年的战乱，元朝的残暴统治被朱元璋领导的农民起义军推翻，建立了统一的明王朝。

第一节　明太祖朱元璋的治国思想及治国方略概况

一、明太祖朱元璋的生平概况

明太祖朱元璋（1328—1398），姓朱，名元璋，字国瑞，生于濠州钟离（今安徽凤阳），明朝的开国皇帝，在位三十一年（1368—1398）。俗称洪武帝、朱洪武，庙号太祖，其统治时期被称为"洪武之治"。

朱元璋出身于贫苦佃农家庭。至正三年（1343），濠州发生旱灾。次年（1344），淮河流域发生严重的蝗灾，瘟疫流行，朱元璋的父亲、母亲、哥哥都死于瘟疫，十六岁的朱元璋实在走投无路，就到附近的皇觉寺当了和尚。由于寺里的粮食不够和尚们吃，一个多月后，就被打发出去当游方僧人了。此后三年多时间里，他云游四方，到处乞讨，直到至正八年（1348），才又回到皇觉寺。在这流浪的三年中，他走遍了淮西的名都大邑，接触了各地的风土人情，见了世面，开阔了眼界，积累了社会生活经验。艰苦的流浪生活铸就了朱元璋坚毅、果敢的性格，但也使他变得残忍、猜忌。这段生活对朱元璋的一生产生了深远的影响。"当是时，元政不纲，盗贼四起。刘福通奉韩山童假宋后起颍，徐寿辉僭（jiàn）帝号起蕲（qí），李二、彭大、赵均用起徐，众各数万，并置将帅，杀吏，侵略郡县，而方国珍已先起海上。他拥兵据地，寇掠甚众，天下大乱。"①元末农民起义

---

① 《明史·太祖本纪》

风起云涌,席卷各地,朱元璋也于至正十二年(1352)到濠州参加了郭子兴的红巾军。朱元璋入伍后,因为他作战勇敢,而且机智灵活、粗通文墨,很快得到郭子兴的赏识,郭子兴觉得朱元璋很有才能,对自己的事业帮助很大,于是便把养女马氏嫁给了朱元璋。两三年间,朱元璋领兵攻占定远、滁州、和州等地,功劳卓著,逐步升迁。至正十五年(1355)正月任总兵之职,后郭子兴病死,刘福通已迎立韩山童之子韩林儿在亳州称帝,国号大宋,建元龙凤,朱元璋为左副元帅,由于朱元璋治军有方,事实上朱元璋成了这支队伍的主帅。同年六月,朱元璋率领徐达、常遇春等由和州南渡长江,次年三月,攻克集庆(南京),朱元璋进城后,下令安抚百姓,改名应天府。史书载:

>太祖入城,悉召官吏父老谕之曰:"元政渎扰,干戈蜂起,我来为民除乱耳,其各安堵如故。贤士吾礼用之,旧政不便者除之,吏毋贪暴殃吾民。"民乃大喜过望。改集庆路为应天府。①

朱元璋建立以应天为中心的根据地后,又相继攻克镇江、常州、池州、徽州、扬州、婺州、蕲州等地。到至正十九年(1359)已据有江苏、安徽和浙江的大部分地区。朱元璋亦先后提升为江南等处行中书省的平章政事和左丞相。至正二十一年(1361)晋封为吴国公。

至正二十三年(公元1363)七月,朱元璋统兵二十万,消灭了陈友谅,为平定江南奠定了基础。

至正二十四年(1364)正月,朱元璋自立为吴王,建百官司属,仍以龙凤纪年,以"皇帝圣旨,吴王令旨"的名义发布命令。此后,他亲自率军征讨,攻克武昌、福建、广东、四川等地,数年之间,基本上统一了南方。

至正二十七年(1367)十月,朱元璋又率兵北伐,发布北伐檄文,提出"驱逐胡虏,恢复中华,立纲陈纪,救济斯民"②的口号。同时指出:蒙古、色目人"愿为臣民者,与中夏之人抚养无异。"③这一檄文对号召民众、瓦解敌人起到了巨大的作用,北伐军所到之处,州县纷纷投降。至正二十八年(1368)闰七月,当

---

① 《明史·太祖本纪》。
② 见杨鹤皋:《宋元明清法律思想研究》,北京大学出版社,2001年,第152页。
③ 见《明太祖实录》卷二十一。

北伐军直指大都时，元顺帝北逃，元朝的腐朽统治，终于被农民大起义推翻了。

明洪武元年（1368年），朱元璋在应天即皇帝位，于南京称帝，国号大明，年号洪武。在北伐进军的胜利声中，建立起中国历史上又一个新的封建王朝。1368年八月，明军进逼大都，元顺帝逃出大都，经居庸关逃奔上都，弃城而走，全部逃往蒙古草原。标志着蒙元在中原98年的统治结束，明朝取得了在长城以内地区的统治权，中国再次回归到汉族建立的王朝统治之下。1368年元大都被攻占，元帝国宣布灭亡。

二、明太祖的治国思想及治国方略概况

（一）减免赋役、移民垦荒的利民思想

朱元璋吸取元灭亡的教训，实行"休养生息"的治国方略。还在元灭亡之前，朱元璋就在至正二十七年下令，免太平田租两年，免应天、镇江、宁国、广德四地的田租一年，免除徐、宿、濠、泗、寿、邳、东海、襄阳等郡县及新统治区三年赋役。"凡四方水旱辄免税，丰岁无灾伤，亦择地瘠民贫者优免之"。①还多次下诏令，蠲（juān）免赋役，"振恤中原平民"，"输赋道远者，官为转运，灾荒以实闻"。②朱元璋认识到："民力有限而徭役无穷，自今凡有兴作，不获已者，暂借其力。至于不急之务，浮泛之役，宜悉罢之"。③洪武元年有人建议修建南京城墙，户部侍郎认为，国家刚定，不宜大量抽调徭役，耽误农时，建议暂缓，朱元璋欣然赞同，就连皇宫的建筑也以简朴为是。他常说不要忘记殷纣王不惜民力而亡国的深刻教训。因此他主张取之有制，用之有节，反对蠹财耗民、竭泽而渔。

朱元璋为了减轻人民负担，不征收农具税，民田一般仅收三十分之一。徭役一般是有田一顷出丁夫一人。"均工夫"法规定："每岁农隙赴京供役三十日遣归。田多丁少者以佃人充夫，而田主出米一石资其用。非佃人而计亩出夫者，亩资米二升五合。"④贫民出工，地主出粮，应该说："均工夫"法是"右贫抑富"的。⑤

---

① 《明史·食货志》卷七八。
② 《明史·太祖纪》。
③ 《明通鉴·太平洪武元年二月》卷一。
④ 《明史·食货志》卷七八。
⑤ 参见张国：《中国治国思想史》，新华出版社，2002年10月，第346页。

经过连年战争,全国农业遭受严重破坏,大批农田荒芜。朱元璋采用移民屯田、鼓励开垦的政策,规定各地荒田,谁种归谁,并免徭役三年。使不少逃避战争的地主又回来种田,政府还在附近拨给田地,这充分保护了农民垦田的积极性,并制定许多优惠政策,使北方大量的荒田得到开垦,农业生产得到恢复和发展。还组织百姓进行屯田,屯田有民屯、军屯和商屯三种。民屯是由政府组织的移民屯田,把人口稠密地区的农民迁移到人口稀少地区。洪武三年、洪武十五年和洪武二十五年分三次进行大规模移民,整个洪武时期移民屯田达到数十万户,在开垦过程中,政府统一免费发放牛、农具和种子等,三年不征收赋税,三年免徭役。移民屯田使许多无田农民有田可耕种,对于当时发展经济、稳定社会都发挥了不可低估的作用。军屯也叫卫所屯田,由军队开垦田地。商屯是由于国家鼓励屯垦,商人见有利可图,才投入这一领域进行经营的。洪武四年实行"开中法",商人就在边疆直接募民屯田,就地种粮入仓,减少运费,获取更多盐引票。由于政府大力鼓励屯田,使荒废农田得到充分的开发利用。

(二)明太祖"礼法兼用"的治国思想

从皋陶的"明刑弼教"到卜子夏的"儒法兼用",再到荀子的"隆礼、重法"思想,是几千年来统治阶级统治人民的经验总结,历代有作为的帝王均采用之。

明王朝建立以后,明太祖实行"休养生息"的政策,使久经战乱的人民获得一个暂时的喘息机会,有助于生活和生产条件的改善,这正是农民所欢迎的。但是,封建专制统治的强化,封建赋役的恢复和负担的不均,豪强地主又把赋役负担都转嫁到农民身上,官吏更如狼似虎地欺压人民,这样就激起他们的愤怒,不断爆发武装的反抗斗争。明初农民起义的频繁是历史上各封建王朝开国以后没有遇到过的。它构成了对刚建立起来的朱明王朝的严重威胁。同时,在新的统治集团内部,各种力量之间的矛盾也在酝酿和发展。

在这种形势下,怎样巩固新的封建政权,成为明太祖亟待解决的问题,他说:"天下不难定,既定之后,生息犹难,乃劳思虑耳。"为了巩固政权,他一方面实行让步政策,安抚农民,以促进社会经济的恢复和发展;另一方面则致力于加强封建法制的建设。他认为,"纪纲法度,为治之本","礼法,国之纪纲。礼法立,则人志定,上下安。立国之初,此为先务"。由此可见,他把封建法制视为调整各种社会关系,恢复和巩固封建社会秩序的根本,是立国之初首要加紧进行的工作。

他认为,礼法是"国之纲纪",只有制礼立法,才能使"人志定,上下安",

从而形成了他的"明礼以导民，定律以绳顽"的思想。据《明史·刑法志》载：

> （洪武）三十年作《大明律·诰》成。御午门，谕群臣曰："朕仿古为治，明礼以导民，定律以绳顽，刊著为令。"

礼和法都是地主阶级的统治工具，礼以"劝善"，法以"惩恶"，二者并用，才能有效地维护封建统治。但二者的作用各有所侧重，而朱元璋则把礼治放在极其突出的地位，认为"治本于心，本于心者道德仁义，其用为无穷，由乎法者权谋术数，其用盖有时而穷"。[①]他反复告诫群臣："威人以法，不若感人以心，敦信义而励廉耻，此化民之本也。"[②]所以他特别强调"明礼以导民"的重要，把它当作朝廷的急务。他说："礼者，国之防范，人道之纪纲，朝廷所当先务，不可一日无也。"

明太祖的"明礼以导民"，首先指的是制礼作乐，规定封建的等级名分。他认为，"礼莫大于别贵贱，明等威"，[③]"礼立而上下之分定，分定而名正，名正而天下治矣"。[④]只有确立上下、尊卑、贵贱的封建等级秩序，大家各自恪守自己的等级名分，才能使天下太平。因此，当他初定天下之时，就先开礼、乐二局，接着又修礼书，制订出各种礼乐制度颁行天下。

其次，要"明礼以导民"，就必须推行封建纲常伦理的教育，统一人们的思想。明太祖认为，"致治之路在于善俗，善俗本于教化。教化行，虽闾阎可使为君子，教化废，虽中材或坠于小人"。[⑤]而"教化必本诸礼义"，"仁义，治天下之本也"。[⑥]推行教化的根本是灌输儒家的仁义道德，使人们有廉耻之心，而专用刑罚则不能达此目的。

在明太祖看来，多数人具有善良的本性，但需要用仁义道德加以教化，"仁义者，养民之膏粱也"，用仁义这种"膏粱"加以补养，即使是具有彪悍骄暴之性的人，也可以改变过来。而仁义的道理多在四书五经之中，所以朱元璋把四书五

---

① 《明太祖实录》卷六十六。
② 《明太祖实录》卷四十四。
③ 《明太祖实录》卷二十六。
④ ［明］余继登：《典故纪闻》卷五，中华书局，1981年。
⑤ 《明太祖实录》卷四十八。
⑥ 《明史纪事本末》卷一四《开国规模》。

经比作"椒粟布帛",认为"人非椒粟布帛则无以为衣食,非四书五经则无由知道理",①必须用它们来统一人们的思想。他除了令儒臣经常为太子、诸王及群臣讲授儒家经典外,还规定各级学校"一以孔子所定经书诲诸生"。②科举考试概以四书五经命题。此外,在学校和民间乡社,还要行乡饮之礼,由司正宣讲"为臣竭忠,为子尽孝,长幼有序,兄友弟恭"之类的仁义道德,③务使封建纲常伦理思想深入人心,使人们能服服帖帖地服从封建统治。

朱元璋在"明礼以导民"的同时,又特别重视"定律以绳顽"。本来,"明礼以导民",是为了"使天下之人皆为善而无恶",老老实实地服从封建地主阶级的统治,如果不服从统治就必须"张刑制具以齐之",用法律的暴力来迫使那些敢于反抗封建统治的"顽民"就范。否则,如果"法纵民顽","虽欲善治,反不可得矣"。④所以,明太祖一直重视立法,制订出一系列法律法令,来治国治民。

明太祖"明礼"、"定律",要求地主阶级循分守法,把对农民的剥削压迫控制在封建礼法制度许可的范围之内,并严惩了一批越礼逾分、违法乱纪的贪官污吏和豪强地主,这在一定程度上缓和了社会矛盾,有利于安定社会秩序和恢复、发展生产。但是,明太祖的"明礼"和"定律"的主要矛盾是针对广大劳动人民的,他用封建的礼教和严密的法律约束人民的行动,大大加强了对人民的统治和思想控制,最终必然对经济的发展和社会的进步造成严重的障碍。⑤

(三) 制订《大明律》、颁布《大诰》

伴随元朝的快速灭亡,使朱元璋清醒地认识到官场久积的痼弊,只有制订严厉的法律来打击和约束官吏,才能建立新的统治秩序。他于吴元年(1367)冬十月平定武昌之后,即命左丞相李善长等二十人为议律官议,定法律。据《明史·刑法志》载:

> 明太祖平武昌,即改律令。吴元年冬十月命左丞相李善长为律令总裁官,参知政事杨宪、傅瓛,御史中丞刘基,翰林学士陶安等二十人为议律官,谕之曰:"法贵简当,使人易晓。若条绪繁多,或一事两端,可轻可重,吏得

---

① 《明太祖实录》卷一三六。
② [明] 黄佐:《南雍志·事纪》卷一。
③ 《明史·礼志》。
④ 《明太祖实录》卷二〇二。
⑤ 杨鹤皋:《宋元明清法律思想研究》,北京大学出版社,2001年3月,第162页。

因缘为奸，非法意也。夫网密则水无大鱼，法密则国无全民。卿等悉心参究，日具刑名条目以上，吾亲酌议焉。"……凡民间所行事宜，类聚成编，训释其义，颁之郡县，名曰《律令直解》。太祖览其书而喜曰："吾民可以寡过矣。"

《大明律》曾几经修订。其中，洪武七年（1374）修成的律文和洪武二十二年（1389）修成的律文差别很大。这是适应了客观形势发展的需要。这部《大明律》，后来又经过数次修改，不断增损，到洪武三十年（1397）才最后完成编撰工作，颁行全国。它总结了唐宋以来，特别是明初三十年封建统治和司法实践的经验，增加和充实了加强专制主义中央集权制度的内容，是中国法律史上一部比《唐律》更加有所发展的封建法典。

明太祖在制订《大明律》的同时，还于洪武十八年至二十年之间（1385至1387）先后发布了《大诰》《大诰续编》《大诰三编》和《大诰武臣》。四篇《大诰》均由朱元璋亲自编定，其内容基本上都是严刑峻法惩治官吏豪强、贪赃受贿、营私舞弊以及刑事犯罪等一万多案例汇编。明太祖编制《大诰》的目的是为了"取当世事之善可为法、恶可为戒者，著为条目，大诰天下"，[1]"忠君孝亲，治人修己，尽在此矣。能者养之以福，不能者败以取祸，颁之臣民，永以为训"。[2] 显然，编制《大诰》是为了进行法制宣传，树立善恶、祸福的标准，教育人们忠君孝亲，以维护封建统治。

总的看来，明太祖主持的明初立法具有双重性质：一方面，它是为了重建维护地主阶级利益，体现地主阶级意志的封建统治秩序，用他对天下富民训示时的话说："今朕为尔主，立定法制，使富者得以保其富，贫者得以全其生。"[3] 所谓"富者得以保其富"，就是维护封建社会的经济基础——地主土地所有制，保护一切剥削阶级的财产权，从而保障封建剥削制度。另一方面，从历史的发展角度看，它比在元朝统治下的人民财产和人身安全毫无保障要好得多，它对封建社会经济的发展和维护正常的社会秩序有着积极的作用。

《大明律》与《大诰》的颁布，对明王朝巩固政权、加强统治无疑具有重要作用。是我国法制史上一部重要的法典。

---

[1]《明太祖实录》卷一七九。
[2]《明太祖实录》卷一七六。
[3]《明太祖实录》卷四十九。

(四) 明太祖 "刑用重典" 的治国思想

朱元璋在即位之前,针对元朝刑罚极端残酷的情况,为争取人民的支持,强调 "以宽厚为本",实行轻刑政策。他说:

> 大抵治狱以宽厚为本,少失宽厚,则流入苛刻。所谓治新国用轻典,刑得其当,则民有五宽抑,若执而不通,非今时宜也。①

可是在他即位之后,面临着极为尖锐的社会矛盾,特别是频繁发生的农民反抗斗争,他又实行重刑政策,"治尚严峻"。②《明史》载:

> 始,太祖惩元纵弛之后,刑用重典。③
> 太祖初渡江,破用重典。④

由于明太祖用这种重刑思想来指导立法工作,所以《大明律》"较前代往往加重",⑤其亲自编定的四篇《大诰》也残暴无比。他妄图用残酷的刑罚来镇压人民的反抗,"出五刑酷法以治之,欲民畏而不犯"。⑥不知有多少臣民惨死在他的重刑之下!他到晚年还为其重刑原则进行辩解,曾对皇太孙朱允炆说:"吾治乱世,刑不得不重。汝治平世,刑自当轻,所谓刑罚世轻世重也。"⑦

明太祖以重典治国,"出五刑酷法以治之,欲民畏而不犯"。他常把人民分为"良善"和"奸顽"两类,对前者采用安抚和严法控制的两手,对后者采用严刑酷法进行打击。然而,由于明太祖用法苛刻,人民小有所犯,便被称为"奸顽"而绳之以法。所以他说:"天下之大,民之奸宄者多。"⑧

在明太祖看来,对于"奸顽"之民,只有严刑酷法才能使他们知法警惧,

---

① 《明太祖实录》卷六。
② 《明史·太祖本纪》。
③ 《明史·刑法志》。
④ 《明史·李善长传》。
⑤ 《明史·刑法志》。
⑥ 《大明律·序》。
⑦ 《明史·刑法志》。
⑧ 《明太祖实录》卷一一六。

"不敢轻易犯法",从而"革心向善"。所以,他在以重典治吏和严厉惩治豪强的同时,对于他认为是不服教化的一切"奸顽"之民,都施以严刑酷法,重惩不贷。《大诰》中记载明太祖对平民大规模滥杀或治罪的重大案件就有十六起之多。不少大案都属于滥用刑罚,每案动辄被株连致死或坐罪者达数百乃至几千人,其中大多数属于无辜蒙冤或轻罪重罚。①

这种重典治吏的主张,虽然对于改良吏治、安定社会在一定程度上起到过积极作用,但随着时间的推移,起初的威慑作用大大削弱,而且随着既得利益阶层的增多,反对者或明或暗地予以抵制,最后只好不了了之。重典治吏思想并不能从根本上解决吏治腐败问题,朱元璋的"猛烈之治"并未达到预期的"安定之世",而是社会危机四伏,贪官污吏"如蝇之趋朽腐"、"朝治而暮犯,暮治而晨亦如之,尸未移而人为继踵,治愈重而犯愈多,宵昼不遑宁处。"正如朱元璋自己晚年所感叹的那样:"我欲除贪赃官吏,奈何朝杀而暮犯。"不仅如此,而且"重典治吏"的政策相当程度上造成了官吏的畏惧感和危机感,官吏对朝廷离心离德,对重刑诚惶诚恐,挫伤了官吏行政的积极性和主动性。

(五)用重典抑制豪强、惩办贪官

元朝迅速灭亡的原因,就是因为政治腐败,贿赂盛行,贪污成风,百姓无路可走,只能铤而走险。因此明太祖意识到要治理好国家,必须抑制豪强,惩办贪官。《明太祖实录》载:

> 仕进者多赂遗权要,邀买名爵。下至州县薄书小吏,非财赂亦莫得而进。及到临事,彻蠹政鬻狱,大为民害。

明太祖出身寒微,早年在民间流浪,目睹贪官污吏侵渔百姓的行径,对他们早就恨之入骨。有人曾分析说:"盖自其托身皇觉寺之日,已愤然于贪官污吏之虐民,欲得而甘心矣。"

朱明王朝建立以后,官场上下,承袭元末贿赂公行,贪污成风的恶习,"掌钱谷者盗钱谷,掌刑名者出入刑名"的现象十分严重。明太祖曾因事盘问御史台管勾守文桂,在其囊中搜出书信百封,多为儒吏阿谀奉承和私托求进之言。真是"赃吏贪婪,如蝇蚋之趋朽腐,蝼蚁之慕腥膻"。因此,他经常晓喻民众,要懂得

---

① 杨一凡:《明大诰研究》,江苏人民出版社,1988年,第120页。

贪赃的危害，如果不严加惩治，让贪官继续盘剥百姓，政权就不会稳固，他说：

> 朕向在民间，尝见县官……多奸而弄法，蠹政厉民，靡所不至。遂致君德不宣，政事日坏；加以凶荒，弱者不能聊生，强者去而为盗。①
>
> 四民之中……农最为劳。农劳者何？当春之时，鸡鸣而起，驱牛秉耒而耕。及苗既种，又须耕耘。炎天赤日，形体憔悴。秋成输官，所余能几？一或水旱虫蝗，举家遑遑无所望矣！今居官不知民艰，刻剥虐害，无仁心甚矣。②

可见明太祖当了皇帝后，并没有完全忘记昔日农民兄弟的劳苦，他同情他们，怜悯他们。面对贪官污吏恣意虐害百姓、危害国家的情况，他得出一个结论："吏治之弊，莫过于贪暴"，"不禁贪暴，则民无以遂其生"，"此弊不革，欲求善政，终不可得"。③他下决心整肃吏治，严惩贪污。

明太祖即位不久，就告谕入京觐见的府、州、县官："天下始定，民财力俱困，要在安养生息之。"④但官吏仍然贪赃枉法，他便"重绳赃吏，揭诸司犯法者于申明亭以示戒。又命刑部，凡官吏有犯，宥罪复职，书过榜其门，使自省。不悛，论如律。"⑤洪武二年，明太祖曾向群臣宣布："使遇官吏贪污，蠹害吾民者，罪之不恕。"⑥

明太祖经过二十多年雷厉风行的惩治贪官污吏，使明初官场的风气逐渐起了变化。在严刑酷法之前，官吏重足而立，不敢恣意盘剥百姓，吏治日趋清明。从洪武下至仁、宣，"吏治澄清者百余年"。⑦官场贪污腐败之风有所扫荡，这既加强了统治效能，也有利于缓和阶级矛盾。但在明太祖过激政策指导下所进行的反贪腐斗争，也产生了一些不良后果。首先是刑戮过多，犯了扩大化的错误。在这种"天下官吏皆贪"思想的指导下，把惩治贪赃的斗争扩大化，滥刑滥杀之事层

---

① 《明太祖实录》卷一七四。
② 《皇朝大事记》卷九。
③ 《明太祖实录》卷三八。
④ 《明史·太祖本纪》。
⑤ 《明史·刑法志》。
⑥ 《明太祖实录》卷三八。
⑦ 《明史·循吏传序》。

出不穷。其次是精神创伤严重。由于明太祖独断专行,对官吏故意挑剔,滥施刑戮,使官吏动辄得咎,左右为难,谁要涉足官场,自然不寒而栗。由于刑戮过多,官吏善终者少,所以当时士人不愿当官,"断指不仕"者皆不在少数。这种精神创伤确实是无法弥补的。

在对待官吏的方式上,朱元璋并非一味地使用严刑酷法,他也一直注重对官吏廉洁的教育,对贪污腐败的预防。《大明律》开篇便是尊崇儒学的《六礼图》,显示了明的立国思想仍然是儒学礼教。此外,为唤醒官吏的良心,朱元璋亲自编写《醒贪简要录》赐给官吏,"望做官的懂得体恤吾民"。其言辞切切,可谓用心良苦。

明太祖通过反腐倡廉的这些措施,特别是他重典惩处贪官污吏,一定程度上抑制了官吏腐败现象,使得吏治较为清明。史载:"国初惩元之弊,用重典以新天下,故令行禁止,若风草然"、这对于稳固朱氏王朝,建立起一支廉洁有效的官吏队伍起了十分重要的作用。①

(六) 后世对明太祖治国措施的评价

明太祖在执法过程中,使用严刑酷法,明显用刑太重,使之偏离了荀子治国思想的主线,给社会带来了许多不良后果。但是明太祖重典治吏,严惩皇亲国戚和权贵的违法行为,对维护法律的尊严和澄清吏治起到了积极作用,促成了"洪武之治"的实现,明太祖实施的一系列治吏措施,通过整饬吏治,暂时缓和了社会矛盾,对恢复经济发展起到了一定的积极作用,也为明朝前期的繁荣铺平了道路。

清康熙皇帝认为明太祖朱元璋的治理比唐宋还好,在南京明孝陵立了一个大碑,上题"治隆唐宋",对300年前的朱元璋给予了高度的评价。其6次南巡,每次都要祭扫明孝陵,行三叩九拜大礼,表示对朱元璋的尊重。朱元璋雄才大略、励精图治,发展经济,提倡文教,使得天下大治,后世史学家称其为"洪武之治"。

《太祖本纪》则赞曰:

> 太祖以聪明神武之资,抱济世安民之志,乘时应运,豪杰影从,戡乱摧强,十五载而成帝业。崛起布衣,奄奠海宇,西汉以后所未有也。惩元政废

---

① 参见杨鹤皋:《宋元明清法律思想研究》,北京大学出版社,2001年3月,第164—167页。

弛，治尚严峻。而能礼致耆儒，考礼定乐，昭揭经义，尊崇正学，加恩胜国，澄清吏治，修人纪，崇风教，正后宫名义，内治肃清，禁宦竖不得干政，五府六部官职相维，置卫屯田，兵食俱足。武定祸乱，文致太平，太祖实身兼之。至于雅尚志节，听蔡子英北归。晚岁忧民益切，尝以一岁开支河暨塘堰数万以利农桑、备旱潦。用此子孙承业二百余年，士重名义，闾阎充实。至今苗裔蒙泽，尚如东楼、白马，世承先祀，有以哉。

这里虽有溢美之词，但也反映出明太祖确实是中国历史上一个较有作为的皇帝。

第二节　明成祖朱棣的治国思想及治国方略概况

一、明成祖朱棣的生平概况

明成祖朱棣（1360—1424），明朝第三位皇帝，系朱元璋第四子。洪武三年（1370），朱棣受封燕王。曾居凤阳，对民情颇有所知。自幼习兵法，掌握良好的军事本领，洪武十三年就藩北平（今北京），多次受命参与北方军事活动，两次率师北征，加强了他在北方军队中的影响。

明太祖朱元璋去世后，继位的建文帝朱允炆感觉诸藩王3威胁皇权，会拥兵自重，遂实行削藩，当废削即将轮到朱棣头上时，朱棣遂于建文元年（1399）七月发动"靖难之役"，建文四年六月攻入南京，夺取了皇位。次年改元"永乐"，是为明成祖，在位二十二年（1403—1424）。明成祖即位后，采取了一系列措施，使社会安定、国力增强，保持了东方大国的显赫地位，由于成祖年号为"永乐"，后世称这一时期为"永乐盛世"。

明成祖极力肃整内政，巩固边防，政绩颇著。在治国思想上，加强儒家文化思想的统治。他五次北征蒙古，追击蒙古残部，缓解其对明朝的威胁；疏通大运河；永乐十九年（1421），明成祖迁都并营建北京，以南京为留都。作为历史上第一个定都北京的汉人皇帝，奠定了北京此后500余年的首都地位；组织学者编撰多达3.7亿字的百科全书《永乐大典》；设立奴儿干都司，以招抚为主要手段管辖东北少数民族地区。

明成祖是明朝历史上颇有作为的皇帝，他强化了明王朝的统治基础，有利于明王朝的长治久安。明成祖继承了明太祖朱元璋留下的基业，并且积极开拓，他继续执行明太祖以来的休养生息的政策，鼓励开荒屯田，重视农业生产发展，使得社会日益安定，经济快速发展。明成祖还积极开展对外交流，最为著名的是郑和七次下西洋，当时的海外诸国都来朝拜明朝，在这期间来朝的国王几次来华访问，受到明成祖的亲切接见，明成祖礼遇万邦，善待海外诸国，使得对外交流达到了封建社会的鼎盛时期。由于明成祖的内外经营，永乐时期的明王朝进入了鼎盛时期，明王朝在政治，文化，经济，军事，科学技术方面都走在世界前列，跻身为亚洲乃至世界的头号强国。

永乐二十二年（1424）朱棣死于北征回师途中的榆木川（今内蒙古呼伦贝尔市海拉尔区），庙号太宗，谥号"文皇帝"，葬于长陵，明世宗嘉靖时改成祖。

二、明成祖的治国思想①及治国方略概况

（一）明成祖的"重民"思想

"民为邦本"是中国政治思想文化传统中一个很古老的观念。明成祖朱棣治国之道的最大特色是以民为本。从《尚书·盘庚篇》的"重民"、周公的"保民"、孔子的"爱民"、孟子的"民贵君轻"、荀子的"君舟民水"诸论，到明清时清黄宗羲、顾炎武、唐甄等人的民本论，民本思想在历代思想家手中不断定地被丰实、丰富，形成一个根基深厚、内涵宏富的重要传统。这传统影响至社会政治生活领域，遂使统治者们确立起"国以民为本"的认识。

明成祖朱棣也受到民本思想传统的深刻影响，倡行"仁政"，谓：

> 民者，国之根本也。根本欲其安固，不可使之凋蔽。是故圣王之于百姓也，恒保之如赤子，未食则先思其饥也，未衣则先思其寒也。民心欲生也，我则有以遂之；民情恶劳也，我则有以逸之。教之树艺，而使之不失其时；薄其税敛，而用之必有其节。如此，则教化行而风俗美，天下勤而民心归。行仁政而天下不治者，未之有也。

其所谓"仁政"，就是体民之心、遂民之情，使民得其所养，不致失其依据，从而民生有所托，百姓有所安。他还从这种思想角度出发阐述其为君者必须懂得

---

① 参见陈寒鸣：《治国之道：明成祖朱棣的〈圣学心法〉》，天津市工会管理干部学院，2004年。

的"生财"之道，说：

> 经国家者以财用为本，然生财必有其道。财有余则用不乏。所谓生财者，非必取这于民也。爱养生息，使民之力有余，品节制度，致物之用不竭。下有余，则上何患于不足？下不足，则上何可以有余？……民者，邦之本；财者，民之心。其心伤则其本伤，其本伤则枝干凋瘁，而根柢蹙拔矣。理财用者，可不鏖于斯？

(二) 明成祖"尊孔崇儒"的宽仁治国思想

孔子自汉以来，始终被尊为圣人，把其中包含卜子夏"儒法兼用"、荀子"隆礼、重法"的思想统称为儒学，把荀子思想作为儒学的一部分，并尊为圣学。荀学实际是中国封建统治的正统王道，历代统治者尊孔崇儒，却忽视了荀子的地位。统治者通过尊孔崇儒则表明其政权的正当性、统治的合法性，朱棣也是如此。

明成祖清楚地认识到，太祖朱元璋的"猛政"治国给社会带来巨大的负面作用，他必须选择一条适合自己时代的治国方略，他认为只有以"德主刑辅"思想治国，才能维护政权的稳定。明成祖夺位称帝后，采用"隆礼、重法"、"德主刑辅"的治国措施。

永乐元年，他发布第一个施政纲领时表示："为治之道，在宽猛适中；礼乐刑政，适有其序……至于用刑，必钦必慎，期于刑措，用臻康理，以上不负皇考创业之艰，而朕于守成之道，亦庶几焉尔。钦此。"成祖在总结了历史的治世经验之后，提出"宽猛适中"的原则，这不仅符合历史发展的成功规律，也适应"靖难"之后的社会现实，既有宽仁，也有严峻。成祖在"靖难"之役后率师南下，曾经过山东的曲阜和邹县，他严谕将士不得入境骚扰，以示对儒家先圣的尊崇之意。夺位称帝后，他屡次称："孔子，帝王之师。帝王为生民之主，孔子立生民之道。三纲五常之理，治天下之大经大治，皆孔子明之，以教万世"，明确向天下臣民宣示其"朕用儒道治天下"。

永乐四年（1406），朱棣至京师文庙亲行奠礼，又躬诣太学将《五经》授予国子监祭酒胡俨，并率三品以上文武官吏及翰林儒臣听胡俨等讲授儒经，又谕曰：

> 《六经》，圣人之道，昭揭日星，垂宪万世。朕与卿等勉之。

其后，他依礼部奏请亲制《祭礼视学碑》碑文，谓：

> 孔子"上以承尧、舜、禹、汤、文、武之传。下以为后世植纲常，开太平于无穷。而世之极其尊崇之礼者，非于孔子有所增益，特以著明其道之至大，天下不可一日而无也。惟皇考继统帝王，尊师孔子，举天下皆约之，使由于斯道，是以治化之盛，沦浃周编，薄海内外罔不向风慕义。朕景仰宏谟，夙夜祗敬，思维继承之道，不敢追凰"。①

这就在称颂乃父既"继统帝王"而又能"尊师孔子"，自己是一个"继承"父道的儒家皇帝。

明成祖于永乐七年（1409）亲自撰成《圣学心法》四卷，《圣学心法》乃是一部综述帝王为治之要的帝王学专著。《圣学心法》以儒家思想为指导，综合历代讨论帝王为治之道的意见，加以明成祖朱棣本人的治国经验，复经其编排、题解，又以长序冠于卷首，这使此书有了一定的价值意义。在成祖朱棣看来，他所面对的具体政治问题及其处理办法，未必适合于后世继统之君，而历代治国基本经验则是能够千古不变的"道"，应为嗣君准则。他反复劝谕其子孙天命无常，唯德是与；能修德以合天心的专著。朱棣说继统之君深契此书要旨，细细体味其言，也就能知其用心，才能略窥圣贤奥蕴。换言之，他是通过《圣学心法》把圣人之道传达给继位君主的。

明成祖朱棣是一位有作为的君主，他的《圣学心法》论治国之道亦有其可取之处，他尊孔崇儒，宣传教化，这为其实施统治建立了良好的基础。明成祖统治的永乐时代，是明朝初年的一大盛世，这一时期明王朝充满活力，生机勃勃，国泰民安，国力强盛，奠定了明清以来500余年的政治格局，对中国历史产生了深远的影响。

（三）敞开国门、郑和下西洋

明朝建立之初，朱元璋为了巩固自己统治，实行闭关锁国政策。成祖即位后，社会趋于安定，为了显示大明王朝的强大，他决定打开国门，走向世界，宣布外国商人可以来中国自由贸易。他把中国看成是世界的中心，有抚驭万邦之责任，要让世界各国都认识中国，尊敬中国，崇拜中国。基于这样的思想，成祖决定派

---

① 《明太宗实录》卷五十二。

遣船队出使西洋。"欲耀兵异域，示中国富强"。1405年，明成祖朱棣以郑和为钦差正使，宦官王景弘为副使，率领一支由六十二艘大船，两万七千八百多人组成的庞大远洋船队出使西洋。其后先后七次下西洋，航程十万里，造访三十多个国家和地区。郑和下西洋是中华民族的伟大壮举，也是世界航海史上的伟大壮举。当时有很多国家的国王率领使团来华访问，受到了明成祖的热情接见，其中有的国王死后选择葬在了中国，一般来说，人死后希望归葬故土，但他们情愿葬在中国，这是多么大的向心力，足见当时明朝的吸引力之大。这是有感于明朝的文明、包容、友好和富庶吸引了他们。郑和下西洋代表了当时中国领先于世界的先进的航海技术，其技术之高超，装备之精良，船队规模。堪称当时世界一流。郑和下西洋时间之长，规模之大，范围之广都是空前的。它不仅在航海活动上达到了当时世界航海事业的顶峰，而且对发展中国与亚洲各国政治，经济和文化上友好关系，作出了巨大的贡献。

当大明王朝派出了一支世界上最为强大的船队，旌旗蔽天，扬帆海外。剿灭海盗，安定友邦的时候，明王朝的国威远播海外，国际地位空前提高，万国来朝的盛况更是超迈汉唐，只有明成祖这样气魄浩大的帝王，才会造就郑和下西洋的航海奇迹。郑和下西洋是中国封建社会最后的历史荣光和绝唱。

（四）巩固边防，迁都北京

元朝的残余势力被太祖朱元璋赶到北方以后，不断侵扰边境，所以成祖即位后，在致力于稳定其统治的同时，又致力于国防的安全，试图创建一个太平盛世，完成太祖的未竟之业。他采取"威德兼施"的策略，既武力打击又怀柔优抚。

成祖是在北平起兵夺取皇位的。他认为北平是"龙兴之地"，而且"山川形胜，足以控夷，制天下"，他即位不久就下诏改北平为北京，称北京为行在，将北平由一个藩国的封地变成了天子的临时首都。并颁布迁都诏书：

> 开基创业，兴王之本为先；继体守成，经国之宜尤重。昔朕皇考太祖高皇帝受天明命，君主华夷，创立江右，以肇邦基。肆朕缵承天统，恢弘鸿业，惟怀永图。眷兹北京，实为都会：地势雄壮，山川巩固，四方万国，道里适均。惟天意之所属，实卜、筮之攸同。仿古制，循舆情，立两京。置郊社宗庙，创建宫室。上以绍皇考太祖高皇帝之先志，下以贻子孙万世之弘规。且于巡狩驻守，实有便焉。爰自营建以来，天下军民，乐于趋事。天人协赞，景贶骈臻。今工已告成，选以永乐十九年正月朔旦，御奉天殿朝百官，诞新

地理，用致雍熙。于戏天地清宁，衍宗社万年之福；华夷绥靖，隆古今全盛之基。故兹诏示，咸使闻知。

　　颁布的迁都诏令的确很有气势，迁都北京是为巩固皇朝的万年基业，思亿皇朝万年！再现了朱棣的雄图和政治远见！

　　朱棣经过十几年的精心准备，着力筹划迁都事宜，永乐十四年（1416）开始大规模营建都城，经过三年奋战，一个崭新的国都矗立在燕赵大地，永乐十八年（1420），北京的宫殿郊庙建成。永乐十九年（1421），正式迁都北京。修建北京新都总计用了20年左右的时间。北京从此成为大明王朝新的国都，具有里程碑的意义，奠定了此后500余年的政治经济生活。

　　明成祖迁都北京是具有政治远见的，北京地处北漠与中原之间，便于统治北方、东北、西北和中原广大地区，他处于一个纽带之上。迁都北京，有利于加强明王朝对北疆地区的控制力度，对于维护明朝江山起着十分重要的作用。迁都北京，还可以平衡南北发展的差距，促进全国各地区的均衡发展。成祖经过多年的励精图治，到永乐后期，天下大治，社会安定，国力强盛，一切成定局了，迁都也就顺理成章地完成了。明成祖迁都北京，奠定了北京作为中国首都五百余年的政治地位，深刻地影响了中国的政治格局。

　　明成祖的施政纲领采用"为治之道，在宽猛适中"，"尊孔崇儒"，他以"儒法兼用"作为其治国思想，遵循荀子"隆礼、重法"的治国之道，使其统治的大明王朝在政治、文化、经济、军事、科学技术方面都走在世界前列，使永乐时期的明王朝进入了鼎盛时期，跻身为当时亚洲乃至世界的强国。这更进一步证明荀学的"隆礼、重法"作为治国方略是正确的，是经得起实践检验的。

第三节　张居正的治国思想及改革概况

一、张居正的生平概况

　　张居正（1525—1582），字叔大，号太岳，祖籍安徽凤阳，湖广江陵（今属湖北省）人，世称张江陵。明代政治家、改革家，明代伟大的政治家。他少时"颖敏绝伦"，善文章，巡抚顾璘看到他的文章后，赞之曰："国器也。"嘉庆二十六年（1547）中进士，改庶吉士，授翰林院编修。接着又升为右谕德侍讲学士，总领翰林院事。隆庆元年（1567）穆宗即位后，经首辅徐阶引荐，以礼部右侍郎兼翰林院学士入内阁参与朝政。不久迁礼部左侍郎兼东阁大学士，总裁《世宗实录》，进礼部尚书兼武英殿大学士。隆庆六年（1572）受遗诏辅佐神宗，并升任首辅。从这时起至万历十年（1582），担任首辅达十年之久，实际掌握着朝廷军政大权，为明代"第一权相"。万历十年（1582）六月病逝于北京寓所。谥号"文忠"。

他生前树敌甚多，在守旧派中积怨更深，死后仅九个月即为张诚等所潜，诏夺各种封号，并抄家，株连子女，到崇祯十三年（1640）才得以平反。著有《张太岳集》，清光绪年间以《张文忠公全集》增刊行世。其中的大量奏疏和书牍，特别是《陈六事疏》，可以说是其"政治改革宣言书"。今传有《张居正集》。

二、张居正的治国思想及变法改革概况

张居正一生经历嘉靖、隆庆、万历三朝，十分清楚当时社会的实际状况，所以在他升任首辅秉国执政前，他就确定了其治国思想，从儒家立场出发，吸取法家精神，援法入儒，重振儒家纲纪，厉行法家核名实、信赏必罚的主张，遵循卜子夏"儒法兼用"和荀子"隆礼、重法"的治国思想，开始其秉国十年的历史历程。

（一）审时度势，主张变法改革

张居正执政时期豪门和宦官专权，朝政腐败，纲纪荡然，法制松弛；官僚贵族、豪强地主兼并土地之风日益严重，国家财政收入锐减，入不敷出；军备废弛，南倭北"虏"交相为患；农民起义此起彼伏。在这种情况下，张居正毅然以天下为己任，大刀阔斧地进行变法改革，整顿朝纲，励精图治，使国家走上富强的道路，出现了朝廷诏令颁布之后，"虽万里外，朝下而夕奉行"的新局面。

一般地说，北宋王安石是理想的政治家，而明代的张居正则是现实的政治家。他从明代的社会现实出发，主张"遵守成宪"，强调要循名，要核实，必须讲求实效。他所称的"成宪"并非"宪章文武"，而是明太祖朱元璋的旧制。他认为明太祖创建的制度是博采众长，是三代以下法制之最善者。"夫高皇帝之始为法也，律令三易而成，官制晚年而始定。一时名臣英佐，相与持筹而算之，其利害审矣。后事有智巧，蔑以踰之矣。且以高皇帝之圣哲，犹俯循庸众之所为；乃以今之庸众，而欲易圣哲之所建，岂不悖乎？"

当时，曾发生过"法先王"和"法后王"的争论。一些贵族、大地主及其政治代表们纷纷举起"法先王"、"循旧章"等陈腐不堪的思想武器，对张居正的变法改革主张大加挞伐。张居正义正言辞，指斥他们这些"不达时变，动称三代"

的人，都是"宋时奸臣卖国之余习，老儒臭腐之迂谈"，他们学术不明，高谈无实，必不可用。张居正坚决主张"法后王"，认为明太祖是"善法后王者"即善于根据时代的变化，制定出相应的典章制度和法律法令。

针对明王朝日益严重的政治社会危机，朝政积习生弊、颓废不振，张居正指出如果不及早根除弊政，矫正痼端，恐积重难返。所以他在《陈六事疏》提出：

1. "省议论"。张居正认为，当前"政多纷更，事无统纪"，造成陈词泛滥，要坚决"扫无用之虚词，求躬得之实效"，力戒华而不实，相互推诿，徒托空言。要求"大小臣工各宜秉公持正，以诚心直道相与，以勉修业为务，反薄归厚，尚质省文。"

2. "振纪纲"。张居正认为当前"纪纲不肃，法度不行"。一定要"张法纪已肃群工，搅干刚而贞百度。刑赏予夺，一归之公道，而不必曲徇乎私情；政教号令，必断于宸衷，而易致纷更于浮议。法所当加，虽贵近不宥；事有所枉，虽疏贱必申"。申明法纪，而政令必须由朝廷统一颁布，加强中央权威和中央集权。还要做到公正无私，修明法度，整饬吏治，重振纪纲。

3. "重诏令"。张居正对"朝廷诏旨多格不行"、"禁之不止，令之不从"深感不满。他建议严肃纪律，无论大小事务，都要认真办理。要"置立好簿，登记注销，如有违限不奏报者，从实查参，坐以违制之罪。吏部却以此考其勤惰，以为贤否"。以此来确保政令畅通，有令必行，有行必果。

4. "核名实"。为了改变官吏名实不符，毁誉失实，弄虚作假的恶劣现状，张居正提出要对京官与外官建立严格的考勤、考绩制度。"综核名实"，注重实际，彻底改变官场丑恶现象。

5. "固邦本"。张居正对国家财政空虚、不惜民力的状况很重视，并认为造成这些问题的根本原因之一是豪强的掠夺，皇室的挥霍，官场的浪费。只有廉洁怜民，勤俭节约，均衡赋役，杜绝扰民，才能固邦安民。

6. "饬武备"。张居正针对"武备废弛"、"虏患日深"的现象，提出治理军队，加强军备，申明军政，积极训练，巩固边防的正确主张，并陈述了军事在国家长治久安上的重要作用。还建议加强保卫中央安全。

张居正提出的六条针砭沉痼的措施，到神宗时又加以完善并得以实施。经济方面他要求农商并重，"厚农而资商"，"厚商而利民"，并限制土地兼并，清丈田亩，实行"一条鞭法"，税粮、差役一律改为征银，以增加国家的财政收入。

军事方面，整顿军队，整饬边防，慎选边防将领，抵御外侮，使边境得到了安定。①

张居正的变法改革取得了显著效果。据史籍记载，他任首辅期间，"中外用是，凛凛盖无不奉法，朝廷亦无格焉而不行之法。十余年间，海宇清晏，蛮夷宾服"。"太仓粟充盈，可支十年"，"太仆金亦积四百余万"。这些记载可能有些夸大，但其变法改革取得了显著成效，确是事实。②

(二) 重农惠民，改革赋役

明朝中叶时期，水患不断，对社会经济构成很大危害，张居正决心治理黄淮。他制定治水六策：1. 塞决口，以挽正河；2. 筑堤防以杜溃决；3. 复闸坝以防外河，4. 创滚水坝以固堤岸；5. 止浚河海工程，以省糜费；6. 寝开老黄河之议以利涉。③ 经过全面治理，河患终于消除，并把水患转化为利民工程，利用水利发展生产，利用水运进行贸易和货运。张居正制定了一系列重农惠民政策，更加稳定了社会，发展了经济。他鼓励农民开荒耕田，发给贫困户土地、耕牛、种子等，并免税三年，对普通农民也实行扶持政策。万历十年，"免天下积下的逋赋"。这也是张居正根据民力单薄，不宜苛敛而做出的决策。

每逢灾年，政府都要赈济灾区。几乎每年都有赈蠲，完全实行"保民"、"惠民"政策。张居正的这种恤民爱民思想是受儒家传统的影响，他所推行的改革，含有浓厚的人民性色彩，虽然其目的是为了维护封建统治，但是，也确实给人民带来了不少实惠。

在改革赋役方面，由于明中叶以后，豪强地主与衙门吏胥相勾结，大肆兼并土地。他们隐瞒土地，逃避赋税，侵害百姓，造成国家大量赋税流失。张居正为了挽救国家危亡，决定清赋度田，对赋役制度进行改革。万历五年张居正上奏请求清赋度田。万历六年，开始清丈田亩。据《明史·食货志》载："万历六年，用大学士张居正议，天下田亩通行丈量，限三载竣事。用开方法，以径围乘除，畸零截补。于是豪猾不得欺隐，里甲免赔累，而小民无虚粮。总计田数七百一万三千九百七十六顷，视弘治时赢三百万顷"。④由于清查工作与官吏的考成法相结合，

---

① 参见张国：《中国治国思想史》，新华出版社，2002年10月，第374-375页。
② 参见杨鹤皋《宋元明清法律思想研究》，北京大学出版社，2001年3月，第183-184页。
③ 《明神宗实录》卷七六。
④ 《明史·食货志》，卷七十七。

才有力地推动了这一工作的展开,使隐瞒的土地被清理出来,田赋显著增加。

清赋度田为赋役制度的改革提供了极为有利的条件,张居正赋役制度的改革核心内容就是推行新的赋役制度——一条鞭法。

一条鞭法,概括而言分为以下几点:

1. 赋役合并,化繁为简。将原来的赋役和土贡方物等合并为一项。改力役为征粮,按人丁和田地分摊。

2. 田赋改征银。除极小量皇家用外,一律改征折色银。

3. 计算赋役数额,以州、县为单位,赋役数额不准任意增减。

4. 赋役银由地方官直接征收,实行官收官解。

5. 改里甲十年一役为每年一役。

由于一年出一次役银,也就很少,老百姓可以负担起,容易征收。一条鞭法使赋役制度简单了,而国家的收入却增加了,"太仓粟可支十年,囤寺积金,至四百余万"。[①] "万历时,官民田总七百一万三千余顷,夏税米麦总四百六十万五千余石,起运百九十万三千余石,余悉存留;钞五万七千九百余锭;绢二十万六千余匹。秋粮米总二千三百三万三千余石,起运千三百三十六万二千余石,余悉存留;钞二万三千六百余锭"。国家的财政危机得到了暂时缓解。

张居正"救世兴国"的改革,确实给明朝带来了转机。但是,张居正也未能摆脱"人亡政息"的历史厄运。由于他的改革不可避免地要损害一些大官僚贵族、大地主的利益,所以在他死之后,遭到这些豪强贵族保守派和反对派的反扑,使所有改革措施被推翻,连家也被抄,几乎家破人亡。这种结局的形成与张居正只重视社会经济改革而忽视上层建筑,只注重个人能力的施展而忽视建立一个强有力的政治集团有着密切的关系,另外一个最主要的原因是张居正与神宗的关系,张居正作为神宗的老师,对神宗要求甚严,使神宗对其产生敬畏之心。同时张居正效忠国事,独揽大权,在神宗的认识里便是一种蔑视主上的表现,神宗追求享乐和财富积累,所以张居正死后,他在精神上得到解脱,遂产生一种报复心理。但是张居正的改革之举,具有划时代的意义,功在千秋。

(三)整饬纪纲,修明法度

明太祖朱元璋建立起来高度专制的中央集权制度,成就了"洪武之治",经过明成祖、仁宗、宣宗时期的治理,严惩贪官,体恤百姓,使明王朝社会稳定,政

[①]《明史纪事本末·江陵柄政》卷六一。

治清明，国泰民安，成就了"永乐之治"和"仁宣之治"，但是到了英宗、代宗、宪宗时期，太监仗势贪纵、揽权乱朝，朝臣结党营私，搜刮民财，聚敛无度，出现政治黑暗、民不聊生，明王朝逐步走向衰落。后来孝宗即位，刷新朝政，整肃政风，凝聚民心，明王朝又一度兴盛。但是到了后来的武宗、世宗和穆宗时期，皇帝荒淫无度，政治腐败，官吏贪赃枉法，豪强巧取豪夺，欺压百姓，民不聊生，导致多次爆发农民起义，明王朝滑落到了历史最低谷时期，已经显露出灭亡的征兆。这集中反映在纲纪不肃，法度不严，有令不行，"朝廷诏旨，多废格不行，抄到各部概从停阁"。行政机构变成了公文的"收发室"。这种状况致使国库空虚，大量钱财流入个人私囊，正如张居正所言："嘉隆之间，海内虚耗，公私贮蓄殊可寒心"。财政开支越来越大，入不敷出，更加大了苛捐杂税。人民负担繁重，背井离乡，大批流亡。贪风不止，民怨日深。

针对这种情况，张居正强调加强中央集权，重振纪纲，修明法度。

1. 严明赏罚。皇帝用人才一定要做到"慎重名器，爱惜赏罚，用人必考其终，授人必求其当。有功于国家，即千金之赏，通侯之印，亦不宜吝；无功于国家，虽颦睇之微，敝袴之贱，亦勿轻予"。据此，他提出严考课之法。①

2. "法在必行，奸无所赦"。隆庆三年（1569）九月，慈圣皇太后以皇帝婚期将届，"吩咐概停刑"，张居正认为：春生秋杀，天道之常。良莠不齐，反害嘉禾，凶恶不去，反害善良。"若弃有德而不用，释有罪而不诛，则刑赏失中，惨舒异用，非上天所以立君治民之意矣。臣等连日详阅法司所开重犯招情，有杀祖父母、父母者，有强盗劫财、杀人者，有斗殴逞凶登时打死人命者，据其所犯，皆绝灭天理，伤败彝（yí）伦，仁人之所痛恶，覆载之所不容者，天欲诛之，而皇上顾欲释之，其无乃违上天之意乎？"所以他主张不停刑，张居正这种"法在必行，奸无所赦"的主张，在当时法制松弛的情况下，有一定的积极作用。

3. "法宜严而不宜猛"。张居正反对纵释有罪以博取宽厚、仁爱虚名，主张"严刑明法"以"制欲禁邪"，②使人不至于为非作歹。同时，使豪强贵族"知朝廷法纪之不可干，上下分义之不可逾"，③以制裁其骄横跋扈，危害百姓。在张居正看来，他并不是宣扬"严刑峻法虐使其民"，而是主张法宜严而不宜猛。他说：

---

① [明] 张居正：《张太岳集·陈六事疏》，上海古籍出版社，1984年。
② [明] 张居正：《张太岳集·答宪长周友山言弭盗非全在不欲书》，上海古籍出版社，1984年。
③ [明] 张居正：《张太岳集·答应天巡抚宋阳山论均粮足民》，上海古籍出版社，1984年。

盖顺情者，因人情之所同欲者而施之。《大学》所谓"民之所好好之，民之所恶恶之"者也。若徇情则不顾理之是非，事之可否，而惟人情之是便而已。振作者谓整齐严肃，悬法以示民而使之不敢犯，孔子所谓"道之以德，齐之以礼"者也。若操切则为严刑峻法，虐使其民而已。故情可顺而不可徇，法宜严而不宜猛。①

可见，张居正的施政主张还是遵循卜子夏的"儒法兼用"和荀子的"隆礼、重法"治国思想。

4. 严惩贪墨。嘉靖以来，官场上贪风极盛，贪污贿赂泛滥成灾，国家财政收入锐减，平民百姓痛苦不堪。张居正说："自嘉靖以来，当国政者以贿成，吏朘民膏，以媚权门，而继秉国者又务一切姑息之政，为逋负渊薮，以成兼并之私。私家日富，公家日贫。国困民穷，病实在此。"针对这种情况。张居正决心"杜绝贿门，痛惩贪墨"。他提出的措施是："其贪污显著者，严限追缴，押发各边，自行输纳，完日发遣发落。"②如万历三年（1575）昌邑知县孙鸣凤贪贿，结果被逮捕审讯，遣发边区。

由于张居正"平生以法绳天下"，所以在他执政的十几年中，封建法制松弛的状况有所改变。

纵观张居正的十年执政，针砭沉疴，矫正时弊，整肃吏治，严惩贪官，治理河患，重农惠民，改革赋役，救世兴国，他运用"儒法兼用"治国策略，根据现实情况，重法治吏，给已经衰败的大明王朝带来了一线转机。

第四节 明朝的衰亡及其原因

一、明朝的衰亡

明朝（1368—1644）是中国历史上承元朝、下启清朝的朝代，历十二世，传十六帝，历经 277 年。是以汉族为主推翻蒙古族统治者而建立起来的汉族王朝，也是中国历史上最后一个由汉族建立的封建君主制王朝。自 1368 年朱元璋灭元称

---

① [明] 张居正：《张太岳集·陈六事疏》，上海古籍出版社，1984 年。
② [明] 张居正：《张太岳集·陈六事疏》，上海古籍出版社，1984 年。

帝，直至明思宗朱由检共16位皇帝。

明王朝从明太祖朱元璋建国，采用重典严猛治国，扭转了元末官吏贪腐盛行的局面，刷新吏治，抑制豪强，惩办贪官，使明初政治为之一新，出现了"洪武之治"，他虽然治国措施过于严猛，但是也为后面的"永乐之治"、"仁宣之治"的吏治打下了坚实基础。成祖、仁宗、宣宗时期，主要是借助太祖治国之严猛的余威，实行仁政，官僚体制整体而言忠于职守，勤勉为政，加之帝王开明，采取与民休息政策，使国家政治清明，国泰民安，但是随着国家兴盛，天下太平日久，官场积弊逐渐复发。到英宗、代宗、宪宗时期，社会倒退，贪赃枉法日盛，豪强恶绅为非作歹，百姓苦不堪言，明朝中叶逐步出现衰败现象。孝宗即位后，以一种全新的清风刷新政治，严惩贪官，凝聚民心，发起了一阵暴风骤雨般的罢斥奸佞、废黜异端的行为，使异端邪术等一些社会痼弊得到有力治理，他整肃朝风，精简冗员，勤俭节约、任用贤能，礼待臣僚，虚心纳谏，与贤臣一道创造了明朝中叶的太平盛世。但是明朝又经过武宗、世宗两朝，统治者好逸乐，贪女色，荒淫无度，政治腐败，明朝衰落，极度虚弱。在穆宗、神宗时期，张居正力挽狂澜，剔除秕政，救世兴国，使濒临崩溃的腐朽王朝为之一振，出现了暂时的转机。张居正去世后，神宗前期还能勤勉执政，后期深居宫中，荒淫享乐，导致政治腐败。经过光宗、熹宗时期，两人因追求长生不老，服用丹砂过度而亡，朝廷极度腐败，政治黑暗、军事废弛、经济凋敝、民心思乱、饥馑遍野，满目疮痍，明王朝气数已尽，积重难返。崇祯帝受命于危难之中，诛杀魏忠贤，严惩贪官，勉力振作，试图力挽狂澜，拯救天朝，重振昔日雄风，无奈官场腐朽至极，积重难返，面对北京城外烽火冲天，崇祯浑身发抖，潸然泪下。愤然写下"朕凉德藐躬，上干天咎，然皆诸臣误朕。朕死无面目见祖宗，自去冠冕，以发覆面。任贼分裂，勿伤百姓一人。"然后在煤山上自缢身亡，成了明朝的亡国之君。

二、明朝灭亡的原因

（一）皇权腐败糜烂

明朝早在天顺时期官员们就已经普遍是"不求做好人，只求做好官"。① "只求做好官"，并非要把官做好，而是指谋求担任"好官职"以及与此相联系的荣华富贵！至于百姓疾苦、国家兴亡，自身职守，民族命运等全然不计在心。武宗时

---

① ［明］李贤：《天顺日录》。

期荒淫无度，宦官刘瑾扰乱朝纲，皇权腐败日甚。嘉靖时归有光也如此记述当时的官风："日夜孜孜，唯恐囊橐之不厚、迁转之不亟、交结承奉之不至；书问繁于吏牒，馈送急于官赋，拜谒勤于职守；其始嬴然一书生耳，才释褐而百物之资可立具！此何从而得之哉！"这样的统治官吏队伍和官风，哪里还会有民生的位置！哪里还会有国家的前途！与此同时，皇权和官僚队伍的整体腐败，贪赃枉法，挥霍享受，在经济上疯狂搜刮民财，也大大激化了阶级矛盾，致使民变接连不断。尽管明中后期也有像海瑞、戚继光、张居正那样以天下为己任的官员，但已经于事无补，大明朝整体糜烂了。官僚队伍整体腐败、尸位素餐，大明王朝的灭亡也就为期不远了。明朝中期以后，皇帝怠政日甚一日，万历皇帝后期，臣工奏疏大半留中不发，许多衙门缺官长期不补，以致出现"职业尽弛，上下解体"的局面。故自清朝以后，人们普遍认为明非亡于崇祯，实亡于万历。

（二）宦官专权

在中国历史上有三个朝代的宦官势力特别猖獗，他们分别是东汉，唐朝和明朝，这三个朝代的灭亡与宦官势力过分膨胀有很直接的关系。而明朝的宦官专权对当时社会发展所造成的破坏远远超过汉唐及其他朝代。这些宦官上勾结后妃外戚，把持朝政结党营私，陷害忠良，下盘剥百姓，气焰熏天，为后世深恶痛绝。

造成宦官专政原因之一是朱元璋建立了一个高度专制集权的政权，洪武十三年（1380）废除了宰相，宰相废除后，皇帝就要以国家元首身份兼任官僚机构首脑之责，日理万机，疲于应付，于是只得成立秘书性质的咨询机构——"内阁"。因为高度的专制集权所产生的后果就是皇帝不信任大臣，担心大臣会反对自己的统治，所以朱元璋一面禁止宦官干预朝政，并在宫内树立禁止宦官干政的铁牌，一面又派宦官监军。明成祖朱棣因在靖难之役中得到宦官帮助，所以更加信任宦官，在他迁都北京后设立了特务机构东厂，用于监视群臣。这个机构的成员基本上都是宦官，由于皇帝对他们的信任，对他们活动的大力支持，这也等于在无形中助长了宦官的嚣张气焰，他们开始树立党羽，打击异己，在明成祖朱棣做皇帝的二十多年里，虽然宦官的势力逐渐强大，但是仍然没有左右朝政的能力。明代的宦官专权是从英宗朱祁镇时期的王振开始的，王振原为教官，后净身入宫，英宗做太子时，即朝夕侍候其左右。英宗登基后即命王振掌管司礼监。据史料记载，英宗非常宠信王振，言无不从，呼为"先生"而不称其名。英宗初年，上面有太皇太后张氏主政，下面有元老重臣杨士奇、杨荣、杨溥（三杨）辅政，王振还能受到压制，尚不敢放肆。后来太皇太后及"三杨"先后死去，朝政就由王振把持，朝中大臣皆呼王振为"翁父"，明朝宦官专政从此正式走上历史舞台。在王振因土木堡之变倒台后又有两个太监的权力达到登峰造极的地步，他们是武宗朱厚照时期的刘瑾，熹宗朱由校时期的魏忠贤（被明朝官员称为九千岁）。这些宦官擅权纳贿，结党营私，残害异己，败坏朝纲；广置田庄，横征暴敛，滥施酷刑，欺压百姓，危害甚众。这是造成统治阶级内部矛盾激化的又一个重要原因，而这个原因直接引起了明朝中后期的党争。

（三）"朋党之争"又一重要原因

明朝末年的党争始于明神宗万历中期，这半个多世纪的党争大致可分为三个阶段，第一阶段是明神宗万历中期至明熹宗天启初年，这一阶段是党争的起始时期。万历登基初期，内忧外患，由内阁首辅张居正主持万历朝新政，他大胆改革，使得万历初的十年，政治清明，经济飞速发展。张居正去世后，万历亲政，初期他勤于政务，有一定的功绩，但后期不理朝政，经常罢朝，由于万历不上朝，中央权力失控，官员为一己之私而互相倾轧，队伍涣散，致使官场混乱，徇私枉法，钩心斗角，"朋党之争"日盛，尤其代表中小地主和商人阶级的东林党与代表大官僚大地主的齐、楚、浙等党争。因为这些党派斗争与宦官专权产生矛盾，所以引发了一系列宫廷事件，如挺击、红丸、移宫三案。这为明朝的灭亡埋下了种子。明朝党争的第二阶段大致是熹宗天启中后期，这也是党争最激烈的阶段，主要是东林党与阉党之争。明熹宗天启皇帝登基后，其乳母客氏与秉笔太监魏忠贤勾结祸乱朝政。之前与东邻党争斗的诸党及非东林党成员均投靠魏忠贤，加入阉党，天启后期阉党在与东林党的争斗中逐渐取得优势，东林党遭到了残酷地打压。明朝党争的第三个阶段是在明崇祯时期，这也是明朝党争的最后阶段，主要也是东林党与阉党之间的争斗。熹宗死后信王朱由检（崇祯）即位。崇祯帝即位初期利用东林党与阉党间的矛盾对其予以打击。但是他没能吸取前几任皇帝的经验教训，而是继续崇信宦官，也使得明政权进一步走向灭亡的深渊。

明朝尽管腐朽，但在此之前还没有到达灭亡的程度，一旦朝廷完全陷入朋党之争，官僚自私自利，人心涣散，社会腐败，政治腐朽，社会混乱，军队瘫痪，党争进一步加剧，陷入恶性循环和无休止的内耗之中，明朝在党争中崩溃了。努尔哈赤此时抓住机会，发动攻势，明朝军队一触即溃，望风而逃。这并不是明朝军队不善战，而是明朝政治腐败影响到了军队，"朋党之争"一直延续到明朝的灭亡。朋党之争是构成明朝灭亡的重要原因。

（四）土地兼并严重，造成大量流民

明朝初年，贫苦出身的朱元璋意识到兼并土地会造成农民变成流民，从而导致严重的社会问题，因此他对土地管理比较严格，他曾下诏："耕者验其丁力，计亩给之。使贫者有所资，富者不得兼并。若兼并之徒多占田为己业，而转令贫民佃种者，罪之。"朱元璋限令王公大臣们"其山场水陆田地，亦照原拨赐例为主，不许过分占为己业"，他还贴榜九条申诫公侯，严禁功臣和公侯之家倚势强占官民田产。为了让农民安心耕田，朱元璋制定了"路引制度"。路引相当于通行证，需要向官方申请。没有路引，就不能随便离开土地，这种制度将农民的行动限制在很小的范围。到了明朝中期以后，土地制度渐渐发生了变化，明朝中期开始出现太监直接管理、收税的皇庄，这样就出现了大规模强占土地的问题。明孝宗年间，有皇庄四处，官田不到两千顷，后来逐渐发展到五处皇庄，占地一万二千八百顷。明武宗年间，皇庄增加到三十六处，占地五万三千多顷。皇室开皇庄占地之风，皇亲贵戚纷纷仿效。据《明会要》记载，洪武二十六年，田地总数是八百五十多万顷，到了弘治十五年，减至四百二十二万顷，这减少的一半就是被皇亲贵戚们兼并了，所以这些数字都不在官册。土地大量被兼并，使得无数农民无地可种，从而流离失所，又因为明朝的路引制度，这些流亡到外地的农民被官府追捕，自然而然成了所谓的"流民"。明末流民的数量到底是多少无法统计，但有一个数字比较能够说明问题，崇祯十二年（1639），躲在商洛山中的李自成带着只有50多人的队伍重出商洛，轻骑走河南。河南流民听说后，纷纷前来投奔，李自成一下子发展成了七八万人的队伍。说明当时的流民实在是太多了。

（五）赋税增加，苛捐杂税沉重

明朝末期，土地减少，朝廷的赋税反而增加，有地可种的农民负担、苛捐杂税更加沉重，于是有田的农民也开始大规模弃田出逃，加入了"流民"的队伍。明朝由于内忧外患，军费大幅增加，朝廷则不断增加赋税。万历年间，因神宗的贪婪而加重对民间的收括，天启年间更是再加赋税，到崇祯时更是大加特加。崇祯末年，一年之中单是军费就达到2000万两，而万历初年全国岁出不过400万两左右，国家财政和全国经济在这样大的压力下已濒于崩溃。

从明万历四十八年（1620）至崇祯十年（1637），明朝的赋税竟然增加了6倍。据顾炎武《天下郡国利病书·福建三》记载："民田一亩值银七八两者，纳饷至十两。"当时福建的粮食亩产最多三石（不到300公斤），正常年景不过卖一两银子。就算福建粮价疯涨，三石大米也不过卖六两银子，再加上地方各级官员的层层盘剥，一亩产出六两银子的田地，至少要交纳十几两的税。所以到了崇祯末年，盗贼四起，年谷屡荒，人们都以无田为幸运①，从而导致流民遍天下的现象。很多史学家认为，过度的征税很大程度上导致了明朝的灭亡。

另外，由于开支紧张，崇祯皇帝不得不采取紧缩银根的措施。崇祯二年（1629），崇祯皇帝大规模裁减驿站，崇祯三年（1630），李自成被列入裁员名单之中，失业下岗，当时正值农民起义风起云涌，24岁的李自成杀死驿站上司，出了被裁员的恶气，加入到他舅舅高迎祥领导的农民起义军中，当了一名八队闯将，从此走上推翻明朝政权的道路。

（六）崇祯皇帝用人策略失误

明朝重文轻武，军队的统帅基本上都是文人出身，都是通过科举考中的进士。文人之中要出真正的帅才很不容易。然而，明朝的运气不错，明末出了三个功勋卓著的名将，熊廷弼，万历二十六年的进士；孙承宗，万历三十二进士第二名；袁崇焕，万历四十七年进士。这三人都是难得的军事人才，可惜熊廷弼、袁崇焕先后被杀，孙承宗被罢斥。

熊廷弼在萨尔浒大战之后出任辽东经略，出关指挥辽东军事。担任广宁巡抚的王化贞认为熊廷弼影响了他的地位，千方百计阻挠熊的指挥。天启二年（1622），努尔哈赤向广宁进攻，王化贞带头逃进关内，熊廷弼只好保护民众退到山海关内。广宁失守，明朝政府追究责任，不问青红皂白，将熊廷弼和王化贞一起关进大牢。魏忠贤趁机向熊廷弼敲诈勒索，要熊拿出四万两银子，被熊严词拒绝，于是阉党就诬陷熊廷弼贪污军饷，将熊廷弼斩首，熊廷弼被处死后，其首级被传遍九边（辽东、宣府、大同、延绥、宁夏、甘肃、蓟州、山西、固原），以为警诫。孙承宗万历三十二年（1604）中进士，授翰林院编修；天启元年（1621）以左庶子充日讲官，进少詹事。

当时沈阳、辽阳相继失陷，孙承宗因为知兵被任命为兵部尚书、东阁大学士。孙承宗上任后，采纳袁崇焕的意见，主张守宁远。经过数年艰辛努力，布置成了一道坚固的宁（远）锦（州）防线，成为清骑兵不可逾越的障碍。从努尔哈赤到皇太极，始终未能完全打破这道防线，在屡次碰壁后，迫使他们望宁远而却步。这道防线不仅确保了山海关免受攻击，而且在此后20多年间，基本上稳定了辽西走廊的战局。魏忠贤为了长久把持朝柄，拉拢孙承宗，多次进行试探，均遭到拒

---

① [清]钱泳：《履园丛话》，上海古籍出版社，2012年。

绝，于是怀恨在心。天启五年（1625）八月，山海关总兵马世龙误信自清军逃归的刘伯强的情报，派兵渡柳河，想袭取耀州，结果中了埋伏，大败而归。阉党借机小题大做，围攻马世龙，并参劾孙承宗，使孙承宗去职。袁崇焕被凌迟处死以后，孙承宗再次被任命为辽东经略，仍坚持积极防御的方针，继续加强宁远防线，并重筑大凌河、右屯二城。崇祯四年（1631）8月，动工筑城才20天，大凌河城墙刚刚修完，雉堞仅修完一半，清军突然围城。至十月，大凌河已被围三月，守军粮尽援绝，城中发生吃人的惨剧，守将祖大寿假装投降，奔还锦州，城复被毁。大凌河失守，引起朝廷内部相互倾轧，孙承宗连疏引疾求退，崇祯为平息朝议，准其归籍，孙承宗第二次被排挤下台。崇祯十一年（1638），清兵深入内地，11月9日围攻高阳，赋闲在家的孙承宗率全城军民与之血战。三天后城破，孙承宗被俘，因拒不投降，被活活勒死。天启五年孙承宗被参劾去职后，高第出任辽东经略。他一上任，就下令拆撤宁锦防线，要各路明军全部撤进山海关内，这一决定遭到袁崇焕的坚决反对。高第说服不了袁崇焕，只好答应袁崇焕带领一部分明军留在宁远，并令其余所有明军限期撤退到关内。命令下达后，各地守军毫无准备，只好匆忙撤退，把储存在关外的几十万石军粮丢得精光，明朝在关外苦心经营的防御体系以及稳定的军事形势顷刻陷入了新的危机。此后，以袁崇焕为首的广大将士浴血奋战，于天启六年正月、天启七年五月相继取得"宁远大捷"和"宁锦大捷"，奇迹般挡住了清军的凶猛进攻。"宁远大捷"的消息传回京城，满朝震动，欣喜若狂，袁崇焕一战成名。

崇祯二年（1629），皇太极改变战略，避开袁崇焕，亲率重兵绕过山海关天险，攻破长城大安口，从龙井关入，先后攻克遵化、蓟州、顺义、通州，直逼京城。袁崇焕得知后，即挥宁、锦将士回京，以解京城之围。清兵退回长城以外，崇祯三年，（1630）崇祯中皇太极反间计，将袁崇焕凌迟处死。皇太极听到袁崇焕被杀的消息后，知道明朝的气数尽了，表面却平静地说："难得此公已死，咱们可长驱入明了。"有人说，袁崇焕被杀，不仅是袁崇焕本人的悲剧，也是崇祯皇帝的悲剧，更是大明王朝的悲剧。"自崇焕死，边事益无人，明亡征决矣"①。

当然，明朝灭亡的原因还有很多，这里不再一一阐述。通过研究明朝的灭亡原因，我们可以借鉴更多的历史经验和教训。当局者迷，旁观者清，千秋功罪，任后人评说，正应了李商隐诗中的那句话"此情可待成追忆，只是当时已惘然"。

---

① 《明史·袁崇焕传》卷二五九。

历史错误是犯不得的，尤其是在各种社会矛盾复杂交错的时候，更当慎之又慎。明朝的崇祯皇帝，不可谓胸无大志，不可谓为政不勤勉，他16岁登基，上台时就面对着险恶的政治环境，外有清军进攻，内有流民起义，执政确是艰难。他从哥哥明熹宗手中接过来的是一个千疮百孔、病入膏肓的江山，加上他本人的缺点，给大明王朝带来了毁灭性的灾难。唐太宗李世民告诫他的后代："水可载舟，亦可覆舟"。这些历史的经验教训，当牢牢铭记。

通过明朝的兴衰败亡，我们可以看出，往往在出现国泰民安，繁荣昌盛的时期，都是帝王励精图治，勇于开拓，严以治吏，宽仁爱民。治国策略都是"儒法兼用"、"隆礼尊贤、重法爱民"。或侧重礼治，或侧重法治，礼法就如鸟之双翼，车之双轮，力求平衡。在出现衰弱败亡的时期，都是帝王不思进取，荒淫无度，不理朝政，致使官场腐败，豪绅横行，贪赃枉法日盛，百姓困苦流离，最终走向灭亡。所以从治国思想的实施来看，帝王治国一旦偏离了"儒法兼用"、"隆礼尊贤、重法爱民"这条治国思想主线，国家就会出现问题，这也是历代起起伏伏，兴盛衰败实践经验的教训。

第二十六章 清朝（康、雍、乾）的治国思想及治国方略概况

明朝末年，阉党乱政，朝廷腐败，国家衰弱，民不聊生。终于爆发了大规模农民起义，这深深地震撼了朱明王朝的统治。1644年，李自成领导的农民起义攻占了北京，推翻了大明王朝，崇祯自缢身亡。吴三桂亲率所部进京谒见新皇帝李自成，但途中听说爱妾陈圆圆被抢走，当即挥师第二次返回山海关，降而复叛，上演了一幕绝世的"冲冠一怒为红颜"的叛国大戏，为清廷定鼎中原立下了汗马之功。

第一节 康熙的治国思想及治国方略概况

一、康熙的生平概况

康熙帝（1645—1722），姓爱新觉罗，名玄烨，清朝入关后的第二代皇帝。顺治十八年（1669），顺治去世，八岁的康熙即位，由索尼、苏克萨哈、遏必隆、鳌拜四大臣辅政，次年改年号为康熙。十四岁时康熙亲理政事，当时，鳌拜独揽辅政大权，残害异己，广植党羽，专横跋扈，在朝廷为所欲为。于是，康熙决心除掉鳌拜，夺回政权。康熙先派亲信掌握了京师的卫戍权，又培养了一批年轻力壮的侍卫，康熙八年，康熙借诏鳌拜入宫，将其捕获，宣布了鳌拜三十条罪状，抄其家，将鳌拜拘禁，并将鳌拜势力一网打尽。在铲除鳌拜权奸集团后，康熙又下诏对政事拨乱反正，国家政治局面为之一新，这也标志着康熙完全掌握了朝政大权。

康熙在铲除鳌拜之后，云南的平西王吴三桂、广东的平南王尚可喜、福建的靖南王耿精忠拥兵自重，要挟朝廷，造成"天下财富，半耗于三藩"，他们在政治上结党独立，在经济上垄断地方财政，形成了强大的地方割据势力。康熙早把

"三藩"视为心头之患,在经过精心策划后,康熙为了表示撤藩决心,将留在京师的吴三桂之子吴应熊和其孙吴世霖杀掉,然后采取分化瓦解策略,争取云贵军民归附。同时康熙又采用"剿抚并用"的方针,重点打击吴三桂,招抚尚、耿,团结汉族地主势力,造成尚、耿叛军倒戈,孤立了吴三桂。康熙十八年(1679),吴三桂在湖南衡阳称帝,不久病死,其十岁的孙子吴世璠即位,康熙十九年(1680),清军围攻昆明,吴世璠自杀,康熙历时八年终于平定了三藩之乱。平藩之后,康熙采取控制汉族军阀势力,废除藩王制,加强对边陲地区的控制,加强了中央集权。通过平定藩王势力,使康熙的军事、政治才华得到充分展示。

康熙继承了满族精于骑射的传统,自幼习武,武功很好。同时,他又勤奋好学,知识渊博。他努力钻研汉学,熟读儒学经典,熟悉历代帝王统治之术。同时对于数学、天文、历法、物理、地理、工程技术、声律、书法、诗画等都颇有研究。其中许多自然科学方面的知识,是从西方传教士那里学来的。确实,在封建帝王中,像康熙这样多才多艺的很少见。

康熙在平定三藩后,开始考虑台湾问题。台湾自古以来就是中国领土。三国时孙权曾派卫温、诸葛直率部统治台湾;隋炀帝时派三万军队驻扎岛上;南宋时,台湾及澎湖列岛划归福建晋江县统辖;元朝设立了巡检司,专理台湾事务。后来台湾被荷兰人占领。顺治十八年,郑成功率军渡海,打败荷兰人夺回台湾,于是台湾便成了南明政权抗清的据点。对于台湾政策,康熙一直主张安抚,曾派使臣明珠等与郑氏父子郑成功、郑经和谈,只要其遵守清制,剃发归附,便可长期留守台湾,但在康熙平定三藩之后,康熙态度发生变化,下令广集船只,准备收复台湾。此后郑氏集团在台湾开始腐化堕落,郑经不理政事,沉溺酒色,其内部争权夺利,矛盾重重。康熙二十年,郑经病死,内部发生内讧。康熙启用施琅,于康熙二十二年率两万水师,三百艘战船,进攻台湾,先攻取澎湖,后采取攻心战术,终使郑克塽率部投降,上交金印、户口册等,台湾收复。台湾收复后康熙开始加强对台湾统治,在台湾设总兵府,隶福建布政使司,下设诸罗、台湾、凤山三县。开设两岸互市,进行贸易,发展经济,加强海防。

康熙登基时,中国仍然是一个古老的封建帝国,但此时世界已经开始发生深刻的变化。公元1640年,英国发生了资产阶级革命,加速了西方资本主义的发展。此后,西方殖民魔爪伸向我国东南沿海。同时,沙皇俄国对我国北部边疆也发动了疯狂的进攻,使我国的民族独立和国防安全受到严重的威胁。康熙在各族人民抗击外国侵略洪流的推动下,采取了抵御外侮、维护国家主权的立场,保卫了国家领土的完整,这是应该给予充分肯定的。

康熙即位后,注意到国内由于常年战乱,社会经济遭到严重破坏,土地荒芜,人口减少,国家财政困难,人民生计艰难。因此康熙开始实行奖励生产、减免赋税、兴修水利等一系列休养生息的政策,使社会经济得到恢复和发展,使国家日益富庶起来,也为我国历史上出现的"康乾盛世"奠定了基础。

二、康熙的治国思想及治国方略概况

(一)永停圈地,缓和民族矛盾

清朝统治者入关后,多尔衮决定迁都北京,面对当时混乱的社会局面,多尔衮采取了一系列如削弱王权,整肃军纪,修订例律,反贪治吏,减免赋饷,恢复生产等措施来治理,但其统治的根本宗旨还是为了满族统治者服务。为了满足贵族对土地的渴求,多尔衮推行满族人掠夺汉人土地的政策,于顺治元年(1644)颁布"圈地令",给予满族贵族以占地北京附近州县田地的特权。当时,发布了"圈地令"之后,满族权贵大肆掠夺汉人田地,被圈土地总量的占了相当大的比例,仅京师四百里内就有十六万多顷田地被满族权贵强占,被占之处,还连同抄没家产,抓人为奴,致使汉民流离失所,家破人亡,严重地损害了满汉之间的民族感情,加深了民族矛盾,造成汉民铤而走险,起义接连不断。

康熙即位后,意识到"圈地令"带来的严重后果,不得不改变这种不利于其统治的措施。在他清除了鳌拜势力亲政后,于康熙八年(1669)下诏停止圈地,并对户部说:"经年以来,复将民间房地,圈给旗下,以致民生失业,衣食无资,流离困苦,深为可悯。自后圈占民间房地,永行停止。其今年所已圈者,悉令给还民间。尔部速行晓谕,昭朕嘉惠生民至意。至于旗人,无地亦难资生,应否以古北等口边外空地拨给耕种,其令议政王、贝勒、大臣确议以闻。"①康熙二十四年(1685),又正式规定,民间新垦田亩,"自后永不许圈",这实际上是废止了满族对土地无偿掠夺的特权。由于康熙废除圈地令,并且采取了一些有效的措施,缓和因圈地而激化了的民族矛盾,在客观上有利于北方农业的恢复发展和社会稳定。

同时,为了鼓励农民发展生产,康熙大力提倡垦荒,扩大耕地面积,康熙十一年,诏令新垦地均免六年田赋。康熙十二年又改为新垦地十年以后才开始征赋,

---

① 《清圣祖实录》卷三十。

康熙的这些措施起到了良好的作用，在康熙年间，全国耕地由原来的五百三十一万余顷，猛增到八百九十余万顷，有效地利用了土地。①

（二）康熙减省租赋的利民治国方略

我国在明末万历六年时，总人口为六千多万，经过明末清初的连年战争，到顺治十八年时，人口仅有一千九百多万，耕地也只有五百四十九万二千顷，比明朝减少了将近一半的耕地，出现了"沃野千里，有土无人"的局面。

康熙即位后，采取了"与民休息"等一系列利民政策，以缓和清朝统治阶级同人民的矛盾。他一方面鼓励垦荒，一方面鼓励生育，而且都蠲免征赋。康熙说："朕惟帝王致治，裕民为先，免赋蠲租实为要务。"②于是减省租赋，使社会上的反清复明运动明显减少。其中"摊丁入亩"就是其利民的重要内容。同时，康熙对于地主阶级对农民的剥削也给予一定程度的限制。他曾规定满族贵族和汉族地主不得"增租夺佃"，荒年时要减免田租。

随着社会经济的恢复和发展，国家经济实力日益增强，政府征收的地丁银两，足以满足财政上的需要。在这种形式下，康熙为了缓和阶级矛盾，乃采取减省租赋的措施。从其即位起就开始减免钱粮，康熙元年至康熙四十四年（1662—1705）间零星蠲免钱粮九千余万两。康熙四十九年（1710）规定："嗣后凡遇蠲免钱粮，合计分数，业主蠲免七分，佃户蠲免三分。永著为例。"康熙五十一年（1712），康熙对新生人口作出规定："嗣后来滋生户口，勿庸更出丁钱，即以本年丁数为定额，著为令。"③康熙五十二年（1713年）宣布：

> 朕览各省督抚奏编审人丁数目，并未将加增之数尽行开报。今海内承平已久，户口日繁。若按见在人丁加征钱粮，实有不可。人丁虽增，地亩并未加广。应令直省督抚，将见今钱粮册内有名丁数，勿增勿减，永为定额。其自后所生人丁，不必征收钱粮。编审时止将增出实数察明，另造清册题报。

显然，这种实行"滋生人丁，永不加赋"④的政策，既减轻了人民的负担，也促进了农业生产的发展，并稳定社会秩序。

---

① 参见张国：《中国治国思想史》，新华出版社，2002年10月，第418页。
② 《清圣祖实录》卷二〇六。
③ 《清史稿·圣祖本纪》卷三。
④ 《清圣祖实录》卷二四九。

康熙适应清初政治经济形势所采取的这些政策，显然吸取了历代封建帝王统治人民的经验教训，正如他自己所说：

> 从来与民休息，道在不扰。与其多一事，不如少一事。朕观前代君臣，每多好大喜功，劳民伤财，紊乱日章（彰），上下讧嚣，民生日蹙，深可为鉴。①

他的近臣熊赐履奏曰："皇上此谕，诚千古为治之要道也。"②

人口的增加，农业经济的发展，又促进了工商业的发展。康熙年间，使明朝中叶出现的资本主义萌芽得以延续，工商业很快蓬勃发展起来。如纺织、造纸、采矿、冶炼、采盐、陶瓷、造船、手工业等迅速发展。江南的纺织业经过连年战争，呈现一片萧条景象，因此康熙采取了减轻税收，取消每家不得超过百张织机的限制，鼓励多织，并推广新式织布机，使纺织业有了很大发展。江苏省城的中央坊就发展到了三百多家，踹匠逾万，形成规模生产，使产品数量质量都有很大提高。

康熙实行的"恤商裕民"政策，主要是为了保护工商者的利益，他还整治官吏对工商业者的敲诈勒索，将"不亏行户"定为考核官吏的标准，严查违令者。还对全国"关卡林立"现象进行全面治理，查出一批严重违法者，并治以重罪。这样，通过康熙的严格治理，使康熙年间的工商业得到了空前的发展。

（三）康熙"德主刑辅"的治国思想

1."崇儒兴文""教化为先"的治国思想

康熙崇尚孔孟之道，他用兴儒术来笼络汉族知识分子，并以此来平息他们的反清情绪，达到维护其统治的目的。康熙亲自去曲阜祭孔，为孔子立碑，撰写碑文，他的这些举措是明智的。康熙为了更多的吸收汉族儒士，沿用明代的科举考试，三年一次，分"乡试"、"会试"、"殿试"三个层次。科举分为文科和武科。科举考试的内容基本以儒家经典为主。通过科举取士，网罗了大批汉族儒士为其效力。

康熙重视教育，他想通过儒家教化来稳定社会，所以在其统治方法上，强调

---

① 《清圣祖实录》卷四十。
② 《清圣祖实录》卷四十。

荀子的德主刑辅思想，以教化为先。康熙九年（1670）制"圣谕"，同时谕礼部云：

> 朕惟至治之世，不以法令为亟，而以教化为先，其时人心醇良，风俗朴厚，刑措不用，比屋可封，长治久安，茂登上里，善法令禁于一时，而教化维于可久，若徒恃法令，而教化不先，是舍本而务末也。①

在康熙看来，礼义德教，可以劝民为善，而刑罚则无强人为善的力量，只能消极地禁人为恶。他说："圣人治天下有礼有刑。礼者，劝民为善，刑者，禁民为非也。"②"与其绳以刑罚使人怵惕（chù tì）文网，苟幸无罪；不如感以德音，使民蒸蒸向善，不忍为非。"③他认为，善于治国者无不重尚德缓刑、修德安民，对人民进行礼义教化。他说：

> 朕尝心慕隆古，力行教化，冀以感发天良，偕之荡平正直之道，而人情嚣伪，风俗颓弊，明罚勅法，国宪不可以已。虽尝屡行矜恤，绝去烦苛，终思尚德缓刑，乃为至治之极轨。④

> 治天下自有本原，不专恃险阻，秦筑长城以来，汉唐宋亦常修理，其时且无边患。明末，太祖统大兵长驱直入，诸路瓦解，皆莫敢当。可见守国之道在修德安民，民心悦则邦本得。⑤

在如何革除弊端实施教化方面，康熙皇帝提出："朕今欲法古帝王尚德缓刑"。康熙还亲自制定了《圣谕广训》十六条，规定了一些礼教规范，具体贯彻了以礼教为先的原则：

> 敦孝悌以重人伦，笃宗族以昭雍睦，和乡党以息争讼，重农桑以足衣食，尚节俭以惜财用，隆学校以端士习，黜异端以崇正学，讲法律以警愚顽，明

---

① 《清圣祖实录》卷三十四。
② 《圣祖仁皇帝御制文集·慎刑论》卷十七，吉林出版集团有限责任公司，2005年。
③ 《清圣祖实录》卷一二六。
④ 《清圣祖实录》卷一二六。
⑤ 《清圣祖实录》卷一百五十一。

礼让以厚风俗，务本业以定民志，训子弟以禁非为，息诬告以全善良，诫窝逃以免株连，完钱粮以省催科，联保甲以弭盗贼，解仇忿以重身命。

康熙还规定各级官吏要定期向百姓宣讲这些圣谕，使之遵照执行。由于这些圣谕把儒家的礼教规范和伦理道德观念通俗化、大众化，使之与社会生活相结合，直接控制人民的思想和行为，因而对维护清王朝的统治起了重要的作用。正如其大臣裕谦所说：

圣谕广训十六条，词约旨深，首以孝悌开端，继全保身解忿，切于人伦日用，在在周祥，洵为庸民觉世之模，尤寓正德厚生之意，凡我士庶均当身体力行。①

2. 重视法律，"慎狱恤刑"的治国思想

在康熙看来，"帝王以德化民，以刑弼教，莫不敬慎庶狱"。②所以他在重视礼义教化的同时，又强调伸狱恤刑。他说：

自古帝王，钦恤民命，务期狱无枉纵，谳决明允，以成刑措之治。朕每于秋决重犯，特为详慎，惟恐一夫有冤，以伤和气。③

谳决之司，所关最重，必听断明允，拟议持平，乃能使民无冤抑，可几刑措之风。近览法司章奏，议决重犯甚多。愚民无知，身陷法网，或由教化未孚，或为饥寒所迫，以致习俗日偷，恬不畏法。每念及此，深为悯恻。在外督抚臬司，及问刑各官，审理重案有律例未谙，定抑失当草率完结者；有胶执成见，改窜供招，深文罗织者；有偏私索诈，受属徇情，颠倒是非者，有一于此，民枉何由得伸。以后著严加申饬，内外大小问刑各衙门，洗心涤虑，持廉秉公，务期原情准法，协于至当；不得故纵市恩，亦不得苟刻失入，痛改积习，加意祥刑，以付朕尚德好生，钦恤民命之意。④

---

① [清]裕谦：《勉益斋偶存稿》卷二。
② 《清圣祖实录》卷九十四。
③ 《清圣祖实录》卷四十四。
④ 《清圣祖实录》卷九十四。

由此可见，康熙是何等重视刑狱及"钦恤民命"。清朝基本沿用明律。康熙亲政后，对所有律文进行修订。康熙二十八年，修订完成，定名为《大清律》。

在立法时，康熙把儒家思想确立为其立法的指导原则。康熙关于立法的论述，大致有以下几方面：

其一，立法是为了"禁奸止暴"。康熙说："国家设立法制，原以禁暴止奸，安全良善。"①所以他对司法官吏恣意滥刑、无辜罹罪的情况，深表"痛之"。他明确指出："夫治狱之吏，以刻为明，古人所戒也。近见引律烦多，驳察诬良，时见参奏，出入轻重之间，率多未协于中，何以使民气无怨，而谳法克当欤？"②他明令勿用严刑，不冤屈小民，违犯者要治罪。

其二，适时制法，删繁从简。康熙认为，自古以来，帝王治理天下的方法，都是"因革损益，期于尽善"，然而，事实上没有数百年不蔽之法，如果属于不可行者，就应当参酌时宜，加以变更。

他曾就本朝立法状况下诏说："国家法度，代有不同。太祖、太宗创制定法，垂裕后昆。今或满、汉参差，或前后更易。其译为成宪，勒为典章。"③

在如何对待法度、法律更易问题上，康熙主张删繁从简。

在康熙看来，法令简明，官民就容易遵守，处分允当，不致烦苛，那才有助于国家的治理。

其三，不滞留囚犯。康熙斥责直隶等省督府各衙门，因循旧习，玩忽职守，许多案件，有拖延数年仍不结案，必须加以改变，不要滞留囚犯。他说：

> 明罚勅法，民命攸关，必谳决精详，案无留滞，而后听断得情，民免株累。向因刑部等衙门事务审理迟延，累加申饬。今积案已完，宿弊渐革，惟在外直隶各省督抚等衙门，因循积习，怠忽稽迟。一切刑名案件，有经年不结者……应作何立法，俾在外各衙门，痛改积习，永绝弊源，讼简刑清，克称平允。④

---

① 《清圣祖实录》卷八十四。
② 《清圣祖实录》卷四十一。
③ 《清史稿·圣祖本纪》卷一。
④ 《清圣祖实录》卷一一二。

他要求"刑官堪狱勿淹系",①对案件的审理要及时,不滞留囚犯。康熙还规定,凡刑狱不速结者,无故将人民久禁者,承审官要受到革职处分。②

其四,慎刑慎杀。康熙说,他批阅四册,采择历代贤臣慎刑事迹的书简,交付内阁三法司官,让他们"详加省视",从中吸取历代实行"祥刑"的经验。他认为,对那些"豪强奸慝,固难宽宥。其贫贱愚昧者,略施宽贷,亦未尝不可。"他曾多次颁发诏令,反复申述人命关系重大,要求执法官员慎刑慎杀,"罪疑从轻"。如说:"朕念人命关系重大,每于无可宽贷之中,亦以法外得生之路。"③他实行了死刑监候缓决制度,大批死刑犯监候秋审,其中大部分得到减免的处理。

其五、依法治罪。康熙强调司法官吏必须依法治罪,公正审断,不得徇私枉法,不得法外妄用重刑或宽待权贵。他曾下诏说:

> 刑罚关系人命,凡审谳用刑,理应恪守宪制,精详慎重,不得恣行酷虐,致滋冤滥……恐不肖官员,日久玩忽,乃于法外妄用重刑,有负钦恤之意。④

同时,康熙告诫司法官员,不得袒护权贵。有一次,旗人史书案辱骂顺天府丞王维珍,康熙下令从重严惩,其主人应一并察议。有人奏曰:"其主乃康亲王。"康熙说:"朕正论事之是非,不论其为何人也。"⑤

其六、严惩贪赃。康熙统治时期,官吏贪污之风不减。各级官吏贪赃枉法,将帅克扣粮饷,司法官员徇私鬻狱。为了扭转这种局面,康熙在考察官吏时特别将惩治贪官作为一项重要任务。

他曾亲自立断执法,将满族贵族、山西巡抚稽尔赛处绞刑,将大贪污犯、大学士索额图拘禁宗人府,将满族大臣噶礼赐死,将侍郎宜昌阿等论死。康熙惩治了一批贪官污吏,在一定程度上澄清了吏治,使各级官吏和人民的矛盾有所缓和,进一步稳固了封建统治。

诚然,康熙的上述法律主张是比较开明的,它有利于国家的治理。然而,他为了维护自己的统治,又常常采取残酷的刑杀和民族压迫手段。⑥

---

① 《清史稿·圣祖本纪》卷二。
② 《清圣祖实录》卷八十三。
③ 《清圣祖实录》卷五十八。
④ 《清圣祖实录》卷一一四。
⑤ 《清圣祖实录》卷一二三。
⑥ 参见杨鹤皋:《宋元明清法律思想研究》,北京大学出版社,2001年3月,第287页。

(四)康熙的治人论

康熙善于招揽和笼络人才,懂得政无大小,得人为本的道理。他即位后不久,就明确指出:"致治之道,首重人才","治国家者,在于治人,不患无治法耳"。① 他在位期间,特别注重选用人才,笼络汉族士人,这是他功业的一个重要组成部分。

康熙初年,由于各级官吏侵渔百姓,掳掠民财,枉坐人罪,奸人妻女,使"民生困苦已极"。虽然康熙无法认识这种现象的社会根源,但他能把吏治和民生联系起来,他指出:"从来民生不遂,由于吏治不清。长吏贤,则百姓自安矣。"② 而且,他不止一次讲了"治人"和"治法"的问题。

> 有治人,无治法,但真能任事者亦难得。朕观人必先心术,次才学。心术不善,纵有才学何用?……夫有治人,始有治法,行实政,必有实心。今欲疏禁网以昭悙大,缓催科以裕盖藏,务使物阜民安,政成化治。③

> 从来有治人,无治法,为政全在得人。人臣事君全在辨心术之公私。今诸臣之才皆能料理政务,但徇私利己者多,公忠为国者少。若诸臣能洗心涤虑,公而忘私,国而忘家,和衷协恭,实尽职业,庶务何患不就理,国家何患不治平哉!④

这里,康熙除提出"治人"、"治法"以及两者的关系问题以外,还提出选用人才的标准问题。在他看来,要治理好国家。首先在于要有一批忠于职守、廉洁奉公、"国而忘家"的官吏,有了这样的"治人",国家的法律、法令,才能得以贯彻实行;如果没有这样的"治人",即使有"良法美意",恩泽未施于民,"而累己及民"了。所以,康熙选用人才时,强调"才德兼优为佳",但"从来才德难以兼全",那么,就必须以德为本,才艺次之,"当以德器为本,才艺为末。"他讲的"治人",就是这样的标准。

在中国历史上,康熙是一个较有作为的皇帝。在其统治期间,中国成为一个

---

① 《清圣祖实录》卷四十四。
② 《清圣祖实录》卷八十三。
③ 《清圣祖实录》卷四十一。
④ 《清圣祖实录》卷八十三。

疆域辽阔，民族众多，统一的封建国家。同时，他注重吸收历代封建帝王统治人民的经验，实行了一系列休养生息的政策，提出了许多旨在缓和阶级矛盾和民族矛盾的政治法律主张，这些都有利于社会经济的发展和社会安定。然而，实际上他始终是积极维护满族贵族的利益，推行民族歧视政策的。特别是从他的统治时期起，大兴文字狱不下十余次，不但杀害了许多优秀的知识分子，而且使我国文化遗产遭受到一次很大的洗劫。①

第二节 雍正的治国思想及治国方略概况

一、雍正的生平概况

雍正帝（1678年—1735年），姓爱新觉罗，名胤禛，满族，清圣祖康熙第四子，清朝第五位皇帝，清兵入关以来的第三代皇帝，年号雍正，在位十三年。《清史稿·世宗本纪》上说他"有异征，天表魁伟，举止端凝。"他于康熙三十七年（1698）被封为贝勒，四十八年（1709）晋封为雍亲王。康熙六十一年（1722）康熙帝病死，胤禛继承皇位，次年改年号雍正。"雍"即指雍亲王（其即位前的封号），"正"即正统、名正，表示其正当即位，意为和谐端正。

雍正为巩固皇位，他严厉打击朋党、政敌，对部分兄弟予以严厉打击。雍正二年七月他印制《朋党论》，发给诸王和要员，强调臣子要与君王同好恶，指出朋党的危害，随后将皇十四子胤禵（tí）降爵为郡王，拘禁汤山，后来派去守陵，再后来降爵为贝子，受圈禁。皇九子胤禟发往西宁，十二子胤祹（táo）被革职，皇三子胤祉也被革爵禁锢。排除兄弟方面的威胁后，雍正又打击骄纵揽权、居功自傲的年羹尧，以及恃亲自矜、结党营私的隆科多。

与康熙帝一样，雍正帝勤于政事。他宵衣旰（gàn）食，夙夜忧勤，按照今日事今日毕的原则办事。后人收集他十三年中朱批过的折子就有三百六十卷。经过十三年的励精图治，使清帝国各方面在康熙时更上一层楼，为"康乾盛世"做出了巨大贡献。

作为皇帝，雍正具有开拓精神，他笃信佛教，工于心计，性格刚毅，处事果断。他励精图治，力求改革，整顿吏治，清理钱粮，摊丁入亩，扩大垦田，改土归流等等，促进了生产发展，使国家经济繁荣，国库充盈，政局稳定，将青藏、

---

① 杨鹤皋：《宋元明清法律思想研究》，北京大学出版社，2001年3月，第288页。

外蒙古地区纳入版图，使边疆巩固，并设置驻藏大臣，设置五世班禅。为乾隆创建"大清全盛之势"，提供了极为有利的条件。

二、雍正的治国思想及治国方略概况

（一）雍正儒、释、道兼容的思想理念

雍正即位后，励精图治，十三年中取得了卓有成效的业绩，为后代的乾隆打下了扎实雄厚的基础，使"康乾盛世"在乾隆时期达到了顶峰。

雍正一生大力贯彻"严以督官、宽以待民"的治国理念，革除天下贱民贱籍，刷新贪墨腐败吏治，外示儒学、内用佛老，并汲取儒、释、道各家精华，去其糟粕，最终形成了自己的一套治国理念。

雍正皇帝在雍正十一年二月十五日发出上谕：

> 朕惟三教之觉民于海内也。理同出于一原。道并行而不悖。人惟不能豁然贯通。于是人各异心。心各异见。慕道者谓佛不如道之尊。向佛者谓道不如佛之大。而儒者又兼辟二氏以为异端。怀挟私心。纷争角胜而不相下。朕以持三教之论。亦惟得其平而已矣。能得其平。则外略形迹之异。内证性理之同。而知三教初无异旨。无非欲人同归于善。夫佛氏之五戒十善。导人于善也。吾儒之五常百行。诱掖奖勤。有一不引人为善者哉。昔宋文帝。问侍中何尚之曰。六经本是济俗。若性灵真要。则以佛经为指南。如率土之民。皆淳此化。则吾坐致太平矣。何尚之对曰。百家之乡。十人持五戒。则十人淳谨。千室之邑。百人持十善。则百人和睦。持此风教。以周寰区。则编户亿千。仁人百万。而能行一善。则去一恶。去一恶。则息一刑。一刑息于家。万刑息于国。洵乎可以垂拱坐致太平矣。斯言也。盖以劝善者。治天下之要道也。而佛教之化贪吝。诱贤良。其旨亦本于此。苟信而从之。洵可以型方训俗。而为致君泽民之大助。其任意诋毁。妄捏为杨墨之道之论者。皆未见颜色。失平之瞽（gǔ）说也。特谕。

雍正对于圣贤之礼，归纳为八条。他说：

> 朕居藩邸，留心内典，于性宗之学，论说数条，举以示天下之学道者，实深领悟……始举三教合一之旨，提撕警觉。以明互相诋毁者之非……偶将

朕之所见。

三教虽各具治心、治身、治世之道。然各有所专。其各有所长。各有不及处。亦显而易见。实缺一不可者。

雍正结合了儒、释、道各家的优点，严格要求自己，他在"修身、齐家、治国、平天下"方面是中国皇帝做的。雍正自己说："朕之心可以对上天，可以对皇考，可以共白于天下之亿万臣民。"

（二）修订律令，推行法治方略

雍正对清律进行了修订。其重视程度是每一字一句，他都要亲自审定。雍正五年（1727），正式颁布了律文。共四百三十六条，附例八百二十四条，卷首有《六赃图》《五刑图》《狱具图》《丧服图》《纳赎诸例图》等图。删去旧律七条，将部分条文合并，并增加了一些新内容。雍正修订法律，主要是为了加强对社会的高压统治，用严刑峻法来维护统治。雍正说："从来法宽则愚民易犯，非刑期无刑之意。"[①]法律苛严，执法严厉，是雍正实行法治，增强皇帝司法权威而产生的结果。他认为，"人心玩愒已久，百弊丛生"，"若不惩创，将来无所底止"，因此，严明法纪，以"猛"治国就十分必要。

（三）雍正的利民、重农治国方略

在利民、重农方面，雍正认为：

朕观四民之业，士之外，农为最贵，凡士、农、工、贾，皆赖食于农，以故农为天下之本务，而工、贾皆其末也。[②]

可见雍正的重农思想。他为了发展农业，采取了以下措施：

1．"摊丁入亩"、改革赋役。雍正元年，雍正帝从直隶巡抚李维钧之请，改变了赋役分征制度，实行地丁合一，摊丁入亩制度。这一措施，改变了千百年来赋役分征制，改变过去按人丁、地亩双重征收标准，减轻了无地和少地的农民负担，彻底废除了人头税，这是我国赋役制度的一次重大改革。这一制度从根本上解决

---

① 《雍正朝起居注册》三年九月十九日条，中华书局，1993年。
② 《雍正朝起居注册》五年五月初四日条，中华书局，1993年。

了贫富不均而赋征平摊的问题,使富人多缴纳赋役,贫者少缴纳赋役,甚至不缴纳赋役,有效地保护了广大农民的利益。

2. 授予老农"顶戴"的殊荣。雍正下令,每年在各地的乡中选拔一两个对农耕敬业的长者,授以八品顶戴,以资鼓励。同时,也昭示广大农民,以农为荣,勤奋耕耘,多产粮食,为国家多做贡献。这一措施极大地提高了农民的地位与务农积极性,有力地促进了农业的发展。

3. 大力推行"耕田"法。为了让各地官吏注重农耕,雍正命各州县均设先农坛,由各级官吏在每年春耕时举行隆重的耕耤仪式。号召农民耕种务本。雍正帝自己也亲自去先农坛主持耕耤仪式,对于不重视农业的官吏则给予处分,如果查出有荒田的现象则要撤职查办。

4. 鼓励农民垦荒。雍正鼓励垦荒,允许农民自垦自报,并规定水田六年,旱田十年起科。对无力开垦的贫困户,官府发给耕牛、农具等,起科后发给官府执照,为永业田。这些措施都鼓励了农民垦荒的积极性。

5. 大兴"营田"工程。由朱轼建议的"营田"工程,雍正于五年批准,这些工程主要是兴修水利,大造农田。水利的治理主要是修筑河堤,疏浚河身,修建闸门。造田扩大水田,提高水田的产量。

6. 兴办社仓。社仓是为备荒而设。遇有大灾之年,便可开仓赈济,可是往往社仓容易被贪官污吏钻空子,他们强迫农民缴纳大量储备粮,从中贪污、克扣,造成一大弊政。雍正知道后便进行严肃整治,把社仓条约刻立于石碑上,若有违法者,从重处罚。①

(四)整肃吏治,严惩贪官

康熙五十年(1711)三月,康熙已近古稀之年,这时的康熙已经不是当年率军亲征、踌躇满志的皇帝了,他的基本治国思想就是维持现状,文过饰非。他说:

> 今天下太平无事,以不生事为贵。兴一利,即生一弊。古人云多事不如少事,职此意也。

在这种思想指导下,导致社会矛盾越积越多,一些社会弊端越来越严重。除了储位和朋党之争外,最突出的问题就是吏治废弛,贪墨受贿成风,以致"库帑

---

① 参见张国:《中国治国思想史》,新华出版社,2002年10月,第435页。

亏绌，日不暇给"。致使大清王朝国库空虚、百姓不堪重负，已经危及到了国家的长治久安。

雍正9岁随父巡行，直至45岁继位，在漫长的"旁观者"位置上，他对康熙倦政所产生的后果看得非常清楚。他说："朕在藩邸四十余年，凡臣下之结党怀奸，夤（yín）缘请托，欺罔蒙蔽，阳奉阴违，假公济私，面从背非，种种恶劣之习，皆朕所深知灼见"，"于群情利弊事理得失无不周知"。正是由于雍正看到了社会积重难返的弊病，因此即位后就下决心革除前朝积弊，他说："夫吏治不清，民何以安？"还说：

> 朕欲澄清吏治，又安民生，故于公私毁誉之间，分别极其明晰，晓谕不惮烦劳，务期振数百年之颓风，以端治化之本。

治贪成为雍正施政的重中之重，而且是只准成功、不准失败的第一大战役和长期坚持的治国方略。[①]雍正治贪举措如下：

1. 清查亏空

正因为雍正清楚地知道，造成亏空的真正原因就是各级官吏的监守自盗，贪污挥霍无度，"是侵是挪，总无完补"，以至各省藩库钱粮亏空"或多至数十万"，"半亏在官，半亏在役，而实在民欠者无几"。所以，雍正即位前，内阁草拟登基恩诏，按惯例开列豁免官员亏空一条，被雍正坚决堵住。他即位刚一个月，便向户部下发了全面清查钱粮的诏令；翌年正月十四日，发出在中央设立会考府（专司审核各部院开销的机构）的上谕，由怡亲王允祥、舅舅隆科多、大学士白潢、尚书朱轼会同办理。他对允祥说："尔若不能清查，朕必另遣大臣，若大臣再不能清查，朕必亲自查出。"在雍正的严厉督查下，清理亏空、惩办贪官的工作迅速地、大规模地开展起来。

在清查亏空过程中，雍正采取三方面手段：

1) 革职留任。将亏空官员罢官，待查明亏空"是侵是挪，或其他"。针对前朝"留任补亏"让贪官们得以勒索百姓补亏的弊端，雍正坚持先罢官后索赔，一定要贪官们自掏腰包赔补，不让他们留在任上假公济私。雍正十年（1732），直隶总督李卫上奏：通省府厅州官员，在任三年以上已寥寥无几了。

[①] 参见韩立坚：《文史随笔·雍正治贪》，2008年第3期。

2）勒令补赔。雍正要求查出亏空的官员，无论什么人都决不宽贷，自己还不起的，由家人和亲戚代还；如有畏罪自杀的，人死债也不烂，仍由其家属亲戚代偿；不许亏空官员在任赔补，"若将亏空钱粮各官革职留任，摧追必致贻累百姓，既然获罪革职，岂可留任"。不许现任官员为前任官员补赔，或分赔著赔，对于"勒逼属员之上司加倍治罪"。清理亏空促进了财政经济状况的明显好转。①

3）清缴抄家。雍正对各级赃官们"一面纠参，一面搜查其宦资，必使其囊橐（tuó）一空"。罪证一经核实，就将其家产抄得干干净净，连其子弟、亲戚也不放过。禁止把亏空转嫁给老百姓，即"毋得苛派民间，毋得借端遮饰"。康熙第十二子履郡王将家用器皿摆到大街上变卖，以便补亏；第十子敦郡王赔了数万金尚未赔完，就被抄家。户部、内务府官员亏空概由涉案官员包括其前任予以赔偿。地方上的那些按察使、布政使、巡抚等大员也纷纷被革职抄家，不够偿还的则责令其家人赔偿。清查亏空搞得如火如荼，历代皇帝中未有如此彻底者。在清查亏空的同时，对于新贪者更是严惩不贷，不但革职抄家，有的还被杀了头。在雍正三年（1725）即有仓满之患，"或堆贮寺庙，或凭贮民房，甚有盈千露处无可堆贮者"。这些记载虽然难免过于夸张，但总是雍正年间国家经济力量真实的反映，乾隆评价这段时间为"充裕盈宁之天下"。②

2. 耗羡归公

明末清初以来，封建官吏在国家正额赋税（钱粮）之外，加征所谓"折耗"（即实物折成钱粮的损耗）；又以碎银熔铸加工成整块银锭过程中有损耗为借口，公开增加"火耗"（亦称耗羡）。火耗"重则每两加至四、五钱"，达到了正额钱粮的百分之四十至五十，甚至"税轻耗重，数倍于正额者有之"。雍正认识到，州县火耗原非应有之项，州县官员通过私征杂派，将非法所得一分为三：一部分中饱私囊，一部分馈送上司，一部分作为办公补助费，使朝廷不得不承认私征杂派的半合法性。雍正指出，全革耗羡不太现实，因此，只得暂提耗羡，作为权宜之计。他的长远目标是完全取消耗羡，为此，规定了提解耗羡的几项原则：1. 火耗宜减不宜增；2. 羡必须全部提解藩库，州县不可扣存；3. 耗羡只能作为地方的用途，不能规入正项。耗羡归公，可以随时弥补亏空，充塞国库。如山西、山东、河南等亏空较重的省份，数年内利用耗羡银和贪官退赔的赃款，即将亏空弥补完

---

① 沈立新、王俏贝：《雍正反腐败：三大举措》，《中国行政管理》，1998 年 02 期。
① 沈立新、王俏贝：《雍正反腐败：三大举措》，《中国行政管理》，1998 年 02 期。

毕，其他亏空较轻的省份，弥补更快，所以，户部库存银由康熙末年的800余万两，迅速增加到六千余万两。①

3. 取缔规礼

雍正即位前和即位之初，地方官必须按规定向上司馈送礼金，问题极其严重。雍正元年（1723），山东巡抚黄炳报告他所主管的衙门，以前每年收规礼银达11万两，规礼不除，吏治难清。雍正元年发出上谕，禁止钦差接受地方官馈赠，督抚也不得以此向州县摊派。对于贪恋规礼的官员，一经发觉就严加处理。巡察御史博济、山东巡抚黄炳及博尔多、余甸等都受到严厉处置。同时，雍正还加强对中央官员的约束，清理和取缔"部费"（相当于回扣）。取缔规礼成为一场严厉的反贪斗争。②

4. 推行养廉银制度

历代官俸，唐较厚，明最薄，"甚非养廉之道"。而清比明还要薄，一二品大员的官俸，不及明朝的三分之一。康熙年间，赵璟就认为："俸禄不增，贪风不息，下情不达，廉吏难支。"雍正也看到，俸禄太薄，官吏用度不敷，就会暗中巧取，给予适当的养廉银，是澄清吏治的根本。因而，耗羡归公之后，其中大部分是用作各级官员的数量不等的养廉银。总督、巡抚的养廉银每年高达一万两至一万五千两，就连七品县官的养廉银也有数百两至二千五百两之多。养廉银制度虽然不能阻止官吏的贪欲，根治腐败，但它配套耗羡归公的实行，在一定程度上抑制了官吏贪污的可能，收到明显的效果。

5. 严惩贪官

官场风气败坏是腐败流行的一个重要原因。贪官污吏上下属之间、同官之间，部院大臣与地方督抚之间，相互徇庇，蔚然成风。雍正深知，不仅依靠贪官反不了地方上的贪暴，即使是清官，也可能因为方方面面关系以及切身利害得失而放不开手脚。于是他派出比较精明强干的钦差大臣，并抽调一批候补官员随同下省，查处一个，候任官员就补上一个。查处者不但无后顾之忧，而且可以得到实缺，何乐而不为？同时，成立会考府，整治部院腐败。雍正指出，官风整顿是澄清吏治的"探本寻源之道"，重点要破除科甲党援之风，打击科甲之士对各级政权机构

---

① 沈立新、王俏贝：《雍正反腐败：三大举措》，《中国行政管理》，1998年02期。
② 参见韩立坚：《文史随笔·雍正治贪》，2008年第3期。

的垄断。与此同时，他认为"察吏之道，当观其实在之政绩如何"，而舆论不足为凭。贪官精于投机钻营，而"清官"则"沽名钓誉"，"洁己而不奉公"，结果因循守旧，百务废弛，给国家造成巨大损失。对于如此"清官"，一律革之不贷。雍正在严厉打击贪暴的同时，设立养廉银，超过正俸许多倍。这样，不但把大多数迫于生计的官吏解脱出来，使他们能够奉公守法、尽职尽责，而且也使贪暴者更加孤立，更加不得人心，从而也更有利于治贪斗争的深入开展。宠臣年羹尧被封为抚远大将军，加太保。他自恃位高权重、皇上宠信，逐渐骄横跋扈，贪赃纳贿，成为清代罕见的"贪赃大将军"。雍正断然处置，将年羹尧革职抄家，最后赐其自尽。正是这种恩威并重的驾驭手段，使雍正有一批战斗力很强的骨干力量。康熙为政尚宽仁，特别是在晚期，宽仁实质上成为放纵，以致贪暴横行。而雍正即位后则认形势已不容许再宽仁了，主张严猛政治，"且猛做去"。宽仁（放纵）则百弊生，严猛则吏治新。

（五）大兴文字狱概况

清代的文字狱并非始于雍正，但在雍正执政时期，文网之密、文祸之重的确超过他的前代。在其临御的十三年里查办的文字狱就有14起（其中处死案中人的案件有5起），数量甚至超过了其父康熙在位61年文祸的总和。

比较重大的文字狱事件主要有：钱名世案、汪景琪案、查嗣庭案、陆生楠、谢世济案、曾静、吕留良案。雍正前期文字狱以清理政敌集团及朝廷内朋党为主，是属于朝廷上层内部政治争斗借口。曾静案以后转向一般文字狱。后世的统治者，也有人大肆效仿其大兴文字狱的做法。

雍正的治国思想，实际上是汲取法家、儒家、佛、道家等各派的优点加以吸收。雍正在修身方面采用了佛及道家的观念，在治世方面主要是儒法兼用。针对康熙后期社会出现大批官吏贪赃受贿的状况，雍正采用了以法为主，以教为辅，两手并用的治国方针，严厉打击贪污腐败行为，为民争利，经过"严猛"治理以后，贪官日渐收敛，社会风气大为好转，为乾隆的"盛世"铺平了道路。其大兴文字狱，冤枉了不少好人，搞得文人们人心惶惶，应是其一个污点。

纵观清朝盛世，康熙帝在位六十一年，雍正帝在位十三年，乾隆帝在位六十年，合计一百三十四年，刚好占大清朝立国二百六十七年（1616—1911年）的一半，持续了一个多世纪，如此长久承平，可谓盛况空前。雍正改革，承先启后，在康、雍、乾三帝中，雍正执政时间最短而成绩最大，功不可没。

第三节 乾隆的治国思想及治国方略概况

一、乾隆的生平概况

乾隆（1711—1799），姓爱新觉罗，名弘历，雍正帝第四子，清朝第六位皇帝。生于康熙五十年，自幼受祖父康熙皇帝的钟爱，雍正元年（1723），世宗即密建其为皇储，雍正十一年（1733）封为和硕宝亲王，于雍正十三年（1735）即位，即位时25岁，年号乾隆，寓意"天道昌隆"。乾隆即位之后，开始施展其"文治武功"，其"文治"主要表现于他在政治、经济上的作为和文化上的贡献。在政治上矫其祖宽父严之弊，实行"宽严相济"之策，整顿吏治，厘定各项典章制度，优待士人，安抚雍正朝受打击之宗室；在经济上奖励垦荒，兴修水利，全国呈现出一派繁荣昌盛之势。从乾隆初年至中期左右，是乾隆政治生命中最有活力，备受后人称颂的时期。后期倚重于敏中、和珅，尤其宠信贪官和珅，加之乾隆帝本人年事已高，致使吏治败坏，弊政丛出，贪污盛行，使乾隆帝辉煌的一生罩上了阴影。

乾隆儒雅风流，一生著文吟诗，其诗作竟达四万二千余首，几与《全唐诗》相埒。又重视文物典籍的收藏与整理，令将内府珍藏编成《石渠宝笈》《西清古鉴》等。乾隆最突出的文化成就是在全国范围内征集图书，编纂巨帙《四库全书》。然而与此相悖的是他大兴文字狱，焚毁中国历史上许多重要文化典籍，使其"文治"黯然失色。

乾隆还曾六下江南，六莅五台山，祭奠孔林等，数十次木兰秋狝，多次于避暑山庄宴见西北边疆少数民族首领，这些举措对发展经济、巩固统治、安定边疆产生了重要作用。但乾隆帝的视角还仅限于中国本土，对同时期已经蓬勃发展的欧洲各国的科学文化尚无足够的认识。

乾隆的"武功"主要是对边疆的战事，虽有胜有负，有义与不义，然而他皆自诩为"十全武功"。乾隆执政六十年后，虽禅位于其子颙琰，但又以太上皇的身份进行了三年统治。他不仅是中国历代帝王中寿命仅次于赵佗（享年103岁）的皇帝，也是中国历史上执政时间最长、年寿最高的皇帝。

嘉庆四年（1799），乾隆卒于养心殿，年89岁。庙号"清高宗"，谥号"纯皇帝"，葬于河北遵化清东陵之裕陵。康熙帝至乾隆帝统治的这一时期，又被称为"康雍乾盛世"。

二、乾隆的治国思想及治国方略概况

(一) 儒法兼用,宽严相济

乾隆继承父业,对社会进行了全面治理,终于把清朝推向"康乾盛世"的巅峰。乾隆儒法兼容的治国之道是有口皆碑的。乾隆认为,康熙治国"宽",雍正治国"严",过于宽或过于严都不利于长治久安,德与法是根据社会实际状况来进行调节的,所以要采取宽严相济、执两用中的治国方针。他说:"治天下之道,贵在得中。故宽则纠之以猛,猛则济之以宽。""皇祖圣祖仁皇帝深仁厚泽,垂六十年休养生息,民物恬熙,循是以往,恐有过宽之弊。皇考绍承大统,振饬纪纲,俾吏治澄清,庶事厘正,人知畏法远罪,而不敢萌侥幸之心,此皇考因时更化,所以导之于至中。""兹当御极之初,时时以皇考之心为心,即以皇考之政为政,惟思刚柔相济,以臻致平康正之治。"①要纠严济宽,使之宽严适中,宽猛互济,这是乾隆的基本治国思想。依据宽严相济的施政原则,乾隆对以下事情作了处理:

1. 为允禩集团平反。雍正为铲除政敌,将允禩集团粉碎,并开除其宗籍。乾隆认为对允禩集团的处理过于严猛,应纠正过来。他说:"谨查康熙五十四年增修玉牒时,圣祖仁皇帝将从前革去宗室莽古尔泰、德克赖、阿济格等之子孙,加恩给予红带,收入玉牒。此即圣祖加恩之成宪也。今应遵照此例,将阿奇那、塞思黑之子孙,给予红带,收入玉牒。"②将允禵释放,乾隆为允禩集团彻底平反。

2. 宽赦前朝文狱案。雍正朝在处置年羹尧时,汪景祺、查嗣庭等文士也涉及进取,被治罪,家属子孙都被流放外地。乾隆即位后,立即给汪景祺、查嗣庭等人宽赦。下谕:"汪景祺狂乱悖逆","其兄弟族属南北远隔,皆不知情。今事已十载有余,著将伊兄弟及兄弟之子……开恩赦回"。族属受株连者,也被宽赦。查嗣庭子侄亲属被发配者,均宽宥回京。

3. 严惩曾静案。曾静是反清大案主角。乾隆认为,曾静传播吕留良的反清思想,还劝川陕总督岳钟琪起兵反清,被雍正宽赦免死,这是不对的,应该处死。于是将曾静、张熙处以死刑,以示对反清思潮的坚决镇压。

4. 提高官吏俸禄。由于低俸制造成的官场贪污成风,乾隆决定面对现实,改变官员俸禄不能维持家庭生活开支的现状,将所有官员的薪俸增加一倍。这样就大大缓解了"清水衙门"开支吃紧、生活清苦的状况。

---

① 《清高宗实录》卷四。
② 《清高宗实录》卷七。

5. 停止清查亏空。由于雍正朝大行清查亏空之政，为了追赔前缺，造成大批官员妻离子散，家破人亡，成为一大弊政。乾隆立即废止清查亏空，发还没收的家产，对有错误官员，查明家中无巨额财产，也予以豁免；对受株连的家属，也全部释放。

6. 铲除弘晳集团。由于乾隆四年发生了弘晳集团结党营私案，在乾隆发现了弘晳阴谋篡权后，便将弘晳集团的主要案犯弘昌、弘普、弘升、弘㬢、允禄、安泰治罪，铲除了弘晳集团。

由此可见，乾隆的宽也是有限度的，特别是在对待宗亲的问题上，乾隆并非无原则的谦让，也采取了杀一儆百的手段，以诫后人。乾隆说："在朕临御天下，固不敢以亲亲之一节，而忘国家之大发，而宗室诸臣，亦当知国家之法，若不知儆惕，身陷法网，朕虽欲敦亲亲之谊，亦断不能宽假也。"乾隆表达了大义灭亲的决心。

乾隆实行宽严相济的治国措施，自然是符合辩证思想的。乾隆解释他为什么要实现这一措施的原因时说："从来为政之道，损益随时，宽猛互济。皇祖深仁厚泽垂六十年，休养生息，物炽而丰，厥后遂有法网渐弛之势。皇考加意整饬，使纲纪整肃，又岂得谓翻案乎？皇考即位十三载，剂酌盈虚，前后亦非一辙。朕与皇祖、皇考之心原无丝毫间别，臣工如俱能仰体圣意，使政体清平，垂之永久，朕何心更有因时制宜之举！即如王士俊垦田一事，市兴利之美名，而行剥民之虐政。设使此案败露于皇考之时，岂能宽宥？彼回京时畏首畏尾，今见朕复加擢用，遂欲掩饰以前之罪，撰为邪说以覆护。"乾隆通过对上述问题的解释，表达了他对调整朝政的思想，要"因时制宜"，同时也反映了他锐意改革，勇于开拓的进取精神。[1]

(二) 整顿吏治，用贤惩贪

百姓是国家的根本。只有百姓丰衣足食，整个国家才能有安定的基础，乾隆把吏治与安民紧密结合起来。[2]乾隆特别重视整治官吏队伍。他认为，君王治理国家最重要的就是选拔好官吏，关键是要用贤惩贪。所以，整顿吏治花费了乾隆大量的时间。首先他很重视选拔人才。他即位后下诏说："皇考乐育群材，特降谕旨，令直省及在朝大臣，各保举博学鸿词之士，以备制馆之选。乃直省奉诏已及

---

[1] 参见张国：《中国治国思想史》，新华出版社，2002年10月，第438-440页。
[2] 罗俊刚：《论乾隆皇帝的治国思想》，《咸宁学院学报》，2012年第7期。

二年，而所举人数寥寥。朕因再为申谕，凡在内大臣及各直省督抚，务宜悉心延访，速行保荐，定于一年之内，齐集京师。"①果然，次年各省举贤士达一百多人，在保和殿御试，取一等五名，二等十名，乾隆亲自召见了刘纶等人。其次乾隆重视官员作风建设，要求官吏要实心为民办事。他说："从来有实心者，斯有实政；既无实心，自无实政。"②乾隆坚决反对不务实政、曲意逢迎、吹牛拍马、欺世盗名之人。坚决制止官场进贡之风，禁止各级官僚以各种名义向朝廷进献各类奇珍异宝。禁止官员空话连篇，只讲空话不干实事的作风。其三，乾隆很重视对吏治的监察，他认为："从来为政之道，安民必先察吏。是以督抚膺封疆之重寄者，舍察吏无以为安民之本。""夫用人之柄，操之于朕，而察吏之责，则不得不委之督抚"，③因为督抚是朝廷的封疆大吏，身负督察重任。乾隆说："夫言官之设，本以绳愆纠谬，激浊扬清。朝廷之得失，民生之利病，无不可剀切敷陈。内而廷臣，外而督抚，果有贪劣奸邪实据，指名弹劾，亦足表见风裁"。④为了建立一支年轻、能干、高效的官吏队伍，乾隆还对官吏实行考试、考核制度，京官称"京察"，外官称"大计"。其四，针对朝廷贪风日盛的官僚队伍，乾隆采取严惩办法。他说："近来侵贪之案渐多，照例减等，使可结案。此辈既属贪官，除参款外，必有未尽败露之赃私。完赃之后，仍得饱其囊橐，殊不足惩儆。"⑤在惩办贪官之时，乾隆采取连坐法来约束贪官的官官相护弊断。乾隆四十六年（1781），在处理甘肃折捐冒赈、朋分公帑一案时，总督赐自尽，各级官吏被处斩、绞刑的达四十七人之多，由此可见乾隆惩办贪污大案的决心。

（三）发展经济，富国裕民

"乾隆盛世"的出现，主要是以经济为基础的。乾隆为了使经济迅速发展，采用以下措施：

1. 豁免赋役

乾隆朝对赋役的豁免，较康、雍二朝都有扩大。在乾隆朝的六十年里，大规模的全国性免豁钱粮就有三次，这与乾隆对经济政策的调整有密切关系。乾隆为刺激农业的发展，曾多次减免农业税。乾隆刚即位不久便下诏宣布："各省民欠

---

① 《清高宗实录》卷六。
② 《清高宗实录》卷一一〇。
③ 《清高宗实录》卷七〇。
④ 《清高宗实录》卷二七七。
⑤ 《清高宗实录》卷一五一。

钱粮，系十年以上者"，待户部查明，"候旨豁免"。①接着又下诏："将雍正十二年以前各省钱粮实欠在民者，一并宽免。"②还豁免了甘肃应征钱粮，"陕西只征一半"，③贵州免钱粮一年。乾隆二年，又豁免了顺天府直隶额赋以及山东钱粮一百万两。三年，将江南松江府额赋全免。四年，又免陕西榆林等十一州、县逋赋。六年、七年大范围地豁免了福建、台湾、江苏、安徽、甘肃、广东、直隶等省逋赋等等，几乎每年都有豁免。乾隆因豁免赋役博得了盛誉，也是盛极一时的国力反映。

2. 恤商惠民

乾隆时期商业很发达，与传统的"重本抑末"思想相悖。乾隆认为"商众即吾民者，朕心岂有歧视。"④苏州要增加关税作为官员的养廉银，乾隆坚决不让，并说："独不思商贾亦吾民乎！近来大以税重为苦，伊等不蒙宽减之恩耶！汝有司榷之责，但当以清弊恤商为本，不当为越位之谋。"⑤乾隆还取消了一些不合理的商业税和杂税。"凡耤锄、箕帚、薪炭、鱼虾、蔬菜之属，其值无几，必查明上税，方许交易。且贩自东市，既已纳课；货于西市，又重征。至于乡村僻远之地，有司耳目所不及，或差胥役征收。或令牙行总缴，其交官者甚微，不过饱奸民猾吏之私囊，而细民已重受其扰矣。著通行内外各省，凡市集落地税，其在府州县城内，人烟辏集，贸易众多，且官员易于稽查者，照例征收，但不许额外苛索，亦不许重复征收。若在乡镇村落，则全行禁革。"⑥

3. 开荒造田

乾隆朝由于人口的增长，需要不断扩大耕地面积，提高粮食产量，来保障社会需求。乾隆要求各地生活有困难的贫民，不管原是谁的土地，只要是荒地就可以开垦，并且可以发给执照，定为永业田，对于无力开垦的贫农，则要求由地方官府发给开垦费用，逐年偿还。到乾隆三十一年，全国垦种荒地将近八百万顷，这是乾隆朝经济发展的重要因素。

---

① 《清高宗实录》卷二。
② 《清高宗实录》卷三。
③ 《清高宗实录》卷十二。
④ 《清高宗实录》卷五。
⑤ 《清高宗实录》卷九。
⑥ 《清高宗实录》卷五。

4. 赈济灾民

乾隆朝屡次遭受各种自然灾害，水灾、旱灾频频发生。每遇灾荒，乾隆便派人勘实灾情，立即分极贫、次贫等级别进行赈济。极贫灾民，优先赈济，次贫在寒冬之际赈济，再次贫的在次年春天青黄不接时给予赈济，总之，赈济是有保障的。赈济的时间一个月至四个月不等。乾隆帝往往酌情放宽赈济天下灾民的额度。乾隆十年下诏："朕临御天下"，"躬行节俭，薄赋轻徭"，"是以左藏尚有余积。数年以来，直省偶有水旱，朕加恩赈济，多在常格之外"。又说："朕思海宇安宁，民气和乐，持盈保泰，莫先于足民。"①这反映了乾隆治国安民的思想。②

中国历史上有三大治世：即西汉"文景之治"、唐代"贞观之治"、清代"康乾之治"。三大盛世以清代"康乾之治"最为持久。"康乾之治"实际上经历了三代皇帝，即康熙、雍正、乾隆。纵观清代盛世时期，历经康、雍、乾三代，他们励精图治、忧国忧民、整饬吏治、利民兴农，改革最多、国力最强、版图最大，这些都奠定了中国今日之疆域和民族分布，是中国历史上最辉煌的朝代之一。

三、康乾盛世

"康乾盛世"是中国历史上最后一个盛世，总结其成功和失败的经验教训都有重要的意义。它创造了几个历史之最：一是持续时间最长，"康乾盛世"从康熙元年（1662）算起，历经康熙、雍正，到乾隆六十年（1795），为133年，西汉的"文景之治"到汉武帝，将近百年，"贞观之治"到"开元盛世"加上天宝计129年；二是当时中国人口和可耕地最多，是历史上的高峰。这与当时的政策有关，就是"摊丁入亩"和"滋生人丁，永不加赋"是中国赋税制度的重大改革。中国历史上有标志意义的赋税改革是三次：一次是唐朝的"两税法"，就是把各种赋税统一为人口税和土地税，所以叫"两税法"，这是杨炎主持的一次成功的经济改革。另一次是明朝张居正的"一条鞭法"，就是将各种赋税统一核算，一次征收，统一征银。第三次就是这次"摊丁入亩"。这是最彻底的一次，这种政策是有利于穷人的，主要对象是土地，所以人口一下子猛增。"康乾盛世"时中国的经济实力是长时间地在世界上占有领先地位。三是疆域最大。史学界公认清朝是为我国统一的多民族国家的最后形成和疆域最后奠定做出最大贡献的朝代。

---

① 《清高宗实录》卷二四二。
② 参见张国：《中国治国思想史》，新华出版社，2002年10月，第442-444页。

清朝和元朝的统治者一样，都同样是北方草原游牧少数民族入主中原大地，但两朝在对待历史的敬畏之心截然不同，所以就导致了两种截然不同的结果。元代蒙古执政者，不重视历史经验和教训，只从自己狭隘的民族主观感受出发，否定了中国文化的历史传承、思想道统，歧视儒家教化，重划职业等级，其外来政权得不到广大人民的认同而怨声载道，所以不足百年而被赶出中原大地，可谓：其兴也勃焉，其亡也忽焉。而清朝满族政权入关之后充分借鉴了元朝的失败教训，修前明历史，崇尚汉学，尊重汉人信仰（例如加封关云长爵位，大力宣扬关羽忠义），是这个外来政权基本顺延了中华民族主体文化，得到了汉族主体认可，这才一统天下267年。

从秦王朝实现统一到清王朝灭亡，正式存在的王朝有62个，其中统治时间没有超过40年的王朝就有36个，可以大略看作统一的朝代只有10个（秦、西汉、东汉、西晋、隋、唐、北宋、元、明、清）平均统治时间为146年。清朝的统治时间仅次于唐朝的289年和明朝的276年，居于第三位。关于所谓的"盛世"，见之于史书记载的多达52个，但较为普遍公认的只有四个，即汉代的"文景之治"；唐代的"贞观之治"、"开元盛世"、清代的"康乾盛世"。一个入主中原的异族政权，能够统一天下长达267年，成为第三个统治时间最长者。又有出现过中国历史四大"盛世"之一的辉煌，其原因虽然很多，但其中之一，就是顺延了中华民族的主体文化。

第四节 清朝的衰亡及其原因

一、清朝的衰亡

康熙晚年，他的治国思想就是维持现状，文过饰非，致使大清王朝国库空虚、百姓不堪重负，已经危及到了国家的长治久安。雍正即位后，主张严猛治国，他认为宽仁（放纵）则百弊生，严猛则吏治新，尤其对官员整治极为严厉，通过雍正十三年的严猛治理，大清朝面貌为之一新。乾隆即位后，调节了康熙的宽仁和雍正的严猛，主张宽严相济，整饬吏治，出现了"康乾盛世"局面。但是到了乾隆后期，他好大喜功，生活奢侈，吏治放松，致使他执政的后二十年间贪污成风，政治腐败。吏治的腐败又给人口压力、土地兼并等社会矛盾火上浇油，各地农民反叛频繁，清朝帝国迅速走向衰落。乾隆以后，清朝开始实行全面的闭关锁国政策，阻碍了与西方世界的接触，丧失了与世界同步发展的最佳时期，为后来的百年积弱落后埋下伏笔。嘉庆即位后，碌碌无为，国内阶级矛盾尖锐，农民起义不断。嘉庆元年，爆发了白莲教起义，歼灭了大量清军，在对外政策方面，嘉庆继续实行闭关锁国政策，对外来事物采取盲目排斥。嘉庆帝在内乱频发、外患渐逼进，虽企图维护清王朝的稳定巩固，然而历史的发展趋势不可逆转，清王朝的败落在嘉庆末年已完全表面化，并从此日渐走向衰亡。道光二十年（1840），发生了英军入侵的鸦片战争，1842年被迫与英国签订了中国近代史上第一个不平等条约——《南京条约》，中国从此由一个独立自主的封建国家，开始逐步沦为半殖民地半封建国家。咸丰时期，因为鸦片战争以后，鸦片走私更加猖獗，白银大量外流；巨额战争赔款加大了人民的负担；再加上连年自然灾害，于是爆发了太平天国运动，这使清朝元气大伤，此后清朝的统治逐渐走向衰落。道光时期，政治更加腐朽，民族危亡日益加深，西方列强不断蚕食中国，积贫积弱的中国被列强瓜分。虽然光绪帝也推行了一系列新政，但终于被顽固的保守势力所扼杀。光绪二十年（1894)，又发生了中日甲午战争，次年清政府与日本签订了屈辱的《马关条约》，割让了大片国土给日本，付出巨额赔款，进一步加深了人民的负担，列强争相在中国划分"势力范围"，大大加深了中国半殖民地化的程度。光绪二十四年（1898）六月，以康有为、梁启超为主要领导人的资产阶级改良派，通过光绪帝进行倡导学习西方，提倡科学文化，改革政治、教育制度，发展农、工、商业的政治改良运动，史称"戊戌变法"。但此次变法，遭到以慈禧太后为首的守旧派的强烈抵制与反对，到了同年9月21日，慈禧等发动了政变，光绪帝被囚禁，康有为、梁启超分别逃往法国、日本，谭嗣同等六人被杀，但戊戌变法对促进中国近代社会的进步起了重要推动作用。光绪二十六年（1900），英、美等八个西方列强借口镇压义和团，攻占了北京，次年签订了《辛丑条约》，由此，标志着中国完全陷入了半殖民地半封建的社会。此后，大清王朝伴随着帝国主义的枪声和辛亥革命波涛汹涌的反抗浪潮中覆灭。爱新觉罗·溥仪于宣统四年十二月（1912年）退位，从此清朝彻底灭亡。

二、清朝灭亡的原因

（一）皇权腐朽、官吏腐败

纵观清朝全局，就治国思想来说，没有提出新的思想，而是对传统的思想不断强化和固化。康熙、雍正、乾隆提出"乾纲独揽"的治国理论，把封建专制发展到了极致地步。他们成立了这些机构精炼、权力很大、效率很高的所谓"上书房"、"军机处",将内阁的权力大为削弱。这与荀子思想相悖,荀子《君道》曰:"人主不可以独也。卿相辅佐,人主之基,杖也……人主必将有卿相辅佐足任者然后可,其德音足以镇抚百姓。其智虑足以应待万变然后可,夫是之谓国具。"可见卿相的重要性。这一时期的相权是很小的。

大清帝国在空前的繁荣盛世下潜伏着巨大的危机———奢侈、骄怠、贪污、腐败等罪恶的毒瘤借盛世疯长,正日益腐蚀破坏着国家和社会的肌体。

康熙晚年,奢侈腐败之风已经兴起,雍正即位后,厉行节约,采用严刑峻法严猛治国,奢侈腐败之风有所控制。到乾隆时,出现"康乾盛世",经济繁荣、财力充裕,于是奢靡腐败之风重新抬头。乾隆六巡江南,大兴土木,豪华排场空前,靡费特甚,大小官吏借接驾和其他机会,极尽奢华之能事。他们为了讲排场、比阔气,竭力摊捐派差、贪污受贿、敲诈勒索。由此上行下效,贪贿公行,吏治日废,奢侈淫靡、贪赃枉法、腐化堕落的歪风邪气愈演愈烈;而奉公守法、勤俭节约、清正廉明的正气反而日益孤立。自皇帝以降,无论王公贵族、文武百官、大地主、大商人,无不过着灯红酒绿、纸醉金迷的生活,尤其是满族亲贵,沾染的奢侈淫靡的习气最为严重。大小官吏上任之时大多两手空空,离任返乡则车拉船载,浩浩荡荡。

大清王朝自上而下,贪赃枉法、腐败黑暗。表面歌舞升平,盛世繁荣,但实际已开始走下坡路,腐败就如癌细胞一样在国家和社会肌体里扩散,损害着国家机体的健康。雍正时期曾经锐意改革积弊,实行"耗羡归公"、大幅提高官员薪酬"养廉",借此整顿吏治,并以铁腕手段打击贪污、追赃索赔,使贪腐之风一时有所收敛。到乾隆时,官僚机构日益膨胀老化,行政运转日益低效。并且由于皇帝带头奢靡腐化,官僚机构所潜伏的腐败细胞失去抑制,具有了获得疯长的环境条件,朝野上下,贿赂公行,贪污成风。乾隆虽然诛戮了一批巨贪大蠹,并且不少是总督、巡抚等高级官员,但官场贪污腐败之风仍然愈演愈炽,因为乾隆和和珅即是贪污腐败的总根子,他们说是惩贪,实际上借机"宰肥鸭",乘机大捞一把,其结果无异于纵贪。和珅在乾隆庇护下当政20多年,搜刮的私财价值达1亿两,相当于当时政府两年的财政收入。

1790年礼部侍郎尹壮图上疏乾隆,劝谏道:"各督、抚声名狼藉,吏治废弛。臣经过地方,体察官吏贤否,商民半皆蹙额兴叹。各省风气,大抵皆然"[①]。乾隆

---

① 《清史稿》卷一○九。

看后大怒，先以"挟诈欺公，妄生异议"罪判"斩立决"，后为避免成全尹壮图忠谏美名，免去死罪，降职处分。在这种只听好话不听规谏、讳医忌药、官官相护、上下包庇、只知敛财纳贿、不管百姓死活的风气下，大小官吏因循苟且，诳上欺下，朝纲不振，效率低下，百务废弛。到嘉庆、道光时期，曹振镛成为嘉庆、道光朝的大红人，位极人臣，其为官之道就是"多磕头，少说话"。清朝中后期就是由这些人来治理国家，其后果可想而知。腐败还是引起清王朝军事涣散、军队战斗力下降的直接原因。到乾隆中后期，随着政治腐败而来的是军事懈怠和武备废弛。原来剽悍勇武的八旗兵变成不能打仗、只会扰民的老爷兵。嘉庆皇帝还是皇太子时，曾经随乾隆阅兵，所见到的却是"射箭，箭虚发；驰马，人堕地"的闹剧。由于八旗和绿营均因腐败而退化，丧失战斗力，到白莲教起义时，清朝不得不主要利用乡勇和团练。到鸦片战争时，八旗、绿营、乡勇、团练都不中用，数十万清军被万余名英国远征军打败。清朝从此陷入半殖民地半封建社会的深渊。由于帝国主义入侵和太平天国起义等内乱，清朝局面日益失控，腐败也日甚一日，军事、政治、财政权力逐渐外转下移，中央权威日益缩减，在内忧外患的冲击和内部腐败的侵蚀下，清王朝一步步走向衰败覆亡的不归路。①

到了慈禧太后时期，她是清晚期的实际掌权者。她从"辛酉政变"到去世，总揽同治、光绪两朝军政大权长达47年，仅次于康熙、乾隆，是中国历史上实际掌权时间最长的女人。慈禧腐化堕落，贪宝敛财，无论生前还是死后，她的奢侈腐化都是匪夷所思的；与此同时，朝廷太监得宠，官吏争相卖官鬻爵、贪污受贿，把手中的权力演变为自己谋取私利的工具，以至于清廷上层涌现了富可敌国的财主，腐败日甚。从慈禧家族到荣禄、奕劻、那桐家族等都是富可敌国，但是却导致百姓困穷，民不聊生，人心离散。1901年9月7日，李鸿章代表清政府与11个帝国主义国家签订了空前屈辱的《辛丑条约》，既丧权辱国，又赔付巨款，本息合计9.8亿两白银，这意味着每个中国人要拿出二两白银。至此，大清王朝，苟延残喘，风雨飘摇，终在列强的坚船利炮和人民的反抗浪潮中灭亡。

清朝走过的盛而骄、富而奢——骄必怠、奢必贪——贪必腐、腐必败的历史轨迹无可置疑地表明，如果在兴盛和富裕后不思进取，贪图奢靡享乐，虚骄懈怠，必然导致腐化衰败，走向灭亡。

---

① 王国华：《腐败导致清朝从盛世滑向衰落》，《吉林人大》，2001年第2期。

(二) 闭关锁国政策

明朝以前，中国是当时世界上经济发达，科学技术也相当先进的国家。中国的造船和航海业长期以来一直领先于世界，但在清代迅速衰落下去。往日出没于东南亚海面的中国船队，随之销声匿迹，为西方国家的船队所取代。

中国的科学技术，在明朝中后期与西方相比，互有长短。西方从16世纪开始，在天文、物理、化学、数学、哲学上，经历了百年打造，于17世纪60年代开始了科学实践的工业革命，产生了以伽利略、牛顿、帕斯卡等为代表的一批科学家，从而揭开了世界科技革命的光辉篇章。在西学东渐交流中，中国明朝的士大夫们（多是朝中高官）出现了系统介绍西学的著作有：《崇祯历书约》《几何体论》《名理探》等著作，并得到崇祯皇帝的支持，共有七千多种西方图书进入中国，而西方的伽利略却被罗马教廷判为终身监禁。尤其到了晚明，当时研究西学的学术平台开放，官方也很支持，出现了以李时珍《本草纲目》、徐光启《农政全书》等为代表的不少高水平著作。然而，在之后10年中，兵祸战乱横行，满族入关，天灾人祸结为一体。这些士大夫们，因反清而多死于非命。清朝为了巩固其统治，大兴文字狱，残酷迫害明朝士大夫阶层。清朝统治比西方教会更黑暗，利用儒家学说实行思想禁锢，使明朝已经取得的科学成果大多丧失掉了，清中后期更是一塌糊涂，到1840年已全面落后于西方了。

清政府的闭关锁国政策推行了近200年。它对阻止西方殖民者的侵略活动，起过一定的自卫作用。但是，当时的西方国家正先后进行资产阶级革命和工业革命，跨入生产力迅速发展的新时代。清政府闭关锁国，与世隔绝，既看不到世界形势的变化，也未能适时向西方学习先进的科学技术和生产技术，使中国在世界上逐渐落伍了。

清朝的闭关锁国，严重地阻碍了生产的发展和科学技术的进步，限制了对外贸易的发展和工商业的发展，科技的落后导致军事力量的落后。阻隔了清朝的对外贸易往来，不利于经济的发展，闭关锁国的政策使先进的制度难以进入。清统治者以天朝大国自居，故步自封严重影响了中国文化的进步；与世隔绝既看不到世界形势的变化，也未适时向西方学习先进的科学知识和生产技术，使中国在世界上逐渐落伍了。

反观日本，在大清王朝闭关锁国、腐朽衰败的同时，日本的明治天皇卧薪尝胆，节衣缩食，大力实行变法，力图使全国上下"各遂其志，人心不倦"；大张旗鼓地宣讲变法的迫切性，其主要目的就是要激励民众齐心协力，推行改革，富国强民。经过二三十年的努力，日本逐步摆脱了内外交困的局面，史称"明治维新"，至此日本逐步走上了强国之路。

(三) 清朝统治者缺乏对中国的认同感

有学者提出，清朝的灭亡，不在于人口、财力、制度，而在于统治阶层缺乏国家认同感，导致人民离心离德，诚所谓有天时地利而无人和。

清军入关后，以皇太极、多尔衮为主的实力派，出于对本族人口、政治、文化方面的不自信，制定了影响整个清朝的国策：对于关内中国本部，能守则守之，不能守则退回东北。由此看来，他们并没有把中国当成自己的家。康熙为政时，他部分接受了儒家思想，实行满汉一体政策，所以在他当政时，在不改变根本国策的大前提下，从实际行动上开始维护中国的国家权益，如平三藩、收台湾、讨伐回疆、抵抗沙俄，同时对内实行仁政，如重视科举、盛世添丁永不加赋的政策。所有这些都促进了中国的国力发展，改变了汉族精英对清政权的看法，由敌视到妥协到服从（建议看顾炎武、黄宗羲等人对子弟、学生等人入清为官态度的转变），标志者汉族人民对这个外来政权逐渐认同。这是整个清王朝时期最为开明的时期，国家蒸蒸日上。从这个立场上说，康熙皇帝的确是中国历史上杰出的政治家。

但是康熙皇帝并不能从根本上改变清朝的国策，也不能代表所有的满蒙上层。所以，对于对中国的国家认同，清朝的统治者始终徘徊在大清与中国之间，这个过程从康熙时代一直持续到太平天国运动。尽管清朝统治者一方面公开宣传满汉俱为一体，天下臣民俱为一家，另一方面大兴文字狱进行思想控制，高度集权统治，这种集权程度和文字狱实施程度之大、时间之长在历代封建王朝中绝无仅有。但是这个时期大清的统治者，虽然在面对满汉矛盾时把大清与中国区分，但在对外关系上还是自觉的站在中国的利益上，如乾隆皇帝为了维护国家领土，对付分裂分子坚决斗争，曾经进行了十次战争：大小金川战役，两次对准噶尔的战争，平定回部，平定台湾天地会，征缅甸、征安南，廓尔格战役，这显示了乾隆作为中国的皇帝，尽到了对人民的、对国家、对历史的义务。乾隆以后，随着承平日久，作为立国之本的八旗子弟日益懒惰、腐朽，逐渐丧失了作战能力，对外不能抵抗西方列强侵略，对内不能镇压人民反抗，但是每年消耗了大量的国家财政，已经逐渐退化为国家的寄生虫。长期缺乏对国家的义务感，自然就缺少对国家的认同感，而且出于维护这种特权地位的本能，在面临内外危机时，面对国家利益与大清利益——实际是满蒙特权利益，他们自然站在大清的立场上，在关于国家认同上走上了一条不归路。道光时期发生对外战争，对外割地赔款，这时他还是自觉的站在中国的立场上看问题的，但是当有人提醒他林则徐在广州招募水勇不得不防，大清的国策又开始起作用了，所谓防民（防汉民）甚于防寇（洋人），所以对外可以妥协，对内坚决防范。到了太平天国以后起了根本变化，太平天国运动直接以打倒清朝为目标，而且声势浩大，依靠所谓八旗、绿营根本就不能镇压下去，清朝当权者不得不一方面依靠汉族地主组织军队进行镇压，另一方面与西方列强相勾结（当然要以出卖中国权益作为交换），这是清与外来势力勾结的开始。清朝统治者从内外战争的结果，为了维护满蒙特权，实行舍中国保大清的策略。清朝统治者与西方列强的关系经历了从一开始的斗争，到逐渐勾结，到完全变成帝国主义的代理人的过程，这个过程同样伴随着清统治者在国家认同上从大清等同中国、到大清优先于中国、再到出卖中国以保大清的认知转变。清朝统治者很清楚，凭借中国人民的抵抗（如太平天国、义和团等），西方列强灭亡不了大清，但是汉族人民的觉醒和反抗却能推翻清的统治。所以他们把自己的立场体现在了大清的身上，也就不难理解了。

清朝错误的国家认同，使得国家的主体民族逐渐觉醒，对这个政权离心离德，为了自身的利益奋起革命，待到清朝意识到这个问题，同意立宪等措施时，历史已经不再给她机会，在人民声势浩大的讨伐中，这个封建政权一夜间轰然倒塌。

清王朝作为中国最后一个封建王朝，它的灭亡方式充满了耻辱，至今人们都不愿意再提起那段屈辱的历史。今人当从清朝盛衰演变的历史中认真吸取教训。

（四）脱离"儒法兼用"治国思想主线

清朝灭亡的原因还有很多，在此不再一一列举。但从其治国思想来看，清朝经历了由盛转衰的历史过程。清军入关后，民族矛盾严重冲突，水火不容，康熙实行"儒法兼用"治国策略，以儒家的宽仁思想治国，使民族矛盾得到缓和，社会逐步稳定，但在其后期由于过于宽仁，致使官吏腐败日盛。雍正为政后，灵活运用"儒法兼用"治国思想，使用严刑峻法"严猛"治国，扭转了官吏腐败的局面，一度政治清明，官场清净。乾隆即位后，采用"宽严相济"的治国思想，持续了"康乾盛世"。但是乾隆中后期，乾隆好大喜功，穷兵黩武，所谓十全武功，旷日持久，劳民伤财，导致奢靡贪污之风日益盛行，明显偏离了"儒法兼用"和"宽严相济"的治国方针。官吏贪图眼前的奢侈享受，追求花天酒地、纸醉金迷的奢靡生活，贪奢淫靡和腐败之风遍及官场内外，使貌似强盛的清王朝潜伏着社会变乱和衰落覆亡的巨大危机。"儒法兼用"的治国思想实际上变成了"人治"，从根本上丧失了治国策略，演变成了"人祸"。完全脱离了荀子倡导的"隆礼尊贤"、"重法爱民"治国思想的根本。这是清朝灭亡的最根本原因。

第二十七章 古代贤明统治者的自律与规范

治国理政，需要统治者自身达到极高的道德境界，才能治理好国家，并且能够自我规范和自我约束，接受监督和批评，提高行政效率，改善政治环境，才能使社会得以安定，政权得以巩固。《帝范》《帝鉴图说》《臣轨》和《官箴》等就是其具体表现。

一、贤明封建专制皇帝的自我约束

《帝范》是李世民于贞观二十二年（648）为教育太子李治而专门写的书。

唐太宗李世民，是中国历史上最有作为的封建皇帝之一，李世民时常借鉴隋亡的历史教训，将"水能载舟，亦能覆舟"作为自己政治上的"座右铭"，作为君民政治关系的原则。他执政时期的非凡政绩，被称为中国历史上少有的公认盛世——"贞观之治"。

《帝范》，顾名思义，是对帝王提出的道德行为准则。它的内容分为十二个方面，分别是：《君体》《建亲》《求贤》《审官》《纳谏》《去谗》《戒盈》《崇俭》《赏罚》《务农》《阅武》《崇文》。

李世民在《〈帝范〉序》中，开宗名义地说："朕闻大德曰生，大宝曰位。辨其上下，树之君臣，所以抚育黎元，钧陶庶类，自非克明克哲、允文允武。皇天眷命，历数在躬，安可以滥握灵符、叼临神器。"其意是说，我听说，最大的德行是生化万物，最贵的东西是帝位。明辨上下之分，树立君臣之道，在于抚育黎民百姓，治理臣民。必须兼备文治武功。皇天能不能保佑你的国家长治久安，其命运都在自己的手中。绝不可以滥握帝王的灵符、皇帝的神器。这段话提纲挈领地讲述了帝位的重要性、责任以及成败的根本原因。

李世民接着讲述了自己身经百战，历尽艰险，英勇创业的经历。用自己的亲身经历告诉太子李治：一、"守天下比打天下"要难得多，"若临深而驭朽，日甚一日"；二、从太子李治的经历和地位的关系上强调，将来太子执政以后更让自己担心而"废寝忘食";三、于是自己才下这样大的工夫,"披镜前踪,博采史籍,聚其要言",强调太子一定要以此作为政治教材,认真学习,规范其思想。①

李世民还在训导太子的篇章中,还对自己执政以来的得失进行了总结。他说,我在位以来,缺点和错误是很多的。绮丽的服饰,精美的宝玩,锦绣的珠玉,不绝于前,在这一点上,没有做到抑制物欲。富丽的宫室,华美的亭楼,高台深池,为此屡次兴起徭役,这不符合节俭原则。平生喜好游猎,在这一点上,也不能节制逸乐之心。自己频繁出行,烦劳百姓。没有自抑私念。凡此种种,都是自己的严重过失,你绝不能认为是对的而去效仿。李世民进一步分析说:不过,我作为安定天下的创业者,"济育苍生有益多,平定寰宇其功大。益多损少人不怨,功大过微德未亏"。这就是说,若要用对社会的损、益来分析,毕竟"益多损少",社会的民众积怨不会太多太大;若用对历史的功过来分析,毕竟"功大过微",所以历史道德评价也不会太低。最后他告诫太子,唐王朝的建立,是经过几代人长期的拼搏奋斗才得来的,一旦失德,则会迅速败亡;帝位的取得,是非常艰难的,但要丧失,却是很容易的。最后语重心长地告诫太子,明白了以上的道理,"可不惜哉!可不慎哉!"对于前人的功业一定要珍惜,对于自己的行为,一定要谨慎。

唐太宗还有一篇著名的《自鉴录》,也是他诲谕太子的作品。文字虽然很短,但它所体现的思想却是非常深刻的。由于这篇《自鉴录》集中阐述了最高统治者应当自我约束的道理,所以不仅成为他和太子的自鉴语,也成为后世历代帝王警诫自己及其后继者的座右铭。

《自鉴录》原文如下:"夫以铜为镜,可以正衣冠;以古为镜,可以知兴替;以人为镜,可以明得失。朕常保此三镜,以防己过。今魏徵殂逝,遂亡一镜矣!征亡后,朕遣人至宅,就其书函得表一纸,始立表草,字皆难识,唯前有数行,稍可分辨,云:"天下之事,有善有恶。任善人则国安,用恶人则国乱。公卿之内,情有爱憎,憎者唯见其恶,爱者唯见其善,爱憎之间,所宜详慎。若爱而知其恶,憎而知其善,去邪勿疑,任贤勿贰,可以兴矣。"其遗表如此。然在朕思之,恐不免斯事,公卿侍臣可书之于笏,知而必谏也。"②

---

① 以上参见运新宇:《治国史鉴十讲》,国防大学出版社,2009年,第517—518页。
② 《旧唐书·魏徵传》。

明朝张居正主持编撰的《帝鉴图说》，也是一本专门教育皇帝的书，而且是专门教育小皇帝的书，所以这个题目叫《帝鉴图说》。

《帝鉴图说》分为上下两篇，上篇名曰"圣哲芳规"，讲述历代皇帝励精图治之举；下篇名曰"狂愚覆辙"，剖析了古今君主倒行逆施之祸。书中张居正选取了尧、舜以来，可以作为最高执政者榜样的"善可法者"81个故事；可以作为帝王鉴戒的"恶可为戒者"的共36个故事，每个故事前面绘有一图，后记录历史记载的释文，并且有解说。据说是因为"善"为阳，为吉，数用九九，所以取81个故事；"恶"为阴，为凶，数用六六，所以取36个故事。这当然是当时人的想法，但是从"善"、"恶"数量的对比来看，作者的意图，是以正面教育为主。书名的确定，是取了唐太宗李世民"以古为镜"的说法。据《四库全书总目提要》所载，书中的故事，都取自正史的记载。仍然值得我们学习；书中总结的为君之大忌，今天也同样是为官做人的大忌。

《帝范》和《帝鉴图说》之所以为历代统治者所推崇，两本书所体现的，实际上是以德治为核心的统治思想和"修身、齐家、治国、平天下"为基本途径的治国原则。《帝范》12篇，《帝鉴图说》117个故事，它们的基本内容概括起来，有五条：一是爱民。"民惟邦本，本固邦宁"，"民重君轻"，"载舟覆舟"的思想在封建皇帝那里，特别在比较开明皇帝那里，具有非常重要的位置。二是勤政。唐太宗使用"大道远而难，邪道近而易"的道理来说明勤政、怠政的区别和根源的，这是很有辩证思想的。三是纳谏。古代英明的君主把纳谏看得很重，认为它关系到政权的兴衰。四是用贤。就时告诫皇帝一定要用贤人，"用其人则兴，失其人则亡"。五是戒奢，也可以叫作克己。就是克制自己的欲望。"历览前贤国与家，成由勤俭败由奢"。所以当皇帝最重要的必须是克制自己。

总之，封建统治者对"帝德"的追求和维护，在一定程度上起到了励精图治，勤奋执政，相对关注民众利益，校正政治过失，缓和阶级矛盾，巩固封建统治的作用。在今天也有值得我们借鉴的地方。

二、封建专制社会中朝廷对官吏的规范

关于中国古代封建官吏道德约束的两本书：《臣轨》和《官箴》。

（一）《臣轨》。

《臣轨》是一本武则天（正式称帝时）专门教育臣子所写的书。她在位时，开创了殿试制度，亲自考试贡士。此篇就是她为贡举之士所提供并指定的学习材料之一,以此代替了原先的考试内容。共分为两卷,上卷包括同体、至忠、守道、公正、匡谏五章,下卷则有诚信、缜密、廉洁、良将、利人五章。在此书之中,武则天对臣子们提出了全面的道德要求。若抛开她最强调的同体、至忠两章外,也讲了一些为官做的道理,不但在封建社会里产生了重要影响,而且其中有些道理和原则,对我们今天仍有启示意义。

(二)《官箴》

迄今为止,我们所看到的中国历史上最早的《官箴》,是1975年在湖北云梦睡虎地发掘的秦简《为吏之道》。这一书的开篇第一句话是:"凡为吏之道,必精洁正直,慎谨坚固,审悉毋私。"其意是,做官之人,应当清白正直,谨慎坚强,公正无私。

《官箴》这本书的"箴"字,原本是中医针灸治病时所用的针形医疗器具,《官箴》,实际上就是,封建社会从政人员的道德基准和行为规则。这种准则在中国历史上很多,《吕氏春秋》中就提到了《商箴》《周箴》等,而大量出现的则是汉代的《官箴》。

最有影响的"官箴",是南宋吕本中所写的《官箴》。吕本中是南宋的一位进士,曾官至中书舍人,后因忤秦桧而罢官。这篇《官箴》是他南渡后的感时之作,沉痛感人。全篇共33则,篇帙不多,而且词简义精,颇多阅历有得之言。其中核心是清、慎、勤三字,以为为官之道,被后人称为"千古不可易"。清乾隆皇帝曾手书这"清"、"慎"、"勤"三个字刻石宣传,并赐给内外诸臣,训示百官。后来许多《官箴》类书也是以这三个字展开论述的。吕本中的《官箴》,是诸多此之类作品中的一篇代表作。

在整个封建社会中,为官忠于职守者,被看作是"不辱《官箴》",为官不能称职的被看作是"有玷《官箴》"。所以有人说,《官箴》不仅曾经对执政官员发生过一定的约束作用,也是民间社会普遍熟悉的道德信条。

这些官箴经过长期的刻意宣传和潜移默化的熏陶,已经成了一种重要的意识宣传手段,成为一种人们普遍认可的为官之德,起作用和影响主要体现在以下四个方面:

第一、增强官吏"以天下为己任"的政治责任感。如果说,硬约束更多地体现在怎样使官吏不犯法、不犯罪而尽职守责,那么这种道德修养则更多地体现在提高人的品位和境界上。从政治风度和从政修养上来看,中国古代有不少大臣,在各自的实践中,体现了他们作为政治家的修养和责任,在历史上留下了英名。

第二，培育官吏小事不计较，大事不糊涂的政治度量。识大体顾大局，历来是为官从政的重要修养，也是《官箴》的重要要求，即"天无私履，地无私载。日月无私烛，四时无私为。忍所私，而行大义，可谓公矣"。

第三、造成为官一任，造福一方的使命意识。

第四、强化为官清正廉洁的荣辱观念。由此可见，《官箴》的一些内容，尤其是一些思想仍可以为"箴"。要求下级要从要求自己做起，监督别人要从监督自己做起。"自己监督自己"是一种更高层次的监督。"自重、自省、自警、自砺"对干部是至关重要的；在修身、齐家、治国、平天下的链条中，修身是一位的。"内圣"和"外王"中，"内圣"是第一位的。这是一条有普世意义的原则。"以古为鉴，可以知兴替"。一个人、一个干部，尤其是一个高级干部，锻造高尚的心灵境界，是至关重要的。①

---

① 参见运新宇：《治国史鉴十讲》，国防大学出版社，2009年，第180页。

第二十八章 古代王朝的政治危局和应对策略

唐太宗《金镜》说："以古为镜，可以知兴替"。习近平总书记在中共中央政治局第十八次集体学习会上说："牢记历史经验，牢记历史教训，牢记历史警示，为推进国家治理体系和治理能力现代化提供有益借鉴"。纵观历史，几乎每个王朝都经过政治危局，其时的执政集团对各自的政治危局各有各的战略对策，其中有的取得成功，使其政治形势转危为安；有的归于失败，导致其政权走向衰亡，甚至很快就陷于覆灭。回顾分析我国历代王朝应对危局的成败得失，对于我们当政者应当吸取历史经验、教训，运用荀子的学说，妥善地处理好各种突出问题和矛盾，更好地治国理政，维护国家的长治久安，具有重要的借鉴意义。

第一节 古代王朝政治危局的基本类型及其原因

所谓政治危局，就是指影响王朝政权稳定的一种政治态势。导致王朝政治危局发生的原因尽管不同，但从根本上说，都是当时社会矛盾的产物。如果从宏观上看，在中国封建社会两千多年的历史上，影响社会政治发展态势的矛盾主要有四个：一是阶级矛盾，主要是农民和以统治集团为代表的地主阶级的矛盾；二是民族的矛盾，主要是少数民族政权和汉族政权之间的矛盾；三是统治阶级内部的矛盾，主要是各种政治势力之间的相互斗争；四是社会发展和自然灾害的矛盾，主要表现在各式各样的自然灾害，在中国天灾和人祸往往紧密相连。

（一）统治集团高层的政治斗争

所谓统治集团高层的政治斗争，主要是指统治集团内部争夺最高权力的斗争。从中国历史上看，最主要的有以下四种情况。

1. 皇族成员争夺帝位

其典型案例有唐朝的玄武门之变。唐高祖武德九年（626）六月初四，秦王李世民伏兵玄武门发动宫廷政变，杀其兄太子李建成及其四弟李元吉，逼其父高祖李渊立自己为太子。这次政变直接被杀死的皇室亲族20多人。太子李建成及其五个儿子、四子李元吉及其五个儿子全被杀死。还有明朝的靖难之变。明朝建文元年（1399），燕王朱棣以"靖难"之名（其原话是："清君侧，靖内难"，所以史书上叫"靖难之变"），发动夺取皇位的战争。到了建文四年（1402）攻陷南京，建文帝失踪。

另外的政变还有：1. 西汉武帝时的"巫蛊之祸"。因为汉武帝怀疑太子用巫蛊的方法害他，发生了一场不小的政府军和太子党的战争，结果捕杀了太子及其追随者达数万人。2. 发生在西晋的"八王之乱"，直接断送了西晋王朝。3. 发生在宋朝初期的"烛影斧声"案，结果赵匡胤突然死亡，弟弟赵匡义（后改名赵炅）继位，成了宋太宗。① 这也是一桩政治疑案。4. 发生在明朝的所谓"梃击"、"红丸"、"移宫"等案件②号称千古之谜，和前面的几个宫廷斗争一样，也都是争夺皇位继承权的明争暗斗。

总之，以上属于第一种争夺最高权力的斗争情况，这是皇室成员之间的斗争，也包括兄弟，甚至父子之间的斗争。

2. 朝臣相互倾轧

在中国历史上，朝廷中有三种势力几乎始终和封建王朝相伴随。

第一个是"朋党"，最典型的是唐朝的牛李党争。以牛僧孺为首的牛党和以李德裕为首的李党，相互斗争了40多年，这一派上来了，那一派下去了，那一派上来了，这一派又下去了，使政局始终处在动荡之中。还有东汉的党锢，以及明朝的东林党，都是这种情况。所以后来的康熙那样警惕"朋党"，反对"结党营私"，尤其是内外臣的相互勾结，就是这个原因。这种朋党之争毁了许多人，欧阳修专门写了一篇《朋党论》，为朋党进行辩解，是最有名的议论文之一，但其中也反映了一个问题，就是他自己受害之深和当时朋党问题的严重。

第二个是宦官。中国历史上的宦官很嚣张。有三个朝代的宦官在当时政治生活中起到了举足轻重的作用，当然是坏的作用。所以史称其为宦官专权，或者叫"宦祸"。这就是在东汉后期、唐朝中后期和明朝后期发生的宦官专权历史。唐玄宗的高力士，太子称他为"二兄"，驸马称他为爷，朝臣都称他为"阿公"，其权

---

① ［宋］释文莹：《续湘山野录》。
② 参阅《明史纪事本末》卷六十八《三案》。

力熏天，但他不算是最坏的，也做过一些好事，由此可见，其权力和影响可见一斑。唐中期有一阶段，朝中有一千多个三品到五品的宦官。唐朝后期，宦官掌握了皇帝的立、废、生、杀大权，自公元820年唐宪宗被宦官杀死，到公元903年就有八个皇帝都是宦官根据自己的需要而废立的。明朝连续出现了四个大宦官：王振、汪直、刘瑾和魏忠贤（号称九千岁）。特别是宦官掌握了东厂、西厂这两个最大的特务机构，把明朝几乎搞得崩溃。

宦官之所以能够专权，和中国古代的专制体制紧密相连。形成的原因有两个：一个是这些人离皇帝近，听话、容易控制，职务低，但权力大，促进了封建专制体制发展；另一方面，由于权力的高度集中，又往往导致在政治机制衰败的时代，少数人可以挟主专权，非常值得研究。

第三个就是外戚。它的主要特点也是容易接近皇帝，往往利用皇帝幼弱之时，掌握了朝中大权。

当皇帝逐渐成年，急于亲政之时，就依靠宦官，使得宦官地位上升，宦官便取外戚地位而代之。这样外戚集团和宦官集团的轮番执政，相互间排斥异己，手段无所不用。官吏的素质，直接影响着执政的质量。朝中的官吏，绝大部分是经过察举制或科举制选拔出来的，虽不都是好的，但总体还属于社会上的精英部分。而宦官和外戚多是凭着与皇帝的亲近关系上来的。这些人当中也有素质高的，但总体素质不高，权力很大，很多人就胡作非为，最后对政权造成极大的危害。所以历史上宦官和外戚的名声都不好。我们现在反对不正之风，反对搞小圈子，因为政治上的小圈子一旦形成，圈子利益就成了他们唯一的原则，形成朋党雏形，高层会对中央、基层会对单位领导构成威胁。因为党中央吸取了历史的教训，所以坚决反对政治上的小圈子。

这里的朝臣互相倾轧，主要是朋党、宦官和外戚，其中最主要的是，宦官和外戚。

3. 割据势力威胁中央

西汉初刘邦为与项羽争夺天下，便封同盟的几个将军为异姓王，当他政权稳固后又以不同理由消灭掉，同时又将其子弟封为同姓王，结果尾大不掉，进而威协中央。汉文帝只能用怀柔手段缓解，到了汉景帝时，爆发了吴楚"七国之乱"，景帝平息叛乱之后，采用稀释策略，扩充封国数量，缩小单个封国版图，同时削弱封王的行政权力，即其官员由朝廷派遣。汉武帝实行"推恩令"，即让诸侯王嫡长子在嗣王位后，让出一些疆土和人口给其他兄弟，再一手是用酷吏严惩违法的诸侯王，结果使留下的诸侯王变成仅衣食租税的贵族了，使秦始皇时代的海内皆郡县得以重新巩固下来。

西汉以后，是实行郡县还是先秦的分封制，仍有反复。三国中魏国的曹丕为了防止东汉亡于外戚专政、州牧割据的重现，严防太后临朝，取缔了王子分封。结果致使大臣司马家族篡位，曹氏孤立无援。于是，司马炎建立西晋后又分封诸侯王，各镇一方，这样做原因是接受曹魏亡国的历史教训。可是，"八王之乱"却葬送了西晋王朝。明初朱元璋再次分封，又给燕王朱棣起兵"靖难"，为篡夺皇位提供了条件。中国历史反复证明秦朝创立的中央集权下的郡县制，是适合中国国情的行政体制，这是法家治国思想的一大贡献。

唐朝的藩镇割据导致唐朝由盛到衰的一个重要转折点是"安史之乱"，也有人说这是整个封建社会由盛走向衰落的一个转折点。这个问题的实质，都是干弱枝强，尾大不掉。所以中国历史上，"干"和"支"的关系，一直是一个非常重要的问题。也就是像一个人的手和脚比其身子都大，身体自然就要倾斜了。前面已经讲过，贾谊有一个"众建诸侯少其力"的名言，就是解决这个问题的。

4. 统治集团内部发动政变

军阀集团发动政变，是中国历史上相当普遍的政权转移形式。南朝的宋、齐、梁、陈立国，都是以军事实力强逼前朝皇帝"禅让"而夺取政权的，也就是以武力夺取政权的。也正是这个原因，南朝的开国君主，除齐高帝萧道成外，其余都称"武帝"。军人取得天下的最典型例子，当然是宋太祖赵匡胤。他通过"陈桥兵变"，就把政权拿了过来。核心问题是他掌握着军权。赵匡胤明白军权的重要性，所以取得政权后，便立刻通过"杯酒释兵权"，先解除了禁军首领的军权。它的思想是：宁可减少战斗力，也决不形成对中央政权的威胁。这样就保住了政权，但世界的事物总是有两重性的，结果造成了宋朝后来的积贫积弱的局面，对外屡战屡败，与这一思想当然有重要关系。

（二）农民起义

农民起义，这是政治危局中最为严重的形式。大的农民起义，就会导致政权的迅速崩溃。例如：1. 秦朝末年的陈胜、吴广大起义，从根本上动摇了秦朝的统治基础。还鼓舞了其他各地农民的反抗斗争，曾经归附了秦王朝的王侯将相们最终埋葬了秦王朝。2. 王莽后期的绿林、赤眉军起义，三辅震动，海内豪杰纷纷起兵响应，旬月之间，烽火遍于天下，不久起义军逼近长安，政府军哗变，绿林军进入长安，王莽新朝灭亡。3. 东汉末年的黄巾军大起义。4. 元朝末年的红巾军大起义。5. 明朝末年的李自成大起义。6. 清朝的太平天国起义。这些大小不下百次的起义都对当时的统治造成严重威胁,而其中的许多朝代就是直接被民众暴动的起义军所推翻的。可见农民起义的战争,是中国古代封建社会阶级斗争的一个主要表现形式。所以说,民变是中国古代统治危局的一个主要形式。

　　农民起义,是被统治者逼迫出来的,虽然农民起义对社会生产力是有相当破坏力的,而且有时候还是非常严重的,但没有农民起义,就不会有新政权来总结历史经验教训,实现政策调整。这就是中国古代统治者的腐朽统治思想。试想,如果统治者中间,多一些变法,像战国时魏国的魏文侯使用李悝实行变法,秦孝公使用商鞅实行变法,北魏孝文帝的汉化变法,这些成功的变法,同样促进了社会生产力的发展。变法也叫改革,所以改革比农民起义要缓和得多,当然农民起义是被逼得走投无路才进行的,也是统治集团中缺少像魏文侯、秦孝公、北魏孝文帝这样的政治人物,政权被那些腐朽无能之辈所占据的结果。

　　(三)外族入侵

　　这里的外族入侵,主要是指秦以后的边疆少数民族(主要指北方少数民族)政权入侵中原的汉族政权,这实质上是一种民族大融合的过程。当然这和后来的外国入侵是不一样的。它在中华民族大一统的过程中具有重要的意义。但从政局的稳定看,这种时期又往往是一个交叉混乱的时期。在研究中,这是一个非常重要的历史现象,也是一个形成执政危机的重要原因。从历史上看,北方游牧民族往往在南方汉族政权发生政权危机的时候出兵,很快用武力征服中国或部分中国地区。像西晋末期的"五胡十六国"征服了黄河流域,只有南方没有被征服;五代后期契丹族建立的辽,占领了现在的河北、山西北部的十六个州,也包括今天的北京在内。北京当时叫幽州,辽国占领后,把幽州叫南京,又叫燕京。与北宋同时并存的政权还有西夏。辽国和北宋对峙了100多年,后来东北方向出现了女真族建立的金朝,才跟北宋联合把辽国打败并消灭掉,然后金朝大兵南下,一直打到宋的都城汴梁(今开封),北宋遗老迁到南方建立了南宋。最后双方以淮河为界,黄河流域成了金人的疆域。这段历史有多个政权交叉并存,所以史书把这一段称为宋辽金元。也就是在宋辽并存的时候,出现了金,在宋金并存的时候出现了蒙古族。13世纪初,北方蒙古族崛起。中国讲"文治"、"武功"。文治的辉煌时期是夏、商、周,和历史上的"四大盛世"(也可归为三大盛世);武功的巅峰就是成吉思汗和"秦王扫六合,虎视何雄哉"的秦始皇,当然秦始皇只是在中国范围之内,而成吉思汗先统一了蒙古、接着打到中亚、西亚,回头灭了西夏,又一直打到了欧洲现在的威尼斯附近，回来又灭了金和南宋。忽必烈时改名为元朝。南边的国土一直到今天的缅甸、越南、爪哇，这是北方少数民族第一次统一了全中国。明灭了元朝，明朝后期，北方兴起了一个新的民族叫满族，就是先前金朝女真族后裔。它趁着明末农民起义的机会入关，建立了清朝，是第二个少数民族统一了全中国。

再者，北宋在辽、金、西夏的打压下，长期不能自振，最终被金军灭掉。南宋也被蒙古所灭。明朝也灭于李自成的农民起义军和清军入关双重压力下。

可见，北方少数民族和南方汉族政权的关系很重要，许多朝代的许多大事件，也与这个问题分不开。所以也是中国历史上形成政治危局的一个典型类型。

(四) 自然灾害

自然灾害在中国历史上对政局也有很大影响。因为对于以农耕为基础的社会来说，自然灾害是十分严重的威胁。中国古代封建专制王朝的经济基础主要在于农业。天灾造成的大面积农田歉收，不仅使政府断绝财政来源，因灾害导致众多的民众流移，对于政局的稳定会造成严重的威胁。所谓的"民众流移"，就是历史上的"流民"产生的原因，而"流民"正是历史上农民大起义的一支重要力量，其影响力是相当大的。在中国历史上被称为四大灾害的"水、旱、蝗、涝"，发生的频率之高在世界史上是少见的，再加上瘟疫、地震等灾害，所以赈灾在中国历史上是一个重要的事情，但总的看只是杯水车薪，所以常出现"人相食"的现象。这种天灾往往和民变联系在一起，对于社会政局产生着根本性的影响。据《汉书》记载，汉元帝刚即位，关东地区就因为连年遭受灾害，流民进入关中，所谓"谷贵民流"，成为当时政局危机的主要表象。汉哀帝时，因自然灾害导致的民流问题，依然是政局稳定的严重威胁，建平二年（前5），因连年歉收，使得"天下空虚，百姓饥馑，父子分散，流离道路"，流民的人数多达以十万计。

历史上的四个政治危局的基本类型，有时是相互交叉的。例如天灾和民变是合力作用的，往往是许多王朝覆灭的原因。民变的爆发，有时又是以天灾为直接起因的。这四种情况虽然都存在，但对政治危局的影响是不一样的，外侵和天灾毕竟是外在的因素，虽然不是本章所讨论的主要内容，但是外敌入侵和天灾的抵御和救治，仍然必须以内在的政治因素健全有力为条件，才能成功应对。所以执政者的政治举措得当与否，往往是能否避免和渡过政治危局的关键。

第二节 古代王朝政治危局的应对策略

纵观历代王朝政治危局应变对策，其结果不外乎两个，要么成功，要么失败。这其中的成功和失败都不是偶然的。其中的关键作用就在于执政者的治国思想是否符合卜子夏和荀子的"隆礼重法"，即"礼法合治"思想。总结中国古代各王朝危局应对的成功经验和失败教训，对我们今天的为政者仍然有着重要的启示。

（一）积极化解主要政治矛盾

对于主要政治矛盾的化解，这是最根本的一条。所谓危机，说到底就是社会矛盾积累到一定程度并不断激化的产物或表现。整个封建社会的主要矛盾是农民和以皇帝为首的地主阶级的矛盾，表现出来的就是剥削压迫和被剥削压迫之间的矛盾。这种矛盾贯穿于封建社会的始终，也是封建王朝兴衰历史周期律形成的基本原因。从根本上说，这种矛盾是以封建皇帝为代表的地主阶级所有制的社会性质决定的，但是一些有作为的政治家，还是可以采取一些办法积极地化解或缓和这些矛盾，使中国封建社会得以正常发展。其中比较典型并且收到明显的效果的是以下几个时期：

一是西汉"文景"时期。汉文帝和汉景帝时期，政局相对比较稳定，经济得到大力发展，社会安定繁荣，进入"文景之治"。从社会经济文化发展历程来看，文景时代的成就，得益于采取了缓和阶级矛盾的措施，使随后的历史由急峻渐转宽和，由阴暗转向光明。"文景之治"的成功之处在于它很好地实现了从战争到相对和平的转变，其政治特点是拨乱反正，与民休息。即采用了道家的"无为而治"思想。萧何进行了顺从民意的政治改革，"因民之疾秦法，顺流与之更始"。曹参继任后依然遵循萧何创置的制度，坚持"治道贵清静而民自定"。顺应民心而否定秦法，减轻刑罚，废除肉刑，减免赋税，厉行节俭，成为汉初政治的标志之一。"文景之治"后，国家无事，民家足，府库余，众庶街巷有马，阡陌之间成群，百姓生活富足，国家经济实力增强。

二是唐太宗执政的"贞观之治"时期。这是中国历史上缓和阶级矛盾比较成功的时期。隋朝末年，政治腐败，官吏腐朽横行，民不聊生，社会动荡，群雄四起。李唐政权在农民大起义的过程中夺取政权，这样的历史背景对李世民执政产生了深刻的影响，隋朝灭亡的历史教训成为他治国理政的宝鉴。"隋主为君，不恤民事，君臣失道，民叛国亡，公卿贵臣，暴骸原野，毒流百姓，祸及其身"①被李世民引为刻骨铭心的教训。在中国历史上，注重总结历史经验教训的人不少，但像唐太宗这样达到念念不忘程度的人却很少。在他统治时期，知人善任，勇于纳谏，常怀忧惧，轻徭薄赋，减缓刑罚，体恤百姓，节俭自律，怀德服远，政治清明。正因为唐太宗能够以史为鉴，居安思危，心怀畏惧，重视民心民力，采取了一系列缓和阶级矛盾的措施，使"贞观之治"成为中国古代著名的"盛世"之一。

三是明初洪武时期。朱元璋是出身最低微的皇帝，他出生于佃户人家，家境贫寒，地位卑微。而明朝立国之初的功臣也大都出自布衣，成为明初政治的一大特色。朱元璋和大臣们大都出身贫苦，对社会下层民众有较深的同情，同时他们都经历了元末农民起义的风暴，深知百姓受压迫后激发的力量，所以朱元璋的治国方略采取了许多缓解阶级矛盾的措施。经过20年的战乱，朱元璋建立的明王朝面对的是一片残破景象，他深知百姓需要休养生息，因此强调要爱护百姓。在建立明王朝之前，朱元璋就指出："新民望治，犹疾望医。医有攻有保，攻者伐邪，保者扶衰。民脱丧乱，外邪已去，今望扶衰，休养生息。"在他登基不久，又对地方官员说："天下初定，百姓财力俱困，譬犹初飞之鸟，不可拔其羽，新植之木，不可摇其根，要在安养生息之。"②朱元璋还从历代治乱兴衰经验教训的基础上，总结了规律性的治国之道，如"国以民为本，民以食为天"，"民急则乱"，"取之有制，用之有节"，"民可载舟，亦可覆舟"。他明白要养民，就必须宽赋、节用、省役。通过鼓励垦荒，轻徭薄赋，抑制豪强，惩治腐败等一系列措施，有效地缓和了阶级矛盾，发展了社会经济，巩固了政权，为后来的"永乐盛世"奠定了坚实的基础。

（二）审时度势，准确预见重大政治态势

审时度势，是治国安邦政治智慧的根本基础。没有这一条就谈不上所谓的政治智慧。政治家如果能够充分预计政治危局的严重态势，就有可能抑制政治灾祸，改变历史轨迹，为历史发展做出贡献。

西汉文帝时期的贾谊，虽然年纪不大，却是一位很有政治战略眼光的政治战略思想家和政论家。毛泽东有"贾生才调世无伦"③的评价，认为贾谊是两汉最好

---

① [宋] 王钦若：《册府元龟》卷五十八，凤凰出版社，2006年。
② 《明太祖实录》卷二十五。
③ 毛泽东赞贾谊诗两首，这句"贾生才调世无伦"出自于《七绝·贾谊》为共和国成立后所作。另一首分别是《七律·咏贾谊》，还有一首是他25岁，写给罗章龙东行的。

的政论家、思想家之一。历代史学家们对贾谊的治国思想评价都很高。有人根据贾谊的思想提出了政治家看问题比常人的高明之处有三点：一是政治家看问题必须着眼全局，不能只看局部，有道是"不慕全局者，不足以谋一域"；二是政治家看问题必须抓住本质和关键，不能只见现象不见本质，胡子眉毛一把抓；三是政治家看问题必须注重能拿出对策，重在提出解决问题的办法，而不只是发表清议，这是政治家的责任所决定的。《过秦论》和《治安策》是贾谊在政治上的两篇代表作。他对汉初的形势分析深刻，针对西汉初年形势写的《过秦论》是总结秦朝成功和失败的经验及教训；《治安策》是分析当时政治大势，提出"诸侯必反"、"强者先反"的预见性，解决方法是"众建诸侯少其力"的认识和主张。也就是面对诸侯坐大的形势不管不行，西汉政权会逐渐被诸侯蚕食，管得太急也不行，会导致他们更快造反，给朝廷带来很大威胁。最好的办法就是"众建诸侯少其力"，也就是说不仅嫡长子可以继承诸侯位置，庶子也可以分享一定权力，这样原来的诸侯封地和力量就不断被分散，减少对中央政权的威胁，最终也确实取得了很好的效果。汉景帝时期的御史大夫晁错，他判断吴王刘濞预谋叛乱，如果早削其封地，则反叛较早，但祸害较轻，不削，则反叛较迟，但祸害严重。晁错提出了后来被历史证实的政治预见，但因汉景帝的退让，错杀了晁错，导致了历史悲剧的发生。"文帝采贾生之计削齐、赵，景帝用晁错之计削吴、楚"，被后来历史学家认为是有益于消弭政治危害，稳定政治局面的成功举措。

（三）及时调整重大政治方针

历代帝王，能够认识到自己错误的人很少，能够认识到自己的错误并且能够检讨的人更是少之又少，但是汉武帝能够做到。汉武帝晚年，身体多病，性情怪诞，他总怀疑有人诅咒他，而此时宠臣江充窥见汉武帝因政见不同对太子刘据心存不满，居然诬蔑太子利用巫蛊诅咒武帝，导致太子刘据自杀。事变之后，"巫蛊"冤情逐渐还原于世，汉武帝知道太子起兵只是由于恐慌，并无其他意图，内心有所悔悟，便一一处置了制造冤案的江充余党。汉武帝"怜太子无辜"，在刘据自杀的地方筑做"思子宫"与"归来望"台，以示哀念。天下闻而悲之。汉武帝并且开始认真反思太子刘据政治主张的利与弊，于是利用远征军事失利的机会，开始了基本政策的转变。征和四年（前89），他公开承认："朕即位以来，所为狂悖，使天下仇苦，不可追悔。"又向臣民宣布，自今事有伤害百姓者，靡费天下者，统统予以罢除！又正式颁布了被誉为"仁圣之所悔"的轮台罪己诏，陈述既往之悔。

汉武帝能够"受忠直之言","晚而改过,顾托得人",避免了覆灭的灾祸。汉武帝成功地扭转危局,使西汉王朝的政治历程在山穷水尽之后又柳暗花明,展现出了汉武帝作为政治家的心胸。

(四)大胆改革传统政治结构

有历史学家认为,"政治家最值得敬重的品质,是能够抓住适当的历史时机,对于经济政治结构进行大胆改革。这种改革往往是能够使政治局势转危为安的一剂良药"。这是有道理的。

(1) 战国伊始,魏文侯用法家李悝在诸侯国中率先实现改革,推行"尽地力"、"善平籴",改革农业政策,发展农业生产,使魏国获得了巩固的经济基础,成为战国初期最强大的诸侯国。随后齐、楚、赵、韩等国相继改革,出现了群雄争锋的局面。

(2) 战国时期的秦国商鞅变法:详见前,《第十章,法家思想从魏国到秦国的第一次移植——商鞅变法》的《第二节 商鞅变法》,这里不再赘述。

(3) 北魏孝文帝的汉化改革,实质上是一次北方少数民族政权向中原汉族学习和进化的过程,北魏孝文帝通过均田,实行封建经济制度;并把政治中心从今大同迁移到洛阳,实行汉朝官吏制度,缓解鲜卑族与汉族的矛盾;推行汉化政策,要求鲜卑人一律"断北语","穿汉服","变籍贯",改汉姓,从文化和生活习惯上全面汉化。这次改革不仅对民族大融合起到了促进作用,而且更直接地巩固了北魏的统治根基。

(4) 北宋中后期的王安石变法,是中国历史上影响深远的改革变法运动之一,受到后人的极大关注。前面《第二十三章:北宋王朝的治国思想及治国方略概况》的《第二节:王安石变法》已经写过,这里不再赘述。

(五)牢固掌控复杂政治局面

从历史上看,有些政治危局是社会矛盾长期积累的产物,需要对大政方针进行调整和改革,有些则属于统治阶级内部的权力斗争,无所谓正确与否。完全是不同政治派别和利益集团为了夺取最高统治权力的斗争。这种情况下,对政治局面的掌控,往往成了能否渡过危机的关键因素。

这方面第一个成功范例是武则天。武则天是中国历史上唯一的女皇帝,她临朝称制后,徐敬业在扬州起兵反对,并让骆宾王起草了《讨武曌檄》,散发到各郡县。武则天看到这份檄文后,并没有被激怒,而是平静下来布置平叛事宜。对于平叛,武则天充满信心。她深知自己没有站到百姓的对立面,她执政的十余年间,社会经济明显好转，全国出现勃勃生机。社会结构在重新调整过程中，武则天站到了新兴阶级一边，尤其中下级官吏，从武则天身上看到了希望，并积极拥护她，使她得到了广泛的群众支持。在镇压反对派的同时，武则天还从地主阶级各阶层提拔了一大批人才，扩大她的统治基础，使政局牢牢控制在自己手中。

第二个成功范列是唐玄宗李隆基平息了"韦后政变"和太平公主发动政变的阴谋。武则天去世以后，唐朝的大局虽然仍是上升的，但它的政局发生了极大混乱，这个"乱"，不是社会的乱，而是统治阶级内部的乱。

李隆基执政后，便开始实行整顿，也显示出了他的政治才干和政治胆略。他大刀阔斧地采取了以下果断措施：一是清洗武氏家族、韦后和太平公主的余党，或予以杀戮，或予以贬斥，为其执政个扫清道路；二是裁撤精简武后以及中宗和睿宗时期非正式任命的官员，把宰相名额由原来的十来个减少为两三个，从而提高了行政效率；三是对自己的同胞兄弟给以恩礼优待，却不给他们行政实权，让其远离政治中心，从而削弱了皇族中与政治中枢离心、抗衡的势力，消除了统治集团上层内部发动政变的可能；四是对那些自恃对唐玄宗登基有功而邀求权位的功臣，坚决斥退，跑官要官的坚决不给。

唐玄宗还对整个官吏集团进行了大换血，从地方和基层选取了一大批能够安定天下的贤臣相辅佐。让京城和地方的官员进行了交流。由于政治上的安定和清明，为经济上的发展创造了良好的条件。所以人口空前增长，生产得以快速发展，社会安定，出现路不拾遗，夜不闭户的景象。这时的文化达到空前的繁荣，尤其是唐诗的发展，形成了空前绝后的局面。

综上所述，可以看到每一次政治危局的出现，都是对政治家的严峻考验。能够积极化解政治方面的矛盾，准确预见政治前景，及时调整政策方针，大胆改革政治结构，牢固掌控复杂政局，体现出从政者应当具有的政治见识和政治胆略。

第二十九章 历代封建王朝的兴亡原因

汉代董仲舒《春秋繁露》云:"不知来,视诸往。"我们中国是世界四大文明古国之一,而原来的古埃及、古印度、古巴比伦等古文明都相继覆灭,这种覆灭甚至包括人种、文化、宗教的覆灭。古埃及、古印度、古巴比伦原有的民族被灭绝,其地域早被其他外来民族所占据。几千年来,我们中华民族走着一条不同于其他国家和民族的文明发展道路,成为世界上唯一一个有五千多年独立发展,不为外民族灭亡而且不断壮大,至今依然屹立于世界东方的伟大民族。然而,再伟大民族的发展,也绝非一帆风顺。我们中华民族这一路走来,也可谓是命运多舛,多灾多难。说她伟大是因为我们的民族总能一次次在大灾大难面前涌现出一批民族志士拼死抗争,他们也总是一次次不屈不挠地揩干身上的血迹带领人民从危难中崛起。其兴亡原因值得我们总结、思考和借鉴。

一、历代王朝兴盛的原因总结

(一)"明君"是历代王朝出现盛世的前提条件

作为明君,应该具有必备的才能,也就是皋陶所说的九德之人。"九德"就是"宽而栗","柔而立","愿而恭","乱而敬","扰而毅","直而温","简而廉","刚而塞","强而义"[①]。只有具备"九德"之能的帝王,才能治理好国家。

夏朝是中国历史上第一个王朝,历17王,享470年。四千多年前,夏部落首领禹因治水有功,深受百姓爱戴,得到了虞舜的重用并最终将部落联盟首领之位禅让于他,这是夏王朝的开端。大禹死后,其子启即位,即历史上所谓的"大禹传子",宣告了部落联盟"禅让制"的结束和封建世袭制即家天下的开始。启之子太康治国无方,当政期间更是战乱纷纷,最后被东夷的后羿夺取了统治权,史称

---

① 《十三经注疏·尚书正义·皋陶谟》中华书局,1980年,第138页。

"太康失国"。以后，太康弟仲康之孙少康恢复夏朝的统治地位，史称"少康中兴"；夏朝的统治这才得以巩固，进入了国势向上的稳定时期。自少康以后的杼、槐、芒、泄、不降、扃、胤甲等八代国君，基本上都比较英明，使国家政治稳定、经济繁荣、百姓拥护。到了孔甲时期，他"好方鬼神，事淫乱"，引起人民的不满和诸侯的叛乱。夏朝的统治从此发生危机，只过了四代便导致了亡国之祸。成汤以讨伐暴君为名，发动了灭夏的战争；夏桀兵败"走鸣条（今山西运城市安邑有鸣条岗）"①，夏朝宣告灭亡。

商朝始于商汤，终于商纣，共31王，享国554年。成汤是一位很有才能的英明首领，商汤立国后，他汲取夏代灭亡的深刻教训，废除了夏桀时的暴政，采用了"宽以治民"的政策，使商王朝内部的矛盾比较缓和，政治局面趋于稳定，国力也日益强盛起来。后太甲即位，"帝太甲即立三年，不明，暴虐，不遵汤法，乱德，于是伊尹放之于桐宫。"②太甲居桐宫三年，悔过自责，伊尹迎回太甲而授之政。以后，太甲修德遵法，诸侯归服，百姓的生活比较安宁。后又经太戊勤政修德，治国抚民，颇有振作，商朝中兴。商朝曾一度衰落，祖乙即位，有德有为，商朝的社会经济得到了恢复和发展，国运再度中兴。盘庚即位时，执行比较开明的政策，人民安居乐业，文化发展，社会富足繁荣，商王朝从此中兴，故商又可称为殷或殷商。武丁是盘庚以后最好的国王，他继位后，勤于政事，任用工匠出身的传说及甘盘、祖己等贤能之人辅政，励精图治，使商朝政治、经济、军事、文化得到空前发展，政治改善，商朝复兴，他还击败四方入侵，商朝威震四方。祖庚、祖甲德行淳厚，使武丁时期的繁荣又得以延续。后到商纣时期，他为人残暴，民不聊生，此时西方周国逐渐强大，文王仁义施德，诸侯拥护，人民爱戴，至武王伐纣灭商，纣王自焚而死，商亡。商纣与夏桀也成了暴君的代名词——"桀纣之君"。

周朝为中国历史上最长的朝代，享国约800年，从公元前1046年到公元前256年，共传30代37王，共计存在约为791年。周武王牧野一战打败商纣，建立了周朝，周朝是中国上古社会的鼎盛时期。西周建国于岐山之下，周文王是西周奠基者，季历死后由他继承西伯之位，共在位50年。周文王是很有作为的创业主，他积善行仁，政化大行，勤于政事，重视发展农业生产，礼贤下士，广罗人

---

① 见《史记·夏本纪》及其《集解》。
② 《史记·高本纪》。

才，拜姜尚为军师，问以军国大计，使"天下三分，其二归周"。①天下诸侯多归从，其子武王姬发得天下后，追尊他为文王。武王姬发心胸广阔、眼光长远，有着果断的处事能力，他看到商朝无道，打出了为民请命，替天行道的旗号获得广大人民群众的拥护，受到人们的爱戴。他继承父志，亲率大军伐商，牧野大战之后，推翻商朝统治，成为西周王朝的开国之君。成王与其子康王统治时期，节俭寡欲，勤理国事，国力强盛，天下统一，经济、文化繁荣，社会安定，人民和睦，歌颂太平盛世之声不绝于耳，合称"成康之治"，是周代的兴盛时期。自昭王、穆王之后，常年征讨，导致朝政松弛，周王朝开始由盛而衰，周朝的最后三代国君：厉王、宣王、幽王，除了宣王有所成就（宣王中兴）外，另两位国君则使周朝礼崩乐坏，使整个国家十分混乱，民不聊生，最终而亡。

春秋时期，诸侯割据，争霸称雄。齐桓公英明睿智、任贤用能，任管仲为相，推行改革，实行变法，齐国大治。他九合诸侯，一匡天下、尊王攘夷，使齐国在诸侯国中首个称霸。晋文公是春秋五霸中第二位霸主，他雄心勃勃、文治武功卓著。他初为公子时，谦虚好学，善结贤能，执政后减轻关市征税、通商宽农，减轻刑罚，布施贫民，救济饥荒，人民安居乐业。明贤良、赏功劳，任人唯贤，坚守信用，提高威信，不断增强晋国实力。他勤王周室，通过城濮之战，开创了晋国长达一百零五年的霸业。楚庄王"不飞则已，一飞冲天；不鸣则已，一鸣惊人"，②他亲政后励精图治，大胆革新，任用孙叔敖辅佐朝政，"施教于民"、"布政以道"，重视民生经济，尽力使农、工、贾各得其便，宽刑缓政，政绩斐然，使楚国进入空前强盛时代，为第三位霸主，但其霸业很短。秦穆公在位期间，广纳贤士，重视人才，其任内获得百里奚、蹇叔贤臣良将的辅佐，内修国政，外图霸业，但未进中原，虽够不上霸主，但也称霸西戎一隅。吴王阖庐，重用伍子胥、孙武，打败楚国，史称第四位霸主。越王勾践在大战失败后，忍辱负重，卧薪尝胆，与军民同心同德，积聚力量，发愤图强，以洗刷耻辱，最终打败吴国，报了会稽之耻，为第五位霸主。

战国时期，魏文侯少年时，师事卜子夏，在他执政后重法尊贤，用李悝、翟璜为相、乐羊、吴起等为将，他雄心勃勃，面对忧患的环境，在七雄之中首先实行变法，改革政治，奖励耕战，兴修水利，发展封建经济，依法治国，使魏国成

---

① 《十三经注疏·论语注疏·泰伯》。
② 《史记·滑稽列传》。

为战国初期最强国家。秦献公早年流亡魏国，学习了魏国的先进文化，回国继位后在秦国国内进行改革，废止人殉、迁都、扩大商业活动、编制户籍和推广县制，并且数次发动收复河西失地的战争，并为秦孝公时期的商鞅变法奠定了基础。秦孝公是一位有作为的君主，他即位后颁布著名的《求贤令》，任用商鞅进行变法，使秦国社会安定，国富民强，为秦国后来兼并六国、统一中国奠定了坚实基础。秦王嬴政雄才大略，是中国历史上伟大的政治家、改革家、军事家。他采用韩非的法家思想首次完成中国统一，是秦朝开国皇帝，他功绩卓著，创立皇帝制度，实施三公九卿制，废除地方分封制，实行郡县制，统一文字、货币和度量衡等，北击匈奴，南服百越，修筑万里长城，奠定了今日中国版图的基本格局，把中国推向了大一统时代，为建立两千多年的中央集权制度开创了新局面，对中国和世界历史产生了深远影响。但他执行的是纯法家学说，急功近利，残暴苛刻，在他统一中国之后15年，在急遽的农民起义中土崩瓦解。

自刘邦建立西汉王朝，中国经历二十多个封建朝代直到清朝灭亡，历经两千多年，朝代兴替更迭，此起彼伏，涌现出了一代代叱咤风云、雄才大略的伟人骄子，创造了中国数代太平盛世，为中华文明的深厚底蕴增色添彩。这些伟人骄子英明睿智、功劳卓著，无一不受到后人的敬仰。

（二）推行"隆礼重法"、"尊贤爱民"治国方针是各代王朝出现盛世的根本保障

通过研究各个朝代的明君和盛世，我们不难发现各代明君都是遵循荀子"隆礼重法"、"尊贤爱民"的基本原则来治理国家。西汉文帝、景帝时期，倡导节俭，以德化民、轻徭薄赋，社会比较安定，经济发展。二帝为求得政治上的安定，对同姓诸侯王的权势进行限制，移风易俗，反对豪强淫侈之风，禁止豪强私自铸钱，重农抑商，逐步分化诸侯。特别是景帝时期，在打击豪强方面采取了更加严厉的措施，任用郅都、王温舒等酷吏，痛诛不法豪强，国家的开支有所节制，贵族官僚不敢奢侈无度，从而减轻了人民的负担，出现了"文景之治"。汉武帝时期采用董仲舒的"罢黜百家，独尊儒术"治国思想，虽然披上阴阳五行的外壳，但实际上是荀子的"隆礼重法"、"尊贤爱民"思想，他尊贤任能，唯才是举，用法严厉，治吏有方，对百姓推行养生息民政策，对外南平两越、北伐匈奴、经营西域、通西南夷、东定朝鲜，建立了空前辽阔的疆域，他的雄才大略、文治武功，使汉朝成为当时比较强大的国家，实现了太平盛世。东汉光武帝刘秀建立东汉后，他宽厚简易，明慎政体，总揽权纲，量时度力，举无过事，勤于政事，励精图治。

裁并郡县，精简官员，严查官吏，削弱三公，严禁官吏结党营私。减少百姓租徭役，兴修水利，发展农业生产，为减少贫民卖身为奴，经常发放救济粮，使其统治时期国势昌隆，史称"光武中兴"。唐朝开国皇帝唐太宗李世民更是一位雄才大略，惜才爱民的好皇帝，他独具慧眼，选贤任能，对人才的使用及领导达到了极高的水平；他虚心纳谏，厉行节约、朴素，倡导廉政，使官员奉公守法、廉洁自律。注意与民休息，重视农田水利，不滥用民力、轻徭薄赋，使百姓休养生息，各民族融洽相处，国泰民安，对外开疆拓土，开创了著名的"贞观之治"。唐玄宗执政前期，他拨乱反正，慧眼识贤相，任用姚崇、宋璟等贤才，励精图治，赏罚分明，节俭爱民，量才任官，提拔贤能，整治官吏，精简机构，裁减多余官员，提高官吏办事效率，巡查民情，对违法官吏严惩不贷，使百姓安居乐业，社会安定，国家昌盛，开创了"开元盛世"。明成祖朱棣也是一位功绩显赫的一代雄主，他尊孔崇儒，宽仁大度，隆礼重法，宽猛适中，雄才大略、励精图治，发展经济，提倡文教，开荒屯田，百姓休养生息，人民安居乐业，"路不拾遗夜不闭户"，使得天下大治。他宣扬国威，命郑和七下西洋，大力开拓海外交流。他统治期间社会安定、国家富强，后世称为"永乐盛世"。但他也有诸多的污点。清朝的康熙皇帝崇尚儒学的同时实行法治，执政后采取轻徭薄赋、与民生息的政策，废止"圈田令"，他崇儒兴文，教化为先，慎狱恤刑，严惩贪赃，削平三藩，抵御外侵，统一台湾，使清朝成为当时世界上幅员辽阔、人口众多、经济富庶的帝国。由此可以看出，盛世时期这些帝王的治国方略无一不是遵循荀子的"隆礼重法"，"尊贤爱民"思想。

（三）灵活运用"儒法兼用"方针是各代王朝延续长久的法宝

"儒法兼用"治国思想是治理国家的基本方略，但是在治理的过程中，应根据具体情况具体对待，刚柔相济，宽严适度交替使用，但总的措施是"礼法合治、德主刑辅"。

康熙为政期间，实行宽仁治国，特别是在晚期，宽仁实质上成为放纵，以致贪暴横行。宽仁（放纵）则百弊丛生，严猛则吏治新。雍正看到康熙留下积重难返的社会弊病，因此下决心革除前朝积弊，他说："夫吏治不清，民何以安？"雍正采用了以法为主，以教为辅，两手并用的治国方针，严厉打击贪污腐败行为，为民争利，经过"严猛"治理以后，贪官日渐收敛，社会风气大为好转，为持续的"康雍乾盛世"打下了坚实基础。乾隆执政后，他认为康熙治国较"宽"，雍正治国较"严"，过于宽或过于严，都不利于国家长治久安，德与法应根据社会实际状况来进行调节,所以要采取宽严相济的治国方针。他说:"治天下之道,贵在得中。故宽则纠之以猛,猛则济之以宽。"①因此实现了"康雍乾盛世",但其执政后期没有把握好尺度,导致清朝从盛世迅速滑向衰弱。

宽仁治国和严猛治国,两者并不矛盾,需要根据实际情况灵活掌握,或宽或猛,要适当得中,在不同朝代可以交替使用,在同一朝代中也可以交替使用,这就要考验执政者的执政能力。东汉光武帝刘秀就能很好地掌握其中的奥妙,他温文儒雅,治理天下,有柔有刚,有宽有猛,奉行文武交用、刚柔相济。他奉行刚柔相济的策略,较多地使用怀柔之术,不到关键时刻一般不轻易采用威猛的手段。在他的治理下,东汉社会由乱到治,政治清明,社会安定,国家繁荣,出现了太平盛世。

(四)正确任用"德才兼备"之贤才是王朝兴盛的重要条件

在历史上,任何一个出现盛世的王朝,都是既有明君,又有贤臣,两者缺一不可。明君任人唯贤,贤臣全力辅佐,臣贤君明,国家则政治清明,官吏守法办事,百姓安宁,社会就稳定。齐桓公英明睿智,不计较一箭之仇,任用管仲实行改革,使齐国很快国富民强而首霸诸侯。晋文公雄才大略,历经十九年磨难,终得君位,其原因主要是有狐偃、赵衰、先轸等贤臣不离不弃,全心全意的辅佐而独霸群雄。越王允常奋发图强,求贤若渴,访求名士,广纳贤才,终得文种、范蠡辅佐,后越王勾践在文种与范蠡忠心鼎力辅佐下,忍辱负重,卧薪尝胆,使得国库充实,百姓生活殷实,一跃成为东方强国,在公元前473年,勾践灭掉吴国,成为霸主。汉武帝是一位伟大的帝王,他用人最能招纳贤才,经过几次征纳贤良,终于任用公孙弘为博士,公孙弘德才兼备,能力出众,生活俭朴,不但自己为汉武帝出谋划策,而且用自己的俸禄招纳贤人,为国家推荐人才,深受汉武帝的敬重。朱买臣也是汉武帝时期一位名载史册的能臣,他家境贫寒,酷爱读书,贤能兼具,得到汉武帝赏识,主父偃更有学识修养和政治主见,也得到汉武帝的重用,他上书论及九事,八事为汉武帝采纳,如他著名的"推恩令",由于汉武帝知人善任,这些贤臣都为汉武帝时代的政治、经济发展起到积极重大的作用,实现了汉武帝时期的盛世。

唐太宗李世民更是一位明于知人、善于用人的贤明君主。他认识到:"王者须为官择人,不可造次即用。朕今行一事,则为天下所观。出一言,则为天下所

---

① 《清高宗实录》卷四,雍正十三年十月甲戌条。

听。用得正人,为善者皆劝。误用恶人,不善者竞进。赏当其劳,无功者自退。罚当其罪,为恶者戒惧。故赏罚不可轻行,用人弥须慎择。"①所以他强调"为政之要,唯在得人,用非其才,必难致治。今所任用,必须以德行、学识为本。"②因而对择官用人很慎重。魏徵曾向唐太宗奏谏道:"知人之事,自古为难,故考绩黜陟,察其善恶。今欲求人,必须审访其行。若知其善,然后用之,设令此人不能济事,只是才力不及,不为大害。误用恶人,假令强干,为害极多。但乱世唯求其才,不顾其行。太平之时,必须才德兼备,始可任用"③。魏徵的话很有启示意义。为官择人须"德才兼备",才差一点,"不为大害",如果误用德行差才能强的奸人,则"为害极大"。④唐太宗就是坚持"德才兼备"的用人标准,注重任用贤能,他任用的贤能大臣有房玄龄、杜如晦、魏徵、马周等八人。正因为有这些贤能大臣的辅佐,唐太宗最终得以实现"贞观盛世"。

宋王朝不论政治、经济、文化、生产力还是社会发展,在历代封建王朝中都是空前繁荣的,很多方面都达到了历史发展的巅峰,创造出登峰造极的文化盛世,其原因就是重用德才兼备之人。宋太祖在用人方面有独到之处,历代大部开国皇帝习惯上都是杀戮或清洗前朝旧臣,重建新秩序,巩固新政权,而宋太祖在黄袍加身之后,对后周旧臣没有进行剪除,而是想法留住他们,只要是品德高尚,才能出众者均为己所用。但他重儒轻法路线,导致了宋朝一直是对外软弱、屈辱赔款,终究不能统一中国。

明成祖朱棣在组建新内阁时,大量起用新人,如杨士奇、杨荣、解缙等,这些人大都德才兼备,文才极佳,能力较强,年轻有为,精力充沛,他们都在自己的岗位上干出了一番事业,成为明朝的得力干将和出色能臣。

(五)治国先治吏、从严治吏是王朝兴盛的重要原因

官吏是每个王朝统治的政治基础,因此一个王朝的兴与衰,败与亡,在很大程度上取决于吏治的好坏,吏治的优劣既表现在保民、安民和富民方面,更表现在官员的廉洁方面。吏治廉明,则国富民强,吏治腐败,则国弱民苦。凡是盛世,统治者一般都非常重视对贪官的惩治。

---

① [唐]吴兢:《贞观政要·择官》,中国文史出版社,2003年。
② [唐]吴兢:《贞观政要·崇儒学》,中国文史出版社,2003年。
③ 见[唐]吴兢:《贞观政要·择官》中国文史出版社,2003年。
④ 参见龚书铎:《中国历史上王朝兴衰的几点启示》,《党建研究》,2011年第5期。

汉武帝时期，张汤告诉武帝："天下为官之人，大都为名利二字。只要为官，很少有不贪的。大贪误国，小贪害民。皇上如能随时探得官员贪赃枉法之迹，大贪杀之，小贪罢之，有为者重用之，无能者废黜之。"所以汉武帝执政时期，有了以法治国的思想，他任用清廉俭朴的张汤，严明执法，推行盐铁专卖，打击富商，剪除豪强，从严治吏，使他的统治达到了盛世而治。

朱元璋初建明朝时，就断然发文："今严法禁，但遇官吏贪污蠹毒吾民者，罪之不恕"。①据记载，明初大小官吏因贪赃枉法遭剥皮、枭首、凌迟、诛族的就有几千例，弃市以下的达1万多例，其中洪武年间，空印舞弊一案就处死官员数百人，罚杖戍边数千人。在封建制度之下，王朝初兴时，官场贪污腐败相对不明显，但在王朝走向衰落时，贪污腐败的风气就像溃烂的脓疮恶性发作。明中叶后官场任意贪污，营私舞弊，吏治败坏，最后导致了王朝的覆灭。

清朝康熙、雍正时，也曾注意严惩贪官污吏，吏治较为清明，从而实现"康乾盛世"。康熙年间，曾派程氏父子督修一座军事防御城池，用于加强西部军事防务。但程氏父子在建设工程时，大肆贪污，仅修了一座小土城便交差了事。后康熙派人巡察，发现程氏父子造假，于是龙颜大怒，批示一查到底，查明真相后，康熙毫不手软，下令将程金山父子处死。到雍正即位后，实行"雍正改元，刷新政治"，建立了封建历史上较为完备的反腐机制。他任用三朝宰辅张廷玉完善各项制度，把各项制度一一加以修正总结，建立了较为科学完善的法律法规体系，并"铁牌定制"，广为宣示。并严格执行制度，秉公执法，对于贪官，决不姑息。从而为"康乾盛世"奠定了基础。

二、历代王朝衰亡的原因总结

总结和吸收历史教训，目的是以史为鉴、更好地前进。

（一）能否坚持"隆礼重法"，"尊贤爱民"治国思想是决定王朝兴衰的根本原因

中国从秦始皇建立第一个统一的封建集权制秦朝开始，至清朝最后一位皇帝宣统1912年退位，历时2133年，经历了秦朝3位，汉朝31位，新朝1位、三国11位，晋朝16位，五胡十六国78位，南北朝72位，隋朝2位，唐朝22位，五

---

① 《明太祖实录》卷三十八。

代十国55位，宋朝18位，金辽西夏35位，元朝18位，明朝16位，清朝10位，共390位皇帝。在这些皇帝中，在中国历史上有一定影响的有秦始皇嬴政，西汉高祖刘邦、文帝刘恒、景帝刘启、武帝刘彻，东汉光武帝刘秀，北魏孝文帝、隋文帝杨坚、唐太宗李世民、武则天、唐玄宗李隆基、宋太祖赵匡胤、元世祖忽必烈、明太祖朱元璋、明成祖朱棣、清康熙、雍正、乾隆等差不多仅有这二十人而已，在这二十人中，除秦始皇采用韩非子的纯法治国而短命灭亡，赵匡胤过于重用儒家导致宋朝软弱不能统一中国以外，其他十几位皇帝基本都是采用"儒法兼用"，"隆礼重法"、"尊贤爱民"治国方针，使其统治时期达到国家统一、天下大治，出现国家繁荣，社会安定的盛世。其他大部分皇帝的统治则是偏离了这一治国思想主线，要么无能被窃取皇权，要么荒淫不理朝政而丧权，要么年幼使外戚专权，最终失去统治权力，使权臣乱政，豪强横行、官吏贪腐、民不聊生，从而使国家逐渐衰败而亡。

另外，还有一种现象，就是不少皇帝在其统治时期出现前期兴盛、后期衰败的现象，比如唐太宗李世民，在他统治前期和中期，知人善任，尊贤爱民，虚心纳谏，勤政廉洁，政治清明，但是到了后期，他为自己的功劳所满足，听不进忠言，朝政管理逐渐松弛，致使官员懈怠，贪腐开始盛行。唐玄宗、康熙、乾隆等皇帝也都是这种情况，使国家从盛世很快转入衰败。说明了封建皇帝的终身制，是一大弊端。任何统治者到晚年，必然体力下降，精力衰退，意志也就不强。其根本原因便是偏离了"儒法兼用"、"隆礼尊贤"、"重法爱民"的治国思想主线。

（二）皇帝荒淫、暴虐、无能、软弱、幼小是王朝衰败的重要原因

秦始皇出巡，死于沙丘，胡亥在赵高和丞相李斯的扶植下，承袭帝位，称二世皇帝，胡亥荒淫残暴，诛杀异己，赵高专权乱政，指鹿为马，残害忠良，实行惨无人道的统治，激起陈胜、吴广起义，最终秦朝灭亡。西汉末期，汉成帝自甘堕落，迷恋酒色，荒淫无道，不理朝政，最后竟死在"温柔乡"中。由于成帝昏庸失政，"赵氏乱内，外家擅朝"，便留下了王莽篡汉的祸根。之后的哀帝懦弱无能，平帝年幼无知，最终王莽篡位，汉室灭亡。东汉王朝中期以后，皇帝要么幼小无知，要么懦弱无能，外戚和宦官专权，逐步形成了诸强割据的局面，东汉灭亡，中国历史进入了分裂的三国时期。唐玄宗改元天宝后，志得意满，沉溺酒色，放纵享乐，不问国事。致使政治腐败，宦官专权，发生"安史之乱"。之后皇帝大多昏庸无能，党争加剧，豪强宦官专权，最终灭亡，中国进入五代十国时期。宋朝后期，尤其到南宋，皇帝不是喜欢诗词歌赋，就是喜欢书法，根本不具备当皇

帝的资格，于是奸臣当权，残害忠良，割地赔款，丧权辱国，最终灭亡。元朝皇帝忽必烈崇尚儒学，以儒治国，缓解了民族矛盾，但是忽必烈以后的皇帝逐渐脱离了以儒治国思想的根本，逐渐恢复到他们入主中原时的野蛮传统，欺压外族，残害百姓，追求享受，官场腐败日趋严重，最终灭亡。明朝中后期的皇帝大都好逸乐，贪女色，荒淫过度，不务正业，尤其明熹宗昏庸无能，是一个木匠皇帝。后期更是宦官专权，政治腐败，最终痼弊重重，积重难返而亡。

在家天下的历代封建王朝中，皇帝的个人能力非常重要，一旦昏庸无能之辈当政，必然不会坚持"隆礼重法"，"尊贤爱民"的治国思想，从而导致朝纲混乱，奸臣专权，小人得志。而大多数帝王都是如此灭族亡国。可悲的是，中国几千年的历史，正是把一国之运、万民之命，大多数时间都是交付给这些懦弱无能、荒淫暴虐的无能之辈，这不能不值得我们深思！

（三）官僚腐败、豪强掠夺、权贵贪纵奢靡、淫逸暴虐是导致王朝灭亡的直接原因

纵观历代王朝，一般都是在经过稳定或盛世之后，皇帝功高自满，开始极度追求奢侈生活，听不进忠臣谏言，穷奢极欲，滥增捐税，大肆搜刮民脂民膏，大兴土木，修建宫殿园林，追求享乐。大官僚、大地主和权贵们则趁机窃弄威权，腐败敛财，奸恶无道，贪图腐化奢靡，互相攀比，更加追求利益最大化，为了各自的利益，他们相互勾结、倾轧，根本不顾国家的前途和命运，不断向百姓增加赋税、徭役，有恃无恐地欺压百姓，勒索钱财，强占土地，使土地兼并空前严重，大土地所有制恶性发展，人民苦不堪言，害得许多百姓倾家荡产、家破人亡。而朝廷仍然不断地加派赋役，耗费大量钱财，加重了人民的负担，社会矛盾激化，贫富不均造成阶级矛盾趋向极度尖锐，引起人民的极大不满，导致农民起义不断爆发，大大损耗国家实力。在官僚和豪强地主集团中，贪官、奸臣为了各自的利益有的阴险奸诈、谄上媚下、挑拨离间，有的专权擅国、陷害忠良，有的荒淫奢侈、误国害民。而这些官僚集团为了保护和扩大自己的利益，不断扩大自己的集团队伍，导致政府部门形成更加巨大的官僚机构，并且人浮于事，这更加增大了国家行政成本，政治腐败必然带来军队等各方面的腐败，军中将帅只专注谋求个人利益，安于享乐、唯利是图，铺张浪费奢侈无度，军纪涣散，军队没有任何战斗力。最终只能在人民反抗的浪潮中灭亡。

（四）横征暴敛、苛捐杂税导致王朝灭亡

历史上秦和隋都是在夺得天下成功后，忽略民众的力量，不考虑百姓的疾苦，

任意征收苛捐杂税，加重农民的负担，结果加速了自己的灭亡。公元前221年，秦王嬴政成就统一大业。然而不到16年，秦王朝就垮台了。原因固然很多，但繁重的赋税、徭役和苛政、暴政，终于导致了陈胜、吴广的揭竿而起。无独有偶，曾经甲兵云集、风行万里的隋朝也是如此。对于它的灭亡，魏徵曾分析认为，隋的速亡关键是隋炀帝的淫荒无度，屠剿忠良，滥兴土木。严刑峻法，穷兵黩武。自是海内骚然，无聊生矣。就经济上而言，则是由于沉重的劳役和兵役，加之地方官吏横征暴敛，层层盘剥，终于激起百姓群起反抗，导致隋王朝的迅速灭亡。

宋朝是我国历史上税收名目最多的朝代之一。宋朝沿袭唐朝税制，征收"正税"，实际也是指"两税"（指夏税和秋税）制度，唐朝的两税法，上缴中央大部分，地方提留一部分，在地方发生战争、灾害时，地方可以提出支用。而宋朝要求地方税收全部解入中央，地方毫无积存。所以宋朝在正税之外，地方政府就以各种方式和名目"增税"，想尽办法从老百姓身上榨取。在宋朝，由于地方设置各种名目的苛捐杂税，花样之繁、负担之重在中国历史上位列前茅。造成地方官员趁机贪污腐化，鱼肉百姓，官场腐化堕落，百姓积贫积弱，最后在外族的入侵下国破家亡。

忽必烈建立元朝后，赋税实行南北异制，即对各族、各地人民实行分而治之的田赋税收制度。对蒙古族税收从轻，对汉族及其他民族赋税加重，而且汉人负担最重。不仅田赋实行南北异制，而且其他赋税也南北各异。另外元朝还实行包税制，由商人以较低的数额在规定时间内，一次向国家包缴某一项税款，承包者再按较高数额向百姓征收，从中获取差额利益，这不仅加重了百姓负担，而且是一种害国害民的税制。元朝的苛捐杂税特别多，凡有定额者谓之常税，无定额者谓之额外税，额外税之外又有许多杂敛。元朝人评价元朝的税收时说："割剥民饥，未见如此之甚！" 宋元之际的诗人汪元量《利州》："云栈遥遥马不前，风吹红树带青烟。城因兵破悭歌舞，民为官差失井田。岩谷搜罗追猎户，江湖刻剥及渔船。酒边父老犹能说，五十年前好四川。"这是宋朝遗民怀念的美好时光。元朝对南宋地区的经济政策不是建设性的，而是讹诈性的，是赤裸裸的掠夺！百姓为了逃避沉重的赋税负担，或逃亡，或啸聚山林，与官府对抗，最后终于爆发了以白莲教为主的农民大起义，导致元朝灭亡。

后 记

在抗日战争最艰难的 1942 年，我出生在山西省芮城县东北角（与平陆县洪池乡相邻）中条山脚下，一户家境还算殷实，且有一定文化传承的农家，这里就是《诗经·大雅·绵》中的"虞芮质厥成，文王蹶厥生"和《史记·周本纪》所载之商末虞芮二君让畔所在地的古之"闲原"。当时的家乡正是华北日寇进攻大西北门户潼关、灵宝的最前线，也是中国抗日军队的八百勇士悲壮跳黄河之地。儿时虽然懵懂，但却仍然依稀记得祖母讲述家乡遭受日寇烧杀抢掠的惨烈景象。童年时，家乡正处于全国解放战争——解放运城的最前线。

曾祖父是清末秀才，祖父一生为村里私塾先生，二伯父是阎锡山的一个团参谋长，死于阎锡山和冯玉祥讨伐蒋介石的平原战役之中，家里传下有许多珍贵的明、清时期历史书籍（"文革"中皆被作为"四旧"烧掉）。当时刚解放，村里娃上学都晚，但我自小在父亲影响下便对《史记》《汉书》等产生兴趣。

1957 年我考上运城康杰中学在那里读完了初中，因成绩优秀留校上了高中。1963 年毕业时，因家庭问题辍学，求学愿望破灭，只好返乡当了民办教师。

"天有不测风云，人有旦夕祸福"：1966 年"文化大革命"开始，我家被划为"漏网地主"，父亲被囚禁近 3 个月，我也被开除出教师队伍，到生产队干最重的活。当时本家远房叔叔李孟存在山西大学历史系任教，1968 年因故返乡，他子女多，也到地里干农活、挣工分。后来国家开始复课，山大恢复了教学，他就离开农村。不几年，国家政权逐渐步入正轨，县政府派来专案工作队，为我家平了反，我又重新当上了民办教师。其间，李孟存教授也从太原给我捎来大学历史专业本科的全部教材让我考研。求知的强烈欲望，再次在我心中燃烧，我便利用教学以外的所有时间努力学了三年。

"谋事在人，成事在天"：1979 年，正准备参加考研时，父亲大病住院数月，我是独生子，当然得全程住院尽心陪护，结果父亲未愈而亡，人生机遇再次失之交臂。这时土地下放,两个儿子已上了小学,失去父亲支持,考研希望破灭。

"阳光总在风雨后":中央粉碎了"四人帮",召开了党的十一届三中全会,确立了"以经济建设为中心",中国社会发展从此迎来了春天。其间,我转为正式教师,由村调到乡所在的唯一一所中学任教。

"柳暗花明又一村":1978年,李孟存教授已转到山西师大任教,1980年兼任新创立的"晋国史研究室"主任,研究室专业人员只有两人,后来执笔《晋国史纲要》的常金仓老师考取博士,因研究室缺少执笔人手,于是1987年李老师回村找我接替常金仓的工作,于是,我师从山西师大李孟存教授,开始步入晋国史研究的殿堂,在其《晋国史纲要》基础上,在李老师指导下,于1999年执笔完成并出版了42万字的《晋国史》。2006年出版了33万字的《晋国人物评传》。

"明镜所以照形,古事所以知今。"经过这二十多年的读史、修史、论史,通过总结历史上大量兴亡规律和众多得失经验教训之后发现,人生代代皆如此——不同的时代,演绎着相同的道理,放眼星空,纵观中国五千年,历代兴亡更替亦是如此。于是,在研究上述专著历史的基础上,我于2008年独自出版了45万字的《先秦三晋两个辉煌时期暨治国思想》一书,其中后半部分就"治国思想"做了详细论述。这便是本书的雏形,2011年,我在向三晋文化研究会李玉明主任送交了《晋国通史》稿件之后,一边校对、修补,一边又在《先秦三晋两个辉煌时期暨治国思想》的基础上,开始着手《治国方略史鉴》一书的撰写。2014年由山西省三晋文化研究会出资,帮我出版了150万字的《晋国通史》。接着又与次子光达对其内容进行了充实和完善,于2015年末完成初稿,后又对其做了多次修改,终于在2016年末完稿。此书的第一、二篇和最后四章由我(先用钢笔,后渐学会打字)撰写并对全稿审阅、修改,我儿光达主要负责第三篇的朝代编写和对全书的打字、排版、校对。在我们编写和一次次的校对、修补过程中,每一次面对浩瀚的中华历史灿烂文化,都使自己心潮澎湃,思绪万千。

习近平总书记说过,历史往往在经过时间沉淀后可以看得更加清晰。回想自己这七十五年的漫漫人生路,沧海桑田。前半生可谓是荆棘遍布,坎坷跌宕,经历国家沧桑巨变,岂能不令人扼腕感叹!七十五个春秋在人类历史长河之中,虽是"弹指一挥间",可这使我切实地感到,在大自然和社会面前,个人是如此渺小,就如同大海上的一片树叶,不断地经历着一轮又一轮的惊涛骇浪,体会到我们的国家和民族命运多舛,个人命运更是如此难以把握;同时又体会到自己又是多么幸运,受到上苍如此眷顾,真是赶上了一个好的时代。

位微亦有忧国志,坎坷与磨难是痛苦的,可也是人生一大笔财富,更重要的是,只有信念和使命感才能支撑人生跨越诸多挫折,它使我变得坚强,矢志不移。在研究历史的这三十多年过程中,使我懂得了个人命运和国家、民族命运息息相关,只有国家富强了,为政者的执政路线正确了,百姓才能生活幸福;懂得了历史规律不可违,凡是统治者的治国思想违背了卜、荀治国思想主线,违背了社会发展规律去蛮干,就必然要受到历史的惩罚,国家和民族就会被推入危难之中,社会停滞,乃至倒退,甚至国家分裂,外族入侵,人民就会遭殃;更懂得了中国五千年的优秀传统文化,才是我们中华民族的精神支柱。如何使社会更安稳,少动荡,百姓更幸福,少遭罪,国家兴盛繁荣,百姓安居乐业,成为我们反复思考的内容,把这些历史成败得失规律总结出来,奉献给祖国、民族,尤其是居于主导地位的为政者们,以便有益于国家、民族、百姓,成为我们的夙愿、使命和义务。

在我们编撰此书期间,受到了有关领导、社会各界和各方面朋友的无私关怀,或热心帮助,或道义支持、鼓励。感谢山西省委宣传部领导的关心支持!感谢北京大学考古文博学院原院长、夏商周断代工程首席科学家李伯谦教授,中国社会科学院原副秘书长、中国科学院研究生院原书记晋保平先生,以及中国社会科学院历史研究所研究员、中国先秦史学会秘书长宫长为先生对我们的鼓励和支持,并为本书作序;感谢光明日报驻山西记者站原站长邢兆远先生、三晋文化研究会秘书长贾克勤先生对我们的关心和支持;感谢在我们写作中给予过帮助和道义支持的中国楹联学会第六届常务理事、山西省文联第五届常务副主席赵望进先生,三晋文化研究会常务会长王水成先生,山西省社科联副主席王志超先生、山西省史志办原主任李茂盛先生、《山西晚报》原总编姚剑先生,山西人民出版社原总编辑李翔德先生和孔庆萍女士;感谢给予过我们帮助的三晋文化研究会名誉会长李玉明先生,名誉顾问郭裕怀先生,山西省社科院高专诚、杨晓国、马志超、高春平先生;感谢山西大学谢尧亭、宁俊伟、王谨、张雁勇先生,山西师大史若民、仝建平、谢耀亭先生、杨秋梅女士以及河南大学李玉洁女士,首都师大马保春先生,台湾中兴大学王庆光先生,省广播电视台刘国柱先生;感谢运城市教育局路胜利、郭守智先生,芮城县委张应征、姚振华先生、王红梅女士,芮城县教育局肖泽斌、陈昌乐先生,以及多年为我写作提供书籍便利的芮城县图书馆馆长陈景朝先生。更不能忘记已故恩师李孟存教授和当年困难中相助过我的仝立祥先生。以及在编写和出版过程中大力支持我们的山西文化旅游促进会会长宋新梅女士。

国家市场监督管理总局质量监察文化监督员乔红女士得知《治国方略史鉴》一书即将付梓出版,便为我们提出了一些宝贵意见,并附上一首《鹧鸪天》:"方略深谙著大章,广征博引溯源长。法安天下五千载,德润人心九夏彰。铭史鉴,裨时昌,明刑弼教振龙邦。而今国泰民情顺,遍沐廉风正气扬。"她认为《治国方略史鉴》一书出版意义重大,对中国的政治生态文明建设,可以说是一剂良药。正与中国检验检疫学会魏传忠会长为安徽省市场监督管理局园区所题"万事有度"的文化标准相融合,引用国家市场监督管理总局发展中心贾玉奎同志的廉政文学作品《贪婪是个无底洞》里的一句话:"世界上只有一种病,那就是心病,治心病不是一件容易的事,但一定要治,必须要治。"这也是每一位质量监察文化监督员的责任,是在今后政治生态文明建设传承中的新课题。

最后,特别感谢三晋出版社社长张继红先生的鼎力帮助!感谢中共山西省委宣传部拨专款出版拙作!还要特别感谢本书编辑余龙先生。

我们编撰此书的目的很简单,就是希望通过我们对治国理政方面历史资料的搜集挖掘和整理研究,一是把春秋、战国这个轴心时期的诸子治国理政思想理论进行梳理比较,找出正确的治国思想主线;二是希望把中国治国理政的传统文化精华传承下去;三是通过研究中国封建朝代兴盛、衰亡的原因以及更替规律,总结前人在此方面的成功经验和失败教训,为当今和后世执政者们提供一些治国理政的参考,以便其借鉴;四是希望各位通过阅读,对治理国家、地区,管理单位,个人修身、齐家能起到一点借鉴作用,或能够有一点触动,我们就心满意足了。

当然,由于我们才疏学浅,拙作不可避免地存在许多不足之处和缺点,还恳请各位专家、读者能够不吝提出真知灼见或批评指正,这样拙作才会不断完善,质量才会不断提高。

李尚师
二〇一七年孟春于山西省芮城县东峪村躬耕堂